조사방법론

박용치 · 송재석 · 오승석

도서출판 대영문화사

머 리 말

오늘날 우리는 급변하는 사회에서 부딪치는 여러 가지 사회 문제에서 이를 좀더 과학적 방법에 의거, 문제를 정의하고 현상을 이해함으로써 실제로 정책적 해결을 도모하고자 하는 노력이 그 어느 때보다 강조되고 있다. 특히 사회과학을 연구하는 학자나 학생들의 주요 관심은 사회나 환경과의 관련성 속에서 일어나는 많은 현상들이 왜 일어나고 있으며, 앞으로 그러한 현상들이 어떻게 전개되며, 이러한 현상들이 바람직한 방향으로 전개될 것인지에 대해 깊은 관심을 가지게 된다. 이와같이 정치・경제 및 사회 현상을 이해하고 설명하기 위해서는 과학적 방법에 의한 지식의 축적과 이론의 형성 및 검증이 불가결하다. 따라서 현대 사회과학의 연구 핵심은 무엇을 알아내느냐 하는 것에 앞서, 그것을 어떻게 알아낼 것인가 하는 것이며, 이것이 바로 방법론의 문제이다. 그러나 방법론에 대해서 아직도 미숙하고 오해와 과신 등 바람직하지 못한 경향이 존재하는 것도 사실이다.

방법론을 크게 철학적 배경, 조사 방법 및 자료분석으로 구분한다면 이 책은 조사 방법에 초점을 둔다. 이 책의 기본 입장은 행태주의적·계량주의적 정향에 서 있다. 이 책은 과학적 행태 연구에 초점을 두었으며, 가설 구성을 위한 이론 형성 및 자료 수집에 많은 지면을 할애했고, 실제로 자료분석은 다루지 않았다.

이 책은 독자들이 문제 해결에 과학적으로 접근하는 기본적 방법을 이해하도록 하는 것이 주요 목적이므로 기술적·방법론적 문제를 비교적 상세하게 설명했다. 물론 과학적 연구의 기초적 내용과 성격을 이해하지 않고는 기술적・방법론적 능력도 공허하게 된다는 것을 인정하지만 과학적 연구 활동과 기술적·방법론적 능력 없이는 복잡한 인간 활동을 이해하는 데 한계가 있기 때문이다. 이러한 점에서 과학적 논문을 작성하는 학부생 및 대학원생들에게 올바른 이론 형성과 연구설계 방법을 습득하게 하고, 그리고 올바른 척도 구성을 통해 자료 수집을 할 수 있도록 안내자의 역할을 충실히 할 것이라 확신한다.

이 책의 특징을 요약하면 다음과 같다.

첫째, 과학적 연구에 대한 논의를 하되 일반적으로 수용되고 있는 표준과학적 접근 방법에 한정했으며, 과학적 연구 문제의 해결을 이해하는 데에 강조점을 둔다.

둘째, 연구 문제와 그 해결을 위한 연구설계, 방법론 간의 밀접하면서도 어려운 관계를 파악하도록 한다. 방법론적 설명을 길게 했지만 강조점은 언제나 연구 문제, 연구설계 및 이 양자의 관계에 두었다.

셋째, 사용된 연구 사례는 행태 연구가 대부분이다. 이것은 이 책의 기본적 정향과도 관련이 있다. 근래에 행태주의와는 그 근원이 다르긴 하지만 사회 인식 방법으로서 역사주의가 갖는 약점을 보완함으로써 사회 현상을 현실 그대로 의미 있게 인식할 수 있게 해 주는 것이며, 이들 방법론이 행태주의적·계량적 방법론을 대체하는 것이 아니라 오히려 보완함으로써 더욱 세련되고 정교하게 해 준다고 생각하기 때문이다. 따라서 행태적 연구사례를 다소 길게 논의하면서 사회과학에서 다양한 문제, 가설, 연구설계, 자료에 접근하는 경험을 갖도록 했다.

끝으로, 평소에 필자들은 조사방법론을 공부한다면 적어도 간단한 경험적 연구는 수행해 낼 수 있는 능력이 있어야 한다고 생각해 왔다. 물론 이것은 실질 분야에 대한 상당한 지식이 있어야 한다는 것을 전제하지만 최소한 방법론적으로는 연구 수행 능력이 있어야 한다고 믿는다. 따라서 이 책의 전체를 통해 문제 형식으로부터 가설을 구성하고 연구설계에 맞추어 자료를 수집한 후 이를 분석해 소기의 연구 목적을 달성하는 일련의 연구 과정을 강조하려고 했다.

이 책은 학부에서 한 학기용으로 사용될 수 있다. 또한 이 책은 대학(원)생 등 사회과학도뿐만 아니라 연구기관이나 일반 기업의 조사·연구 실무자에게도 많은 도움을 줄 수 있으리라 믿는다.

이 책은 필자들이 조사방법론을 학부와 대학원에서 수년 동안 강의해 오면서 정리했던 내용을 보완해 정리한 것이며, 필자들의 독창적 내용이라기보다는 많은 선배 제현의 자료들을 참고해 나름대로 정리·보완한 것으로, 부분적으로는 거의 그대로 인용된 내용인 것도 있다.

끝으로 이 책의 출간을 위해 음양으로 많은 격려를 해 주고 힘이 되어 주신 분들께 감사드리고, 이 책의 출판을 맡아 주신 대영문화사 임춘환 사장님께도 심심한 감사의 뜻을 표한다.

2008년 2월

저자들 씀

차 례

PART_Ⅱ 이론 형성

PART_III 표본 및 연구설계

제 1 편

사회과학 연구의 기초

제 1 장 과학적 조사연구의 기초

제 1 절 과학의 의의

1 지식 탐구와 사회과학

1) 탐구와 지식

사회 현상이나 사물에 대한 지식(앎)은 저절로 얻어지는 것이 아니라, 탐구(연구)라는 수단적 방법을 통해서 얻어진다. 탐구(inquiry) 또는 연구(research)란 어떤 현상에 대한 의문점이나 문제에 대한 해답을 얻는 과정 및 절차를 말한다. 즉, 탐구(연구)란 사회 현상이나 사물에 대한 의문점을 해결하는 지식 획득을 위한 방법론[1]을 의미한다.

우리가 어떤 것에 관해 '알고 있다'는 것은 하나는 그것에 관해서 들었거

1) 일반적으로 방법론(methodology)이란 어떤 학문의 성격에 관한 철학적 관점이나 인식론적 바탕 위에서 지식을 얻는 근거의 타당성을 규명하는 절차로서의 이론적 접근을 말하며, 연구 방법이란 특정한 학문 분야의 관심사, 주제를 중심으로 이론 전개의 논리적 절차, 이론과 가설의 구성 및 이들의 검증, 이를 위한 자료의 수집·분석, 자료분석 결과의 해석 논리 등을 의미한다.

나 배웠거나 또는 아주 당연하고 명백하기 때문에 알고 있는 것도 있으며, 다른 하나는 직접적인 경험, 즉 관찰을 통해서 아는 것들도 있다. 즉 지식은 i) 다수의 사람들이 사실이라고 믿기 때문에 그것이 사실로 되는 '합의적 실재(agreement reality)'와, ii) 자신의 직접 경험에 의해 믿게 되는 '경험적 실재(experiential reality)'로 이루어진다.

(1) 합의적 실재

우리가 알고 있는 많은 것들은 합의나 신념의 문제이며 개인적인 경험이나 발견에 기초하고 있는 것은 매우 드물다. 우리가 알고 있는 지식의 대부분은 우리 주위에 있는 모든 사람들이 '알고 있는' 것을 그렇다고 수용하는 학습 과정이라 해도 과언이 아니다. 따라서 지식에 대한 기초는 합의에 있다. 인간 사회의 문화는 대부분 합의된 사실들에 기초하고 있으며, 직접적인 관찰을 통해 지식을 습득하기보다는 간접적이고 이차적인 합의적 방법들을 사용해 왔다. 경험적인 사실들에 비해서 합의적인 사실들은 인식 과정에 문화적인 요소들이 많이 작용하고 있다.

합의적 지식은 대개 '전통'과 '권위'라는 두 가지 경로를 통해 전달된다. 전통(tradition)이란 축적된 지식을 말하며, 그로 인해 인간들의 탐구에서 불필요한 시행착오를 줄일 수 있게 해 준다. 권위(authority)란 특정한 지식에 대한 우위성을 사회적으로 공인받은 상태를 말한다. 예를 들어 의사에 의해서 대표되는 의학 지식 체계의 권위를 우리가 믿는 것이다.

(2) 경험적 실재

경험적 지식은 직접적인 경험을 통해서 도출된다. 경험적 지식은 외부의 강요 없이 스스로 경험한 것들에 근거해 무엇을 사실로 믿는 것이다.

어떤 현상이 전통과 권위에 의해서 설명되지 않거나 혹은 그러한 설명들이 명백하게 현실과 위배되는 경우가 빈번해질수록, 기존의 합의적인 지식을 파괴하는 새로운 지식들이 출현하게 된다. 이 과정에서 우리는 기존의 설명(이론)들보다는 스스로의 경험들에 좀더 직접적으로 의존하게 된다.

그런데 과학은 합의적 실재와 경험적 실재 모두에 접근 방법을 제시해 준다. 과학자들은 그들이 개인적으로 경험하지 못했던 것의 실재를 수용하기 위해서는 사전에 충족시켜야 할 어떤 기준을 갖고 있다. 일반적으로 어떤 주장은 논리적 지지와 경험적 지지 모두를 얻어야 하고 의미가 있어야 하며 세상에서 관찰되는 것과 일치해야 한다.[2)]

2) 과학의 정의

우리는 일상 생활에서 과학이란 용어를 흔히 사용한다. 예를 들어 선생님이 학생의 장래 희망을 물었을 때 학생이 과학자라고 대답했다면, 여기서의 과학은 우주선을 개발하거나 기계를 만들고 실험을 하는 자연과학을 이야기한다. 그러나 사회학, 심리학, 경제학을 연구하는 사람들은 인간의 사회적·심리적·경제적 본성을 파악하고 인간의 행위를 알아내는 사회과학을 떠올린다. 이처럼 과학이라는 용어는 말하는 사람과 듣는 사람에 따라서 다르게 해석될 수 있다. 어떤 사람들은 과학을 과학자의 전유물로 이해할 것이고, 또 다른 사람들은 과학을 좀더 포괄적인 범위를 지닌 학문적인 지적 탐구로 이해할 것이다. 실제로 과학을 명확히 정의하기란 쉽지 않고, 학자들도 개념상의 합의를 이루지 못하고 있다.

과학(science)은 '알다'라는 의미를 지닌 라틴어 'scientia'에서 유래한다. 즉 과학은 우리를 둘러싸고 있는 여러 현상에 대한 지식을 습득하고 그 지식을 탐구하는 방법(a method of inquiry)을 의미한다. 따라서 자연 현상, 사회 현상 모두가 과학의 대상이 될 수 있다.

그러면 어떤 지식이 과학으로서의 성격(과학성)을 지닌 것이냐 아니냐의 판단 기준은 지식 축적의 과정이 과학적인 방법, 특히 실증적 방법에 의해 이루어진 것인지가 중요한 잣대가 된다. 따라서 과학에서 중요시되는 것은 그 대상 자체나 내용이라기보다는 진리 규명을 위해 지식을 축적하는 절차상의 방법론인 것이다. 그리고 과학자들이 행하는 탐구나 관찰은 그 절차

---

2) 예를 들어, 평범한 과학자가 왜 달의 어두운 표면이 춥다는 주장을 수용하는가? 첫째, 달 표면의 열은 태양광선으로부터 오는 것이므로 의미가 있고, 둘째로 달의 어두운 표면을 과학적으로 측정하면 우리의 기대와 일치하기 때문이다. 그래서 과학자들은 개인적으로 경험하지 않은 일을 수용한다. 즉, 합의적 실재를 수용한다. 그러나 그렇게 하는 데는 특별한 표준을 사용하고 있다.

상의 객관성 때문에, 일상 생활에서 일반인들이 의존하는 주관적인 탐구나 관찰과는 큰 차이가 있다.

이와같이 과학은 경험을 통해 실재를 발견하는 의문에 대한 특별한 접근 방법이라고 할 수 있다. 인식론(epistemology)이 앎의 과학인데 반해서 방법론(methodology)은 발견의 과학이다.

과학이 어떤 문제를 해결해 나가는 과정에서 '과학적 방법'이라는 점에서 그렇지 않는 예술(art)과 형이상학(meta-physics)과 구별된다.

과학과 예술의 경우 인간의 일반적인 능력으로 관찰에 의해 해결 가능한 문제를 다루는 점에서 공통적이다. 그러나 과학이 관찰·실험 등의 과학적 방법을 사용하지만 예술은 개인의 창의성이나 직관 등 주관적 방법을 활용한다는 점에서 구별된다. 그리고 형이상학의 경우 종교나 심령, 점성술 등과 같이 인간의 일반적 능력으로는 참과 거짓을 밝혀내기 불가능한 초자연적인 현상에 대해 연구한다는 점에서 과학이나 예술과 구별된다. 이처럼 과학, 예술, 그리고 형이상학의 학문 분야는 해결 가능한 문제를 다루는지와 문제 해결을 위해 과학적 방법을 사용하는지에 따라 구분된다.

따라서 과학은 해결 가능한 문제를 과학적 방법을 사용해 과학적 지식, 즉 이론을 도출하는 과정이라고 정의내릴 수 있다. 종합해 말한다면 과학은 '지식을 생산하는 하나의 시스템이자 그 시스템으로부터 생산된 지식'이라고 볼 수 있다(Neuman, 2000: 6).

3) 과학의 목적

과학의 기본적인 목적은 사회 현상 및 자연 현상을 비롯해 모든 현상을 설명하는 이론을 제시하고 증명하는 것이다. 여기서 이론이란 현상을 설명하고 예측할 목적으로 변수 간의 관계를 자세히 기술함으로써 현상에 대한 체계적인 견해를 제시하는 것이다. 예를 들면, 물리학자들은 온도와 공기의 관계를 알아내고자 했다. 이를 위해 '온도가 올라갈수록 공기는 팽창한다'라는 명제를 제시했는데 이를 이론이라고 한다. 이러한 이론을 제시하고 증명하는 것이 과학이다. 이러한 과학의 목적을 좀더 구체적으로 제시하면 다음과 같다.

(1) 이론 지향성

과학의 연구 대상은 '존재(what is)'이지 '가치관이 포함된 당위(what should be)'를 대상으로 하지 않는다. 과학자들은 어떤 현상이 있으며, 왜 그러한 현상이 발생하는지에 대해서만 관심을 가진다. 그러나 철학자의 경우 주변에서 관찰된 사실들에 추측이나 바람직한 상태에 대한 자신들의 생각을 섞어서 지식을 형성한다. 철학자들이 제시하는 주장에는 모든 사람이 동의하는 기준이 존재하지 않는다. 이에 비해 과학자들이 제시하는 현상과 원인에는 모두가 동의하는 기준이 존재한다.

(2) 규칙성의 발견

과학적 이론은 자연 및 사회 현상 속에 존재하는 논리적이고 지속적인 유형을 알아내는 데 그 목적이 있다. 즉, 과학이 연구 대상으로 하는 것에는 규칙성이 존재한다는 것이다.

그러나 이에 대해 몇 가지 반론이 존재한다.

첫째, 관찰 가능한 규칙성들이 대개 연구 대상으로서의 가치가 없다는 것이다. 그러나 뉴턴(Isaac Newton)이 발견한 '만유인력의 법칙'의 경우, 단순히 사과가 나무에서 지상으르 떨어지는 보잘것 없는 규칙적인 현상에서 출발한 이론임을 생각해 본다면, 겉으로 보기에 상대적으로 가치가 떨어져 보이는 규칙성이라 할지라도 연구 대상으로서 가치가 없다고 할 수는 없다.

둘째, 모든 규칙성에는 반드시 예외가 있다는 것이다. 흔히 "예외 없는 법칙은 없다"라는 이야기를 많이 한다. 예를 들어, 남자가 여자보다 힘이 세다는 규칙성에는 많은 예외가 있다. 그러나 이러한 예외 사항을 들면서 남자가 여자보다 힘이 세다는 것을 거짓이라고 할 수는 없다. 즉, 과학에서 말하는 규칙성은 약간의 예외도 용납하지 않는 절대적 규칙성을 말하는 것이 아니라 확률적 규칙성, 발생의 개연성이 높은 규칙성을 의미한다.

(3) 변수 간 관계의 기술·설명

과학에서는 연구의 대상이 되는 변수가 있다. 변수란 동일한 기준으로 분류된 연구 객체의 속성을 집단화한 개념을 의미한다. 이러한 변수들 사이의 관계를 기술하거나 설명한 것을 이론이라고 하며, 이러한 이론을 제시하고 증명하는 것이 과학의 목적이다.

예를 들어, 직업과 수입 간의 관계에 대해서 생각해 보자. '직업'은 농부, 어부, 회사원 등의 연구 객체를 속성별로 집단화한 것으로, '직업'이라는 것이 변수가 된다. 그리고 '수입'이라는 것 역시 또 하나의 변수이다. 그리고 두 변수의 관계를 설명하는 '직업에 따라 수입에 차이가 있다'라는 진술(statement)은 이론이 된다. 이처럼 이론을 제시하고 뒷받침하는 증거를 보여 주는 것이 과학의 목적이다.

(4) 현상에 대한 예측

과학은 이론을 바탕으로 현상을 예측하는 데 목적이 있다. 예측은 이론의 한 측면으로, 이론의 기초적인 명제로부터 복잡한 명제를 추론하는 것을 의미한다. 예를 들어, 심리학과 조직행동론에서 많이 사용되는 강화이론(reinforcement theory)을 설명해 보자. 강화이론은 어떤 반응이 일어날 때 보상을 받는다면 그 반응은 반복되는 경향이 있다는 것이다. 만일 자녀가 공부를 할 때 부모가 그에 대한 보상으로 용돈을 준다면, 자녀는 용돈을 위해 공부라는 행위를 반복할 것이라고 예측할 수 있다. 이처럼 어떤 이론을 가지고 특정 현상을 성공적으로 예측할 수 있다면 그 이론의 유용성은 매우 높다.

4) 과학(이론)의 특징

일반적으로 과학적 이론은 과학의 논리적 측면을 다루고, 연구는 관찰의 측면을 다룬다. 과학적 이론은 세상의 부분들 간에 존재하는 듯한 논리적 관계를 기술하며, 연구는 그러한 관계가 실세계에서 실제로 존재하는가를 검토하는 수단을 제공해 준다. 따라서 과학(이론)은 논리경험적(logico-empirical)인 것으로 특징지어진다. 이것은 과학의 중요한 두 가지 기둥이 ⅰ) 이론 또는 합리성과 ⅱ) 관찰임을 말해 주는 것이다.

사회과학이론의 특징을 지적하면 다음과 같다(Rubin & Babbie, 1993: 18-24).

(1) 철학이나 신념이 아니라 이론

이상적으로는 과학적 이론이란 무엇이 실제로 존재하는가에 대한 설명이다. '…해야 한다'거나 '…이 옳다' 등과 같은 가치나 규범의 표명이 아니라, '무엇이, 어떻게, 왜 존재한다'라는 사실들에 대한 설명이 주가 된다. 비록 이러한 구분들이 그리 명확하지만은 않으나, 과학적 이론의 목적이 사실들에 대한 설명에 있음은 분명하다.

예를 들어 '신자유주의는 옳은 것인가' 또는 '정부정책에서 복지 우선정책이 성장정책보다 우선해야 하는가'라는 문제는 비록 충분한 논의 가치를 가지고 있으나, 당위 또는 소망성의 문제는 경험적이 아니라 가치의 문제로 다루어질 수밖에 없다. 사회과학 이론에서 가치 중립이 강조되는 이유들도 여기에 있다. 따라서 이러한 문제들은 엄격하게 본다면 과학적 이론의 대상이 되기 어렵다.

(2) 사회적 규칙성

사회과학이론은 사회 생활에서 지속적으로 나타나는 논리적이고 정형화된 규칙성의 유형을 찾는 것을 목적으로 한다. 이에 대해 기본적인 가정은 인간들의 삶이란 전혀 혼란스럽다거나 무작위적인 것이 아니라 적절한 규칙성을 가지고 있다는 것이다.

문제는 자연과학 분야들과는 달리, 사회과학에서는 이러한 규칙성을 발견하는 것이 그리 쉽지 않다는 것이다. 그 이유는 돌멩이나 세균들은 일정한 작용에 대해 일정한 반응을 브이는 규칙성을 가지고 있으나, 사람들은 일정한 자극이 주어져도 매번 같은 반응을 보이지 않을 수 있다. 돌멩이에 없는 '자발성'이나 세균에게 없는 '자유 의지'가 인간들에게는 있고, 그러한 인간들이 구성한 사회 현상들에서 엄격한 규칙성을 찾아내는 것은 결코 쉬운 일이 아니다. 그럼에도 불구하고 규칙성을 찾고 이를 설명하려는 이유는, 그것을 통해 인간과 사회에 더한 이해의 폭을 넓히고 좀더 정확한 예측을 해 나가기 위함이다.

그러나 이러한 사회적 규칙성에 대한 반론과 그 평가에 대해서는 위의 설명과 같다.

(3) 개별적이 아니라 집합적 행동에 관한 이론

사회과학 이론은 개인이 아니라 사회적 유형과 그 규칙성에 관심을 갖는다. 비록 개인들의 행동을 통해서 관찰되기는 하지만, 사회적 유형의 규칙성은 집합체로부터 도출된다. 따라서 사회과학적 이론이란 특정한 개인에 대한 이론이 아니라 집합체의 행동에 관한 이론인 것이다. 개인들이 모인 집합이 어떤 속성을 가지고 있다는 것은 거기에 사회적인 규칙성이 있다는 증거이다. 개인들만의 속성으로 보면 다양한 개인적 동기들이 다양한 행동들을 나타내게 하는 것 같지만 그것들이 모인 집합에서는 놀라울 정도로 일정한 규칙성이 되어 나타나게 된다.

사회과학자는 개별적 유형보다는 사회적 유형을 연구함으로써 개인에 대한 이론을 구성하는 것이 아니라 집단생활의 성격에 대한 이론을 구성하여 집합적 행태 유형이 규칙적임을 설명하고자 하는 것이다.

그리고 사회과학은 사람을 설명하려는 것이 아니고, 사람들이 사회 안에서 행동하고 그렇게 행동하는 이유를 설명하는 체계를 이해하는 것이다. 이 때 이 체계의 구성 요소는 사람이 아니라 변수이다.

(4) 변수에 대한 관심

사회과학은 그것을 구성하는 변수(variables)와 속성(attributes)을 연구한다. 변수란 복수의 속성들에 대한 논리적 집합을 의미하며, 개념과 유사한 의미로 쓰인다(이에 대해서는 뒤에서 자세히 설명한다).

과학적 이론은 변수들 간의 관계에 대한 설명이지, 사람들 간의 관계에 대한 설명은 아니다. 연구자들이 사람들을 관찰하는 것은 그들이 변수들을 가지고 있기 때문이다. 사람들은 성별·나이·용모·학력·소득·가족 관계·심리 상태 등등 이루 헤아릴 수 없는 무수한 변수들로 구성되어 있다. 이러한 변수들이 사람들이 살아가는 여러 행태들에 영향을 주는 것이다. 사회과학이 사회 현상들을 이해하고 예측하기 위한 지식을 만들어 내는 방법은 사회적 규칙성을 발견하는 데 있고, 그러한 규칙성들을 발견하는 방법은 개인들에게 구현되어 있는 다양한 변수들 간의 관계를 밝혀 내는 것이다.

2 지식 탐구의 방법

일상 생활에서나 학문 세계에서 의문을 해결하는 방법, 즉 탐구 방법에는 여러 가지가 있다. 철학자 피어스(C. Pierce)는 어떤 사물을 이해하거나 주어진 문제에 대해 결론을 내리는 방법으로 관습에 의한 방법(method of tenacity), 권위에 의한 방법(method of authority), 직관에 의한 방법(method of intuition)에 의한 방법, 과학적 방법(scientific method)을 들고 있고, 이와 비슷하게 월리스(W. L. Wallace), 나크마이어스(C. F. Nachmias)와 나크마이어스(P. Nachmias)는 질문 또는 의문에 대해 그 진위를 검증하는 방법을 권위적 방법(authoritarian mode), 신비적 방법(mystical mode), 논리적・합리적 방법(logico-rational mode), 그리고 과학적 방법(scientific mode)의 네 가지로 분류한다(Nachmias & Nachmias, 2000: 3-5; Wallace, 1971: 11-16). 그리고 뉴먼(W. L. Neuman)은 권위주의적, 전통적, 상식적, 언론매체적, 과학적 방식 등 다섯 가지로 나누고 있다(Neuman, 2000: 2-5).

이러한 지식 획득의 방법들은 i) 누가 지식을 산출하는가(지식 생산자), ii) 어떻게 지식을 산출하는가(지식 산출 절차), iii) 지식이 어떠한 변화를 가져왔는가(효과, 결과)에서 서로 차이가 난다. 여기에서는 지식 탐구의 방법을 전통에 의한 방법, 권위에 의한 방법, 신비적 방법, 논리적・합리적 방법, 과학적 방법으로 나누어 살펴보기로 한다.

1) 전통(관습)에 의한 방법

이 방법은 어떠한 명제나 주장을 관철시키기 위해 사회적으로 이미 형성되어 있는 선례나 관습, 또는 습성 등을 비판 없이 그대로 수용해 그 근거로 제시하거나 준용하는 것이다. 관습에 의한 방법이 그대로 받아들여지는 이유는 현실에 안주하고자 하는 인간의 보수성과 이를 받아들이지 않았을 경우 따르게 되는 불편과 고통 때문이다.

그러나 이러한 지식 탐구 방법은 현상에 대한 올바른 지식을 형성하는 데 한계를 지닌다. 첫째, 전통이나 관습이 시대에 따라 변하고 모든 사람의 사회에 대한 관심이 동일하지도 않으며, 둘째, 대립되는 견해가 나타났을 때 이 방법은 지식의 내용이 어떻게 바뀌어야 하는지에 대한 해답을 제시해 주지 못하며, 셋째, 이 방법에 의한 지식 탐구는 개인적인 경험에 의한 지식 형성이라는 탐구욕을 제한하게 되며, 모든 사람이 알고 있는 사실만을 자신의 지식으로 받아들이게 하여 지식의 발전을 불가능하게 한다.

2) 권위에 의한 방법

이 방법은 인품이 뛰어나거나, 전문 기술을 갖고 있거나, 사회적 지위가 높은 사람 등 권위가 있다고 생각되는 사람들의 말이나 글을 근거로 문제에 대한 결론을 내리는 방법이다. 그뿐만 아니라 자신의 주장에 대한 타당성과 설득력을 높이기 위해 믿을 만한 정보 출처를 이용한다든지, 신뢰성이 높은 공공기관의 유권 해석을 요구하는 경우도 이에 해당하는데, 이 경우 자기 지식의 원천을 타인 또는 다른 조직의 권위에다 두고 있다는 점이 특징이다. 지식은 자격 있는 지식의 창출자라고 사회적으로 인정된 사람들[3]을 언급함으로써 추구되고 검증된다.

이러한 방법은 지식의 진리성 여부를 권위에 대한 복종심에 기초한다는 특징이 있다. 만일에 어떤 사람이 지식 생산자의 잘못에 관한 반론이 누적되어 그 권위에 복종심을 철회하거나 거부하게 되면 권위에 의한 방법은 더 이상 지식 탐구의 방법으로 유효하지 않게 된다.

그러나 이 방법은 합리적 권위이든 비합리적 권위이든 간에 다음과 같은 경우에 해당 명제의 진위 여부를 판단하기 힘들다는 한계가 있다. 첫째, 권위의 원천이 다른 경우에는 견해의 일치를 보기 어렵다. 예를 들어 한의학과 양의학의 경우처럼 서로 상대의 권위를 인정하지 못하면 해당 명제의 진위 여부를 가리기 힘들게 된다. 둘째, 권위의 원천이 같다 할지라도 복잡한 사회 문제에 관해 전문가들 간에 의견 일치가 이루어지지 않는 경우가

3) 예를 들면, 선지자, 연장자, 대주교, 왕, 대통령, 교수 등을 들 수 있다.

많으며, 또한 의견 일치가 있더라도 반드시 타당한 지식으로 받아들여질 수 없는 경우도 많다. 셋째, 모든 신념이나 주장에 대한 조정 수단으로서의 권위적 방법이 만능일 수는 없으므로 다른 방법에 의한 해결의 여지도 있을 수 있다.

이처럼 전문가나 지도자의 권위에 의한 지식 형성은 전통에 의한 방법과 마찬가지로 개인적 탐구력에 제약을 가져온다. 한편 이러한 권위나 전통에 의한 의심이 과학적 탐구의 출발점이 되기도 한다.

3) 신비적 방법

신비적 방법이란 예언가, 영매, 신령 등 지식을 보유한 것으로 생각되는 초자연적인 권위에 의존해 의문을 해결하는 것이다. 이 방법은 특정 권위에 의존한다는 점에서 권위적 방법과 유사하나, 권위적 방법이 지식 제공자의 사회적 지위에 의존하는 데 반해, 신비적 방법은 지식 생산자의 초자연적인 능력과 지식 수용자의 개인적인 황홀감의 상태 및 정신물리학적 상태에 의존한다는 점에서 다르다. 대개의 경우 신비적 방법은 더욱더 의례적인 순화 및 절차에 의존한다. 심리적 위축감, 경외감, 무력감 및 흥분 상태에서 지식 소비자는 신비적 방법에 의해 지식을 더욱 쉽게 수용하게 된다.

그런데 이러한 방식에 의해 생산된 지식에 대한 신뢰는 그에 대한 반론이 증가하면서, 그리고 사회의 교육 수준이 향상됨에 따라 그 의존도가 감소하는 경향을 보인다. 즉 권위적 방법의 경우와 마찬가지로 권위의 원천에 대한 신뢰도가 떨어지면 그로부터 나온 지식에 대한 불신도 커지게 되는 것이다.

4) 직관에 의한 방법

이 방법은 비판의 여지가 없는 자명한 명제에서 출발해 지식을 개발해 나가는 방법이다. 예를 들어, '전체는 부분보다 크다', '원인 없는 결과는 없다', '1과 2의 합은 2이다'와 같은 명제는 사람들이 의심 없이 받아들이고 있다. 이러한 명제는 너무나 명백한 사실이어서 그 뜻을 이해하는 사람이면 누구나 그것이 진실이라는 확신을 갖게 된다. 그러나 직관에 의한 방법으로 인정되었거나 되고 있는 명제라 해도 언제나 자명성을 갖고 있는 것은 아니다. 옛날 많은 사람들은 지평선이 평평하다는 것을 보고 직관적으로 '지구는 평평하다'라는 명제를 받아들였으나 이는 사실이 아님이 밝혀졌다. 명제의 자명성이란 그때그때 유행의 영향으로 또는 어릴 때의 학습에 의해 무비판적으로 받아들여지는 경우가 많다. 따라서 직관에 의해 형성된 지식들은 반드시 검증되어야 하며, 이러한 절차가 과학적 사고의 출발점이 된다.

5) 논리적 · 합리적 방법

합리주의(rationalism)는 현상이나 사물에 대한 완전한 지식은 여러 가지 형식의 논리(logic)와 규칙(rules)을 엄격하게 지킬 때에만 가능하다고 주장한다. 합리주의의 기본 가정은 i) 인간의 이성은 관찰할 수 있는 현상과는 독립적으로 세계를 이해할 수 있고, ii) 지식의 형태는 우리가 경험하기 이전에 이미 선험적으로 존재한다는 것이다(Nachmias & Nachmias, 2000: 5).

이 방법에서는 원칙적으로 참이어야 하는 것은 무엇인가, 논리적으로 가능하고 허용될 수 있는 것이 무엇인가에 관심을 가진다. 합리주의자들에게는 추상적 논리(abstract logic)가 규범적 지배과학(normative master science)이며, 이것은 비합리적 사고와 과학적 명제를 구분하는 기준이 된다. 이 방법에서는 어떤 명제 또는 진술의 진위 여부에 대한 판단은 그것이 도출된 절차에 주로 의존하게 되며, 그 절차는 엄격한 형식 논리의 규칙을 따른다.

이러한 선험적 지식에 대한 관념은 오늘날 추상수학, 순수수학 분야에서 가장 구체적으로 표현되고 있다. 순수수학은 경험적인 세계와는 독립적인 보편적으로 타당한 확실한 명제들로 구성된다. 후술하는 과학적 방법에서도 순수수학과 형식 논리는 필요하지만, 사회과학 분야에서는 이러한 것들이 연구 과제를 해결하고 사회 문제 해결에 도움이 될 때에만 그 가치가 인정된다. 다시 말하면, 과학적 방법에서도 합리적 · 논리적 추론을 활용한다. 그러나 그 결과를 그대로 참된 지식으로 받아들이는 것은 아니다. 과학적 방법에서는 논리적 추론 과정을 거쳐 얻어낸 결과를 가설로 간주하며, 이러한 가설이 타당한지는 현실 세계에 대한 관찰을 토대로 검증되어야 하는 것으로 본다.

6) 과학적 방법

우리가 지식에 대해 좀더 정확성을 찾고자 한다면 관습, 상식, 직관, 권위 등으로부터 벗어날 필요가 있다. 이른바 과학적 지식 탐구 방법은 가능한 한 많은 의문을 제기하고, 과학적으로 증명한다는 점에서 다른 지식 탐구 방법들과는 다르다.

우리는 주어진 문제에 대해 의문을 제기하는 것 자체만으로 문제 해결이 이루어지는 것은 아니다. 중요한 것은 명확한 논리, 또는 진리라고 생각되는 각 명제에 대해 가능한 대안들을 발견하는 기술이다. 즉, 발생할 수 있는 여러 가지 가설을 논리적으로 기술하고 이를 관찰 가능한 현상과 비교한다. 이러한 비교를 통해 기각되어야 할 가설이 무엇이며, 채택 가능한 가설이 무엇인지를 판별하게 된다. 이러한 과정을 거쳐야 과학적 방법에 의해 증명된 지식이라고 할 수 있다.

과학적 방법에 의한 지식 탐구는 일차적으로 진술의 관찰 결과에 의존하고 이차적으로 그 진술을 만들어 내는 데 사용된 절차에 의존한다.[4] 진술을 만들어 내는 사람들의 특성들 자체에 대해서는 중요하게 다루어지지 않는다.

이러한 과학적 지식 탐구 방법은 논리적이고 경험적이어야 한다. 즉, 논리적 탐구를 통해 유추된 현상에 대한 지식이 경험적으로 관찰된 사실과 일치할 때 과학적 지식으로 인정받을 수 있다. 특히 과학적 이론이 합리적인 논리를 강조하는 것이라면, 과학적 방법은 과학적 이론이 현실적으로 어떻게 존재하는가를 보여 주는 수단이다.

---

4) 권위적, 신비적, 그리고 과학적 방법 간의 사회학적 관계에 관한 고전적 논의에 대해서는 말리노프스키(Malinowski, 1948)를 참조할 것. 권위적 방법과 과학적 방법을 명쾌하게 비교한 고전적 실험, 즉 집단의 영향력이 개인적인 지각에 미치는 영향에 대한 실험은 애시(Asch, 1958), 셰리프(Sherif, 1958)의 논문을 참조할 것.

월리스(D. L. Wallace)는 과학적 지식 탐구 방법의 핵심으로 i) 관찰 결과의 중시, ii) 관찰에 사용될 규칙과 절차의 객관성 등 두 가지를 지적하고 있다(Wallace, 1987: chp. 1). 즉 관찰에 의해 공적으로 인정될 수 있는 객관적 사실에 지식의 근거를 두는 것이다. 과학적 방법은 의문의 대상에 대한 객관적인 관찰 결과를 중요시한다. 그러나 관찰 과정에서 관찰자의 편견, 가치관, 태도, 감정 등 개인적 특성을 신중하고 체계적으로 배제시켜야 한다는 입장을 취하고 있다.

그러므로 과학적 방법에서는 과정 또는 절차의 중요성이 강조된다. 관찰 결과로부터 산출한 정보가 참인지의 여부가 문제될 때, 그것은 정보 그 자체의 진위가 아니라 그 정보를 산출한 관찰 과정의 객관성에 대한 판단에 따라 결정된다.

과학적 방법에는 관찰 과정에서 개인적 편견을 배제하고 관찰 결과의 진위 여부에 대해 학문 공동체 구성원 간에 합의에 도달하게 해 주는 규칙들이 존재한다. 예를 들어 척도 구성의 규칙, 가설 검증의 규칙, 표본추출 방법, 모수의 추정 방법 등이 바로 그러한 것이다.

자연과학의 경우, 현상의 특성을 반영하는 변수의 개념 정립, 변수가 실제로 변화하는 상태를 측정하기 위한 조작화, 조작화된 개념의 측정 과정, 변수들 사이의 관계에 대한 정립 등이 용이하여 과학적 방법론에 대한 논의에 큰 비중을 두지 않는 편이다.

그러나 사회과학의 경우, 자연과학과는 달리 변수의 파악이나 조작화를 통한 계량화와 그 변수에 대한 측정에서 모든 사람들이 동의하는 객관적인 방법을 도출하기 쉽지 않고, 또한 측정된 결과의 분석을 통해 변수들 간의 관계를 정형화해 가는 것도 쉽지 않다. 그러므로 사회과학에서는 과학적 조사방법론을 이해하고 적합하게 방법론을 적용하는 것이 중요하다.

이상에서 살펴본 지식의 탐구 방법들을 검토하면, 우선 우리들이 가지고 있는 지식이 반드시 과학적인 방법에 의해 산출된 것만은 아니며, 또한 과학적 방법에 의해 산출된 지식이라고 해서 완전무결한 것도 아니라는 점이다. 그리고 이들 방법들이 결코 상호 배타적인 것이 아님에 유의해야 한다. 사실 하나의 전형적인 결과는 과학적인 관찰과 방법, 권위적인 주석과 기록, 의례적으로 훈련된 상상력과 통찰력에의 호소, 그리고 논리적·합리적 연역과 귀납 등이 어느 정도씩 포함되어 있으며, 단지 이들 방식 사이에서 나타나는 상대적 우위 또는 강조에 따라 구분되고 있을 뿐이다.

3 탐구 과정의 오류

우리가 갖고 있는 지식들은 옳은 것도 있고 잘못된 것도 있다. 현재에는 옳다고 믿고 있는 지식들도 얼마 후에는 잘못된 것으로 판명될 수 있다. 인간의 지식에는 한계가 있으며, 그러한 한계의 대부분은 지식을 생산하는 주체들인 인간들이 갖는 근본적 한계에 의해서 나타난다. 다음은 인간들의 일상적인 지식 탐구 과정에서 보편적으로 나타나기 쉬운 오류들을 제시한 것이다(Rubin & Babbie, 1993: 11-18).

1) 부정확한 관찰

개인적 탐구의 핵심은 일어나는 현상에 대해 정확한 관찰을 바탕으로 전통과 권위에 의한 지식의 모순성과 한계성을 발견하고 현상 속에 존재하는 규칙성을 발견하는 데 있다. 그러나 전통적 방법들에 의한 지식 탐구는 탐구 활동 자체에 개인 또는 집단의 편견과 주관 등 가치적 요소가 개입되어 관찰 과정 또는 탐구 과정 자체가 주관적 편견에 의해 이루어질 가능성이 높다. 예를 들어, 과거의 사람들은 '지평선이 일직선이다'라고 생각했다. 그러나 과학적이고 정확한 관찰을 통해 보면 지평선은 일직선이 아니라 둥근 형태임을 알 수 있다. 이러한 현상은 사람이 가지는 착시 현상 때문이다.

이와같이 과학적 관찰을 통해 지식 탐구의 오류를 감소시킬 수 있다. 많은 경우에 정확한 관찰을 가능하게 하는 간단하거나 복잡한 조사 도구들을 개발해 활용되고 있다.

2) 지나친 일반화

개인적 경험과 직관에 의한 지식 탐구는 개인이 우연히 관찰한 몇 가지의 부분적 현상을 마치 전체 속에서 볼 수 있는 규칙적 특성으로 일반화해 버리는 오류를 범하기 쉽다. 예를 들어 개인이 만난 몇몇 중국인이 영어를 잘한다고 하여 모든 중국인이 영어를 잘한다고 생각할 경우 이는 지나친 일반화(overgeneralization)이다.

지나친 일반화는 의문의 해결을 오도할 수가 있다. 지나친 일반화의 오류 방지 방법으로, 관찰의 표본 수를 충분히 크게 함으로써 표본추출 오차를 줄이는 방법과, 연구의 반복(replication)을 통해 매번 동일한 결과를 얻을 수 있는지를 검토함으로써 연구의 신뢰성을 높이는 방법 등이 있다.

3) 선택적 관찰

개인적 경험이나 직관에 의해 어떤 현상에 대해 특정한 규칙성이 존재하고 그 이유에 대한 일반적인 이해를 하고나면, 그러한 규칙성을 지지하는 사실이나 사상에 대해서는 필요 이상의 주의를 기울이면서, 이러한 규칙성과 관계가 없거나 규칙성을 벗어나는 사실 및 현상에 대해서는 의도적으로 무시해 버리는 경우가 많다. 개인 차별, 인종 차별, 지역 차별이 지속되는 것은 주로 선택적 관찰(selective observation)에 기인한다. 선택적 관찰의 한 예를 들면, 상사가 아끼는 부하에 대해 인사평정을 할 때, 그 부하가 장점과 단점을 동시에 갖고 있음에도 불구하고 장점만을 관찰하여 평정에 반영하는 경우이다. 선택적 관찰의 오류 방지 방법으로, 연구설계를 통해 사전에 관찰의 수와 종류를 미리 구체화하는 방법이 활용된다.

4) 연역된 정보 또는 꾸며낸 정보

때로는 어떤 사실들은 자신의 일반화된 지식과 정면으로 위배되어 회피하기 어려운 경우들이 발생할 수 있다. 이러한 경우에 자신의 일반화를 유지하기 위해 스스로 거짓 정보를 만들어 낼 수 있다. 이처럼 일반적 결론과 배치되는 사건을 만났을 때, 그와 같은 모순을 해결하기 위해 거짓 정보를 꾸며냄으로써(연역함으로써) 오류를 범하는 것을 연역된 정보(deductive information) 또는 거짓 꾸며낸 정보(made-up information)에 의한 오류라고 한다.

예를 들면, 어떤 사람이 '흑인들은 게으르다'라는 일반적인 결론에 이르렀다고 하자. 그런데 공장에서 열심히 일하는 흑인을 보고, '저 사람은 좀 더 편한 사무직으로 승진하려고 그저 노력하고 있을 뿐이다'라고 거짓 정보를 연역함으로써 기존의 일반론(결론)을 방어하려고 한다.

5) 사후 가설화

어떤 사실들 간의 관계를 설명하기 위해 과학적인 방법은 사전 가설 설정 방법을 사용한다. 먼저 사실들 간의 관계에 대한 생각을 미리 설정해 두고서(가설), 그 가설이 옳은지 그른지를 경험적으로 검증하는 식으로 진행된다. 그런데 우리의 일상적인 생각들은 대부분 이와 반대로 사후에 가설이 설정되는 경우가 많다. 무의식적으로 관찰이 이루어지고, 그 후에 그것에 대한 설명이 이루어지는 것이다. 예를 들면, 수면 시간과 학교 시험 성적 간의 관계를 알기 위해서 사전 가설 설정 방법에 의하면 수면 시간이 길수록 시험 성적이 낮다라는 가설을 설정하고 실제로 그러한지를 검증해 볼 것이다. 반면에 사후 가설화 방법은 낮은 시험 점수를 받은 사람이 왜 시험 점수가 낮아졌는지에 대해 설명해 보려는 것이다. 사후 가설화(ex post facto hypothesizing)는 경험적인 사실들 간의 연결을 말하는 것처럼 보이지만, 실제로는 관계에 대한 경험적 사실들을 말하는 것은 아니다. 따라서 우연한 설명이 될 가능성을 배제할 수 없고, 그에 대한 검증 방법도 없다. 그래서 과학은 사전 가설 설정 방법을 선호하는 것이다.

그러나 과학의 발전은 이러한 사후 가설화를 통해 한 단계 발전하는 것이라고 할 수 있다. 왜냐하면 과학자들은 기존의 일반론 또는 이론과 배치된 관찰을 하게 되는 경우에 새로운 추가적 정보를 연역해 내고 사실을 재검토함으로써 그 연역을 추적 검토해 기존의 일반론을 수정해 나갈 수 있기 때문이다.

6) 비논리적 추론

비논리적 추론(illogical reasoning)이란 일상 생활에서 관찰된 결과가 기대된 규칙(결론)과 모순되게 나타났을 때, 그것은 그 규칙을 입증하는 예외

(exception that proves the rule)라고 생각하는 것을 말한다.

일상적 추론에서의 비논리성의 대표적인 예는 통계학자들이 '노름꾼의 오류(gambler's fallacy)'라고 부르는 것이다. 종종 우리는 어떤 행운이나 불행이 일관성 있게 계속되면, 그 행운이나 불운의 원인을 엉뚱한 데서 찾거나 또는 그 반대의 징후가 곧 나타날 것이라고 추정하게 된다. 화투판에서 몇 회를 잃은 사람이 다음 판에는 이길 확률이 높아졌다고 믿는 식의 오류이다. 또는 계속해서 돈을 따고 있는 사람은 자기의 자리가 좋아서라는 신념에 빠져들 수 있다. 그래서 많은 화투꾼들은 그러한 잘못된 신념 때문에 화투를 칠 때마다 특정 자리에 그렇게 오랫동안 앉아 있게 되는 것이다.

또 다른 경우로, 개별적으로 독립적인 사건들을 종속적인 사건들로 인식하는 것도 명백한 비논리적인 추론의 오류이다.

이와같이 사람들은 일상 생활에서 일어나는 현상을 이해할 때, 비논리적 추론에 빠지게 되는 경우가 흔한데, 과학자들은 논리 체계를 의식적이고 명시적으로 사용함으로써 이러한 함정을 피하고자 노력한다.

7) 자아개입

어떤 현상을 이해할 때 자아개입(ego-involvement)은 객관적인 지식 탐구를 방해한다. 비록 무엇을 정확하게 설명하려고 하나, 그러한 설명에 의해 우리가 자아 손상을 입게 될 때 그 설명들은 객관성이 떨어지는 경향이 있다. 예를 들어 어느 날 갑자기 직장에서 해고된 사람은 어떠한 형태로든 자신의 상황을 설명할 필요가 있다. 그런데 이 과정에서 자신의 자아에 치명적인 손상을 입히지 않을 설명을 찾으려 할 것이다. 자신의 상사가 자신의 능력을 시기해 견딜 수가 없었다든가, 자신의 소질과는 그 직장이 애초부터 맞지 않았다든가 하는 식의 설명이 가능할 것이다. 자신의 능력 부족으로 해고를 초래했다고 스스로를 설명하기는 매우 힘들 것이다. 이처럼 개인들의 일상적인 설명은 자아가 개입되어 있는 경우에 쉽사리 객관적이지 못하게 된다.

과학자들도 인간이므로 과학적 의문의 해결에 대해 그 결론에 이르는 과정에서 자아개입에 빠질 위험이 있다. 따라서 과학적 연구에서 개인의 주관이나 편견의 개입을 방지하기 위한 객관성의 확보 노력이 필요한 것이다.

8) 탐구의 조기 종결

어떤 사실이 완벽하게 이해되기 전에 탐구를 쉽사리 종결하는 것을 말한다. 지나친 일반화, 선택적 관찰, 연역된 정보, 비논리적 추론의 방어적 사용 등이 모두 성급하게 의문을 종결짓도록 하는 원인이 되고 있다. 인간 사회에 대한 연구에서 탐구를 조기에 종결(premature conclusion)하는 것은 매우 위험한 일이다. 왜냐하면 인간에 대한 이해는 순환적(recursive) 특징을 가지고 있기 때문이다. 인간들에 대한 연구의 결과는 당초 연구 대상이 되었던 인간들의 성향을 변화시키게 되고, 다시 그렇게 변화된 연구 대상으로 인해 그에 대한 새로운 연구가 필요하게 되는 측면을 지니고 있다. 그래서 인간을 대상으로 하는 사회과학 연구들에서는 한 현상에 대한 확고한 지식의 획득 후에 그것에 대해 더 이상 탐구하지 않아도 되는 것과 같은 종결은 바람직하지 않다.

따라서 과학이란 결론이 계속해서 수정되는 개방적 과정의 산물이다. 한 사람의 과학자나 한 세대의 과학자가 어떤 문제에 대한 의문을 종결짓더라도, 그 후에 다른 과학자나 다른 세대의 과학자가 오래된 아이디어를 검증해 기존의 이론을 수정하고 새로운 이론이 축적되는 것이다.

9) 잔여의 신비화

인간의 이해에는 당연히 한계가 있다. 누구에게나 아무리 노력해도 현실적으로 이해하지 못하는 수없이 많은 사건과 상황이 존재한다. 그래도 우리는 그것을 어떤 식으로든 이해하고 설명하려 한다. 그 한 가지 방법이 인간이 이해할 수 없는 현상을 초자연적 또는 신비적 원인의 속성으로 돌리는 것이다. 잔여의 신비화(mystification of residuals)는 이해되지 않는 현실에 대한 초현실적인 귀의인 것이다. 그렇다고 종교적이거나 마술적인 것으로 돌리려는 것은 아니며, 단순히 인간의 이해를 초월하는 원인이 있다고 보는 것이다. 도무지 알 수 없다는 식의 설명보다는 그래도 그 현상에 대한 개인적 이해에 도움이 되기 때문이다. 이러한 신비적 설명 방식은 일부 어떤 사건이나 상황에는 진실일 수 있으나, 대부분 임의적(random)이어서 진실과는 아무 관련이 없다. 과학적인 설명은 이러한 신비적인 이해 방법을 배제한다. 그것이 옳고 그름을 떠나서 어떤 식으로든지 경험될 수 없는 사실들에 대해서는 그것이 참 혹은 거짓인지를 판단할 수 있는 기준이 과학에는 없기 때문이다.

이상과 같이 인간들의 지식 탐구에는 많은 오류들이 내포되어 있다. 비록 이러한 오류들을 의식하고 그에 대해 대비한다 해도 모든 오류들을 완전하게 배제하기는 불가능하다. 왜냐하면 탐구의 주체는 불완전한 인간들이므로 오류들은 어차피 발생하는 것일 수도 있다. 그러나 인간의 자연스런 일상적 경험에서의 한계에 대해 우리가 더 많이 인식하면 할수록, 우리는 그것을 배제하기 위한 의도적인 장치들을 더 많이 갖추어 나갈 수 있을 것이다. 과학적 방법은 일상적 추론의 한계를 극복하기 위한 일종의 의도적인 장치를 갖추기 위한 노력의 산물이다.

대체로 과학은 두 가지 면에서 우리의 일상적인 의문 제기와는 다르다.

첫째, 과학적 의문은 의식적 활동이다. 일상 생활에서의 계속적인 관찰은 무의식적이거나 반의식적이지만 과학적 의문에서는 의식적으로 관찰 결정을 내리고 관찰하는 동안에 의식적으로 행동하고 있다.

둘째, 과학적 의문은 일상적인 노력보다 주의깊게 이루어지며 오류를 범하지 않으려고 신중하며 오류를 피하려고 특별한 주의를 기울인다. 그러나 개별 과학자는 물론 집단으로서의 과학자들도 우리가 검토한 모든 오류를 범하고 있을 뿐만 아니라 함정에 빠져 오랫동안 헤어나지 못하는 경우가 많다.

제 2 절 과학적 방법과 과학적 조사연구

1 과학적 방법

1) 과학적 방법(론)의 의의

방법론(methodology)이란 어원상 지식을 얻기 위해서 사용되는 계획에 대한 연구라는 의미를 지닌다.[5] 즉 과학적 연구(조사)를 할 때 사용되는 방법에 대한 연구이다.

과학적 방법(론)에는 체계적인 법칙과 연구(조사) 과정이 존재하며 연구를 진행하고 지식에 대한 주장을 평가하는 기준을 제시한다. 그리고 체계적인 법칙과 조사 과정은 연구자들이 지속적으로 새로운 방법을 추구함에 따라 발전하게 된다. 이러한 발전은 천천히 그리고 조심스럽게 지속적으로 발전하고 있다. 이러한 과학적 방법은 다음과 같은 원칙에 적합해야 한다.

(1) 의사소통의 원칙

방법론의 주된 목적은 연구자들이 알고 있는 일반적인 경험을 의사소통(communication)을 통해 다른 연구자들에게 정확하게 설명하고 이해할 수 있도록 돕는 것이다. 이를 위해서 연구자가 제시한 방법을 동일 연구자나 다른 연구자가 동일 방법으로 반복해 연구함으로써 의도하지 않은 오류의 발생 가능성을 줄일 수 있다. 즉, 코끼리의 모습을 가장 잘 설명할 수 있도록 하는 방법은 사람들에게 코끼리를 보여 주는 것이다. 그리고 반복하여 코끼리를 여러 각도에서 보여 줌으로써 코끼리를 잘못 이해할 가능성을 줄일 수 있다.

---

5) 방법론의 영어 단어는 methodology이다. 이 단어는 '……로부터'라는 뜻을 가진 'meta'라는 단어와 '여행'을 의미하는 'hodos' 그리고 '논리, 이해 능력'이라는 뜻을 지닌 'logos'가 합쳐진 것이다.

또한 이에 대해 건설적인 비판이 뒤따라야 한다. 연구자가 주장하는 것에 대해, 관찰이 정확한 것인지, 어떠한 관찰 방법이 사용되었는지, 검증 과정은 타당한지 등의 질문을 해보아야 하며, 이러한 질문을 통해 연구자가 제시하는 주장을 평가할 수 있다. 즉 과학적 방법은 사회 현상에 대한 연구에서 모든 사람들이 이해할 수 있도록 도와 주는 질문을 제공한다.

(2) 추론의 원칙

과학적 방법론에서 가장 기본적인 도구는 논리성이다. 논리성은 연구자들이 관찰한 현상에서 신뢰할 만한 새로운 추론(reasoning)을 가능하도록 해 준다. 또한 과학적 사고의 기본 요소로서 논리성을 사용한다면, 과학적 방법론은 연구자가 하는 주장에 대한 내적 일관성을 확보해 준다. 예를 들면 연역적 방법의 대표적인 삼단논법은 기존에 나타난 현상들을 바탕으로 새로운 사실을 논리적으로 추론할 수 있도록 해 준다. 이렇게 추론된 결과들은 내적 일관성도 어느 정도 확보할 수 있다.

(3) 상호주관성의 원칙

과학적 방법론은 실증적 객관성을 결정하고 적절한 방법과 타당한 도구를 선택하는 기준을 제공한다. 즉, 과학적 방법은 세상의 구체적 이미지들에 대한 합의에 도달할 수 있게 해 주는 규칙들을 만들어 낸다. 이들 여러 규칙들을 상호 주관적 비판과 논쟁을 거치면서 궁극적으로는 합의에 도달하게 됨으로써 개인적 편견을 배제시키게 되는 것이다(Nagel, 1967: 10). 예를 들면, 척도 구성 규칙, 표본추출 방법, 측정 규칙, 모수치 추정 방법, 논리적 연역 및 귀납의 규칙 등을 적용함으로써 과학적 정보의 구성 요인들을 비판하거나 거부 혹은 수용하게 되는 것이다.

객관성과 타당성은 매우 높은 상호의존성을 지닌다. 연구자들은 그들의 발견이 다른 연구자들에 의해 진실임이 증명될 때까지 그들의 연구가 객관적이라고 주장할 수 없기 때문에, 객관성은 타당성에 의존할 수밖에 없다. 이러한 타당성은 곧 상호주관성(intersubjectivity)과 연결된다. 상호주관성은 다른 연구자들이 동일한 대상에 대해 동일한 방법으로 동일한 과정을 거쳐 연구했을 경우 동일한 결과가 나와야 한다는 것이다.[6] 이는 타당성의 개념과 어느 정도 일치한다고 볼 수 있다. 그러므로 과학적 방법론이 연구 결과에 대해 객관성을 제공하기 위해서는 재생 가능성을 충족할 수 있어야 한다.

2) 과학적 방법의 요건

과학적 방법이란 주어진 현상 간의 가정된 관계에 대한 가설적 명제들을 체계적으로 통제된 관찰을 통해 실증적·비판적으로 검증하는 방법이다(Kerlinger, 1966: 13). 컬링거(F. N. Kerlinger)는 과학적 방법의 요건으로서 ⅰ) 개념적·이론적 설계(scheme)의 사용, ⅱ) 주어진 가설에 대한 체계적·실증적 검증, ⅲ) 통제된 관찰, ⅳ) 변수들의 관계에 대한 의식적·체계적 추구, ⅴ) 관찰된 현상에 대한 객관적·가치 중립적 설명을 들고 있다(Kerlinger, 1966: 4-6).

그리고 앤더슨(B. F. Anderson)은 "과학이란 현상을 기술하고 설명하기 위한 특정한 법칙들의 집합"이라고 정의하고, 과학적 방법의 요건으로 다음의 여섯 가지 원리를 제시하고 있다. ⅰ) 조작적 정의를 사용해 관찰이나 측정이 가능해야 하며(조작적 정의의 원리), ⅱ) 특수한 조건에 한정되지 않고 일반성에 입각해야 하며(일반성의 원리), ⅲ) 잔여 변수들이 통제된 상황에서 관찰이 이루어져야 하며(통제된 관찰의 원리), ⅳ) 연구자와 다른 사람이 반복해서 관찰할 수 있어야 하며(반복적 관찰의 원리), ⅴ) 기술이나 설명이 실제와 부합될 수 있어야 하며(확증의 원리), ⅵ) 설명들 사이에 상반이 있어서는 안 된다(일관성의 원리)는 것이다(Anderson, 1966: 8).

이상의 논의를 종합하면, 과학적 방법의 요건으로 논리성, 인과성, 일반성, 간결성, 구체성, 경험적 검증 가능성, 상호주관성, 수정 가능성 등으로 재정리할 수 있다(채서일, 2005: 42-44).

(1) 논리성

과학은 합리적인 사고 활동이며, 과학적 설명은 이치에 맞아야 한다. 종교는 계시, 관습 및 전통에 의존하지만 과학은 논리적인 사고에 의존한다.

---

6) 구성 요인들의 재생 가능성(reproductibility)이라고도 한다.

과학의 논리성이란 시간적으로 원인이 결과에 선행해야 한다는 것을 말한다. 또한 과학의 논리에서는 모순이 없어야 한다. 즉, 두 개의 배타적인 사건이 동시에 일어날 수 없다는 것이다. 예를 들어 두 개의 동전을 던졌을 때 앞과 뒤가 동시에 나올 가능성이 없어야 한다는 것이다.

일반적으로 논리성을 지니기 위해서 연역(deduction)과 귀납(induction)이라는 두 가지 방법에 의해 논리를 전개해 나간다. 연역은 일반적인 사실들로부터 개별 현상들에 대한 이론을 도출해 나가는 과정을 거치지만, 귀납은 개별 현상들로부터 일반적인 사실을 추론해 내는 과정을 거친다.

(2) 인과성

과학에서 모든 현상은 '자연발생적'인 것이 아니라 어떤 원인에 의해 나타난 결과이며, 이러한 원인과 결과는 논리적으로 설명할 수 있어야 한다. 그러나 연구자들이 과학적 방법을 사용한다고 하여 모든 현상의 원인을 안다는 것은 불가능하며 안다고 하지도 않는다. 그리고 한 가지 현상에 대해 여러 가지 원인이 존재할 수 있음을 인정한다. 또한 서로 다른 원인에 의해서도 동일한 결과가 나타날 수 있다고 본다.[7)]

그리고 과학적 방법은 확률적 결정론을 포함한다. 즉, 원인으로 인해 결과가 나타날 수 있는 가능성을 확률적으로 파악한다는 것이다. 예를 들면, 특정 유권자가 C라는 후보를 선택할 확률이 70%라고 표현하는 것이다.

(3) 일반성

일반성이란 경험을 통해 얻은 구체적인 사실들을 바탕으로 보편적인 원리를 추구하는 것을 말한다. 즉, 개별적인 현상 하나하나를 설명하기보다는 여러 현상을 함께 설명할 수 있는 일반적인 원리를 추구한다. 따라서 어느 연구 결과가 다른 연구 결과에 비해 더 많은 현상을 설명하거나 예측할 수

7) 예를 들어, 유권자가 특정 후보자에게 투표한 경우, 연구자들은 그 투표행위가 임의적으로 일어난 것이 아니라 후보자의 공약, 인품, 전문 능력, 정치적 이미지, 지연, 학연 등 다양한 원인들에 의해 행동이 일어났다고 결론을 내리는데, 이 경우에도 A유권자는 공약과 지연을 중시하고 B유권자는 전문가 능력, 학연의 품성을 중시한다고 하더라도 동일한 후보를 선택할 수 있다는 것이다.

있다면 더 좋은 과학적 연구 결과라고 할 수 있다. 이러한 일반성은 연구 상황 통제가 비교적 용이한 자연과학에 비해 실험 등 완벽한 통제가 불가능한 사회과학에서 추구하기가 매우 어려운 것이 사실이다.

(4) **간결성**

과학자들은 어떤 현상을 이해할 때, 필요한 최소한의 설명 변수만을 사용해 가능한 최대의 설명력을 얻으려고 한다. 그러기 위해 먼저 관찰된 사실들을 유형별로 공통 요소를 찾아내고 이를 일반화시켜 이해하는 한편, 현상의 유형을 구분하는 데 도움이 되지 않는 요소들을 찾아내고 그러한 요소들을 일반화 이론에서 배제하려 한다. 예를 들어, K라는 연구자는 유권자들이 후보자를 선택하는 중요 요인으로 후보자의 정당, 사회계층을 사용했고, J라는 연구자는 유권자의 나이, 학력, 출신을 사용했다고 하자. 이 경우 어떤 연구자의 연구 결과를 선택해야 하는가? 이 때 설명력이 더 높은 연구자의 연구를 선택하게 되는 것이다. 그러나 대부분의 연구에서 간결성을 높이면 설명력이 떨어지고 설명력을 높이면 간결성이 떨어지는 대체 관계(trade-offs)가 발생해, 종종 연구자들은 간결성과 설명력 사이에서 선택을 강요받기도 한다.

(5) **구체성**

과학적 연구에서는 연구자가 사용하는 개념을 명확히 정의내려야 하고, 이러한 정의가 다른 연구자들이 이해할 수 있도록 구체적으로 표현되어야 한다. 이러한 개념의 정의를 부여하는 과정을 조작화라고 한다. 하나의 개념에 대해 여러 가지의 조작화가 가능하다. 이 조작화 과정을 통해 연구자들은 개념을 어떻게 측정했는가를 정확히 밝힐 수 있게 된다. 또한 다른 조작화를 통해 측정한 개념을 이용한 연구 결과가 동일할 경우 이는 일반화 가능성이 더욱 높아진다.

(6) **경험적 검증 가능성**

이것은 연구자가 제시한 이론들이 현실 세계에서 경험을 통해 검증될 수 있어야 한다는 것이다. 과학에서 어떤 결과의 표현은 일반적인 법칙이나 방정식의 형태로 제시되는 것이 보통인데, 이러한 법칙이나 방정식이 실제로 자료의 수집 조사나 분석을 통해 얻은 결론이 아니라면 과학적 이론이라고 하기에는 부족하다. '민주적 리더십이 조직의 성과를 높인다'라는 명제는 실제 조직의 성과를 관찰함으로써 확인이 가능하다. 그러나 이러한 관찰만으로 이 명제가 완전히 증명된 것은 아니며, 단지 그 일반론이 부정되지 않는 것으로 보아야 한다. 연구자가 경험적으로 검증하기 위해서는 이론이 반증되는 조건을 지적할 수 있어야 한다. 즉, 연구자가 주장하고 있는 이론과 반대되는 이론이 잘못되었다는 것을 보여 줌으로써 자신의 이론이나 주장을 확고히 할 수 있다.

(7) 재생 가능성

이것은 다른 연구자나 서로 다른 동기를 가지고 연구하더라도 동일한 방법과 과정을 통해 검증할 경우 동일한 결론에 도달할 수 있어야 한다는 것을 의미한다. 이 문제는 연구의 객관성과 관련된 문제로, 조사설계와 자료를 수집·분석하는 것이 객관적이라면, 연구 결과도 동일하게 나타나야 한다는 것이다.

그러나 연구자들이 같은 현상, 같은 주제를 연구해도 항상 같은 연구 결과가 나오는 것은 아니다. 즉, 변수들을 조작화하고 측정하는 데 서로 차이가 나기 때문이다. 따라서 이러한 혼란을 회피하기 위해서 연구 방법에서 엄격한 절차와 기준을 요구하는 것이다.

(8) 수정 가능성

과거 과학적 이론이라고 인정받던 이론들이 시간이 흐름에 따라 잘못된 것으로 또는 불완전한 것으로 확인되거나 다른 이론들로 대체되는 경우가 많다. 예로 천동설이 지동설로 대체된 것을 들 수 있다. 마찬가지로 현재의 확립된 이론들 역시 새로운 이론에 의해 대체될 수 있다. 과학사는 이러한 이론의 수정의 역사라 해도 과언이 아니다.

그러나 아우어(J. J. Auer)의 지적과 같이 "과학적 방법은 어떤 고정된 공식이라기보다 연구자의 태도, 문제에 접근해 들어가는 방법, 비판적 사고의 관습"이라고 말할 수 있다(Auer, 1959: 25). 그것은 과학적 방법이 어떤 외적 조건들만을 가지고 기계론적으로만 설명될 수 없으며, 연구자 자신의 태도나 사고 방식에 따라서 결정될 수 있기 때문이다. 아무리 연구 방법에 정통하더라도 연구자가 편견을 갖고 있으면 연구 결과는 과학적일 수 없다. 그러므로 과학적 연구 방법이란 과학적 마음가짐과 객관적·비판적 사고 방식이라고 할 수 있다.

3) 과학적 연구의 목적

사회과학 연구의 궁극적 목적은 우리가 제기한 연구 문제에 관해 신뢰할 수 있는 체계적 지식을 산출하고 축적하는 것이다. 그러한 지식을 통해서 사회 현상을 기술·설명하고, 이를 토대로 미래 상황을 예측하고 통제하는 데 있다.

(1) 기술

기술(description)이란 관찰된 사실들을 일반적인 수준에서 요약해 제시함으로써 현상 그 자체의 속성을 있는 그대로 보여 주는 것이다. 이런 연구들에서는 개별 변수들에 대한 묘사나 기술이 주된 연구 내용을 형성하게 된다. 통계적 분석에서는 어떤 변수값의 상태를 기술하는 경우와 둘 이상의 변수들 사이의 관계를 기술하는 것으로 나눌 수 있다. 연구자는 현상의 기술을 토대로 현상에 대한 과학적 설명과 예측의 차원으로 발전시키고 변형시킬 수 있다.

(2) 설명과 이해

일반적으로 설명(explanation)이란 두 변수 간의 인과적 관련성에 대한 진술이라 할 수 있다. 다시 말해 과학적 연구는 현상에 대한 단순한 기술을 넘어서 그 현상이 일어나게 된 이유와 원인을 밝히고자 하는 것이다. 과학적 설명의 형태는 제3장에서 후술하는 것처럼 일반화의 유형에 따라 연역적 설명과 귀납적 설명(또는 확률적 설명)으로 구분된다.

그리고 이해(understanding)란 체제 내의 단위 간의 상호 작용에 대한 지식을 갖게 되는 것을 말한다(Dubin, 1978: 19). 예측이 결과에 초점을 두는 반면 이해는 상호 작용에 초점을 둔다.

과학적 설명이 충분히 이루어지기 위해서는 설명 변수의 상호 작용에 대한 충분한 이해가 있어야 하는데, 설명에 포함된 논리적 구성 요소에 어떻게 접근할 것이냐에 따라 실증주의자들과 반실증주의자들 간에 이해에 대한 구체적 인식에 차이가 있다. 즉 인간 행위를 이해하기 위해서는 실증주의자들은 예측적 이해(predictive understanding)를 통한 논리적 접근을 강조하고, 반실증주의자들은 감정이입(empathy)을 통한 상호 주관적 접근법을 강조한다.

첫째, 예측적 이해는 연구자들이 객관적 절차와 방법들에 의해 얻은 지식만이 사회 현상을 논리적으로 설명할 수 있다는 입장으로, 인간이 자연 현상에 접근해 이해하는 방식과 사회 현상에 접근해 이해하는 방식이 서로 차이가 없다고 하여, 사회과학의 이해도 자연과학의 예측적 이해를 지향해야 한다고 주장한다.

둘째, 반실증주의자들은 연구자가 어느 개인이나 집단행동을 이해하고자 할 때 연구 대상자들이 가지고 있는 생각과 태도, 가치, 그리고 관점을 상호 주관적으로 이해할 수 있어야 연구 대상에 대해 진정한 이해를 할 수 있다고 본다.

베버(Max Weber)는 사회과학에서는 인간 행동의 역사적인 차원과 인간 경험의 주관적인 차원 모두를 고려해야 하며, 바로 이 점이 사회과학과 자연과학이 다른 점이라고 본다. 과학적 설명에서 예측적 이해와 감정이입적 이해 중 어느 측면을 강조할 것이냐에 따라 방법론적 논쟁이 계속되고 있지만, 실제 연구에서는 양 측면을 동시에 고려해야 사회 현상을 올바르게 이해하고 설명할 수 있을 것이다.

(3) 예측

사람은 누구나 미래에 대해 관심을 가진다. 그래서 심령술사를 찾아가기도 하고 무속인을 찾아가 점을 보기도 한다. 그러나 이러한 방법은 과학적 방법이 아니다. 우선 과학적인 방법은 과거에 존재했던 다양한 현상들의 원인과 결과들을 바탕으로 일반적인 이론을 찾아낸다. 그리고 과거 원인으로 작용했던 현상들이 현재에 동일하게 발생한다면 과거와 동일한 결과가 나타날 것이라고 예측하는 것이다. 사회과학에서 예측이란 "관찰에 의해 입증될 수 있는 미래의 사회적 행태의 특정한 측면에 관한 예상이나 기대의 진술"이라고 정의된다. 예측(prediction)이라는 용어는 두 가지 관점에서 사용되는데, 하나는 정적인 개념 체계 속에서 이미 알려진 사실이나 법칙으로부터 미지의 사건을 연역하는 것이고, 다른 하나는 사건의 시간적 발생 순서에 기반을 두고 미래의 결과를 예상(forecasting)하는 것이다(Schuessler, 1968: 418).

전자의 관점에서 본다면 설명과 예측은 동일한 논리적 구조를 가진다. 그러나 후자의 관점에서 보면, 설명은 이미 발생한 사실들의 원인을 규명하기 위한 법칙이나 이론, 그리고 특정한 조건을 찾아내는 활동인데 비해, 반면에 예측은 알려진 법칙·이론·조건을 통해 앞으로 발생할 사건이나 현상을 예상하는 것을 의미한다.

(4) 통제

과학적 연구의 목적으로 통제(control)는 현상을 결정하는 조건을 조작하는 것을 말한다. 인간의 행태를 포함해 현상의 원인을 알게 되면, 이러한 원인 또는 선행 조건을 조작해 현상을 바람직한 방향으로 통제할 수 있다. 행정이나 정책연구와 같은 응용과학적 연구에서, 의도한 정책 목적을 달성할 수 있도록 사회 현상에 대한 적절한 통제 방안, 즉 정책 프로그램을 개발하는 데 많은 관심을 갖는다. 예를 들어 경기 침체가 심화될 때에 알려진 이론에 따라 이를 완화하기 위한 정부의 재정정책 수단을 개발하고 집행하는 것은 매우 중요한 일이다.

2 과학적 연구의 절차

과학적 연구란 연구 대상이 갖는 속성을 존재하는 그대로 체계적·경험적·비판적으로 연구하는 것이다(Kerlinger, 1966: 13). 과학적 연구(조사)의 절차는 문제의 유형, 조사 종류에 따라서 조금씩 차이가 나지만 일반적으로 문제의 설정, 가설의 구성, 연구(조사)의 설계, 자료 수집, 자료의 분석, 보고서 작성의 단계로 이루어지며, 연구가 효율적으로 이루어지기 위해서는 각 연구 단계별로 효과적인 관리가 이루어져야 한다.

이 때 각 단계는 각각 유리되어 있는 것이 아니고 서로 논리적 연관을 맺고 있음을 명심해야 한다(Miller, 1964: 3-6).

1) 문제의 설정

문제의 설정이란 연구자가 그 연구에서 취급하고자 하는 주제, 연구 목적 및 연구의 실제적 중요성과 이론적 의의 등에 관해 명백한 구상을 갖고 이를 논리적으로 정립하는 단계이다. 이를 세분하면 i) 연구 영역의 선정, ii) 구체적 문제의 설정, iii) 문제에 대한 이론적 준거 설정 등으로 나뉜다.

(1) 연구 영역의 선정

구체적인 문제를 결정하기 위해서는 우선 연구하고자 하는 연구 분야를 결정해야 한다. 연구 영역은 i) 특정한 이론의 개발과 검증, 이해 관계, 흥미, 위신, 친숙도 등을 포함하는 개인적 동기, ii) 학문적 유행과 상호 경쟁적 요인, iii) 연구비의 지급과 계약 체결 등에 따라 결정된다.

(2) 구체적 문제의 설정

연구 영역이 결정되면 다음은 그 영역에서 구체적인 연구 문제, 즉 연구 주제를 선정해야 한다.

연구 문제를 설정할 때는 그 문제의 실제적인 중요성과 적합성을 고려해야 한다. 그리고 최종 문제가 결정되면 무엇보다도 그 문제를 명백하고 간결하게 기술하는 것이 바람직하다. 필요한 경우에는 사용하는 용어에 대한 개념을 규정해야 하고 또 문제의 분석과 검증을 용이하게 하기 위해 문제의 한계를 명확히 밝히는 것이 좋다. 이러한 이유는 문제의 설정이 연구의 전체를 좌우하는 가장 기본적인 일이기 때문이다.

일반적으로 연구자가 문제를 설정할 때 완전히 백지 상태에서 시작하는 것은 아니고 연구자의 가치 판단과 선호에 따라 결정된다. 즉, 연구자의 개인적 경험이나 기존의 지식, 연구 철학 등에 의존해서 연구 문제가 설정된다. 연구 문제를 설정하는 데 유용한 몇 가지 원천을 제시하면 다음과 같다 (Selltiz et al., 1976).

첫째, 연구자의 연구 경험이나 경력이 가장 일차적인 문제 선정의 기준이 된다. 사회과학자는 일상 생활에서 직접 경험하거나, 또는 타인의 경험이나 여론, 소식 등을 통한 간접 경험에서 연구할 내용을 선정한다.

둘째, 기존의 연구 결과나 지식 또는 사실에 관한 이해 등에서 연구 문제를 선정할 수 있다. 더욱이 이미 존재하는 이론이 변화된 연구 환경을 제대로 설명하지 못한다거나 또는 결함이나 미숙함이 있는 이론이라면 이것을 대체할 또는 보강할 새로운 이론을 찾으려는 노력을 하게 되는 것이다. 마찬가지로 이미 발표된 타인이나 자신의 연구 결과에 만족하지 않을 경우에도 주제를 달리 선정하거나 또는 연구 내용을 변화시키려는 노력으로 새로운 조사 내용이 선정된다. 일반적으로 연구 내용을 검토하기 위해서 서적, 신문이나 잡지, 정부나 단체 등에서 발행하는 문서나 통계, 각종 인쇄 출판물, 컴퓨터 검색에 의한 자료, 방송 보도매체의 방송 내용 등이 있지만, 그래도 가장 일반적인 것으로 관련 분야의 전문 서적과 학술지, 소식지, 학술회의 논문집이나 기존의 학위 논문 등을 들 수 있다. 이와 같은 전문 분야의 기존 연구 문헌이 1990년대 이후부터 컴퓨터에 데이터베이스화되기 시작하면서, 이제는 사이버 공간에서도 필요한 자료와 연구 문헌을 검토할 수 있게 되었다. 따라서 주제를 탐색하고 선정하기 위한 'library research'의 시간과 노력을 크게 절약하면서도 심층적이고 능률적으로 일을 진행할 수 있게 되었다.

셋째, 연구 결과를 원하는 용역기관과 이를 수행하는 연구자의 이해 관계에 따라 연구 내용이 결정되는 경우가 있다. 연구자는 연구 비용을 제공하는 연구 의뢰자의 이해 관계를 고려해서 연구의 내용을 결정한다. 그러나 이 경우에도 연구자의 연구철학과 가치관, 전문성 등이 훼손되어서는 안 된다. 연구 내용의 결정과 관련해 연구비만을 위한 연구는 성공적이고 과학적인 연구가 될 수 없다는 사실이다.

넷째, 연구자의 가치나 이념 또는 철학 등에 따라서 주제를 선정하고 결정하게 된다. 연구 주제나 내용의 선정은 기본적으로 연구자의 가치 판단에 관한 것이다. 특히 연구자의 연구 철학이 주제를 결정하고 선택하는 중요한 요소이다. 연구자의 연구 정향이나 패러다임, 연구 가치에 관한 판단과 해석, 선악이나 정의의 기준과 논의에 관한 이념, 연구 내용이나 해석의 과학적 판단에 대한 진위와 가식 및 왜곡이나 오용 등에 대하 연구 윤리 등이 그것들이다. 다만 연구자의 주관적 가치 선호가 주제를 선택한다고 하더라도 이것을 연구하는 방법은 과학주의의 일반적 규칙과 절차를 준수해야 한다.

다섯째, 사회 문제에 대한 연구자의 문제 의식에 따라서 연구 내용이 결정되기도 한다. 연구자의 문제 인식은 구체적 주제를 선정하는 중요한 변수로 작용한다. 문제 인식은 사회 현상에 대한 연구자의 관찰력과 판단력, 그리고 경험에서 발생하는 것이 일반적이다. 왜냐하면, '무엇을 연구할 것인가? 왜 연구가 필요한가? 무엇을 제공할 수 있을 것인가? 연구의 가치는 무엇인가' 하는 등의 구체적이고 실질적인 주제 선정은 연구자가 사회 현상을 관찰하고 판단하는 끊임없는 이론 탐구에서 발생되는 것이다.

다음으로 연구 문제는 실제로 연구 가능할 수 있도록 적절하게 선정되어야 하는데, 그러기 위해서는 i) 문제의 설정은 두 개 이상의 변수들 간의 관계를 서술해야 하고, ii) 문제는 가능한 한 명백하고 확실하며, iii) 문제의 설정은 실증적 연구를 통해서 해결될 수 있도록 작성되어야 한다(Kerlinger, 1973).

구체적으로 앞으로 연구 진행과 관련해 연구 문제를 설정할 때, 기술적으로 고려해야 할 사항은 다음과 같다(Yegidis & Weinbach, 2001: 65-66; Ray, 2003: 70-77).

첫째, 연구 주제의 역사적·사회적·시대적·문화인류사적 배경이나 역사를 정확하게 검토할 필요가 있다. 주제가 발생된 사회적이고 시대적이며 역사적 배경이나 환경 등을 정확하게 이해하는 것이 중요하다.

둘째, 연구 내용에 따라서 구체적이고 정확한 자료나 정보를 구하는 일이 중요하다. 그리고 기존의 연구 문헌을 어느 정도로 검토할 수 있을 것인가 하는 물리적 조건이나 한계 등을 파악하는 것도 중요하다. 연구 의욕에 비해 이를 뒷받침할 만한 문헌이나 자료가 절대 부족한 경우에는 연구의 진행이 불가능하기 때문이다.

셋째, 연구 주제의 선정 범위가 어느 정도 가시화되면, 이와 같은 주제가 연구자의 연구 능력(전문성)에 부합되는 것인가를 판단하는 것이 필요하다.

넷째, 의욕이 앞서서 연구 내용을 너무 광범위하고 포괄적으로 탐색하기보다, 일반적 내용부터 시작해 구체적 내용으로 연구 범위를 좁혀 가면서 연구 내용을 결정하는 것이 바람직하다.

다섯째, 구체적이고 세부적인 연구 주제를 결정하기 전에, 설정되는 연구 주제가 방법론적으로 연구 가능할 것인가를 판단해야 한다. 즉, 연구 내용이 이론적합성을 유지하도록 가설을 어떻게 구성할 것인가, 필요한 통계자료나 문헌 자료를 현실적으로 어떻게 확보할 것인가, 확보할 가능성이 없다면 직접 조사를 진행하는 단계에서 자료를 구할 가능성이나 방법 등은 있는가, 그리고 수집된 자료를 분석할 만한 적절한 분석 방법이 있는가를 충분히 검토해야 한다.

(3) 문제에 대한 이론적 준거틀의 설정

문제가 설정되면 그 문제와 관련된 기존의 이론이나 이미 연구된 경험적인 연구들을 면밀하게 검토할 필요가 있다. 그리고나서 적합한 기존 이론을 골라 연구를 위한 이론적 준거틀(theoretical framework)을 설정하거나 아니면 기존 이론과 문제의 성격을 고려해 독자적인 이론적 준거틀을 만들 수도 있다. 이론적 준거틀을 효과적으로 만들기 위해서 다음 몇 가지 점에 유의한다.

첫째, 연구자는 관련된 기존 이론 체계로부터 명제 또는 가설의 목록(inventory)을 만든다. 가능하다면 원인의 목록과 결과의 목록을 별도로 만드는 것이 바람직하다.

둘째, 원인(독립) 변수와 결과(종속) 변수 간의 가능한 상관선을 실제로 그어 봄으로써 두 변수 간의 관련성을 파악한다(Blalock, Jr., 1969: 35-41).

셋째, 의미 있는 것으로 확인된 모든 변수들을 포함한 변수행렬을 만들어 보는 것이 바람직하다(Leege & Francis, 1974: 34). 그러한 변수행렬에 입각해 복잡한 변수 관계를 좀더 쉽게 파악할 수 있는 모형을 정립하는 것이 좋다.

2) 가설의 구성

연구 문제가 설정되면 이를 구체화해서 연구의 기본적 모형을 작성하고, 구체적인 가설을 정립해야 한다. 가설이란 제기된 문제에 대한 해답인 동시에 잠정적 결론이다. 가설은 문제의 내용과 이론적 준거틀, 즉 설정된 변수행렬 등에 따라 만들어지는데, 실제적인 연구와 이론의 형성을 위해 매우 중요하다. 가설을 형성하는 여러 개념 및 변수는 검증을 위해 명백히 기술되어야 하며, 조작적인 용어(operational terms)로 검증 가능하도록 정의가 내려져야 한다. 탐색적인 조사연구는 구체적인 가설이 없이 진행되는 경우가 많으며, 기술적 조사연구도 가설 없이 진행되는 경우가 있다. 그러나 대부분의 설명적 연구에서는 가설을 형성하며, 정확히 독립 변수와 종속 변수의 관계로 나타내는 것이 일반적이다.

(1) 문제 설정과 가설 구성의 차이

문제의 설정과 가설의 구성 간에는 적어도 다음의 세 가지 점에서 차이가 있다.

첫째, 문제의 설정은 변수들 간에 서로 어떤 관계가 있을까에 대해 의문을 제기하는 것이고, 가설은 그 의문에 대한 잠정적·가정적 해답을 제시하는 것이다.

둘째, 문제의 설정은 실증적 연구를 통해 의문이 해결될 수 있도록 서술되어야 하지만 가설에서처럼 연구를 위한 명확한 방향이나 지침을 제시하지는 않는다.

셋째, 가설은 연구를 통해 설정된 문제와는 다르게 부정되는 경우가 나타날 수 있다.

(2) 가설의 평가

가설의 좋고 나쁨을 평가하는 데는 몇 가지 기준이 있다.

첫째, 가설에 나타난 모든 변수는 실증적 연구의 대상이 될 수 있어야 한다. 즉, 각 변수들을 경험적으로 관찰할 수 있는 방법이 있어야 하고, 그러한 변수들을 실증적으로 검증할 수 있도록 조작화할 수 있어야 한다.

둘째, 가설은 문제의 설정에서 제기된 의문에 대해 하나의 가정적 해답을 제시하는 것이어야 한다.

셋째, 가설은 현재 알려져 있는 사실의 설명뿐만 아니라 장래의 사실도 예측할 수 있어야 한다. 그러므로 가설은 항상 검증을 위한 증거 자료의 수집에 앞서 미리 설정되어야 한다. 왜냐하면 사실의 수집 이전에 가설이 제시되어야만 그 수집된 사실이 그 가설을 증명하고 부정하는 데 유용한 것이 되기 때문이다.

넷째, 가설은 가능한 한 단순하게 표현해야 한다. 가설이 단순하다라는 것은 가설에 포함된 독립된 요소의 수들이 적다는 것을 의미한다, 다시 말하면 가설이 나타내는 변수 간 관련성의 포괄 범위가 좀더 광범위하고 일반적이라는 것이다. 이러한 가설의 일반성은 수많은 개별적 현상의 공통적 특성을 단순한 가설로 설명할 수 있다는 점에서 매우 중요하다.

3) 조사설계

연구자가 실증적으로 검증할 수 있는 가설을 설정하고 나면 가설에 설정된 여러 변수 간의 관계를 정확히 검증하기 위해서 조사설계(research design)를 해야 한다. 조사설계란 연구 문제에 대한 해답을 얻기 위해 연구를 실시하려는 계획이며, 가설에 규정된 변수 관계를 오차 없이 분석하기 위해 외부 변수의 영향을 효과적으로 통제하려는 방안이다.

연구의 목적과 실행 가능성에 비추어 적절한 디자인과 자료 수집 방법이 결정되어야 하는데, 크게는 질적 연구와 양적 연구 방법으로 나뉜다. 양적 연구 방법들에는 실험, 유사 실험, 서베이, 상관 관계, 역사 연구, 비교 연구, 조사설계 등이 있고, 질적 연구 방법에는 근거이론(grounded theory), 사례 연구, 민속지(ethnography) 등이 있다.

또한 조사설계는 탐색, 기술, 설명 등 연구의 주목적이 무엇이냐에 따라서 탐색적 조사설계, 기술적 조사설계, 설명적 조사설계 등 세 가지 유형으로 구분되며, 각 유형 내에서도 여러 가지의 설계 방법들이 있다. 조사설계의 기본 목적은 가장 경제적인 방법으로 연구 문제에 대한 해답을 얻는 데 있다. 가설 검증을 위한 조사설계에서는 가설에 포함된 변수 간의 관계를 정확하게 분석하기 위해서 외부 변수의 영향을 통제할 수 있어야 한다. 그러므로 가설 검증 조사에서는 외부 변수의 영향을 통제하는 설계 방법을 고안하는 것이 중요하다. 설명적(또는 실험적) 조사설계에서는 설계의 타당성 또는 인과적 추론의 타당성이 문제가 되는데, 타당성을 확보하려면 외부 변수의 영향을 제대로 통제할 수 있어야 한다.

조사설계는 다음 네 가지의 주요 활동 과제를 통해 수행된다. 첫 번째 과제는 규정된 문제에 대한 종합적인 검토이다. 문제의 검토란 조사 목적, 연구 문제, 가설의 검토를 의미한다. 두 번째 과제는 사용할 조사 방법의 제시, 조사시 따라야 할 전반적인 조사틀(research framework)의 설정, 자료수집 절차와 자료분석 기법의 결정을 포함한다. 즉, 연구 대상과 표본추출 방법, 주요 변수의 개념화와 조작화, 자료 수집 및 분석 방법 등에 관한 계획이 수립된다. 세 번째 과제는 예산의 편성과 조사일정 계획이다. 예산과 조사일정의 계획은 인원, 시간 및 비용을 고려해 효율적으로 이루어져야 한다. 마지막 단계는 조사설계의 평가 과정 수행이다. 평가란 조사설계의 신뢰성, 타당성, 결과의 일반화 가능성 등의 기준을 통해 이루어지는데, 이는 조사 절차와 기법 들을 실제 상황이나 모의 상황에 적용해 봄으로써 평가하게 된다. 특정한 조사 문제를 해결하기 위한 조사설계는 여러 대체안들이 있을 수 있으며, 경제성·객관성 등을 고려해 선택하게 된다.

4) 자료 수집

문제와 가설이 설정되고 조사설계가 이루어지면 실제로 자료를 수집해야 한다. 조사 자료는 크게 1차 자료와 2차 자료로 구분된다. 1차 자료는 조사자가 조사를 시행하는 가운데 직접 수집해야 할 자료이고, 2차 자료는 조사를 수행하고 있는 조사자가 아닌 다른 사람에 의해 이미 정리되어 있는 자료를 말한다. 2차 자료는 1차 자료에 비해 비교적 저렴하고 손쉽게 획득할 수 있기 때문에 2차 자료를 얼마나 효과적으로 획득해서 이용하는가 하는 것이 조사의 성공 여부에 중요한 요인으로 작용하기도 한다.

일반적으로 2차 자료는 연구기관이나 공공기관 등 여러 원천으로부터 구할 수 있다. 그러나 2차 자료만으로 문제의 해결이 불가능한 경우가 많기 때문에 대부분의 연구에서는 1차 자료에 의존하게 된다. 이는 1차 자료가 2차 자료에 비해 조사 목적과 직결된 자료를 제공해 주기 때문이다.

자료 수집 단계는 자료 수집 방법의 결정, 조사 항목(설문지) 작성, 조사 대상자 선정, 자료의 수집으로 세분해 볼 수 있다.

(1) 자료 수집 방법의 결정

먼저 자료 수집 방법을 결정해야 한다. 일반적으로 1차 자료의 수집 방법에는 질문지, 면접, 참여 관찰 등 직접적인 방법과 기존의 문서, 또는 대중통신 자료, 총합 자료를 수집하는 간접적 방법으로 구분된다.

어느 방법이든 본격적인 조사 자료의 수집 전에 이들 고안된 자료 수집 방법에 따라 예비적으로 자료 수집을 해 보아야 한다. 예비조사는 자료 수집 도구의 타당성과 신뢰성 여부를 검사해 볼 수 있도록 할 뿐만 아니라 조사설계 자체까지도 점검해 볼 수 있게 하기 때문이다.

(2) 조사 항목(설문지) 작성

자료 수집 방법이 결정되면 의사 결정에 도움이 되는 정보, 즉 조사 항목을 작성해야 한다. 대체로 조사 항목은 설문지 형태로 구체화되는 것이 일반적이다. 설문지의 작성은 조사 대상자와 자료 수집 방법을 고려해 그 분량과 질문 방법을 달리해야 하며, 최대한 측정오차를 줄일 수 있어야 한다.

(3) 조사 대상자 선정

자료 수집 방법과 조사 설문지가 작성되면 구체적인 조사 대상자를 선정해야 한다. 조사 대상자의 선정 방법에는 크게 조사 대상자들이 속해 있는 집단 전체를 조사하는 전수조사와 그 중에서 일부를 뽑아서 조사하는 표본조사가 있다. 보통 전수조사가 꼭 필요한 경우를 제외하고는 대부분 표본조사를 하는 것이 효과적이다. 표본조사를 위해서는 적절한 표본을 선정해야 하는데, 조사 내용과 지역적인 범위, 조사 대상자들의 특성에 따라서 달라지게 된다.

(4) 자료의 수집

설문지가 완성되고 조사 목적에 맞는 표본이 추출된 후에는 실제의 자료를 얻는 과정인 자료 수집이 실시된다. 자료 수집은 의미 있는 분석 결과를 얻을 수 있는 자료를 수집하는 과정이므로 전체 조사 과정에서 차지하는 비중이 높다. 조사 목적에 적합한 자료 수집을 위해서는 실제 조사 업무를 담당할 조사원들을 통제하고 조사 과정에서 발생할 수 있는 문제를 해결하는 담당자가 선발되어야 한다. 자료 수집 담당자는 매일 수집된 자료를 확인·정리해야 하며, 조사 지역에 대한 사전 답사를 통해 문제 파악과 해결을 위한 협조를 구해야 한다. 또한 유능한 조사원을 모집하고 철저한 교육을 실시함으로써 조사 과정에서 발생할 수 있는 오류를 최소화시킬 수 있다.

5) 자료 분석 및 해석

수집된 자료들은 분류화, 부호화(coding) 등을 거쳐서 입력하고, 입력된 자료들은 분석의 단계를 거쳐 해석하게 된다.

(1) 자료의 편집과 부호화

수집된 자료는 분석에 용이하게 사용될 수 있도록 일정하게 정리되고, 분석 방법에 자료가 잘 부합하도록 조정 및 변환되어야 한다. 자료의 정리는 주로 그 자료의 편집과 분류 및 부호화 처리 등을 뜻하고, 조정은 오차 처리와 누락 자료 처리를 뜻하며 변환은 자료의 정규 분포로의 전환을 가리킨다. 편집은 조사설계에 따른 분석을 행하기 위해 완전하고 일관성 있는 자료를 확보하기 위한 작업인데, 이 과정에서 주로 자료의 정정, 보완, 삭제 등이 이루어진다. 분류 및 부호화는 자료의 분석을 용이하게 하기 위해서 관찰된 내용에 일정한 숫자를 부여하는 과정이다. 이와 같은 자료의 편집과 부호화 작업은 자료의 예비적 분석으로서 중요한 단계를 이룬다.

(2) 자료 분석

자료의 처리가 끝나면 통계 기법을 이용한 분석이 실시된다. 자료의 분석 방법은 연구의 목적에 적합한 것이어야 한다. 계량적 연구들에서는 통계적 분석 기법을 통한 자료 분석을 중시하게 되어 각종 통계치들에 대한 해석 능력을 필요로 한다. 변수들 간의 관계에 대한 계량적 조사연구는 가설 검증이 주된 분석 목적이 된다. 통계분석을 실시할 때에는 조사 목적과 자료를 얻기 위해 사용한 표본추출 방법, 자료 수집 방법 및 측정 방법을 고려해 선택해야 한다. 통계적 분석 방법은 그에 적합한 자료의 형태를 갖추어야 하므로 조사설계를 계획할 대부터 수집할 자료의 성격과 분석을 일관성 있게 결정해야 한다.

통계적 자료 분석을 위해, 두 개 이상의 변수들 간 상호 관련성을 규명하는 많은 기법들이 고안되어 있는데, 이러한 기법들에는 i) 평균치를 비교하는 방법, ii) 변수 간의 상관을 검토하는 방법, iii) 다변량 분석 기법들이 있다.

자료의 분석 방법은 연구 가설, 연구설계, 변수 간의 관계 및 그 변수의 수, 자료의 성격 등에 따라 미리 결정되는 것이 보통이다. 분석은 변수와 사례의 수가 얼마 안 되는 경우인 탁상계산기에 의한 분석과, 변수와 사례의 수가 많은 경우인 컴퓨터에 의한 분석으로 나누어 볼 수 있다. 다변량분석(multivariate analysis)을 꾀한다면 계산상의 오차 배제와 신속성을 고려할 때 가능한 한 컴퓨터로 하는 것이 바람직하다.

(3) 해석

수집된 자료들에 대한 분석이 끝난 후에 분석 결과를 토대로 연구 문제에 대한 조사연구의 결론을 내리는 것이다. 다시 말하면, 해석은 분석의 결과를 다시 이론으로 환원시키는 과정이다.

분석 결과를 통해 연구 문제에서 도출된 가설적 명제가 참인지 거짓인지에 대한 판단, 그러한 결과에 대해 일반화가 가능한지의 여부, 방법론상의 한계를 인지한 결론에 대한 한계 설정, 연구 결과의 함의성 등을 숙고하는 단계이다. 유의할 점으로, 분석 결과들도 분석자의 통계 기법에 대한 이해의 차이나 분석 관점에 의해 달라질 수가 있으므로 분석자의 통계 기법과 사회과학 전반에 대한 명확한 이해가 있어야 한다.

6) 보고서의 작성

조사보고서에는 문제 설정의 과정에서부터 발견한 사실들에 대한 해석까지를 일정한 형식으로 체계적으로 기술하는 것을 말한다. 즉, 연구 결과를 연구되고 있는 영역 내의 동일한 현상, 동일한 조건이면 어느 경우에도 적용시킬 수 있도록 경험적으로 일반화해 일정한 형식으로 기술하는 것이다.

조사보고서는 조사 결과와 결론을 조사 의뢰자(정보 이용자)에게 그들의 조사 목적에 도움이 되도록 문자나 도표로 정리해 놓은 것이다. 여기서 주의해야 할 점은 조사 의뢰자와 조사 연구자 사이의 의사소통이 원활히 이루어져야 한다는 점이다. 조사 내용과 결과가 아무리 좋아도 실제로 조사 의뢰자가 이를 이해하지 못한다면 아무런 효과가 없는 것이므로 보고서의 작성은 조사 의뢰자의 이해도와 조사에 관한 지식의 정도에 맞추어 작성되어야 한다.

이상에서 과학적 조사를 위해서 시행되어야 할 각 단계에 대해 살펴보았으나, 모든 조사연구의 과정이 순차적이고 단계적으로 이루어지는 것은 아니다. 어느 단계에서는 거치지 않고 조사가 진행되는 경우도 있으며, 또한 뒷 단계들에서 부딪치는 문제들로 인해 앞 단계의 결정들을 바꾸어서 다시 진행해야 하는 환류 과정을 거치는 것이 보통이다.

3 과학적 연구 과정의 구성 요소와 상호 관계

전통적인 과학관은 과학을 과정이 아닌 산출로서의 '지식의 체계적 집합체(a systematic body of knowledge)'라고 보았다(Singleton, Straits & Strait, 1993: 18-27). 이를 실체설이라고 한다. 이러한 입장에서는 신학도 체계적인 지식의 집합이므로 과학으로 간주된다.

반면에 현대에는 과학을 하나의 과정으로 본다. 이러한 과학관은 i) 질문에 대한 답을 구하는 절차, ii) 문제를 해결하는 절차, iii) 질문에 대한 답을 구하고 문제를 해결하는 과정에서 좀더 효과적인 절차를 구하는 방법이라고 보는 것이다(Ackoff, 1962 : 1). 즉 과학은 탐구의 한 과정으로 이해될 수 있다.

이러한 과학적 연구 과정은 [그림 1-1]에서처럼 '이론 → 예측(가설) → 관찰, 가설의 채택 또는 기각 결정 → 경험적 일반화 → 이론'의 순환적 과정으로 요약할 수 있다. 여기에는 다섯 가지의 중요한 정보의 구성 요인들과,

이것들 사이의 변형 과정을 통제하는 여섯 가지의 중요한 방법들의 집합으로 구성된다.

[그림 1-1]은 정보 구성 요인들과 그들 간의 통제 방법들과의 관계를 제시하고 있다.

첫째, 개별적 관찰(observations)이란 측정, 표본 요약 및 모수치의 추정 등을 거쳐서 경험적 일반화(empirical generalization)라고 하는 더욱 일반화된 형태로 변형하는 대단히 구체적이고 독특한 정보의 항목들을 의미한다.

둘째, 경험적 일반화는 개념 구성, 명제 구성 및 명제 배열 등을 거쳐서 하나의 이론(theory)으로 통합되는 정보의 항목들을 말한다.

[그림 1-1] 과학적 과정의 주요 정보 구성 요인, 방법론적 통제 및 정보의 이행

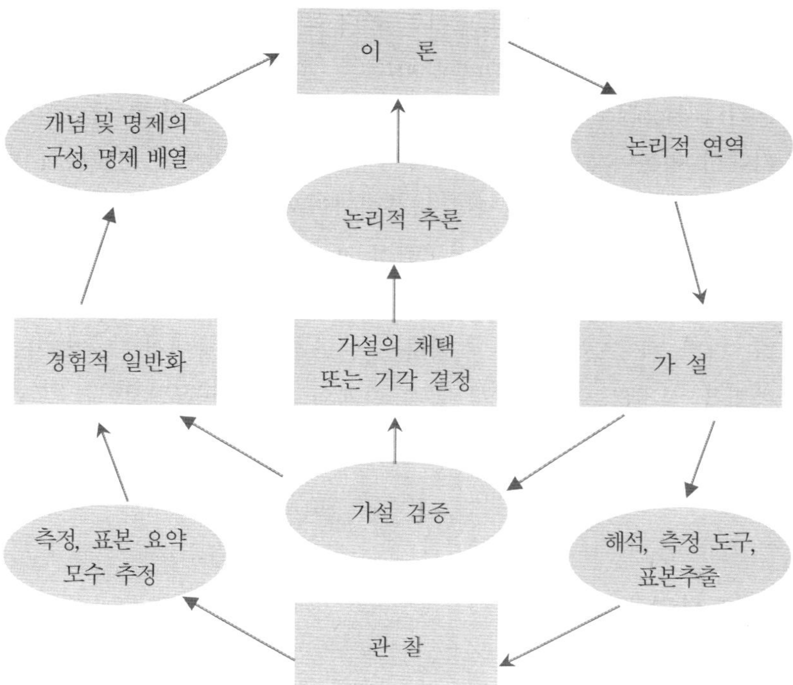

* 정보의 구성 요인들은 사각형으로 나타냈으며, 방법론적인 통제들은 타원형으로 나타냈다. 또한 정보의 이행은 화살표로 표시했다.

셋째, 정보의 가장 일반적 형태인 이론은 논리적 연역을 통해 새로운 가설(hypothesis)로 변형될 수 있다.

넷째, 경험적 가설은 그 가설을 관찰 가능한 것으로 만드는 해석, 도구화, 척도화, 표본추출을 통해 새로운 관찰로 이행되어 가는 정보의 항목이다. 이와 같은 새로운 관찰은 새로운 경험적 일반화로 이행될 수 있다.

다섯째, 이 때 새로운 경험적 일반화를 구성하게끔 했던 가설이 그것에 부합되는가의 여부가 검증된다. 이러한 검증은 결과적으로 새로운 정보, 즉 검증된 가설의 사실을 채택하느냐 또는 기각하느냐의 의사 결정을 내리게 한다. 이것을 통해 이론의 확인, 수정 또는 거부의 여부가 최종적으로 추론된다.

이 그림에서 상반부의 '경험적 일반화→이론→가설'의 과정은 연역적인 논리의 세계에 해당되고, 반면에 하반부의 '가설→관찰→경험적 일반화'의 과정은 귀납적인 사실의 세계에 해당된다. 즉, 전자는 논리적 통합성(logical integrity)으로 표현되는 논리 또는 합리성이 강조되고, 후자는 경험적 입증(empirical verification)으로 표현되는 경험적 사실의 관찰이 강조된다(Babbie, 2001 : 18). 이처럼 과학적 지식의 축적 과정은 관찰에 의거해서 이론이 만들어지는 귀납적 과정과, 그 이론을 검증하기 위해 관찰을 시도하는 연역적 과정이 되풀이되면서 사회과학적 현상에 대한 설명, 즉 사회과학 이론은 더욱 정교해져 가는 것이다. 따라서 그 출발이 논리였는지 혹은 경험(관찰)이었는지에 대한 구분은 크게 중요하지 않을 수도 있다. 다만 한 조사연구를 수행하는 연구자의 입장에서는 조사연구를 위한 방법을 설정하는 과정에서 현재 단계의 조사연구를 '선이론-후관찰'의 연역적 방법을 택할 것인지 혹은 '선관찰-후이론'의 귀납적 방법을 택할 것인지를 고려할 필요가 있다.

4 과학적 조사연구의 유형

과학적 조사의 유형은 연구하고자 하는 문제가 어떤 것인가, 즉 조사의 목적과 내용에 따라 결정되고, 이에 따라 필요한 자료의 성격을 결정하고 자료의 수집 방법과 분석 방법을 정하게 된다. 조사의 유형에 따라 조사 목적을 달성하기 위해 어떠한 자료가 필요하고 어떠한 절차를 통해서 자료를 얻을 것이며 분석을 위해서는 어떤 기법이 사용되어야 하는가가 결정되므로 해결해야 하는 문제의 특성에 따라 올바른 조사 목적과 조사 조건을 규명하고, 이에 맞는 조사 방법을 선택해야만 효과적인 조사를 실시할 수 있다.

과학적 조사의 유형은 여러 기준에 따라 다양하게 구분되며, 이들 유형도 일정하지 않아서 체계적으로 구분해서 설명하기가 쉬운 일은 아니다. 여기에서는 다음과 같이 몇 가지 유형으로 간단히 설명하고, 상세한 내용은 제6장을 참조하기 바란다.

1) 질적 연구와 양적 연구

(1) 질적 연구

① 의의

질적 연구 방법은 사회과학, 특히 사회학 분야에서 1960년대부터 조금씩 언급의 대상이 되기 시작해 1970년대 이후에 활발히 개발된 연구 방법으로 주관적·해석적 사회과학의 연구 방법을 총칭하는 개념이다. 그 철학적 배경은 현상학적 사회학, 상징적 상호작용론, 민속방법론 등이다.

질적 연구 방법은 현상학과 해석학에 근거해 객관적 실재가 아닌 구성된 실재를 전제로 한다. 내부자적 관점으로 인간의 의도를 중시하며 거시적 측면에서 귀납적으로 이론을 개발하거나 참여자의 관점을 이해하는 데 초점을 둔다. 소수를 대상으로 문화 기술적 면접과 참여 관찰을 통해 자료를 수집·분석하고 결과를 해석해 이야기체로 보고하는 방식을 취하고 있다. 수량화된 자료의 한계를 지적해 자료를 숫자가 아닌 단어의 형태로 수집하며, 이를 주제와 범주로 구분해 분석하는 방법을 활용한다. 질적 방법으로 사례연구, 현지연구,[8] 불개입 무반응법, 참여관찰 등의 방식이 있다.

---

8) 현지연구(field research)는 양적 연구와 질적 연구에서 모두 사용하고 있는 방법이다. 양적 연구에서는 면접조사표나 질문지를 갖고 연구 대상이 있는 현지에서 어떤 상황의 통제나 실험 조작도 없이 자료를 수집하는 방법을 의미하고, 질적 연구에서는 연구자가 스스로 현지에 나가서 연구 대상자들과 시간을 함께 보내면서 상호 작용을 하면서 연구하는 방법을 의미한다.

② 특징과 한계

인간 의지의 산물로서의 사회 현상은 자연 현상과는 근본적으로 다를 수 밖에 없다고 보고, 사회과학의 연구 방법은 자연과학에서의 연구 방법과는 다른 방식으로 수행되어야 한다고 본다. 즉, 연구 과정과 연구 결과를 해석하는 과정에서 가치 함축성을 긍정하고, 상호주관성의 가정을 통해 자칫 주관적으로 흐를 수 있는 연구 결과에 대해 객관성에 대한 약점을 보완할 수 있다고 한다.

질적 연구의 특징은 다음과 같다(김경동 · 이온죽, 2003: 508).

첫째, 경험적 사회과학의 대상은 경험적 · 일상적 삶의 세계 속에서 상호작용하는 사람들의 상호 주관적 · 상징적 · 사회적 행위의 복합적 과정과 상황적 여건의 과정이다.

둘째, 대상에의 접근의 특색은 대상을 이해할 목적으로 자료에 접근해 경험적 세계에 대한 직접적 지식을 몸소 얻고자 하는 것이다. 따라서 연구대상인 행위자들과 감정이입을 통해 그들의 입장과 관점에서 해석하고 재구성해 실세계의 자료에 통객관적(transobjective)으로 접근한다.

셋째, 수집되는 자료는 일상 생활 속의 행위자들의 말, 글, 몸짓, 관찰 가능한 행동, 흔적, 상호 작용의 상황과 환경적 요인들이다. 이러한 것들에 대해 행위자 스스로가 보고, 이해하고, 해석하는 것과 똑같이 이해하도록 기술적 자료로서 포괄적 심층분석을 하려고 한다.

넷째, 이론적 전략은 경험 세계 자체의 성격을 존중하는 연구자의 자세를 반영하는 존재론적 입장을 방법론적으로 체계화시키는 것이다. 즉 이론적 전략은 행위자들의 동기, 가치, 목표 등을 이해하게 해 주는 사후 기술적(idiographic) 이론을 추구하며 실질적 · 경험적 세계에 바탕을 두는 이론이다(Glaser & Strauss, 1967; 김명수, 1987: 120-6).

그러나 인간의 내면에 대한 심층연구가 가능할 수 있는가의 문제가 제기될 수 있으며, 그것이 가능하다고 하더라도 조사자가 연구를 수행하는 과정에서 관찰자의 주관이 개입될 수 있고, 관찰이 부정확할 수 있으며 동일한 관찰 결과를 두고 목적론적으로 해석할 수 있는 문제 등이 존재한다.

(2) 양적 연구

① 의의

이것은 연구하고자 하는 대상의 속성을 가능한 한 양적으로 표현하고 그들의 관계를 통계분석을 통해 밝히는 연구로서 행태주의가 등장한 후 많은 진전이 이루어졌다. 그러나 양적 연구가 반드시 통계분석 연구만을 지칭하는 것은 아니다.

일반적으로 양적 연구는 실증주의에 기초해 객관적 실재를 가정하고 있다. 외부자적 관점으로 사전에 미시적으로 설계된 절차에 따라 연역적으로 이론을 검증하는 데 초점을 두고 있으며, 사회 현상을 분석하기 위해 대상의 속성에 숫자를 부여해 자료를 수집하고 컴퓨터 기법을 활용한 통계적 분석 기법을 활용한다. 그 예로는 실험과 서베이가 있다.

② 특징과 한계

자연과학의 연구 방법이 사회과학에도 적용될 수 있다고 보는 방법론적 일원주의를 기본으로 하여 가치중립적일 것을 요구하고 결정론적이거나 확률적인 인과모형을 통해 사회 현상의 규칙성을 발견하는 것을 목적으로 한다.

인간의 의도가 담긴 사회 현상은 인간의 의도가 배제된 자연 현상과는 다른 양상으로 전개될 수 있다는 특수성을 간과해 타당한 연구 결과를 얻을 수 없다는 한계가 있다. 즉, 연구의 결과를 수치화하는 과정은 행위의 의도나 의미를 사장시킬 수 있고 동일한 연구 결과라고 하더라도 그러한 결과가 도출되기까지의 맥락이 다를 수 있으며, 복잡한 사회 현상에서 보편적으로 적용되는 인과 법칙을 발견하기가 쉽지 않다. 또한 인간이 수행하는 연구조사에서 가치 중립적인 연구를 가정하는 자체가 비현실적이다.

(3) 질적 연구와 양적 연구의 혼용

질적 연구와 양적 연구의 특징을 비교하면 <표 1-1>과 같이 간단히 나타낼 수 있다(Bogdan & Taylor, 1975: 2). 어떤 방법이 더 좋은 것인가에 대해서는 연구의 관점과 목적에 따라 결론이 다를 것이다. 그러나 오늘날 질적 접근 방법과 양적 접근 방법의 장점을 혼합하는 접근 방법이 최적의 것으로 논의되고 있다 (Filstead, 1970: 43). 이러한 방식은 추구되는 다양한 목적을 만족시켜 줄 수 있을 뿐만 아니라 각 방법에 의해 얻은 결론의 의미를 더욱 분명히 알 수 있게 해 주며, 각 방법들이 지니고 있는 편견을 시정해 주는 장점을 갖고 있다.

〈표 1-1〉 질적 연구와 양적 연구의 특성 비교

질 적 연 구	양 적 연 구
1. 질적 방법의 사용을 옹호함	1. 양적 방법의 사용을 옹호함
2. 행위자 자신의 준거틀에 입각해 인간의 행태를 이해하는 데 관심을 갖는 현상학적 입장을 취함	2. 개인들의 주관적 상태에는 관심을 두지 않고, 사회 현상의 사실이나 원인들을 탐구하는 논리실증주의적 입장을 취함
3. 자연주의적·비통제적 관찰을 이용함	3. 강제된 측정과 통제된 측정을 이용
4. 주관적임	4. 객관적임
5. 자료에 가까움: '내부자(insider)'의 시각	5. 자료와 거리가 있음: '외부자(outsider)'의 시각
6. 자료에서 파생한 발견 지향적·탐색적·확장주의적·서술적·귀납적	6. 자료에서 파생하지 않는 확인 지향적·확증적·축소주의적·추론적·가설연역적
7. 과정 지향적	7. 결과 지향적
8. 타당성 있는: 연성(軟性)의 실질적인, 풍부한, 깊이 있는 자료	8. 신뢰성 있는: 경성(硬性)의 반복 가능한 자료
9. 일반화할 수 없음: 단일 사례연구	9. 일반화할 수 있음: 복수 사례연구
10. 총체론적(holistic)	10. 특정적(particularistic)
11. 동태적 현상을 가정함	11. 안정적 현상을 가정함

방법론의 혼합에는 다원적 방법론(triangulation)의 사용과 자료와 설계 및 분석 방법을 혼합하는 방식이 있다 (Patton, 1980: 108-117).

① 다원적 방법론: 덴진(N. K. Denzin)은 다원화의 유형으로서 아래와 같은 네 가지를 제시하고 있다 (Denzin, 1978: 108-9).

i) 자료의 다원화: 하나의 연구에서 여러 가지 자료의 소스를 사용한다.

ii) 연구자의 다원화: 하나의 연구에서 여러 명의 연구자를 동원한다.

iii) 이론의 다원화: 한 조의 자료를 해석하는 데 복수의 시각을 동원한다.

iv) 방법론의 다원화: 하나의 문제 혹은 사업을 연구하기 위해 복수의 방법을 사용한다.

② 자료, 설계, 분석 방법의 혼합: 이것은 양적 방법론과 질적 방법론으로부터 몇 개의 부분을 빌려와 혼용하는 방식인데, 이념형적·질적 방법은 질적 자료, 자연주의적 탐색에 기초한 총체론적·귀납적 설계, 내용분석 혹은 사례분석의 세 부분으로 구성되고, 이념형적·양적 방법은 양적 자료, 실험적(혹은 준실험적) 연구설계, 통계분석의 세 부분으로 구성된다(Denzin, 1978: 109). 이 경우 방법론상의 혼합은 이들 양 전략을 구성하는 부분들을 서로 혼용하는 것을 의미한다. 예를 들어, 실험적 설계를 이용하면서 질적 자료를 수집해 내용분석을 수행한다든지, 자연주의적 연구설계와 질적 자료를 이용하면서 통계분석을 수행하는 등 다양한 조합을 이용할 수 있다.

이러한 혼용에서 우리는 어느 한쪽 접근 방법에 의존할 경우에 얻을 수 없는 것을 추가적으로 얻을 수 있는 이점을 기대할 수 있다. 그러나 이러한 방법론상의 혼합을 어렵게 만드는 장애 요인이 많이 있다는 사실도 간과해서는 안 된다.

2) 연구 목적(연구 동기)에 의한 유형

연구의 목적이나 동기에 따라서는 소셜 리서치(social research)와 소셜 서베이(social survey)로 구분된다(Ycung, 1966: 115-7). 이들은 순수연구(pure research)와 응용연구(applied research)로 불리기도 한다.

(1) 소셜 리서치

과학적 연구를 주목적으로 하는 사회과학적 조사연구이다. 대부분의 순수연구가 이에 해당된다. 순수연구는 이론을 구성하고 경험적 자료를 토대로 그 이론을 검증하고자 하는 연구를 지칭한다.

(2) 소셜 서베이

좀더 실천적인 목적이 주가 되는 사회 실태 조사로서 국세조사, 시장조사 등 행정 목적을 가진 조사이다. 대부분의 응용연구가 이에 해당된다. 응용연구는 실제적인 문제 해결을 목적으로 수행하는 연구를 말한다.

그러나 사회과학자들 사이에서도 그 구별이 일정하지 않고 학술적 연구 조사에도 서베이라는 말을 쓰는 경우가 없지 않다.

하이만(Hyman, 1955: 68-81)은 서베이란 말을 리서치와 혼용해 기술적 조사(descriptive survey)와 설명적 조사(explanatory survey)로 구분하고 있다. 그에 의하면, 기술적 조사는 "어떤 현상의 순전한 기술에 그치는 조사"임에 반해, 설명적 조사는 "어떤 현상과 다른 현상 혹은 독립 변수와 종속변수 간의 관계를 정립하는 일과 설명적 탐구를 하는 것"이 그 목적이라고 한다. 설명적 조사가 성질상 실험과 같은 것이긴 하지만 근본적으로 실험과 다른 점은 실험이 독립변수인 요인들을 조작할 수 있는데 반해, 설명적 조사는 그 요인들을 자연적 사상 속에서 발견해 내야 한다는 점이다. 그러나 일반적으로 서베이라면 다분히 실천적이고 기술적인 성격을 띠고 있는 조사를 가리키고, 리서치라면 학술적이고 실험적인 성격을 띤 연구를 가리키는 경우가 많은 듯하다.

3) 연구의 주목적에 따른 유형

조사연구의 주목적이 무엇이냐에 따라 분류하는 것으로, 가장 일반적인 분류 방법이다. 사회과학 연구의 기본적인 목적은 사회 현상을 기술·설명하는 것이므로, 기술적 조사와 설명적 조사로 구분할 있다. 한편 연구자가 연구 대상이 되는 특정 사회 현상에 관해 충분한 사전 지식을 가지고 있지 못한 경우에는 연구 주제에 대한 탐색이 필요하게 된다. 이렇게 본다면 과학적 조사의 유형은 탐색적(explorative)·기술적(descriptive)·설명적(explanatory) 연구로 구분된다.[9]

(1) 탐색적 조사

이것은 주로 연구를 수행할 때 알고자 하는 현상에 대해 사전에 특별한

9) 이와 매우 비슷한 분류 방법으로 연구설계의 목적에 따라 기초연구, 기술적 연구, 가설 검증 연구로 구분하기도 한다(Selltiz et al., 1966: 50-1). ① 기초연구: 어떤 조사연구의 문제 형성에 필요한 자료를 얻기 위해 시행하는 여러 가지 간단한 연구를 말하며 순수연구라고도 한다. ② 기술적 연구: 현상의 기술을 위해 설계된 연구이다. ③ 가설 검증 연구: 특정한 가설을 검증하려는 목적으로 설계된 연구를 말한다.

지식이 없거나, 선행 연구가 없는 경우에 활용된다. 즉, 탐색적 연구는 통계적으로 완전히 신뢰할 수 있는 결과보다는 지식이 부족한 여건에서 아이디어나 통찰을 얻기 위해 실시되는 것이므로 소규모 표본에 대해 실시된다. 탐색조사는 연구 주제를 확정하기 전에 예비적으로 시행하는 성격을 띠고 있기 때문에 탄력성 있는 조사설계가 바람직하며, 필요에 따라 연구 중에 그 내용이나 절차를 변경·수정할 수도 있다. 탐색적 조사의 특징은 다음과 같이 요약될 수 있다.

첫째, 연구 문제의 도출 및 연구 가치 추정

둘째, 좀더 정교한 문제와 기회의 파악

셋째, 연구 주제와 관련된 변수들 사이의 관계에 대한 통찰력 제고

넷째, 여러 가지 문제와 기회들 사이의 중요도에 따른 우선 순위 파악

다섯째, 문제 상황에 대한 조사 의뢰자와 조사자의 이해 증진

여섯째, 조사 시행을 위한 절차나 행위의 구체화

일곱째, 최종적인 조사의 시행과 관련된 정보

위의 특징을 지니고 있는 탐색적 조사 방법에는 문헌조사, 전문가 의견조사, 사례조사 등이 있다.

① 문헌조사

문제의 확인과 가설의 정립을 위한 가장 경제적이고 빠른 방법은 기존에 발간되어 있는 문헌이나 자료를 이용하는 방법이다. 문헌조사(literature research)는 2차 자료를 이용하는 방법으로 각종 학술지, 통계자료집 등의 다양한 분야에서 자료를 수집한다. 문헌조사의 경우 조사 결과 얻은 자료의 유효성 정도에 따라 본조사의 시간과 비용을 절감할 수 있다. 최근 정보의 바다라고 불리는 인터넷의 발달로 문헌조사를 통해 자료 수집이 쉬워짐과 동시에 수집 가능한 자료의 양도 많아졌다.

② 전문가조사

이는 주어진 문제에 대한 전문적인 지식을 가진 전문가와의 면담을 통해 사전 지식과 정보를 입수하는 방법으로 경험조사(experience survey) 또는 파일럿(pilot)조사라고도 불린다. 전문가조사(expert research)는 주로 문헌조사에 대한 보완적인 수단으로 이용되며, 문제의 성격 및 관련 변수들에

대한 좀더 명확한 이해와 조언을 들을 수 있다. 전문가 선정은 연구자의 판단과 편의에 의하고, 반드시 전문가가 아니더라도 해당 주제와 관련해 도움을 줄 수 있는 사람들을 포함한다. 이들에 대한 조사는 일대일(face to face) 대인면접을 통해서거나 여러 명을 동시에 면접해 자료를 얻어내는 심층면접(in-depth interview)을 통해 조사가 이루어지며, 조사 대상자들로부터 필요한 정보를 얻었다고 판단되면 전문가조사는 끝나게 된다.

③ 사례조사

이는 주어진 문제에 대한 연구에 도움이 될 만한 유사한 사례들을 찾아내어 깊이 있는 분석을 하는 조사 방법으로서 분석하는 사례와 연구 문제 사이의 유사점과 상이점을 찾아내어, 본조사를 위한 사전 지식을 얻을 수 있고 현 상황에 대한 논리적 유추를 할 수 있다. 사례분석(case study)이란 실제 일어났던 사건의 기록이나 목격한 사실을 분석하는 경우도 있고, 시뮬레이션과 같은 가상 현실을 통해 분석하는 경우도 있다.

사례조사는 문제의 규명과 관련된 변수들 간의 관계를 명확히 하고자 할 때에는 효과적이나, 사후적인 조사 방법이기 때문에 그 결과가 결정적인 의미를 지니지는 못하며 단지 시사적인 의미를 갖고 있을 뿐이다. 따라서 사례조사의 결과는 임시적인 결론에 불과하므로 추가적인 조사를 통해 가설을 검증하는 절차를 밟아야 한다.

④ 표적집단 면접법

이는 전문 지식을 보유한 조사자가 소수의 응답자 집단을 대상으로 특정한 주제를 가지고 자유로운 토론을 벌여 필요한 정부를 획득하는 방법이다. 표적집단 면접법(FGI: Focus Group Interview)은 계량적 방법으로 검정할 수 있는 가설의 설정이나 설문지 구성시 필요한 정보의 획득에 활용될 수 있다. 표적집단 면접법은 일반적으로 8~12명 정도의 동질적 집단을 대상으로 편안한 분위기에서 토론을 벌이는 방식으로 진행된다. 이 방법의 장점은 개별 면접보다 유용한 정보의 획득이 가능하다는 점이다. 반면 편견이 발생할 가능이 있으며, 조사 결과의 일반화에 무리가 따른다.

(2) 기술적 조사

대부분의 사회과학 조사는 관심 있는 변수들의 특성에 대한 조사라고 할 수 있다, 이러한 조사 특성을 가장 잘 만족시키는 데는 기술적 조사(descriptive study)가 많이 사용된다. 이처럼 기술적 조사는 실제 현상 속에서 발생한 사건이나 생성된 자료를 수집하고 통계 분석을 적용해 정보를 산출하는 연구설계 방법이다. 기술적 조사는 다음의 세 가지 목적을 갖는다.

첫째, 관심을 가지고 있는 대상의 특성 파악과 특정 상황의 발생빈도를 조사하는 것이다. 예를 들면 TV 방송 프로그램의 시청률이 얼마이며, 시청자의 성별·연령별 분포가 어떻게 되는지를 알아내는 것이다.

둘째, 관련 변수들 간의 상호 관계의 정도를 파악하는 것이다. TV 시청률과 시청자의 성이나 연령, 또는 소득이나 직업 사이의 관련성을 조사하는 경우이다.

셋째, 관련 상황에 대한 예측이다. 계절별로 TV 시청률이 어떻게 변화하는지를 파악해 방송 프로그램의 월별, 주별 시청자의 수요를 예측해 프로그램 편성에 반영하는 경우가 이에 해당한다. 이 경우는 과거에 변수들 간의 연관성으로 미래의 상황을 예측하는 것에 불과하고, TV 시청과 관련 변수 간의 인과 관계를 규명하는 것은 아니다. 즉, 기술적 조사의 경우 변수들의 관련성 정도를 묘사할 수는 있지만, 그 자체로서 변수들 간의 인과 관계, 다시 말해, 원인과 결과의 관계를 밝히는 것은 아님을 유의해야 한다.

효율적인 기술적 조사는 조사 문제를 명확히 하고 확실한 조사 목적을 결정하고 난 후 실시되어야 한다. 따라서 탐색적 조사에 비해 문제 상황에 대해 많은 사전 지식을 가지고 있어야 하며, 사전에 철저한 계획과 체계적인 절차에 의해 실시된다는 점에서 탐색적 조사와 차이가 있다. 탐색적 방법에 의해 얻은 연구 결과가 질적으로 표현되는 것과는 대조적으로 기술적 연구 결과는 계량적으로 표현된다. 양적인 기술에는 현상에 나타나는 모집단의 주요 변수의 크기와 분포, 그리고 변수들 간의 관계와 정도와 방향 등이 포함되는데, 이러한 것들은 도수분포, 중앙경향값 및 분산도, 그리고 상관 관계 및 공동 변화 등 계량적 형태로 기술된다.

기술적 조사는 조사 시점과 조사 범위에 따라 횡단적 조사(cross-sectional

study)와 종단적 조사(longitudinal study)로 구분된다.

① 횡단적 조사

이는 가장 보편적이고 널리 사용되는 조사로 연구 대상이 되는 모집단에서 표본조사를 위해 표본을 대상으로 어느 한 시점에서 다양한 대상과 변수에 대해 측정하는 조사설계 방법이다. 횡단적 조사에서는 특정 시점에서의 집단 간 차이를 연구하는 것을 연구의 주목적으로 한다. 예를 들어 '유권자의 연령별 특성에 후보자 선호도 조사', '휴대폰 브랜드에 따른 소비자들의 선호도 조사', '강남과 강북 주민들 간의 소비 성향 차이 조사' 등은 횡단적 조사라 할 수 있다.

종단적 조사는 시간의 흐름에 따른 조사 대상의 특성 변화를 측정하지만, 횡단적 조사는 특정 시점에 다른 특성을 지니고 있는 집단들 사이의 차이를 측정하고자 하는 것이다. 이러한 조사 성격으로 인해 종단적 조사를 동태적 방법이라 하며, 횡단적 조사를 정태적 방법이라 부르기도 한다. 횡단적 조사의 대표적인 방법은 서베이 방법을 들 수 있는데, 대인면접법, 우편면접, 전화면접 등의 방법으로 자료를 수집해 변수들 간의 상호 관계나 분포를 연구한다. 서베이 연구의 장점은 현실을 정확하게 반영할 수 있고, 전수조사보다 경제적이며 한 번의 조사로 다양한 주제에 대한 연구가 가능하다는 점이다. 반면에 서베이 연구의 단점으로는 정보의 깊이가 부족하고, 내적 타당성이 결여되어 있다는 점이다.

② 종단적 조사

이는 동일한 대상에 대해 시간 간격을 두고 반복적으로 측정해서 자료를 얻어 내는 방법이다. 종단적 조사는 동일한 대상에 대해 반복 측정을 함으로써 시간의 흐름에 따른 대상의 특성 변화를 알아내는 것이 주요 목적이다. 여기에서 '동일한 대상'이란 연구 대상에 포함된 사람이나 사물이 개체적으로 동일한 경우는 물론이고, 연구에 따라서는 연구 대상의 특성이 집합적으로 동질적인 경우이면 이에 해당된다. 이러한 종단적 조사에는 패널조사(panel study), 추세조사(trend study), 그리고 코호트조사(cohort study)가 있다.

ⅰ) 패널조사: 특정 조사 대상자들을 사전에 선정하고 이들을 대상으로

일정 기간 동안 같은 질문을 반복하는 사회조사 기법이다. 이 때 조사 대상자를 패널이라 한다. 예를 들어, TV 시청률 조사를 위해 특정한 시청자 집단을 패널로 선정하고, 정기적으로 시청률 조사를 실시하는 것은 패널 조사의 대표적 예이다. 패널조사의 장점은 조사 대상의 변화를 추적하는 것이 가능하고, 상대적으로 많은 정보를 획득할 수 있기 때문에, 횡단적 조사보다는 신뢰성 있는 정보를 획득할 수 있다는 점이다. 그러나 패널조사는 측정 기간 동안에 대상 패널들의 변화나 이탈을 제대로 통제하지 못할 경우 연구 결과의 대표성이 떨어진다는 단점이 있다.

ii) 추세조사: 다른 시점의 반복 측정을 통해 얻은 시계열 자료를 이용하는 조사 방법이다. 추세조사는 패널조사와는 달리 사전에 조사 대상자를 선정해 두지 않는다. 예를 들면, 지역 인구의 변화 추이, 지방정부의 세수 추이, 자동차 보급률의 추세 등이 추세조사에 해당된다. 이 조사 방법은 대부분 과거의 추세를 분석함으로써 미래 상태를 예측하는 데 많이 활용된다.

iii) 코호트조사: 코호트(cohort)[10]란 어느 시점에서 나이·성별 등 공통된 속성을 지닌 인구를 가리키는 인구학상 용어이다. 코호트조사는 특정한 시기에 태어났거나 동일 시점에서 특정한 사건을 경험한 사람들의 집단을 연구 대상으로 하는 경우이다. 예를 들어, 6·25세대, 베이비 붐 세대, X세대, 386세대, 이해찬 교육 세대 등 특정한 시대적·사회적·문화적 동질성을 공유한 집단 등이 이에 해당된다. 대표적인 코호트조사의 예로 장래의 인구 추계조사를 들 수 있다. 장래의 인구 추계는 먼저 국세조사 등 정확성 높은 통계에 근거해 어느 해의 성별·나이별 인구를 파악해 기준 인구로 삼고, 다음에 성별·나이별 각 코호트에 대해 코호트 생존율[11]을 사용해 그 감소 과정을 계산하는 한편, 여성의 각 나이별 코호트에 대해 나이별 출생률을 사용해 출생률을 산출하고 그것을 장래 인구에 추가해 나가는 방법

10) 코호트(cohort)는 본래 고대 로마 보병대 연대를 10등분한 단위 부대를 뜻하는 말로, 여기서는 어느 시점에서 나이·성별 등 공통된 속성을 지닌 인구, 즉 동일한 통계 인자를 가진 집단을 의미한다.

11) 어느 해 어느 나이의 인구가 1년 후 생존해 있는 비율을 그 나이의 코호트 생존율이라고 한다.

이다. 추세조사는 조사 대상이 되는 집단 구성원의 모집단이 변화하는 데 반해, 코호트조사는 집단 구성원의 모집단이 변하지 않는다. 그리고 패널조사는 패널이라 불리는 조사 표본으로 선정된 동일한 사람만을 대상으로 하지만, 코호트조사는 집단 구성원의 모집단은 동일하지만 조사 시점마다 표본으로 선정된 조사 대상은 변할 수 있다.

(3) 설명적 조사 또는 인과적 조사

설명적 조사(explanatory research)는 기술적 조사연구 결과의 축적을 토대로 어떠한 사실과 사실과의 관계를 파악해 인과 관계를 규명하거나, 이러한 규명 결과를 토대로 미래를 예측하는 조사를 의미한다(Mayer & Greenwood, 1980: 55-6). 보통은 인과적 조사라고 불리기도 한다. 이러한 유형의 연구에서는 연구자가 연구 대상에 관한 주요 변수들의 크기, 분포, 상호 관계를 사전에 알고 있어야 하기 때문에, 기술적 조사가 그 토대가 된다.

설명적 조사연구의 목적은 어떤 현상이 왜 일어나는가를 설명하는 데 있다. 과학적 설명이 되기 위해서는 인과적 추론의 세 가지 조건, 즉 i) 두 변수의 관련성이 크고(공동 변화), ii) 한 변수가 다른 변수보다 시간적으로 앞서며(시간적 선행성), 그리고 iii) 제3의 변수가 그 관계에 영향을 미치지 않는다(경쟁 가설의 배제)는 것을 충족시켜야 한다.

인과적 가설을 검증하기 위한 연구에서는 인과성에 관한 추론을 가능하게 하는 절차가 필요하다. 실험설계가 그러한 요건을 충족시키는 데 가장 적합하지만, 인과적 관계에 관한 가설 검증을 위한 조사가 모두 실험의 형태를 갖추고 있는 것은 아니다. 인과적 관계를 명확하게 파악하기 위해서는 매우 엄격한 조사설계를 하고, 독립 변수 외에 결과 변수에 영향을 미치는 외생 변수들을 통제해야 한다.

인과적 조사(causal research)의 방법으로는 진실험설계와 유사실험 설계(현장실험 설계)가 있는데 자세한 내용은 후술한다. 일반적으로 진실험 설계는 외생 변수들에 대한 통제를 통해 인과성에 대한 내적 타당성이 매우 높지만, 현실 세계에 적용하는 데 한계가 있다. 반면에 유사 실험설계의 경우 실제 상황에서 실험이 이루어지기 때문에 현실성이 높다는 장점이 있으나, 외생 변수들에 대한 통제의 한계에 따른 인과적 추론의 정확성이 부족하다는 점이 지적된다.

이상에 살펴본 탐색적 조사, 기술적 조사, 설명적 조사에 대해 연구의 목적, 가설 수립 여부, 표본 특성, 자료 수집 방법을 비교해 요약하면 <표 1-2>와 같다.

〈표 1-2〉 탐색적 조사, 기술적 조사, 설명적 조사의 비교

구 분	탐색적 조사	기술적 조사	설명적(인과적) 조사
목적	• 문제에 대한 통찰 • 아이디어 얻기 • 사전조사(pilot study)	• 연구 대상에 대한 정확한 기술	• 인과 관계 검증
가설	• 불명확	• 추론적이나 명확	• 구체적이고 인과적
표본	• 비확률적 • 소규모 표본집단	• 확률적 • 대규모 표본집단	• 실험: 확률적 • 현장: 비확률적
자료 수집	• 문헌조사 • 전문가조사 • 사례분석 • 표적집단 면접법(FGI)	• 패널조사 • 추세조사 • 코호트조사	• 실험설계 • 유사 실험설계

제 2장 사회과학 연구의 객관성과 변천 과정

제 1 절 사회과학 연구의 객관성

1 사회과학의 객관성

1) 객관성의 의미

과학이란 '과학적' 방법을 이용해 이론을 도출하는 과정으로 정의했다. 그러나 '과학적' 방법이 무엇이냐, 더 나아가 과연 사회 현상을 연구하는 데 과학적 방법을 사용할 수 있느냐에 대해 오랜 기간에 걸쳐 과학철학적 논쟁이 전개되어 왔다.

역사적으로 '과학적'이라는 개념은, 17세기 말의 뉴턴 과학의 성공을 '객관적이고 엄정하며 사회적 편견으로부터 오염되지 않은' 과학의 이미지와 동일시하고, 사회를 과학적 모형에 따라 개조할 수 있으리라고 믿었던 18세기의 계몽철학자들의 관념에 뿌리를 두고 있다. 다시 말해 '과학적'인 의미는 이른바 사회과학의 '객관성'에 관한 문제로 귀착된다.

일반적으로 객관성이란 용어는 네 가지의 의미로 사용되고 있는데, i) 관념의 진실성, ii) 진술의 진리성, iii) 방법론의 신뢰성, 그리고, iv) 이상의 세 가지 모두에서 언급된 관념, 진술, 방법론을 견지하거나 신뢰하거나 채택하고자 하는 심리적인 경향성 등이 그것이다.

첫째, 관념의 술어로서의 객관성이다. 이것은 어떤 현상에 대한 관념(이미지)과 그 관념의 대상이 되는 사물들 사이에 어떤 특정한 대응 관계가 존재할 때 객관성이 존재하는 것으로 보는 견해이다. 예를 들면 '책'이란 관념은 우리가 서점이나 도서관에서 관찰했던 '책'이라는 사물과 정확하게 대응된다는 점에서 객관적이라 할 수 있다. 이러한 관점을 객관성에 대한 즉흥적 묘사(snapshot) 이론 또는 과학적 실재론이라 한다.

그러나 '정부', '국가', '민주성', '효율성', '리더십' 등 수많은 사회과학적 관념은, 그에 상응하는 대응체에 대한 이미지가 사람에 따라 다양하게 떠올리거나 서로 다르게 영상화하기 대문에 매우 주관적일 수밖에 없다는 점에서 한계가 있다.

둘째, '참'으로서의 객관성이다. 이것은 객관성의 의미를 명제의 '참(true)에 대한 의미론적 개념'으로 보아, 객관성을 '참'과 동일하게 취급하는 것이다. 다시 말하면 명제의 '언어적 존재', 즉 진술들에 적용되는 술어의 의미가 '참'일 경우에 객관적이라고 보는 것이다. 따라서 어떤 연구자가 어떤 사물에 관해 '사실적'이거나 '객관적'인 설명을 하고 있다고 이야기할 경우, 그것은 바로 참인 설명을 하고 있다고 말하는 것과 같다. 문제는 제시된 명제, 즉 이론이 '참'이라는 것을 무엇을 통해 확인할 수 있느냐 하는 것이다. 이에 대해서는 엄밀한 경험적 검증을 강조하는 입장과, 그렇지 않은 과학적 관점에 따라 해석상의 차이를 보이고 있다.

셋째, 방법의 의미로서의 객관성이다. 이것은 객관성이란 용어를 '연구 진행을 위해 채택하는 방법론, 논리, 또는 타당화의 기준에 적용되는 것'으로 정의하는 것이다. 이러한 관점에서는 어떤 연구 방법이 다른 연구 방법에 비해 '객관적'이라고 주장한다는 것은 그 방법이 다른 방법보다 신뢰성이 있다는 것을 의미한다. 여기서 '신뢰성'은, 예를 들어 방법 A를 계속해서 사용하는 것이 방법 B에 비해 오류에 빠질 가능성이 작은 것을 말한다. 따라서 어떤 방법을 채택할 때 오류의 개연성이 극소화된다면 그 방법은 다른 모든 대안 중에 가장 객관적인 것으로 볼 수 있다.

이와같이 '객관성'의 의미는 '관념의 술어'로서, '명제의 참'으로서, 그리고 '방법의 신뢰성'이라는 의미로 다양하게 사용되고 있으나, 이를 종합해 보면 객관성은 객관적 실재를 적합하게 반영하는 진술이나 이론 형성을 지향하는 과학적 탐구의 특징 및 원리라고 정의될 수 있다. 즉, 어떤 진술이나 이론이 객관성을 지니려면 그것을 형성하는 사람들로부터 독립적이고, 그리고 주장되고 있는 상태가 객관적 실재 안에 존재해야 한다. 이런 의미에서 진술・이론 등이 객관적이라고 하기 위해서는, 그 진술 및 이론의 수립 과정에서 주관적 소망・상념・경향 등이 아니라, 객관적으로 신뢰할 수 있는 방법에 의존하는 것임을 뜻한다.

2) 사회과학의 객관성

사회과학은 사회 현상을 지배하고 있는 사회 법칙과 인간 행위에 관한 법칙을 찾아서 인간의 존재 가치를 실현시키는 학문이다. 이 때 가장 근본적 의문은 자유 의지와 다양한 가치 규범을 가진 인간들의 사회적 활동과 사회 현상에서도 일정한 규칙과 질서를 과학적으로 검증하고 찾아낼 수 있는가 하는 점이다. 달리 말하면 사회과학도 자연과학에서와 같이 엄격한 과학적 방법론을 적용해 실증적 이론과 법칙을 추구할 수 있다고 보느냐 하는, 이른바 '사회과학의 과학성'에 대한 논의이다. 위에서 언급한 것처럼, 사회과학의 '과학성'은 궁극적으로 방법론의 '객관성'에 대한 논의로 귀결된다.

일반적으로 법칙이나 이론의 탐구 방법에서, 과학주의적 관점은 과학을 경험주의적 속성으로 정의해 자연과학과 특별히 구분할 필요가 없다고 본다(경성과학). 그런데 사회과학이 설명하고자 하는 사회 현상과 인간 존재의 세계는 자연과학의 세계인 자연 현상과는 차이가 있다. 자연 현상에는 예외가 없지만 사회 현상은 철학적이고 자유 의지를 가진 주관적 인간들의 집합체이기 때문에 항상 일정한 질서와 규칙을 찾을 수 있는 자연 현상과 차이가 있다. 여기에 자연 현상에서 관찰되는 것과 같은 일정한 질서와 법칙이 항상 존재하리라고 생각하는 것은 무리이다. 따라서 많은 예외가 존재하는 불규칙적이고, 정확하게 예측하기 어려운 사회 현상을 지배하고 있는 법칙을 설명하는 사회과학의 근원을 자연과학의 과학과는 구별해서 이해할 필요가 있다. 이 때의 과학을 연성과학(soft science)이라고 해서 자연과학의 과학, 즉 경성과학(hard science)과 구별해서 이해해야 한다. 이렇게 본다면, 과학을 경험적 실증주의에 의한 속성으로 정의하는 것이 아니라, 하나의 지식을 추구하고 이해하며, 인간이 생각하고 인식하는 하나의 방법으로 보게 된다(이해영, 2005: 63; Ray, 2003: 3).

이러한 사회과학의 특성을 고려해, 사회과학의 객관성 문제가 어떻게 다루어지는지 살펴보자. 객관성은 ⅰ) 사회과학 자체의 객관성 문제와, ⅱ) 사회과학 방법의 객관성 문제로 구분해 살펴볼 필요가 있다.

첫째, '사회과학이 과연 객관적인가'라는 문제는 '객관적(objective)'이라는 말을 어떻게 이해하는가에 달려 있다. '객관적'이라는 용어가 '마음과는 독립적인(independent of mind)' 것으로 정의되기는 하지만, 무엇이 객관적으로 존재한다고 하는 우리의 자각(awareness)은 우리의 마음을 통해서 들어온다. 그러므로 대부분의 학자들은 실용적 관점에서 '객관성'의 의미를 '상호주관성(intersubjectivity)'의 의미로 본다. 상호주관성이란 용어는 한 사람이 아니라 복수의 사람들 간에 어떤 것이 존재한다는 데 동의한다면, 우리는 그것이 마치 객관적 존재를 가지고 있는 것처럼 취급한다는 것이다(소영일, 1994 : 41). 즉, 이러한 관점에서는 '과학이 객관적이다'는 말은, 과학이론은 대다수의 과학자가 서로 동의할 수 있는 방식으로 평가되어야 하고, 그 평가의 결과는 개별 과학자들에 의해 합리적으로 수용될 수 있어야 한다는 것을 함축하게 된다(이상욱, 2002: 8).

둘째, 사회과학의 특수성을 강조하는 일부의 학자들은 '과학적 방법이 절대적으로 객관적인 것이 아니다'라고 주장하고 있는데, 이러한 주장의 핵심은 다음 두 가지, 즉 ⅰ) 과학적 방법은 본질적으로 비객관적이기 때문에 사회과학에서 과학적 방법을 채택하는 것이 불가능하다는 것과, ⅱ) 사회 탐구의 본질적인 목적은 사회 현상에 고유한 특질로서의 유의미성(meaningfulness)을 이해하는 것이기 때문에, 과학적 방법에 의해 사회 현상의 유의미성을 알아낼 수 없다는 것으로 요약된다. 그러나 이러한 주장들의 전부를 그대로 받아들일 필요는 없을 것이다. 왜냐하면 첫 번째 주장은 과학적 방법 그 자체의 신뢰성에 대한 문제를 지적한 것으로 방법론의 신뢰성 제고를 위한 노력을 통해 어느 정도 극복할 수 있는 문제이다. 두 번째의 사회과학은 특수성 때문에 객관적 방법을 사용할 수 없다고 주장하는 것도 지나친 논리적 비약이다. 실제로 사회과학 연구에서 과학적 방법 이상의 객관적인 별도의 방법이 존재하지 않기 때문에, 과학적 방법이 가장 객관적이라 할 수 있다. 특히 유의미성이라는 개념도 그것이 의미론적인(가치 중립적인) 특성과 관련된 것이라기보다는 주로 사물이 지니고 있는 중요성이나 가치와 관련된 경우가 많다.

이와같이 과학적 방법론의 객관성은 그 방법론을 사용해 얻는 과학이론이 어느 정도 '근사적으로 참'이라는 것을 '보장'해 주기 때문이다(이것을 과학적 실재론이라고 한다). 과학자들은 일반적으로 '근사적 참'을 실험이나 관찰 결과에서의 수치적인 근사와 동일시하는 경우가 많다. 엄밀하게 수행된 실험이나 관찰 결과에 대해서, 한 이론의 예측 결과가 다른 이론의 예측 결과와 수치적 유사성을 보일 때, 한 이론이 참이라고 가정하면 다른 이론이 근사적 참이라고 결론내릴 수 있기 때문이다. 하지만, 만약 우리가 이론들 사이의 수치적 유사성만 알고 있고 어떤 한 이론에 대해서도 그 이론이 객관적 실재에 대해 얼마나 근사적으로 참인가를 모르고 있다면, 우리가 가지고 있는 과학이론이 절대적으로 얼마나 근사적으로 참인가는 알 수 없게 된다. 따라서 사회 현상을 이해하는 데 객관적 방법뿐만 아니라 비객관적 방법들을 상호 보완적으로 활용함으로써 사회과학의 내용을 풍부하게 할 수 있다고 본다.

오늘날 대다수의 학자들은 사회과학의 특수성을 어느 정도 용인하면서 엄격한 절대주의적 과학주의 관점을 지양해, 상대주의적 과학주의 관점을 받아들이고 있다. 즉, 사회과학의 인식 범위를 개방적이고 다차원적으로 수용할 수 있게 하는 방법론을 좀더 현실적으로 이해하려 한다. 이렇게 본다면 과학은 과학적 방법의 태도나 정신에 관한 것이고, 과학적 방법 그 자체나 결과물이 과학이 아니라는 점이다(Neuman, 1994: 8).

2 사회과학 연구에서의 가치 문제

1) 과학과 가치

과학은 그 성격면에서 가치 중립적이라고 하는 말을 자주 듣는다. 그러나 모든 과학이 모두 동일하게 가치 중립적일 수 있겠는가 하는 의문이 대두된다. 과학은 주관적 가치 판단의 문제를 거의 배제하고 오직 객관적인 사실을 근거로 문제 해결을 위한 과학적 방법을 구사하는 것이 보통이다. 그러나 과학에서 가치 중립은 한계가 있으며 가치 문제를 떠나서는 그 학문의 연구가 제약되고 있는 경우도 쉽게 찾아볼 수 있다.

이러한 가치는 일반적으로 '좋다-나쁘다'라는 심리적 상태, 또는 목적·희망·욕구 등 인간의 감정(Ayer, 1946: 110), 그리고 사람들이 생각하는 바람직한 것을 의미한다. 가치란 존재(Sein)에 대치되는 당위(Sollen)에 관한 것으로 도덕적인 요청(moral imperatives)의 표현이다. 사회과학에서 다루는 가치들의 예를 들면, 정직과 부정직, 과묵함과 경박함, 활동성과 비활동성, 형평성과 효율성 등 무수히 많다.

사회과학에서 가치가 중요시되는 것은 ⅰ) 가치 자체가 사회과학의 주요 연구 대상이 되고 있다는 것과, ⅱ) 과학자에게 내재화되어 있는 가치가 연구 활동에서 객관성을 침해하는 중요한 요인이 되고 있다는 점이다. 따라서 사회과학의 연구 대상으로서의 가치와 과학 활동에서의 가치에 대한 연구자의 입장을 나누어 살펴볼 필요가 있다.

(1) 사회과학의 연구 대상으로서의 가치

사회과학은 자연계의 물리적인 사실적 존재들을 대상으로 하는 자연과학과는 달리, 자유 의지와 신념 체계를 가진 사회적 존재로서의 인간들의 행위들을 대상으로 하여 이들 간의 규칙성이나 질서를 규명하고자 한다. 이러한 사회과학의 특성 때문에 주관적인 요소, 가치의 문제를 어떻게 다룰 것인가에 대해서는 세 가지 견해가 있다.

첫째, 가치배제론으로 사회과학이 과학이 되려면 일체의 주관적 요소는 측정이 불가능하므로 아예 처음부터 그 연구 대상에서 배제되어야 한다는 입장이다(Riker, 1962: chap. 1).

둘째, 가치포함론으로 사회과학의 하나의 주요 임무는 앞으로 있을 사회 현상을 과거의 경험에 비추어 단순히 예견만 해서는 안 되고 처방도 해야 되는데 가치를 배제한 처방은 불가능하다는 것이다(Runciman, 1963: chap. 1).

셋째, 가치중립화론이다. 즉, 사회 현상은 자연 현상과 달라 주관적 요소가 주요 요소로 존재하므로 이를 인식의 대상에서 제외시킬 수는 없으며, 다만 해석할 때는 규범성에 입각한 처방과 같이 주관이 개입되서는 안 된다는 입장이다(Easton, 1967: 11-31).

이에 대해 오늘날 대부분의 사회과학 연구에서는 가치 판단 문제를 완전히 배제할 수는 없다는 주장이 통설로 받아들여지고 있다. 즉, 사회 현상의 주요 행위자는 인간이고 인간의 행위에는 주관과 가치관이 크게 작용한다는 점과, 또한 사회 현상은 객관적인 실체로 존재하는 것이 아니라 연구자의 주관이나 가치관 자체에 의해 선택되고 구성되는 것으로 파악한다. 따라서 사회과학자의 관찰 영역인 사회적 실재나 현상은 그 속에서 살고, 생각하고, 의사소통하고, 행동하는 사람들에게 특정한 의미를 갖는 것이다. 사회과학 연구에서 이러한 의미를 파악하는 것이 상당히 중요하며, 이러한 의미 파악 과정에서 연구자의 가치 판단이 개입된다.

따라서 연구자들은 자신이 살고 있는 사회 내에 인간들의 상호 작용이나 관계에서 바람직한 가치와 바람직하지 않은 가치, 또는 좋은 가치와 나쁜 가치를 탐구하고 평가하고자 한다. 사회과학 연구의 대상으로 가치 문제가 중요하게 다루어지는 경우는, 사회적 실재로서 무엇이 합리적이고 정당하며 공공선(公共善)에 부합하는 것인지를 따져보는 데 더 큰 관심을 두는 규범적 연구(normative study), 현실의 사회 문제를 해결하기 위한 바람직한 대안은 무엇인가에 관심을 두는 처방적 연구(prescriptive study)를 들 수 있다. 최근에는 사회적인 행동의 규범적인 요소들에 대한 경험 과학적인 연구가 많은 관심을 끌고 있다.

(2) 과학 활동에서 가치에 대한 연구자의 입장

가치가 사회과학의 대상이 될 수 있느냐 하는 것과는 별개로, 과학적 탐구 활동에서 연구자의 주관적 가치를 배제할 수 있느냐 하는 문제이다. 이에 대해서도 위의 연구 대상으로서의 가치 문제에 대한 세 가지 견해가 그대로 적용될 수 있다.

엄격한 실증주의적 관점(가치배제론)에서는 실증성, 객관성, 측정성 등 연구 방법의 객관성을 강조하기 때문에, 가치포함론은 논박을 받을 여지가 많다. 그러나 인간의 인식이나 지식 자체가 이미 상황 맥락적 유의미성을 갖기 때문에, 연구자의 탐구 활동에는 연구자의 주관적 가치관을 완전히 배제하기가 어렵다. 예컨대 한 연구자가 택한 연구 제목, 가설 및 연구 방법은 그의 주관적 가치관과 직결되어 있음을 우리는 부인하기 어렵다. 즉, 수많은 연구 제목 중 그가 택한 제목과 가설, 그리고 방법은 그의 관심을 반영해 주는 것이며, 그가 도출해 낸 결과는 아무리 가치 중립적이라 하더라도 처방과 완전히 무관할 수는 없는 것이다.

과학적 연구 활동에서 흔히 일어나는 가치개입의 예를 들면 다음과 같다(Kaplan, 1964: 377).

첫째, 과학적 연구를 위해 여러 대안의 문제들 중에서 어떤 특정한 문제를 선정하는 경우에 가치개입이 불가피하다.

둘째, 문제의 선정 후 그 문제가 전제로 하는 필요 사실 및 자료 선정의 경우에도 가치개입이 불가피하다.

셋째, 선정된 사실 및 자료를 근거로 한 개념화, 명제의 형성, 그리고 이론을 전개하는 경우에도 가치개입이 불가피하다.

넷째, 연구자 자신이 지닌 고유한 성격이나 인생관, 그리고 선호 체계 같은 것들이 연구 과정에 영향을 미치기도 한다.

다섯째, 연구자의 직업 또는 학문적 배경이나 특성이 연구 과정에 영향을 미치는 수가 있다.

이와같이 과학적 연구에서 어느 정도의 가치 판단의 개입은 불가피하다고 할 것이다. 사실 가치 판단의 문제는 한 연구 문제의 정립에서 변수의 선정, 가설의 구성, 조작화, 표본 추출, 자료의 측정 및 수집·분석, 그리고 이론의 형성에 이르기까지, 연구 활동의 모든 단계에 걸쳐 연관되어 있다. 이들 연구 활동의 각 단계에서 대립적인 복수의 대안들이 존재하는 한, 연구자들은 그것들 중에서 바람직한 대안을 선택하는 의사 결정을 해야 하기 때문에, 이 단계마다 일련의 가치 판단이 불가피하다고 하겠다. 그러나 가치 판단의 개입이 불가피하다고 해서 과학적 연구 수행시에 객관성의 기준을 소홀히 해도 된다는 것은 아니다.

2) 과학과 가치중립성

사회과학의 연구에서 가치의 문제가 최초로 제기된 것은 베버(Max Weber, 1864-1920)의 논문 <사회과학적 및 사회정책적 인식의 객관성>(1904)에서 비롯되었다. 그는 경험과학으로서의 사회과학은 가치 판단으로부터 자유로워야 한다는 가치 판단 배제 또는 몰가치성(Wertfreiheit; value-free)을 주장했다. 즉, 사회과학에서 인식의 객관성을 유지하기 위해서는 일정한 가치 기준으로 선악, 옳고 그름의 판단을 강요하는 태도를 취해서는 안 된다는 것이다.

그는 인식의 두 차원을 사실과 가치의 국면으로 구분해 고찰한다. 사실의 국면은 세상에는 어떠한 현상이 발생하고 있으며, 그 현상들 사이에 어떠한 규칙들이 존재하는가, 그리고 무엇으로 그것들을 설명할 수 있는가 등의 문제에 관한 것들이 포함된다. 반면에 가치 판단의 국면에는 '그러한 현상의 만족스러운 또는 만족스럽지 못한 특성'과 '바람직함 혹은 바람직하지 못함'을 판단하는 것과 관련된 것으로, 주어진 상황에서 무엇을 해야 할 것인가, 어떠한 상황의 사건을 야기시켜야 할 것인가의 문제, 즉 정의(rightness)와 선(goodness)의 문제를 포함하고 있다(Weber, 1949: 1-10). 그리하여 그는 과학이란 사실의 설명으로 구성되는 것이지 가치의 언급으로 구성되는 것이 아니라고 주장함으로써 과학적 연구에서는 사실에 기초한 가치중립성을 강조한다. 그러나 문제 선택과 과학적 논증에 가치 판단이 필요하다고 함으로써, 가치를 과학적 인식 영역 밖으로 몰아낸 것은 아니었다.

사회과학은 인간의 행위를 연구 대상으로 삼는다는 점에서, 행위에 대한 가치 판단, 즉 도덕적 판단(moral judgement)이 사회적 사실의 인지와 해석에 개입될 수밖에 없다. 이러한 가치 판단은 종종 사실과 가치의 구분을 혼동시키거나 부정해 버리게 된다.

만약 베버의 주장대로 가치 판단의 옳고 그름이 사실 설명의 진실과 오류에 관계가 없다고 한다면, 현실적 주장은 이와 무관한 가치 전제들에 의해 영향을 받지 않아야 할 것이다. 뮈르달(G. Myrdal)도 상이한 가치 판단들 사이의 모순에 의해 사실 판단이 왜곡된다는 것을 밝히고 있다(Myrdal, 1944: 89, 87-107, 1027-31).

제 2 절 사회과학방법론의 변천

1 방법론 논쟁

과학이란 과학적 방법을 이용하는 것이라는 데에는 학자들 간에 어느 정도 합의를 본 상태이나, 과학적 방법이 무엇인가에 대해서는 관점과 견해가 매우 다양하다. 그러므로 연구자가 어떠한 과학철학적 입장을 취하느냐에 따라 사회과학 연구의 방향과 내용이 달라진다. 대부분 수많은 논의들은 실증주의, 경험주의, 반증주의와 같이 관찰을 중요시하면서 지식의 객관성을 추구하는 절대론적인 입장과, 주관의 개입은 필연적이므로 사회구조적으로 지식을 파악해야 한다는 상대론적 관점으로 나뉜다. 여기에서는 이에 관한 주요 방법론적 논쟁을 소개한다.

1) 역사학파와 오스트리아학파의 논쟁

사회과학에서 과학적 방법론에 대해 논의가 이루어지기 시작한 것은 18세기 후반부터 19세기 초에 걸쳐서 중상주의 경제학파인 스미스(Adam Smith, 1723-1790)와 리카도(David Ricardo, 1772-1823)에 의해서 국민경제의 과학적 연구 방법이 개척되고, 이후 콩트(Auguste Comte, 1798-1857)에 의해서 자연과학적 방법을 모방한 실증철학이 제창되면서부터이다. 그런데 본격적인 방법론적 논쟁은 19세기 말 고전주의 경제이론을 둘러싸고 경험적인 경제 현상에 대해 만족스러운 과학적 이론을 얻을 수 있느냐에 관해 독일의 역사학파(historische Schule)와 오스트리아학파(Wien 학파) 간에 벌어진 것이었다. 독일의 역사학파는 고전경제학의 분석적 이론을 사회의 단면에 적용될 수 있는 부분적인 것으로 일반적인 현상에 이를 적용할 수 없다고 이를 거부했다. 진정한 일반이론이 되기 위해서는 과거 및 현재 사건의 제도와 구조를 면밀하게 검토한 후 어떤 법칙을 찾아야 한다는 역사주의적 접근을 제시했다.

반면, 오스트리아학파는 계몽주의적 자연법 사상에 의거해 역사를 본질적으로 동일한 것의 다양한 현시로 보고, 여러 현상에 적용될 수 있는 하나의 법칙이 있다고 하여 고전파 이론을 옹호하게 되었다. 결국 고전파 경제이론의 과학성에 대한 견해로부터 시작된 사회과학의 방법론 논쟁에서 역사학파는 특정 시대에 적용될 수 있는 경제 원리를 일반적인 원리로 받아들일 수 없다는 주장을 했다. 이들은 역사적 사건들의 독특성과 전체적인 틀 안에서 하나의 사건들의 상호의존성을 강조했으며, 역사의 본질은 경험적인 현상 안에서 재발하는 것만을 명시하는 법칙만으로 포착될 수 없다는 입장이었다. 오스트리아학파는 경제 행위는 개인의 편익을 추구하기 위해서 이루어진다는 고전학파 경제이론을 옹호하면서 그러한 사실은 인간의 경제 행위에서의 보편적인 원리를 나타내는 것이라고 보았다.

2) 실증주의와 해석학 간의 논쟁

1960년대 중엽까지만 해도 사회과학은 자연과학과 본질적으로 차이가 없다고 보았다. 따라서 사회과학이 과학이 되기 위해서는 자연과학적 방법을 이용해야 한다고 보았다. 그러나, 이러한 입장에 반론을 제기하는 학파들이 등장하면서 사회과학의 과학성에 대한 논쟁이 전개되었다.[1] 사회과학

1) 이 논쟁은 처음 프랑크푸르트학파의 주도자인 아도르노가 프랑크푸르트 대학의 사회연

에 대해 자연과학의 방법을 모방하는 경험과학으로서의 입장을 반대하는 아도르노(Theodor Adorno)와 하버마스(Jürgen Habermas)로 대표되는 변증법적 과학론자와 사회과학은 경험과학으로서 사회·정치적 모든 관계에서 자연과학적 방법이 적용될 수 있다는 포퍼(Karl Popper, 1902-1994)를 중심으로 하는 논리실증주의자와의 논쟁이 바로 그것이다.

이 논쟁의 핵심은 경험적·분석적 방법과 변증법적 방법의 대결이었으며 궁극적으로는 사회과학의 과학성에 대한 과학론적 반성에 있었다. 아도르노와 하버마스는 사회과학을 경험과학으로 확립하려는 분석적 과학론을 배격하고 자연과학의 모방 없이 방법론적으로 활용되는 사회과학의 가능성을 탐색했다. 반면에 포퍼는 실험적 자연과학을 경험과학의 유일하고 정당한 합리적 방법이라고 옹호했다. 포퍼에 의하면, 과학적 방법의 본질은 반증성(反證性, falsifiability)과 검증의 가설적·연역적 방법에 있다고 주장한다. 즉, 과학적 인식은 지각이나 관찰이 아니라 문제를 인식함으로써 시작되는데, 이 때 문제는 알고 있는 지식과 관찰된 사실 간의 모순에서 연역적으로 야기된다고 보고(Adorno, 1969: 138), 그 문제의 해결을 위해 가설을 설정해 검증해 나간다는 것이다. 그리고 검증의 목적은 가설의 논박에 있으며, 이론에 의한 결과가 반박되는 경우 그 이론은 기각되고 이러한 반증 과정을 거쳐 남게 되는 이론이 채택된다는 것이다.

이러한 주장은 프랑크푸르트학파[2]의 극심한 반박을 받았는데, 아도르노

구소에서 행한 강연 <사회과학의 경험적 연구>가 발단이 되어 시작되었다. 경험주의를 대표하는 포퍼의 <사회과학의 논리>와 아도르노의 <사회과학의 논리에 대하여>가 1961년 독일 사회학 학술대회에서 발표되면서 논쟁은 본격화되고, 이어서 아도르노의 후계자 하버마스가 1963년에 <분석적 과학론과 변증법>으로 논쟁에 가담했고, 1964년에 포퍼의 제자 알베르트(Hans Albert)가 <전체적 이성의 신화>로 이에 대응함으로써 논쟁이 절정에 달했다. 이 논쟁에 참여한 논문들은 다음 책에 수록되어 있다(Adorno, 1969; Lenk, 1979: 110).

2) 호르크하이머(Max Horkheimer)가 지도하기 시작한 후의 '프랑크푸르트 사회연구소'에 참가한 여러 학자들과 제2차 세계대전 후에 재건된 같은 연구소에서 배출된 제2세대의 연구자를 포함한 총칭하는 용어이다. 아도르노, 마르쿠제, 벤야민, 프롬, 노이만 등을 비롯해 제2세대 연구자인 하버마스, 슈미트 등이 포함된다. 그들은 정통파 마르크스주의의 교조주의에 반대하면서도, 어떤 의미에서든 마르크스의 동기를 계승해, 그것을 프로이트(Sigmund Freud)의 정신분석학과 미국 사회학의 방법을 결합시켜 현대의 경험을 바탕으로 한 비판이론을 전개했다.

는 과학이 객관성과 가치의 분리를 통해 비이성적 목적 달성을 위한 수단으로 전락했다고 비판했고, 하버마스는 실증주의 논쟁과 과학 기술의 발달에 따른 생활 세계의 변화를 고려해 이론과 실천의 관계에 대한 비판이론을 확립했다. 하버마스는 사회과학의 인식적 관심들의 경향을 세 가지로 구분해, 첫째 경험적·분석적 학문의 발달에는 기술적 인식 관심이, 둘째, 역사적·해석학적 학문의 발달에는 실천적 인식 관심이, 셋째 비판적으로 정향된 학문의 발달에는 해방적 인식 관심이 들어간다고 보고, 특히 세 번째 관심이 중요하며, 이 관심에 의해 비판이론(비판적 사회과학)이 탐구되어야 한다고 보았다. 즉, 비판적 사회과학은 경험적·분석적 학문과 역사적·해석학적 학문의 변증법적 종합이다. 하버마스는 기존의 경제학, 사회학 그리고 정치학을 '행위과학'으로 구분하고 이들이 경험분석적 자연과학처럼 사회의 법칙적 지식을 탐구하지만 '비판적 사회과학'은 이에 만족하지 않고 '이데올로기 비판'을 통해 '해방적 관심'을 추구한다고 한다. 따라서 행위과학에서 가치중립성은 사회 현상을 '사실-결단'의 이원론으로 파악할 때 '사실'의 영역에서 요구되며, 결단의 영역에서는 실천적 규범이 강조된다(Habermas, 1972: 170). 이러한 주장은 자연 현상과 역사 현상의 영역을 구분해, 전자에는 경험적 규칙성이, 후자에는 사회적 규범이 존재한다는 것이다.

이제 사회과학방법론의 변천 과정을 전통적 방법, 행태적 방법 및 그 후의 변천으로 구분해 간단히 설명하려고 한다.

2 사회과학방법론의 변천 과정

1) 전통적 방법론

사회과학 연구의 전통적 방법이란 사회 현상에 대해 윤리적·관념적 또는 규범적으로 접근하는 것을 말하며, 주로 철학적·역사적·제도적 방법을 의미한다. 이 방법은 유럽과 미국에서 1920년대까지 이용된 지배적인 연구 방법이었으며, 지금까지도 광범하게 사용되고 있다.

(1) 철학적 방법

이 방법은 인간성에 관한 추상적 관념에서 출발해 연역 과정을 통해 역사적 현실의 사실과 조화시키려고 한다. 이 방법의 위험성은 역사적 사실에 기초를 두지 않는 이론을 구성하는 데 있다.

(2) 역사적 방법

이 방법은 역사적 사실의 개별성을 토대로, 그러한 개별적 사실이 계속적으로 반복되고 발전하는 과정에서의 특성을 파악하고자 한다. 즉, 과거와 현재의 사건들이 무수한 방식으로 상호 연결되어 있으며, 어떠한 시기든 인간의 존재는 결코 유리되어 있는 것이 아니라 불가피하게 과거와 연결되어 있다는 것이다. 이것을 순환성이라 한다. 그리하여 역사적 사건들을 비교·분석한 후 사회의 실제적인 진화를 탐구해 유형화하고, 한 양태 속에 작용하는 요소들에 대해 가설을 정립해 유형별 특수성을 찾아내고자 한다. 이 방법은 앞에서 설명한 독일의 19세기 말 역사학파에 의해 한 시대를 풍미한 바 있는데, 어떤 사건·기관·제도·정책의 기원과 발전 과정을 파악하고 설명하는 데 많이 사용되었다. 이런 연구에서는 발생론적 설명(genetic explanation)을 주로 사용하게 된다(강신택, 1995). 따라서 역사적 방법은 각종 정치·사회 제도의 성격과 그 제도가 형성되어 온 특수한 방법을 인식하는 유일한 수단을 제공해 준다.

이 접근법은 특정 사회의 특정 역사적 시점에 나타나는 독특한 현상을 분석한다는 이점이 있으나, 일반성이 결여되어 이론을 정립하기에는 곤란하다는 비판을 받는다. 역사 현상 속에서 규칙성을 찾기란 용이한 일이 아니지만 이러한 제약에도 불구하고 사회과학이론에는 역사성이 내재함을 인정해야 한다. 사회과학 연구에 이 방법이 주도적 방법이 될 수는 없지만 그 자체의 심오한 원리의 발견에 공헌하는 것은 사실이다.

(3) 제도적 방법

19세기 말에 유럽에서 역사적 방법이 많은 비판을 받자 그 대안으로 등장한 것이 법학적·제도적 방법이다. 이 방법은 인간의 사회적 행위를 그 사회의 제도적·문화적 환경의 산물로 보고, 제도 및 문화 자체를 전체적 시각으로 관찰하는 입장이다. 이 방법은 1890~1930년대 미국에서 특히 경제학, 사회학, 정치학, 행정학 분야에서 크게 각광을 받았는데, 사회 체제에 관심이 많고, 정치·경제·사회적 제도를 중시하며, 개별적 사실들을 상세히 기술한다. 최근의 정부 활동에 영향을 미치는 일단의 규칙인 제도적 장치를 규명하고자 하는 신제도론적 접근 방법도 마찬가지이다.

이 방법도 기술적 접근 방법으로 경험주의의 입장에서 사회과학이론을 체계화한 데 특색이 있으며, 사회 제도의 구조와 기능에 초점을 두어 연구했다.

법률이나 제도에 관한 연구는 다른 연구의 지표가 되어 어떤 체제의 성격 또는 문화적 특성을 쉽게 파악할 수 있도록 하는 이점을 가지고 있으나, 반면에 공식적인 법률과 제도의 비중을 지나치게 강조한 나머지 비공식적인 사회적 상호 작용이나 그 행태들을 소홀히 다루고 있는 점과, 그리고 연구 대상으로서의 법률과 제도가 급격히 변해 가는 사회적 현실을 충분히 반영하지 못하는 괴리 현상 때문에 전체 현상에 대한 해석이 정확하지 않다는 비판을 받는다.

2) 실증주의 방법론

실증주의는 경험적인 사실의 배후에 경험을 넘어서는 그 어떤 선험적 실재를 인정하지 않고 모든 앎의 대상은 경험적으로 주어진 사실에 한정된다는 입장이다. 이는 근대 자연과학의 방법과 성과에 의거해 물리적·정신적 현상 세계를 종합적으로 설명하려는 의도를 갖고 있다. 가장 고유한 의미에서 실증주의[3]는 콩트의 이론을 뜻하지만, 이에 대한 논의를 거치고 신실증주의(논리실증주의), 반증주의 등으로 변화되면서 오늘날 사회과학의 주류 방법론으로 자리를 잡았다.

---

3) 콩트에 앞서 이미 '실증주의'라는 용어를 처음으로 사용한 사람은 생시몽(Claude Henri Saint-Simon, 1675-1755)이다. 그가 에콜 폴리테크닉 학생들에게 설명한 바에 따르면 실증주의적 방법이야말로 '진정한 과학적 방법'이며 그 방법의 사용에 의해 '하나의 과학이 정확성을 띨 수 있는 것이다'. 생시몽에게서 '실증주의'는 19세기 산업문명을 주도한 과학정신과 맞먹는 개념이었지만, 철학적 용어로서 본격적으로 사용되기 시작한 것은 콩트에 의해서였다.

(1) 초기의 실증주의

실증주의(positivism)는 로크(John Locke)와 흄(David Hume) 등의 경험주의와 감각주의에서 시작되었다고 보기도 하지만, 19세기 중반 이후 콩트에 의해, 실증주의적 방법론이 사회과학 연구의 주류적 방법론으로 자리잡게 되면서부터 보편적인 철학 용어로 사용되었다.

실증주의는 사물의 본질이나 그 내부에 감추어진 목적이나 원인을 발견하려는 그 어떤 형이상학적인 시도도 하지 않는다. 예를 들자면 사실들이 연이어 발생한다든지 또는 그것들 사이에 유사성이 있다는 등의 사실들 간에 성립하는 관계들을 그 사실들을 있는 그대로 관찰함으로써 발견해 내어 하나의 법칙으로 인식하는 것이 실증주의이다. 이는 사물들 간의 변치 않는 관계를 고찰해, 다양한 현상들 간의 불변적인 관계의 법칙으로서의 과학적 법칙을 형성함으로써 사실들을 탐구하려는 시도이다. 이렇듯이 콩트의 실증주의는 사물의 본성에는 하나의 질서가 존재하며, 인간은 그 질서의 법칙을 발견할 수 있다는 가정을 기본 전제로 한다. 그의 실증주의의 핵심적 명제를 정리하면 다음과 같다.

첫째, 실증주의는 '실증적(positive)' 사실들만을 인식의 원천으로 삼는다. 여기서 '실증적'이라는 표현은 실제로 볼 수 있고, 실제로 들을 수 있으며, 실제로 만질 수 있는 사실들만을 나타내는 표현이다. 실증적이라는 표현의 반대는 '부정적(negative)'이라는 표현이 된다. 예를 들어 세균검사에서 '실증적'이라는 판단은 분명히 세균이 존재한다는 판단이고, '부정적'이라는 판단은 분명히 병균이 존재하지 않는다는 판단이다. 따라서 실증주의가 말하는 '실증적'이라는 표현은 분명히 실제로 존재하는 사실만을 의미하고, 실증주의는 이 분명히 실제로 존재하는 사실만을 다루어야 한다고 주장한다.

둘째, 분명히 실제로 존재하는 사실들은 인간의 오감(五感)을 통해서 들어오는 요소들로, 다양한 감각적 인상들이다. 이 다양한 감각적 인상들 속에는 이 감각적 인상들을 지배하고 있는 어떤 보편적인 법칙이 내재해 있다고 주장한다. 따라서 실증주의는 감각주의(sensualism) 또는 경험주의(empiricism)와도 동일시된다.

실증주의는 실제로 볼 수 있고, 실제로 들을 수 있으며, 실제로 만질 수 있는 분명히 존재하는 사실들에서 출발해 보편적인 법칙에 도달할 수 있다는 점에서 논리 추론의 방법은 연역적이 아니라 귀납적이다. 이리하여 실증주의는 사실과 과학적 방법에 의거하지 않는 지식은 근본적으로 불가능하고 무의미한 것으로 본 것이다. 이런 의미에서 실증주의란 철학자나 과학자의 사고를 실증적으로 주어진 것(das positiv Gegebene)에 국한시키려는 것으로 정의할 수 있다.

셋째, 실증주의는 감각적 인상만을 인정하므로 그 감각적 현상 배후에 숨어 있는 형이상학적인 요소들인 이념, 원초 형상, 진리 등을 탐구하려는 형이상학을 부정하게 된다. 실증주의가 이원론인 형이상학을 부정하고 일원론을 주장하기 때문에 실증주의적 방법론은 역시 일원론을 주장하는 자연과학의 방법론을 따르게 된다. 자연과학의 방법론은 있는 그대로의 사실들만을 분석하고 묘사해 그 사실들을 지배하고 있는 법칙을 찾아내려 하는데, 이 점에서 사회과학도 자연과학과 동일하다. 따라서 실증주의적 방법론은 있는 그대로의 사실들을 분석하고 묘사만을 하기 때문에 주관이 개입되는 가치 판단을 해서는 안 된다는 것이다. 이것을 '가치로부터의 자유(Wertfreiheit)'(또는 몰가치성, 가치중립성)라 한다.

콩트는 인간의 지식의 발전 단계를 신학적, 형이상학적, 실증적인 3단계로 구분했으며, 실증적 단계가 참다운 과학적 지식의 단계라고 주장했다. i) 신학적(허구적) 상태로서 인간은 처음 모든 자연 현상을 초자연적인 자의 의지의 산물로 생각했으며, ii) 형이상학적(추상적) 상태로서 인간은 이러한 의지를 원인이나 힘과 같은 추상적인 실체로 대체시키는 사고 단계로 진화되었으며, iii) 실증적 상태로서 사람들은 최초의 원인이나 궁극적인 목적에 대한 절대적 인식을 포기하고 관찰과 추리를 통해 '계기와 유사의 관계'의 법칙을 탐구하는 것을 의미 있는 것으로 보는 단계에 이른다. 이것이 바로 '과학'의 단계인데, 여기에서는 현상들을 예측하기 위해 관찰하는 것을 근본 임무로 한다(Comte, 1923).

콩트를 선두로 해서 밀(J. S. Mill), 벤담(J. Bentham), 스펜서(Herbert Spencer) 등에 의해 19세기를 거쳐 전개된 고전적 실증주의는, 20세기에 들어와서 비엔나학파[4]에 의해 신실증주의로 발전되었다. 신실증주의도 강조점의 차이에 따라 논리실증주의, 논리적 경험주의, 반증주의로 나누어 볼 수 있다.

(2) 논리실증주의

논리실증주의(logischer positivismus; logical positivism)는 초기의 실증주의와 마찬가지로 '실증적인' 사실의 인정과 형이상학을 부정한다. 즉, 과학을 객관적 경험에 기초한 이론의 검증이라고 정의하면서 형이상학과 같은 경험에 기반하지 않는 것은 과학이 아니라는 것이다. 이들은 모든 학문을 자연과학, 특히 물리학의 방법론을 바탕으로 하나로 통합하려고 시도했다. 그러나 초기 실증주의와는 두 가지 점에서 차이를 보여 준다.

첫째, 추론 방법의 차이이다. 초기 실증주의는 실증적인 사실들에서 출발해, 그 사실들을 지배하고 있는 '보편적 법칙'에 도달하려는 귀납적 방법론을 주장하는데 비해, 신실증주의는 반대로 보편적 법칙을 미리 상정해 구성하고, 그 구성된 보편적 법칙(이론 또는 가설)에서 출발해 실증적 사실에 도달하려는 연역적 방법론을 주장한다. 그리하여 신실증주의는 초기 실증주의를 '경험주의적 실증주의'라고 비판하면서 개인의 관찰이나 실험에서 출발해 도달된 이른바 '보편적인' 법칙은 사실은 보편적인 것이 아니며, 그리고 논리적으로 타당하지 않다고 주장한다. 이유는 개별적인 관찰과 실험을 통해 얻은 결과는 모든 대상에 적용될 수 있는 진정한 보편적 법칙이 아니라 특수한 개별적인 법칙에 지나지 않는다는 논리이다. 따라서 논리실증주의는 이론과 가설의 조작화(operationalisierung) 방법을 통해 일반적인

4) 논리실증주의는 신실증주의 또는 비판적 합리주의라고 불리기도 한다. 논리실증주의라는 표현은 이른바 '빈학파(Wiener Kreis)'의 작업을 통칭하기 위해서 쓰여지기 시작했다. 1920년대 빈대학의 슐리크(Friedrich Albert Moritz Schlick)를 중심으로 바이스만(Friedrich Waismann), 노이라트(Otto Neurath), 파이글(Herbert Feigl), 카우프만(Walter Kaufmann), 카르납(Rudolf Carnap), 비트겐슈타인(Ludwig Wittgenstein), 포퍼(Karl R. Popper) 등 철학자, 수학자, 물리학자들이 모여서 '빈학파'를 형성했다. 신실증주의는 세계에 대한 과학적 개념들로부터 결론을 도출하고, 전통적인 형이상학에는 전혀 의존하지 않는 인식이론에 의해서 '통일과학'을 세워보려는 의도를 갖고 있었다. 빈학파는 이후 영미계 나라들에서 유행하는 과학철학에 지대한 영향을 행사했으며, 그들의 실증주의는 오늘날 분석철학의 핵심을 이루고 있다.

법칙으로 검증될 수 있다고 보았다.

둘째, '가치로부터의 자유'에 관한 차이이다. 초기 실증주의는 있는 그대로의 경험적 사실들을 분석하고 묘사만 해야 하며, 일체의 주관적인 가치판단을 해서는 안 되며, 마치 컴퓨터나 로봇과 같이 감각을 통해 들어오는 요소들을 수동적으로 받아들이기만 해야 한다고 주장한다. 반면에 신실증주의는 능동성, 문제 의식, 이론을 비판하고 구성할 수 있는 능력 등을 강조한다. 이론 또는 가설을 먼저 상정해야 하는 주체가 컴퓨터나 로봇과 같이 수동적으로만 행동하고, 문제를 해결해야 한다는 문제 의식이 전혀 없으며, 또 이론 또는 가설을 비판할 수 있는 판단력을 결여하고 있다면, 이러한 주체는 이론 또는 가설을 구성할 수 있는 능력이 없다는 설명이다.

초기 실증주의는 문제를 해결해야 할 주체를 기계와 같은 인간으로 전락시키려 하는 반면에, 신실증주의는 문제를 해결해야 할 주체에게 최소한 능동성, 의식, 판단력은 인정하려 한다고 할 수 있다. 요약하면 초기 실증주의가 철저한 '가치로부터의 자유'를 주장한다고 한다면, 신실증주의는 반대로 '가치에 대한 의존'을 인정한다고 할 수 있다. 신실증주의의 주장대로 하나의 이론 또는 가설을 모순 없이 논리적으로 그리고 현실에(경험적 사실에) 적용될 수 있게 구성하기 위해서는 그 구성자인 주체는 능동성, 의식, 판단력을 가지고 있어야 한다는 것만은 분명하다.

이러한 논리실증주의에 의하면, 과학적 이론의 성립 조건으로, 첫째 형식적인 측면에서 논리적으로 진위 여부를 확인할 수 있어야 하고(논리주의), 둘째 내용적인 측면에서 경험적으로 참인지 거짓인지 검증이 가능해야 한다(검증 가능성의 원리)고 주장했다.

그러나 논리실증주의의 한계는 일반 명제(또는 이론)의 유의미성 문제와 검증 가능성의 문제로 귀결된다. 즉, 이들은 모든 과학적 명제들은 의미의 논리적 분석에 의해서 가능하고, 또한 경험적으로 증명이 가능하다고 주장하나, 그것이 불가능하다는 점이다. 인간의 지적 능력의 한계로 인해 명제의 의미 있는 완전한 논리적 분석이 가능하지도 않으며, 또한 한정된 경험으로 모든 일반적인 문장 혹은 명제들을 증명해 내는 것이 불가능하다는 것이다.

(3) 논리적 경험주의

논리적 경험주의는 논리실증주의의 문제를 다소 완화해 적용하는 관점으로 오늘날까지 널리 받아들여지고 있는 견해이다.

카르납은 '이론의 증명'을 완벽하고 명확한 진리를 설정하는 것이 아니라, '점진적으로 확정되어 가는 것'으로 본다. 즉, 경험적으로 증명이 가능한지 여부에 따라 참과 거짓, 이분법적으로 나누는 것이 아니라 확률이 '높다' 혹은 '낮다'의 개념이라는 것이다. 그래서 논리적 경험주의의 특성을 귀납적 통계학의 사용으로 볼 수 있다. 이 방법도 논리실증주의와 마찬가지로 적은 경험을 가지고 많은 일반적인 문장의 참 혹은 거짓이라는 결론을 내리기에는 문제가 따른다. 또한 관찰시 주관이 개입되어 측정오차가 존재할 뿐만 아니라 관찰 자체가 이론에 의존함으로써 기존의 틀을 벗어나는 새로운 이론은 검증이 어렵다는 단점이 있다.

(4) 반증주의

포퍼는 논리적 경험주의에 내재된 문제점을 극복하기 위해 반증주의(falsificationism)을 제시하고 있다. 그는 논리실증주의가 이론 검증 방법으로 제시하는 조작화 방법에도 불구하고 모든 대상에 타당한 완전한 이론을 찾아내는 것이 불가능하다고 보았다. 다시 말해 조작화 방법에 의한 완전한 증명에는 도달할 수 없으므로, 증명이 아니라 반대로 반증이 더 빠른 방법이라는 것이다. 반증주의는 문제 해결을 위해 제시된 이론에 대해 엄격한 경험적 검증을 하며, 이러한 검증의 목적은 가설의 논박에 있으며, 이론에 의한 결과가 반박되는 경우 그 이론은 기각되어 더 이상 유효한 이론이 아니라는 것이다. 이러한 반증 과정을 거쳐, 하나의 구성된 이론 또는 가설을 반증하려는 노력에도 불구하고 반증되지 않는다면, 그 구성된 이론 또는 가설을 하나의 '보편적 법칙'으로 수용해야 한다는 논리이다.

그러나 이러한 반증주의도 몇 가지 문제점을 내포하고 있다. 첫째, 실제 검증 상황이 검증하고자 하는 이론 자체에 의존하게 되므로 이론을 논박하는 것이 쉽지 않다는 것이다. 둘째, 실제 과학 발전의 역사가 포퍼의 견해와는 일치하지 않는다는 점이다. 코페르니쿠스의 지동설, 다윈의 진화론,

아인슈타인의 상대성이론 등을 포함한 대부분의 과학이론이 한때 상당한 반증이 있었음에도 불구하고 아직도 과학적 이론으로 계속 발전되어 왔다는 점이 이러한 반론을 뒷받침해 준다. 셋째, 하나의 새로운 이론을 찾아내고 형성한다기보다는 기존의 이론을 검증하는 데 더 큰 비중을 두고 있기 때문에 새로운 과학적 지식의 발견을 소홀히 한다는 점이다.

결론적으로, 오늘날 실증주의는 내재적 한계로 인해 상대적 실증주의 또는 비판적 실증주의로 변모하면서, 현대 사회과학의 발전에 절대적 영향을 끼치고 있다.

3) 행태주의 방법론

(1) 행태주의의 의의

실증주의 과학방법론이 현대 사회과학의 지배적 방법으로 적용되기 시작한 것은 행태주의 또는 행동주의(behaviorism)가 등장하면서부터이다.

원래 행태주의의 효시는 1913년 왓슨(John B. Watson)에 의해 행태주의 개념이 미국 심리학에 도입된 이후, 1920년대에 왓슨과 스키너(B. F. Skinner)에 의해 행동주의 심리학 이론의 형태를 갖추었으며,[5] 1960년대까지 인간의 마음에 대한 대표적이고 지배적인 이론이었다. 행태주의는 연구대상을 의식에 두지 않고 사람 및 동물의 객관적 행동에 두는 입장으로서, 의지 또는 동기를 배척하고 오직 자극과 반응의 관계, 그리고 그 관계로 구성되는 체계만을 다루어야 한다고 주장하면서, 밖으로 표출된 행태에 관한 객관적인 데이터에만 관심을 가져야 한다는 입장을 주창했다.

이러한 행태주의적 연구는 심리학 분야 이외에도 정치학, 행정학, 경영학 등 전반적인 사회과학 연구에 파급되면서, 특히 제2차 세계대전 이후 1960

---

5) 행동주의 심리학이 대두된 배경에는 물리학의 발달과 논리실증주의의 발전이 자리잡고 있다. 첫째, 19세기 말과 20세기 초에 수많은 천재들에 의해 이루어진 물리학은 세계를 설명하고 예측하는 가장 강력한 도구가 되었으며, 많은 학문 분야들이 물리학의 방법론을 모방하기 시작했다. 둘째, 물리학자인 슐리크를 중심으로 결성된 빈학파의 논리실증주의는 물리학을 학문의 모범으로 보고, 모든 학문을 물리학으로 통합하려는 통일과학운동을 전개하면서, 이러한 논리실증주의 운동에 자연과학뿐만 아니라 사회과학 연구도 직접적 영향을 받게 된 것이다.

년대에 지배적 방법론으로 발전했다. 정치학 분야에서는 1920년대 이래 메리암(Charles Merriam)을 중심으로 한 시카고학파가 당시의 시대적 성격, 즉 미국 사회에 풍미했던 진보주의적 경향에 힘입어 사회개혁적인 성격을 정치학에 접목시켰다. 이 점에서 당시 시카고학파는 빈학파의 논리실증주의를 수용해 과학적 정치학의 가능성으로 발전시켰으며 여기에 생물학의 유기체이론을 사회 현상에 대입시켰다. 정치 현상을 일정한 인과 관계로 파악해 그 연관성을 통계학적으로 처리하려는 계량화의 시도가 주류를 이루게 되었다. 시카고학파는 정치 현상에 대한 계량적인 분석과 유형화의 설정에 치중하는 특징을 드러내었다.

메리암의 정치학을 이어받은 사람은 라스웰(Harold D. Lasswell)과 이스턴(David Easton)이다. 이들은 1960년대를 풍미했던 행동주의 정치학을 주도했는데 정치학을 자연과학과 같은 방법으로 설명하려는 일종의 거대이론화를 모색했다. 특히 당시의 행동주의 정치학은 다른 학문 분야의 이론을 대담하게 수용했다. 가령 사회학에서의 파슨스(Talcott Parsons)의 사회구조이론, 심리학에서의 프로이트(Sigmund Freud, 1856-1939)와 융(Carl Jung, 1875-1961)의 심리학 그리고 생물학에서의 베르탈란피(Ludwig von Bertalanffy)의 체제이론 등이 그것이다. 또한 행정학 분야에서 행태론적 접근 방법을 처음 주장한 사람은 달(Robert Dahl)과 사이먼(Herbert A. Simon)이며, 특히 사이먼의 ≪행정행태론(*Administrative Behavior*)≫은 행태론적 접근 방법을 헝정학 분야에 확립하는 데 크게 공헌했다.

특히 제2차 세계대전 후 사회과학 방법론으로 행태주의(혹은 행동주의)가 각광을 받게 된 배경에는 제2차 세계대전 종결 후 인간의 인식과 사유에 대한 믿음이 땅에 떨어지고, 학자들은 인간의 사고에 의존하는 학문 대신 숫자적 통계와 자연과학적 방법에 의존하는 학문을 추구하게 되었다는 점에 유의할 필요가 있다. 따라서 행태주의는 전통적 사회과학에 대한 반성으로부터 시작된 경험주의 운동으로서 하나의 접근 방법, 정향 또는 분위기를 의미한다(Eulau, 1968: 16). 행터주의는 인간의 사회 경험의 근원인 행태로 되돌아가는 것이며, 인간의 행태를 현대적 분석 방식과 타당성의 기준에 맞추어 탐구함으로써 사회 현상에 대한 지식을 추구하려는 노력이다(Eulau, 1963: 7, 35). 행태주의에는 과거의 역사적·철학적·기술적·제도적 접근에 대한 불만이 농축되어 있으며, 과학적 연구와 분석 방법을 통해 사회 현상을 정확하게 파악할 수 있다는 신념이 바탕을 이루고 있다. 즉, 사회과학에도 검증된 명제와 이론을 제공할 경험과학적 방법을 도입할 수 있다는 믿음에 기초한다(Dahl, 1961: 766). 행태주의는 기존의 사회과학 연구 분야에 새로이 추가되는 또 하나의 분야가 아니라, 단순히 사회과학의 과학적 능력을 높이려는 학문적 노력의 총체라고 할 수 있다. 행태주의자는 경험적 지식에 초점을 맞춰 기존의 사회과학에 새로운 원칙과 방법을 적용하며 경험과학적 관점에 따라 사회과학을 새로이 정립하고자 한다.

이 행태주의적 방법의 특징은, 첫째 사회 현상도 자연과학과 마찬가지로 엄밀한 과학적 연구가 가능하다고 본다. 둘째, 사회 현상을 관찰 가능한 객관적 대상으로 보며, 인간의 주관이나 의식을 배제해야 하며, 인식론적 근거로서 논리실증주의를 신봉하고 있다. 셋째, 행태주의는 명백한 자극과 반응으로 볼 수 있는 행위 또는 행동만을 연구 대상으로 삼는 심리학적 행동주의와는 달리 특정 질문에 따른 반응을 통해 파악할 수 있는 태도, 의견, 개성 등도 행태에 포함시킨다. 또한 이러한 행태의 규칙성, 상관성 및 인과성을 경험적으로 입증하고 설명할 수 있다고 본다. 넷째, 연구에서 가치와 사실을 명백히 구분하고 가치중립성을 지키고 있다. 여기에서는 행태주의의 기본적 특징으로 논리실증주의, 심리주의, 과학적 설명으로 나누어 그 내용을 간단히 살펴보기로 한다.

① 논리실증주의

과학은 누구나 접근할 수 있는 공통 경험에 기반을 두어야 하는데, 그 공통 경험은 바로 감각이다. 따라서 경험주의자들의 가정은 과학으로부터 일체의 초감각적 경험은 배제되어야 한다는 것이다. 즉, 직관적이고 신비한 통찰(insight)이나 철학적 비전은 개인적이며 불확실하고, 주관적이고 반복할 수 없으며 지각할 수도 증명할 수도 없다. 이것들은 그 본질적으로 형이상학적인 질적 존재이기 때문에 정확하고 항구적인 분석 개념과는 거리가 멀고, 양적인 측정이나 계량과는 무관하다. 반복 가능하고 증명 가능한 지식은 모든 인간에 공통된 감각과 관찰에 입각한 경험과학에서 비롯되며, 또 이러한 지식만이 개개인의 주관이나 편견에서 해방된 객관적 지식일 수 있다.

행태론자들은 경험주의의 기본 가정을 바탕으로 새로운 사회과학의 기틀을 마련했다. 첫째, 행태론자들은 직관적이고 신비한 통찰이나 철학적 비전 대신에 공통적이며 누구나 반복할 수 있는 감각적 관찰(sense observation)을 판단의 근거로 삼았다. 따라서 감각적 관찰이 불가능한 가치 판단이나 초감각적 경험은 과학의 영역에서 제외되었다. 둘째, 행태론자들은 사회과학 지식이 질적이고 기술적이며 개괄적인 수준에서, 계량적이고 증명 가능하며 정밀성을 요구하는 수준으로 이행되어야 한다고 보았다. 이들은 과학적 연구가 가설에 대한 정확한 진술과 명증성에 준한 엄격한 자료 처리에서 출발해야 하며 가능한 한 계량적이어야 한다고 주장한다(Dahl, 1961: 766). 이스턴(David Easton), 소밋(Albert Somit)과 타넨하우스(Joseph Tanenhaus)의 '행태주의 신조'는 바로 감각적 관찰과 계량적 지식이라는 두 개의 기본적인 특징을 천명한 것이다(Easton, 1967: 16-17; 1965: 6-8; Somit & Tanenhaus, 1967: 176-180).

② 심리주의

행태주의는 본질적으로 인간 행위를 연구 대상으로 삼는다는 점에서 심리주의(psychologism)로 귀결된다. 왜냐하면 과학이론으로서의 심리주의는 경험주의의 최종적 단계가 되기 때문이다. 경험적 심리학에 의하면 모든 지식은 심리적 법칙에 순응한다고 보기 때문에, 모든 이성적인 지적 행위는 감각적 활동이며 심리적 현상으로 간주된다. 이른바 지식의 형태는 의식의 기능적 형태를 말하며, 이러한 형태를 지배하는 것은 심리적 법칙임을 뜻한다. 인간의 사고 과정은 심리적 법칙으로 수렴되는 논리적 법칙에 따라 지배되며, 개념·정의·가설·추리·이론 등은 심리학의 범주에 속하는 사실적 문제로 간주된다. 진리 또는 법칙이라는 것도 하나의 심리적 사건이며 사실이다. 따라서 과학적 방법론을 심리학의 분과로 봄은 당연하다. 여기서 심리학은 넓게는 논리학의, 좁게는 방법론의 기초과학적 입장에 서게 되며, 궁극적으로는 모든 과학의 기본과학(Grundwissenschaft)

으로서 자리매김하게 된다.

③ 과학적 설명

행태주의는 현실 세계에서 발생하는 사건의 원인을 밝히고, 이것으로 현실을 설명하고 예측한다. 설명과 예측은 행태과학의 기본 목표이다(Easton, 1967: 16; 1965: 7). 이런 의미에서 행태주의는 설명과 예측의 과학(science of explanation and prediction)이며, 이것은 주어진 현실을 '만일-그러면(if-then)'의 설명적·예측적 명제로 재구성함으로써 이루어진다.

행태주의에 의하면, 과학적 설명이란 다음 두 가지 의미를 갖는다.

첫째, 현상에 대한 인과 관계의 진술이다. 다시 말해 사건 발생의 과정을 보편적 인과 관계 속에서 진술하고, 사건을 인과적으로 풀이하는 것을 말한다. 행태주의자들은 인과 관계의 모형을 형성하고, 불규칙한 사건들을 하나의 단순한 관계로 설명한다.

둘째, 과학적 설명은 현상에 대한 인과적 진술이면서 동시에 물리적 진술을 의미한다. 즉 과학적 설명은 물리적 현실을 물리적 언어로 진술하는 것이다. 조작적 개념이 바로 물리적 언어에 해당된다. 이러한 의미에서 과학적 설명은 언어 또는 상징의 의미를 대상으로 하는 의미론적 설명과 구별된다(Kaplan, 1964: 327-8).

행태론자들이 보는 과학적 설명은 물리적 현실에 대한 설명이며, 물리적으로 주어진 세계에서 발생하는 경험적 사건과 사상에 대한 설명이다. 물리적 현상은 개별적인 관찰자의 기분과 관계 없는 항상 '거기에 있는' 객관적 존재로서, 이것은 바로 동일한 현실을 지칭하는 물리적 언어에 의해 과학적으로 설명된다.

과학적 설명은 행태과학이 이념적으로 추구하는 인식론적 입장에 토대를 둔다. 행태과학은 다음과 같이 과학적 진리를 주체와 객체의 일치에서 구하는 상응이론(correspondence theory)이라 할 수 있다. 우선적으로 행태주의자들은 주체와 객체를 분리시키고 이러한 분리를 당연한 선험적(apriori) 존재로 받아들인다. 인식은 인식의 대상으로부터, 지각은 지각의 대상으로부터 완전히 분리되고 별개로 존재한다. 객체는 주체의 의사와 관계 없이 그 자체로 존재하는 즉자적 존재(Sein-an-sich)이다. 그 다음으로 행태론자들은 객체는 주체에 의해 인식되며, 주체는 그의 인식 행위 속에서 분리된 객체에 도달한다고 믿는다. 여기서 증명은 완전히 분리되어 있는 주체와 객체를 다시 맞추어 보는 행위르 이해된다. 증명의 과정에서 주체는 객체와 맞추어지고, 과학적 진리는 이러한 맞춤의 결과로 결정된다. 그러나 이러한 상응이론은 의식의 구성적 행위를 도외시하는 데 문제가 있다. 모든 객관적 실체는 의식적 형성, 즉 구성의 산물이며, 따라서 구성에 대한 이해 없이 객관적 존재를 이해할 수 없기 때문이다(Husserl, 1969: 61, 164, 268; 1970: 264, 351, 595).

(2) 행태주의의 변천

과학철학사적 관점에서 행태주의는 크게 3단계로 변천해 왔다(Hass & Becker, 1970: 484-5; 김광웅, 1976: 28-30).

① 실증적 행태주의(제1기): 행태주의의 태동기이다. 1920년대에 윗슨과 스키너의 행동주의 심리학 이론, 메리암을 중심으로 한 시카고학파의 신자유주의 정치이론 등에 의해 기존의 전통적 방법론이 행태주의로 대체되기 시작했는데, 이 때의 행태주의를 실증적 행태주의(positive behaviorism)라 한다. 여기에는 앞서 설명한 빈학파의 논리실증주의의 직접적 영향을 받았음은 물론이다. 실증주의적 행태주의는 현상의 객관적 사실들을 분명하고 간결하게 묘사하기 위해, 계량적이고 경험적인 분석 방법을 사용했다. 현상의 기술 방식에서도 인상주의적 기술 방식에서 사실주의적 기술이 강조되었다.

② 이론적 행태주의(제2기): 행태주의의 혁명기이다. 행태주의 제2기에 나타나기 시작한 분파를 일컬어 '이론적 행태주의(theoretical behaviorism)'라고 부른다. 제2차 세계대전이 끝나면서 정치학 분야를 중심으로 앨먼드(G. Almond), 달(R. Dahl), 이스턴(D. Easton), 도이취(K. Deutsch) 및 라스웰(H. Lasswell) 같은 거장들은 이론의 정립을 중시해 가설을 구성해서 이를 검증하는 데 많은 노력을 기울였다. 연구계획서의 작성에 과학적 이론과 가설, 검증 방법이 충분히 포함되어야 한다고 보았다. 그리고 이론 정립을 위한 수단으로 계량적 기법의 사용이 보편화되었다.

당시의 체제적 접근법·결정행위론·커뮤니케이션이론 등은 종래의 연구 경향을 크게 바꾸어 경험적 이론을 강조하는 계기를 마련해 주었다. 그러나 지나치게 이론을 강조하고, 다양하고 발전된 분석 기법에 관심을 기울이지 않다 보니 다른 학문 분과 간의 의사소통이 단절됨으로써 국지주의 현상이 나타났다.

③ 다기방법론(제3기): 2기의 이론적 행태주의에 대한 반성에서 1960년대 후반에 등장했다. 이론면에서 과학성과 철학성을 더욱 높이고 방법면에서 세련시켜 국지 현상을 극복하기 위해 다기방법론(multimethodologism)을 강조한다.

다기방법론은 과거의 행태주의가 정책 수립에 기여하지 못했던 약점을 극복하고 지나친 관념과 숫자의 유희를 불식시켜 문제를 해결하려고 노력했다. 그러나 행태주의 전반에 대한 한계와 회의로 1970년대에 들어오면서 후기행태주의(post-behaviorism)로 변모했다.

(3) 행태주의의 신조

이스턴은 1950년대에 학자들 간에 계속되었던 전통주의와 행태주의의 논쟁을 정리하면서, 행태주의의 여러 특성을 '행태주의 신조(behavioral credo)'라는 말로 정리했다. 이것 때문에 1950년대에 여러 학자 간에 논쟁이 끊이지 않았던 전통주의와 행태주의의 쟁점이 어느 정도 해소되었다. 그가 정리한 행태주의의 특성은 다음과 같이 요약할 수 있다(Easton, 1967: 16-17).

① 규칙성(uniformities): 인간의 행태를 중심으로 한 사회 현상에는 일정한 통일성이 있으며, 이것을 찾아냄으로써 일반화를 시도해 보고자 하는 것이다. 이에 대해 전통주의는, 예컨대 정치 현상의 실재란 제각기 독특한 것이지 통일성은 있을 수 없다고 주장한다.

② 입증(verification): 지식이란 검증 이전의 명제로 구성되는 것이며 이것은 경험적으로 입증되어야 한다. 즉, 모든 증거는 관찰 등을 통해 이루어져야 한다는 것이다. 그러나 실재의 검증이 표면상 어느 정도 가능할지 모르지만 대부분의 사회 현상의 이면에는 좀더 복잡하고 알기 힘든 요체가

숨겨져 있으므로 과연 관찰을 통해 알아낼 수 있는지 의문이라는 것이 전통주의의 주장이다. 동시에 포퍼의 반증주의와도 견해를 달리한다.

③ 기법(techniques): 자료의 타당성, 신뢰성 및 비교 가능성을 보장할 수 있는 기법이 필요하지만 자료는 흔히 부정확해서 믿을 만한 것이 못 되는 경우가 많으므로 문제가 된다.

④ 계량화(quantification): 복잡한 사회 현상으로부터 분명하고 정확한 지식을 얻기 위해 때로는 모호한 질적 정보를 양적 정보로 전환할 필요가 있으며, 때로는 엄격한 측정과 자료 조작이 뒤따라야 한다.

⑤ 가치중립성(value-free): 과학적 탐구는 객관성을 유지하기 위해 가치 개입을 배제한다. 그러나 가치란 사실로부터 도출될 수 없으나 실체를 다루는 과정에서 가치에 대한 편향이 개입하지 않을 수 없다.

⑥ 체계화(systematization): 지식은 체계적 방법으로 얻는다. 검증 가능한 가설은 논리적으로 연결된 개념과 명제의 구조로부터 연역적으로 도출되어야 하며, 경험 세계에서 새로운 증거를 통해 입증되어 이론이 성립된다.

⑦ 순수과학(pure science): 모든 연구가 다 실천적 수준에서 정책에 응용되는 것은 아니며 응용과학을 위해 그 기초를 굳게 해 주는 순수지식이 필요하다.

⑧ 통합(integration): 행태주의자들은 스스로 개별 과학의 영역에 한정해 자신을 구속하지 않고 다른 분과 학문의 방법과 이론, 연구 결과를 통합하고 활용하려 한다.

(4) 행태주의에 대한 제약과 비판

행태주의에 대한 제약과 비판은 행태주의의 전제가 되는 경험적·실증적 방법의 한계에서 비롯된다.

① 행태주의의 제약: 행태주의는 다음의 몇 가지 전제 또는 제약을 지니고 있다.

첫째, 주로 인간 행태의 일반적·규칙적 속성에 주의를 기울인다. 그러나 사회 현상에는 어느 정도 가치적이고 질적인 요소를 포함하고 이를 계량적으로 일반화하는 것은 한계가 있다.

둘째, 특별한 사회 현상의 효용성과 타당성을 경감시킨다.

셋째, 융통성 없는 모형을 정립하고, 따라서 연구의 적합성을 해치는 경향이 있다.

넷째, 전문 용어를 만들어 내어 의사 소통을 방해하는 경향이 있다.

다섯째, 유용한 정책 기여를 할 수 없다.

② 행태주의에 대한 비판 : 행태주의는 사회과학 연구에 광범하게 적용되어 사회과학의 과학화에 기여했지만 다음과 같은 비판을 받고 있다.

첫째, 그 연구 방법과 기법에 지나치게 치중해 사회과학의 본질보다 오히려 그 기법에 지나치게 치중한다.

둘째, 가치와 사실을 구분하고 사회과학 연구에서 가치 판단을 배제한다. 정책 결정에는 대립적인 가치 체계 간의 선택이 불가피하며 각 대안의 결과에 대한 판단이 요구되므로 가치 판단의 배제는 비현실적이며 결과적으로 보수주의에 빠지게 된다.

셋째, 너무나 방법의 신뢰성에 치중하는 나머지 연구 대상과 범위를 지나치게 제약한다. 따라서 전체보다는 부분에 초점을 두게 되고 상징적 현상을 분석하게 된다.

4) 행태주의 이후의 변천: 후기행태주의

행태주의적 방법론은 사회과학의 과학성 제고에 기여한 바가 컸으나, 1960년대 후반에 이르러 행태주의가 사회과학이 사회가 요구하는 가치를 제공하는 데에는 실패했다는 비판이 제기되었다. 즉, 1960년대 실증주의와 변증법적 역사주의 간의 방법론 논쟁을 거치면서, 실증주의와 경험주의에 인식론적 근거를 두고 있는 행태주의는 많은 비판을 받기에 이르렀다.[6] 비판론자들의 주장의 핵심은 행태주의가 논리실증주의와 경험주의를 과신했다고 비판한다. 여기에서는 행태주의 이후에 등장한 역사주의, 비판이론 및 이에 대한 보완으로 현상학에 대해 간략하게 살펴본다.

---

6) 이스턴(D. Easton)은 후기행태주의(post-behaviorism)라 명명했는데, 이 용어는 국내에서 행태주의적 방법에 대한 거부라는 의미에서 탈행태주의(脫行態主義)라는 용어로 번역되어 사용되기도 한다.

(1) 역사주의

역사주의(historicism)는 사회가 발전하는 법칙을 발견하고 이 역사 발전의 법칙에 근거해 미래를 예측하는 것을 사회과학의 과제로 삼는 입장이다.[7] 역사주의는 근본적으로 모든 진리와 가치는 불변이 아닌 역사적으로 생성된 것이라는 철학적 논거를 가지고 있다. 이것은 불변 진리와 가치를 논하는 고전적인 형이상학·신학·자연법이론에 대한 회의 또는 반론이기 때문에 그 발상은 확실히 근대 사상이라고 말할 수 있다.

역사의 기능은 현재와 과거에 대한 깊은 이해와 양자간의 관계를 규명하면서 증진시켜 가는 일이라 볼 수 있으며 역사는 미래를 예측케 해 주기도 한다. 물론 자연과학처럼 예측의 적중도가 높지는 못하더라도 특정된 사태들에서 추출된 일반 원리를 토대로 같은 상황 속에서는 어떠한 사태가 발생되리라는 것을 예측할 수 있다.

역사주의 방법론은 인식론에서 살펴보면, 모든 인간의 지식은 본질적으로 시간과 장소에 따라 상대적이라는 견해를 갖는다(Miller, 1972: 797). 역사주의는 과거의 어떤 사건을 탐구할 때 단순한 사건만을 탐구하는 데 그치지 아니하고 행위를 탐구한다. 다시 말해 발생된 역사적 사건의 물리적인 외측 결과만이 아니라, 그 이면에 함축되어 있는 사건의 내측의 직관이나 동기를 동시에 탐구하는 것이다. 이 때 '행위'란 사건의 외측과 내측의 통일적 실체이다. 따라서 역사주의는 사건의 외측을 규명하는 데서 시작해 그 행위를 분석해서 행위의 주체가 어떤 사상을 가지고 무엇을 사색했는가 하는 내측을 통찰하는 데 특징이 있다(Collingwood, 1946: 209-213; Walsh, 1951: 49-58).

여기서 말하는 사건의 내측과 외측은 의도와 행위(목적과 수단)의 관계라고도 할 수 있다. 의도는 보이지 않으나 행위는 볼 수 있으며, 볼 수 있는

---

7) 역사주의라는 말은 다의적이고 여러 가지로 변용되는 개념이기 때문에 하나의 의미로 정의하기는 어렵다. 이 용어는 19세기 말에 만들어져 트뢸치(E. Troeltsch)와 마이네케(F. Meinecke)에 의해 학문적 용어로 확립되었으며 오늘날에는 넓고 다양한 의미로 인문과학과 사회과학에서 사용된다. 특히 역사주의는 19세기 말 이후 20세기 초에 거쳐 빈학파와의 방법론적 논쟁을 거치면서 다의적이 되었는데, 하이예크(F. Hayek)와 포퍼(K. Popper)가 방법론적 의미로 사용하면서 이와 같은 의미로 사용되었다.

것으로부터 볼 수 없는 것을 통찰하는 것이 이해이다. 의도가 원인이라면 행위는 결과라고 할 수 있으며, 이것은 자연과학의 인과 관계와는 판이한 것이다.

이러한 사유 과정의 분석은 역사가 자신이 과거 역사로 직접 들어가 과거 사건의 참여자가 될 때에만 이루어진다는 것이다. 이것을 과거 사상의 추체험(reenactment of past thought)이라고 한다. 역사가가 그의 철학과 정치에 관한 모든 지식과 정력을 동원해 추체험하면서 그것을 비판하고 평가하며 보완해 나아감으로써 비로소 완성되는 것이다. 그리고 인간 본성은 시간의 변화함에 따라 가변적이기는 하지만 과거의 추체험은 가능하다. 인간의 기호나 감정 자체는 시대에 따라 변화하지만, 이를 해석하는 인간의 비판적 사고 활동이나 지적 활동, 즉 인간의 사상은 불변적이고, 역사적으로 공유할 수 있는 것이라고 주장한 바 있다.

방법론적으로 역사적 추체험을 사용할 때, 자료의 수집과 선택시에 역사의 재구성에 증거가 될 만한 자료들을 취사선택하다 보면 객관성과 신뢰성에 의문이 제기될 수 있다는 점에 유의해야 한다. 추체험을 뒷받침할 수 있는 자료의 증거를 확실히 해야 하는 것이다.

그리고 역사적 추체험에서 인간의 행위를 이해하는 데는 관찰자 자신의 경험과 상상력이 매개가 된다. 이러한 이해력은 지적 훈련을 통해서 확장될 수 있지만 추체험된 의도나 동기가 역사상의 당시 인물의 그것은 물론이고 또 다른 관찰자의 경험과 동일하다는 보장은 없다는 점에 유념해야 한다.

이런 의미에서 분석철학자인 포퍼는 역사주의를 과학이론으로는 부족한 역사의 결정론, 불합리한 진화를 설명하는 도박적인 사회철학을 가리키는 것이라 비판했다.

역사주의는 현 단계에서 많은 문제점을 안고 있으며, 앞으로 연구・보완되어야 할 것이다. 정치 현상은 역사적인 규정을 받고 있는 만큼 역사적 내용을 지닌 거시적 전체성의 구조 체계와 관련시켜 파악해야 할 것이다.

(2) 비판이론

① 개념

비판이론은 우리에게 당연하게 생각되던 구조를 비판적으로 재조명하려는 입장인데, 이것은 현대 철학의 여러 조류 가운데 정치학·사회학 등에 상당한 영향을 미쳤으며, 1970년대 이후 인간 해방을 위한 제3차 계몽주의 운동[8]을 선도해 온 사회철학이다.

비판이론[9]은 마르크스주의를 근거로 한 프랑크푸르트학파의 중심 사상으로 체계화되었다. 프랑크푸르트학파는 1923년 독일 프랑크푸르트대학에 설립된 '사회연구소'에 그 기원을 두고 있으며, 호르크하이머(Max Horkheimer), 아도르노(Theodor Adorno), 마르쿠제(Herbert Marcuse), 뢰벤탈(Leo Lowenthal), 프롬(Erich Fromm), 노이만(Franz Neuman), 하버마스(Jürgen Habermas) 등의 이론가를 배출했다. 이들은 1930년대 프랑크푸르트 사회연구소를 무대로 활동하면서 헤겔 변증법적 역사관의 계승 발전, 마르크스 자본주의 분석의 재해석, 프로이트 정신분석학 등을 결합해 현대 산업사회에 대한 비판이론을 전개했다. 프랑크푸르트학파는 마르크스주의를 계승했으나, 1940년대에 이르러 자본주의 사회가 발전함에 따라 기존의 마르크스주의 시각에 계속 머물러 있을 수 없게 되자 전통적 사회주의 지식인의 프롤레타리아관에서 이탈했다.

비판이론에 의하면, 노동자 계급은 이론의 주체와 수취인의 자격을 상실하고 자본주의적 지배 관계에 완전히 통합되었다. 그리하여 프랑크푸르트학파는 노동자 계급 통합의 원동력으로서 자본주의적 '물상화(Verdinglichung)' 과정을 촉진시키는 '도구적 이성'을 비판하는 데까지 나아가게 되었으며, 이를 1930년대 '비판이론'의 단계와 구별해 '도구적 이성의 비판'의 단계로 불린다. 호르크하이머와 아도르노가 1947년에 공저로 발표한 ≪계몽의 변증법≫은 비판이론을 두 가지 면에서 더욱 급진적으로 발전시켰다.

---

8) 제1차 계몽주의운동은 그리스의 소크라테스를 정점으로, 제2차 계몽주의운동은 근세의 칸트를 정점으로 선도되었다.

9) '비판이론'이란 말은 1937년 호르크하이머의 논문 <전통이론과 비판이론>에서 처음 사용되었다.

프랑크푸르트학파의 비판이론은 특히 1960년대 말 서구와 미국에서 일어난 학생운동을 통해 널리 알려지게 되었고, 비판이론의 보급은 마르크스주의의 르네상스를 가져왔다.

방법론적인 측면에서 비판이론은 사회과학 연구가 가치 중립적(value-free)이어야 하지만 가치 상실적(valueless)이어서는 안 되고, 관련 문제에 유의하면서 현실성과 범위를 고려해야 한다고 한다. 따라서 비판이론이 실증주의를 비판해 온 것은 사실이지만 실증주의가 대변해 온 과학 정신을 거부하는 것은 아니며 실증주의의 한계를 극복함으로써 과학 정신을 좀더 포괄적으로 재구성하려고 한다.

② 과제와 목표

비판이론의 과제는 "현대 사회를 비판하고 변화시킬 수 있는 무엇을 분명하게 드러내는 것"(Horkheimer, 1971: 262)이며, 비판이라는 것은 "만연해 가는 타율성에 대한 저항으로서 인간으로 하여금 스스로를 주관하도록 하고 체념적인 적응이 비진리라는 것을 깨닫게 하려는 사상적 시도"이다(Adorno, 1963: 17-8). 이러한 목적을 위해 비판이론은 몇 가지 전제를 한다. ⅰ) 사회과학의 대상인 사회는 기본적으로 사회행동으로 이루어지며, ⅱ) 사회행동은 자연 현상과 달리 의미론적으로 구성된다. ⅲ) 인간 행동에도 자연에서와 마찬가지로 일정한 법칙성이 존재한다는 것이다. 의식적인 관심을 갖고 상황을 파악하려는 비판이론은 ⅰ) 인간의 자율성의 보호가 시급하며, ⅱ) 전승된 긍정적·문화적 요소들을 사회적 발전 과정 안에 받아들이며, ⅲ) 사회적 발전은 인간성의 영역 안에서의 실체적 손실을 대가로 요구하고 있고, ⅳ) 현실을 비판하면서 현실과는 다른 세계를 바라보고 종교와는 상당한 친화성을 드러내려고 한다

③ 방법론

여기에서 방법론이란 과학이론적 방법론이라기보다 호르크하이머의 지적처럼 '어떻게 철학하는가'란 의미의 사유 방법을 말한다. 비판이론의 방법으로서 경험주의, 상대주의, 변증법, 비판주의, 정신분석 등을 들 수 있다.

ⅰ) 넓은 의미의 경험주의: 비판이론은 경험적 현실에서의 사회를 경험적 관찰을 통해 비판하려는 것인데, 경험의 개념을 일방적으로 실증주의적으

로 제한하지 않는 넓은 의미의 경험주의에 속한다. 아도르노와 하버마스에 의하면, 전체 사회에 대해 '미리 가지고 있는 경험'이 이론이 바탕이 된다고 보았다. 이들이 의미하는 '미리 가지고 있는 경험'이란 어떤 사실에 대한 설명이 아니라 의미 파악이라고 보는 인식 작용이었다. 이러한 의미 파악은 이론의 바탕이 되며 과학적 연구 절차의 방향을 조절하게 된다. 자연과학에서는 가설적이고 연역적인 연결에 의해 이론이 형성되나 사회과학에서는 미리 가지고 있는 의미 구조의 이해가 전제된다. 어떤 현상이나 사실은 그것 자체보다는 그 사실을 경험하는 주체인 인간이 현실과의 만남에서 그가 가지고 있는 이전의 경험, 의도, 예상 등의 매개를 통해서 형성된 결과이다 (Popper, 1963: 41).

ii) 상대주의: 비판이론은 인간을 역사에 의존하는 존재라 생각하며, 그의 의식작용을 그 인간의 심리적 상황과 사회적 상황에 의존하는 것으로 생각하고 그의 정신은 사회적 기강과 연결되며 가치관은 경험적 상황 또는 사회에 연결된 것으로 생각한다. 실증주의적 경험주의자들도 가치의 객관성을 거부하고 주관성을 내세우지간 비판이론은 인간을 둘러싸고 그의 가치관을 제약하는 사회적·경제적·역사적·심리적 조건들을 적극적으로 문제화함으로써 실증주의적 경험주의의 가치주관설을 초월한다.

iii) 변증법: 변증법은 분석적으로 사유하면서도 얻어진 추상적 재료들을 대상에 대한 가능한 한 생동적인 표상을 위해서 이용하는 것으로 생각한다 (Horkheimer, 1968 : 64). 따라서 변증법적 사유는 자신의 사유와 타인의 사유에서 그 제약성과 일반성들을 발견함으로써 진리에 접근하려고 한다.

iv) 비판주의: 비판이론은 교환의 원칙이 시민 사회를 지배하기 시작한 역사적 경위를 살피면서 역사 발전에 대한 철저한 분석을 중요 과제로 삼았다. 교환경제가 인간의 능력을 개발하고 인간을 해방시키며 자연에 대한 인간의 지배력을 무한히 증대시킨 다음, 이제는 앞으로의 발전을 저해하고 인류를 야만으로 인도한다는 비판에서 출발한다.

v) 정신분석학: 비판이론은 구체적인 사회적 조건들과 삶의 상황에 얽혀 있는 개별적 인간에 관심을 가져 점점 만연해 가는 타율성에 저항해 인간의 자율성을 보존하는 것을 과제로 한다. 따라서 인간의 선험적 의식 세계

를 문제삼게 된다. 여기에서 '선험적'이란 인간의 경험에 작용하는 주관적 조건들을 의미한다.

이상에서 살펴보았듯이 비판이론에서 과학이론적 방법론과 그 인식론적 뒷받침은 아도르노와 하버마스의 해석학적 방법론(또는 변증법적 과학론)에서 찾을 수 있다.

(3) 현상학

현상학[10]은 20세기초 후설(Edmund Husserl, 1859-1938)이 그 기초를 닦은 이래 적용 분야나 지역적으로 광범위한 확산을 이룬 결과 20세기에서 가장 주목받는 철학적 조류로 자리잡았다. 특히 1960년대 후반부터 주류 사회과학에 속하는 실증주의와 행태주의의 위기에 대한 반성으로, 가치를 배제하는 실증주의적 행태주의 방법을 탈피하고 가치 함의적인 현상학적 방법에 관심을 기울이기 시작하면서, 정치학이나 심리학, 행정학 등 사회과학 분야에서도 현상학을 접목시키는 연구가 활발히 진행되었다(Roche, 1973).

현상학은 과학과 기술의 진보로 모든 사상을 계량화하는 사유 습성과 모든 문화 현상을 물상화(Verdinglichung)하려는 태도에 대한 반작용으로 인간주의의 재확립을 주장하는 것이며, 현상을 인간의 주관성으로부터 분리해 관찰하고 측정하는 것에 대한 회의로부터 출발하게 된 것이다.

현상학은 인간 행태의 외면만을 관찰해서는 인간의 내면적 세계의 의미를 파악하지 못한다고 생각하고 내면적 심층 동기까지 파악할 때 인간에 대한 본질적 이해가 가능하다고 본다.

① 지식의 사회적 성격

현상학에서는 사회과학의 연구 대상인 사회 현상을 인간의 행위로 환원

---

10) 현상학이란 용어는 1764년 독일 철학자 람베르트(Johann H. Lambert)가 ≪신기관(*Neues Organ*)≫에서 처음 사용했는데, 본체의 본질이 아닌 현상의 진리로 나아가기 위한 가상론(假象論)을 뜻했다. 오늘날 현상학은 후설을 중심으로 가이거(Moritz Geiger), 펜더(A. Pender), 라이나흐(Adolf Reinach), 셸러(Max Scheler), 베커(O. Becker), 슈타인(E. Stein) 등에 의해서 전개되어 '사상(事象) 그 자체에로'라는 입장으로 그 본질을 직관에 의해 파악·기술한다는 공통점을 갖고 있다. 이러한 '기술적 현상학'에서 출발해, 사실에 한정시키는 실증주의와는 달리 '본질에 대한 직관'을 중시했다.

해 파악한다. 사회 현상의 세계는 자연과학적 방법으로 계량화할 수 없는 의식의 세계이며, 이러한 의식의 세계는 '나'와 '너'의 의식의 상호 주관적 세계(intersubjective Umwelt)로 파악한다. 따라서 우리가 세상에 대해 가지는 지식이란 것은 사회적 관계 속에서 형성되는데, 이는 지식과 사회에 관한 세 가지 근본 관계에서 설명될 수 있다(Scheler, 1960: 52-57). 첫째, 인간이 사회의 한 구성원이라는 인식은 경험적이 아니라 선험적이다. 이 앎은 자아 의식에 선행하며 '우리 없는 나' 없고, '우리'는 '나'보다도 먼저 그 내용이 충실화된다. 둘째, 타자를 경험하는 데 참여 방식의 집단에 따라 다르지만 일반적으로는 일체화에 의한다. 셋째, '너(Du-heit)'가 인간의 모든 사유의 존재 범주가 된다. 즉, 개인에게 외부 세계는 내부 세계에 앞서 먼저 주어지며, 외부 세계가 내부 세계의 투사(投射)가 아니라 의미를 가진 전체 구조가 먼저 주어지고, 그 다음에 '나'와 '너'의 사회적 관계가 구체화되어 간다는 것이다.

② 상호주관성

사회 현상은 인간의 상호 작용에 의해 일어나는 것이기 때문에, 사회과학의 목적은 이러한 상호 작용을 분석하는 데 있다. 현상학에서는 인간의 경험을 형성하는 데 상호 작용의 사회적 특징으로 상호주관성(간주관성, intersubjectivity)에 주목하고 있다.

상호주관성이란 사회 관계에서 타인도 역시 자기처럼 주관으로 존재하고 있음을 이해한다는 것이 객관적인 세계상(世界像) 성립에 굉장히 중요하다는 인식을 가리킨다. 왜냐하면 객관적인 세계가 존재한다고 하는 감각은 결국 '나'에 의해 존재하는 세계가 '타인'에게도 마찬가지로 존재하고 있다는 사실의 이해를 의미하기 때문이다. 후설은 이러한 이유에서 의식이 어떻게 타아의 존재를 이해하게 될 것인가를 밝히려 했다. 즉 나와 타인을 잇는 상호주관성의 의미 분석이 현상학으로 하여금 사회과학방법론으로 원용할 수 있게 한 점이다.

인간은 간접적 공동현존화(共同顯存化, Appräsentation) 또는 감정이입(empathy)에 의해 타자를 경험한다. 나는 타자를, 개개의 타자를 타자로서 경험할 뿐만 아니라 그가 다른 타자들과 관계하고 있는 것으로 경험한다.

사회라는 넓은 공간에 분산되어 있는 많은 인간들과 상호적 공동성을 지니게 되며, 이러한 개방적 공동성을 상호주관성이라 한다(Husserl, 1950: 158).

상호주관성은 나의 자아 안에 존재하고 다른 모든 인간에게도 있다. 이 상호주관성으로 인해 동일한 객관 세계가 구성된다. 그리고 다른 문화적 사상, 특히 사회공동체와 같은 여러 가지 형태도 구성된다. 간접적 정시에 의한 타아 경험을 매개로 해서 타아 안으로 들어가는 자아 작용(Ich-akt)은 곧 사회 작용이며, 이것을 통해서 모든 인간적 의사 소통이 성립한다. 객관 세계 안에서 공동화, 즉 상호적 공동화에 의해 단계적 질서를 가진 사회공동체의 여러 가지 유형이 구성되는 것이다(Husserl, 1950: 159-160).

③ 사회과학의 방법

인간들은 자신이 속한 생활 세계의 사유 구성물(thought constructs)의 영향을 받아 행동하게 되고, 자신들의 행위 목적 그리고 그 목적 달성의 수단을 결정할 뿐만 아니라, 이를 통해서 세상을 이해한다. 그러한 사유 구성물은 사회 구성원들에게 널리 받아들여지는 사고 및 행위의 준거틀이라 할 수 있다.

그렇기 때문에 현상학의 주된 관심은 일상 세계 안에서 일어나는 인간들의 사회적 행위를 어떻게 과학적으로 파악하느냐 하는 것이다. 후설에 의하면, 모든 과학적·논리적 개념은 '나'와 '너', 즉 '우리'로 이루어진 생활 세계에서 도출되어야 한다. 사회과학자는 이 생활 세계의 구체적 경험을 기반으로 하여 이를 분석한다(Husserl, 1950: 105-137). 사회과학이 사회적 행위의 주관적 의미를 객관적으로 이해하는 방법은 다음 세 가지 원리에 따라 이념형을 형성해야 한다(Schutz, 1973: 43-44).

i) 논리적 일관성: 사유 구성물의 체계는 명확한 개념적 틀로 이루어져야 하며, 형식 논리적으로 일관성을 가져야 한다. 이러한 요건이 충족될 때에 사회과학자에 의해 마련된 사유 구성물의 객관적 타당성을 보장한다.

ii) 주관적 해석의 원리: 사회과학자는 관찰 대상인 사회 현상을 야기한 행위자의 의식 안에 무엇이 일어났는가, 어떤 정형의 의식이 형성되고 또 어떤 정형의 사고가 거기에 속하는가를 물어야 한다. 이것은 상호주관성이라는 주관적 해석을 통해 타인의 행위를 행위자의 주관적 행위에 관련시킬 수 있게 한다.

iii) 적합성의 원리: 인간 행위에 관련된 모든 과학적 용어는, 우리의 생활 세계 안에서 어떤 사람의 행위가 그 자신만이 아니라 그의 이웃들에게도 이해될 수 있어야 하고, 또한 이치에 적합하도록 만들어져야 한다. 이 원리는 사회과학방법론에서 매우 중요하다. 사회과학자가 사회 현상에 접근할 수 있는 것은 그의 사회 현실에 대한 해석이 행위자나 그의 상대자에 의한 해석과 같을 수 있다는 사실 때문이다.

이상의 세 가지 원리를 충족함으로써 사회과학은 일상 생활로부터 유리된 관념적 세계에서 탈피해 사회 현실을 과학적으로 다룰 수 있다.

5) 현대 사회과학방법론의 관점

앞에서 논의한 것처럼, 현대의 사회과학방법론은 사회과학을 어떻게 보는가에 따라 그 과학철학적 기반에 따라 경험주의(실증주의), 합리주의, 낭만주의로 나누어 볼 수 있다. 여기에서는 포스트모더니즘 및 페미니즘을 함께 소개한다.

(1) 경험주의(실증주의)

자연주의자들은 사회과학도 과학이 되자면 자연과학과 같은 설명·예측의 양식 및 목적을 가져야 한다고 주장한다. 실증주의자들의 입장이라고 볼 수 있다. 자연주의는 실증주의, 논리경험주의, 후기실증주의, 포괄 법칙 모형(covering law model), 행태주의로 불리는 것들을 지칭한다. 즉, 인간 활동의 일반적 유형을 예측하는 데 사용될 수 있는 일단의 확률적 인과 법칙을 발견하고, 이를 확증하기 위해 연역적 논리와 개별 행동에 대한 정밀한 경험적 관찰을 결합하는 조직적 방법이다(Neuman, 2000: 66).

경험주의는 인간의 자유가 내외의 환경과 생리적 제약에 의해 제한된다고 보는 점에서 결정론적이다. 결정론(determinism)에서는 모든 현상과 인간 개입 자체는 혼란스럽고 우연하고 자의적이고 무작위적이라기보다는 논리적이고 예측 가능하며 성격상 인과적이라고 주장한다(Ayer, 1964: 179-185).

사회분석을 할 때도 경험주의는 연구 대상과 분석 수준에 따라 다르긴 하지만 전체에 대한 부분의 중요성을 강조한다. 현대 경험주의는 진술에 경험적 준거(empirical anchorage)를 주고 전체에 대해 알기 위해 부분을 연구한다는 환원주의에 기초한다(Kaplan, 1964: 81-82). 그리고 경험주의의 방법론은 실증적이며 경험적으로 제약된다(Dahl, 1963: 2). 여기에서는 자연과학과 사회과학의 통합을 주장하며 적어도 이론상으로는 자연과학을 인간 행태 연구에 적용할 수 있다고 한다. 따라서 연구 방법은 연역적이기보다는 귀납적이고, 추상적이기보다는 구체적이며, 관찰이 잠재적으로 객관적인 정보 원천(imformation source)이라고 생각하므로 관찰에 의존한다(Zuriff, 1985 : chap. 2). 경험주의에서의 개념은 주로 실질 용어로 정의되고 개념의 한계와 용도를 설정하기 위해 지표가 사용된다. 또한 인간 행태의 인과적 설명을 강조한다.

(2) 합리주의

합리주의(rationalism)는 데카르트(René Descartes, 1596-1650) 이래 경험주의, 특히 감각주의에 대립하는 이론으로 사유만을 진리의 기준으로 삼고, 인식의 감각적인 단계를 기만적이며 혼란스러운 것이라 하여 배척하는 입장을 취한다.

현대 합리주의 방법론은 인간의 의식적 · 합리적인 행동을 대상으로 하여 이에 대해 보편적으로 타당한 지식을 탐구하는 선험적 과학이고, 행위의 논리학이다. 인간 행위의 지식은 우리들 마음 속에 있으며, 내적 성찰에 의해서만 타인의 행동을 이해할 수 있기 때문에, 관찰 · 측정할 수 있는 객관적인 사회적 사실은 없다고 주장한다. 합리주의는 논리학 · 수학을 경험적 종합으로부터 완전히 분리시켜 분석적으로 파악하고, 형식논리학을 강조한다. 그러나 1920년대 빈학파에 의해 형식논리학을 경험과학의 분석에 적극적으로 도입해 논리실증주의와 결합된 것은 잘 알려진 사실이다. 오늘날 합리주의 방법론은 합리적 선택모형, 게임이론 등 수리경제학 이론에서 크게 발전하고 있다.

현대 합리주의의 특징을 정리하면 다음과 같다.

첫째, 합리주의는 결정론도 아니고 자원론(voluntarism) 또는 자유의지론도 아니다. 그것은 일반적인 것의 요소에서 특수한 것, 전체의 맥락에서 부분의 위치를 강조한다. 그들은 사회적 현실을 객관적 생성 조건과는 독립적인 형태로 인위적으로 구성된 것으로 이해하고(Sylvan & Glasser, 1985 : 7), 개인의 행위를 설명할 때에도 경험적·관찰적이기보다는 합리적 선택모형, 게임이론 등 이론적 형태를 취한다.

둘째, 합리주의의 방법론은 후기실증론적(post-positivism)이다. 대개의 경우 현대 과학에서 체계성, 객관성, 엄격성 등은 수용하나 관찰적 경험, 자료 기초적 이론, 이론 검증 등의 실증적 측면은 거부한다.

셋째, 합리주의에서는 지식이란 이성, 입증, 지적 성찰, 연역에 의한 결과라고 생각하며(Sylvan & Glasser, 1985: chap. 1), 지적 활동은 추상적인 우주와 그들의 관계를 이해하기 위해 감각 경험(sense experience)을 초월한다고 한다(Blanshard, 1985: 649-653). 감각을 통해 얻은 정보는 불완전하고 파상적이며 기만적이므로 경험은 별로 사용되지 않는다.

넷째, 합리주의는 인과적 및 구조적 설명을 사용하지만(Blanshard, 1985: 652) 많은 현대 합리주의 사회과학자들은 직접적 인과 설명을 거부한다. 직접적 인과 설명은 전체(구조와 과정)보다는 부분(개별 대상, 그들의 행동, 사건과 현상의 구체적 시점)에 초점을 두고 직접 관찰을 요구하는 것이라고 생각하기 때문이다(Sylvan & Glasser, 1985). 따라서 자료보다는 이론을 중요시하고, 이론은 내적 논리나 일관성, 추론의 통합성, 전체적 명백성을 기초로 평가된다. 이 때, 사회과학의 이론이란 현실 속에 내재하는 규칙, 구조, 과정, 의미의 체계이며, 분석적·연역적·추상적으로 정의된 것으로 생각한다.

(3) 낭만주의: 해석학적 방법론

현대 사회과학방법론에는 크게 두 가지 흐름이 있다. 그 하나는 사회과학은 자연과학과 근본적으로 성격을 달리하므로, 양자의 방법론은 본질적으로 다르다고 생각하는 흐름이며, 반(反)자연주의라고 불린다. 또 하나는 양자 사이에 방법의 차이는 있다 하더라도 그것은 정도의 차이이지 본질적인 차이는 아니라고 생각하는 흐름으로, 자연주의라고 불린다. 반자연주의는 사회과학은 자연과학과 다르다고 보며, 이해와 해석이 중요하다고 주장한다. 대표적인 학자로는 베버(Max Weber)와 딜타이(Wilhelm Dilthey, 1833-1911)를 들 수 있다. 이들은 학문을 자연과학과 정신과학으로 나누고, 전자는 설명(Erlärung) 또는 추상적 설명에, 후자는 감정이입적(해석학적) 이해(Verstehen)에 기초한다고 주장한다. 즉, 사회행동은 자연행동과 달리 의미가 있어야 하며, 행동의 의미나 목적의 준별이 아주 중요하다고 본다. 즉, 사람들이 자신들의 사회 세계를 만들고 유지하는가를 이해하고 해석하는 데 도달하기 위해 자연 상태 속의 사람들에 대해 직접적이고 자세한 관찰을 통해 사회적으로 의미 있는 행동을 체계적으로 분석하는 일이 사회과학의 주된 일이 되어야 한다는 것이다(Neuman, 2000: 71). 이러한 전통은 1960년대 실증주의 논쟁을 거치면서 아도르노와 하버마스 등의 해석학적 방법론으로 발전했다.

현대 낭만주의적 전통에 속하는 방법론의 일반적 특성은 다음과 같다.

첫째, 낭만주의(romanticism)는 지식이론에 근거한다(Gouldner, 1973: 324). 이들은 관찰자로부터 독립적인 객관적 세계의 존재를 의심하면서, 사회적 행동에 영향을 미치는 것은 사회적 요인이 아니라 행위자의 의식이라고 생각한다(Stirner, 1971: 223). 인간은 자신의 삶을 개선하기 위한 자유의지를 가지고 그들 자신의 현실을 정의하려고 한다. 이러한 인간 중심적 철학은 개인의 자유, 경험의 의미, 개인적 의식을 중요시하며, 인간 세상에는 극적이고 예측 불가능한 변화 가능성이 상존하는 것으로 본다. 낭만주의에서는 사회를 유기체적 전체로, 또한 형이상학적 신비주의로 이해한다(Higgonnet, 1980: 164). 따라서 지식이란 전체성·반실증성·반경험성을 띤다. 전체성은 부분의 합계와는 다르며, 부분이란 것도 사회 전체를 형성하는 데 의미 있는 결정적 역할을 할 때에만 중요성을 갖는다(Shalin, 1984: 43-65).

둘째, 낭만주의는 실증주의에서처럼 사실과 가치, 과학적인 것과 규범적인 것의 구별을 거부한다. 반면에 인간 이해에서는 가치, 신념, 편견의 중요성을 강조한다. 인간 사회는 특수해서 자연과는 다르기 때문에 인간 연구에 자연과학이 적용될 수 없다고 믿는다. 따라서 낭만주의의 방법론은 객관적·절대적 접근 방법에 회의를 품고, 해석학적인 방법을 사용한다. '해석'이란 현상에 대한 의미의 속성을 파악하는 연구자의 '의도'적 사고 과정을 의미한다. 이러한 해석은 일체화, 감정이입, 이해(Verstehen)를 포함한다. 만일 연구자 간에 두 가지 해석이 모순된다 하더라도 그것은 어느 하나가 옳고 다른 하나는 틀리다는 문제가 아니며, 이러한 차이는 연구자가 각각의 세계를 다르게 창조했다는 신호에 불과하다고 본다.

셋째, 낭만주의는 인과적 설명보다 목적론적 설명을 택하며, 따라서 자료보다는 이론에 우선 순위를 둔다. 이론 구성은 반사적 과정으로, 철학적·방법론적 가정의 맥락에서 그것을 검증하는 것은 무의미하다. 여기에서 낭만주의는 질적·주관적 방법을 사용하며(Shalin, 1986: 77-123), 해석학, 상징적 상호작용론, 민속방법론, 프로이트 심리학, 기호학, 언어학, 현상학적 사회학, 실존주의 등을 원용한다.

이러한 낭만주의적 방법론은 주로 질적인 방법과 자연스럽게 연결된다. 몇 가지 예를 들어 보면 다음과 같다.

첫째, 참여관찰은 조사자가 조사 대상자들의 상징의 세계 속에 직접 참여해 구조화되지 않은 비조직적 방법으로 관찰해 조사하는 방법이다.

둘째, 심층면접은 현지에서 연구 대상자들과의 대화를 통해서 자료를 수집하는 방법으로 구조화된 조사표에 의하지 않은 비표준화 비조직적 면접 방법이다.

셋째, 생활사조사는 한 개인 집단 조직체 지역공동체의 경험과 그러한 경험을 스스로 해석하는 상황 규정을 그들의 입장에서 조사하는 것이다.

넷째, 민속방법론(ethnomethodology)은 일상적인 삶의 세계를 직접 또는 간접으로 관찰해 그 속에 살아가는 사람들이 스스로 사회라는 것을 이해하려는 방법이다.

다섯째, 불개입 무반응법(unobstructive-nonreactive method)은 조사 대상자가 자신이 연구 대상자임을 알지 못하게 하여 불필요한 반작용을 일으키지 않도록 하는 방법으로 물리적 자취나 기록 보존 자료의 분석이나 단순관찰법, 그리고 기계를 숨겨 두어 관찰하는 방법이다.

(4) 비판주의 방법론

비판주의자는 앞에서 살펴본 것처럼 사회과학의 특성은 비판에 있다는 입장을 견지한다. 현대 사회과학에서 비판주의(criticism)는 변증법적 유물론(dialectical materialism), 계급분석(class analysis), 구조주의(structuralism), 실재주의(realism) 등이나, 갈등이론, 급진 정신분석이론 등으로 전개되었다. 마르크스(Karl Marx, 1818-1883), 프로이트(S. Freud, 1856-1939), 아도르노(T. Adorno, 1903-1969), 프롬(Erich Fromm, 1900-1980), 마르쿠제(H. Marcuse, 1898-1970), 하버마스(J. Habermas, 1929 -) 등이 이 부류에 속한다. 비판적 사회과학은 규범적 접근과 개별적 접근을 모두 사용한다. 이들은 사람들로 하여금 상황을 변화시킬 수 있도록 도와 주고 그들 자신을 위해 더 나은 세계를 건설할 수 있도록 도와 주기 위해 표면적 환상을 넘어서서 물질 세계의 실제 구조를 밝히는 비판적 탐구 과정이 되어야 한다고 주장한다. 그러기 위해서 인간은 허위의식(false consciousness)에서 벗어나야 할 필요가 있다. 이런 견지에서 비판주의는 자연주의 방법론이 사회 진보를 가져오기에는 너무 협소하고 반민주적이며 비인간적이라고 비판한다. 또한 지나치게 보수적이라고 본다. 실증주의는 변화보다는 현상 유지에 관심이 많기 때문이다. 반면에 반자연주의는 지나치게 주관적 상대주의적이고 주의주의적(voluntaristic)이라고 비판한다. 비판주의는 사회과학의 성격이 성찰적(reflective)이어야 하고, 필연적으로 정치적이라고 주장한다. 따라서 조사 목적의 하나는 일상사(ordinary events)의 속내를 밝히고 탈신화화(脫神話化, demystification)해야 한다고 본다.

(5) 포스트모더니즘과 페미니즘

위에서 살펴본 방법론적 관점 이외에도 1980년대 후반 이래 포스트모더니즘과 페미니즘 관점에 대한 논의가 활발히 진행되고 있다. 두 접근 방법 모두 실증주의를 비판하고 해석적·비판적 관점에 기초를 두고 있다.

포스트모더니즘(postmodernism) 또는 포스트모던적 조사(postmodern research)는 그 뿌리를 실존주의, 허무주의, 무정부주의와 하이데거(Martin Heidegger, 1889-1976), 니체(Friedrich W. Nietzsche, 1844-1900), 사르트

르(Jean-Paul Sartre, 1905-1980), 비트겐슈타인(Ludwig Wittgenstein, 1889-1951) 등의 아이디어에 철학적 뿌리를 두고 있다. 포스트모더니즘을 이해하기 위해서는 먼저 모더니즘(modernism)을 이해할 필요가 있다. 모더니즘은 계몽 시대에 일어난 기본적인 가정·믿음·가치에 뿌리를 둔다. 즉 논리적 사고에 의존하고, 미래에 대해 낙천적이며 진보를 믿고, 기술과 과학에 대해 신뢰를 가지고, 인간 복지에 대한 좋은 영향을 주는가를 기준으로 가치를 평가한다(Brannigan, 1992). 모더니즘은 대부분의 사람들이 합의할 수 있는 아름다움·진실·도덕이 있다고 믿는다.

반면에 포스트모더니즘은 예술, 인문학 및 사회과학 사이에 구별이 있다고 보지 않는다. 포스트모더니즘은 사회 세계를 감싸고 있는 신화와 환상을 벗겨 인간이 허위 의식에서 벗어나도록 해야 한다는 점에서 비판주의와 공통적이다. 극단적인 경우, 사회 세계에 대한 과학 자체를 부정한다. 포스트모던적 사회조사는 사회과학 개념이나 아이디어들의 사회문화적 기원들이 실제로는 쓸모없다는 것을 전제한다. 왜냐하면 모든 지식이 문화적이고 정치적이라면 어떤 한 신념이 다른 신념보다 더 낫다는 절대적 기초는 존재하지 않기 때문이다. 따라서 과학적 방법을 거친 지식이라고 하더라도 정치적이거나 신앙적 언명보다 낫지 않다는 것이다. 즉, 포스트모던적 사회조사는 처음부터 관찰될 수 있는 객관적 실재는 존재하지 않는다고 본다. 다만 우리의 서로 다른 주관적 관점만이 존재할 뿐이다. 이와 같은 전제를 가진 포스트모던적 사회조사의 특징은 아래와 같다(Neuman, 2000: 84).

① 모든 사회이론을 포함해 모든 이념과 조직화된 신념 체계의 거부

② 직관, 상상, 개인 경험 및 감정에 강한 의존

③ 무의미성(meaninglessness)과 비관주의(pessimism), 세상이 결코 개선될 수 없다는 믿음

④ 정신 세계와 실재 세계 간에 구분이 없다는 극단적 주관성

⑤ 상대적으로 우월하거나 열등하지 않은 무한한 해석이 존재할 수 있다는 열렬한 상대주의

⑥ 항상 변화하고 있는 다양성, 혼돈(chaos) 및 복잡성의 신봉

⑦ 중요한 것은 현재와 이 장소이기 때문에 과거나 다른 장소에 대한 연

구의 거절

⑧ 삶은 너무 복잡하고 급격하게 변화하기 때문에 인과 관계는 연구될 수 없다는 믿음

⑨ 연구조사는 실제 사회 세계에서 발생하고 있는 것을 결코 진실로 표현할 수 없다는 주장

한편 페미니즘(feminism)은 다양한 사회이론과 정치적 움직임 그리고 도덕철학을 포함하며 주로 여성의 경험에 대한 관심, 특히 여성 억압과 성 불평등, 사회적 지위를 개선하고자 하는 데 집중한다. 그리고 모든 기존의 가부장적 형태의 위계질서, 기업과 정부, 그리고 기존 질서가 탈중앙화되고 극단적인 민주주의 체제로 대체되어야 한다고 주장한다. 이러한 관점을 토대로 페미니즘적 조사(feminist research)는 기본적으로 여성은 남성과는 배우고 표현하는 것이 다르다는 것을 전제로 한 조사를 말한다. 그런데 전통적 조사 방법에 따르면, 성별(gender)은 문화 속에 너무 넓게 퍼져 있고 기본적인 믿음과 가치를 형성해 과학적 탐구의 사회 과정 속에서 손쉽게 분리되고 격리될 수 없다고 본다. 예를 들어, 미혼모(unwed mother)라는 말은 있어도 미혼부(inwed father)라는 말은 사용하지 않는다. 이처럼 전통적 방법은 사회적 계급과 인종, 문화와 종교에 긱반한 한계를 극복하지 못한다고 본다.

이런 비판적 관점에서 페미니즘 사회조사의 특징을 나열하면 다음과 같다(Neuman, 2000: 82-83).

① 이성적(異性的) 가치와 관점

② 가정, 개념 및 조사 문제에서 성차별주의(sexism)의 거부

③ 조사자와 피조사자 간에 감정이입적 연결

④ 성별과 권력의 관계가 사회 전반에 걸쳐 어떻게 스며들었는가에 대해 민감함

⑤ 조사 과정 속에 조사자의 개인적인 감정이나 경험을 통합시킴

⑥ 조사 기술의 선택과 학제적 연구에서 유연성을 가짐

⑦ 인간 경험에서 감성적 부분과 상호의존성 인정

⑧ 개인 및 사회적 변화를 조장할 수 있는 행동 지향적 조사를 요청

제 2 편

이론 형성

제 3장 과학적 이론

과학적 지식은 과학적 이론으로 표현되고, 과학적 이론은 과학적 방법을 통해 도출된다. 과학의 기본 목적은 현상의 설명에 있다. 과학적 이론은 현상에 내재하는 변수들 간의 인과적 관련성을 설명하는 것을 주목적으로 한다. 이런 의미에서 이론은 설명이다. 이론은 설명을 위해서 개념, 변수, 언명(진술)들을 사용한다.

이 장에서는 이론의 구성 방법에 앞서 먼저 과학적 설명이 무엇을 의미하는지에 대해 논의하고, 다음으로 이론의 의의와 유형, 개념과 변수, 이론의 구성 방법, 그리고 이론의 특수한 형태로서의 모형에 관해 알아본다.

제 1 절 과학적 설명

1 설명의 의의

설명이라는 용어의 의미는 사회 현상을 바라보는 사람의 관심의 차이에 따라 과학철학자들 간에 여러 가지로 정의되고 있으나(Hempel, 1966), 일반적으로 설명이란 어떤 것에 대한 궁금증을 풀어 주는 것으로 '왜?'라는 물음에 대한 대답이라고 볼 수 있다(강신택, 1995: 101).

기술이란 현상이 '무엇(what)'인가를 밝히는 것인데 비해, 설명은 그러한 현상이 '왜(why)' 발생하는지, 즉 인과성을 밝히는 것이다. 그러한 대답은 항상 현상의 부분과 부분, 그러한 현상과 그러하지 않은 현상, 그러한 현상과 다른 어떤 속성, 조건들과의 관계성에 대한 대답이 된다. 그리고 그 관계성은 현상의 어떤 하나의 경우에만 적용되는 것이 아니라 동일한 종류의 모든 경우에 적용되는 관계성이다. 즉 어떤 일반적 법칙에 의해 지배되는 관계성인 것이다.

따라서 설명이란 문제의 사건(현상)을 가능하게 하는 어떤 것과 그 사건(현상) 간의 관계성을 밝히는 것이며 그 관계성이 보편적 일반화의 법칙임을 밝히는 것이다. 법칙이 관찰된 규칙성이라면, 이론은 인간 생활의 특정한 국면과 관련된 관찰에 대한 체계적 설명이다(Babbie, 2001: 52).

2 과학적 설명의 유형

사회과학자가 인간 행태나 집단 행태를 설명하는 데 사용하는 방식에는 과학자의 과학관과 주 관심사가 무엇이냐에 따라, 또는 설명에 사용되는 법칙의 유형에 따라 여러 가지로 나뉜다. 논리실증주의자와 경험주의자들과 같은 표준 사회과학관의 입장에서는 연역적·법칙적 설명 방식이나 귀납적·확률적 방식을 선호하는 경향이 있으며, 사회과학의 특수성을 강조하는 후기행태주의, 비판주의자들은 구조적 설명, 또는 해석적 설명 방식을 선호하는 경향이 있다. 나이젤(E. Nagel)은 설명 방식의 유형으로 연역적 설명, 확률적, 설명, 기능적·목적론적 설명, 발생론적 설명으로 구분하고 있다(Nagel, 1961: 20-26). 여기에서는 연역적 설명, 확률적 설명, 발생론적 설명, 성향적·목적론적 설명, 구조적 설명, 해석적 설명으로 나누어 살펴본다.

1) 연역적 설명

연역적 설명(deductive explanation)은 자연과학에서 흔히 사용되는 설명 유형으로, 연역적 논증 구조에 의해 설명 대상 문장의 진위를 밝히고자 하는 방식이다. 이를 보통 '완전한 설명'이라고 한다. 연역적 논증 구조는 아래의 설명 구조에서 상술하는 것과 같이, 설명될 경험적 현상의 기술(즉, 설명 대상 문장, explicandum)의 진실을 밝히는 데 일반법칙적 언명(설명 문장 또는 설명적 전제)으로부터 논리적 연역을 하는 방식으로 이루어져 있다. 다시 말해 어떤 개별적 또는 일단의 사실들이 설명되기 위해서는 그것이 하나 이상의 다른 진술들과 일반론, 법칙들로부터 연역되어야 한다는 점이다.

실제로 모든 학문에서 많은 설명들은 설명 전제가 되는 설명 문장(explicanda), 즉 일반 법칙적 언명이 완전한 경우에는, 그로부터 연역되는 개별적 사실들에 대한 진술도 당연히 참이다. 일반 법칙적 이론이 모든 변수를 포함하는 '폐쇄적 이론 체제'의 성격을 가질 때, 이를 '완전한 지식'이라 한다. 이와 같은 완전한 지식을 가지고 있는 경우에는, 만일 우리가 그 체제에 포함된 변수들의 위치나 상태만 안다면, 미래나 과거의 위치나 상태를 계산해 낼 수 있다. 다시 말하면 이런 경우에는 설명이나 예측이 연역적으로 행해질 수 있고, 개별적인 사건의 발생 시기와 장소를 설명하고 예측할 수 있을 것이다.

이러한 설명 방식은 어떤 현상의 순수 설명을 위한 패러다임으로 간주되어 왔고, 실증주의 또는 표준 사회과학에서 이상적인 형태로 생각되어 왔다.

2) 확률적 설명

확률적 설명(probabilistic explanation)은 연역적 설명과는 달리, 설명 문장에 포함되는 일반 법칙적 이론이 변수면에서 완전성과 폐쇄성을 가지고 있지 못할 때, 즉 '불완전한 지식'의 경우에 사용되는 방식이다. 현실적으로 사회과학은 그 이론 구성에서 완전성과 폐쇄성에 도달하기 어려운 것이 사실이다. 이러한 한계를 극복하기 위해 통계적 개념을 사용한 기법을 발전시켜 왔는데, 이것이 확률적 설명이다.

우리가 일정 시점에서 그 상태를 안다고 할 때 완전한 지식에서 얻을 수 있는 바와 같은 결정적 법칙을 가지고 있다면 개별적 사건을 설명·예측할 수 있으나, '불완전'한 지식에 해당하는 통계 법칙을 통해서 개별적 사건의 특정한 속성의 분포만을 설명·예측하게 해 줄 뿐이다. 가령 '농촌 사람은 누구나 여당 후보에게 투표한다'라는 일반 법칙이 있다면, K모씨가 농촌 사람이라는 조건으로부터 그가 여당 후보에게 투표했으리라(또는 투표하리라)는 개별적 사건을 설명(또는 예측)할 수 있으나, '농촌 사람 중 여당 후보에게 투표할 가능성을 가진 사람은 80%이다'라는 통계 법칙을 가지고서는 K모씨가 여당 후보에게 투표했는지(또는 투표할지)는 모르는 일이고, 80%의 사람들만이 투표했으리라(또는 투표하리라)는 개연성을 가지고 설명하는 것이다.

이와같이 설명 전제의 일반 법칙이 설명 대상 문장의 진실을 확보하는데 불충분하여, 설명 전제가 몇몇 요소(변수)에 대해 통계적 가정을 내포하고 있을 때, 이를 통계적으로 '확률적'이라고 하고, 확률적 설명이 사용되는 것이다.

3) 발생론적 설명

발생론적 설명(genetic explanation)은 특정한 연대나 일자와 관련시켜 가면서 어떤 사건의 기원과 발전 과정을 기술하는 것으로서, 기원론적 설명이라고도 한다. 역사 연구에서 널리 쓰이는 방식이다. 정치학이나 행정학에서도 제도나 관행의 기원과 발전 과정을 발생론적으로 기술하는 예가 많다. 다만 발생론적 설명에서도 행위자의 성향이나 의도에 관한 설명을 결합시킬 수 있으므로 다른 설명 방식들과 상호 배타적인 것은 아니다.

발생론적 설명은 어떤 사건의 상태(S_n)를 하나의 어떤 전개 과정($S_1, S_2, ... S_n$)의 최종 단계로서 제시하며, 따라서 그 과정의 각 단계를 묘사함으로써 그 사건의 상태(S_n)를 설명한다. 이러한 설명의 설명 전제에는 연구 중인 체제의 과거 사건에 대해 많은 진술들이 포함되어야 한다. 그러나 체제에 관한 과거의 사건들이 모두 언급되어야 하는 것은 아니고, 체제의 발전에 인과적으로 적실하다고 판단되는 사건들이 모두 포함되어야 함은 물론이다. 따라서 설명 전제에는 여러 가지 사건들 간에 계기적으로 관련된 인과적 종속성에 대한 일반 가정을 명시적 또는 암시적으로 내포하고 있어야 한다.

따라서 발생론적 설명의 설명력(explanatory power)은 그 설명에 포함된 법칙적 성격 때문에 생기는 것이라 할 수 있다. 다만 설명 전제에는 최초의 단계로부터 최종 단계까지의 모든 과정을 감싸는 하나의 법칙 또는 이론이 사용되는 것이 아니라, 단계를 이행할 때마다 별개의 법칙이 사용된다.

발생론적 설명에는 i) 어떤 사건의 기원만을 밝히는 경우, ii) 사건의 기원과 발전 과정을 밝히는 경우, iii) 발전 과정만을 밝히는 경우가 있다.

4) 성향적 설명과 목적론적 설명

사회과학에서는 사회적 행위자가 행하는 행동의 이유나 사회 체제의 기능 등에 더 관심이 많다. 즉 역사적 인물이나 사회적 행위자의 어떤 행동의 근거가 되었던 개성과 동기, 의향과 의도, 신념과 소망, 목적 등을 알아내거나 사회 체제를 지탱시켜 주는 어떤 특정한 제도나 문화적 요소 등을 알아내어 사회 현상을 설명하고자 한다. 특히 목적-수단 간의 관계에 의해 사회 문제를 해결하려는 정치학과 행정학에서는 이와 같은 설명 방식이 많이 활용된다.

인간 행동의 동기나 사회 체제의 기능을 알아보려는 설명 방식은 성향적 설명(dispositional explanation)과 목적론적 설명(teleological explanation)으로 크게 나눌 수 있고, 그 중에 목적론은 다시 의도적 설명(purposive explanation)과 기능주의적 설명(functional explanation)으로 나누어 볼 수 있다.

(1) 성향적 설명

이것은 인간의 어떤 결정이나 행동을 그가 가진 의향, 신념, 성격 특징 등으로 설명하는 방식이다. 성향이란 일정 상황 하에서 특정한 방식으로 반응하려는 경향을 말한다. 성향 설명의 논리 구조는 일반적으로 말하는 법칙적 설명과 크게 다를 바 없으나, 다만 어떤 성향을 그 선행 조건으로 삼는다는 데 특징이 있다. 예를 들어 유리창이 돌에 맞아 깨진 것을 보고, 그것이 돌에 맞았기 때문에 깨졌다고 설명할 수 있겠으나, 보통은 이보다는 다른 설명이 필요하다. 유리는 돌에 맞으면 깨지는지를 묻게 되고, 유리는 깨지기 쉬운 성향 조건을 가졌기 때문이라는 것이다. 사회 현상의 경우에도 많은 설명들은 개인의 행위를 설명하기 위해 개인의 심리적 성향에 의존하는 경우가 많다. 문제는 그러한 성향이 추상적으로 묘사되어 연구 대상이 왜 그러한 성향을 가지게 되었는가를 설명하지 못하는 경우가 많다는 점에서 설명력의 한계가 있다.

(2) 목적론적 설명

① 의도적 설명

이것은 주로 개인을 행위자로 보고, 그 행위자가 어떤 의향이나 의도를 가진 것으로 가정하는 경우의 설명 방식이다. 의도적 설명은 사회적 현상은 인간의 '의식적 의향'(의도)의 결과라는 식으로 설명하는 방식이다. 예를 들어, '*X*라는 사람이 *Y*라는 행동을 한 이유는 그가 그 행동을 행할 의도가 있었기 때문이다'라는 형식인데, 이것만으로는 완전한 설명이 될 수 없고, '*X*와 같은 사람이 언제나 그런 의도를 가지고 있다면, 반드시 *Y*와 같이 행동한다'는 어떤 법칙이 있어야 한다. 즉 '의도'는 행위자의 목적 관념(소망)을 뜻하는 것으로서, 그러한 소망 실현과 선택한 행위 간에 인과적 관련성에 대한 신념이 존재해야 한다. 따라서 의도적 설명은 소망·신념을 조건으로 하여, 일반 법칙에서 개별적 행동을 연역한다는 점에서 논증 구조의 형식에서는 법칙적(연역적) 설명과 큰 차이가 없다. 다만 사용되는 개념과 법칙의 내용이 다를 뿐이다.

② 기능주의적(구조적) 설명

이것은 의도적 설명과는 달리 어떤 체제가 목적 또는 목표를 지향해 움직여 나가는 것으로 가정하는 자기 규제적 체제에 대한 설명 방식이다. 기능주의적 설명은 사회 체제를 균형성(안정성, 항상성)의 추구라는 자기 규제적 목적을 지닌 것으로 가정하고, 체제가 적절하고 효과적인 적합 상태에 있기 위해 필요한 기능적 요건들을 분석해 체제의 상태를 기술하는 설명 방식이다. 일반적으로 생물학이나 사회학 분야에서는 어떤 단위(구조)가 체제의 안정성을 위해 하나 이상의 기능을 수행하고 있음을 밝히는 기능분석 방법을 활용한다. 기능분석은 결국 구조의 기능적 요건을 분석하는 것이므로 구조적 설명이라 부르기도 한다.

앞에 논의한 다른 설명 방식들이 주로 인과적 설명 유형에 해당하는데 반해 기능주의적(구조적) 설명과 아래의 해석적 설명은 그러하지 않다는 특성이 있다(이준형, 2006: 71).

기능적(구조적) 설명은 일정 시점에서 발생하는 특정한 행위나 상태를 설명하는 데 사용되기도 하고, 모든 시점에서 어떤 종류의 모든 체제에 존재하는 특징을 설명하는 데 사용되기도 한다. 기능적 이론은 어떤 사상을 균형적인 사회 체제 속에서 생물적 은유를 사용하여 설명한다. 예를 들어, '사건 E는 체제 S의 필요를 충족하기 위해 발생한다'라는 식으로 설명하는 것이다. 이 이론은 체제가 평형을 이루고 있거나 계속 시간적으로 변화하고 있다는 것을 가정한다. 바꾸어 말하면 사회 체제는 시간이 경과함에 따라 더욱 복잡해지고 분화되며 발전 단계를 밟아간다는 것이다. 복잡성과 분화가 더욱 증가할수록 사회 체제 속에서 새로운 관계가 형성되고, 사회 체제는 새로운 관계로부터 야기되는 요구와 욕구를 충족시키는 새로운 방법이나 기능을 개발하게 된다. 예를 들어, 칼마인(Kalmijn, 1991)은 세속화 이론(secularization theory)에 근거해 미국인들의 결혼 배우자 선택을 설명한다. 그에 의하면 산업화와 도시화가 사회 변화를 가져왔고, 사람의 문제 해결 방식도 사회 변화 과정에서 새롭게 나타난 세속적 요인들이 전통적인 방식(종교, 전통적 규범 등)을 대체한다는 것이다. 교육은 이러한 과정 속에서 주요한 사회화 요인이며, 이것이 점차적으로 개인의 미래 소득, 도덕적 신념이나 가치에 영향을 준다. 즉, 결혼하고자 하는 사람들은 종교보다는 비슷한 교육 수준의 배우자를 찾게 된다는 것이다.

그런데 기능적 설명은 구체적 사건을 연역해 내는 일반 법칙이 인과적이지도 않고 경험적인 지식에 토대를 두지 않는다는 점에서 과학주의자들에 의해 설명의 구체성이 결여되어 있다고 많은 비판을 받아 왔다. 그러나 기능주의는 타당화의 맥락보다는 발견의 맥락에서 중요한 의의를 찾을 수 있다. 목적론 체제의 시각에서 현상을 연구하면, 사회적 질서(평형성)에 관한 기능 요건을 충족시켜 주는 사회 문화적 항목들을 찾기가 쉬울 것이기 때문이다.

5) 해석적 설명

해석적 설명(interpretive explanation)은 현상의 인과성을 밝히는 것이 아니라 이해를 넓히는 데 목적이 있다. 즉, 특정한 사건이나 사상이 특정한 사회적 맥락 속에서 어떤 의미를 갖는가를 발견하는 데에 있다. 인간은 누구나 타인들과 마찬가지로 세상에 대한 감정, 관점, 움직임을 정신적으로 포착하거나 이해하고자 한다. 그러나 이러한 것들은 사람마다 다르기 때문에 연구자는 특정한 사람이 왜 그러한 특정한 사고 방식이나 세계관을 갖게 되었는지를 의미론적으로 해석해 내고자 하는 것이다.

해석적 설명은 캘러헌과 제닝스(Callahan & Jennings, 1983) 등이 주장하는 해석적 접근 방법(interpretive approach)에 그 뿌리를 두고 있다. 해석적 접근 방법은 논리실증주의와 경험론에 대한 과학철학적 도전으로서 객관성 및 가치중립성에 대한 인식론적 회의로부터 말미암은 것이다(Callahan & Jennings, 1983: 3-4). 이들은 사회과학의 연구 대상이 되는 현상이 객관적인 실체로서 존재하지 않으며, 연구자의 이데올로기나 가치에 의해 영향을 받은 채로 인지되고, 그 현상은 연구자의 해석에 개방되어 있기 때문에 연구자에 따라 해석이 다양하게 제시될 수 있음을 주장한다. 따라서 연구자가 연구 대상으로부터 떨어져서 가치 중립적인 입장에서 객관적으로 연구한다는 것은 불가능하다고 본다.

다시 말해서, 인간의 행동에는 여러 가지 목적과 의도가 포함되기 때문에 행동은 일반적인 인과 법칙에 의해 설명될 수 없으며, 보편적인 어떤 행태로 환원될 수 있는 것은 아니다(Parris & Reynolds, 1983: 8). 따라서, 인간의 행위는 행위자에게 의미가 있는 행동, 또는 행위자들 사이에 상호주관적(intersubjective) 의미가 있는 행동으로 설명하거나 해석해야 한다

(Paris & Reynolds, 1983: 8-9).

해석적 접근 방법에서 인간 행동에 대한 설명은 역사적·문화적 맥락을 고려해야 한다. 곧, 행위자와 행위자의 사회적 관계와 문화적 맥락에 초점을 두고, 이러한 관계 속에서 행위자의 행동에 대한 의미가 탐구된다(Callahan & Jennings, 1983: 12-13). 실증론적 방법이나 과학적 설명은 특정한 현상으로부터 보편적 법칙을 끌어내려는 것인 반면, 해석적 설명은 여러 관계의 망 속에서 특정 사건이나 사물을 이해하기 위한 것이다(Callahan & Jennings, 1983: 16). 그러나 이러한 점 때문에 해석론적 접근 방법은 보수적 성향을 띤다고 비판받기도 한다. 즉, 체제와의 관계에서 비판이론과는 달리 해석이론은 체제를 포함한 변화를 상정하지도 요구하지도 아니하며 설명하지도 아니한다는 것이다. 또 다른 비판으로 해석적 설명은 연구자 개인의 지적 능력, 특히 창조성과 통찰력에 의존해야 한다는 점에 한계가 있다.

3 과학적 설명의 구조

과학적 설명은 현상에 대해 인과 관계에 관한 법칙을 부여하는 것이다. 그렇다면 그러한 인과 관계는 실제의 관찰된 사실에서 어떠한 절차를 거쳐 도출되며, 그렇게 도출된 인과 관계의 추론이 참임은 어떻게 정당화될 수 있는가?

구체적으로 이 인과성을 어떠한 절차와 논리에 의해 밝히는가에 대해서는 기본 입장에 따라 서로 다른 설명의 이론들이 제기되었다. 이 이론들 중에서 과학적 설명이론의 출발점이 된 것은 헴펠(Hempel, 1965)의 입장이다. 헴펠은 연역적·법칙적(deductive-nomological) 설명이론과 귀납적·통계적(inductive-statistical) 설명이론을 제기했다.

헴펠은 어떤 현상의 과학적 설명의 형식적인 구조는 세 개의 요소로 구성되어 있다고 본다(Rudner, 1966: 60). 첫째, 설명하고자 하는 특정 사상을 묘사하는 진술 E, 둘째, E에 의해 묘사되고 있는 사건에 선행하거나 인과적으로 상호 관련된 특정한 상황을 묘사하는 일련의 진술 $C_1, C_2, \ldots, C_n$

의 조건적 진술들, 셋째, '$C_1, C_2, \ldots, C_n$의 진술들에서 묘사된 사건들이 일어나거나 조건들이 충족될 때마다 다른 사건 E가 반드시 일어난다'라는 법칙적인 일반화의 진술 $L_1, L_2, \ldots, L_n$이다. 따라서 과학적 설명의 형식은 다음과 같이 표현할 수 있다.

$$\begin{cases} L_1, \cdots\cdots, L_n & \text{일반 법칙} \\ C_1, \cdots\cdots, C_n & \text{초기 조건} \end{cases} \quad \text{(설명 문장)}$$

$$\overline{\qquad\qquad\qquad\qquad\qquad\qquad\qquad\qquad\qquad\qquad}$$

$$\therefore\ E \qquad \text{설명될 현상 (설명 대상 문장)}$$

예를 들어, '금년에 쌀값이 많이 오르고 있다'라는 현상(E)에 대해, '올해에는 풍수해 피해로 작황이 좋지 않았기 때문'(C_k)이라고 한다면, 예년에 비해 공급이 부족하다는 것을 의미한다. 이것은 일반적인 물가에 관한 수요 공급 법칙(L_r)에 의해 설명하는 방식이 될 것이다. 또 다른 예로, 물건을 하늘로 던졌을 때 다시 땅으로 떨어지게 되는 현상을 중력의 법칙을 가지고 설명하는 경우도 마찬가지이다.

헴펠에 의하면, 어떤 설명이 과학적이기 위해서는 다음과 같은 네 가지 적절성의 조건(conditions of adequacy)을 갖추어야 한다(첫째에서 셋째까지는 논리적 조건이고, 넷째는 경험적 조건이다).

첫째, 설명 대상 문장은 설명 문장의 논리적 결과이어야 한다.

둘째, 설명 문장은 일반 법칙을 포함해야 하며, 이 일반 법칙은 설명 대상 문장을 도출해 내기 위해 실제로 요구되어야 한다.

셋째, 설명 문장은 경험적 내용을 가져야 한다. 설명 문장은 원리적으로 관찰이나 실험에 의해 검사될 수 있는 것이어야 한다.

넷째, 설명 문장을 이루는 명제들은 참이어야 한다.

한마디로 말하면, 과학적 설명의 특징은 설명 대상 문장을 일반 법칙 아래 포용(subsume)시키는 것이다.

여기에서 과학적 설명이란 어떤 현상 E와 어떤 조건 $C_1, C_2, \ldots, C_n$ 사이에 보편적 일반화 법칙 L이 적용되는 관계가 성립된다는 것을 제시하는 것이다.

그런데 연역적·법칙적 설명에서는 법칙 L이 확실성을 지닌 연역적 법칙이고 귀납적·통계적 설명에서는 법칙 L이 확률적 법칙이 된다.

첫째, 연역적 설명에서는 어떤 현상이 확립된 보편적 법칙으로부터 도출될 수 있다는 것을 보여 줌으로써 그 현상을 설명한다. 앞에서 예를 든 수요 공급의 법칙, 중력의 법칙과 같은 보편적 법칙을 사용할 수 있는 경우이다. 보편적 법칙은 '어떤 선행 조건 A를 충족시키는 모든 경우에서 B와 같은 사건이 발생한다'라는 진술을 말한다. 둘째, 보편적 법칙이 확립되지 않았을 경우에는 통계적 법칙에 의한 설명으로 만족하는 수밖에 없다(Hempel, 1966: 58-69). 통계적 법칙은 'A라는 조건하에서 B가 발생할 가능성은 얼마이다'라는 진술 또는 언명을 말한다. 여기서는 설명 문장이 주어졌을 때 설명 대상 문장이 필연적으로 발생함을 추론하는 것이 아니라, 결과 사건이 발생할 가능성이 매우 높거나(highly probable) 실제로 거의 확실하다는 것을 보여 주는 것이다. 예를 들어 어느 해 정부 지출이 급격히 증가한 현상을 경제 상황의 악화로 설명하면서 과거에 경제 상황이 악화되었을 때 대체로 정부 지출이 증가했다는 관찰 결과를 증거로 제시하는 것이다. 사회과학 분야에서는 자연과학에 비해 보편적 법칙이 확립된 경우가 흔하지 않아 설명은 대부분 통계적 법칙에 기반을 두고 이루어진다. 그러나 보편적 법칙이든 확률적 법칙이든 양자를 사용하는 설명은 모두 어떤 사건 또는 현상을 일반 법칙 속에 포용시켜 설명하는 행태를 취한다. 이러한 관점에서 법칙에 따른 설명이 가능하면, 우리가 설명하고자 하는 현상의 예측도 가능하다.

과학적 설명의 구조는 논증 형식에서 과학적 예측의 구조와 동일하며 양자 간의 차이는 연구자의 시간적 입장에서 본 실용상의 차이가 있을 뿐이다. 설명의 경우는 연구자가 보았을 때 상대적으로 과거의 사건 E를 놓고 그것을 내포하는 사건 L과 C를 찾아내는 것이고, 예측의 경우는 이미 L과 C를 놓고 이것들이 함의하고 있는 E를 찾는 것이다.[1] 즉, 설명은 현상이 먼저 발생하고 우리가 설명 문장들이 나중에 제공되는데 반해, 예측은 설명 문장들이 먼저 주어지고 설명 대상 문장들이 현상의 발생에 앞서서 도

1) 이 때 E는 연구자에게 과거의 사건이 아니라 미래에 발생될 사건이다.

출된다는 점이다. 따라서 만약 설명 문장이 현상 이전에 고려될 때, 사건을 예측하는 기초로서의 기능을 수행하지 못한다면 그 설명은 적절한 것이 아니라고 말할 수 있다. 우리는 예측할 수 있었던 사건에 대해서만 또 그 한계 내에서만 설명을 할 수 있다고 말할 수 있다.

설명과 예측에는 두 가지 서로 다른 설명이 있다. i) 법칙적 진술의 사용은 설명과 예측 모두를 하는 데 필수적 선행 조건이라는 것, ii) 설명과 예측을 과학적 이론의 기능이라 할 때 과학적 이론이란 설명적·예측적 논증에 대해 법칙적 진술들을 그 구성 요소로 제공한다는 것이다.

4 과학적 설명과 예측

과학적 설명과 예측은 모두 진술의 연역적 체계화이며 이것을 논증이라고 한다. 논증에서 결론은 설명되는 사건(explanandum)을 기술하고 있는 문장 E이며, 여러 전제는 설명하는 문장(explanans), 즉 법칙적 진술 $L_1, L_2, \ldots, L_n$와 특정한 상황을 기술하고 있는 문장 $C_1, C_2, \ldots, C_n$이다. 이러한 논증은 설명 문장이 설명 대상 문장을 논리적으로 포함하고 있다고 생각된다. 이론도 그것을 구성하는 진술들의 연역적 체계화이지만, 설명 대상 문장은 과학적 이론의 구성 요소로 간주되지 않는 것이 일반적이므로 논증과는 구별된다(Braithwaite, 1953).

연구자는 설명 대상 문장으로 기술되어 있는 사건을 설명하거나 예측하기 위해 임의의 설명적 논증을 사용할 수 있는데 이것이 설명이 되는가, 또는 예측이 되는가 하는 것은 논증의 사용과 설명 대상 문장에 기술된 사건의 시간적 선후성에 따른다고 설명했다. 그러나 설명적 논증 그 자체는 시간이나 그 논증의 사용자에 따라서 변하는 것이 아니다.[2)]

설명적 논증을 후측적(retrodictive)인 것과 선측적(predictive)인 것으로

---

2) 설명적 논증의 이러한 특징을 과학적 설명과 예측의 대칭성이라고 하며, 이것은 체계화가 예측으로 유용하지 않게 되면 설명으로도 유용하지 않게 된다는 것을 의미한다(Rudner, 1966: 63).

구별하는 것도 도움이 될 수 있다. 후측적 설명 논증이란 설명 대상 문장 속의 특정 사건에 관한 진술이 기술하고 있는 어떤 사건보다도 시간적으로 선행하는 사건을 설명 문장이 기술하고 있는 논증이다. 선측적 설명 논증이란 설명 대상 문장 속의 특정 사건에 관한 진술 중의 적어도 어느 한 가지보다 시간적으로 뒤져 있는 사건을 설명 대상 문장이 기술하고 있는 논증이다.

설명적 용법과 예측적 용법을 특징짓는 대칭성이 일반적으로 후측과 선측을 특징짓는 것은 아니다. 후측적 설명 논증은 선측적으로 기능할 수 없으며 그 반대도 마찬가지이다. 어떤 설명 논증이 후측적인가 선측적인가를 규정하는 것은 설명 대상 문장과 설명 문장의 시간성이다.

이러한 후측적 및 선측적 논증 이`외에 무시간적(atemporal)인 상관 관계의 법칙만을 포함하는 법칙적 문장으로 이루어진 설명적 논증도 있다.3) 그러나 이 논증은 연속 법칙(law of succession)을 포함하고 있지 않으므로 선후성을 명백히 밝힐 수가 없다.

제 2 절 이론의 의의와 분류

1 이론의 의의

사회과학자들은 현상을 설명하고 예측하는 데 사용할 수 있는 이론을 형

---

3) 어떤 연구자들은 이러한 논증을 '설명적'인 것으로 볼 수 없다는 견해를 취하는데, 그 이유는 설명이란 그 성격상 인과적이어야 하는데 원인이란 본질적으로 시간적 연속성을 포함하는 것이기 때문에 무시간적 상관 관계의 법칙만을 포함하는 논증은 인과적 논증으로서의 자격이 없고 따라서 설명적 논증의 자격이 없다고 한다. 물론 이들이 연속 법칙과 같은 성격을 띠는 자연 법칙이나 과학 법칙을 부정하고 있는 것은 아니다. 원인이란 개념은 현대 과학에서 법칙적 규칙성이란 개념에 종속되어 왔으므로 무시간적 상관 관계의 법칙만을 포함하는 점을 제외하면 모든 조건을 만족시키는 논증을 설명적 논증이라고 하지 못할 이유도 없으며 설명적 논증이 총칭적인 것이라면 인과적 설명은 그 이유라고 생각할 수 있다(Rudner, 1966: 64-65).

성하고, 이러한 이론을 경험적 현상에 적용해 검증하는 데 관심을 갖는다. 그러므로 이론은 현상의 설명과 예측의 전제로 쓰일 뿐만 아니라 경험적 조사연구를 수행하는 데 지침이 된다.

그런데 이론이 무엇이냐에 대해서는 전통적으로 몇 가지 잘못된 견해가 있는데, 이를 간략히 살펴보고 이론의 의미를 정리해 보기로 한다.

첫째, 이론이란 현실과는 직접 관련이 없고 연구자의 마음 속에서 생성된 비실체적이고 이해할 수 없는 아이디어에 불과한 것이라는 견해이다. 그러면서 이론은 학자들의 고유 영역이고 몫인데 비해, 현실을 실천하는 것은 실무자의 몫이라고 생각한다. 많은 경우 이론들은 일상 생활의 거래와는 전혀 관계가 없는 것으로 보이기 때문에 현실적 유용성이 없는 것으로 여겨진다. 이러한 견해에 의하면 현실 문제에 유용한 지식으로 활용되지 못하는 한, 그 이론은 별 쓸모가 없다고 본다.

둘째, 이론이란 경험적 세계를 초월해 사물의 형식적 논리에 관한 아이디어를 표현하는 신비한 것이라는 견해이다. 이 견해에 의하면, 이론은 추상수학처럼 경험적 연구의 대상이 될 수 없으며 형식 논리에 충실해야 된다는 것이다. 이러한 관점에 의하면, 이론은 삼단논법처럼 자명한 법칙에 의해 개별적인 현상을 연역할 수 있을 뿐이고, 그 자체를 검증할 수 있는 것은 아니라고 본다.

셋째, 사회과학에서의 이론이란 검증되지 않거나 검증될 수 없는 단순히 확인된 가정에 불과한 것이란 견해이다. 이러한 견해에 의하면, 엄밀한 의미에서 사회과학에는 보편적으로 인정되고 경험적으로 확립된 통합된 명제가 성립되기 어렵다는 것이다.

이러한 견해들은 이론의 논리성과 경험성의 어느 측면을 강조하느냐에 따른 것이긴 하나, 모두가 연구 과정에서 이론적 활동과 경험적 활동을 통합하게 하는 노력을 방해하며, 연구 과정에서의 아이디어나 자료들을 별로 과학적 가치가 없는 것으로 간주해 버리는 문제가 있다.

그러면 이론이란 무엇을 의미하는가?

컬링거(F. N. Kerlinger)는 "이론이란 현상을 설명하고 예측하기 위해 변수들 간의 관계를 구체화함으로써 현상에 대한 체계적 견해를 나타내는 일련의 상호 관련된 구성(개념), 정의 및 명제이다" (Kerlinger, 1986: 8-9)라고 정의한다. 러드너(R. S. Rudner)에 의하면, "하나의 이론이란 체계적으로 관련된 일련의 진술로서, 경험적으로 검증 가능한 것이며, 여기에는 법칙과 비슷한 일반론을 포함하고 있다"고 본다 (Rudner, 1966: 10). 깁스(J. Gibbs)는 "이론이란 무수하게 많은 종류의 사건이나 사물의 속성에 대해 경험적 주장의 형태를 취한 일련의 논리적으로 상호 관련된 진술이다" (Gibbs, 1972 : 5)라고 정의하고, 헤이지(J. Hage)는 "이론이란 개념과 진술뿐만 아니라 이론적·조작적 정의 및 이론적·조작적 연결을 포함해야 한다"(Hage, 1972: 172)라고 본다.

이러한 견해를 종합하면, 이론이란 상호 관련된 개념들의 연결 관계 또는 규칙성을 나타내는 일반적 진술들, 즉 변수 간의 인과 관계를 구체화하는 일련의 체계적으로 연관된 명제라고 정의할 수 있다.

이상의 정의에 의하면, 과학적 이론은 다음 세 가지 특성을 갖는다. 첫째, 이론은 정의된 개념(또는 변수)들로 구성되는 일련의 명제이다. 둘째, 이론은 정의된 개념(또는 변수)들 간의 상호 관계로 표현되며, 이러한 변수들 간의 관계로서 현상에 관한 체계적 견해를 제공한다. 셋째, 이론은 하나의 변수가 어떤 변수와 관련되어 있고, 어떻게 관련되었는지를 구체화함으로써 현상을 설명하고 예측할 수 있게 한다.

예를 들어, 사회의 빈부 격차에 대한 이론에서는 빈부 격차를 유발하는 다양한 경제적·사회적·문화적 변수들을 동원하게 된다. 이러한 변수들이 어떤 구체적인 관계를 통해서 빈부 격차라는 현상을 일으키는지를 개별 이론들은 설명하고 있다. 이론에 따라서는 설명에 동원하는 변수들이 각기 다를 수 있다. 경제적인 요인을 강조하는 이론들도 있고, 교육 기회의 불평등 요인을 강조하는 이론들도 있을 수 있다. 복잡한 이론 형성도 가능할 것이다. 동원된 변수들 간의 구체적인 관계에 대해서도 이론에 따라 각기 다양한 설명이 가능할 것이다. 이러한 각각의 이론들이 제시하는 궁극적인 목적은, 빈부 격차 현상을 '설명'하고 '예측'하며, 더 나아가 이러한 이론들이 제시하는 설명력과 예측력에 의지해 사회의 빈부 격차 해소를 위한 사회적 능력을 높일 수 있게 하는 것이다.

2 이론의 분류

이론에는 다양한 유형들이 존재한다. 이론이 다루는 시각의 차이에 따라서 거시이론과 미시이론으로 나누기도 하고, 다루는 현상이 구조에 초점을 맞추느냐 또는 과정에 초점을 맞추냐에 따라 정적 이론과 동적 이론으로 분류하기도 한다. 여기에서는 적용 범위, 분석 수준, 이론의 완결성 수준에 따라 구분할 수 있다.

1) 적용 범위에 따른 분류

(1) 소범위이론

소범위이론(narrow-range theory)은 구체적 현상 또는 사건에만 적용되는 이론이다. 과학적 조사에서 일상적인 연구가설 또는 작업가설(working hypothesis)이 대표적인 소범위이론에 해당한다. 예를 들면 공무원의 동기부여와 성과 간의 관계, 예산 결정 행태에 관한 결정요인론 등 사회과학적 이론들 대부분이 이에 속한다. 이것은 개별 현상의 설명에 매우 구체적이고 이론적 적실성 또는 내적 타당성이 높은 장점이 있으나, 적용 범위가 지나치게 제한적이고 일반화 가능성에 한계가 있다. 그러나 이러한 소범위이론들은 다른 이론들과 결합해서 이론의 적용 범위가 넓은 중범위이론으로 발전해 나갈 수 있다.

(2) 일반이론

일반이론(general theory) 또는 거대이론(grand theory)은 적용 범위의 측면에서 가장 광범위한 것으로, 하나의 학문 분야 또는 전체 학문 분야의 지식을 통합하기 위해서 제시된 이론을 말한다. 예를 들면 파슨스(T. Parsons)의 체제이론(system theory)은 일반이론을 추구하려고 시도한 사례에 속한다. 체제이론은 투입, 전환, 산출 등 몇 가지 기본적 개념에서 출발해 행정학 · 정치학 · 심리학 등 사회과학은 물론, 물리학 · 열역학 등 자연과학적 이론을 통합하는 일반체제이론(general system theory)으로 발전하고 있다. 그런데 일반이론은 모든 현상에 적용할 수 있는 보편적인 단일 법칙을 추구한다는 점에서 과학자의 최고의 이상이기는 하지만, 현실적으로 그러한 이론을 발견하기가 쉬운 일이 아니다. 이론의 적용면에서 보편성은 높지만, 개별 사건에 대한 구체적 설명 능력은 떨어지는 문제가 있다.

(3) 중범위이론

중범위이론(middle-range theory)은 소범위이론과 일반이론의 중간 단계의 이론으로서 사회 현상의 상황적 맥락을 강조하는 이론이다. 즉, 소범위이론의 장점인 구체성과 일반이론의 장점인 보편성은 상호 교환(trade-offs) 관계에 있기 때문에 이 양자 간에 적절한 균형점을 찾고자 하는 시도의 결과이다.

중범위이론은 원래 사회학에서 이론과 조사의 종합을 위해 머튼(R. K. Merton)이 기능주의 이론의 일반화의 한계를 극복하고자 제창한 것으로, 일상조사에 필요한 미시적인 작업가설과 사회의 일반적 통합이론을 의도하는 거시적인 개념 도식의 중간에 자리잡고 있는 이론을 말한다. 이와 같은 성격의 사회학이론은 과거의 거대이론을 자부하는 독단적 체계와의 결별을 의미하는 동시에, 한정된 범위의 사회적 자료에 대해 경험적으로 검증할 수 있는 특수이론의 전개를 제1차적으로 중요시한다. 준거집단, 사회 이동, 역할 갈등, 규범 형성 등의 이론이 그 예이다. 행정학과 경영학 분야에서는 헤디(F. Heady)의 신생국 체제유형론, 피들러(F. Fiedler)의 리더십에 관한 상황이론(contingency theory), 상황론적 문제 해결 방법을 위한 경영이론 등을 들 수 있다. 상황이론은 모든 상황에 적용되는 보편적 원리(universal principle)를 찾기보다는 상황의 특색에 의존해 취해야 할 상황적 원리(contingency principle)를 찾는다는 점에서 중범위이론에 해당된다.

이들 중범위이론은 결코 고정된 것이 아니며, 다양한 문제에 대한 관심에 따라 그 범위와 설정 수준이 각각 다르다. 그러나 이 이론이 사회학이론의 발전에 기여할 수 있기 위해서는, 확정된 특수이론을 좀더 일반적인 개념군 또는 일관된 명제로 통합하고자 하는 지속적 관심이 있어야 한다. 이와 같은 관심을 전제 조건으로 하는 중범위이론은 이론과 조사와의 상호 관계를 통해 사회과학이론의 일관성과 축적성을 강조하는 것으로서, 20세기 후반의 사회과학에 새로운 방향과 방침을 부여했다는 점에서 그 지도적 역할과 의의가 크다.

2) 분석 수준에 따른 분류

분석 수준의 분류는 일반적으로 미시적 수준, 중범위이론, 거시적 수준으로 나눈다(Merton, 1968). 분석 수준은 본질적으로 분절적이 아니라 연속적인 개념이기 때문에 연구자가 조직 현상의 이해와 분석 방법에서 유용성을 고려해 구분하는 것으로 볼 수 있다.

(1) 거시 수준 이론

거시 수준 이론(macro-level theory)은 분석 단위가 국가, 사회, 지역 등 거시 수준을 대상으로 연구해 이에 적용하는 이론이다. 이것은 이론의 추상화의 수준이 매우 높기 때문에 구체적인 분야에 관한 경험적 연구에서는 적용 가능성이 제약된다. 앞서 설명한 일반이론의 경우들이 거시 수준 이론인 경우가 많다. 예를 들면, 구조기능주의, 체제이론, 자본주의 경제에서 국가의 역할에 관한 신마르크스주의 이론들, 사회의 권력 배분에 관한 다원주의와 엘리트 이론가들의 논쟁 등이 이에 해당된다.

(2) 중위 수준 이론

중위 수준 이론(meso-level theory)은 분석 단위를 정부기관, 이익집단 등 집단 수준에서 연구하고, 이에 적용하는 이론이다. 중위 수준 이론은 특정 분야의 정책을 그 결정에 관련된 정부기관의 특성이나 관련 집단들의 상호 작용 등 중간 단계에서 개입하는 단위들의 영향을 받는 것으로 본다. 예를 들면, 특정 지역이나 계층에 속한 사람들이 가지고 있는 정치적 이념이 투표 행태에 어떻게 영향을 미치는가 하는 연구 등이 이에 해당한다.

(3) 미시 수준 이론

미시 수준 이론(macro-level theory)은 분석 단위가 개개인의 행태에 초점을 맞추어 연구하고, 이에 적용하는 이론이다. 대부분의 소범위이론들이 이에 해당한다. 이것은 공무원, 정치가, 소비 행위자 등 개인의 선호와 이해관계를 분석해 현상을 설명하고자 한다. 미시 수준 이론은 오늘날 논리실증주의와 행태주의 등 표준 사회과학자들에 의해 주로 개발되어, 이론을 적용할 때 구체성과 검증 가능성이 매우 높은 장점이 있다. 그러나 미시 수준 이론들은 방법론적으로 환원주의(reductionism)에 기초해 현상을 분석함으로써 전체적인 생성적 속성을 가지는 현상을 설명하지 못하는 점에서 비판을 받기도 한다.

3) 이론의 완결성 수준에 따른 분류

여기서는 이론의 성숙 정도에 따라 구분해 본다. 다음의 분류에서 모형을 제외하고는 분류식 설명이라는 초보 단계에서부터 차츰 현상에 대한 완전한 설명을 위한 고급 단계의 이론적 체제로 발전해 가는 것을 나타낸다(Nachmias & Nachmias, 1981: 39-49).

(1) 임시 분류

경험적인 관찰들을 조직·요약하기 위한 목적으로 인위적인 범주들을 구성하는 것이다. 범주(category)란 변수의 속성을 의미 있는 것들끼리 유형화시키는 것을 말한다. 예를 들어, 사람의 성격을 '적극형'과 '수동형'으로 인위적인 분류를 해 볼 수 있다. 이러한 분류 체계를 만드는 데도 나름대로의 이유와 설명이 포함되므로 이것을 초보 이론이라고 한다. 이런 의미에서 임시 분류(ad hoc classification)는 정교한 이론 형성의 출발점이라고 할 수 있다.

(2) 분류

이것은 일종의 범주 체계 혹은 분류학(taxonomy)를 의미한다. 임시 분류와는 달리 분류(classification)에서는 범주들의 체계가 명확하게 설정되고, 범주들 간의 관계가 설명될 수 있기 위해서 경험적인 관찰들과 부합할 수 있도록 구성된다. 이와같이 분류는 둘 이상의 차원이나 변수에 근거하여 만들어진 일련의 범주들을 의미한다. 새로운 분류를 만들기 위해서 연구자는 좀더 간단한 개념들의 특성을 논리적으로 구체화하고 결합해야 한다. 여기에는 크게 이념형(ideal type)과 유형(typology, taxonomy)으로 나뉜다.

이념형이란 순수한 추상적 모형으로서 연구 대상인 현실의 본질을 정의하는 것으로, 대표적으로 베버의 관료제 모형을 들 수 있다. 그리고 유형은 단일한 차원의 단순한 개념을 두 개 이상 결합시켜 새로운 개념을 만들어 내는 것이다. 이렇게 유형화하는 것은 이론의 경제성 때문이다. 예를 들면, 리더십 유형을 민주적 리더십·권위적 리더십·자유방임형 리더십으로 나누든가, 거래적 리더십·변혁적 리더십으로 나누는 것 등이 이에 해당한다.

(3) **개념적 틀**

개념적 틀(conceptual framework)은 일련의 연구 문제에 포함된 서로 관련되어 있는 개념(변수)들의 집합으로서, 개념이나 변수들 간의 관계나 명제들을 통한 서술의 형태로 나타난다. 개념적 설계(conceptual scheme)라고도 한다. 개념적 틀이 되려면 개념들이 명제나 가설적인 형태로 기술되는 것이 일반적이다. 보통 도표(diagram)나 함수식 또는 다른 추상적인 형태로 개념들 간의 가설적 관계를 표현하는 경우가 많다. 개념적 준거틀의 구조는 구성 요소와 관계로 구성되는데, 여기에서 구성 요소는 개념 또는 변수들을 의미하고, 관계는 개념(변수)들 간의 관련성을 의미한다.

첫째, 개념적 준거틀에 사용될 개념(변수)을 식별하는 방법으로 연구자의 아이디어, 학문 집단 간의 토론, 기존 지식의 재검토, 그리고 기존 자료 목록의 검색 등의 방법 등이 있다(O'Sullivan & Rassel, 2002: 5-8). 보통 개념적 준거틀에 포함시키는 것이 적절하다고 판단되는 변수들의 목록을 작성하는 것이 바람직하다.

둘째, 개념(변수) 간의 관계를 검토하기 위해서는 변수 간 관계의 성격을 규명해야 하는데, 여기에는 대칭적 관계(symmetrical relationship), 상호 인과적 관계(reciprocal relationship), 비대칭적 관계(asymmetrical relationship)가 있다. 변수 간 관계의 성격이 파악되면 다음에는 개념적 준거틀 속에서 각 변수가 차지하는 위치를 설정해야 한다(Mayer & Greenwood, 1980:

143). 변수의 위치를 설정하는 데에는 인과적 선후 관계를 고려하는 것이 중요하다.

실제 연구에서는 개념적 틀을 분석 모형(analytical model)이라 부르기도 한다. 개념적 틀은 연구자가 자신의 생각을 조직화할 수 있는 도구이며, 연구자의 생각을 다른 사람에게 전달하는 효과적인 수단이기도 하다. 개념적 틀에서 설정된 변수들 간의 관계는 가설의 형태로 구체화되며, 이러한 가설을 검증하는 것이 주요 목적이다. 이러한 의미에서 개념적 틀 속에 연구 문제의 형성, 변수 간 관계의 성격, 자료 수집의 범위, 분석 방법이 이미 포함되어 있다. 따라서 개념적 틀을 기초로 하여 연구가 진행되고, 궁극적으로 정교한 이론을 구축하는 이론의 설계 도면 같은 역할을 수행한다.

(4) 이론적 체계

개념적 틀 혹은 개념적 설계가 사유, 논리, 조사 등을 통해 논리적 체계와 경험적 검증을 거쳐 정교하게 구성되었을 때, 이를 '이론' 또는 '이론적 체계'라 한다. 이론적 체계는 분류들과 개념적 틀이 모여서 구성되며, 여기에는 개별 개념이나 개념들 간의 관계에 대한 기술·설명·예측 등이 체계적인 형태로 나타난다. 하나의 이론 체계라 함은 경험적 현상에 대한 완전한 설명을 위한 하나의 구조를 제공하는 것이다.

(5) 모형

모형은 현실 세계의 특성을 추상화해 단순화시킨 모방 혹은 요약으로, 현실에 대한 관점을 단순화시켜 주는 기능을 한다. 예를 들면 엔지니어는 항공기, 자동차, 교량, 대형 건축물 등 구조물의 특징을 살리면서 단순화시킨 소형 실물 모형을 제작할 수 있다. 사회과학 연구에서는 실물 모형이 사용되는 경우는 드물며, 복잡한 현실의 특징적 국면을 포착해 이를 단순화한 개념적 모형을 사용하는 경우가 많다.

사회과학에서 모형은 이론과도 유사하게 사용된다. 모형은 개념들에 대한 체계적인 조직을 시도한다는 점에서 이론과 일치한다. 그러나 차이점은 이론이 추상적이고 변수 간의 일반화 가능성을 크게 고려하고 있다면, 모형은 특정 현실에 대한 축약적이고 정교한 묘사가 주된 관심이다.

과학적 조사연구에서는 모형을 많이 활용하는데, 그것은 모형이 다음과 같은 기능이 있기 때문이다. 첫째, 연구 문제와 관련된 현상의 실제 모습의 중요 특성을 간결하게 묘사해 준다. 둘째, 현상의 주요 변수들의 유의적 관련성을 명백히 제시해 준다. 셋째, 변수들의 관계에 대한 검증이 가능한 가설을 형성해 준다. 넷째, 검증 뒤에도 연구 실제에 대한 이해를 증진하게 해 준다.

(6) 패러다임

패러다임(paradigm)이란 미국의 과학철학자 쿤(Thomas S. Kuhn)이 1962년 그의 저서 ≪과학혁명의 구조≫에서 과학의 역사와 구조를 설명하기 위해 제시한 개념으로(Kuhn, 1962), 어떤 한 시대의 사람들이 견해나 사고를 지배하고 있는 이론적 틀이나 개념의 집합체를 말한다. 쿤은 어떤 과학 영역의 전문적 과학자 공동체를 지배하고, 그 구성원 사이에 공유되는 ⅰ) 사물을 보는 방법, ⅱ) 문제를 삼는 방법, ⅲ) 문제를 푸는 방법의 총체를 패러다임이라 했다. 그의 이론에 의하면, 어느 시대나 사회의 과학자 공동체는 하나의 패러다임에 기초해 인식론적·사회 제도적 탐구를 하므로, 이 하나의 패러다임 지배 아래 이루어지는 과학적 활동을 정상과학(normal science)이라고 했다. 이와같이 패러다임은 개별 이론이 도출되기 위해 필요한 일종의 기본적 관점을 말한다. 어떤 현상에 대해 구체적인 설명이나 이론을 만들기 전에, 사람들은 이미 어떤 식의 근원적 생각(관점)을 가지고 있는데, 이것을 패러다임이라 하는 것이다. 즉, 패러다임은 현상에 대한 인식을 조직화하는 근원적인 모형 혹은 기본 틀을 의미한다.

따라서 과학적 연구에서 패러다임의 의미는 특정 과학공동체의 구성원들이 공유하는 세계관, 신념 체계 및 연구 과정의 체계로서 개념적·이론적·방법론적·도구적 체계를 지칭한다. 실제로 그러한 패러다임을 공유한 학문공동체를 일반적으로 빈학파, 푸랑크푸르트학파, 시카고학파, 케인시안학파 등 '학파(school)'라는 말로 부르는 경우가 많다

패러다임은 특정 과학공동체에서의 문제 선정, 자료 평가, 이론 개발 등의 지침이 되지만, 패러다임 자체가 직접 경험적 연구의 지침이 될 수는 없

다. 패러다임은 어떤 현상에 대한 직접적인 설명이 아니라는 점에서, 경험적 연구의 방향과 지침을 제공하는 이론과는 구분된다.

제 3 절 이론의 구성 요소(개념, 변수, 언명)

우리는 앞에서 이론이란 현상을 설명·예측하기 위한 변수들 간의 관계에 대한 체계적 진술이라 했다. 간단히 말해 이론은 정의된 개념, 변수들로 구성되는 일련의 명제이다. 따라서 이론의 구성은 개념, 변수, 그리고 언명(서술, statement)으로 이루어져 있다.

1 개념의 의의와 기능

1) 개념의 의의

경험과학의 목표는 경험 세계에서의 특정한 현상을 관찰·묘사하고 그러한 현상을 더 체계적으로 이해·설명·예측하게 할 수 있는 일반 원리나 이론을 수립하는 것이다. 이러한 활동의 수행 과정에서 우리는 현상 속의 어떠한 사실에 어떤 '생각'을 갖게 되는데, 이와같이 현상의 지각을 통해 갖게 되는 어떤 관념이나 생각을 개념(concept)이라 한다(강신택, 1995: 42).[4] 달리 말하면, 개념은 어떤 현상이 가지는 특징들을 일반화시켜 추상적으로 표현한 것이다. 개념은 어떠한 사실에 대한 생각 또는 관념이고, 이것을 언어로 표현한 것이 용어(terms)이다.

일반적으로 사람들의 생각은 단어나 언어에 의해서 형성되어 있으며, 언

4) 개념에 관한 다른 학자들의 정의를 소개하면 다음과 같다. 개념은 일정하게 관찰된 사실에 대한 추상적 표현이다(Selltiz et als., 1976). 개념은 특정한 현상들을 일반화함으로써 나타나게 된 추상적 용어이다(Kerlinger, 1986). 개념이란 현상을 설명·예측하기 위한 명제나 이론 전개에서 밑바탕을 이루는 역할을 하는 추상적 표현이다(Phillips, 1971).

어는 본질적으로 개념적인 것이다. 이러한 개념을 통해서 우리는 세상을 이해한다. 어린아이가 말을 이해하기 전에 어떤 것을 보고 '나무'로 알면서도 그 옆에 있는 속성이 동일한 것도 '나무'가 된다는 것을 모른다면, 아직은 '나무'에 대한 개념이 형성되었다고 볼 수 없다.

과학에서는 개념이란 이론의 기본적인 구성물이다. 이론을 하나의 벽돌집이라 한다면, 그것을 쌓는 데 필요한 벽돌은 개념이라 할 수 있다. 예를 들어 체제이론과 관련된 이론에서는 먼저 체제(구조)와 기능이라는 개념들이 필요하고, 그 밖에도 투입 · 전환 · 산출 등 다양한 개념들이 동원될 것이다. 어떠한 개념들이 어떻게 사용되느냐에 따라 정치체제론 또는 행정체제론 등에서와 같이 다양한 이론들도 가능하게 된다.

그런데 개념을 일정한 기호, 그림, 문자 등으로 나타내었을 때 이를 용어라 한다. 과학적 진술은 대개 특수한 용어로 구성되어 표현되므로 그 용어의 의미가 명시적으로 구체화되어야만 그 진술을 검증해 볼 수 있고 설명과 예측에 사용될 수도 있다(Phillips, 1971: 82 ; Hempel, 1966: 85). 이것은 개념의 조작적 정의에 관한 문제로, 후술하기로 한다.

2) 개념의 구비 조건

개념은 다음과 같은 몇 가지 조건을 구비하고 있어야 한다(Hempel, 1952: 9-10; 김해동, 1993: 48).

(1) 한정성

개념은 그것이 나타내는 사실 또는 현상을 명백히 한정적으로 특정화(determinancy)해서 나타내야 한다. 개념이 막연해서는 상이한 각각의 현상을 다 같이 나타낼 수 없기 때문이다. 개념의 한정성 또는 명확성(clarity)은 개념의 추상화와 연결되어 있으며, 동시에 그 개념을 나타내는 용어의 명백성과도 깊은 관계를 갖는다.

(2) 통일성

개념은 누구에게나 통일성(uniformity) 있게 사용되어야 한다는 것이다. 어떤 현상이나 대상물의 특성에 관한 상징이 서로 다르게 표현된다면 의사

소통에 문제가 발생한다. 각자가 동일한 한 개의 현상을 놓고 각기 다른 개념을 쓰는 경우에는 많은 혼란을 일으킬 것이다. 특히 사회과학에서는 아직도 개념적 통일을 보지 못하고 있는 것이 상당히 많은 실정이다.

(3) **추상화의 적정성**

개념의 추상화의 정도가 적정해야 한다. 즉 개념은 그것이 나타내는 외연과 내포의 범위가 적절해야 한다는 것이다. 개념이 포용하는 범위가 넓으면 넓을수록 실제의 현상과는 거리가 멀어지기 때문에 실제의 현상에 대한 측정이 어려워진다. 반면에 포용의 범위가 너무 좁으면 추상화의 정도가 낮아져 측정은 용이하지만, 일반화의 문제가 발생할 수 있다.

(4) **논리적 체계성**

개념은 이론이나 명제와의 관계 속에서 그 의미가 주어질 수 있는 체계성이 있어야 한다. 이론이나 명제와의 관련성이 없는 개념은 의미가 없다. 이론이나 명제와의 체계적 관계 속에서 의미가 부여되어야 한다.

3) 개념의 기능

개념이 어떤 현상에 대해 갖고 있는 생각과, 이를 통해 특정한 문제에 관해 이해할 수 있다면 개념은 교시적(heuristic) 기능을 갖고 있다. 또한 개념은 대상의 속성을 규정해 주기도 하고, 특히 논리적 개념은 속성들을 연결시키는 기능을 수행하기도 한다. 그리고 개념은 이론의 구성 요소로 사용되어 이론 형성의 기능을 수행하기도 한다.

사회과학에서의 개념의 기능을 지적하면 다음과 같다(Doby, 1967: 35-40).

(1) **의사 소통의 기능**

개념은 의사 소통의 기초가 된다. 어떤 개념이나 사상에 대해서 사람들 간에 어떤 통일된 이미지를 갖지 못한다면 상호 주관적인 의사 소통이 불가능하다. 따라서 개념을 통해서 우리는 눈으로 직접 볼 수 없거나 직접 감지할 수 없는 현상들에 대해서도 이해할 수 있는 방법을 강구해 준다. 예로서 '정부', '주권' 등의 개념을 들 수 있다. 그런데 개념은 막연한 생각이나 지각으로부터 추상화된 것으로 지각이나 정보를 전달하거나 전환하기 위해서 사용된다는 것이다. 그리고 개념이란 실제적으로 경험하는 현상 자체가 아니라 어떤 경험적인 현상에 대한 하나의 상징이라는 것이다. 따라서 어떤 대상물, 어떤 대상의 특성, 어떤 현상을 상징적으로 내포하는 개념을 통해서 상호간의 의사 소통을 가능하게 해 주는 것이다.

(2) 지식의 축적 및 확장

개념은 언어나 기호로 표시되기 때문에 이를 통해서 지식의 축적 및 확장을 가능하게 한다. 즉, 이미 확립된 개념들을 기초로 하여 새로운 개념 체계를 창조해 낼 수 있고 이를 통해서 이론이 발전되는 것이다. 그리고 과학적 개념들의 논리적인 상관성은 과학의 체계적 구조화를 가능하게 한다.

(3) 분류와 일반화

과학자들은 그들의 경험과 관찰을 개념적인 견해에서 분류한 후 순서에 따라 일반화를 시도한다. 모든 현상은 그들의 구체적인 사건에서 고유한(unique) 것이기 때문에 엄밀한 의미에서 어떤 사건이 동일하게 재발할 수는 없다. 그런데 구체적인 분류와 일반화를 통해서 그러한 개별적 고유성을 제거함으로써 의미 있는 과학적 이론의 출발점이 된다. 이러한 일반화는 경험적인 개별적 현상들의 본질적 속성들을 묘사해 주는 것이다. 예를 들어, 식물 중에서 감나무, 포도나무, 사과나무, 복숭아나무는 각각 고유한 열매를 맺는다. 이러한 고유한 성격이 있는 것들을 '나무'라는 공통적 속성을 가지는 의미 있는 하나의 개념으로 일반화할 수 있다. 일반화 과정을 통해서 각자가 가지는 특수한 속성을 제거함으로써 새로운 속성을 만들어 내는 것이다.

(4) 이론 형성 기능

개념은 그것을 조작화함으로써 연구 문제에 대한 범위를 명확히 해 주고, 실제에 대한 주요 변수의 선정 및 측정을 가능하게 해 줌으로써 이론 형성에 기여한다. 예를 들어 경제학의 가격이론은 수요와 공급의 개념으로 형성되는데, 수요는 주어진 가격에 어떤 상품이나 서비스를 구입하고자 하는 수요자의 수로, 그리고 공급은 주어진 가격에 제품을 공급하려는 수로 개념 정의를 할 수 있다. 가격이론은 시장에서 한 제품의 수요와 공급이 한 점에서 만나게 되어 수요와 공급이 균형을 이루게 된다는 이론이다. 결국 수요와 공급의 개념이 어떤 체계에 의해서 결합될 때 가격이론이 형성된다.

그리고 어떤 현상에 대한 연구에 도입된 개념들은 서로 다른 속성들을 연결시키는 기능을 수행함으로써 개념들 간의 연결을 통해 가설적 명제를 연역해 준다. 이와같이 어떤 이론을 구성하고 있는 여러 개념의 관계는 현상의 과거 조건 및 사실에 대해서 체계적인 이해를 가능하게 해 줄 뿐만 아니라, 미래의 조건 및 그 사실을 예측케 해 준다.

4) 개념의 종류

과학적 연구에서 사용되는 개념들은 인간의 인지적 특성에 따라 가치 개념(value concept), 논리적 개념(logical concept), 경험적 개념(empirical concept)들로 구분된다.

(1) 가치 개념

이것은 정의, 민주주의 등과 같이 어떤 대상과 그 대상에 대한 사람들의 반응, 즉 도덕적 판단을 지칭하는 경우이다. 이러한 개념의 의미는 흔히 상황에 따라서 의미가 달라지기 때문에 상호주관성을 지녀야 할 과학적 목적을 달성하는 데 이상적 개념이다 할 수 없다.

(2) 논리적 개념

이것은 '만일 …라면', '그리고', '모두', '같다' 등과 같은 용어인데, 이러한 논리적 용어의 체계는 경험적 이론에서 현상의 중요한 특징들을 연결해 주는 역할을 한다. 특히 설명과 예측에서 공식적 또는 비공식적 연역을 가능하게 해 준다.

(3) 경험적 개념

이것은 현상의 어떤 사실들을 기술하기 위한 용어로서 계층, 통신, 정보,

합의, 효율성, 형평성 등과 같은 경험적으로 측정 대상이 되는 개념들이다. 위의 논리적 개념과 구별하기 위해 논리외적 개념(extra-logical concept) 또는 기술적 개념(descriptive concept)이라 부르기도 한다. 과학 활동에서 사실 간의 연결은 현실의 어느 부분 또는 그 특성을 지칭하는 경험적 개념을 통해 이루어진다. 이러한 경험적 개념들을 통해 현상의 어떤 속성 간의 관련성을 서술할 수 있기 때문에 우리의 관심은 주로 경험적 개념이라 할 것이다. 아무리 추상적인 이론이라도 구체적인 사실과 연결될 수 있기 때문이다.

5) 개념 평가의 기준

과학적 개념으로 어떤 개념이 바람직한 것인지 평가하는 기준에는 여러 가지가 있다. 그 한 방법으로 어떤 개념이 함축성이 많으며 통상적인 용례에 따르고 설득력이 있느냐 하는 것을 기준으로 하여 평가해 보는 것이다. 그러나 이것은 과학 활동을 위한 기준이 될 수 없다. 또 다른 방법은 어떤 개념이 과학 활동에서 유용성이 있는가에 따라 평가될 수 있는데, 이 때의 기준은 교시적 명료성, 조직화, 단순화 등이다.

여기에서는 과학적 지식의 일부로서의 개념을 평가하는 기준으로 경험적 정밀성과 이론적 중요성을 살펴본다(강신택, 1995: 60-63; Hempel, 1952: 39-49).

(1) 경험적 정밀성

과학 개념 또는 용어의 경험적 정밀성(empirical precision)이란 그 용어가 지칭하는 경험적 준거가 얼마나 정확한가 하는 것으로서, 정의에 의해 얼마만큼이나 우리가 직접 '볼 수 있는 것'과 연결되는가 하는 정도를 말한다. 직접 '볼 수 있는 것'이란 관찰자들 간에 상호주관적(intersubjective)이어야 하고, 여러 관찰자들 사이의 신뢰성이 높아야 한다.

모든 개념은 경험적 정밀성이 높을수록 좋다고 말할 수도 있으나, 그것이 이론적 중요성과는 교환 관계에 있다는 점을 유의해야 한다. 즉, 경험적 정밀성이 높다고 해서 반드시 이론적 중요성이 높은 것은 아니며, 이론적 중요성이 높은 것 중에는 경험적 정밀성이 낮은 것이 있으므로 어느 쪽을 택할 것이냐 하는 것은 연구자의 입장에 달려 있다고 하겠다.

(2) **이론적 중요성**

하나의 개념은 참 또는 거짓은 없으며 오직 명제만이 참 또는 거짓을 따질 수 있다. 그러나 정의된 기술적 개념 중에는 좋은 것과 나쁜 것 간에 구분이 있다. '좋은 개념'이란 그것이 법칙적 언명 속에서 의미 있는 것을 말한다. 예를 들면 한 두 개의 특별한 법칙에서만 사용되는 개념은 훨씬 범위가 넓은 잘 정립된 이론에서 사용되는 개념보다는 이론적 의의가 적다. 개념이 이론적 중요성을 가지려면, 이러한 개념이 일반 법칙과 이론이라는 형태 속에서 설명과 예측에 도움이 되어야 한다.

따라서 개념의 이론적 중요성은 그 예측력(predictive power)에 달려 있는데, 다음의 세 가지로 나누어 생각할 수 있다. i) 예측의 강도 또는 정확성, ii) 예측의 일반성, iii) 다른 이론과의 관계 등이다. 이러한 세 가지는 다 같이 달성할 수 있는 것이 아니라 하나를 더 달성하려면 다른 것을 희생시켜야 되는 교환 관계에 있다. 따라서 어느 것을 택할 것인가는 연구자의 판단에 맡기는 수밖에 없다.

대개 학자들은 자기의 관심에 따라 위에서 본 구체적인 기준을 달리 평가한다. 자료 수집을 중심으로 하는 응용 연구에서는 예측력의 정확성을 중시하고, 이론면에 치중하는 연구에서는 일반성을 중요시한다. 그리고 탐색적인 연구에서는 어떤 개념이 기존의 다른 체계와 부합하느냐 하는 관련성을 더 중요시한다고 말할 수 있다.

(3) **경험적 정밀성과 이론적 중요성 간의 관계**

개념의 경험적 준거가 정확해야만 좋은 것이라고 할 수 있으나, 그것만으로 충분한 것은 아니다. 적용 범위도 넓어야 한다. 즉 경험적 정밀성과 이론적 중요성 간에는 교환 관계(trade-offs)가 있기 때문에 어느 쪽을 강조할 것이냐에 대해서는 연구자의 연구 목적과 관심사에 달려 있다. 그러나 대개의 사회과학자들은 개념이 좀 불명확하더라도 이론적 중요성, 특히 일반성이 있는 쪽을 중요시하는 경향이 있는 듯하다. 다시 말하면, 아무리 명확하더라도 이론적 폭이 좁은 개념은 크게 쓸모가 없는 것으로 간주된다. 따라서 이론적 의의를 가진 개념들 중에서 가능한 경험적 정밀성을 가진 개념들을 발견하는 것이 바람직하다.

2 개념 정의의 방법

1) 개념 정의의 의의

개념의 정의(definition)란 과학적 용어의 의미를 구체적으로 밝히는 것을 말한다. 개념은 사물에 대한 어떤 생각 또는 상징이고, 이것을 언어적으로 표현한 것이 용어이며, 용어의 뜻을 밝히는 것인 동시에, 개념의 뜻을 명확히 하는 것이다. 이들 간의 관계를 나타내면 [그림 3-1]과 같다. 따라서 정의는 한마디로 개념의 정확성과 명확성을 기하기 위한 것이다. 앞에서 언급했듯이 개념은 의사 전달, 분류와 일반화, 이론 형성의 기능을 제대로 수행하기 위해서는 반드시 명확하고(clarify), 정확하며(precision), 그것에 상호 주관적 합의가 이루어진 것으로서의 의미가 부여되어야 한다.

[그림 3-1] 개념, 용어, 정의의 관계

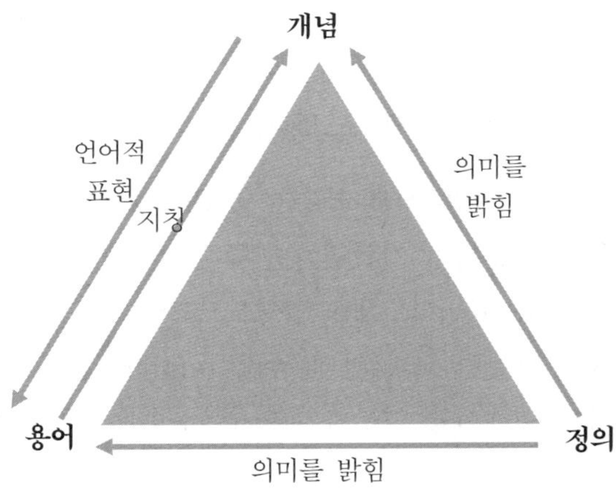

과학 활동에서 개념(용어)의 의미를 밝히는 방법에 따라 개념적 정의(conceptual definition)와 조작적 정의(operational definition)로 나뉜다.

2) 개념적 정의

개념적 정의는 개념의 뜻을 명확하고 정확하게 표현하기 위해서 어떤 개념을 다른 개념을 사용해 정의하는 것을 말한다. 이러한 개념적 정의의 방식은 다시 개념의 일정한 약정 형식에 의해 언어적으로 표현하는 명목적 정의(nominal definition)와, 개념의 본질적 특성을 진술하는 실질적 정의(substantial definition)로 나뉜다. 다시 갈하면, 명목적 정의는 과학 활동에서 새로운 표현과 용어를 도입하고 약정에 따라 그 의미를 부여하는 것을 말하고, 실질적 정의는 이미 사용되고 있는 용어의 인정된 의미를 서술하는 것을 말한다.

(1) 명목적 정의

명목적 정의는 일정한 용어에 특별한 의미를 부여하기로 하는 약정이나 규약이다. 규약적 정의(stipulative definition))라고도 한다. 이 때의 용어는 새로 만들어 낸 것이거나, 기존의 것을 좀더 전문적·기술적으로 사용하기 위한 것이다. 명목적 정의의 특징은 '어떤 특정의 개념(용어)은 이미 그 의미가 알려진 다른 정의된 개념(용어)과 동의적이다'라는 점에 있다. 즉, 정의하고자 하는 개념(정의 대상 용어, definiendum)을 그 뜻이 이미 결정된 정의 용어(definiens)로 동의어적 결과를 가져오도록 약정하는 것이다. 이러한 정의를 통해 새로운 명칭, 즉 용어가 받아들여진다. 따라서 명목적 정의는 다음과 같은 형태를 취한다.

> '정의 대상 개념(용어) *X*는 ……정의 개념(용어) *Y*라고 정의하기로 한다(하자).'

이 때, *X*와 *Y*는 동어반복적 관계가 된다. 예를 들면, '소외(alienation)'란 개념에 대한 명목적 정의는 다음과 같이 정의된다(Thedorson & Thedorson, 1969: 9).

"소외란 자신의 사회나 문화로부터 유리되어 있다거나(estrangement), 소속을 느끼지 못한다는 느낌(nonenvolvement)을 말한다." 다른 사람들에 의해 공유된 가치나 사회적 규범들이 소외된 개인들에게는 의미 없는 것(meaninglessness)으로 비춰진다. 따라서 그 개인은 고립(isolation)되고 좌절(frustration)됨을 느낀다. 소외는 또한 무력감(powerlessness)을 포함한다. 개인들은 자신의 행위들에 의해 자신의 운명을 통제하거나, 혹은 세상사의 중요한 일들에 아무런 의미 있는 영향을 주거나 할 수 없다고 느낀다. 이처럼 무의미함과 무력감이 소외의 중요한 측면들임이 일반적으로 확인되었다.

이와같이 '소외'란 개념을 '유리감'과 '무소속감'의 알려진 이미 정의된 개념들로 정의하는 것이다. 비록 추상적이지만 이러한 개념적 정의를 통해 개념의 의미가 명확해지는 것이다. 위의 정의에서는 '무의미함'과 '무력감'을 통해서 소외를 정의하고 있는데, 이러한 하위 개념들 역시 추상적인 상태를 뜻한다. 각각의 하위 개념들 역시 좀더 구체적으로 정의될 수 있는데, '무의미함'의 느낌은 '사회적으로 유리되어 있다는 느낌'과 '무소속감'과 관련이 있고, '무력감'은 '고립'과 '좌절감'으로 구체화된다.

명목적 정의의 방법에서 가장 단순하면서도 널리 사용되는 방법은 인용부호 사이에 그 표현을 넣는 것이다. 그리고 인용 부호 없이 정의하는 또 다른 한 가지 방법은 'A = $d.f.$ B'처럼 표현하는 것인데,[5] 이 기호의 의미는 '정의에 의해 'A는 B와 의미가 동일하다'로 읽는다. 이 때 정의 대상 용어는 왼편에, 정의 용어는 오른편에 기입한다.

그런데 명목적 정의에 의해 정의되는 표현은 단일한 단어나 상징일 필요는 없으며 몇 개의 단어나 상징들로 이루어진 복잡한 구(句, phrase)일 수도 있다. 특히 도입되는 표현이 어떤 구체적인 언어적 맥락에서만 사용되는 것이라면 새로운 용어를 분리해서 사용하기보다는 그러한 맥락에 대한 동의어를 이용하면 충분하다. 이 때, 정의하고자 하는 개념 S는 S에 대한

---

5) 단순한 예로 '학업성취도'라는 개념은 듣기, 읽기, 말하기 등의 합의 개념으로 개념적 정의를 내린다면 다음과 같이 표현할 수 있다.

학업성취도 = $d.f.$ (듣기 + 읽기 + 말하기)

동의어들을 제공함으로써 개념 S를 도입하는 정의 방식을 맥락적 정의(contextual definition)라 한다.

그런데 전통적으로 명목적 정의의 정의 대상 표현(definiendum expression)은 '새로운' 정의 용어들만을 도입해 구성해야 한다는 생각이 통용되어 왔으나, 반드시 그럴 필요는 없다. 이것은 모든 정의가 근접 유개념(genus proximum)과 구체적 상이점(differentia specifica)의 관점에서 서술되어야 한다는 고전적 논리학의 주장을 오해했기 때문이다. 이러한 고전적 원칙은 다음과 같은 이유로 정당화되지 못한다. 유개념(genus)과 상이점(differentia)에 의한 정의는 두 가지 다른 계급(class)이나 속성의 논리적 산물로서 하나의 계급이나 속성을 특징짓는다. 따라서 이러한 정의 유형은 정의 대상 용어가 계급이나 속성이 아니고 관계나 기능일 때는 적용할 수 없다. 예를 들어 '광물 x는 광물 y보다 더 단단하다(harder than)'라는 관계에 관한 맥락적 정의를 생각해 보자. 'x는 y보다 더 단단하다$=d.f.$ x는 y를 긁을 수 있지만 y는 x를 긁을 수 없다.' 이 경우에는 고전적 원칙에 충실하게 광물 x와 y에 대한 '긁는다'라는 유개념과 '(긁을 수) 있다'와 '(긁을 수) 없다'의 상이점에 의해 광물의 속성인 '단단함(강도)'을 정의하고 있다. 그러나 사물의 속성이 아니라 관계나 기능의 특성에 관한 예시로서 물체의 평균 밀도에 관한 다음과 같은 맥락적 정의를 생각해 보자.

$$x\text{의 평균 밀도} = d.f.\ \frac{\text{gram으로 표시한 } x\text{의 양}}{\text{CC로 표시한 } x\text{의 부피}}$$

이 경우 평균 밀도는 사물의 유개념과 상이점과는 직접 관련이 없는 '부피'와 '양'의 개념들로 정의된다. 현대 과학에서 사용되고 있는 대부분의 용어들은 계급이나 속성 용어라기보다는 관계나 기능 용어이다. 특히 측정크기(metrical magnitudes)를 나타내는 모든 용어는 기능 용어이며, 따라서 유개념과 상이점에 의한 정의를 배제하고 있다. 역사적으로 살펴보면, 유개념과 상이점 규칙은 전통적 논리학이 거의 전적으로 계급이나 속성 개념에만 관심을 기울여 왔다는 것을 반증해 주는 것으로 이러한 관점에서는 현대 과학의 논리적 분석을 불가능하게 한다. 그리고 계급 및 속성 개념에서조차도 전통적 정의 형태가 반드시 요구되는 것은 아니다. 예를 들어, 속성이란 것도 산물로서보다는 다른 속성의 논리적 합계로 정의될 수 있기 때문이다.6)

따라서 유개념과 상이점 기준은 개념의 적절한 정의를 내리는 데 필요한 것도 충분한 것도 아니라고 할 수 있다. 실제로 용어의 명목적 정의는 한 가지 기본적 요구 조건, 즉 어떤 개념(용어) 표현을 위해 그것이 문법적으로 발생할 수 있는 맥락에서 그 뜻이 이미 알려져 있는 용어를 제거할 수 있어야 한다는 조건을 충족시키는 것만으로 충분하다.

(2) **실질적 정의**

실질적 정의는 어떤 표현의 의미를 결정하는 약정이 아니라 어떤 실체의 본질적 성격이나 본질적 속성에 대해 이미 사용되고 있는 용어의 인정된 의미를 서술하는 것이다. 즉, 어떤 용어에 관해 인정되고 있는 의미를 분석하고 그것을 다른 용어들로 기술하는 것이다. 이런 의미에서 기술적 정의(descriptive definition)라고도 한다. 문제는 개념의 본질적 속성이라는 것이 너무 모호할 뿐만 아니라 실제로 그것을 밝히는 것이 가능한가 하는 것이다. 이것은 개념 정의의 실질적 내용에 대한 타당성을 어떻게 확인할 것이냐 하는 것과 관련된 문제로서, 정의 방식에 따라 다소 차이가 있다. 실질적 정의는 분석적 정의(analytic definition), 경험적 분석(empirical definition), 개념 해설(concept explication)로 나뉜다.

① 분석적 정의

이것은 정의되고 있는 용어(definiendum)를 이미 그 뜻을 알고 있는 다른 용어들(definiens)을 통해서 의미를 부여하는 것이다. 의미분석(meaning analysis)이라고도 한다. 예를 들면 '의사결정이란 두 개 이상의 대안 중에서 의식적으로 선택하는 것'으로 정의하는 것이다. 그러한 정의가 타당한가 아닌가의 문제는 사용된 다른 용어들의 구성 부분인 각 표현의 의미를 따

---

6) 이러한 정의가 완전한 정당성이 있다는 것은 정의 대상 용어에 대한 유개념도 상이점도 아닌 다음과 같은 정의 형태에서 알 수 있다.
스칸디나비아인 = *d.f.* 네덜란드인 또는 노르웨이인 또는 스웨덴인 또는 아이슬랜드인

져봄으로써 확인되는 것이지, 어떤 경험적 조사를 통해 사실 여부를 확인할 필요가 없다. 즉, 분석적 정의의 타당성은 그것의 설명 표현(analysans)이 설명 대상 표현과 동의적이냐 아니냐에 따라 진위를 확인함으로써 가능하다.

그런데 의미 분석을 위한 개념화에 일상의 언어공동체에서 사용되는 자연어를 그대로 도입해 사용하는 것은 많은 문제가 있다. 왜냐하면 분석적 개념화에 대한 응용 조건은 ⅰ) 언어의 모든 사용자에게 어떤 개념(용어)의 의미가 잘 결정되어야 하고(결정성의 조건), ⅱ) 모든 사용자에게 그 의미가 동일해야 한다는 것(균일성의 조건)을 전제하고 있는데, 이들 중의 어느 것도 자연어에 의해 완전히 충족되지 않기 때문이다. 따라서 분석적 정의의 개념화는 그 표현이 정확하게 결정된 의미를 갖는 인공적 언어를 전제로 하는 경우가 많다.

② 경험적 분석

실질적 정의가 어떤 경험적 사실로서 주장되는 경우이다. 이러한 정의는 경험적 법칙의 성격을 띠기 때문에 그 정의가 타당한지 아닌지를 확인하려면 경험적 증거를 필요로 한다. 예를 들어 '조직의 지도자란 결단력이 뛰어난 사람이다'란 정의가 경험적 사실로서 주장되는 것이라면, 결단력의 의미를 따지는 것이 아니라, 지도자가 사실로서 결단력을 가지고 있는지 여부를 확인할 수 있어야만 그 정의는 성립될 수 있다.

경험적 분석은 의미 분석과는 달리 언어적 표현이나 의미에 관심이 없으며, 분석 대상의 경험적 사실의 특징을 서술하는 데 관심이 있다. 일반적으로 경험적 분석을 나타내는 문장은 일반 법칙의 성격을 갖는다. 일반 법칙의 관점에서 개별적인 경험적 현상을 연역해 분석하는 것이기 때문에, 경험적 분석은 앞에서 설명한 과학적 설명의 특수한 경우에 해당된다.

③ 개념 해설

이것은 일상적인 용어 또는 과학적 용어의 모호한 표현에 대해 해설자가 나름의 주석을 붙이는 것을 말한다. 예를 들어 '민주주의'라는 용어에 대해 지금까지 사용되는 의미를 밝히며, 그 현상이 경험적으로 어떤 특성을 지니며, 앞으로 어떻게 사용하는 것이 이론 구성에 더 적절한 것인지에 대한 일종의 제안이다. 따라서 개념 해설은 단순한 기술적 정의와는 구별되는데, 그 이유는 해설이 일종의 제안의 성격을 지니기 때문이다. 개념 해설도 그것의 진위 여부를 직접 확인할 수는 없으며, 종전에 그러한 용어를 사용해서 행하던 표현의 많은 부분을 재구성할 수 있어야 이론적 의미가 있다.

(3) 명목적 정의와 실질적 정의 비교

명목적 정의나 의미 분석(분석적 정의)은 언어적 표현의 의미를 취급한다는 점에서 공통적이다. 그러나 명목적 정의가 '새로운' 표현(개념)을 도입하고 약정에 따라 그것에 의미를 부여하는 반면, 분석적 정의는 이미 사용하고 있는 표현(analysandum)에 대해 알려진 동의어(analysans)로 대치시킴으로써 그 의미를 명백히 하는 것이다. 강조할 점은 명목적 정의가 과학 활동에서 불가결하다는 점이다. 왜냐하면 어떤 새로운 개념을 도입해 논의를 전개할 수 있고, 또 새로운 사실이 발견되었을 경우에 그것을 지칭하려면 새로운 개념(용어)이 필요하기 때문이다. 과학의 발전은 새로운 개념 체계에 의해 새로운 현상을 더욱더 잘 설명할 수 있는 개념 창조의 역사라고 해도 과언이 아니다.

3) 조작적 정의

(1) 의의

모든 과학적 개념은 경험적 의미를 지녀야 된다는 생각은 협의의 경험주의(narrow empiricism)이며, 이 경험주의를 실제 연구에 극단적으로 적용을 시도한 것이 조작주의(operationalism)이다. 조작주의의 중심적 주장은 모든 과학 용어의 의미는 그 적용 기준을 마련해 주는 명백한 객관적 시험 가능성(objective testability)의 절차를 제시함으로써 구체화할 수 있다는 것이다(Hempel, 1966: 88). 이러한 검증 절차의 방법이 곧 조작적 정의(operational definition)라는 것이다.

조작주의적 관점에 의하면, 연구자는 각 개념에 대한 개념적 정의를 내린 다음에는 이들에 대한 조작적 정의 과정을 통해 개념(변수)을 측정 가능(measurable)하고 조작 가능(manipulatable)한 형태로 변화시킨다. 따라서 조작적 정의는 추상적 구성 개념이나 변수를 측정하는 데 필요한 활동이나 조작을 상세하게 기술함으로써 그것에 의미를 부여하는 것으로 추상적 개념을 관찰 가능한 형태로 표현해 놓은 것이다. 일례로 한 나라의 경제력을 1인당 GDP로 정의하는 식으로 개념을 관찰 가능하도록 수량화해서 정의하는 것이다. 그렇게 해야 분석이 가능해진다.

조작적 정의는 개념적이고 이론적인 수준을 과학적이고 경험적인 개념으로 연결시켜 줌으로써 무엇에 대해 관찰해야 할 것인가에 대한 기준을 제시해 준다. 일례로 '지능'에 대한 조작적 정의를 생각해 보자.

지능은 하나의 추상적 개념이다. 그러면 추상적이고 이론적인 수준의 지능을 관찰 가능한 경험적인 수준으로 추론할 수 있는 방법을 생각해 보자. 이것은 지능에 관한 문항으로 구성된 IQ검사 방법에 의해 경험적으로 지표화된 지능지수로 전환시킬 수 있다. 지능지수라는 지표(indicator)를 개발함으로써 지적 능력인 지능을 추론할 수 있게 된다. 이 때 IQ검사지 지표 항목들이 조작적 정의이다.

개념이나 변수들로부터 조작적 정의를 만들어 내는 것은 일종의 창조적인 작업이다. 따라서 '정확한' 조작적 정의라는 것은 보통 존재하지 않는다. 그럼에도 '좋은' 조작적 정의가 되기 위해서는 최소한 다음의 두 가지 조건이 갖추어져야 한다(Mark, 1996: 15-35).

첫째, 신뢰도가 있고, 복제가 가능해야 한다. 정의가 명확하게 서술되고 있어서, 서로 다른 조사연구들에서도 동일한 조작적 정의를 사용하면 동일한 측정이 산출될 수 있어야 한다. 신뢰도가 있다는 말은 동일한 조작적 정의를 익힌 두 사람이 동일한 현상을 관찰하게 되면 동일한 값들이 산출될 수 있어야 한다는 의미이다.

둘째, 타당해야 한다. 이 조건은 신뢰도보다 더 갖추기 어렵다. 조작적 정의에 의해 측정된 결과가, 실제로 측정하려고 했던 원래의 개념을 측정한 것인가 등에 대한 물음이다.

조작적 정의는 ⅰ) 측정을 위한 조작적 정의(measured operational definition)와 ⅱ) 실험상의 조작적 정의(experimental operational definition)로 구분되는데, 전자는 어떻게 변수를 측정할 것인가에 대한 방법을 제시해 주는 것이며, 후자는 연구자가 어떻게 실험 변수를 조작화할 것인가를 규정해 주는 것을 의미한다.

측정을 위한 조작적 정의의 예로, 상표 애호도(brand royalty)를 '고객이 선택 가능한 제품의 브랜드 중에서 특정 브랜드를 일관성 있고 지속적으로 구매하는 정도'로 개념적 정의를 할 때, 이를 측정하기 위해 '20회의 동종의 제품 구매 중에서 같은 브랜드의 구매 횟수'와 같이 구체적인 관찰 가능한 현상으로 표현하면 상표 애호도 강도의 측정을 위한 조작적 정의가 된다. 이와같이 추상적이고 사전적인 표현을 구체적인 구매 행위로 연결시켜 측정 가능하도록 한 것이 '측정을 위한 조작적 정의'이다.

한편, 실험상의 조작적 정의의 예로, 학생들의 성적 향상을 실험 변수로 했을 때, 어떻게 학생들의 성적을 향상시킬 것인가에 대한 구체적인 방법을 규정함으로써 성적 향상에 대한 조작화를 할 수 있다. 즉, 칭찬하기, 벌주기, 장려하기, 꾸짖기 등을 들 수 있는데, 이 모두가 성적 향상이라는 변수를 조작화하기 위한 구체적인 지침으로 작용할 수 있는 것이다. 이와같이 조작적 정의는 개념적 정의를 현실 세계의 현상과 연결시켜 주는 다리와 같은 역할을 한다.

(2) 조작화의 준거

일정한 개념 및 변수들을 경험적으로 측정하려고 할 때는 그들이 뜻하는 경험적인 현상 또는 지표들을 기준으로 연구자가 조작하지 않으면 안 된다. 이렇게 조작을 하려고 할 때, 다행히 조작하려는 개념 등이 이미 다른 연구자들에 의해 합리적이고 객관성 있게 조작되어 있다고 하면 그대로 표준화된 조작 내용 또는 조작적 정의를 따르면 된다. 다른 사람에 의해 조작화된 내용 또는 조작적 정의를 그대로 따르는 경우에는 그것은 조작이라기보다는 모방으로서의 성격을 갖는다. 그러나 새로운 개념 또는 변수들을 측정하기 위해서 조작화하려 할 때는 그들을 합리적으로 측정하기 위한 조작화를 위한 일정한 준거가 필요하다. 이하에서는 조작화의 준거로서 헴펠(C. G. Hempel)과 라자스펠드(P. F. Lazarsfeld)가 각각 제시한 기준들을 살펴본다.

① 헴펠의 조작화의 기본 원리

헴펠은 조작에 대한 기본 원리로서 다음과 같은 것을 제시하고 있다(Hempel, 1966: 88-90).

첫째, 개념에 대한 의미를 파악하는 것이다. 어떤 개념 및 구성 또는 변수의 뜻을 파악한다는 것은 그들이 적용될 수 있는 조작의 기준을 알게 되는 것이며, 반대로 그 기준을 아는 경우 또한 그 뜻을 알 수 있는 것이다. 이렇게 함으로써 개념 및 변수 등은 경험적인 관찰과 측정이 가능해진다.

둘째, 모든 개념이나 변수는 그들이 갖는 그 모호성을 회피하기 위해 '한정된 특수한' 조작 기준에 의해 정의되어야 한다. 두 개의 서로 다른 조작 기준에 의해 같은 개념이나 변수를 조작했을 때 비록 그 측정 결과가 같다고 해도 그것은 결국 다른 두 개념을 조작한 것과 같은 것이 되므로 그들은 별도로 취급되어야 한다. 예를 들어 한 물체의 '길이'를 측정할 때 시각적인 방법과 촉각적인 방법을 사용한다면 만일 그 측정 결과는 같다고 해도 결국 전자는 시각적 길이이고, 후자는 촉각적 길이가 되어 그들은 각기 다른 개념이 되는 것과 같은 의미이다.

셋째, 개념이나 변수는 명백히 한정된 조작적 의미를 가져야 한다. 그래야만 그들에 대한 객관적인 검증이 가능할 뿐만 아니라 그들에 의해 형성된 가설도 객관적인 검증이 가능하게 된다.

② 라자스펠드의 기준

라자스펠드는 사회과학 분야에서, 특히 추상적 개념에 대한 경험적 측정의 곤란성을 인정하고 가능한 한 그러한 개념의 과학적인 측정을 위한 조작화의 준거로서 다음과 같은 과정적이며 단계적인 방안을 제시하고 있다(Lazarsfeld, 1958: 101-105).

첫째, 개념에 대한 상상(imagery)의 단계로서, 모든 문제의 시초는 상상 또는 착상으로부터 시작되는 것이다. 구성이나 개념 또는 변수를 우선 이론적으로 생각해 어떠한 내용을 가지고 있으며, 무엇이 관찰 가능하고, 그 중에 무엇이 유의성이 있는가를 생각해야 한다.

둘째, 구성 또는 개념 및 변수의 한정화(특수화) 단계로서, 개념이 전제로 하는 한 현상을 좀더 구체적으로 검토해 무엇보다도 현상이 갖는 구조나 차원을 구별해 본다. 그리고 그들 구조나 차원 간의 논리적 관계를 분석하는 동시에 그들로부터의 어떤 연역 가능성까지 검토해 보는 한편 그들 차원 간의 경험적으로 가능한 상관 관계까지를 생각한다. 특히 사회과학에서는 그 개념이 대표하고 있는 현상이 대단히 복잡하므로 그 현상에 대해 가능한 한 정확하게 그 구조적 차원을 구별해 보는 것이 조작화 및 계량화를 위한 기본 전제이기도 하다.

셋째, 지표(indicator) 선정의 단계로서, 측정을 위한 개념의 구조적 차원은 이미 발견되었으므로 각 차원을 대표할 수 있는 주요 지표를 발견해야 한다. 여기서 중요한 문제는 어떻게 적절한 지표를 발견하느냐이다. 이러한 지표의 선정 문제는 측정과 관련해 지표 체계를 작성함으로써 달성될 수 있다.

넷째, 지수(index)의 형성 단계로서, 이미 발견된 모든 지표를 몇 개의 지수로 통합하는 것이다. 각 차원을 대표하는 여러 지표는 그 조건에 따라 한 개 또는 몇 개의 지수로 통합될 수 있는 것이 보통이다. 지표들을 통합하는 데는 각별한 주의가 요청된다. 지표들이 나타내는 방향이 같고 성격이 같아야만 하나의 지수로 통합이 가능하기 때문이다. 합리적인 통합 방법의 하나로서 요인분석 방법을 들 수 있다.

(3) 조작화의 한계

조작화가 추상적 개념이나 현상을 측정하기 위한 수단으로서 필요불가결한 것이지만 경험적인 조작이기 때문에 불가피하게 그것이 갖는 일정한 한계성과 문제점들이 있다. 그것을 지적하면 다음과 같다.

첫째, 아무리 훌륭하게 만들어진 조작화라고 해도 그것이 측정하고자 하는 개념이나 현상이 뜻하고 있는 모든 내용을 완전무결하게 전부 조작화하지는 못한다. 이것은 조작화 또는 조작적 정의에 의해 측정되는 것은 한 개념이나 현상이 뜻하는 본래의 내용을 항상 제한적이고 부분적인 면밖에 나타내지 못한다는 것을 말하는 것이다. 이러한 특성 때문에 정의는 그 본래의 의미를 나타내는 데 부분적이고 조건적이며 확률적이라고 지적한다(Kaplan, 1964: 73).

이런 의미에서 조작화는 너무 제약되며 또 너무 협소한 의미만을 대표하는 경우도 없지 않다. 흔히 경험과학의 이러한 지나치게 제약된 조작의 경향은 과학적 개념이 갖는 본래의 체계적이며 이론적인 시야와 범위를 인위적으로 제약할 뿐만 아니라 그들을 모호하게 하며 개념 형성과 이론 형성 시에 상호의존성을 해칠 가능성도 적지 않다(Hempel, 1966: 91).

둘째, 조작화에 의해 발견된 각 차원이나 각 차원을 대표하는 경험적 지표의 타당성 문제가 있다. 개념을 측정하기 위해 발견된 각 차원 및 지표는 이론적인 타당성을 가져야 한다. 특히 경험적인 측정을 위한 지표가 타당성을 갖지 않는다면 그 측정 결과는 전혀 다른 개념적 내용을 대표할 수 있는 것이다. 그리고 선정된 경험적 지표가 신뢰성을 가져야 한다. 각 차원의 일정한 속성을 대표하는 지표를 선정할 때에도 하나의 단순한 지표만을 선정할 것이 아니라 가능한 여러 개의 지표를 선정하는 것이 바람직하다.

셋째, 과학적인 연구, 특히 반복 연구를 위해 일정한 개념의 조작화 과정을 명백히 밝혀두는 것이 요망된다. 대개의 경우 연구자들이 그들의 조작화 과정이나 내용을 밝히기를 꺼린다. 조작화의 내용을 밝힐 때 그 결함이 드러나 비판의 대상이 될 가능성이 있기 때문이다. 완전한 조작은 사실상 불가능한 이상 어떠한 조작화를 막론하고 일정한 한계와 문제가 없을 수는 없다. 그러므로 가능한 조작화를 합리적이고도 타당하게 할 것은 물론이지만 일정한 조작화 과정이나 내용을 밝힘으로써 여러 사람의 의견을 듣는 것도 대단히 중요할 뿐만 아니라 차후 동일한 연구를 위해 크게 도움을 주는 것이기도 하다.

넷째, 사회과학의 여러 현상이나 개념 중에는 도저히 경험적 조작이 불가능한 개념이나 현상들이 있다. 절대적인 가치 또는 명백한 사실적 근거라든가 비교 대상을 갖지 않는 개념으로서의 선악이라든가 또는 개념적으로는 존재해도 실제적으로는 존재하지 않는 미(美)·도덕과 같은 추상적 개념 등이 그러한 예이다.

그러나 측정에서 조작화의 문제는 정도의 차이만 있을 뿐 자연과학에서도 마찬가지이다. 유명한 과학자인 아인슈타인(Albert Einstein)이 현대 물리학의 방법으로서도 절대 시간(absolute time)은 측정할 수 없다는 것을 지적한 후 과학의 모든 현상을 가시적으로 측정할 수 있는 것은 아니라는 사실이 널리 받아들여지고 있다(Kemeny, 1959: 130). 이런 의미에서 과학적 이론은 그 현상이 반드시 조작적으로 측정 가능한 상태에서만 만들어진다고 할 수는 없다. 따라서 조작적 측정이 불가능해도 과학적 지식의 형성은 가능하다. 인간은 창조적 구상력과 예지를 가지고 있으며 과학도 측정 이상의 형이상학적 측면을 요구하고 있기 때문이다(김광웅, 1976: 113).

4) 개념 도입의 논리

사회과학은 현상의 설명·예측을 위해 개념(변수)들 간의 경험적 일반론이나 이론으로 서술된다. 경험적 일반론이나 이론적 서술은 적어도 두 개 이상의 개념으로 구성된다. 즉 개념 A와 B의 연결 관계를 표현하는 것이 이론적 서술(theoritical statement)이다. 따라서 어떤 개념 하나만을 가지고 그것을 아무리 잘 정의하거나 해명한다고 하더라도 그것이 이론적 서술이 될 수는 없다. 그러므로 이론의 구성이나 기존 이론을 수정·발전시키기 위해서는 새로운 개념을 도입해야 한다. 일반적으로 과학적 의문의 초기 단계에서는 경험적 일반화의 기술은 일상 용어로 서술된다. 그러나 과학적 학문이 성장함에 따라 다소 전문화된 추상적인 개념이 발생하고 이에 해당하는 기술적 용어가 발달하게 된다. 이러한 특별한 개념들이 어떠한 논리와 방법으로 도입되고 그것들이 과학적 이론에서 어떻게 기능하는지 살펴보기로 한다.

(1) 원어와 정의된 용어

엄격히 말해서 이론에 새로운 개념을 도입하는 방법에는 두 가지가 있다. 하나는 원어(primitive terms)를 통해 도입하는 것이고, 다른 하나는 용어의 정의를 통해서 도입하는 것인데 정의를 통해 도입된 용어가 정의된 용어(defined terms)이다(Rudner, 1966: 19).[7] 정의된 용어는 언제나 원어에

7) 원어와 정의된 용어의 관계는 다음과 같이 생각할 수 있다. 일련의 단어들 가운데는 서로 같은 뜻을 가진 단어도 있고, 동의어가 없는 단어들도 있을 수 있다. 그래서 이들 전체의 단어들을 i) 동의어가 없는 단어들과 동의어 중에서 한 개씩만 골라 놓은 것, ii) 동의어 중에서 나머지 단어들로 구분할 수 있다. 이 때 i)의 부류를 원어, ii)의 부류를 정의된 용어라 한다(강신택, 1995: 50-53).

의해 대치될 수 있다. 물론 하나의 정의된 용어와 원어는 1대 1의 대치 관계(replacement)에 있는 것만이 아니고, 하나의 정의된 용어는 여러 개의 원어 및 또 다른 정의된 용어(defined terms, derived terms, sophisticated terms)로 정의될 수 있다.

원어와 정의된 용어와의 관계에 대한 이해를 돕기 위해 다음과 같은 사회집단 연구의 사례를 인용해 보자(강신택, 1995: 51). 사회집단 연구를 위한 개념으로 지식, 권력, 보상, 배분, 통제 등의 원어가 있다고 가정한다. 그리고 이러한 원어 이외에 현상의 특성을 표현하기 위한 개념들로 사회의 복잡도, 집중도, 계층화 정도 등이 있다고 하고, 이러한 개념들을 원어로 정의할 수 있으면, 그것은 정의된 용어가 되며 원어와 대치 관계에 있게 된다.

만일 '복잡도= *d.f.* 지식의 배분도', '집권도= *d.f.* 권력의 배분도', '계층화 정도= *d.f.* 지식의 배분도'라고 각, 각 정의한다면 복잡도, 집권도, 계층화 정도 등의 정의된 용어들은 원어들로 정의되어 그 의미를 밝혔고, 서로 대치 관계에 있다. 즉 '사회의 복잡도가 높아질수록 통신율이 증가한다'라는 일반화의 서술에서 '복잡도'를 '지식의 배분도'로 대치해 '사회의 지식 배분도가 높아질수록 통신율이 증가한다'라고 말해도 그 주장의 내용은 동일한 것이다. 이와같이 개념 도입은 원어의 추가나 정의를 통해서만 가능한 것인데, 엄밀히 말하면 어느 이론이 이미 가지고 있는 원어들의 집합에 다른 원어를 추가함으로써 그 이론에 새로운 개념을 도입하는 것은 실제적으로 그 이론을 단순히 증대시키는 것은 아니고 오히려 기존 이론을 새로운 이론으로 대체하는 것이다. 왜냐하면 어떤 이론의 동일성을 규정하는 것은 그 이론의 원어 집합이기 때문이다. 위에서 든 예에서 지식, 권력, 보상이라는 원어에다가 '권리'라는 원어를 추가한다면 이 이론은 사회적 권리 관계를 포함하는 이론으로 확장되거나 새로운 이론으로 전환되고, '규범적 평균도= *d.f.* 권리의 배분도'라는 새로운 용어를 추가할 수 있게 해 주는 것이다.

(2) 관찰 가능 용어와 기술적 용어

원어의 의미가 어떻게 부여되며, 원어에 의미가 부여될 때 그것은 이론 체계에서 어떤 의의가 있는가? 이는 개념이나 용어가 어떻게 경험적 지시물(empirical referents)과 연결될 수 있느냐 하는 것으로 관찰 가능 용어의 문제가 된다.

우리가 과학이론에서 사용할 수 있는 모든 용어는 논리와 수학의 단어들과, 논리외적 언어(extra-logical vocabulary) 또는 기술적(記術的) 용어(descriptive terms)로 나누어 볼 수 있다. 그리고 이러한 기술적 용어 중에는 우리가 그 대상이나 속성을 경험하기 쉬운 것도 있고 좀더 추상적인 것도 있다. 이렇게 직접적인 경험이 가능한 특성을 나타내는 용어를 관찰 용어(observation terms)라고 한다.

과학이론에서 아주 중요한 것은 일반적인 설명과 예측에 사용할 원리를 구성하는 데 적합한 개념 체계를 발전시키는 일이다. 우리가 좀더 높은 정확성, 더 넓은 범위, 더 고도의 경험적 확증을 가진 이론을 구성하려면 아주 추상적이지만 궁극적으로는 일상적인 경험으로 연결되는 특별한 개념들을 개발시켜야 하는데, 이러한 개념을 기술적(技術的) 개념(technical term)이라 한다. 이렇게 되면 경험과학의 기술적 용어가 우리의 일상적인 관찰 용어와 연결될 수 있고, 이러한 연결을 통해서 과학의 전문 용어가 경험적 내용을 지니게 되는 것이다. 이것을 원어와 연결시켜 생각해 보면 원어가 어떤 기준에 의해서 선정되는 것이 좋은지를 보여 준다. 즉 원어는 관찰 용어로서 기술적 개념, 특히 자연과학에서는 실험 용어(experimental term)가 바람직하다. 왜냐하면 경험적 의미를 지니는 용어 또는 개념 체계를 가지고 있으면 이론도 경험적인 것이 될 것이고, 우리의 사실적 판단에 적합할 것이다.

(3) 성향 용어와 이론적 용어

경험주의를 조작주의로만 한정시키는 경우가 아니더라도, 좁은 의미의 경험주의에는 또 다른 난점이 있다. 즉, 아무리 추상적인 과학적 서술이더라도 그것을 구성하고 있는 기술적 용어는 그 정의를 통해 관찰 용어로 전환시킬 수 있다는 생각을 그대로 따르기에는 어려움이 있다. 이러한 어려움을 가진 것이 성향 용어(dispositional terms)와 이론적 용어(theoritical terms)이다. 이러한 용어들은 과학적 연구의 개념으로 사용하는 데 특별한 검토가 필요하다.

① 성향 용어

이것은 어떤 대상이 갖고 있는 속성의 일반적 경향만을 지칭하는 용어이다.[8] 어떤 존재물이 어떤 특성을 현재화하는 성향 또는 현재화에의 잠재력을 갖고 있다는 것과 그것이 그 특성을 현재 현재화하고 있다는 것은 분명히 다르다. 물론 어느 특성을 현재화하는 성향을 가지고 있는 존재물이 그러한 특성을 전혀 나타내지 않을 수도 있다. 그러나 경험과학의 모든 부분에 성향 용어가 편재해 있고 또 중추적 성격을 띠고 있음은 분명하다. 사회과학에서는 인간의 의도, 소망, 신념 등에 대한 기술들이 대개 성향 개념으로 다루어진다.

이와같이 성향 용어는 개념 도입을 위해 원어로 대치하기도 어렵고, 더구나 관찰 가능한 것에 준거를 둔 기술적 개념(technical terms)의 원어로 전환하기도 어렵다. 다만 그러한 성향의 시현을 부분적으로 관찰할 수 있게 해 주는 상황이나 조건 또는 행동을 제시할 수 있을 뿐이다. 따라서 전통적 경험주의에 의하면, 성향 용어는 원어의 집합에 대해 검증 가능성이나 관찰 가능성의 조건을 충족시키지 못하기 때문에 원어로써 이론에 도입해서는 안 된다는 것이다. 그러나 현실적으로 관찰적 원어에 의해 성향 용어를 적절히 정의할 수 있는 방법론도 아직 없는 상황에서 전통적 경험론의 주장처럼 모든 용어를 정의에 의해 이론에 도입하려는 생각은 합리적인 것이 아니다(Scheffler, 1957; Goodman, 1955).[9] 이것은 이른바 의미의 '개

8) 가령 어떤 사람이 '권위주의적이다'라고 할 때 '권위주의적'이라는 개념은 그 사람이 가지고 있는 일반적인 경향만을 지칭하는 것이지 그 사람이 어떤 상황 하에서 실제로 권위주의적 행동을 나타낸 경우만을 의미하지 않는다. 권위주의적 행동은 여러 가지 상황 아래서 나타날 수 있지만 '권위주의적인 것' 자체를 관찰할 수 있게 해 주는 어떤 요소(원어)를 찾아내기는 어렵다. 여기서 가능한 것은 권위주의적 성향을 알아볼 수 있는 상황과 행동만이 관찰 가능한 것에 의해 지칭될 뿐이다(강신택, 1995: 57).

9) 굿맨(N. Goodman)은 '성향 용어의 문제'에 관한 논의를 진전시켜 왔다. 굿맨은 어떤 성향 용어를 적절하게 정의하는 방법을 제시했는데, 그 방법은 정의식 내에 있는 대응하는 현재적 술어를 쓰지 않고 오히려 다른 현재적 술어(잘 확증된 법칙적 문장 내에서 대응적인 현재적 술어와 결부되어 있는 것)를 사용함으로써 정의를 내리는 것이다.

방성'에 관한 문제인데, 한편으로 개방성이 있음에도 불구하고 그 의미가 추정적으로나마 분명하면, 그런 용어는 마치 관찰 가능한 준거를 가진 것과 마찬가지로 경험적 연구에서 사용될 수 있다는 것이고, 다른 한편으로는 개방성이 오히려 이론 구성에 도움이 된다는 것이다. 과학의 용어가 모두 관찰 가능한 것에 의해 완전히 정의되어야 한다고 고집한다면 새로운 이론 구성의 가능성을 스스로 제약해 버리는 결과가 된다.

② 이론적 용어

이것은 아주 추상적이며 관찰될 수 없는 실체를 가진 특징이나 명시적으로 나타낼 수 없는 특징을 지칭하는 용어이다. 이러한 이론적 용어는 직접 관찰될 수 있는 지시물을 마련하기가 어렵고 부분적으로 해석될 수 있을 뿐인데 과학자들이 지적인 합성이나 결합을 통해 만들어 낸 이론적 구성어(theoretical construct)가 여기에 속한다. 이러한 이론적 용어에 대해서는 직접 관찰할 수 있는 경험적 지시물을 대응시킬 수가 없고, 다만 부분적으로 그 의미를 해석할 수 있을 뿐이다.[10]

따라서 이론적 용어의 도입은 이론적 용어에 의해 구성되는 이론 체계를 설정하고 이를 다시 경험적으로 해석함으로써 가능하다. 따라서 이론 체계 자체의 경험적 해석을 통해 이론적 용어도 경험적 의미를 갖게 된다.

(4) 재개념화

누구나 일정한 실제 연구 문제에 당면하게 되면 그 문제의 합리적인 설정은 물론이고, 그 문제를 구성하는 기본 개념을 올바르게 설정하는 것이 무엇보다 중요하다.

그러나 필요한 개념의 설정이 손쉽게 바로 될 수 있는 것은 아니다. 설사 그것이 손쉽게 설정되었다 하더라도 그 개념에 대한 자기의 생각을 다시 가다듬고 그 개념의 내용을 명백히 밝혀보는 과정이 반드시 필요하다. 이와 같은 개념을 좀더 명백히 재규정해 보는 과정을 재개념화(reconcept ualization)

10) 예를 들어 체제이론에서 사용하는 투입, 전환, 산출, 환류 등의 용어는 어떤 관찰 가능한 것을 통해 정의된다기보다는 명목적 정의에 의해 그 의미를 밝힌 후 구체적인 사례를 해석함으로써 그것이 무엇인지를 밝히는 것이 가능해진다(강신택, 1995: 58).

또는 개념의 재특정화(respecification)라고 한다(Goode & Hatt, 1952: 49).

재개념화의 과정은 다음과 같이 정리할 수 있다.

첫째, 연구 문제를 예비적으로 설정한 후에 연구자는 기술된 그 문제로부터 모든 주요 개념표를 주의깊게 산출한다.

둘째, 주요 개념에 대한 명백한 의미 내용을 분석한다. 즉, 이것은 연구자가 주요 개념을 실제로 어떻게 사용할 것인가를 발견하기 위한 첫 단계이다.

셋째, 개념이 명백히 규정되어 있지 않은 경우에는 그 개념이 우선 어떻게 적용되고 있는가를 발견해야 한다. 그러기 위해서는 관계 문헌을 조사해 보는 것이 필요하다. 대다수의 개념은 명백히 규정되어 있지는 않아도 그들이 어떻게 사용되고 있는가에 대해서는 용이하게 살펴볼 수 있다. 이러한 개념의 적용 상태를 보는 것은 그 개념의 명확화를 위해 대단히 큰 도움이 된다.

넷째, 개념의 명확화를 위해서는 그 개념이 대상으로 하는 현상을 달리 기술되고 있는 유사한 현상과 다른 분야의 유사 현상과 관련지어 보는 것이 필요하다.

다섯째, 개념에 대한 이론적인 효율성을 기하기 위해 그 개념의 일반화 수준을 고려해 보는 것이 좋다. 즉, 한 개념을 한편으로는 좀더 고차원적으로 일반화된 정의로 규정해 보고, 다른 한편으로는 좀더 저차원적인 특수화된 정의로 규정해 봄으로써 목적한 이론 형성에 도움이 되는 것이다.

3 변 수

1) 의 의

변수는 연구 대상의 경험적 속성을 나타내면서 둘 또는 그 이상의 값을 가진 하나의 경험적인 성질을 가진 개념이다. 즉 변수란 계량적 가치 또는 계량적 수치를 부여할 수 있는 특정 현상의 특수한 속성을 가진 개념을 의미한다. 이와같이 연구자들이 연구하는 구성 개념이나 속성을 변수라고 하는데, 변수는 측정값이 변한다는 점에서 상수(constant)와 구별된다. 변수를 구성 요소나 속성으로 이해하면 변수는 곧 '측정 가능한 개념'과 동일한 의미를 갖는다(Mayer & Greenwood, 1980: 124).[11] 따라서 변수는 경험적 현상을 전제로 해야 하며, 계량화가 가능하고, 특수한 현상의 속성을 가져야 한다.

변수는 일반적으로 각기 서로 다른 값을 가지며, 두 개 이상의 값을 가진다. 변수가 가지는 속성에 수치를 부여한 것을 변수값이라고 한다. 예를 들어 교육 수준은 변수이고, 무학, 국졸, 중졸, 고졸, 대학교 졸업 이상 등은 교육 수준의 변수값이다. 변수에 오직 두 개의 값만을 가지고 있을 때에는 이분변수(dichotomous variable)라고 하며, 그 이상일 때는 다중변수(multiple variable)라고 한다. 사실상 무엇이든 모두 변수로 처리할 수 있다. 예를 들어 나이, 국가 등도 모두 변수로 취급된다. 이와같이 변수의 속성은 크기나 양을 나타내는 경우가 있으며 또는 종류나 성질을 나타내는 경우도 있다. 전자의 속성을 가질 때 그 변수를 연속변수(소득, 성적 등)라 하며, 후자의 경우는 이산변수(학력, 나이, 종교, 거주지)라 한다. 연속변수와 이산변수의 중요한 차이점 중의 하나는 연속변수는 소수점 이하의 값을 가질 수 있는 반면 이산변수는 정수값을 가진다는 것이다.

그러나 변수가 항상 계량적이거나 수만으로 구성된 것은 아니다. 예를 들어, 성은 남성과 여성을 포함하고 있으므로 변수이지만, 계량적인 것은 아니다. 물론 임의의 수치를 부여할 수는 있다. 이런 경우의 변수를 가변수(dummy variable)라고 한다. 남성을 1, 여성을 0으로 할 경우 성은 가변수가 된다.

실제 연구에서는 경험적인 변수와 지표(indicator)를 동일시하기도 한다. 이것은 개념에 조작적 의미를 부여하는 것이 지표를 통해 이루어지기 때문이다. 지표는 지수(index)로 나타낸다. 지수는 여러 개의 지표를 한데 모아 하나의 수치로 쓸 때 필요한 복합 개념이다. 예를 들어, 경제 성장을 나타

---

11) 따라서 추상화 정도가 가장 높은 보편적 개념으로부터 추상화 정도가 가장 낮은 변수까지 같은 개념의 집합에 속한다고 본다.

내는 지표는 1인당 국민소득 이외에 공산품 수출량, 산업구조 속의 기간산업이 차지하는 비중 등 여러 가지가 포함된다.

그런데 변수가 의미하는 내용의 범위에 대한 정의는 연구자마다 달라 연구 결과에 대한 이해에 혼란이 발생할 수 있으므로 연구자 자신이 생각한 변수의 개념이 무엇인지를 다른 연구자가 알 수 있도록 객관적이고 구체적으로 기술해야 한다.

2) 종 류

변수는 목적과 용도에 따라 독립변수와 종속변수, 통제변수와 매개변수, 연속변수와 불연속(이산)변수, 잠재변수와 측정변수 등으로 나눈다.

(1) 독립변수와 종속변수

연구자는 연구 결과를 통해 어떤 변수의 변화를 설명하고 예측하고자 한다. 그리고 그러한 변화에 영향을 미치는 여러 변수들을 계량화해 측정하고 그 영향의 정도를 알아내고자 한다. 이 때 연구자가 설명하고자 하는 변수를 종속변수(dependent variable), 설명변수(explanatory variable), 결과변수(outcome variable) 또는 기준변수(criterion variable)라고 한다. 그리고 종속변수에 영향을 미치고 종속변수의 분산을 설명해 주는 변수를 독립변수(independent variable), 원인변수(cause variable) 또는 예측변수(predictor variable)라고 한다(Nachmias & Nachmias, 2000: 49-52). 독립변수를 조작이 가능하다고 하여 조작변수라고 하는 경우도 있다. 종속변수는 독립변수에 의해 영향을 받는 변수이므로, 예를 들어 새로운 교육 프로그램이 학생들의 학업성취도에 미치는 영향을 연구한다고 할 때, 학업성취도는 종속변수가 되고, 새로운 교육 프로그램은 독립변수가 된다.

독립변수와 종속변수의 관계를 나타내는 방법은 화살표(→)를 이용한 도해식 방법과 함수방정식 등이 있다. 통상적으로 한 개의 종속변수는 여러 개의 독립변수에 의해 설명된다.[12]

---

12) x를 독립변수, y를 종속변수로 표시하면, $y=f(x_1, x_2, \ldots, x_n)$으로 나타낼 수 있다.

예를 들어 대학 강의에서 효과적인 교수 프로그램이 수강생들에게 학습 효과를 높여 준다고 할 때 교수 프로그램은 독립변수이고, 학습 효과는 종속변수이다.

(2) 조절변수와 매개변수

① 조절변수(moderating variable): 이것은 독립변수와 종속변수 사이에 강하면서도 불확정적인 영향(contingent effect)을 미치는 변수이다. 즉, [그림 3-2]와 같이 이 변수가 존재할 때만 독립변수와 종속변수 사이의 이론적 관계가 성립된다. 이것은 주로 상황 조건을 나타내는 경우가 많아 상황변수라고도 한다.

[그림 3-2] 조절변수

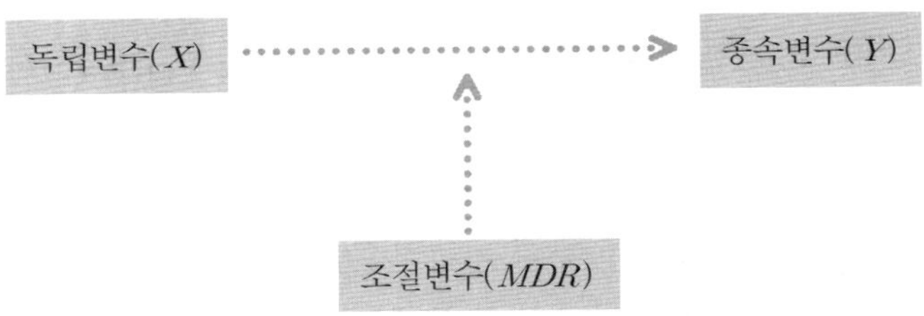

통계분석에서 조절 효과의 영향은 보통 조절 회귀분석 방법을 이용해 분석된다. 예를 들면 다음과 같다. 대학 강의에서 효과적인 교수 프로그램이 수강생들에게 학습 효과를 높여 준다. 그런데 학생들의 수강 태도(열의)가 학습 효과와 관계가 있음이 많은 연구에서 밝혀졌다. 교수의 우수한 교수 프로그램이 학생들의 수강 태도가 좋을 때에는 학습 효과에 큰 영향을 나타내지만, 그렇지 않을 때에는 별로 큰 영향을 보여 주지 못한다. 따라서 독립변수인 교수 프로그램과 종속변수인 학습 효과 사이의 관련성에 제3의 변수인 학습 태도(열의)가 조절적 영향을 미친다.

② 매개변수(meditating variable): 매개변수란 종속변수에 영향을 미치기 위해 독립변수가 작용하는 시점과 독립변수가 종속변수에 영향을 미치

는 시점의 중간에 나타나는 변수이다. 따라서 매개변수에는 시간적 차원이 개재되어 있다. 독립변수의 결과이면서 종속변수의 원인이 되는 변수이다.

[그림 3-3]에서 독립변수와 매개변수와의 관계에서 매개변수는 종속변수의 역할을 하지만, 매개변수와 종속변수의 중간 다리 역할을 하는 변수이다. 매개변수가 조절변수와 다른 점은 독립변수 및 종속변수와 직접적인 영향을 주고받는 점이다. 즉, 조절변수는 독립변수가 종속변수에 미치는 효과의 강도에 영향을 미치는 반면, 매개변수는 독립변수의 영향을 종속변수에게로 전달하는 역할을 한다. 통계적으로 매개변수가 포함된 이론모형에서 통계적 분석은 구조방정식에 의한 경로분석(path analysisl) 기법을 적용해 변수들 간의 영향력을 분석한다.

[그림 3-3] 매개변수

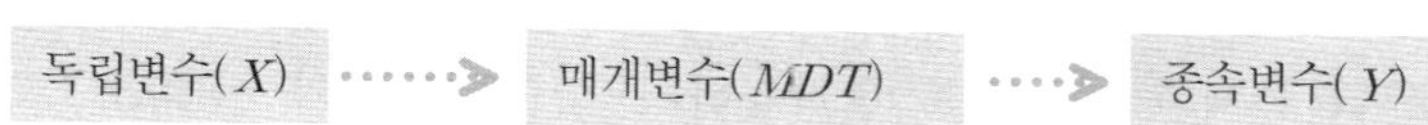

대학 강의의 예를 들어보자. 독립변수인 강의 교수의 강의 능력(실력)과 효과적인 교수 프로그램의 내용이 수강생들의 학습 흥미를 유발하고, 수강생들의 학습 흥미가 학습 효과에 영향을 준다는 연구가 있다. 이 때 수강생들의 학습 흥미는 매개변수의 역할을 한다.

(3) 외생변수(통제변수)와 내생변수

외생변수(extraneous variable)는 실험이나 서베이에서 종속변수에는 영향을 미치지만 독립변수에 포함되지 않은 변수로서 통제변수(control variable)라고도 한다. 외생변수는 모형의 외부로부터 주어지는 것인데 반해, 내생변수(endogenous variable)는 모형 내부에서 결정되는 변수이다. 다시 말하면 외생변수는 모형에서 주어져 있는 변수이며 내생변수는 모형 내에서 결정되는 변수이다.

일반적으로 통제변수는 사회실험 결과에 영향을 미칠지도 모르는 모형 내에 포함되지 않은 다른 변수들의 영향을 통제하고자 할 때 사용한다. 예를 들어 소방관의 숫자와 화재 피해액 간의 관계를 설명할 때, 화재의 규모가 통제변수가 되는 것이다. 왜냐하면 소방관의 수와 화재 피해액 간에는 허위 관계(spurious relation)이기 때문이다. 즉, 소방관의 수가 많아서 화재 피해액이 증가한 것이 아니라, 화재의 규모가 크기 때문에 소방관의 수도 많고 화재 피해액도 증가했다고 보는 것이다. 그러나 어떤 변수를 통제할 때에 반드시 허위적 관계가 아닌 경우도 있다. 예를 들어서 실직(joblessness)이라는 변수를 통제했을 때, 가정 파괴(family disruption)와 살인율(homicide rate)은 관계가 있는 것으로 나타났다(Sampson, 1987). 즉, 실직의 수준을 통계적으로 통제했을 때, 가정 파괴와 살인율은 일정한 관계를 나타내고 있다는 것이다. 따라서 실직이 가정 파괴와 살인율의 관계에 영향을 주었다고 보기는 힘들다는 것이다.

그러나 실질적으로 많은 실험연구나 서베이 연구에서 모든 외생변수를 완전히 통제한다는 것은 불가능하지만, 독립변수와 실험변수 간의 인과적 타당성을 확보하기 위해 실험적·비실험적 통제 방법이 개발되어 있다.

(4) 잠재변수와 관찰변수

잠재변수(latent variable)는 직접적으로 관찰 혹은 측정되지 않은 이론적으로 구성된 개념 체계에서의 변수이고, 관찰변수(observed variable)는 잠재변수, 즉 특정 개념의 영향으로 형성된 것이라 해석되는 구체적 측정에 사용되는 변수를 말한다.

일반적으로 구조방정식 모형은 측정모형 부분과 구조모형 부분으로 나뉘는데, 측정모형에서 잠재변수는 원인변수, 관찰변수는 종속변수가 된다. 측정모형(measurement model)으로 관찰변수와 잠재변수 사이의 관계를 규정하고 있다. 잠재변수는 요인분석과 같은 개념으로 관찰된 변수와 관계를 미리 규정해 이것의 적합도(goodness of fit)를 확인적 요인분석 방법(CFA: confirmatory factor analysis)으로 분석한다. 측정모형은 요인분석과 유사하나 요인분석에서는 많은 관찰변수가 적은 수의 요인으로 축약되는 것에 초점을 두나 측정모형에서는 잠재변수가 어떤 관찰변수를 통해 가시적으로 드러나는가에 초점을 둔다. 그리고 구조모형(structural model) 부분은 측정모형에서 만들어진 잠재변수 사이의 관계를 이론적으로 규정한 것이다. 여기서 잠재변수는 측정오차가 완전히 제거된 순수한 개념의 변량만을 가지고 있다.[13] 따라서 일반 회귀분석 등에서 부딪치는 변수의 낮은 측정 신뢰도에 따른 회귀계수 추정의 문제점 등이 사라지게 된다.

(5) 연속변수와 이산변수

연속변수(continuous variables)는 측정시에 최소한의 단위를 확정할 수 없을 때 사용하는 변수를 말한다. 그 예로 시간, 길이, 무게 등을 들 수 있다. 연속변수는 등간척도 또는 비율 척도로 계산될 수 있기 때문에 구간변수(interval variable) 또는 비율변수(ratio variable)라고도 한다(Babbie, 2001: 402). 반면에 이산변수(discrete variables)는 최소한의 단위가 확정되어 있을 때 사용되는 변수로 명목변수(nominal variable), 서열변수(ordinal variable)가 포함된다. 예를 들면 성, 가족의 수, 계급, 학력 등의 변수는 이산변수로 표현될 수 있다. 일반적으로 통계분석에서 연속변수로 측정된 값은 모수 통계 기법이 적용되고, 이산변수로 측정된 값들은 비모수 통계분석 기법이 적용된다.

3) 변수 간 관계

과학적 조사분석의 첫 번째 단계는 두 변수 간의 관계를 검토하는 것인데, 변수 간 관계는 둘 이상의 변수가 서로 같이 변하는 경우에 존재한다. 예를 들어 교육 정도와 수입 간에는 서로 어떤 관계가 있다고 보는 것이다. 이 때 관계의 방향과 크기가 문제가 된다. 변수 간 관계는 관계의 방향, 관계의 선형성 여부, 관계의 상호성 등에 따라 몇 가지 유형으로 구분된다.

(1) 정의 관계와 부의 관계

정(+)의 관계(positive relationship)는 한 변수값의 증가(감소)가 다른 변수값의 증가(감소)와 연관이 있는 경우를 말한다. 부(-)의 관계(negative

---

13) 측정모형에서 확인적 요인분석 방법에 의해 오차 부분 e가 제거된다.

relationship)는 역관계로 한 변수값이 증가(감소)하면 다른 변수값이 감소(증가)하는 관계를 말한다. 그리고 두 변수 간에 아무런 관련이 없을 때 무관계(non-relationship)라 한다. 한 변수의 변화가 다른 변수의 변화와 유의미하지 않음을 말한다.

(2) 선형 관계와 비선형 관계

선형 관계(linear relationship)는 두 변수가 일정한 비율로 변하는 것을 말하며, 비선형 관계(nonlinear relationship)는 두 변수의 변화 비율이 일정하지 않거나 다른 것을 말한다. 비선형 관계에서는 변수 X와 변수 Y가 함께 증가하다가 어느 극대점 또는 극소점에 이르면 X가 변해도 Y의 변화율은 0이 되고, 그 이후는 X가 증가해도 Y는 감소(또는 증가)하는 경우도 있다. 예를 들어, 병세의 중증 정도와 투약량과의 관계를 보면, 투약량이 증가하면 한정적으로 중증이 가라앉다가 다시 증가하는 모습을 보이는 경우이다.

(3) 상관 관계와 인과 관계

상관 관계(correlationship)란 두 변수 X, Y 두 변수가 상호 영향을 주어 공동 변화를 하는 것을 말하며, 인과 관계(causal relationship)는 원인이 되는 한 변수가 일방적으로 영향을 주는 것을 말한다. 예를 들어 신장과 체중의 관계는 어느 한쪽이 원인이라고 할 수 없기 때문에 상관 관계에 해당된다. 반면에 교육 수준과 소득 수준의 관계는 인과 관계에 해당된다.

통계적 분석에서는 두 연속변수의 상관 관계의 정도를 나타내기 위해서 상관계수(r)를 계산하는데, +1에서 -1까지의 값을 취한다. 그리고 인과성의 정도를 나타내기 위해 인과모형에서 회귀계수 또는 경로계수를 구해 제시한다.

(4) 대칭적 관계, 비대칭적 관계, 상호적 관계

대칭적 관계(symmetrical relationship)는 변수 간의 관계에서 어떤 변수도 다른 변수의 원인이 아닌 경우이다. 통상 두 변수 간에 상관 관계 또는 공동 변화만을 확인할 수 있고, 인과 관계의 방향은 알 수 없을 때, 대칭적 관계가 존재한다고 말하며 기호로는 $A \leftrightarrow B$로 표현한다. 이것은 A 변수가 변화하면

B변수도 변화하고, B변수가 변화하면 A변수도 변화하는 경우이다. 일례로 성취 동기와 학업성취도 간의 관계를 들 수 있다. 성취 동기가 높으면 학업성취도가 높고, 또한 학업성취도가 높으면 성취 동기가 높다고 할 수 있다.

비대칭적 관계(asymmetrical relationship)는 한 변수가 다른 변수에 영향을 미치는 관계로, 한 변수가 다른 변수를 유발하는 원인이 된다. 이것은 인과성 유형(causal type)으로 원인변수가 시간으로 선행적이며 영향의 비가역성을 특징으로 한다. 기호로는 $X \rightarrow Y$로 표시한다. 예를 들어, 자극과 반응의 관계, 광고와 상품 소비의 관계 등을 들 수 있다.

상호적 관계(reciprocal relationship)는 두 변수가 서로 영향을 미치는 관계를 말하는데, 기호로는 $X \rightleftarrows Y$로 표시한다. 이것은 두 변수가 서로 다른 변수의 원인이 되므로 상호 원인으로 작용하는 경우인데, 보통 순환(악순환)모형에서 나타난다. 예를 들어 직무 만족은 직무 성과에 영향을 미치는 변수이지만 반면에 직무 성과에 영향을 받기도 한다. 통계분석에서는 구조방정식 모형 또는 동태적 체계 모형을 이용해 변수 간의 영향을 파악하고자 한다.

4 언명(서술)

1) 의 의

과학적 사실은 관찰에 의해 확인되며, 확인된 사실은 언명(서술)에 의해 표현된다. 언명(서술, statement)은 개념과 변수들에 대해 체계적으로 기술하는 것이며, 정형화된 이론에는 일정한 형태의 언명들이 포함되어 있다.

그런데 개별적 사실의 언명만으로는 과학적인 관심거리가 될 수 없고, 그러한 개별적 사실들이 다른 개별적 사실과 연결되어 일반적 사실이 될 때에 비로소 의미가 있다. 이처럼 실증적 사실 간의 연결을 일반론(generalization) 또는 보편적 언명(universal statement)이라고 한다. 개별적 사실들을 연결시켜 주는 일반적 또는 보편적 언명을 법칙이라 한다. 법칙은 사실들 간의 규칙성에 관한 언명(서술)이다.

과학적 일반론도 사실 간의 관계, 즉 개념 간의 연결에 관한 언명이라는 점에서 법칙과 형식적 구조에서는 동일하다. 이에 대해서는 엄격하게 경험적 사실 간의 관계를 일반론이라고 하고, 이에 대응해 이론적 개념 간의 관계를 법칙이라고 부르는 경우도 있으나, 대부분의 경우는 이론적 논의에서 하나의 언명이 차지하는 논증 방식상의 위치나 성격에 따라 명제(proposition), 가정(assumption), 공리(axiom), 가설(hypothesis), 법칙(law) 등으로 구분하고, 이 전부를 일반론이라 부르기도 한다(강신택, 1995: 69-70). 이하에서는 특별히 구분해야 하는 경우를 제외하고는 일반론과 법칙을 상호 교환적으로 같은 의미로 쓰기로 한다.

과학적 일반론의 언명(서술) 형식은 '만일 (A)…라면, (B)…하다'(If A, Then B)라고 하는 조건문으로 그 개념 간의 기본적 관계를 표현한다. 구체적으로는 '모든 E에서, 만일 E가 X라면 E는 Y이다'라는 형식이다. 이 때의 E는 연구 대상이고, X, Y는 E의 어떤 속성을 지칭하는 개념이다. 예를 들면, '모든 조직 E에서, 만일 결정 상황의 복잡성(X)이 적을수록 참여자의 개인적 갈등(Y)이 일어날 가능성이 적다'라고 표현하고, 이 때 X, Y는 조직 E의 속성이다.

그러나 모든 과학적 언명들이 이러한 서술 형태들을 반드시 포함해야 하는 것은 아니다. 가설을 필요로 하지 않는 이론들도 있으며, 엄격한 공리에서 출발하지 않는 이론적 전개도 가능하다.

2) 과학적 언명의 표현 형식

경험적 일반화의 언명은 개념과 개념 간의 규칙적 연결 관계를 표현하는 것인데, 이러한 사물 간의 관계를 표현하는 형식에는 범주 관계, 시간적 선행 관계, 결정적 관계 등 세 가지로 나뉜다.

(1) 범주 관계

이것은 한 개념의 실증적 사례가 다른 개념의 실증적 사례와 연관되어 있다고 말하는 형식이다. 예를 들면, '청소년 범죄는 결손 가정의 자녀들에게서 많이 일어난다'라는 일반화가 있다면, 이것은 청소년의 속성 '가정'과 '범죄' 간에 경험적 관련성이 있다고 말하는 것이다.

(2) 시간적 순서 관계

이것은 일반화의 표현에서 개념적 속성 간의 시간적 순서(time order)를 나타내는 것이다. 즉 시간적 차원에서 개념들의 실증적 사례 간의 선후 순서를 밝힌다. 예를 들면, '올해 풍수해가 심하게 발생해 벼 수확량이 줄어든 결과로, 쌀 가격이 올랐다'의 언명에는 시간적 순서가 포함되어 있다.

(3) 결정적 관계

이것은 한 실증이 가지고 있는 값과 다른 개념이 가지고 있는 값 간에 결정적 관련성이 있다는 것을 의미한다. 만일에 X가 원인이고 Y가 결과라면, Y의 변화는 전적으로 X 때문이라는 것이다.

3) 언명의 유형

과학적 언명은 추상화의 정도와 연역(deduction)의 도출 관계에 따라 명제, 공리, 정리, 가정, 가설 등 여러 명칭으로 불린다.

(1) 명제

명제(proposition)는 공리들 사이의 논리적인 관계에 기초해 이루어지는 개념들 간의 관계에 관한 일반론이다. 모든 일반론을 명제라 부른다. 이러한 명제 또는 일반론에는 공리, 정리, 가설이 포함된다.

(2) 공리

공리(axiom)는 어떤 이론 체계에서 이미 가정(=전제, assumption, premise)으로 주어져 있고, 이론 체계의 기초가 되는 명제나 일반론이다. 공리에 관련되는 언명(서술)은 검증 대상이 되지 않는다.

(3) 정리, 법칙, 가설

정리(theorem)는 공리로부터 도출(연역)된 명제 또는 일반론으로서 좁은 의미의 법칙(검증된 가설)과 가설(검증될 법칙)이 포함된다. 가설(hypothesis)

은 하위 수준의 일반론 또는 명제이며 법칙은 검증 후에 확인된 일반론이다. 가설은 경험적인 실재에 관한 구체화된 경험을 기술하는 것으로, 가설을 통해 일반화나 명제를 검증하는 데 사용된다.

4) 언명의 구체화 방법

이론적 언명은 개념 간의 연결인데, 그 개념 간의 연결 범위를 밝혀야 그 내용이 명확해진다. 이러한 연결의 내용을 이론적·조작적으로 구체화하고 언명들을 상위 명제와 하위 명제의 관계로 배열하는 것이 필요하다.

이론적 언명은 개념의 정의 방식과 마찬가지로 두 가지 방식으로 그 연결(linkage)을 구체화시킬 수 있다. 하나는 이론적 연결(theoritical linkage)이고, 다른 하나는 조작적 연결(operational linkage)이다. 이론적 연결은 두 개의 개념이 어떤 언명 속에서 논리적으로 어떻게 연결되는가를 보여 주며, 현상을 설명하는 이론 형성의 기초가 된다. 조작적 연결은 두 개의 개념이 언명 속에서 어떻게 경험적 의미가 부여되는가를 보여 주며, 언명의 검증 가능성을 제공해 준다. 이러한 두 가지 방식으로 이론적 언명의 연결을 구체화하는 것이 과학적 연구에 큰 도움을 준다. 실제 연구에서는 가설 구성을 위한 지침이 된다.

(1) 이론적 연결의 구체화 방법

이론적 연결을 구체화하는 데에는 세 가지 중요한 기법이 있다(Hage, 1972: 92-99).

첫째, 문헌을 조사해서 언명에 포함된 개념 간의 매개변수를 찾아내는 방법이다.

둘째, 전제(premise) 또는 가정(assumption)으로 불리는 일반적인 언명을 구체화해서 하위의 언명들로 세분화하는 방법이다. 즉, 전제나 가정 등의 일반적 언명(진술)으로부터 정리, 계(系), 가설 등의 낮은 수준의 진술을 추론해서 구체화하는 것이다.

셋째, 두 개의 변수 간의 연결에 대한 논리적 이유를 밝힘으로써 매개변수를 찾아내고, 그 전제를 밝혀내는 방법이다.

(2) 조작적 연결의 구체화 방법

개념 간의 연결을 조작화해서 경험적 응용 가능성을 높이는 일이 중요하다. 이 때에는 변수를 측정할 수 있는 특정한 질문, 관찰, 문서를 확인하고, 이들로부터 적합한 자료를 찾아내는 것이 사회적 연구의 핵심이 된다.

변수들에 대한 관찰을 통해 조작적 연결을 구체화하는 방법들에는, i) 추적선의 이용, ii) 표의 활용, iii) 변수와 그들 간의 관계에 대한 일련의 구체적 질문을 하는 방법들이 있다(Hage, 1972: 99-110). 여기에서는 추적선에 대해 살펴보자.

[그림 3-4]에서처럼 그래프 형태로 관찰 결과를 검토해 보면, 일정한 추적선의 관계 유형을 확인할 수 있다. 그런데 변수들이 세련되고 복잡화될수록 다른 유형의 선들이 사용될 수 있다. 예를 들면, [그림 3-4]에서 제시된 곡선 또는 정규분포곡선에서 변수 Y를 여러 차원에서 검토해 보면 [그림 3-5]와 같은 다차원적 추적선을 확인할 수 있다.

그런데, 모든 추적선의 유형들은 다음의 네 가지 요소를 지니고 있다. 즉 i) 직선, 곡선 또는 지수곡선 등의 형식(form)이 존재하고, ii) 정(+) 또는 부(-)의 방향(direction)이 존재하며, iii) 계수((coefficient)를 가지고 있으며, iv) 한계(limit)가 있다.

문제는 이러한 네 가지 부분을 어떻게 밝히느냐 하는 것인데, 이를 위한 기법으로 i) 문헌 검토를 통해 그 속에 담겨 있는 표현의 형식을 찾아보고, ii) 어떤 공식에 여러 가지 수를 대입해 보고 최적의 종속변수의 값을 찾아보는 것이고, iii) 전체적으로 형식·방향·방향·계수·한계 등 네 가지로 나누어 연결의 성질을 생각해 보는 방법이 있다.

이상과 같이 과학적 언명에 대해 개념적 연결과 조작적 연결을 수행함으로써 성공적인 이론 형성에 한 걸음 다가섰다고 할 수 있다.

[그림 3-4] 추적선

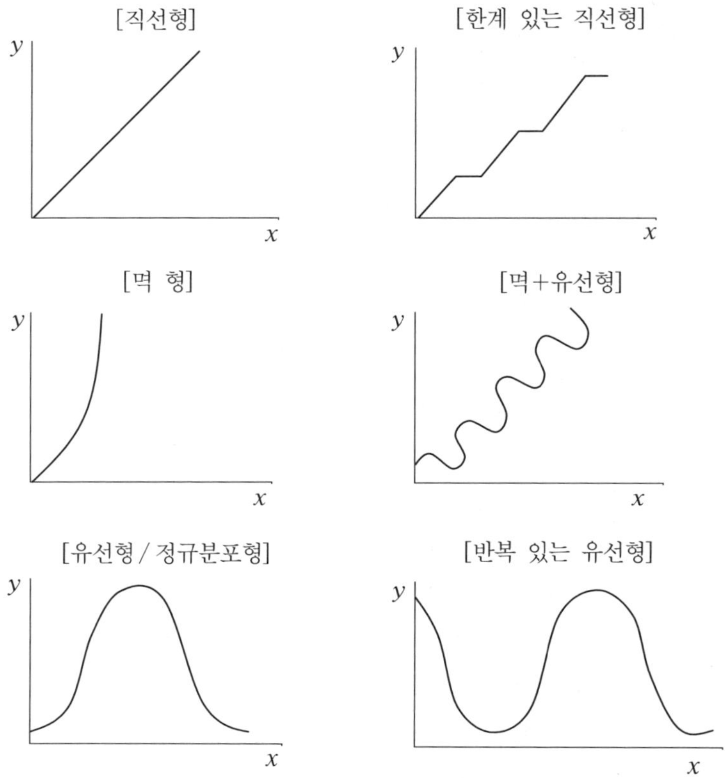

[그림 3-5] 다차원적 추적선의 예

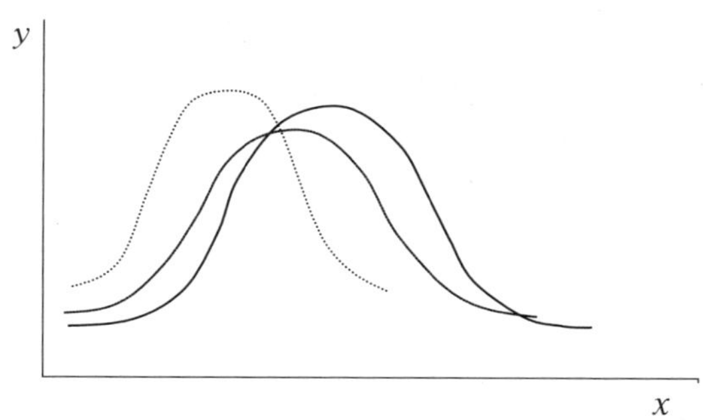

제 4 절 이론 구성의 과정과 방법 체계

지금까지 이론의 구조에 관해서 고찰했는데, 이것은 과학적 지식의 성격을 밝히는 것이었다. 지금부터는 이론의 구성에 대해 살펴보기로 한다. 이론의 구조란 과학 활동의 결과로서 얻은 이론의 구조를 말하는 것이고, 이론의 구성이란 과학 활동의 과정에서 이루어지는 가설 정립, 관찰·실험 등과 함께 이루어지는 이론화 활동을 말한다. 구체적으로 살펴보면, 이론의 구조에 대한 논의는 과학 활동의 산출물인 개념과 이론적 언명을 중심으로 이와 관련된 개념의 정의 방식, 개념 도입의 논거, 그리고 이론의 구성 요소(구조) 및 설명 방식 등을 이론의 타당화 맥락에서 다루는 것이었다. 반면에 과학 활동의 과정에서 이루어지는 이론의 구성과 관찰·실험 등은 과학자가 발견의 맥락에서 수행하는 과학 활동이다. 그렇다면 과정으로서의 과학 활동에서 이루어지고 있는 이론의 구성이란 무엇이며, 어떠한 절차와 방법(논리)에 의해 이루어지는가를 살펴보기로 한다.

1 의 의

과학적 연구의 궁극적 목적은 특정 현상에 대해 기존의 이론으로부터 도출된 변수들 간의 관계를 경험적으로 검증하고, 이 과정을 통해 기존 이론을 검증하거나 새로운 이론을 만들어 현상을 설명·예측하는 데 그 목적이 있다. 그러기 위해서 모든 과학적 이론은 논리성과 경험성을 갖추어야 한다. 이론의 논리 체계가 허술하면 경험적인 검증도 필요 없이 이론으로서의 의미가 없다. 또한 아무리 치밀한 논리 체계를 갖는다 할지라도 경험적 검증을 거치지 못한다면 그것은 공리공론에 불과하다. 실제로 과학의 역사에서 그럴 듯하게 보이는 많은 이론들이 경험적 검증을 거치면서 부정되었다.

이론의 발전 과정에서 논리성과 경험성의 결합 방법을 둘러싸고 크게 상이한 접근들이 있어 왔다. 즉 이론을 먼저 구성하고 경험적 연구를 하는 것이 과학적 지식을 더 잘 발전시킬 수 있는지, 아니면 경험적 연구로부터 출발해 이론을 구성하는 것이 과학적 지식을 더 잘 발전시킬 수 있는지에 관한 논의이다. 연역적 접근과 귀납적 접근이 그것이며, 과학적 지식의 발전에서 택할 전략의 문제로서 다루어지고 있다.

2 전통적 이론 구성의 과정

전통적으로 과학주의의 입장은 이론 구성에서 논리성이 항상 경험성에 선행해야 한다고 본다. 과학적 지식이란 이론 개발을 전제로 해서 그에 대한 경험적 연구를 통한 검증 과정을 거칠 때에 과학적 지식이 발전해 나갈 수 있다는 것이다(Popper, 1972).

이들에 의하면 이론의 구성은 크게 과학적 활동의 시간 순서에 따라 이론화, 조작화, 관찰 등 3단계로 진행되는 것으로 보았다. 이것은 과학의 이미지에 대한 전통적 관점에 뿌리박고 있다.

1) 이론화(이론 형성)

연구자의 개인적 관심과 아이디어에 의해서 특정 현상에 대해 연구 대상(주제)을 설정하게 되면, 연구자는 해당 문제에 대해 이론적 이해를 위한 이론화(theorizing) 활동을 수행한다. 바로 이러한 활동이 좁은 의미의 이론 형성(theory building)이다. 이를 다시 세분하면 다음과 같다.

첫째, 기존 이론을 검토함으로써 현상 설명을 위한 적절한 개념 도입과 변수를 선정하고, 경험적으로 측정 가능하도록 조작화해야 한다. 조작적 정의를 통한 측정 지표 개발이 필요하다.

둘째, 변수들의 측정 방법이 강구되면 이들 개념(변수)들 간의 관련성에 대한 언명이나 명제로 일반화하는 것이 중요하다(변수들 간의 관계의 진술을 일반화 또는 명제라고 한다). 이러한 개념들 간의 연결 관계를 효과적으로 조직화하기 위한 방법이 개념적 틀(conceptual framework) 또는 이론적 모형이다. 개념적 틀 또는 이론적 모형은 이론의 구성 요소인 개념(변수)들과 그 관계로 구성된다고 했는데, 특히 변수 간 관련성에 대한 위치 설정이 중요하다. 어느 것이 독립변수이고 종속변수인지, 외생변수와 내생변수인지, 조절변수 또는 매개변수인지를 명확하게 식별해 설정해야 하는 것이다.

셋째, 개념적 틀 또는 이론적 모형의 작성에 앞서, 중요한 것은 변수들 간의 이론적 연결 관계를 구체적으로 식별하는 일이다.

넷째, 일단 변수를 경험적으로 측정하는 방법이 발견되면 관계적 진술이나 명제로 이론적 언명을 구체적으로 연결해야 한다. 이것은 가설의 형태로 표현될 것이다. 체계적으로 관련된 명제를 얻기 위해서 변수들 간의 인과 관계를 구체화하는 것이다.

2) 조작화

조작화란 관찰하고 싶은 변수들을 실제로 측정하고 확인할 때에 거쳐야 할 단계, 절차 또는 운영의 구체화를 말한다. 여기에는 자료의 수집 방법(표본추출, 서베이 등)의 설정, 척도의 구성 등 조사설계(research design)를 수립하는 활동이 포함된다.

3) 관 찰

관찰이란 가설적 명제를 경험적으로 검증하기 위해, 실제 관련 변수들의 값을 측정하고 분석하는 활동을 총칭하는 개념이다. 이 단계에서는 실험의 실시, 면접 또는 서베이 조사를 실시해 자료를 수집하는 활동과, 수집된 자료를 분석해 가설의 경험적 타당성을 검증한다.

[그림 3-6]은 과학적 의문을 해결하는 과정에서 실증주의자들이 가진 과학의 전통적 이미지를 간단히 나타낸 것이다(Babbie, 2001: 54). 그림에서 연구자는 관심이나 아이디어로부터 어떤 연구 문제에 대해 과학적 의문을 품고 그 해결을 시도한다. 그 다음에는 이론적 이해, 즉 이론 구성을 통해 일반론으로서의 이론 체계를 개발한다. 그 다음 이론 체계는 만일 그 이론

[그림 3-6] 과학에 대한 전통적 이미지 모형

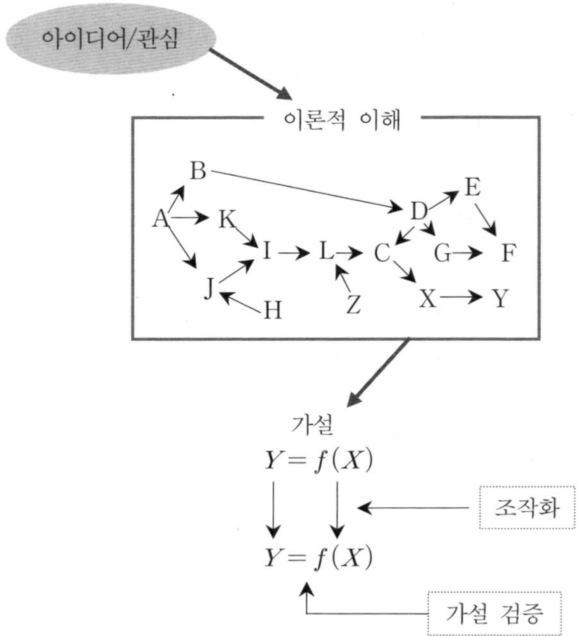

적 기대가 옳다면 사물(형상)이 현실에서 존재해야 하는 방식에 대한 가설(hypothesis or expectation)로 구체화되어 표현된다. 보통 $Y=f(X)$ 식으로 함수 관계로 나타낸다. 그렇지만 그 수준에서 X와 Y는 구체적 의미보다는 일반적 의미를 갖는다.

조작화 과정에서 이론 체계에 포함된 개념들은 구체적 지표와 절차로 전환되는데, 예를 들면 X는 X의 구체적 지표 형태로 경험적 준거를 확보하는 것이다. 이 조작화 과정은 검증 가능한 가설을 형성하도록 해 준다.

마지막으로 가설을 검증하는 것은 관찰을 통해 이루어진다. 따라서 과학에 대한 전통적 이미지 모형은 이론을 검증하기 위해 연역적 이론 체계에 기초하고 있음을 알 수 있다.

그러나 과학적 연구에 대한 전통적 모형은 현상을 논리적으로 명확하게 이해할 수 있는 지침을 주지만 전체의 일부만을 설명하고 있을 뿐이다.

3 이론 구성의 방법 체계

여기에서는 연역적 논리(deductive logic)를 사회과학 연구에 맞도록 재검토하고 그것을 귀납적 논리(inductive logic)와 대비시켜 보기로 한다. 연역적 논리는 일반적인 사실에서 특수한 사실들을 이끌어 내는 방법이다. 전형적인 과학적 방법이라 불리는 실증주의적 입장에서 이론을 만들 때, 보통 사용하는 것이 연역적 논리 체계이다. 반면에 귀납적 논리는 관찰된 자료에서 출발해 관찰된 대상 간의 관계를 설명하는 일반화를 개발한다. 다른 한편 연역적 추론에서는 어떤 일반 법칙으로부터 출발해 그것을 특수한 사례에 적용한다(Beveridge, 1950: 113).

1) 연역적 논리 체계

전통적인 과학적 접근 방법은 위에서 설명한 것처럼, '이론화→가설→조작화→관찰→검증'을 거치는 연역적 방법이다.

연역적인 방법을 사용해 이론 구성의 논리 체계를 삼단논법을 통해 살펴보면 다음과 같다.

'모든 사람은 죽는다.'	(이론, 일반화)
'소크라테스는 사람이다.'	(조작화)
'그러므로 소크라테스는 죽는다.'	(관찰, 경험)

이 경우에는 소크라테스가 죽는가 혹은 죽지 않는가라는 개별 사건에 대한 관심이 아니라, '모든 사람은 죽는다'라는 일반화된 설명(언명), 즉 이론을 검증하기 위해 소크라테스를 조작화해 관찰하게 된 것이다. 소크라테스의 죽음을 통해 '모든 사람은 죽는다'라는 일반 명제를 검증하고 있는 것이다. 논리와 경험이 이와 같은 형태로 결합되어 하나의 이론으로 완성되는 되는 것이 연역적 논리 체계이다.

예를 들어, 공부 시간과 시험 성적 사이의 관계에 대해 연역적 추론을 하는 과정은 [그림 3-7-Ⅰ]과 같이 나타낼 수 있다. 먼저 논리적 검토를 통해 Ⅰ.(a)와 같이 '공부하는 데 소비한 시간과 시험에서 얻은 점수 간에는 긍정적(+) 관계가 있음'을 암시하는 가설을 얻을 수 있다. 다음에 그 가설을 검증하기 위해 Ⅰ.(b)에와 같이 수백 명의 학생들을 대상으로 공부 시간과 시험 점수를 관찰했고, Ⅰ.(c)는 가설과 관찰 결과를 비교하게 된다. 이 그림에서는 가설과 관찰 결과가 완벽히 일치하지 않으므로 공부를 많이 한다고 해서 반드시 성적이 비례적으로 향상된다고는 할 수 없다라는 결론을 얻게 된다. 결국, 연역법은 사건과 사건 사이의 필연적 관련성을 그 형식적 구조를 통해 밝히는 추론 방법이다. 그러므로 이 방법은 '전체에 대해서 참인 것은 부분에 관해서도 참이다'라는 법칙에 의거해 보편적 원리로부터 부분에 대한 지식을 이끌어 낸다.

그러나 현실 세계에서는 관찰과 우리의 기대가 완전하게 일치하는 일이 별로 없으므로, 그 가설을 완벽하게 확인하는 것이 쉽지 않다는 점이다. 다시 말해 그 가설이 실제로 존재하는 일반 유형을 기술하고 있다고 결론지을 수 있겠는가 하는 문제가 발생한다.

2) 귀납적 논리 체계

위의 사례에 귀납적 논리를 적용해 설명하면, 우선 '소크라테스의 죽음'을 발견하고 다른 많은 사람들도 죽은 것을 관찰하게 된다. 그러면 연구자는 모든 관찰한 사람들이 죽은 것을 알고, '모든 사람이 죽는다'는 잠정적 결론(tentative conclusion)에 이르게 된다. 여기에서 '잠정적'의 의미는 이 유형이 검증된 것이 아니라 단지 관찰에 의해 만들어 낸 유형을 뜻한다.

'소크라테스는 죽는다.'	(관찰, 경험)
'다른 특정인 A, B, …도 죽는다.'	(관찰, 경험)
'모든 사람은 죽는다.'	(이론, 일반화)

이와같이 귀납법은 경험의 세계에서 관찰된 많은 사실들이 모두 공통적인 유형으로 전개되는 것을 발견하고 객관적인 수준에서 증명을 하게 되는 것이다. 따라서 객관적이기 위해서는 현상의 분석 절차와 방법이 계량적이

어야 하며, 이를 위해 통계학적·수학적 분석이 필요하게 된다.

예를 들어, 위에 제시한 공부 시간과 시험 성적 사이의 관계에 대해 귀납적 추론을 하는 과정을 나타내면 [그림 3-7-Ⅱ]와 같다. 이 경우에는 [그림 3-7]의 Ⅱ.(b)에서처럼 일련의 관찰을 함으로써 시작한다. 다음에 공부 시간과 시험 점수 간의 관계에 대해 적절한 자료를 수집해 관찰한 결과 [그림 3-7]의 Ⅱ.(b)와 같이 일정한 유형을 보이고 있음을 발견했다고 하자. 이 경우에 점들 간에 나타난 유형은 Ⅱ.(c)와 같이 1~15시간 범위의 공부로는 시험에서 높은 점수를 얻고, 15~25시간 범위에서는 점수 변화가 거의 없

[그림 3-7] 연역적 및 귀납적 방법

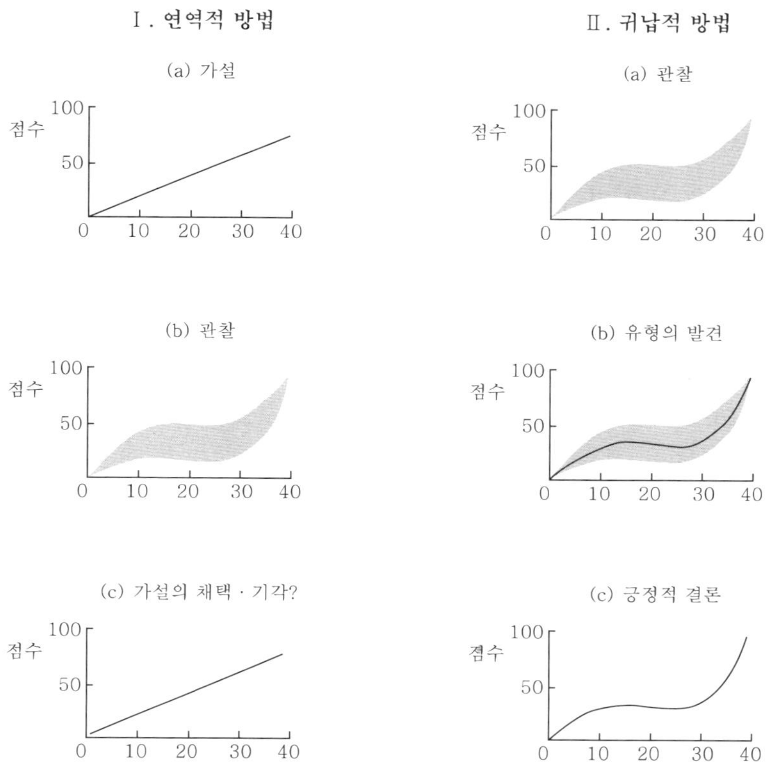

고, 다시 25시간 범위 이상에서는 처음의 유형이 반복된다는 잠정적 결론을 내릴 수 있다. 귀납적 방법을 사용하면 두 변수 간의 관계의 유형에 관해 '잠정적' 결론을 내리게 되는데, 이것은 우리가 관찰한 것이 어떤 유형의 검증이 아니라 단지 유형의 자료일 뿐이라는 것을 의미한다.

4) 연역법과 귀납법의 상호성

연역법과 귀납법은 상호 대립적인 관계가 아니라 상호 보완적인 관계에 있는 과학적 접근 방법이다. 윌리스(W. Wallace)의 과학적 연구의 과정을 약간 수정해 [그림 3-8]과 같은 '과학의 수레바퀴 모형'을 제시할 수 있다. 즉 이론과 연구가 '연역-귀납-연역-귀납……'의 순환적 · 교대적으로 끝없이 이루어짐을 알 수 있다.

결론적으로 과학적 이론은 분석적인 연역적 방법과 경험적인 귀납적 방법에 의해 이루어지게 되는데 이론 구성의 논리는 이 중 어느 한쪽만을 취해서는 완전할 수 없다는 것이다. 즉 연역적 추론이 논리적 필연성을 갖는다는 점에서 이론적 중요성을 인정하고, 이론 내용의 공허성을 피하고 예측적 지식의 가치를 인정함으로써 귀납적 논리도 중요하다는 점을 인정해야 한다. 따라서 논리와 관찰은 과학 연구에서 모두 필수적이다. 연역과 귀납은 모두 사회과학 이론 구성의 통로가 된다.

[그림 3-8] 과학의 수레바퀴 모형

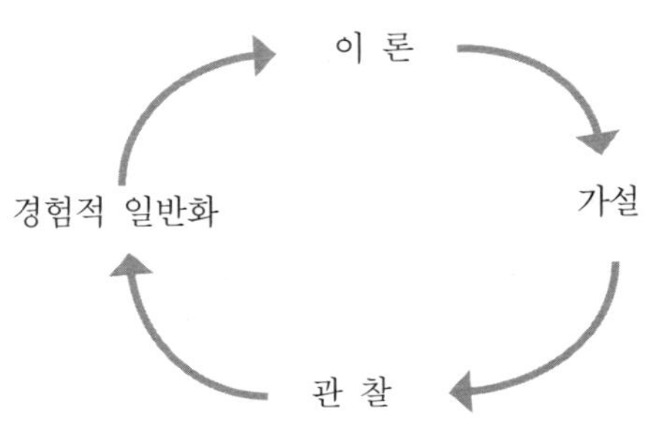

제5절 모 형

1 모형의 의의

하나의 모형(model)이란 어떤 현상을 연구하는 데 원용되는 이론적 구조이다(강신택, 1995: 86). 오늘날 많은 실증주의 또는 행태주의 과학자들은 이론 구성 활동이 곧 모형 형성(model building)인 것처럼 생각하는 경향이 있다. 그런데 이론이라는 말이 여러 가지 의미로 쓰이고 있듯이 모형이라는 말도 여러 가지로 쓰인다. 여기서는 모형의 논리적 구조, 특히 이론과 모형의 구조동일성 관계를 살펴보고, 모형의 용도에 관해서 설명한다.

1) 모형의 정의와 성격

모형과 이론이라는 용어는 과학자들 사이에서 양자가 단순히 동의어로 사용되기도 하고, 때로는 모형이란 이론이 아닌 어떤 이론적 정식화를 지칭하는 것으로 사용되기도 한다. 그런데, 형식과학적 관점에서는 '모형이란 어떤 캘큘러스(calculus)[14]에 대해 특별한 해석이 이루어진 언어 외적 존재'를 말한다. 즉, '어떤 하나의 이론에 대응하는 하나의 모형이란 동일한 캘큘러스의 어떤 해석, 즉 이론에 대한 어떤 다른 해석'이라는 것이다. 결국, 동일한 캘큘러스에 대해 두 개의 해석이 있는 경우, 그 중의 하나가 이론이 되고 다른 하나는 모형이 된다. 이 때 이론의 공리(公理, axioms) 및 정리(整理, theorem)와 모형의 공리 및 정리는 하나의 형식 체계(C)가 가진 공리와 정리를 해석해 놓은 것이므로, 이론과 모형 양자의 형식적 구조는 동일하다.[15]

14) 캘큘러스(calculus)란 인공어 체계가 순수한 형식만으로 이루어진 공리 체계를 의미한다. 이론은 캘큘러스를 특정 현상의 기술적 또는 경험적 용어로 해석해 놓은 것이다.

15) 어떤 동일한 형식 체계, 즉 캘큘러스로부터 두 개의 상이한 연역적 이론이 해석되어 나올 수 있을 때, 양자는 구조동일성(isomorphism) 관계에 있다고 말한다.

이론 T로 해석되는 캘큘러스 C는 규칙들의 논리적 집합을 갖고 있으며, C의 공리 중에 4개는 경험 법칙으로 해석되고, 또 C의 원어 중에 6개는 기술적 용어로 해석된다고 하자.16) C의 나머지 공리와 원어들은 분석적 진술과 논리적 요소로 해석된다. 이와같이 구성된 이론 T의 각 공리와 정리는 아직 해석되지 않고 추상적인 캘큘러스 C의 공리들 중에 그 대응물을 가지고 있게 된다. 그러므로 일단의 의미론적 해석 규칙 S를 사용해 원어의 의미를 부여함으로써 T의 각 공리의 의미는 결정된다.

그러나 이 이론 T는 캘큘러스 C에 대해 가능한 많은 해석 가운데 하나에 지나지 않는다. 여기서 의미론적 규칙의 집합 S를 사용하지 않고 대신에 전혀 다른 의미론적 규칙의 집합인 S'를 적용한다고 하자.17) 그렇다면 우리는 동일한 캘큘러스에 대해 새로운 두 번째 해석을 할 수 있게 된다.

이와같이 두 개의 상이한 연역 체계가 동시에 그 기초를 이루는 동일한 캘큘러스의 해석이 되는 상황에서 서로 다르게 해석된 두 이론은 구조동일적(isomorphic)이라 할 수 있다. 이러한 한 쌍의 구조동일적 이론에서는 그 중 하나가 다른 하나에 대해 모형이 된다. 여기에서 어느 것을 모형으로 보아야 하는가는 두 가지 이론의 구조적 형태에 의해 결정되는 것이 아니라 우리가 어떤 주제에 더 관심을 갖는가에 따라 결정된다.18)

캘큘러스 C는 경험적 해석과 분석적 해석을 동시에 할 수 있다. C의 '모든' 공리가 그 해석에서 논리적으로나 수학적으로 '참'이 된다면 그것은 분석적 해석이 되지만 C의 공리 중에 적어도 하나 이상이 그 해석에서 비분

---

16) 예를 들면, 성격이론과 그것의 기초가 되는 캘큘러스를 정식화했다고 하고 그 이론을 체액이론이라 하자. 이 이론은 어느 특정 시점의 인간의 성격 상태를 네 가지 서로 다른 체액의 양적 비율에 따라 결정되는 함수로 가정한다. 이것은 특정 시점에서의 인간의 성격 상태를 그 시점에서 네 가지 체액의 비율에 따라 결정된다는 것이다. 이 때 의미론적 해석 규칙 S는 캘큘러스 C의 원어인 추상적 기호를 혈액, 담즙, 점액 등 관찰 용어로 해석한다.

17) 이 규칙 S'는 캘큘러스 C와 같은 추상적 기호를 적색소, 녹색소, 흑색소 등의 색소 용어로 해석한다. 그 결과 나타나는 이론은 성격이 체액의 비율에 의해 결정되는 것이 아니라 여러 가지 색소의 다양한 비율에 의해 결정된다는 것으로 설명하게 된다.

18) 만일 우리가 성격에 주된 관심을 갖는다면 색소이론 M은 T에 대한 모형이 되며, 색소나 색채의 상태에 주된 관심을 갖는다면 T를 M에 대한 모형으로 간주할 수 있다.

석적이라면 그것은 경험적 해석이 된다. 다라서 경험적 이론은 경험적 모형이나 수학적 모형의 둘 중 하나를 갖게 된다.

2) 모형의 용도

과학자가 모형에 관심을 갖는 이유는 이론의 타당화를 위해서보다는 이론의 발견을 위해서 사용되고 있다. 왜냐하면 모형은 과학에서 발견적 장치로서 기능하기 때문이다.

이와같이 모형을 통해 일반적 공리로부터 오차가 적은 연역을 쉽게 할 수 있으며, 또는 모형에서 변수들 간의 관계에 대한 정리를 검증할 수 있는 가능성이 높아지기 때문이다.

실제 연구에서 이론은 접근하기 힘들고 파악하기 어려운데 반해, 경험적 모형은 접근하기 쉽고 구체성이 있으므로 모형을 사용하는 것이 더욱 효과적일 수 있다.[19] 또한 이론의 발견을 위해 경험적 모형을 사용함으로써 현상에 대해 단순하면서도 친근하게 시각적으로 쉽게 접근할 수 있게 한다.

경험과학에서는 수학적 모형이 그것이 갖는 연역적 정밀성 때문에 많이 활용된다. 수학이론 중의 어떤 것이 어떤 경험적 이론과 동일구조적인 경우, 수학적 모형으로 수학이론의 공리 체계를 경험이론으로 해석함으로써 다수의 '이미 증명된 정리'를 직접 이용할 수 있게 된다. 오늘날 많은 사회과학 이론에서 이와 같은 모형을 사용하고 있거나 해석을 통해서 여러 가지 수학적 또는 논리적 모형으로부터 그 이론을 연역적으로 조작화하기도 한다.

2 모형의 기능과 유형

1) 모형의 기능

모형의 기능은 자료의 조직화(data organization)와 과학적 아이디어의

---

19) 예를 들면, 파이프 속을 흐르는 물의 흐름에 관한 이론은 전선을 흐르는 전류이론에 대한 모형으로 사용될 수 있다.

전달 역할을 한다(Kaplan, 1964: 268-72).

(1) **자료의 조직**

이론이 잘못 정의되면 이론의 구성 요소인 변수들에 대한 자료들도 의미가 모호하고 측정도 불확실해진다. 반면에 모형은 경험적 실제를 잘 반영하기 때문에, 의식적이고 명시적이며 확정적으로 변수들에 대한 자료를 조직해 준다. 잘 조직된 자료는 측정과 자료 수집이 용이하고, 이론의 검증 가능성을 높인다.

(2) **과학적 아이디어의 전달**

모형은 과학자들이 현상에 대해 마음 속에 갖고 있는 것을 다른 사람들에게 명확하게 알리는 역할을 한다. 과학은 협동적(cooperative), 상호 주관적(intersubjective), 누적적(cumulative) 행위이기 때문에, 연구자는 다른 사람들이 이미 설정한 연구 모형들을 토대로 연구해 나가고, 다시 더 나은 이론 구성을 위한 기초를 제공하게 된다. 따라서 모형은 과학자 집단 간에 과학적 아이디어의 커뮤니케이션 기능을 수행하는 것이다.

2) 모형의 유형

모형의 구조동일성과 형식 체계의 해석에 따라 다음과 같이 구분된다.

(1) **모형의 구조동일성이 갖는 기능에 따른 유형**

모형과 그것이 지시하는 대상 간에는 구조상의 유사성이 요구된다고 할 수 있는데, 이러한 구조동일적 체계(isomorphic systems)의 특성에 따라 물리적·어의적·해석적 모형으로 나눌 수 있다(Kaplan, 1964: 268-72).

① 물리적 모형

물리적 모형((physical model)은 가장 오래 되고 가장 널리 사용되는 구조동일성의 유형으로 실물을 축소한 상사체나 모사물로 모형 비행기나 자동차, 인형, 우상, 초상 등을 예로 들 수 있다. 이것은 안전하고 값이 싸며 조작하기가 쉽기 때문에 실험을 가능하게 해 준다. 행태과학에서도 예를 들어 경제 현상에 대한 컴퓨터 시뮬레이션 등 물리 체계적 모형이 많이 활용되고 있다. 또한 심리연극(psychodrama, 역할 연기)과 운영 게임 등도 물리적 모형의 예이다.

② 어의적 모형

어의적 모형(semantical model)은 상징적 또는 개념적 유사물이며 명백하게 구체화된 구조를 제공함으로써 통계학이나 다른 수학적 도구를 적용할 수 있게 한다. 일반적으로 이것들은 어떤 조건이 만족되지 않으면 사용될 수 없으며 모형에서 어느 조건만이 충족되는지를 결정할 수가 있다. 경험적으로 주어진 문제가 확률이론으로 대체될 수 있는 것도 이런 이유 때문이다.

③ 형식적 모형

형식적 모형(formal model)은 고형을 구성할 때, 매우 필수적이라고 생각되는 변수들만 남기고 나머지는 의도적으로 제거하며, 실체를 지니고 있는 것 중에 관련성이 없는 것들을 제거함으로써 순수한 형식적 구조만을 골라 모형에 포함시키는 것이다. 형식적 모형은 그것들이 어떤 특별한 추상적 형태로 표현함으로써 매우 일반적이라고 하는 데 장점이 있다. 예를 들어 사회 체제 모형은 유기체이론의 형식적 모형이라고 볼 수 있고, 혁신의 확산 과정을 설명하기 위해 전염병의 전파나 정보의 확산과 같은 유형을 원용해 모형을 구성하는 것도 마찬가지이다.

④ 해석적 모형

해석적 모형(interpretive model)은 추상적 이론의 구체적인 실례(instance)이다. 이것은 어떤 관점에서 이론적 개념과 실험적 개념 간의 상응성을 설정하는 데 도입될 수 있는지를 암시해 준다(Nagel, 1961: 113). 이 모형의 가장 큰 장점은 우리가 어떤 문제에 대해 알고 있는 것을 그것과 구조적으로 유사한 다른 문제에 관한 가설을 설정하는 데 사용할 수 있도록 한다는 점이다. 새로운 영역이 낡은 이론을 위한 해석적 모형을 제공해 준다. 해석적 모형은 각 학문 분야 간의 협동적인 방법으로 아주 유용하다. 예를 들면, 의식과 정보 과정을 환류라는 견지에서 사이버네틱스 모형으로 다루는 것은 통신공학자와 심리학자, 그리고 정신의학자들 간에 새로운 이론의 구성을 가능하게 할 수도 있다.

(2) 형식 체계의 해석에 따른 유형

형식 체계의 해석에 따라 모형은 경험적 모형과 분석적 모형으로 구분된다.

① 경험적 모형

형식 체계의 공리들 중에서 적어도 하나가 경험적 용어로 해석되면 경험적 모형이라 할 수 있다. 이 모형은 그 대상을 쉽게 알 수 있고 눈으로 그려 보기도 쉽다는 장점이 있다.

② 분석적 모형

어떤 해석을 통해서 형식 체계의 모든 공리가 논리적 또는 수학적으로 참이면 분석적 모형이라 할 수 있다. 분석적 모형의 장점은 여러 수학이론이 이미 광범하게 연역적 풀이를 해놓았다는 점에 있다. 이러한 수학적 이론이 어떤 경험적 이론과 구조동일적인 형태를 취하는 경우에, 그 수학적 모형이 이미 증명해 놓은 수많은 정리들을 경험적 이론의 법칙으로 전환시켜 볼 수 있다. 그러나 분석적 모형은 고도의 수학적 용어나 기호에 의해 추상화되고 있기 때문에 일반인들이 사용하기에는 많은 어려움이 있는 것도 사실이다.

3 모형의 문제점과 평가 기준

1) 문제점

모든 모형은 그것이 실제 현상 자체가 아닌 한 여러 가지 제약성과 문제점을 갖고 있다. 모형을 작성하고 사용할 때는 이러한 모형의 제약성을 고려해야 한다.

첫째, 모형은 언제나 그 실제 현상에 대해 구조동일적일 수는 없다(Meehan, 1965: 150). 모형은 현상에 비해 언제나 불완전하고 불충분하며 부분적인 현상을 나타내는 것에 불과하다. 또한 모형은 구조적·기능적 유사성 면에서도 한정적이다. 그러므로 실제 현상에 대한 모든 변수를 모형에 도입할 수도 없으며, 때에 따라서는 주요 변수들을 빼놓는 경우도 적지 않다.

둘째, 모형 자체의 형식적 구조에 지나치게 집착해 여러 가지 폐단을 노출한다(Kaplan, 1964: 275-284). 그 구체적인 예로서는 i) 상징적 기호의 지나친 강조, ii) 형식에 대한 지나친 강조, iii) 지나친 단순화, iv) 엄격성의 지나친 강조 등을 들 수 있다.

셋째, 모형만으로 실제 현상의 파악을 고집해 여러 가지 문제가 제기된다. 그러한 예로서는 i) 모형과 실제 현상이 불일치하고, ii) 모형은 현상에 대한 단순하고 한정된 형태를 대표하는 방법이며, iii) 모형의 구조는 인위적 속성을 갖는다는 사실을 이해하지 못해 혼란을 초래한다는 것이다.

2) 평가 기준

모형의 평가 기준은 정립된 모형이 기능적 유용성을 갖느냐에 따라 평가되어야 한다. 이러한 평가 기준에는 모형의 i) 타당성, ii) 단순성, iii) 신축성, iv) 일반성, v) 측정의 정교성, vi) 유의성, vii) 내적 논리성 등을 들 수 있다(Golembiewski, et. al., 1969: 430-442). 그러나 이와 같은 기준들이 상호 배타적 성격을 갖기도 하므로 이 기준들이 가능한 한 조화될 때 모형의 기능적 유용성은 향상될 것이다.

제 4장 연구 문제와 가설

제 1 절 연구 문제의 형성

1 의의, 원천, 선정 기준

1) 문제 형성의 의의

사회과학에서 조사연구는 수많은 사회 현상 중에서 자기가 관심을 갖는 분야나 사회적 요청으로 당면 문제의 해결을 위한 바람직한 대안을 제시하기 위해 연구 주제를 선정함으로써 시작된다. 그러나 연구 문제의 형성은 그 문제와 관련된 몇 가지 사실들만을 파악해 형상화될 수 있는 어떤 객관적 상태가 아니라, 고도의 창의성과 연구자 개인의 능력을 필요로 하는 과학적 활동이다.

이와같이 문제 형성은 분석가가 문제 상황(problematic situation)에 대한 구체적인 정의를 내리기 위해 탐색하는 과정이다. 연구 문제의 형성은 어떤 표준화된 규칙에 따라 이루어질 수는 없다. 왜냐하면 연구 문제 자체가 너무나 복잡해 체계적인 작업이 도저히 불가능하기 때문이다. 이와같이 연구자들이 연구 문제의 형성 과정에서 겪는 어려움들을 몇 가지로 요약하면 다음과 같다.

첫째, 연구자가 자신의 연구 문제를 명료하게 구성하는 것은 결코 쉬운 일이 아니다. 혼란스러운 생각들이 풀리지 않거나 추상적인 의문 상태에 머무는 경우가 많다. 그럼에도 조사 문제를 적절하게 서술하는 것은 연구의 가장 중요한 부분 중의 하나이다. 비록 일반적이고 추상적인 의문에서 출발하지만, 구체적으로 무엇이 연구 문제인지에 대한 명확한 생각에 도달해야 한다.

둘째, 연구자들은 대개 문제 해결에 대해 지나친 의욕이 앞서는 경향이 있다. 그래서 문제에 대한 구체적 정의조차 명확하게 하지 않은 채, 자료 수집부터 시작하는 경우들이 그러한 예이다. 이런 식의 접근은 조사연구를 혼란 상태로 끌고 가는 결과를 초래한다. 연구 문제에 대한 깊은 성찰과 숙고가 필요한 이유이다.

셋째, 조사연구를 위한 아이디어는 다양한 방법으로 나타날 수 있으나, 대부분 처음부터 명확한 연구 문제로 주어지는 경우가 드물다. 따라서 연구자는 인내심을 가지고 상당한 노력과 시간을 들여 연구 문제를 구체화해야 한다. 연구 문제의 형성을 위해서는 호기심, 새로운 아이디어와 사고 방식의 개방성, 분석 능력, 정보 탐색 및 이해 성향, 자원의 효율적인 이용 기술, 문제 해결에 대한 갈망 등과 같은 지적 능력이 요구된다.

이와같이 연구 문제 형성 과정은 객관적인 지침이나 설명들에 의한 것이기보다는 개인의 창의성이 요구되기 때문에 예술(art)에 가깝다. 그러나 연구 문제들의 형성이 무원칙적이며 평가의 기준이 없다는 것은 아니고, 일반적으로 고려해야 할 기준이나 방법이 존재한다.

2) 연구 문제의 특성

일상 생활 속에는 각종 범죄, 환경오염, 인플레이션, 에너지, 복지, 실업 등 수많은 잠재적 연구 문제들이 있는데, 이들 문제들은 다음과 같은 특성을 지닌다.

(1) 상호의존성

한 영역에서의 연구 문제는 종종 다른 영역의 연구 문제에 영향을 미친다. 현실적으로 연구 문제들은 하나의 독립적인 실체(entity)가 될 수 없다. 그것들은 사회 속의 수많은 문제들의 복합체의 한 부분이다. 이 문제들의 복합체는 그 속에 속해 있는 많은 문제들이 서로서로 영향을 미치면서 존재하기 때문이다.

(2) 주관성

문제를 유발하는 외부적 상황은 선택적으로 정의되고, 분류되고, 설명되고, 평가된다. 비록 문제 자체는 객관적인 것일지라도 그 문제를 해석하는 방법은 매우 주관적이다. 연구 문제란 환경에 대해 작용하는 '사고의 산물'이며, '분석에 의해 문제 상황으로부터 추출된 문제 상황의 한 요소'라고 할 수 있다.

(3) 인공성

연구 문제는 인간이 어떤 문제 상황을 좀더 바람직한 상태로 변화시키고자 하는 판단 과정에서만이 가능하다. 즉, 연구 문제란 인간의 주관적인 판단 과정의 산물이며, 또한 객관적인 사회 상태에 대한 적절한 정의로서 받아들여진다. 그리하여 연구 문제는 사회적으로 구성되며, 유지되고 변화된다. 문제는 그것을 정의하는 개인이나 집단과 격리되어 존재할 수 없다.

(4) 동태성

문제들의 복합체(complexity)는 전혀 유기적인 실체가 아니라 목적적 체제(purposeful system)이다. 따라서 문제는 고정적인 형태가 아니라 동태적으로 변화하고 진화한다. 그 속에서는 i) 속성이나 행태가 서로 같은 문제들이란 결코 없으며, ii) 각 문제들의 속성이나 행태는 전체의 속성이나 행태에 영향을 미치고 있으며, iii) 또한 각 문제들의 속성이나 행태는 체제 속의 다른 문제들의 영향을 받고 있으며, iv) 모든 가능한 하위의 문제 집단들도 상호 관련적으로 전체와 영향을 주고받고 있다.

2) 문제의 원천

한 사람의 과학자가 되기 위해서는 그가 속하는 분야의 과학자들이 무엇에 관심을 표명하고 중요시하며, 누가 중요한 인물이고, 그의 주요 연구는 어떤 것인가? 그리고 그 세계에서의 질서와 관습이 무엇인지를 체득하고 있어야 한다.[1] 따라서 연구자가 어떤 연구 문제를 착상한다는 것은 이러한 기초 지식과 어느 정도의 과학적 사회화가 되어 있어야 한다. 일반적으로 연구 문제의 기초적 원천이 될 수 있는 것에는 기존 지식 체계, 사회적 요청, 사회적 가치와 규범, 개인의 독특한 경험과 취향 등을 들 수 있다.

(1) 기존 지식 체계

관심 분야에 관한 기초 지식을 체득하고 있으면 그 중에서 어떤 것에 대해 좀더 흥미와 관심을 갖게 되고 이 때 어떤 문제를 착상하게 된다. 이 때는 대체로 이론적 연역에 의해 새로운 문제가 착상된다. 맥귀건(G. J. McGuigan)에 의하면, i) 어떤 분야에 대한 지식의 갭(gap)이 있거나, ii) 연구 결과가 상충되거나, iii) 어떤 사실이 우리의 지식과 무관하게 존재할 때 또는 그 사실을 설명하고자 할 때 기존 지식 체계로부터 문제가 조성될 수 있다고 한다(McGuigan, 1978 : 21-7).

(2) 사회적 요청

이것은 국가적·사회적으로 곤란한 사실들이 야기되었거나 야기될 가능성이 있을 때 정부나 재단이 특정 분야에 대한 연구를 권장하는 경우인데, 이 때도 연구자는 같은 조건이라면 학술적 가치가 크도록 연구 문제를 형성해야 함은 물론이다.

(3) 사회적 가치와 규범

이것은 사회의 사회적·문화적 가치와 규범이 연구 문제의 선정에도 영향을 미친다는 것이다. 연구자도 그 사회의 구성 분자이기 때문에 사회의 사회적 가치와 규범을 벗어날 수 없기 때문이다. 많은 경우 사회적 가치와

---

1) 이러한 것을 과학적 사회화(scientific socialization)라고 한다.

규범이 어떤 분야의 연구를 허락하기도 하고 제약하기도 한다.

(4) **개인적 경험과 취향**

이것은 특정한 개인의 경험이나 취향이 학술적으로 의미 있는 것을 찾아내는 데 영향을 준다는 것이다. 개인적 동기에 의해서 시작된 조사연구는 연구자가 절실하게 해결의 필요성을 느낀 의문에서 비롯되었을 가능성이 높기 때문이다. 그러나 이 경우 연구자의 지나친 주관적 편견이 개입되지 않도록 유의해야 한다.

4) 문제의 선정 기준

(1) **창의성**

연구 문제는 기존 지식 체계에 대해 새로운 쟁점, 다른 관점, 다른 접근 방법을 제시하는 연구이어야 한다. 창의성 및 독창성은 기존 연구와 차별화한다는 뜻이 강하게 내포되어 있다. 따라서 과학적 연구의 문제는 지금까지 만족스러운 해답이 제시되지 않은 문제에 한정된다. 이것은 크게 내용상의 창의성과 방법론상의 창의성으로 구분될 수 있다.

(2) **검증 가능성**

좋은 연구 문제는 검증 가능해야 한다는 것이다. 연구 문제가 아무리 독창성이 있다고 하더라도 문제로 제시되는 질문은 경험적으로 검증 가능해야 하며, 검증 결과 최종적으로 참 또는 거짓 여부의 판단이 가능해야 한다. 이를 위해서는 문제의 어떤 내용을 검증해야 할 것인지에 대한 적절한 가설이 도출되어야 하고, 가설의 타당성 여부를 확률적 개연성에 의해 판단할 수 있어야 한다.

(3) **도의적 배려**

연구자는 어떤 문제라도 연구할 권리가 있지만 그 연구 결과는 인류의 복지에 직접·간접으로 공헌해야 한다는 윤리적 책임을 고려해야 한다. 연구가 타인의 사생활을 침해한다거나 연구 대상자에게 신체적·정신적으로 피해를 주어서는 안 된다. 연구의 결과 바람직하지 못한 사회적 결과를 가져온다면 좋은 연구 문제라 할 수 없을 것이다. 그러나 실제 연구 현장에서는 윤리적 문제와 이론 연구 사이에, 그리고 윤리적 문제와 연구 결과의 상업주의적 활용 사이에 많은 갈등을 수반하기도 한다.

(4) 실행 가능성

연구는 현실적으로 실행할 수 있어야 한다. 연구자를 위한 자료의 획득이나 구체적인 연구설계와 관련된 실행상의 문제로 비용, 시간, 노력, 장비, 인력 및 연구 대상자의 확보 가능성과 여건, 무엇보다도 그 연구를 성공적으로 수행할 수 있는 능력에 관해 고려하지 않으면 안 된다.

(5) 이론적 의의

연구 문제 해결을 통해 관련된 사회 현상을 이해하고 설명할 수 있어야 하며, 미래 예측을 위한 지식을 축적할 수 있을 때, 이론적 의미가 있다.

5) 문제 선정의 결정 요인

연구자가 어떤 연구 문제의 착상으로부터 문제를 최종적으로 결정할 때까지의 전반적인 결정 과정에 대해 영향을 주는 요인으로 여러 가지가 있다. 이러한 요인들은 한 연구자로 하여금 어떤 연구를 하도록 동기를 부여하는 것이다. 이와 같은 요인에는 다음과 같은 것들이 있다(Babbie, 2001: 62-74).

(1) 문제의 실제성

문제 자체에 대한 실제적인 관심이 문제 구성에 영향을 준다. 이것은 문제 해결의 결과가 실제 생활에 많은 이익을 가져다 주는 경우, 문제 해결이 시급한 경우 문제의 구성이 촉진된다.

(2) 문제의 학문적인 가치성

문제의 학문적 가치성 여하에 대한 것을 중심으로 해서 문제를 결정하는 것이다. 실제적 관심에 의한 문제의 결정은 주로 특수한 상황에 대한 지식의 탐구가 중심이 되는데 반해, 학문적 즉 과학적 및 지식적 관심에 의한 경우는 좀더 일반적인 문제를 주요 대상으로 하는 경향이 있다. 그리고 과학적인 호기심에서 문제를 결정하는 것은 흔히 잘 알려지지 않은 분야로 파고들어가는 것이 보통이다. 이러한 학문적인 가치성 때문에 어떤 문제를 정립해 연구하게 되는 경우는 기존 이론 및 가설의 검증과 새로운 가설의 탐구 및 검증 등으로 나누어 볼 수 있다.

(3) 연구자의 취향 또는 가치관

연구자 자신의 내적 취미라든가 또는 독특한 가치 판단에 의해 문제를 결정하는 것이다. 이 경우는 연구자 자신의 주관적 조건에 의해 크게 영향을 받는다.

(4) 사회적 조건 및 학문적 유행

사회적 조건 및 학문적 유행 등 기타의 강력한 유인적 요인들에 의해 문제를 결정하게 되는 경우도 적지 않다.

(5) 계약

계약에 의해 연구를 하게 되는 경우도 있다. 정부 또는 사회단체, 특히 사기업체 등과의 연구 계약에 따라 연구비를 지급함으로써 실제 문제 또는 필요로 하는 특수 분야에 대한 연구를 하게 되는 것을 말한다. 이러한 연구가 점차 증가하고 있는 것이 현재의 추세이다.

(6) 비자율적인 연구

비자율적인 연구도 없지 않다. 특수한 경우 외부 압력에 의해 연구를 한다거나 학생인 경우 학점을 따기 위한 연구 등을 예로 들 수 있다.

이상 몇 가지 문제의 선정에 대한 요인들을 제시해 보았으나 대개의 문제는 위의 여러 요인들이 상호 복합적으로 작용해 결정된다고 하겠다. 물론 어떤 문제는 두드러지게 어떤 특수 요인에 기인하는 것도 없지 않겠으나 요인들이 상호 배타적인 것이 아닌 한, 각 요인의 작용은 연구 문제에 따라 정도의 차이가 있을 뿐이다.

2 문제의 구성

산만한 구조를 가진 문제를 해결하기 위한 요구 조건은 잘 짜여진 문제를 해결하기 위해 요구되는 조건과 결코 같을 수 없다. 잘 짜여진 문제들은 전통적인 방법을 사용해서 쉽게 해결이 가능하지만 산만한 구조의 문제들의 경우에는 우선 문제 그 자체의 성격을 규명하는 것이 필요하다. 문제의 성격을 규명하기 위해서 연구자들은 문제 상황 속으로 뛰어들어야 하며 창조적인 판단력과 통찰력을 발휘해야만 한다.

1) 문제 구성의 창의성

성공적인 문제 구성을 판단하는 기준과 성공적인 문제 해결을 판단하는 기준은 전혀 다르다. 성공적인 문제 해결은 연구자가 자명한 문제에 대해 정확한 기술적 해답을 얻을 수 있을 때 가능하다. 이와는 대조적으로 성공적인 문제 구성은 모호하고 제대로 정의되어 있지 않은 문제들에 대해서 연구자가 창의적인 문제 구성을 해낼 수 있을 때에만 가능하다. 창의적인 문제 구성이란 다음과 같은 조건을 충족시킬 수 있는 경우를 가리킨다.

첫째, 분석의 결과가 다른 사람은 감히 같은 형태의 문제 구성을 해낼 수 없을 정도로 높은 수준의 것이어야 한다.

둘째, 분석 과정이 과거 답습적이 아닌 새로운 것이거나 적어도 전통적인 방식을 수정한 것이어야 한다.

셋째, 분석 과정에서 강한 성취 동기를 가지고 있어야 하며, 시간적으로 어느 정도 지속성을 가지고 있어야 한다.

넷째, 분석의 결과는 연구자나 연구 관련자들에게 상당히 가치 있는 것으로 받아들여져야 한다. 즉, 그것은 문제를 적절히 해결해 줄 수 있는 것이라고 인식될 수 있어야 한다.

2) 문제 구성의 단계

연구에서 문제 구성은 i) 문제의 지각, ii) 문제의 개념화, iii) 문제의 구체화 등의 세 단계로 나누어 볼 수 있다. 연구 문제 구성 과정이 세 단계 중 어느 단계에서 시작되든지 간에 무엇보다도 선행되어야 할 것은 '문제 상황이 실제로 존재하고 있다'는 의식이다.

(1) 문제의 지각

모든 사회적 의문들이 연구 문제가 되지는 않는다. 어떤 의문이 조사 문제로 지각하는 경우는 기존의 지식으로는 그러한 의문이 해결되지 않을 때이다. 기존의 연구나 문헌, 전문가나 동료들로부터 의문에 대한 충분한 해답을 찾을 수 없는 경우, 새로운 지식을 직접 찾아 나서야 할 필요성을 갖게 되는 경우이다.

(2) 문제의 개념화

문제 상황을 실질적인 문제로 표현하기 위해 연구자들은 전통적인 용어와 새로운 용어를 사용해 문제의 개념화 작업을 하게 된다. 예를 들면, 연구자들은 그 문제가 정치·경제·사회 분야 중 어디에 속하는가를 결정하게 된다. 만약 실질적인 문제가 경제 문제 중의 하나로서 개념화되었다면 연구자들은 그 문제를 다룰 때 재화와 용역의 생산, 분배와 관련시켜 다루게 될 것이다. 그러나 그 문제가 정치·사회 문제 중 하나로 보여졌다면 연구자들은 권력 배분과 이익집단, 엘리트, 사회계층 등의 세력 경쟁에 관심을 두는 방법을 사용해 접근하게 될 것이다. 개념의 선택은 세계관이나 이데올로기, 신조(信條) 등의 선택과 유사한 성격을 가지고 있다. 이는 연구자들이 현상을 보는 뚜렷한 관점을 지칭하는 것이다. 실질적 문제를 개념화하는 과정에서 세계관과 이데올로기 및 신조가 얼마나 중요한 역할을 하고 있는가를 보기 위해 빈곤 문제를 예로 들어 설명해 보기로 한다.

빈곤에 대한 정의는 사람에 따라 '불가항력적인 어떤 사건의 결과'라고 하거나, '사악한 사람들의 착취 등 좋지 못한 행위의 결과' 또는 '가난한 사람 자신들의 무능력의 소치' 등 다양하게 내려질 수 있다. 이러한 정의의 차이는 그들이 자신들의 세계관이나 신조, 이데올로기 등에 따라서 문제 상황에 포함된 요소들을 선택적으로 고려하기 때문이다. 이러한 세계관이나 신조, 이데올로기 등은 부분적으로 진리일 수도 있으나, 한편으로는 잘못된 것일 수도 있다. 이 경우에 빈곤을 역사적인 사건이나 어쩔 수 없는 자연적인 현상으로 보는 자연주의적 관점(naturalistic perspective)에서는 빈곤 문제를 해결하기 위해 부(富)의 재분배 정책을 사용하는 것은 무의미하다고 주장한다. 물론 현실적으로 볼 때 이러한 주장은 잘못된 것이지만, 이러한 신조를 가지고 있는 사람들은 어느 사회이고 빈곤 문제를 완전히 해결할 수는 없었다는 사실을 연구자들에게 일깨워 주고 있다.

이와 마찬가지로 빈곤을 자본가들이나 지주들의 부도덕한 착취의 결과라고 보는 입장에도 문제가 있다. 이러한 도덕주의적 관점(moralistic perspective)에서는 사유재산 제도가 낭비와 착취, 사회적 무책임성 등을 유발하고 있다고 말한다. 마지막으로 빈곤을 가난한 사람들 자신의 결함으로 돌리는 입장이 있다. 여기서는 사회적 책임보다는 가난한 사람 자신들을 비난하는 한편, 사회적으로 볼 때 일정 수의 사람들은 '빈곤'이라는 상태에 머물러 있을 수밖에 없다는 사실을 지적한다.

환경론적 관점(environmentalist perspective)은 빈곤이나 다른 사회 문제들은 그것에 연루되어 있는 당사자들의 환경적 요인의 탓으로 보고 있으나, 자칫하면 인도주의자들처럼 '피해자들을 비난하는' 자기 모순에 빠질 수도 있다. 인도주의자들은 그들의 자비로운 이해심을 회피하고 당사자들의 결함을 파헤치는 데 관심을 집중하는 수가 있다. 아울러 그러한 결함을 유발하는 데 은연중 작용하고 있는 사회적·환경적 영향력을 비난하지만, 그러한 영향력이 계속적으로 작용하리라는 사실을 곧 잊어버린다. 이러한 사상은 사회 그 자체가 아니라, 사회적 희생물들을 변화시키고자 계획된 왜곡된 사회 행위를 정당화시켜 주는 결과가 되어 버린다(Ryan, 1971: 7).

(3) 문제의 구체화

일단 실질적 문제가 개념화되고 나면 의식적이건 무의식적이건 간에 좀 더 상세하고 구체적인 공식적 문제가 수립된다. 이 과정은 '문제의 구체화'

단계를 통해서 이루어지게 되는데, 여기에서는 실질적 문제가 모형이나 수리적 표현 등을 통해 공식화되는 것이다. 이 단계는 특히 어려움이 많이 따르게 되는데, 이는 산만한 구조를 지니고 있는 실질적 문제들을 공식적으로 표현한다는 것이 결코 쉽지 않기 때문이다.

3) 제3종 오류

문제 구성에서 가장 중요한 것은 실질적·공식적 문제가 얼마나 정확하게 문제 상황을 표현해 낼 수 있는가 하는 점이다. 만약에 대부분의 문제 상황이 문제들의 복합체 전체를 실질적으로 내포하고 있다고 한다면, 이 복잡성을 실질적 및 공식적 문제로 적절하게 표현해 내는 작업이 문제 구성의 가장 중요한 핵심이 될 것이다.

주어진 문제 상황과 실질적 문제 사이의 일치 여부는 문제의 개념화 단계에 달려 있다. 여기서 연구자들은 문제 상황과 실질적 문제의 특성을 비교해 함축적인 가정의 형태나, 인간성이나 시간, 정책 활동을 통한 사회 변화의 가능성 등에 대한 신념의 형태로 개념화하게 된다. 그리하여 문제 상황과 수학적 공식이나 등식의 형태로 나타나는 공식적 문제 사이에 얼마만큼 일치할 수 있는가의 여부가 더없이 중요하게 된다.

문제의 개념화(problem conceptualization) 단계에서는 잘못된 세계관이나 이데올로기, 신조 등이 선택될 위험이 있으며, 문제의 구체화(problem specification) 단계에서는 적절치 못한 표현 모형이 사용될 위험이 있다. 어느 경우이든 연구자는 제3종 오류를 범하게 될 것이다(Raiffa, 1968: 264).[2] 즉, 실질적 및 공식적 문제가 문제 상황에 비추어 올바른 것이어야

2) 제3종 오류는 통계학의 제1종 오류, 제2종 오류와 비교해 추가적으로 붙여진 이름이다. 먼저 제1종 오류는 통계학적으로 귀무가설이 참인데도 불구하고 기각하는 것을 말하며, 보통 문제 해결 대안이 실제로는 효과가 없는 것을 효과가 있다고 하거나, 다른 대안과 비교해 효율성 면에서 하등의 차이가 없는 데도 더 효율적이라고 판단하는 그릇된 정보를 산출하는 오류의 의미로 쓰인다. 제2종 오류는 통계학적으로 귀무가설이 거짓임에도 불구하고 기각하지 못하는 것을 말하며, 어떤 문제 해결 대안이 실제로 효과가 있는데도 효과가 없다거나, 다른 대안들보다 더 효율적임에도 더 효율적이 아니라고 판단하는 그릇된 정보를 산출하는 오류이다. 제3종 오류는 메타오류라고도 하며, 정의 또는 채택된 공식적인 문제가 실제의 문제 상황을 잘 나타내지 못하거나 잘못 나타내는 것을 말한다.

함에도 불구하고 잘못될 수 있는 것이다.

문제 구성의 각 단계는 상이한 방법론적 지식을 필요로 하며, 또한 요구되는 합리성의 정도가 상당히 다르다. 예를 들면, 실질적 문제의 개념화 단계에서는 다소 개념적이고 이론적인 능력이 요구되며, 구체화 단계에서는 통계 분석적 지식뿐만 아니라 철학이나 윤리, 일반적인 사회 이론 등에 대한 지식도 많이 가지고 있어야 한다.

4) 문제 구성시 고려 사항

연구 문제가 선정되었다 하더라도 그 문제를 과학적이며 경험적으로 연구하기 위해서는 최종적으로 그 문제 구성을 확정하기 전에 적어도 연구 문제의 이론적 기초와 관련 자료의 수집 가능성을 고려해야 한다.

(1) 이론적 기초

과학적 연구라면 어느 것이고 그것을 합리적으로 인도해 주는 이론적 기초가 마련되어야 한다. 어떤 문제에 대한 연구라고 해도 바로 자료 수집으로 비약할 수는 없다. 흔히 많은 사람들은 과학을 근본적으로 사실적 자료의 수집 행위 자체라고 믿으나, 과학은 그런 것만으로 이루어지는 것은 아니다. 한 문제의 연구가 어떠한 기존의 이론을 토대로 할 것이며, 기존의 이론들에 대해서는 어떠한 관계를 가지며, 또 어떻게 기여해 나갈 것인가를 검토하는 한편, 어떠한 이론적 결과를 기대하고 있느냐를 생각해야 한다. 이에 대한 주요 검토 사항을 정리하면 다음과 같다.

첫째, 문제가 갖는 기본 개념이 무엇이며 기본 개념 간의 관계가 무엇인지 검토한다.

둘째, 어떻게 이론을 형성할 것인가를 중심으로 해서 이론의 발전 또는 검증 문제를 고려한다.

셋째, 문제와 관련된 여타의 학문 분야에서 제시된 이론, 개념 또는 발견 내용들을 충분히 참고한다.

넷째, 좀더 이론적인 일반화를 위해 관련된 여러 연구들과의 통합 문제를 고려한다.

다섯째, 그 분야 연구 문제를 필요에 따라 반복적으로 연구할 수 있도록 그 연구 과정을 정밀하게 고려한다.

(2) **자료의 입수 가능성**

연구 문제가 아무리 잘 결정되었다고 해도 실증적으로 그 문제의 내용을 밝혀 줄 수 있는 실제적인 자료를 구할 수 없다면 그 연구는 공염불에 불과하다. 그러므로 자료의 입수 가능성을 충분히 검토해야 한다. 그러기 위해서는 자료에 대한 표본 문제라든가 또는 수집 방법 등도 생각해야 한다. 바꿔 말해서 그 문제를 용이하게 처리할 수 있는 분석 수단에 대한 모색이다. 예로서 여러 개 변수를 분석하기 위한 수단으로 요인분석 같은 다변수 분석을 꾀하고 있는데 컴퓨터 같은 것을 사용할 수 없다든가 또는 문제의 성격으로 보아서 다변수 방법을 적용시킬 수 없다고 하면 근본 문제를 설정할 때 재고해야 한다.

5) 문제의 재정의

처음부터 문제의 선정과 그 기술이 잘되었다고 하면 모르나 맨 처음부터 문제의 선정과 그 기술이 손쉽게 되는 경우는 드물다. 그러므로 처음에 문제를 선정해서 그것을 일정하게 기술해 보려고 시도할 때는 더 넓고 막연한 상태로 나타내는 것이 통례이다. 그러나 점차 구체화 또는 정밀화해서 어느 정도 문제 결정에 필요한 과정을 거친 다음에 또다시 문제를 정리해 보는 것이 바람직하다.

문제를 다시 정리해 봄으로써 문제의 초점과 또는 문제를 형성하는 변수간의 관계가 더욱 명백하고 한정적으로 되는 것이 일반적이다. 그리고 개념의 명백화는 물론 기존 이론과의 관계도 더욱 효과적으로 조정될 수 있다. 경우에 따라서는 연구의 방향을 바꾸는 경우도 있을 수 있다.

3 분석의 단위와 수준

1) 분석 단위의 의의와 요건

(1) 의의

사회과학에서는 사회 또는 집단의 실재성과 관련해서 단위의 문제가 논의된다. 연구자 중에는 집단을 개인과 같이 실재하는 실체로 생각하기도 하고 모든 것의 척도로서 개인(개체)에 집중하기도 한다. 개인과 집단의 관계는 아직도 사회과학적 논의의 전면에 있는 문제지만 어떠한 수준의 단위도 인위적・편의적 구성물에 불과하고 독자적으로 신비한 실재성을 가지는 형이상학적 실체는 아니다.

여기에서 문제로 삼는 것은 연구자가 어떤 사회 현상을 연구할 때 그 기본 단위를 무엇으로 결정해야 연구자가 의도하는 것을 설명할 수 있느냐 하는 것이다. 나아가서 집단이 개인으로 구성되어 있다고 하더라도 개인이 가진 속성을 연구하면 집단 현상을 설명할 수 있느냐 하는 것과 개인 현상을 기술하는 용어를 그대로 집단 현상을 기술하는 용어로 사용할 수 있느냐 하는 것에 초점이 있다.[3] 먼저 분석의 단위가 구비해야 할 요건부터 살펴보기로 한다.

(2) 요건

특정한 연구 목적을 위해 단위를 결정할 때는 좀더 구체적인 원칙을 지적해 볼 수 있다. 용어나 단위의 주요한 요건의 하나는 그것이 모든 사람에게 똑같은 것을 의미한다는 점이며, 이러한 요건으로는 i) 적합성, ii) 명료성, iii) 측정 가능성, iv) 비교 가능성 등을 들 수 있다.

---

3) 집단과 개인의 관계에 관해 코플랜드(Morris A. Copeland)의 말을 빌리면 "끈으로 잘 쌓아올린 뒤뜰의 장작 무더기는 마당 여기저기에 흩어져 있는 경우와 장작의 총 개수는 동일하다. 그러나 우리가 잘 쌓아올린 것을 나무더미라고 하는 전체라면 흩어져 있는 장작과는 분명히 차이가 있다" (Copeland, 1927: 96-104).

① 적합성: 이것은 설정된 단위가 당면 연구 목적에 유용한 것이냐 하는 것인데, 어떤 목적에 적합한 단위는 다른 목적에 전혀 적합하지 않을 수도 있다는 점이다.

② 명료성: 이것은 관련된 모든 사람에게 그 단위가 같은 의미를 갖도록 객관적으로 정의되어야 한다는 점이다. 예를 들어, 어떤 물건의 가격을 말할 때 소매 가격인지 도매 가격인지, 품질의 수준은 어느 정도일 때의 가격인지 등에 관련된 문제를 의미한다. 이러한 명료성의 문제는 연구에서 달성하려는 목적에 따라 결정할 수밖에 없다.

③ 측정 가능성: 과학에서 측정은 사상에 대한 좀더 명확하고 세련된 반응 양식이며, 측정 가능성이란 이러한 반응을 분류하기 위해 필요한 도구를 고안하는 기술적 문제를 말한다, 이 도구에 의해 신뢰성과 객관성을 증대하는 것이다. 따라서 측정 가능성은 비교적 고도의 명료성을 다른 방식으로 표현한 것이라 할 수 있다.

④ 비교 가능성: 어떤 사실은 다른 사실과 관계를 맺을 수 있을 때 의의가 있으므로 단위는 명료하게 정의될 뿐만 아니라 비교하려는 기간 중에 정의가 바뀌지 않도록 해야 한다.

(3) 종류

조사 연구의 성격을 결정하는 과정에서 분석의 단위에 대한 것이 명확하게 규정되어야 한다. 분석의 단위는 개인들이 될 수도 있고, 집단들을 비교할 수도 있으며, 조직이나 결혼식 등과 같은 사회적 생성물(social artifacts) 등이 될 수도 있다.

① 개인: 개개인의 특성에 관한 자료를 집계(aggregate)해서 사회집단과 사회적 상호 작용을 기술하고 설명할 때 분석 단위는 개인이다. 사회과학 조사에서 가장 전형적인 분석 단위로 사용된다. 예를 들어 공무원, 학생, 투표자 등이다.

② 집단: 예를 들어 가족, 학급, 학과 등 사회집단 자체를 분석 단위로 삼는 경우이다. 예를 들어 가계 소득, 학급당 교사 확보율, 학과별 취업률 등이다.

③ 프로그램: 정책평가 연구에서는 프로그램이 분석 단위가 되는 경우가 많다.

④ 조직 · 제도: 공식조직 또는 제도가 분석 단위가 되는 경우가 있다. 예를 들면 기업, 학교 등이 연구의 분석 단위가 된다. 조직의 자원, 재정, 조직구조 등 조직 또는 제도 자체의 특성에 관한 자료를 분석하는 경우가 이에 해당된다.

⑤ 지역사회, 지방정부, 국가: 행정학 및 정책학 연구에서는 개인으로서 공무원을 분석 단위로 연구하는 것과는 별도로 지방정부나 국가 등을 연구 단위로 선정하는 경우가 있다.

⑥ 사회적 생성물: 사회 조사의 분석 단위에는 개인 또는 집합체로서 인간이 아닌 사회적 생성물을 대상으로 삼는 경우도 많다. 이에는 문화 항목과 사회적 상호 작용으로 구분된다. 전자는 서적, 시, 그림, 노래, 자동차, 주택 등 인간의 물리적이거나 정신적인 고안물을 지칭하고, 후자는 결혼, 교우선택, 교통사고, 국회 청문회 등 사회적 상호 작용의 산출물을 지칭한다.

2) 방법론적 개체주의와 신비주의

사회과학에서의 이론 구성 단위와 관련해 사회과학의 특수성을 이해하고, 그에 따른 분석의 단위와 수준을 알기 위한 논쟁에 관한 중요한 견해가 방법론적 개체주의(methodological individualism)와 형이상학적 신비주의(metaphysical mysticism)이다(강신택, 1972: 236-246 ; Brodbeck, 1968: 280-303).

방법론적 개체주의 또는 환원주의(reductionism)[4]에서 다루는 용어와

---

4) 방법론적 개체주의는 환원주의로도 불린다. 환원주의는 존재하는 모든 다양한 현상을 최하위 계층의 법칙과 개념으로 환원해서 설명하려는 입장이다. 가장 기본적으로는 자연에서의 계층성이 인정될 때, 상위 계층에서 성립하는 기본 법칙과 거기에 사용되는 기본 개념이 반드시 그보다 한층 아래의 계층에서 성립하는 기본 법칙 및 기본 개념에 의해 번역 또는 치환이 가능하다고 보고, 이 과정을 반복하면 결국엔 가장 기본적인 법칙 · 개념에 환원될 수 있다는 것이다. 특히 과학철학에서 환원주의란 관찰 불가능한 이론적 개념 및 법칙을 직접적으로 관찰 가능한 경험 명제의 집합으로 치환하려는 실증주의적 경향을 가리킨다.

이론의 문제는 분석 단위와 분석 수준의 문제인데 이것은 개체 용어와 집단 용어 간의 관계와, 개체 수준 이론과 집단 수준 이론 간의 관계로 구분되며 형이상학적 신비주의는 이에 대립되는 견해이다.

(1) 개체 용어와 집단 용어의 관계

방법론적 개체주의의 모든 집단 용어는 특정한 상황 아래서 여러 사람이 갖는 신념, 태도 및 행동에 관한 복잡한 유형을 지칭하는 것으로 분석할 수 있다고 주장하고, 형이상학적 신비주의는 개체의 속성에 의해 정의될 수 없는 그 자체의 속성을 갖는 전체나 집합체가 있다고 주장한다. 정의될 수 없는 집단 속성이 있다는 것은 기술상의 생성(descriptive emergence)이 인정되어야 한다는 것을 의미한다. 생성론이란 전체 수준에서 발생하는 현상이나 특징 중에는 그 부분에 관한 지식을 통해서 얻을 수 없는 신기한 것이 있다는 생각에서 나온 것이다.

이러한 생성론은 i) 어떤 하나의 전체가 가진 특징이 생성적인가 아닌가 하는 것은 그 전체의 '부분'이 무엇인가를 명시해야 문제가 될 수 있으며, ii) 구성 부분의 어떤 속성을 지칭하는가도 명시해야 하고, iii) 부분에 관한 지식으로부터 전체가 가진 어떤 속성을 알아낼 수 있느냐 하는 것은 일반 법칙이나 이론에 따라 달라진다(Hempel, 1965: 258-64).[5]

(2) 개체 수준 이론과 집단 수준 이론 간의 관계

방법론적 개체주의자들은 모든 집단 이론을 개체 이론으로 환원될 수 있고 거꾸로 개체 이론으로부터 모든 집단 이론을 구성할 수 있다고 한다. 이것은 개체 수준 이론만으로 인간의 모든 개인적·사회적 행위뿐만 아니라 인간과 사회 현상의 현상을 설명하고 예측하며, 사회 이론은 불필요하거나 궁극적으로 개체 이론으로 환원될 수 있다는 의미이다.

형이상학적 신비주의의 입장에서는 개체 이론으로 설명할 수 없는 집단 현상, 즉 설명적 생성의 존재를 인정하자는 것이다.

---

5) 이러한 견해에 의하면 속성의 생성 여부는 현상에 고유한 것이라기보다 그 시점에서의 지식 수준에 달려 있다.

이에 대해 개체주의자들은 현실적으로 설명적 생성을 인정하지만 논리적·원칙적으로는 인정하지 않고 있다.

사회과학자들은 개체주의와 신비주의가 철학적으로 중요한 쟁점을 갖고 있지만[6] 분석 수준의 결정은 실제로 절차상의 문제로 해결하는 것이 좋다고 생각하고 있는 듯하다. 또한 분석 수준의 결정은 이론적 견지에 달려 있다.

율라우((H. Eulau)는 분석 단위와 분석 수준의 문제를 개체주의와 신비주의로 양극화시키지 않고 하나의 연속선상에서 상대적으로 보고 있다(Eulau, 1969: 8-11).

그는 분석 수준을 정하는 방식은 대상 단위와 주제 단위의 관념적 관계에서 이해될 수 있다고 한다. 대상 단위(object unit)란 연구자가 설명하려는 단위이고, 주제 단위(subject unit)는 대상 단위를 알기 위해 관찰하는 단위이다. 이 구분은 관념적인 것이지만 경험적으로는 대상 단위의 속성을 알기 위해 낮은 수준의 주제 단위의 속성으로 환원하기도 하고 하위 단위의 속성으로부터 구성하기도 한다. 이 논리는 방법론상의 원칙에 관한 논쟁에 빠지지 않고 연구 대상을 다루는 데 도움이 된다.

3) 분석 단위의 선정과 해석의 오류

연구 문제에서 분석 단위들을 잘못 선택한 경우에는 연구를 수행하는 과정에서 심각한 문제들이 야기되기도 하고, 조사 결과를 해석하는 데 논리적인 오류를 범할 수 있다. 그 대표적인 것으로서 분할오류(fallacy of division)와 합성오류(fallacy of composition)를 들 수 있다. 분할오류는 생태적 오류(ecological fallacy), 합성오류는 환원주의 오류(reductionism fallacy)라고도 한다. 생태적 오류는 높은 수준의 분석 단위(총체)들에 대한

---

6) 환원주의에 관한 철학적 비판의 근거는 다음과 같은 이유로 풀 수 없는 방법론적 쟁점이다. i) 분석 수준을 어디에 맞추느냐는 연구자의 이론적 관점에 달린 것이며 방법론적 고려에 달린 것이 아니다. ii) 연구 대상 중에는 그 속성을 환원시킬 수 없는 것이 있다. iii) 관찰 가능성이나 의미성 때문에 실제적으로 환원이 불가능한 경우도 있다(Eulau, 1969: 12-13).

관측 결과를 근거로 그보다 낮은 수준에 놓여 있는 분석 단위(개체)들의 성격을 함부로 추론할 때 발생하는 것이며, 합성오류는 그 반대의 경우에 일어난다(Babbie, 1986: 78; Nachmias & Nachmias, 2000: 54).

(1) 생태적 오류

생태적 오류란 집단이나 다른 집합적 단위를 채택해 연구한 결과 얻은 결론을 개인 등 하위 분석 단위로서의 개인들의 성격 규정에 잘못 적용시키는 오류를 말한다. 다음의 예를 통해 이를 설명해 보자. 어떤 도시의 시장 선거에서 여성 후보에 대한 지지율을 분석하기 위해 여러 가지 자료들을 수집했는데, 그 중에서 연령이라는 변수와 관련시켰을 때 다음과 같이 나타났다고 하자.

지역	평균 연령	지지율
A	높음	낮음
B	낮음	높음
C	높음	낡음
D	낮음	높음
E	낮음	보통
F	높음	낮음

출처: 김영종(2002: 56).

만일 연구자가 위의 결과를 두고 다음과 같이 해석했다고 하자. '젊은 사람들이 많이 사는 지역에서 여성 후보에 대한 지지도가 높았고, 나이 든 사람들이 많이 사는 지역에서 여성 후보에 대한 지지도가 낮았다. 따라서, 젊은 사람들이 나이 든 사람들에 비해 여성 후보를 더 지지한다.' 연령이라는 변수가 여성 후보에 대한 지지도에 영향을 주는 것으로 파악하는 결론에 도달하게 된 것이다. 일견 이러한 결론은 위의 경험적인 자료들에 비추어 타당한 것 같지만, 그렇게 판단하는 것은 명백한 오류를 범하고 있다. 이러한 오류들을 생태적 오류라고 하는데, 그 이유는 다음과 같다.

위의 경우는 분석 단위가 지역이고 수집된 자료들은 집단에 관한 것이다. 이런 자료에 근거한 정확한 해석은 '주민들의 평균 연령이 높은 지역들보다는 낮은 지역들에서 여성 후보에 대한 지지도가 높다'라는 것이다. 평균 연령이 높은 지역들에서 나이가 많은 사람들이 여성 후보를 싫어했고, 연령이 낮은 지역에서 젊은 사람들이 여성 후보를 좋아했는지에 대해서는 경험적으로 판단할 수 있는 근거가 없다. 실제로는, 연령이 높은 지역과 낮은 지역의 사람들이 사회 계층에서 차이가 있으며, 나이에 상관없이 계층의 성향에 따라 이러한 결과가 나타났을지도 모르는 일이다. 그러나 이러한 해석조차도 위의 경험적인 자료로서는 판단할 수 없다. 따라서 이것은 지역 혹은 집단의 자료이지 개인들에 대한 자료가 아니므로, 이 자료를 가지고 개인적인 성향에 대한 해석을 시도하는 것은 명백한 생태적 오류가 된다.

(2) 환원주의 오류

환원주의 오류란 생태학적 오류와 반대되는 현상으로 이를 개체주의적 오류(individualistic fallacy)라고 부르기도 한다. 환원주의란 모든 현상은 그것을 구성하는 근원적 요인(구성 요인)들로 환원되어 단순화된 설명이 가능하다고 믿는 입장이다.

이에는 분석 단위의 선정 및 해석과 관련된 오류와 변수 선정과 관련된 오류로 나뉜다.

첫째, 분석 단위 선정 및 해석상의 오류란, 개인을 분석 단위로 한 연구 결과를 토대로, 집단, 사회 또는 국가의 특성을 추론할 때에 발생하는 오류를 말한다. 즉 개체 수준의 연구 결과를 집단 수준의 연구 결과로 환원시킬 때에 발생하는 오류이다. 예를 들면 민주주의적 가치에 동의하는 사람의 비율(분석 단위가 개인)을 정치 체제의 민주화의 정도를 나타내는 지표로 사용할 때, 환원주의 오류를 범하게 된다. 어떤 정치 체제가 고도로 권위적인 경우에도 개인들은 대다수가 민주적인 가치를 보유할 수 있다. 이러한 문제는 분석에 사용되는 용어의 개념이 두 분석 단위에서 다른 의미를 가지고 있기 때문에 발생한다. 이 경우 '민주적'이라는 용어는 개인적 수준에서는 가치나 태도에 관한 것이고, 정치 체제 수준에서는 구조와 행태에 관한 것이다.

둘째, 변수 선정과 관련된 환원주의 오류는, '넓은 범위의 인간 행동을 설명하는 데 원인으로 간주되는 개념이나 변수들을 지나치게 한정하거나 한 가지로 환원시키려는 경향'을 말한다. 그렇지만 모든 사회과학적 이론은 정도의 차이는 있으나 환원주의적 속성을 추구하는 것이 사실이다. 방대하고 다양한 변수들을 있는 그대로 설명하기는 힘들고, 복잡하고 추상적인 사실들 간의 연결을 단순화해서 설명하는 것이 요구되기 때문이다. 사회과학에서 양립하는 두 가지의 대표적인 환원주의로는 경제적 결정주의와 심리학적 결정주의가 있다. 즉, 경제적 결정주의는 모든 사회 현상을 경제적 변수만을 가지고 설명할 수 있다고 보는 반면에, 심리적 결정론은 인간들이 만들어 내는 모든 사회적 현상은 인간들의 심리적 작용으로 한정해 설명하고자 한다.

이러한 대립되는 결정주의를 어떻게 받아들이고 선택하는가에 의해서, 동일한 사건이나 현상에 대한 설명이 각기 현저히 다르게 나타날 수 있다. 예를 들어 빈곤을 경제적 결정주의의 입장에서 보면, 그 원인들이 대부분 경제적 요인들로 나타나고 설명될 것이다. 반면에 심리학적 결정주의에서는, 개개인들의 심리 상태에서 빈곤의 원인들이 도출될 것이다. 따라서 빈곤을 치유하기 위한 실제적인 노력의 방향들도 어떤 결정주의에 입각하는가에 따라 전혀 다르게 나타날 것이다. 빈곤이라는 동일한 현실에 대해 경제적 결정주의는 소득 보장 등의 해법을 제시할 것이고, 심리적 결정주의는 개인이나 가족 치료 등의 해법을 제시할 것이다. 이러한 결정주의적 환원주의 오류를 극복하기 위해서는 학제간 연구(interdisciplinary study)를 통해 사회 현상에 대한 설명 능력을 높이는 것이 필요하다.

제2절 가설의 구성과 검증

1 가설의 개념

1) 개 념

경험적 세계에서 과학자가 발견한 사실들을 그것들에 대한 이론적 예측과 연결시키는 것은 가설을 통해서 이루어진다. 그러므로 가설이란 이론이 모형화하려고 하는 관찰 가능한 현상에 가장 가까운 이론적 모형이라고 할 수 있으며(Dubin, 1966:-2), 믿을 수 있는 지식을 얻기 위해 인간이 발견한 가장 강력한 과학적 도구이며 수단이다(Kerlinger, 1986: 17).7)

가설에 대한 정의는 학자마다 조금씩 다르지만 실제 내용에서는 큰 차이가 없다. 컬링거(F. N. Kerlinger)는 가설을 "연구 문제에서 제기한 현상에 대한 2개 이상의 변수들 간의 관계에 대한 가정적 진술"이라고 정의하고 있다(Kerlinger, 1986: 17). 이에 의하면, 가설이란 i) 두 개 이상의 변수들의 관계에 대한 진술이 있어야 하고, ii) 그 변수들의 관계는 경험적으로 검증 가능해야 하며, iii) 그것은 개연성의 정도를 제시해 줄 수 있어야 한다.

다시 정리하면, 가설이란 연구 문제와 해답 사이에 개재되어 검증에 의해 긍정 또는 부정하게 되어 있는 것이므로, 가설은 i) 연구 문제에 대한 가장 적합한 해답이 될 수 있어야 하며, ii) 이론적 체계와 관련된 것이어야 하고, iii) 주어진 변수들 간의 관계가 간결하게 명시되어야 하는 동시에

7) 이 밖에 가설에 관한 학자들의 정의를 보면 다음과 같다. i) 셀티즈(C. Selitiz): 가설은 신념이나 근거를 갖지 않는 어떤 이론적 관계를 경험적 사실들에 의해 검증될 수 있는 명제, 조건, 또는 원리이다(Selltiz et al., 1966: 35). ii) 필립스(B. S. Phillips): 가설이란 경험적 검증을 위해 만들어진 명제이다(Phillips, 1966 : 38). iii) 굿과 하트(W.J. Goode & P. K. Hatt): 가설이란 명제로써 그 타당성을 검증해 보기 위한 것이다(Goode & Hatt, 1952: 56). iv) 타운센드(J. C. Townsend): 가설이란 긍정 또는 부정하기 위해서 세워놓은 연구 문제에 대한 제인적 또는 예측적 해답이다(Townsend, 1953: 45).

변수들은 측정 가능해야 하며, ⅳ) 실질적으로 검증 가능해야 하고, ⅴ) 긍정 또는 부정될 수 있도록 문장 형식을 취해야 한다.

2) 가설의 구비 조건

가설은 연구 문제에 대한 잠정적 해답이며 실증적 검증을 통해 연구 문제에 대한 해답을 제공한다. 이러한 가설은 연구 활동의 지침이 되는 것이며 가설이 없이는 조사연구를 어디에서부터 시작해야 할 것인지 또는 어떻게 전개해야 할 것인지도 알 수가 없게 된다. 그러므로 가설은 다음과 같은 특징적 조건을 구비할 때 좋은 가설이라고 할 수 있다(Goode & Hatt, 1952: 68-73).

(1) 개념적 명백성

가설은 개념적으로 명백해야 한다. 이것은 가설을 구성하는 개념이 조작적인 면에서 가능한 한 명백하게 정의되어야 하고 또 누구에게나 쉽게 전달될 수 있도록 쉬운 용어로 표현되어야 한다는 것이다.

(2) 경험적 근거

가설은 서술된 변수 관계를 경험적으로 검증할 수 있어야 한다. 이를 위해 가설에 사용된 변수는 경험적 사실에 입각해 측정도 가능해야 한다. 따라서 윤리적 가치 판단을 내포하는 개념으로 구성된 가설은 과학적 연구가 대단히 어렵게 된다.

(3) 특정성

가설의 내용은 막연하고 추상적이며 일반적인 내용이어서는 안 되고 한정적이고 특정적이어야 한다. 가설의 내용, 즉 변수 간 관계와 그 방향이 명확하게 특정화됨으로써 타인에 의한 반복적 연구가 가능해야 한다.

(4) 조사 기술 및 분석 방법과의 관계성

가설은 검증에 필요한 일체의 조사 기술을 적절히 선택할 수 있어야 한다. 또한 그것이 갖는 강점과 약점을 정확하게 파악하고 있어야 하며 분석 방법의 한계도 알고 있어야 한다. 경우에 따라서는 연구 문제가 새로운 분석 기술을 발전시킬 수도 있다.

(5) 이론적 근거

가설은 이론과 불가분의 관계를 가진다. 가설은 현존 이론에서 도출되어 구성되고, 사실의 뒷받침을 받아 명제 또는 새로운 이론으로 발전하게 된다. 따라서 가설은 이론 발전을 위한 강력한 작업 도구라 할 수 있다.

3) 유사 개념과의 관계

과학적 일반론은 사실 간의 관계, 즉 개념 간의 관계에 대한 언명이다. 이 때 경험적 사실 관계를 일반론이라 하고, 이론적 개념 관계를 법칙이라 구별한다. 경우에 따라서 하나의 진술이 차지하는 논증 방식상의 위치나 성격에 따라서 가정, 공리, 가설, 법칙 등으로 구분하고, 이 모두를 넓은 의미에서 일반론이라고 부르기도 한다.

일반적으로 이론은 법칙을 설명해 주고 법칙은 사실 관계를 설명해 주는데, 사실 관계에 대한 표현 형식에는 ⅰ) '있다・없다'의 관계(범주 관계), ⅱ) '더 크다・더 작다'의 관계(순서 관계), ⅲ) '얼마만큼 크다・작다'의 관계(비율 관계)가 있다. 그러나 사회과학에서는 ⅰ)의 관계이거나 기껏해야 ⅱ)의 관계가 대부분이다. 따라서 법칙의 표현 형식에는 '어떤 개념의 실증이 있을 때마다 또 다른 개념의 실증이 있다'는 관계를 나타낸다고 생각된다. 이에 덧붙여 시간 국면을 고려해 본다면 사회과학의 법칙 관계는 ⅰ) 범주 관계, ⅱ) 시간적 순서 관계, ⅲ) 결정적 관계가 있을 수 있다(Dubin, 1966: 95-101; 박용치, 1978: 1-14).

법칙적 관계는 한꺼번에 연역되는 것은 아니고 연구 대상의 성격에 관한 사전 가정(presupposition)에 따라 발전된다. 이렇게 연구가 진행됨에 따라 문제나 상황에 대한 신념이 생겨나는데 이것을 가정(supposition) 또는 전제(assumption)라 한다. 이와같이 최초에 가정된 명제나 거기에서 이미 유도된 명제를 전제로 하여 차례차례로 새로운 명제가 유도된다. 이 가정된 최초의 전제를 그 이론의 공리(公理, axiom)라고 한다. 공리는 '자명한 명제'인데, 즉 몇 개의 '자명한 명제'에서 자명하지 않은 바른 명제를 이끌어 내려는 것이 이론이다.

일반론은 추상화의 정도와 연역에서의 도출 관계에 따라 여러 가지 명칭을 사용한다(강신택, 1981: 56-7). 경우에 따라서는 모든 일반론을 명제(proposition)라고 부른다. 공리는 어떤 이론 체계에서 이미 전제로 주어져 있고, 이론 체계에서는 검증 대상이 되지 않는 명제나 일반론이다. 정리(theorem)는 공리로부터 도출된 명제나 일반론으로 검증될 가설과 좁은 의미의 법칙(검증된 가설)이 해당된다.

가설(hypothesis)이란 하위 수준의 일반론이며, 법칙(law)은 검증을 거친 확인된 일반론이다. 따라서 가설은 좀더 구체적인 상황에서 행한 경험적 연구의 관찰을 통해 얻은 자료와 비교하기 위해 선정하는 이론적 진술이다. 반면에 법칙은 가설이 경험적 검증을 거쳐 확인된 것으로 대체로 과학자들이 참이라고 받아들이는 이론적 진술이다.

2 가설의 유형과 기능

1) 가설의 유형

가설은 여러 가지 기준에 따라 다양하게 분류할 수 있으나, 사회과학에서 특징적인 것들을 제시하면 다음과 같다.

(1) 가설의 일반적 유형

가설은 흔히 어떤 특징, 경험적 균일성, 이념형, 인과 관계 등을 검토하는 것으로 유형화되고 있다(이만갑, 1972: 48-9).

① 어떤 대상이 일정한 특징을 지니고 있다는 것을 지적하는 가설: 예를 들면 프로이트(Sigmund Freud)는 '모세와 유일신론'에서 모세(Moses)가 원래 이집트인이지 유대인이 아니라는 가설을 내세운다.

② 어떤 현상에서 경험적 균일성(empirical uniformities)의 존재를 서술하는 가설: 이것은 상식적 명제의 과학적 검토를 뜻하는 가설로서, 사상(事象)의 빈도 간의 상관 관계 등을 수적으로 표현하거나 균일성을 좀더 정확하고 과학적인 용어와 체제로 기술해 검증하려는 가설이다.

③ 복합적인 이념형을 취급하는 가설: 경험적 균일성이 서로 어떠한 관련 아래 일정한 유형을 형성하는가를 논리적으로 검토해 그 유형들이 서로 어떻게 관련되는가를 다루는 가설이다.

④ 분석적 변수 간의 관계를 취급해 인과 관계를 검토하려는 가설: 사물의 어떤 속성에 일어나는 변화와 다른 속성에서 일어나는 변화와의 관계 또는 일정한 현상의 특성이나 사건 발생이 다른 현상의 특성이나 사건 발생의 원인이나 결정 요인이라고 주장하는 가설로서, 추상화의 수준에서 가장 높은 것이다(김해동, 1984: 120-6).

(2) 추상성의 정도에 따른 유형

추상성의 정도에 따라서는 식별 가설(identification hypothesis)과 설명적 가설(explanatory hypothesis)로 나눌 수 있으며, 이것은 가설의 내용과 기능에 따른 것이기도 하다.

① 식별 가설

이것은 어떤 사실을 묘사하기 위한 가설인데, 그것이 무엇이며 어떤 성질과 기능을 가지고 있으며 그 강도는 어느 정도인가? 또 그 영향의 범위는 어느 정도이고 형태, 모양은 어떤 것인가 등에 관한 대답을 구하기 위한 것이다. 기술적 가설(descriptive hypothesis)이라고도 한다.

이 경우에는 이미 인간에게 그 문제와 관련된 대답이 나와 있고 조사자는 여러 대답 가운데 그 문제가 어디에 해당되는가를 식별하고 선택하는 가설이다. 예를 들어 환자에 대한 의사의 진찰을 통해 의사는 환자의 질병 증세를 발견해서 암이 아닌지를 짐작하고(식별 가설) 정밀 의료기기를 이용해 사실 여부를 확인한다. 식별 가설은 그것의 정도나 크기를 측정하거나 관찰하는 표준화된 단위나 도구가 있어서 이것에 의해 그 정도를 표시한다.

식별 가설은 사실을 밝히는 것(fact-finding), 즉 그것이 무엇이냐에 대한 잠정적 해답으로서 기본적으로 '무엇은 ~이다'라는 표현 양식을 취한다.

② 설명적 가설

이것은 어떤 사물에 관련되는 기존 지식 체계나 그것으로부터의 연역과 귀납에 의해 그 사물의 필연성이나 인과 관계를 제시하는 가설로서 왜

(why)에 대한 대답을 하는 것이다. 과학이 사실의 파악에서 시작해 그것의 타당성을 확인하기 위해 사실을 관찰하는 것으로 끝난다고 하지만 개별 사실만으로는 의미가 적고 사실과 사실을 연결할 수 있는 관계가 파악될 때 비로소 과학적 사실로서 의미가 있기 때문이다. 설명적 가설은 '~하면 ~이다' 또는 '~할수록 ~하다'의 표현 양식을 취한다. 예를 들어, '프로그램의 참여는 자아존중감을 높일 것이다', '직무에 대한 동기가 높을수록 직업에 대한 만족도가 높을 것이다', '부모의 사회경제적 지위가 높을수록 자녀의 명문대 진학률이 높을 것이다' 등과 같은 서술이 이에 해당된다.

(3) **연구 가설, 영 가설, 통계적 가설**

가설은 연구의 진행 과정에 따라서 연구 가설(research hypothesis), 영 가설(null hypothesis) 및 통계적 가설(statistical hypothesis)로 나누기도 하는데, 계량적 연구에서 많이 사용된다(Black & Champion, 1976: 127-35).

① 연구 가설

이것은 연구 문제에 대한 잠정적인 대답으로 연구자가 제시한 가설로, 즉 연구자가 연구 문제의 해답이 입증될 때까지 이론으로부터 도출한 잠정적인 해답이다. 보통 기호 H_1로 표시한다.

② 영 가설

영 가설은 수집된 자료에서 나타난 차이나 관계가 진정한 것이 아니라 우연의 법칙으로 생긴 것으로 진술한다. 영 가설을 귀무 가설이라 부르기도 한다. 영 가설은 변수들 간의 관계나 없다거나 혹은 집단들 간에 차이가 없다는 식으로 서술한다. 통계적 가설 검증에서 영 가설이 필요한 이유는 전수조사가 아니라 표본조사에 의존할 때 표본추출 오차가 발생할 수 있기 때문이다. 그런데 영 가설은 연구 가설을 검증하기 위해 사용된 가설적 모형이며, 현실에 존재하는 것으로 일부러 의도한 것은 아니다.[8] 영 가설은

8) 연구자는 그가 옳다고 믿고 있는 연구 가설이 있는데도 굳이 영 가설을 설정하는 이유는 무엇인가? 그 이유는 다음과 같다. ① 영 가설은 그가 진실이라고 믿는 것을 부정함으로써 연구자를 도와 주며 영 가설을 기각하거나 논박할 수 있으면 연구 가설을 지지하는

기호 H_0로 표시한다.

③ 통계적 가설

이것은 관찰된 자료를 통해서 얻은 정보를 기초로 하여 지지하거나 논박하고자 하는 것을 통계적 모집단에 대해 진술하는 것이다(Winer, 1962). 여기에서는 현상에 대한 관찰을 어떤 방식으로 숫자적인 양으로 환원시키고 이들 양에 대해서 어떤 결정을 내리도록 하는 것이 보통이다. 따라서 연구 가설이나 영 가설은 숫자적 수단에 의해 평가될 수 있는 가설로 전환되는데 이것이 통계적 가설이다.9) 통계적 가설은 i) 어떤 특징에 관해 둘 이상의 집단 간의 차이, ii) 한 집단 내에서 또는 몇 집단 간의 관계, iii) 표본 또는 모집단 특징의 점추정 등을 묘사하기 위해 설정하는 것이 보통이다.

(4) 단순 가설, 복합 가설

가설은 변수로 구성되며 하나의 가설은 1개, 2개 또는 몇 개의 변수를 가질 수 있다. 사용되는 변수의 수에 따라 단순 가설과 복합 가설로 분류한다. 1변수 또는 2변수 가설을 단순 가설이라 하고, 셋 이상의 변수를 갖는 가설을 복합 가설이라 한다. 둘 이상의 변수를 갖는 가설은 더 단순하게 구성된 가설보다 검증하기가 어려운 것이 보통이다.

(5) 기본 가설, 종속 가설

기본 가설이란 하나의 줄거리가 되는 가설을 말하며, 종속 가설이란 기본가설을 여러 각도에서 시험하기 위해 작성되는 세분된 가설이다. 그런데 종속 가설은 기본 가설에서 연역된 것이며, 이의 타당성 여부는 기본 가설의 타당성 여부와 연결된다.

사례들은 훨씬 더 강력한 것으로 생각된다. ② 가설이 진실이라는 것을 증명하기보다 허위임을 증명하는 것이 더 쉬워 보인다. ③ 영 가설을 사용하는 것은 확률이론과 관련해 사회연구에서의 관습이다. ④ 가설은 확률모형 아래서 진실이거나 허위일 가능성이 있으며 사회관찰의 한 가지 대표적 결과의 표현이다.

9) 사물에 관한 연구 가설과 영 가설을 양화하는 것이 언제나 가능한 것은 아니다. 따라서 통계적 가설은 그 적용이 그만큼 제한될 수 있다.

2) 가설의 기능

가설은 과학적 조사연구를 위해서 중요한 기능을 수행한다. 일반적으로 지적되고 있는 가설의 기능으로는 ⅰ) 가설이 연구의 초점과 방향을 제시해 주고, ⅱ) 가설을 구성하는 변수의 성격이나 종류 등을 밝혀 필요한 자료의 내용과 범위를 규정함으로써 자료 수집의 길잡이가 되며, ⅲ) 기존 이론을 경험적으로 검증하게 해 주고, ⅳ) 새로운 이론과 명제를 형성하게 해주며, ⅴ) 동일한 연구에 대한 반복 연구를 용이하게 해 주는 역할을 수행한다.

여기에서는 가설의 기능을 ⅰ) 이론의 검증, ⅱ) 이론의 암시, ⅲ) 사회현상의 기술, ⅳ) 현실 개선에의 응용으로 구분해 설명하기로 한다.

(1) 이론의 검증

이론이란 사실을 설명하고 예측하는 데 사용되는 비교적 정교한 도구이다. 사회과학자는 어떤 사회 현상을 설명하기 위해 이론을 개발한 후 이론을 검증하고 입증 또는 반박할 수 있는 수단을 고안한다. 그러나 이론을 직접적으로 검증할 수 있는 경우는 드물고 대체로 그 이론으로부터 생성되고 도출된 가설을 검증하게 된다. 만일 그 가설이 연구자가 구체화한 것처럼 '검증되면' 또는 '경험적 관찰이 가설에서 진술된 대로 따르면' 그의 이론은 부분적으로 지지된다. 어떤 사실이나 일련의 사실을 설명하는 도구로서 예측력이나 적격성이 있으려면 같은 이론에서 나온 다른 가설들을 여러 차례 검증해 보아야 한다. 그러므로 가설의 주요 기능은 '이론을 검증할 수 있도록' 하는 것이다. 이렇게 보면 가설이란 '검증 가능한 형태로 표현한 이론의 진술'이라고 정의할 수 있다.

(2) 이론의 암시

어떤 가설은 특정한 이론과 관련되지 않을 수도 있으며 궁극적으로는 가설의 결과로써 이론이 구성될 수도 있다. 결과적으로 가설의 다른 한 가지 기능은 '어떤 현상을 설명할 수 있는 이론을 암시하는 것'이다. 연구란 이론으로부터 가설로 진행되는 것이 보통이지만 그 역도 진실인 경우가 많다.

사회연구자는 어떤 현상이 왜 발생하는가에 대한 아이디어를 가질 수 있으며 그것과 관련된 몇 가지 사실을 가설화할 수 있다. 그는 어떤 가설들은 그 현상을 설명하는 데 다른 가설들보다 더 큰 잠재력을 갖고 있다고 판단하고, 그 결과로서 그의 설명을 현상에 연결시키는 명제, 가정 및 정의의 이론적 체계를 구성할 수 있다. 환언하면 그는 이론을 고안해 내는 것이다. 가설에서 이론으로 돌아가는 작업이 방법론적으로 반드시 나쁜 것만은 아니다. 궁극적으로 연구자는 결과적으로 도출된 이론의 적절성을 결정하기 위한 경험적 검증을 유도해야 하며, 이론의 예측력은 그 때에 평가될 수 있다.

(3) 사회 현상의 기술

가설은 사회 현상을 기술하는 기능을 수행한다. 가설이 경험적으로 검증될 때마다 그것과 관련된 현상에 관한 정보를 얻게 된다. 가설이 채택되면 그 현상에 대한 우리의 정보는 증가된다. 가설이 기각된다 하더라도 그 이전에는 알지 못했던 사실들을 알게 해 준다. 가설 검증의 결과로서 정보의 축적은 어떤 사회 현상이 왜 그런 방식으로 발생하는가에 대한 무지(無知)의 양을 감소시켜 준다.

(4) 현실 개선에의 응용

가설은 현실의 개선이라는 2차적 기능을 갖고 있다. 어떤 가설을 검증한 결과로써, 지역사회에서 사회정책이 형성될 수 있고 교도소가 재설계되고 개조될 수 있으며, 교수법이 변경되거나 개선되며, 여러 가지 사회 문제에 대한 해답이 암시되거나 집행될 수 있고, 범행자나 범인이 다르게 취급될 수 있고, 관리 감독 방식이 행정조직이나 기업에서 변화될 수 있다. 가설의 검증이 인간 행태에 대한 '상식적' 개념을 반박하면 현재 우리가 어떤 현상을 설명하는 데 사용되는 설명에 대해 의문을 제기하고 어느 정도 우리의 환경에 대한 사고 정향을 바꾸어야 한다. 모든 가설은 현상에 대한 우리의 지식과 관련이 있고 이 지식이 변하면 우리도 변하는 것이다.

3 가설의 구성

연구 문제가 결정되면 그것에 대한 믿을 수 있는 지식을 얻기 위해 가설을 설정하게 되는데, 가설의 본질과 기능을 이해하지 못하면 가설 설정을 하지 않고 연구 문제를 연구할 수 없는가 하는 의문을 가질 수 있다. 따라서 먼저 가설 설정의 필요성을 살펴보고, 가설 구성의 요건 및 가설 구성 방법을 검토하고자 한다.

1) 가설 구성의 필요성

가설이란 연구 문제에서 제기된 현상에 대한 2개 이상의 변수들 사이의 관계에 대한 가정적 진술이며, 동시에 이를 긍정 또는 부정하기 위한 연구 문제에 대한 예측적 해답이므로 가설 구성에 대한 필요성은 다음과 같이 설명할 수 있다.

첫째, 주어진 연구 문제에 대한 좀더 정확한 해답을 얻기 위해서이다. 가설 구성도 없이 어떤 현상을 관찰해서 연구 문제에 대한 판단이나 해답을 내리게 되면 연구자의 상식과 선입감이 개재되기 쉽다. 따라서 연구 문제에 대한 올바른 판단을 내리기 위해서는 먼저 그 문제에 대한 최선의 해답을 구한 다음 이를 가설로 하여 다시 실증적으로 검증함으로써 좀더 확실한 해답을 얻을 수 있다.

둘째, 어떤 연구 문제를 가설의 형태로 바꾸지 않고 직접적으로 해결하는 것은 사실상 불가능하기 때문이다. 연구 문제는 질문으로서 과학적 검증이 불가능하기 때문에 먼저 가설을 세우고 이를 검증해서 긍정 또는 부정함으로써 문제를 간접적으로 해결할 수밖에 없다. 사실상 모든 실험은 영 가설을 반증하기 위한 사실을 제공하기 위해 존재한다.[10] 가설의 통계

10) A, B 두 집단의 어떤 특징(예: 평균 연령)의 차이에 관한 통계적 가설은 다음과 같이 표시될 수 있다. $\overline{X}_A$를 A집단의 평균 연령, $\overline{X}_B$를 B집단의 평균 연령이라면,

$$H_o: X_A = X_B$$

적 검증에서는 반드시 영 가설을 세워서 이를 긍정 또는 부정함으로써 연구 문제에 대한 해답을 구하는 과정을 밟게 된다.

2) 가설 구성의 요건

연구 문제를 구체적인 가설로 구성하기 위해서는 그것이 검증 가능하도록 구성되어야 한다. 그뿐만 아니라 가설의 구성은 연구 문제에 대한 해답을 구하는 작업의 시작이라 할 수 있으므로 검증 가능성 이상의 요건이 있다. 이 요건에는 ⅰ) 시험의 용이성, ⅱ) 검증의 명백성, ⅲ) 개연성 및 ⅳ) 수집되는 정보의 양(구체성)을 들 수 있는데, 이들은 동시에 가설 구성의 좋고 나쁨을 평가하는 기준이 된다.

(1) 시험의 용이성

가설은 그것을 검증할 수 있을 뿐만 아니라 다른 조건이 같다면 검증 작업이 용이하거나 간편할수록 좋다. 이 경우에는 이용 가능한 조사 기술이라든가 측정 도구까지 포함하는 것은 물론이다. 사회과학에서는 추상적인 용어나 개념을 취급하는 경우가 많으므로 개념의 명백화·구체화가 중요시되며, 어떠한 가설의 타당성을 입증하는 자료 수집에서는 그 가설에 사용된 개념을 어떻게 구성하고 조작화하느냐에 따라서 조사연구 활동의 간편성과 난이성에 상당한 차이가 나기 때문이다.

(2) 검증의 명백성

이것은 가설을 조작화해 작업 가설을 구성할 경우에 어느 정도 명백하게 검증되도록 구성되어 있느냐 하는 것이다. 검증의 이론적 구조라든가 용어

$$H_1 : X_A \neq X_B$$

X_o는 영가설, H_1은 연구 가설(독립 가설)을 나타낸다. 위에서 상징적으로 기술된 연구 가설은 집단 A가 집단 B보다 평균 연령이 더 높다고 하는 것은 아니며, A, B 두 집단이 평균 연령에 관한 한 서로 다르다고 하는 것이다. 만일 'A집단이 B집단보다 평균 연령이 더 높다'는 연구 가설을 검증한다면 다음과 같이 표시될 수 있다.

$$H_O : \overline{X}_A \leq \overline{X}_B$$
$$H_1 : \overline{X}_A > \overline{X}_B$$

의 모호함 및 그 가설이 지시하는 경험적 사실들이 그 가설에 포함되어 있는 개념들을 얼마나 명백하게 대표하느냐 하는 것을 의미한다. 말하자면 가설은 용어라든가 관련 변수들의 관계가 명백하게 기술되어서 검증의 성립 여부가 확실히 이루어질 수 있어야 한다.

(3) 가설 자체의 개연성

가설은 문제의 해답에 대한 잠정적 추정이므로 어떤 현상의 원인이라든가 관계를 짐작하는 데 그러한 짐작이 공감을 불러일으킬 수 있는 것이어야 한다. 연구자는 가설을 구성할 때 스스로 그것이 그럴 듯하다고 믿음으로써 개연성의 논리적 비약을 피하고 원인이라고 생각되는 이유나 근거를 제시해 그 가설의 설득력을 높인다.

(4) 수집되는 정보의 양(구체성)

X와 Y의 두 변수 간에 관련이 있을 때, ⓐ Y는 X에 관련되어 있다 ⓑ Y는 X에 따라 결정된다 ⓒ X가 증가함에 따라 Y는 감소한다 등의 세 가지 가설의 형태를 생각할 수 있다. 첫째, ⓐ에서는 Y와 X 간에 단순한 관련만을 말할 수 있고, 변수 Y나 X가 다른 변수의 값을 변화시킬 수 있도록 하는 관련성에 대해 아무것도 말할 수 없다. 연구하는 모집단에 대해 알고 있는 것이 별로 없는 탐색적 연구에서는 이러한 가설을 사용할 수 있다. 더 명시적으로 가설을 검증하기 전에 연구자는 두 변수 Y와 X 간에 어떤 관련이 있는지를 밝히고자 할 것이다. 그러나 둘째, ⓑ에서는 Y와 X 간에 어떤 관련이 있다는 것 이외에 Y의 값은 X의 조건에 따라 어떤 식으로 추론될 수 있다는 것을 말해 준다. 이것은 어느 변수가 다른 변수에 대해 더 큰 영향력을 가졌는지에 대해 말해 주는 것이다. 셋째, ⓒ는 세 가지 중에 가장 구체적인 것으로 Y와 X가 관련되고 Y는 X의 값에 의해 결정된다는 것뿐만 아니라 두 변수 간의 관련의 성격에 대해 더 자세히 나타낸다. 그것은 한 변수 X의 값이 변함에 따라 다른 변수 Y의 값이 일정한 방향으로 변한다는 것을 말해 준다.

따라서 ⓐ가 가장 정보가 적고, ⓒ가 가장 정보가 많다. ⓐ, ⓑ, ⓒ 중에서 어느 것이 가장 좋은 가설인지는 간단히 말하기 어려우며 수행하는 연구 목적에 맞추어 판단해야 한다. Y와 X에 관해서 아는 것이 별로 없으면 ⓐ가 가장 적합할 수 있지만 Y와 X의 관련에 대해 이전의 연구가 있다면 이 관련의 성격에 대해 더 많은 것이 밝혀져야 할 것이다. 그러므로 이 때는 한 변수가 다른 변수를 예측하는 데 더 강력한 결정을 하기 위해서 처음의 것보다는 더 실험적인 연구설계를 사용해야 하고, 따라서 ⓑ와 ⓒ가 더 유용하게 될 것이다.

3) 가설 구성의 방법

가설 구성의 목적은 주어진 연구 문제에 대한 해답을 구하고 이를 실증적으로 검증함으로써 연구자의 주관적인 판단과 추측을 배제하고 좀더 정확한 해답을 구하려는 것인데 이러한 가설의 구성이 쉬운 일이 아니다. 여기에서는 가설을 구성하는 몇 가지 방법을 검토하기로 한다.

(1) 독창적 사고 과정

가설의 구성이 쉬운 일은 아니지만 연구 문제를 분석하면 거기에서 어떤 통찰력으로 인해 가설이 나오게 된다. 즉 연구 문제의 의문점에 맞추어 이 현상의 원인은 무엇일까? 다른 현상과의 관계는 어떠할까? 등등 여러 가지로 추측하고 다른 기존 연구 결과들과 비교해 가면 연구 문제에 대한 가능한 해답, 즉 가설이 생겨날 것이다. 연구 문제에 대한 풍부한 지식과 경험이 이와 같은 통찰력을 발휘하게 한다. 따라서 해당 분야에 지식과 이론 및 경험이 풍부할수록 정확하고 적절한 가설을 세울 수 있다. 그러나 아무리 지식과 경험이 풍부하더라도 어떠한 독창적 사고력이 없이는 훌륭한 가설을 세울 수 없다.

가설의 구성에는 연구 문제에 대한 풍부한 지식과 경험은 물론, 독창적 사고력이 요구되는데 이러한 사고 과정을 간단히 살펴보자.

문(N. L. Munn)에 의하면, 독창적 사고 과정은 시행착오의 학습 과정과 같이 준비기, 부화기, 교시기 및 검증기의 4단계를 밟는다고 한다(Munn, 1951: 249). 첫째, 준비기(preparation)는 어떤 분야의 지식과 경험을 많이 쌓아서 여러 가지 자료가 수집되는 과정을 말한다. 둘째, 부화기(incubation)

는 수집된 자료를 서로 연관짓고 비교하고 짜맞추어 어떤 가상적인 구조를 세우는 과정을 말하는데 이 과정은 의식적으로만 되는 것이 아니고 무의식적으로도 나타난다. 셋째, 교시기(inspiration)는 앞에서 짜맞춘 자료의 가상적 구조가 홀연히 나타나서 어떤 조직적인 사상이나 가설을 제시하는 것을 말한다. 넷째, 검증기(verification)는 이들의 사상이나 가설의 타당성을 평가하고 더듬는 일을 하는 과정이다.

이와 같은 독창적 사고 과정은 가설의 구성 작업에 그대로 적용될 수 있는데, 가설 구성을 하려면 먼저 연구 문제에 관련된 지식이나 경험을 쌓고, 이들을 토대로 새로운 차원에서 기존의 사실들을 재조직해 연구 문제에 대한 가설을 제시한다.

(2) **이론적 연역**

이론의 공식적 유용성을 평가하는 것은 상대적으로 쉬운 일이지만 그것의 실질적 진실성을 평가하는 것은 절차가 다중적이고 복잡하기 때문에 어렵다.

가설 구성의 첫 번째 단계는 이론으로부터 가설을 연역해 내는 것이다. 이론의 진실 여부를 검증하는 데는 관찰 가능한 하위 수준의 가설을 설정하는 것이 중요하다. 왜냐하면 과학적 체계의 모든 최상위 수준의 가설을 모두 보더라도 그것들을 믿게 되는 근거는 그것들로부터 연역된 최하위 수준의 가설이 경험적 자료에 의해 확인된다는 사실에 있다(Braithwaite, 1960: 352).

우리가 예측이라고 부르는 어떤 단일한 진술들은 이론, 특히 쉽게 검증할 수 있고 응용할 수 있는 예측으로부터 연역된다. 그 다음에 이것들과 다른 유도된 진술들을 실제적 응용과 실험 결과와 비교함으로써 그것에 대한 결정을 탐색한다. 만일 그 결정이 긍정적이면, 즉 단일한 결론이 수락할 만한 것으로 검증되면 그 이론은 당분간 검증을 통과한 것이며 폐기할 이유가 없다. 그러나 그 결론이 반증되면 그 반증은 그것들이 논리적으로 연역된 이론을 반증하게 된다(Popper, 1961: 33). 나아가서 어떤 이론이 다른 경쟁적 이론들보다도 더 일관성이 있는 것도 아니고 동어반복적인 것도 아니며 정보면에서도 열등하지 않다면, 거기에서 연역된 가설이 경험적 일반화와 얼마나 일치하는가에 따라 이론의 수용 여부를 결정하게 될 것이다. 그렇지만 이론적으로 연역된 예측이나 가설은 바로 관찰로 연결되지 않기 때문에 관찰 가능한 지표를 개발하고 이를 측정함으로써 이론의 가설적 예측을 검증할 수 있다.[11)]

일반적으로 이론적 가설의 해석 과정은 개념 형성(concept formation) 과정의 역으로 이루어진다. 따라서 개념 형성의 경우처럼 관찰 가능한 것과 이론적 구성을 명명하는 대신에 이러한 가설에 포함된 개념이 지칭하는 관찰 가능한 것과 측정을 명시함으로써 가설을 해석한다.

(3) 가설의 수

모든 명제는 많은 수의 가설로 전환될 수 있는 잠재력을 갖고 있다. 예를 들면, 두 개의 이론적 단위로 되어 있는 단일 명제에서 한 단위가 두 개의 경험적 지표로 측정될 수 있다면 단일 명제를 검증하는 두 개의 가설이 구성될 수 있다. 같은 방식으로 두 개의 단위가 각각 두 개의 경험적 지표에 의해 측정된다면 가설의 수는 네 개로 증가된다.

일반적으로 명제에서 지정된 단위 하나에 대해 새로운 경험적 지표가 설정될 때마다 새로운 가설이 구성된다. 따라서 경험적 지표가 개발되는 기술과 상상에 따라 새로운 가설이 구성될 수 있다.

그러나 모형의 단위 중에는 그것들의 값을 추정하는 데 사용될 수 있는 경험적 지표가 없는 때도 있다. 이런 경우에는 명제를 서술할 수는 있지만 경험적 지표를 이용할 수 없기 때문에 명제를 경험적으로 검증하는 것은

---

11) 이와 관련해 헴펠(C. G. Hempel)은 '적절한 경험적 해석은 이론적 관계를 검증 가능한 이론으로 전환시킨다. 즉 그 구성 용어가 해석되어 온 가설을 관찰 가능한 현상에 준거해 검증될 수 있다"라고 설명하고 있다(Hempel, 1952: 35). 네이겔(E. Nagel)도 "만일 이론이 설명과 예측의 도구로 이용된다면 그것은 어느 정도 관찰 가능한 요소와 연결되어야 한다. 이러한 연결의 필요불가결성에 관해서는 최근의 문헌에서 반복해서 강조되었으며 많은 명칭들이 그것들에 붙여져 왔다. 그러한 명칭들에는 정의의 조정, 조작적 정의, 어의적 규칙, 일치의 규칙, 인식론적 관계 및 해석 규칙 등이다"라고 지적한다(Nagel, 1961: 93). 제터버그(H. L. Zetterberg)는 이론적 가설을 해석하는 한 가지 결과는 작업 가설이라고 지적하고 있다. 이것은 우리가 경험적 검증을 하려는 가설이다(Zetterberg, 1954: 31).

곤란하다. 그렇지만 모든 이론적 모형은 적어도 그들 명제의 몇 개를 가설로 전개시킴으로써 검증될 수 있어야 한다. 가설의 수에 대한 문제는 연구 능률의 문제를 제기한다. 문제되는 것은 사소한 실험과 경험적 연구가 모형의 단일 명제로부터 도출될 수 있는 많은 가설을 빠짐없이 검증하기 위해 수행되어야 하는 것이다. 이에 대한 한 가지 해결 방법은 보편적으로 통용되는 단위에 의해 단일한 경험적 지표를 표준화하는 데 합의하는 것이다. 이론적 단위에 대한 표준화된 경험적 지표를 사용함으로써 검증될 수 있는 가설의 수를 제한하는 이점이 있다.[12)]

(4) 가설 구성의 전략

가설 구성의 전략적 초점은 이론적 모형으로 구성된 검증의 수를 감소시키는 데 있다. 따라서 과학자의 특정 목적과 경험적 검증 수행을 극대화시키는 가설 구성의 전략이 필요하다.

① 외연적 검증과 내포적 검증

첫 번째 전략은 외연적 전략을 사용하는 것이다. 이 접근 방법은 가설에서 조작화될 수 있는 전략적 명제들을 특별히 눈에 띄는 사실의 이론적 체계에 대해 예측하는 방법이다. 이러한 명제의 검증을 통해 가능한 한 경제적으로 이론 전반을 가장 적절하게 검증할 수 있게 해 준다.

모형의 외연적 검증은 연구자의 개인적 사정에 의해 하나 또는 몇 개의 전략적 명제에 관심을 기울일 수밖에 없는 경우에, 선정된 명제를 검증하기 위해 가능한 한 많은 가설을 도출함으로써 경험적 검증을 하는 방법이다.[13)]

② 귀납적 검증

두 번째 전략은 귀납적 접근 방법에 의해 이론을 형성하는 것이다. 이 방법은 잠정적 가설로부터 시작해 가설을 경험적으로 반증하지 못하면 그 가

12) 예를 들면 밀러(D. C. Miller)는 사회학에서 몇 가지 표준화된 경험적 지표의 기록을 제시하고 있다(Miller, 1964).

13) 예를 들어 미국의 사회학자들은 사회계층화 모형의 경험적 검증에서 외연적 검증보다는 내포적 전략을 사용했다. 차별적 생활 형태, 계급 의식을 다루는 명제에서 특히 그러하다.

설은 명제로 일반화된다. 다만 일반화 과정에서 가설과 명제 간의 상동 관계(homology)는 유지되어야 한다. 일단 명제가 설정되면 그것에서 예측을 도출해 낼 전체 모형(total model)을 구성하게 된다. 잠정적 가설에서 시작하는 이 전략은 사회조사에서 몇 가지 문제에 직면한다. 예를 들면, 측정 도구를 사용해 몇 개의 이론적 단위에 관한 측정된 값들 간의 관계를 찾아낸 후, '이 두 단위들 간에 관찰된 관계를 어떤 이론적 모형으로 연결할 것인가?' 하는 질문을 하게 된다. 연구자는 우연히 발견한 경험적 동질성(uniformities)으로부터 이론적 모형을 확인하고 결과를 축적해 감으로써 과학적 이론을 발전시킬 수 있다.

경험적 결론으로부터 시작하는 이론 형성은 타당한 논리를 갖고 추구된다면 이론적으로 정의된 단위, 상호 작용의 법칙, 경계 및 체제 상태로 시작하는 연역 체계만큼 유익할 수도 있다.

앞에서 논의한 세 가지 가설 검증의 전략은 상호 배타적인 것은 아니다. 어떤 전략적 명제는 모형에 대해 특별한 특징을 갖고 있어서 내포적 검증이 바람직한 것으로 보이기 때문에 외연적 검증과 내포적 검증을 조합하는 것이 좋을 것이다. 연역적 접근 전략은 이론가가 모형화하고 있는 경험적 영역((domain)에서 가능한 한 넓은 범위의 자료를 확보하는 데 관심이 있을 때 외연적 또는 내포적 경험에 따라 사용될 수 있다. 요약하면 이론가와 연구자에게 지침이 될 가설 구성에서 최선의 한 가지 전략이란 없다는 뜻이다.

4 가설 검증 결과의 해석: 이론 검증에 관한 고려 사항

어떤 연구자가 가설 검증 절차에 따라 일정한 통계적 유의 수준에서 가설을 검증했을 때, 그 검증 결과에 따른 정보는 다음의 세 가지 결과, 즉 i) 검증된 모든 가설이 지지되거나, ii) 검증된 가설이 어느 것도 지지되지 않거나, iii) 검증된 가설의 어떤 것은 지지되고 어떤 것은 지지되지 않는다는 것 중의 어느 하나에 해당될 것이다.

연구자는 위에서 지적한 세 가지 결과의 각각에 기초해서 다음과 같이 해석할 수 있을 것이다.

① 결과 1: 검증된 가설 전부가 지지되었다면 이론은 타당성이 있든지 또는 적어도 이 특정한 결과에 따라 그의 이론이 상당히 강화된다고 결론지을 가능성이 높다.

② 결과 2: 검증된 가설의 모두가 기각되었다면 그의 이론은 타당성이 없든지 어느 면에서 부적절한 것으로 결론지을 것이다.

③ 결과 3: 가장 난처한 상황은 수집된 자료에 의해 일부의 가설은 지지되고 일부의 가설은 기각되었을 때이다. 여기에서 연구자는 어떤 해석을 내려야 할지를 결정할 수가 없다. 그가 발견한 것에 의하면 그의 이론의 일부는 지지되고 나머지 일부는 지지되지 않는다고 간단히 말할 수 있다. 그는 어떤 변수가 예측된 사건에 의미 있게 관련된다는 것을 더 확신하려면 더 깊은 연구가 필요하다고 말할 것이다.

가설 검증의 서로 다른 결과에 대한 이 해석들은 어느 정도 정당성이 있다. 그러나 이러한 검증에 기초한 이론을 지지하거나 반박하는 것에 총괄적 일반화(blanket generalization)를 하는 것은 충분하지 않다. 가설 검증에 대한 올바른 해석을 하는 것은 복잡한 절차이다. 여기에서는 가설 검증에 의미 있는 해석을 하기 전에 고려해야 할 중요한 사항을 검토해 보려고 한다. 가설의 검증 결과에 관계 없이 이론, 표본추출, 측정, 자료 수집, 통계 및 참고자 개입 등과 같은 잠재적 문제 영역에 관해 의문을 제기해 보아야 한다는 것을 명심해야 한다. 이러한 의문을 제기하는 것은 연구자에게 다음과 같은 도움을 준다. 즉 ⅰ) 어떤 가설 검증에 대한 해석의 질과 의미를 개선시키고, ⅱ) 이론 형성을 위한 가설 검증의 상대적 중요성을 평가해 주며, ⅲ) 그 연구가 다른 사람의 업적을 지지해 주는 정도를 결정하고, ⅳ) 가설이 명시적 및 암시적으로 진술하고 있는 사건에 대한 설명의 신뢰성을 결정한다.

1) 이론적 문제

가설이 지지되든 안 되든 간에 연구자는 그가 사용하는 이론을 끊임없이 개선시켜야 한다. 이론의 여러 요소들을 수정하고 재형성함으로써 그것의 내적 일관성과 예측적 유용성을 높여야 한다. 이론의 적절성에 관해 반복적으로 의문을 제기하는 것은 변수 개념화의 잘못과 같은 이론적 약점에 관심을 기울이는 것일 수 있다. 연구자는 그가 그 이론을 아무리 좋게 생각하더라도 끊임없이 재검토하고 재평가해야 한다. 제기되어야 할 의문들 중에는 다음과 같은 것을 들 수 있다. 즉, i) 이론의 일반적 적절성, ii) 선행 변수와 개입 변수에 대한 통제의 정도, iii) 가설 형성의 적절성, iv) 이론적 및 실질적 문헌과의 일관성의 정도, v) 발견 결과에 따른 지지된 가설의 수와 지지되지 않은 가설의 수 등이다.

(1) 이론의 일반적 적절성

① 이론은 검증 가능한 가설을 도출해 내도록 하는가? 이론은 그것이 설명하려고 하는 현상의 성격에 비추어 너무 광범위하거나 너무 협소하지 않은가?

② 이론의 가정, 전제 및 명제들은 합리적이고 완전한가?

③ 이론의 요소들은 논리적으로 합치되는가?

④ 이론에 사용된 현상은 경험적 세계의 일부인가? 또 과학적 의문에 따르고 있는가?

⑤ 이론은 명백히 제시되고 그 부분들 간에는 정확하게 정의된 상관 관계가 존재하는가?

⑥ 이론은 부분적으로 인과적 모형이므로 어떤 현상이 다른 현상을 발생시키도록 어느 정도나 명백히 제시하고 있는가?

⑦ 대안적인 이론적 설계(scheme)가 상당한 예측성을 갖고 같은 사건을 설명할 수 있는 가능성은 얼마나 되는가?

⑧ 이러한 사정 아래서 이론은 논리적으로 적실한 요인들을 모두 포함하고 있는가?

⑨ 이론은 가능한 한 배열을 잘하면 이 요인들은 의미 있게 조합할 수 있는가?

(2) 선행 변수와 개입 변수에 대한 통제의 정도

① 이론은 사건의 결과에 논리적으로 영향을 미치는 어떤 선행 조건을 고려하고 있는가?

② 이론은 어느 정도 이러한 요인의 영향력을 통제할 수 있는가?

③ 개입 변수는 이론적 설계에서 설명되는가?

④ 연구자는 이론 형성에 관한 이러한 요인의 영향력을 찾아낼 수 있는가?

⑤ 연구자는 사건과 그것의 발생에 의미 있는 영향력을 미치는 변수 간의 인과 관계로부터 허위 변수의 영향을 어느 정도 효과적으로 분리시킬 수 있는가?

이러한 것은 이론을 구성하는 허위성의 잠재적 원천을 체계적으로 제거하도록 하는 대책을 전략적으로 포함시킴으로써 달성된다. 이것은 이론 구성 과정에서 가장 어려운 부분이다.

(3) 가설 구성의 적절성

가설 구성이 적절하게 구성되었는지는 가설이 이론으로부터 논리적으로 올바르게 도출되었는가, 그리고 이론적 설계에서 충분히 정의되거나 취급되지 않는 용어를 포함하는가를 확인하는 데 달려 있다.

만일에 가설이 이론에서 적절히 다루어지지 않는 용어를 포함하는 경우, 그 검증은 실패하게 된다. 따라서 적절한 가설 구성은 이론을 구성할 때 용어에 대한 명확한 의미를 부여하는 것이라고 할 수 있다.

그리고 간혹 가설은 이론적 설계에서 설정된 변수의 이론적 상호 관련성과는 다르게 진술되는 경우도 있다. 예를 들면 이론에서는 종속변수로서 설정되었는데도 가설에서의 변수는 독립변수로 취급되고 있는 경우이다. 이 경우에도 검증의 결과는 원래 이론을 검증하는 데 실패하게 되는 것은 당연하다. 따라서 이론 형성과 가설 구성 간에는 변수들의 위치가 일치하도록 함으로써, 일관성 있게 용어들을 사용해야 한다.

또한 검증 방법이 잘못되어 가설 검증에 실패하는 수도 있다. 즉 가설이 유도된 이론을 지지하거나 반박하기에 부적절한 방법으로 가설을 검증하는 것이다. 예로 통계분석에서 측정 변수의 수준이라든가 분포의 특성을 무시한 채, 가설 검증이 이루어지는 경우 같은 것이 이에 해당된다.

따라서 연구자는 그의 이론에서 사용된 용어의 의미를 명확히 하고, 개념들 간의 순서나 관련 변수와의 일관성, 그리고 적절한 검증 방법이 적용될 수 있도록 각 가설들을 주의깊게 검토해야 한다.

(4) 이론적 문헌과의 일관성의 정도

수행 중인 연구 문제에 대한 가설 검증은 과거의 연구 결과와 일관성이 존재할 때 중요한 의미를 지닌다. 연구 결과를 기존의 것과 비교해 봄으로써 현상에 대한 좀더 풍부한 설명을 추가할 수 있을 것이다. 그러나 이전에 현재의 연구와 직·간접으로 관련되어 이루어진 다른 연구가 없으면, 우리가 발견한 것의 의미를 해석하고 평가하는 데 한계가 있다. 오히려 이러한 경우가 이론의 발전에 더 많은 기여를 할 수 있다. 그리하여 그 문제에 대한 관련 연구의 결과를 지속적으로 관찰함으로써 이론의 적절성을 확인해야 한다. 따라서 반복적인 연구가 이론을 신뢰성 있게 평가하는 유일한 길이다.

그런데 어떤 연구 문제들에 대해서는 같은 주제인데도 기존의 연구 결과들이 일관성 있게 나타나지 않는 경우가 있다. 이러한 경우에 연구자의 발견 결과가 결론적이라고 주장하는 것을 매우 어렵게 할 수 있다. 예를 들면, 조직 행태 연구에서 리더십 유형은 근로자의 직무 만족에 영향을 미친다고 한다. 그러나 리더십 영향력 유형의 구체적 성격에 관해서는 일관성이 없다. 어떤 연구에서는 권위형 리더십은 직무 만족을 낮춘다고 하고, 어떤 연구에서는 반대로 민주형 리더십이 직무 만족을 낮춘다고 하여 연구자는 딜레마에 빠지게 된다. 만일 직무 만족과 리더십 유형의 관계를 연구한다면 그 연구자는 경쟁적 결론 중의 하나를 지지하게 될 것이다. 이러한 경우 연구자는 우선적으로 기존 연구에서 사용된 용어들의 정의에 관한 차이점을 확인하는 것이 중요하다. 왜냐하면 각 연구에서 같은 현상(즉 직무 만족과 리더십)을 다르게 정의할 수 있기 때문이다. 이러한 방법을 통해 연구(발견) 결과의 비일관성을 설명할 수 있다.

따라서 연구 결과들 간에 일관성이 존재하고 또한 연구자의 검증 결과가 이러한 발견 결과를 계속 지지하게 되면, 이론의 생존력은 그만큼 강화된다. 반대로 연구자의 발견 결과가 문헌에서 나타나는 일반적 추세와 모순되면 채택된 가설이 '우연한' 발견인지 아니면 더 좋은 이론적 의미를 갖는지 지속적으로 확인해야 한다. 한 방법으로 서로 다른 표본에 대해 같은 현상을 반복 연구함으로써 원래의 가설 검증의 정확성을 평가하는 것이 바람직하다.

(5) 지지된 가설의 수와 지지되지 않은 가설의 수

어떤 과학적 이론의 채택 여부는 가설의 검증 결과에 의해 지지된 가설의 수에 의해 결정되는 것은 아니다.

일반적으로 어떤 연구에서 검증된 모든 가설은 같은 이론에서 도출되었다고 가정된다. 따라서 이상적인 것은 모든 가설이 예측된 대로 검증되어 나오는 것이다. 이것이 이론을 지지하는 가장 명백한 경우이지만 실제로는 아주 드문 일이고, 대부분 부분적으로 채택되거나 기각되는 결과를 얻는 것이 일반적이다.

이러한 경우에 문제를 해결하는 한 가지 방법은 '검증된 각 가설의 상대적 중요성을 평가하는 것'이다. 이론에 포함된 여러 가설들 간에 이론적 중요성을 평가하는 것이다. 말하자면 가설의 이론적 중요성에 대한 '계층성'을 형성하는 것이다. 그리하여 연구자는 그가 사용하고 있는 이론에 매우 중요하게 관련된 주요 가설에 더 관심을 가질 것이다. 지지된 가설은 이론적 중요성이 크고 지지되지 않은 가설은 이론적 주류로부터 제거되는 경향이 있다면 그의 이론은 예측적 도구로서 더 큰 가치를 가진다고 주장할 수 있다. 그러나 이러한 가설의 이론적 중요성을 서열화하는 것이 현실적으로 쉬운 일이 아니며, 그것이 가능하더라도 가장 중요한 가설이 그 연구자의 결과에서 지지되지 않고 가장 중요하지 않은 가설이 지지되는 수도 있음을 명심해야 된다.

2) 표본추출

가설 검증의 결과를 해석하는 데는 원래의 정보를 얻기 위해 선택된 표본추출 계획에 대한 평가도 고려되어야 한다. 여기에서도 ⅰ) 표본의 대표성, ⅱ) 연구되고 있는 문제와 관련한 표본의 적절성에 관해 의문이 제기될 수 있다.

(1) **표본의 대표성**

검증에 사용된 표본이 연구되고 있는 모집단을 대표하는가 또는 편의(偏倚, bias)를 가진 표본인가 하는 문제이다. 가설 검증에 편의를 가진 표본을 사용하면 연구 결과를 오도할 수도 있다. 확률표본을 사용하고 상당한 크기의 표본을 추출하면 표본 편의(sample bias)를 극복할 수 있고 가설 검증을 좀 다른 견지에서 수행해 낼 수 있는 것이다.

(2) **연구 문제와 관련된 표본의 적절성**

때때로 연구자는 그가 연구하고 있는 문제와 거의 관련이 없는 요소들의 표본을 얻을 수도 있다. 예를 들면 연구자는 직무성취도와 직업만족도의 관계를 알아보기 위해 대학생들에게 설문지를 배포했다. 대개의 학생들은 직업을 가져본 일이 없기 때문에 직무성취도와 관련된 어떤 경험도 없을 것이다. 따라서 그들의 인지는 기껏해야 짐작에 불과할 것이다. 이와같이 잘못 선정된 표본을 통해 얻은 연구 결과는 그 일반성에 심각한 오류를 포함하게 된다. 그러므로 사회연구자는 그가 선택한 표본이 그가 연구하고 있는 문제와 직접적으로 관련된 정보를 갖도록 선정되어야 한다. 이렇게 하면 표본의 요소가 제공하는 응답의 신뢰성을 높일 수 있고 발견 결과의 일반화 가능성도 강화될 것이다.

3) 측정의 문제

가설은 조작적 정의를 통해 측정되는 변수들 간의 관계로 표현된다. 따라서 어떤 가설 검증에서 사용된 변수 측정의 질을 평가하는 것이 매우 중요하다. 어떤 구체적인 가설이 지지되느냐 아니냐 하는 것은 그 가설을 구성하는 현상을 어떻게 측정하느냐와 직접적으로 관련되어 있다. 연구자는 용어의 조작적 정의의 적합성과 적절성에 관해 ⅰ) 가설에서 변수를 나타내는 데 사용된 측정치의 타당성, ⅱ) 측정의 신뢰성이라는 관점에서 의문을 제기해야 한다.

(1) 측정의 타당성

측정의 타당성(measurement validity)은 측정 도구를 통해 측정하고자 하는 것을 얼마나 실제에 가깝게 측정하고 있는가를 말한다. 가설에 포함된 용어(변수)들을 제대로 측정하고 있지 못한다면 그 용어를 포함하는 계속적인 가설 검증도 타당성이 없다. 만일 측정의 타당성이 심각히 문제되면 가설 검증의 해석은 매우 신중해야 한다. 그러므로 타당성의 문제에 대해, 적어도 사회연구자에게 다음의 두 가지 문제를 제기한다. i) 어떤 현상의 측정은 어떤 개인이나 집단의 실제에 얼마나 진정한 정도를 반영하고 있는가, ii) 개인이나 집단 속성의 특정한 측정이 이전의 연구에 사용된 다른 정의와 어느 정도 일관성이 있는가 하는 것이다. 실제 이론 구성에 중요한 것은 후자의 경우인데, 이를 구체적으로 살펴보자.

변수의 측정 타당성을 평가하는 것은 쉬운 일은 아니나, 측정의 타당성을 확보하기 위해 여러 정교한 기준들이 제시되고 있다.[14] 측정의 타당성을 확인하기 위한 하나의 방법으로, 가설 검증 결과가 다양하게 나오도록 변수의 차원을 여러 가지로 정의하는 것을 생각해 보자. 예를 들면, 직무 만족의 정도를 측정하기 위해 한 사람에게는 소득에의 만족, 또 다른 사람에게는 근무 시간에의 만족, 세 번째 사람에게는 직무 내용에의 만족으로 측정했는데, '찬성-반대'의 리커트(Renais Likert)의 응답 유형을 사용했다고 하자. 응답을 측정해 종합한 후 연구자는 이 결과 점수가 각 사람들의 직무 만족의 정도라고 정의했다면 기본적으로 사람들은 일반적 직무에 대해서 같은 느낌을 가질 수 있지만 구체적인 직무 측면에 대해서 물으면 전혀 다르게 응답할 수 있다. 변수의 정의에서 이러한 차이는 가설 검증 결과에 심각한 영향을 미친다. 일반적으로 같은 주제의 반복적 연구 결과라고 하더라도, 각각의 연구에서 가설의 검증에 사용된 측정 자료들이 동일한 표본 분포 유형을 따르지 않기 때문에 연구 결과들에 상이한 결과가 발생

---

14) 측정의 타당도에 대한 기준으로 표면타당도, 내용타당도, 기준타당도, 그리고 구성개념 타당도 등이 있다.

한다. 다시 말하면, 어떤 연구자가 이전의 연구가 반복적인 것으로 믿고 행하지만, 실제로 각 연구마다 용어의 정의가 달라 측정값이 다르게 반영된다. 이러한 용어 정의의 변화가 반복 연구에 어느 정도 영향을 미친다는 것이다. 즉 측정의 타당성에 문제가 있는 것이다. 따라서 이전의 연구에 포함된 측정 방법을 정확하게 따르지 않으면 그 연구는 진정한 반복 연구라 할 수가 없으며, 따라서 궁극적으로 이론의 일반화를 불가능하게 만들 것이다.

(2) 측정의 신뢰성

측정의 신뢰성이란 개인이나 집단 속성의 측정이 일관성 있게 그 속성을 반영하는 정도를 가리킨다. 측정 도구를 통해 측정을 반복할 때 동일한 측정 결과를 가져온다면 측정 결과를 예측할 수 있기 때문에 안정성, 일관성, 예측 가능성, 정확성이 높다고 할 수 있다. 예를 들면, 지능 측정은 그것이 어떤 개인에 대한 그 현상의 정도를 일관성 있게 나타낸다면 신뢰성이 있다고 한다. 어떤 사람이 처음 검사를 받았을 때 125의 지능 점수를 받았고 그 후 약 2주일 후에 125의 같은 지능 점수를 받는다면 이것은 지능 측정의 신뢰성 증거로서 간주된다.

그런데 우리는 사물에 대해 사람들이 느끼는 것에 대한 일관성 있는 평가를 해 줄 수 있는 척도(측정 도구)를 사용하고자 한다. 만일 어떤 사람이 한 시점에서 다른 시점까지 그의 태도를 변화시키면 그 변화를 정확하게 반영하는 태도의 측정을 원할 것이다. 단순히 한 시점에서 다른 시점까지의 점수의 변화를 관찰하는 것은 의미가 있을 수도 있고 없을 수도 있다.

측정 도구가 점수 변화를 신뢰성 있게 측정하고 있다면, 현상 간의 인과관계를 정확하게 반영할 수 있다. 신뢰성 있는 측정 도구를 사용해 얻은 점수 변화는 이론적으로 확인된 독립변수의 결과로 해석될 수 있기 때문이다.

요약하면, 가설 검증은 측정 도구의 타당성과 신뢰성에 의해 영향을 받는다. 사물에 대한 측정에서 타당성과 신뢰성이 결여되면, 아무리 정교하게 가설을 검증해도 그 결과 얻은 결론은 이론적으로 아무 의미가 없다. 따라서 가설 검증은 타당성이 있고 신뢰할 만한 측정을 기초로 하여 이루어져야 하고, 검증 결과에 대한 해석도 이를 토대로 평가되고 해석되어야 한다.

4) 자료 수집 절차

검증 결과의 해석에 심각하게 영향을 미칠 수 있는 또 다른 요인은 자료 수집 절차의 성격이다. 처음에 자료를 수집하는 데 어떤 수단이 사용되었는가?, 연구중인 현상에 대해 무슨 원천으로부터 정보를 얻었는가 하는 것들인데, 자료 수집 절차와 관련된 질문은 i) 관찰, 개인 면접 및 질문서의 사용, ii) 2차적 자료의 신뢰성을 둘러싼 문제들이다.

(1) 관찰, 개인 면접 및 질문서의 사용

만일 자료가 개인의 관찰, 그들과의 개인적 면접 또는 자기 기입식 질문서에 의해 얻어지면 관찰자 및 면접자 또는 질문서 자체의 신뢰성에 대해 제기해야 하는 질문이 있다. 관찰과 면접에 대한 가장 공통된 문제는 관찰자 또는 면접자의 개인적 편의(bias)이다. 관찰자는 그가 관찰하는 것을 잘못 해석할 수도 있고 그가 관찰하고 있는 집단에서 중요한 것을 못 볼 수도 있다. 또한 관찰자는 그가 관찰하고 있는 개인에게 영향을 미칠 수도 있다. 어떤 개인이 관찰되고 있다는 사실은 그의 자연스러운 형태를 어느 정도 변화시키도록 그에게 힘을 미칠 수도 있다. 이것을 응답자의 반응성(reactivity)이라 한다. 어떤 개인이 그가 관찰되고 있다는 것을 모르는 사건에서는 그가 관찰하는 것을 정확하게 기록하고 그것을 신뢰성 있고 의미있게 해석하는 관찰자의 능력이 강조된다.

면접자의 상황에서 면접자가 듣고 싶어한다고 응답자가 믿는 대답을 하는 경향이 있다. 이것을 사회적 소망성(social desirability)이라고 하며, 모든 면접자·응답자 간의 상황에서 중요한 요인으로 생각되고 있다. 사회적 소망성이 응답자의 대답에 영향을 미치게 되어 수집하는 자료의 신뢰성은 물론 가설 검증의 결과에까지 영향을 미친다.

따라서 자료 수집 계획을 수립할 때, 응답자의 반응성과 사회적 소망성이 영향을 미치지 않도록 세심하게 고려해야 한다. 또한 응답자들의 개인적 성향에 따라 다양하게 응답할 수 있는 항목들을 제거해야 하고, 주요한 항목들을 빠뜨리지 않도록 주의해야 한다.

(2) 2차적 자료의 신뢰성

연구를 위한 정보 수집에 사용된 2차적 자료의 신뢰성도 검토되어야 한다. 2차적 자료는 연설문, 자서전, 역사적 기록, 사건에 대한 신문 해설, 일반 기사, 잡지, 법정 기록, 주요 통계철, 여러 가지 전공 논문 등을 포함한다. 자료가 이러한 자료에서 수집되고 계속해서 가설 검증에 사용될 때 다음 두 가지 문제가 제기된다.

첫째, 2차적 자료는 연구자가 자신의 연구 목적을 위해 독창적으로 수집된 것이 아니다. 따라서 연구자는 자료가 수집된 자료에 대해 그 정확성과 신뢰성을 추론할 필요가 있고, 자신의 연구의 요구 조건에 부합하도록 자료를 다듬을 필요가 있다. 어떤 정보는 불필요하거나 이용이 불가능할 수도 있다. 따라서 연구자는 자료를 이용할 수 있도록 이론이나 가설을 재형성하거나, 아니면 이론이나 가설 검증에 필요한 다른 자료를 선정하지 않을 수 없다.

둘째, 2차적 자료의 사용에는 원래 자료를 수집한 사람의 편견에 의해 발생되는 잠재적 함정이 있다. 예를 들면 가설 검증 자료로서 신문 해설을 사용하면 그 해설은 신문 작성자의 개인적 인상 이상의 것이 아닐 수 있다. 면접자와 관찰자의 편의에 관한 앞에서의 문제점들이 원래의 자료 수집자의 객관성과 관련해 여기에서도 그대로 제기된다.

모든 경험적 연구의 성패는 그가 수집하는 자료의 질에 달려 있다고 해도 과언이 아니다. 따라서 사회연구자는 가능한 한 신뢰성 있는 자료를 수집하는 데 노력해야 하고, 결과 해석시에 가설 검증의 의미와 유의성을 보장해 줄 수 있는 자료 수집 절차에 대해 깊이 고려해야 한다.

5) 통계적 문제

연구에서 통계적 문제에 관련된 주요 요인은 i) 자료 분석에서 사용된 통계 기법의 선택, ii) 사용된 유의 수준 등이다.

(1) 자료 분석에 사용될 통계 기법의 선택

가설 검증에는 반드시 그런 것은 아니지만 일반적으로 특정한 통계적 검증이 포함된다. 가설 검증에 이용될 수 있는 통계 절차에는 많은 종류들이 있으므로 연구자는 그가 수집한 특정 자료에 가장 적합한 검증법을 선택하는 것이 중요하다. 그는 그것에 깔려 있는 구체적 기능과 전제에 기초해 주로 통계적 검증을 선택한다. 만일 그가 가진 자료가 특정한 통계적 검증법의 전제에 부합되고, 또한 그가 대답하고자 하는 질문의 견지에서 그 검증법이 적합하면 그의 선택은 적절한 것이 된다. 다른 한편, 통계적 검증법의 선택이 잘못되면, 즉 문제에 적합하지 못한 검증법과 그가 가진 자료가 통계 기법에 깔려 있는 전제와 맞지 않으면 가설 검증의 결과는 타당성이 떨어진다. 따라서 결과에 대한 연구자의 해석도 잘못 이루어질 것이다. 따라서 사회연구자는 그의 연구에서 대답하고자 하는 질문의 종류를 명백히 묘사해야 하고, 기법의 기능과 그것에 깔려 있는 전제에서 볼 때 가장 적합한 통계적 검증법을 선택하기 위해 조처를 취해야 한다.

(2) 사용된 유의 수준

통계적 기법을 사용하는 가설 검증에는 유의 수준을 설정한다. 설정된 유의 수준은 객관적 표준으로 사용되고 연구자가 발견한 것의 유의성에 대한 결정을 내리는 데 연구자를 도와 준다. 흔히 사용되는 유의 수준은 .05와 .01이며 이것은 제1종의 오류를 범할 확률 또는 기각해서는 안 될 때 가설의 기각할 확률을 정의해 주는 것이다. 가설의 지지 여부는 선택한 유의 수준에 따라 달라진다. 즉 만일 유의 수준을 .05에서 .20으로 높이면 기각된 가설이 진실한 가설일 기회(제1종 오류)는 5%에서 20%만큼 커진다. 바꾸어 말하면 채택된 연구 가설이 통계적 유의성은 그만큼 떨어진다는 의미이다.

유의 수준은 검정되고 있는 가설을 공정하게 평가할 수 있도록 선택되어야 한다. 제1종 오류를 극소화할 수 있도록 엄격하면 좋지만(예를 들어 유의 수준을 0.01로 좁게 잡는다), 이렇게 되면 제2종 오류가 상당히 증가되어 곤란하다. 제2종의 오류란 가설이 허위일 때 기각되어야 할 가설을 기각하지 못하는 확률이다.

제1종 오류와 제2종 오류를 이해하기 위해 다음과 같은 예를 생각해 보자. 주로 여학생들이 자주 가는 가게 중에 보세가게가 있다. 보세가게란 수

출품으로 부적합 판정을 받아서 나오게 되는 물건들을 파는 가게인데, 이 가게에 가보면 좋은 물건이 많다는 것을 쉽게 발견하게 될 것이다. 다시 말하면 실제 물건은 좋은데 나쁘다고 판정되어 나온 것일 것이다. 즉 실제는 참인데 거짓으로 판정된 것일 것이다. 제1종 오류란 이와같이 실제는 참임에도 불구하고 이를 기각시켜 연구 가설을 채택하는 오류를 말한다.

제2종 오류의 한 예를 들어보도록 하자. 여러분들이 시중의 전자제품을 파는 가게에 가 보면 Q 마크가 찍힌 것을 볼 수 있을 것이다. 그런데 우연히도 이러한 Q 마크가 찍힌 제품을 샀음에도 불구하고 불량품이 있는 것을 흔히 발견할 것이다. 이는 무엇을 의미하는 것인가, 즉 실제로는 물건이 불량품임에도 불구하고 양호품으로 판명이 난 것일 것이다. 이와같이 실제는 거짓임에도 불구하고 영 가설을 채택하는 오류를 제2종 오류라고 한다. 제2종 오류가 크면 어떻게 될까? 물건을 파는 입장에서 보면 나쁜 물건을 팔아서 이익이 되고, 소비자는 불량품을 사서 손해가 되는 입장이 될 것이다. 그런데 문제는 물건을 한번만 팔고 그만둘 것이 아니다라는 것이다. 다시 말하면 제2종 오류가 크면 클수록 소비자의 불만이 많아져서 다시는 그러한 물건을 사지 않을 것이다. 따라서 물건을 만들어 파는 입장에서는 제2종 오류가 작으면 작을수록 실제로는 이익이 될 것이다.

사회과학 연구에서 유의 수준은 전통적으로 .05와 .01이 가설 검증에서 타당성이 있는 것으로 받아들여지고 있다. 그러나 어떤 상황에서는 즉 표본의 크기나 표본추출 절차의 유형에 따라서는 다른 유의 수준이 사용될 수도 있다.

제 3 편

표본 및 연구설계

제 5장 표본설계

제 1 절 표본추출과 표본분포

1 표본추출의 의의

1) 의 의

과학적 연구가 추구하는 목적 가운데 한 가지는 모집단의 성격을 기술하거나 추론하는 것이다. 모집단이란 우리가 연구 대상으로 삼은 사람들이나 변수들의 전체 또는 개념들이나 현상들의 집단 모두를 말한다(Walizer & Wiener, 1979). 모집단을 통해 어떤 지식을 얻고자 할 때, 우리는 모집단에서 표본을 추출해 모집단에 대한 통계적 추론을 통해 의사 결정을 하게 된다. 예를 들어, 각 정당에 대한 국민의 지지도 조사, 사회의 여론조사, 농작물의 생산량 예측을 위한 사전조사, TV 시청률 조사 등 여러 분야에서 모집단의 특성을 알기 위해 표본조사가 실시되는 것과 같은 이치이다.

모집단에 대한 어떤 지식이나 특성을 알고 싶을 때 모집단 전체에 대한 센서스 또는 전수조사를 통해 우리가 원하는 정보를 얻을 수도 있지만, 모집단 전체를 조사한다는 것은 현실적으로 많은 문제점이 있다. 그러한 문제점들 중에 가장 많이 지적되는 이유로는 비용의 과다, 시간의 부족, 과도한 노력의 요구, 또는 자격을 갖춘 조사원의 부족 등을 들 수 있다. 이러한 문제점들을 피하기 위해 모집단으로부터 일정한 크기의 표본을 뽑음으로써 표본조사를 실시하게 되고, 이 때 모집단으로부터 표본을 뽑는 과정을 표본추출이라 한다. 따라서 표본추출은 적은 비용으로 모집단을 잘 대표할 수 있도록 하는 대표성(representativeness)의 유지가 그 핵심이며, 이 밖에 어느 정도 크기의 표본을 선정해 적은 비용으로 정확성을 확보할 수 있도록 해 주는 적정성(adequacy) 문제도 중요하다.

2) 표본추출의 이점

이미 지적한 바와 같이 모집단에 대해 완전하게 조사하는 것을 센서스(census) 또는 전수조사라고 부른다. 센서스로 완전한 정보를 얻을 수 있음에도 불구하고 모집단에 대해 불완전한 정보를 제공할 가능성이 있는 표본을 사용해야 하는 이유를 좀더 상세히 알아보기로 한다.

① 비용: 전체 모집단의 일부분만을 검토하는 표본은 센서스보다 비용이 훨씬 적게 드는 것이 보통이다. 조직이 요구하는 많은 자료의 유형들을 센서스로 수집한다면 엄청나게 많은 비용이 들 것이다.

② 정확성: 표본추출에 의해 얻은 정보는 센서스에서 얻은 정보와 거의 같은 정확성을 갖든지 때로는 더 정확하기도 하다. 이러한 설명은 보통 사람들이 평소 가지고 있는 생각과 반대일지 모른다. 그러나 표본이든 센서스이든 혹은 어떤 다른 유형이든 이러한 연구에는 오차가 있을 수 있다. 전수조사와 같이 모든 모집단을 조사하는 경우에 조사 기간에 불가피하게 조사를 받지 못하게 되는 피조사자가 생기게 마련인데, 이 경우 자료의 완성을 위해 조사자가 부정확한 자료를 제출할 수 있는 여지가 있게 되는 것이 부정확성을 발생시키는 하나의 예라 할 수 있다.

③ 적시성: 표본추출에서 표본이 갖는 다른 하나의 주요한 이점은 정보를 빠른 시간 내에 산출해 낸다는 것이다. 이것은 빠른 속도가 요구되는 문제에서는 특히 중요하다.

④ 정보의 양: 표본은 많은 경우에 시간과 비용이 적게 들며 표본으로부

터 정보를 얻는 데 필요한 노력과 주의도 더 많이 기울일 수 있기 때문에 센서스(전수조사)보다 더 상세한 정보를 얻을 수 있다.

3) 전수조사와 표본조사의 관계

어떤 문제를 연구하려면 우선 그 문제에 대한 관찰과 측정을 통해 자료를 수집하게 되는데, 이렇게 얻은 자료는 크게 두 가지로 나누어 볼 수 있다. 하나는 모집단을 대상으로 하여 얻어진 완전한 집합의 자료이고, 다른 하나는 표본을 대상으로 하여 얻은 불완전한 집합의 자료이다.

그런데 만일 모집단을 대상으로 자료를 수집하고 분석한다면 기술 통계의 방법을 이용해 그 모수를 얻어 연구 문제에 대한 결론을 내릴 수 있다. 그러나 앞에서 지적한 바와 같이 이 방법은 시간, 비용, 노력 및 정확성 등에서 많은 문제가 있다. 따라서 모집단으로부터 일정한 방법으로 표본을 추출해 그 추출된 표본으로부터 표본통계량을 얻게 된다. 그러나 비록 표본으로부터 어떤 결론을 얻었지만 연구의 궁극적 목적은 모집단에서 필요한 정보(모수)를 알아내려는 것이므로 이 통계량만으로는 결과를 일반화시키고 모집단에 대한 결론을 내릴 수도 없다. 왜냐하면 아무리 모집단으로부터 표본을 잘 추출했더라도 거기에는 표본오차가 있게 마련이고, 따라서 통계량으로부터 모수를 추정·검증하게 되는 것이다[1]([그림 5-1] 참조).

[그림 5-1] 전수조사와 표본조사의 관계

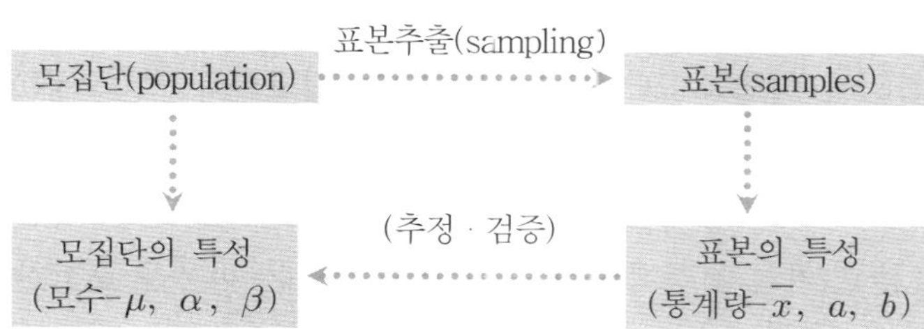

1) 이 때에 통계량으로부터 모수를 추정하는 방법으로는 크게 추정과 검증이 있다.

통계량을 사용해 모수를 추정하는 데는 세 가지 단계가 있다. 첫째는 모집단으로부터 무작위 표본을 추출하는 것이고, 둘째는 추출된 표본으로부터 통계량을 계산하는 것이며, 끝으로 표본에서 얻은 통계량으로부터 모수를 추정 및 검증하는 것이다.

2 표본의 크기

1) 표본 크기의 의의

표본의 크기(sample size)는 모집단으로부터 뽑는 표본추출 단위의 수를 몇 개로 하는 것이 가장 적절한가 하는 것과 관련된 문제이다. 표본은 그 크기가 얼마이든지 간에 무엇보다도 그 모집단을 올바르게 대표할 수 있어야 한다. 표본의 크기가 작더라도 모집단을 충실히 대표할 수 있다면 더 이상 커야 할 필요가 없다. 이와같이 표본의 크기는 무엇보다도 모집단의 성격에 의존한다. 표본의 크기가 문제가 되지 않는 경우는 모집단 자체가 작아서 그 구성 단위의 수가 얼마 되지 않는 경우와 모집단을 구성하는 각 단위가 동질적인 경우로서 이러한 경우에는 표본의 크기가 클 수도 없고 클 필요도 없다.[2)]

그러나 대개의 모집단은 그 구성 단위의 동질성에 한계가 있으며, 오히려 어느 정도의 이질성을 갖는 것이 보통이다. 더구나 사회 현상은 이질성을 나타내는 경향이 두드러진 것이 보통이다. 따라서 모집단이 이질적일수록 표본의 크기는 더 커야 할 것이다. 모집단이 이질적일 때 표본의 크기가 작으면 표본오차가 발생할 가능성이 많기 때문에 그것들만으로는 모집단을 대표하기가 어렵고 그 결과를 모집단에 일반화하기도 어려울 것이다.

2) 표본 크기의 결정 절차

표본 크기의 결정에 영향을 미치는 요인은 비용을 포함한 여러 가지 요

---

2) 극단적으로 모집단의 구성 단위가 완전 동질적이면 단 하나의 단위만을 표본추출해도 충분할 것이다.

인들이 있지만 이러한 것들을 주어진 것으로 가정할 때는 신뢰성과 정밀성이 중요한 요인이 된다.

표본 크기의 결정이란 신뢰성을 일정하게 했을 때 표본오차가 어떤 허용 한계 내에 들어가도록 표본 크기를 정하는 것이며, 표본오차의 허용 한계를 정밀성으로 규정한다면 표본 크기는 신뢰성과 정밀성에 의해 결정된다고 할 수 있다.

표본 크기의 결정에 관련된 주요 절차는 다음과 같다(Cochran, 1977: 73-8).

첫째, 표본에 관해 기대하는 것이 무엇인가에 대한 진술이 있어야 한다. 이 진술은 오차의 허용 한계나 표본 결과가 알려졌을 때 내릴 결정이나 취할 행동일 수도 있다.

둘째, 표본의 허용 정밀성과 표본의 크기(n)를 연결하는 식을 찾아야 한다. 그 식은 정밀성과 사용된 표본추출 방법에 따라 달라진다. 확률 표본추출의 한 가지 강점은 이 식을 명확하게 구성할 수 있게 하는 점이다.

셋째, 이 식은 모수로서, 알려지지 않은 모집단의 속성에 대한 구체적인 결과를 주기 위해 추정되어야 한다.

넷째, 자료는 모집단의 주요 하위 단위(subdivision)에서 발생하고 오차의 허용 한계는 각 하위 집단에 대해 설정된다.

다섯째, 하나 이상의 항목이나 특징이 표본조사에서 측정된다. 흔히 항목의 수는 큰 것이 보통이다. 정밀성의 허용 정도가 각 항목에 대해 정해지면 표본 크기(n)의 값이 서로 다르게 된다. 따라서 이것을 조정하는 방법이 있어야 한다.

여섯째, 선택된 표본 크기(n)의 값은 표본을 택할 수 있는 모집단과 일관성이 있는가 하는 점에서 평가되어야 한다. 이것은 요구되는 표본 크기를 얻는 데 필요한 비용, 노력, 시간 및 자료를 추정하게 한다.

3) 표본 크기의 결정 요인

구체적으로 표본의 크기는 어떻게 얼마로 결정해야 하는가 하는 문제는 주어진 연구의 성격과 범위 등에 따라 결정될 문제이므로 간단히 대답할 수 없다. 표본의 크기에 영향을 미치는 요인에는 여러 가지가 있을 뿐만 아니라 결정 요인에도 몇 가지 제약점이 있기 때문이다. 이들 결정 요인에 대해 대표적인 것만 간단히 살펴보면 다음과 같다.

(1) 모집단의 동질성

표본의 크기를 결정짓는 한 가지 요인은 모집단이 어느 정도 동질적인가에 달려 있다. 여기에서 동질성(homogeneity)이란 모집단을 구성하는 특성이나 요소들이 연구하고자 하는 어떤 속성에서 서로 비슷한 정도를 말한다. 따라서 요소들이 비슷한 속성을 많이 가지고 있을수록 표본의 크기는 작아질 수 있다.

(2) 표본추출 및 조사 방법의 형태

표본의 크기는 주로 확률 표본추출과 관련된 문제이다. 이러한 확률 표본추출의 구체적인 표본추출 방법에 따라 필요한 수준의 신뢰성과 정밀성에 요구되는 표본의 크기가 달라진다.

상대적으로 이질적인 모집단을 좀더 동질적인 하위 모집단으로 층화하는 이유는 층화 표본추출 방법이 다른 확률 표본추출 방법보다 상대적으로 적은 수의 표본으로도 모집단을 잘 대표할 수 있기 때문이다(Blalock, 1972: 524).

(3) 분석 범주 및 연구 변수의 수

표본의 크기를 결정하려면 한 변수 내에서 분석되는 범주(category)의 수를 고려해야 한다. 범주의 수가 많아질수록 통계적 측정의 신뢰성을 높이는 데 필요한 전체 표본의 수는 증가한다.

그뿐만 아니라 연구하고자 하는 문제의 변수의 수가 증가하면 변수 각각에 대해 같은 논리가 적용되고, 그러면 표본의 크기는 더욱 커져야 일정한 수준의 신뢰성을 확보할 수 있을 것이다.

(4) 이론과 연구설계

표본을 선정할 때 표본만 따로 떼어서 생각하기보다는 잘 구성된 이론과 이를 연계해 생각하면 표본의 크기가 작더라도 훌륭한 가치를 발휘할 수 있다. 이것은 이론을 검증하거나 기존의 다른 연구와 연계된 연구를 할 경우에는 더욱 그러하다(Black & Champion, 1976: 316).

(5) 비용과 시간

표본의 크기에 실제적으로 가장 영향을 많이 미치는 요인은 시간과 비용 및 인력이다. 충분한 시간과 비용 및 인력 없이는 많은 연구 대상들을 대상으로 연구할 수 없으므로 표본의 크기를 결정할 때는 주어진 비용과 시간을 고려해야 한다.

3 표본추출의 유형

1) 유 형

표본추출의 유형은 크게 확률 표본추출과 비확률 표본추출로 나눌 수 있다. 확률 표본추출(probability sampling)이란 모집단을 구성하고 있는 각 단위가 표본으로 뽑힐 기회가 얼마나 된다는 것을 알 수 있는 수학적 지침에 따라 선정하는 표본추출 방법이다. 그러나 이것이 모든 요소가 동일한 표본추출 기회를 갖는 것을 의미하는 것은 아니다. 확률 표본추출은 일정한 확률에 의해 표본을 추출하는 방법이므로 모집단에 대한 통계적 추론을 가능하게 하여 그 결과를 일반화할 수가 있다.

그러나 비확률 표본추출(non-probability sampling)은 수학적 확률의 지침을 따르지 않아서 모집단의 모든 요소들이 추출될 확률을 모르는 경우의 표본추출 방법이다. 따라서 이 방법에서는 확률적인 통계 처리가 불가능하며 추출된 표본으로부터 도출된 결과를 일반화할 수 있는 가능성이 극히 제한된다.

2) 선택상의 고려 요인

조사연구에서 확률 표본추출 방법을 사용할 것인지, 비확률 표본추출 방법을 사용할 것인지는 다음과 같은 점을 고려해 결정해야 한다(Wimmer

& Dominick, 1983). 추론적 연구(즉, 표본관찰에 토대를 둔 발견 결과를 더 큰 연구 단위집단에 일반화하려는 시도를 말함)를 위해서는 연구자가 확률 표본추출 방법을 선정하는 것이 필수적이다. 그러나 만일 연구자가 연구 결과를 빨리 아는 데에만 관심이 있고, 더 큰 모집단에 일반화하는 데에는 별다른 관심이 없다면 비확률 표본추출 방법으로도 충분할 것이다. 연구자가 확률 표본추출 방법을 사용할 것인지, 비확률 표본추출 방법을 사용할 것인지의 여부를 결정하는 기준을 간단히 살펴보면 다음과 같다.

(1) 연구의 비용

각 표본추출 방법에 드는 비용은 아주 다르다. 계속적 표본의 조사 단위를 확보하는 데 드는 비용을 예상할 수 있으면, 주어진 재정자원의 범위에서 적절한 표본추출 방법을 선정할 수 있다.

(2) 연구될 모집단에 대한 지식의 정도

표본추출 방법을 결정하는 데 필요한 정보 중에서 연구 대상이 된 모집단에 대해 얼마나 알고 있는가 하는 문제이다. 이용할 수 있는 정보가 거의 없을 때(표본 요소가 뽑힐 수 있는 목록 등이 없을 때)도 확률 표본추출 방법을 적용하기는 곤란하다.

(3) 모집단의 크기

연구되는 모집단이 아주 크면 집락 표본추출 방법이 적당할 수도 있다. 그러나 모집단이 아주 적으면 다른 유형의 표본추출 방법이 별다른 어려움 없이 사용될 수 있을 것이다.

(4) 조사 요소에의 접근 가능성

어떤 연구 프로젝트를 위해서는 연구자가 바로 접근할 수 있고 연구 목적에 맞는 조사 요소를 선정하는 것이 의미가 있다. 챔피언과 데이거(Champion & Dager, 1967: 71-84)는 은행에서의 역할 변화를 연구했는데 그들은 일년 동안 은행 종업원들에게 컴퓨터 회계 방식으로의 역할 변화 경험에 대해 면접해도 좋다는 허락을 받았다. 그들의 연구에서는 역할 변화와 인간에 대한 컴퓨터의 효과에 대한 관한 가설 검증의 적합한 토대를 제시해야 한다는 것 이외에 은행 종업원들을 표본으로 사용해야 한다는 접근 가능성이 주요한 고려 사항이었다.

(5) **일반화 가능성의 중요성**

연구자가 표본에서 발견된 사항을 모집단에 일반화시키는 것이 왜 중요한가? 모집단에의 일반화 가능성을 가지고 연구 목적을 평가하는 것은 일정한 상황 아래에서 어느 표본추출 방법이 가장 좋은지를 결정하는 데 도움이 되기 때문이다. 물론 추론 기능을 수행하기 위해 설계된 연구계획은 확률 표본추출 방법을 사용해야 한다는 것 외에도 연구자의 특별한 선호와 관심에 따라 표본추출 방법이 다르게 선택될 수도 있음을 간과해서는 안 된다.

제 2 절 확률 표본추출 방법

1 확률 표본추출의 논리

확률 표본추출이란 모집단의 모든 표본추출 단위가 표본으로 뽑힐 확률이 사전에 알려져 있는 방법이라는 것은 앞에서 설명한 바와 같다. 확률 표본추출 방법에는 단순 무작위 표본추출, 계통적 표본추출, 층화 표본추출, 집락 표본추출 등이 있다.

확률 표본추출의 논리는 정치적 여론조사의 경우 표본 서베이가 아주 정확할 수 있다는 데에서 찾을 수 있다. 여론조사의 결과가 정확하기 위해서는 표본이 매우 주의깊게 선택되어야 한다는 것도 알 수 있다. 이제 그것이 왜 그러해야 하는지를 검토하기로 한다.

1) 모집단의 동질성과 이질성

모집단의 구성원이 모든 측면에서 동일하다면(동질적이라면) 표본추출 절차를 주의깊게 수행할 필요가 없을 것이다. 이러한 경우에는 어떠한 표본이라도 충분할 것이다. 이론상 이렇게 극단적으로 동질성이 확보되는 경우에서는 전체 모집단의 특징을 연구하는 데 하나의 표본으로서도 충분할 것이다.

이것과는 반대로, 연구하고 있는 모집단에 이질성이 있는 경우에는 좀더 통제된 표본추출 절차가 필요하다. 사회과학 연구라는 차원을 넘어서 이러한 원리의 응용 가능성에 대해서는 주목할 가치가 있다. 현대 표본추출 이론은 농업 연구, 특히 통계적 서베이 측정에 흔히 사용되고 있는 피셔(Irving Fisher, 1867-1947)의 업적에 그 뿌리를 두고 있다. 우리의 목적을 위해서는 사회집단의 이질성에 주목하는 것이 바람직하다. 사람들이란 많은 측면에서 서로 다르다. 어떤 주어진 인간들의 모집단은 서로 조금씩 다른 개인들로 구성되어 있다. 그러한 모집단으로부터 뽑은 개인들의 표본은 만일 그것이 전체 모집단을 유용하게 설명할 수 있다면 모집단에 존재하는 것과 똑같은 이질성을 본질적으로 가지고 있어야 한다. 따라서 확률 표본추출이란 모집단에 존재하는 이질성들을 적절히 반영하는 그러한 표본을 뽑는 능률적인 방법을 제공해 줌으로써 모집단과 표본이 닮은꼴을 이루도록 한다.

2) 의식적 · 무의식적 표본추출 편의

어떤 특별한 훈련이나 주의를 기울이지 않더라도 서베이 표본을 뽑을 수는 있다. 100명의 대학생 표본을 뽑기 위해서는 대학의 캠퍼스에 가서 캠퍼스를 돌아다니고 있는 학생들을 면접할 수도 있다. 이러한 표본추출 방법은 훈련받지 않은 연구자들이 자주 사용하고 있는데, 이것은 여러 가지 심각한 문제를 갖고 있다.

우선 연구자 자신이 갖고 있는 개인적인 편의(bias)[3]가 이러한 방식으로 선택한 표본에 영향을 미칠 수 있다. 따라서 그 표본은 학생들의 모집단을

---

3) 여기서 편의(偏倚, bias)는 일반적으로 일정한 정상 범위 밖에 치우쳐 나타나는 오차 또는 오류를 말한다.

진실로 대표하지 못하는 경우가 될 수 있다. 예를 들어, 연구자는 히피처럼 보이는 학생에게 개인적으로 위협감을 느끼고 그들이 자신의 연구 노력을 비웃는 것으로 느끼고 있다고 가정해 보자. 연구자들은 의식적으로 또는 무의식적으로 이러한 사람들을 면접하기를 피할지도 모른다. 또한 건전하게 보이는 학생들의 태도가 연구 목적에 부적절하다고 생각해 그들을 면접하기를 피할 수도 있다. 혹은 균형잡힌 학생집단을 면접하려고 할 때 이러한 균형을 유지할 수 있는 서로 다른 학생 유형의 적절한 비율을 모를 수도 있으며, 또한 학생들이 걸어가는 것만 보고는 서로 다른 유형인지를 확인할 수도 없을 것이다.

3) 대표성과 선택될 확률

대표성(representativeness)이라는 용어가 특별히 정확한 것도 과학적인 의미를 갖고 있는 것도 아니지만, 표본추출을 논의하는 데 유용한 개념이 될 수도 있는 상식적 의미를 갖는다. 흔히 알고 있는 것처럼 표본은 그것의 집계된 특징들이 모집단에서 집계된 특징과 근사하게 되면 그 모집단을 대표하게 될 것이다.[4] 예를 들어, 어떤 모집단이 50%의 여자들을 포함하고 있다면 대표성이 있는 표본 역시 50%에 '가까운' 여자들을 포함하고 있어야 한다.

확률 표본추출의 기본적 원리는 어떤 '표본의 설정에서 모집단의 모든 구성 요소가 똑같이 표본에 선택될 기회를 갖고 있으면 그 표본은 선택되는 모집단을 대표할 것이라'는 점이다.[5] 이러한 성질을 가진 표본을 흔히 EPSM(선택의 동일 확률 방법: equal probability of selection method) 표본이라 부른다. 이 원리의 변형에 대해서는 나중에 논의하겠지만 이것은 확률 표본추출의 주된 기초를 형성하는 것이다.

4) 표본은 모든 측면에서 대표적일 필요는 없으며 연구의 실질적 관심사에 적실한 특징들에 대표성이 있으면 된다.

5) 선택된 표본의 크기도 대표성의 '정도'에 영향을 미친다는 것을 나중에 간단히 살펴볼 것이다.

2 단순 무작위 표본추출

통계적 추정과 결정 작성 기법을 활용하기 위해서는 이미 알고 있는 확률에 따라 표본을 선택해야 한다. 이러한 추출 방법에 속하는 가장 기초적인 표본 유형을 단순 무작위표본 또는 단순히 무작위표본이라고 부르는 것이다. 앞으로 별다른 혼란의 위험이 없을 경우는 이들 용어 중에서 어느 하나를 사용하는 것으로 간주한다.

1) 단순 무작위 표본추출의 정의

(1) 유한모집단의 경우

A, B, C, D, E로 표시되는 5명의 공무원으로 구성되는 모집단을 생각해 보자. 이 모집단으로부터 3명의 공무원 표본을 뽑는다고 할 때 표본으로 뽑힐 공무원의 조합은 다음과 같다.

(A B C), (A B D), (A B E), (A C D), (A C E),
(A D E), (B C D), (B C E), (B D E), (C D E)

위에서 살펴본 것처럼 유한모집단으로부터 단순무작위 추출은 각각의 가능한 표본조합에 뽑힐 확률을 똑같게 해서 표본을 뽑는 방법을 말한다.

(2) 무한모집단의 경우

표본을 추출할 모집단이 무한한 것이면 단순 무작위표본의 정의는 위의 유한모집단의 정의와 서로 같아진다. 왜냐하면 유한모집단에서의 단순 무작위표본도 무한히 많은 요소로 구성되는 모집단을 생각함으로써 두 개가 서로 같아지게 할 수 있기 때문이다. 단순 무작위표본은 표본추출의 각 단계에서 모집단의 각 요소가 표본으로 뽑힐 똑같은 확률을 갖는 요소의 선택으로 구성된다. 그러나 이러한 해석은 무한모집단에 어떤 물리적 존재가 없다는 사실을 생각해 보면 단순히 설명적일 뿐이다. 좀더 기술적으로 설명하면 무한모집단에서의 단순 무작위 표본추출은 모든 표본관찰이 통계적으로 독립적이어야 한다. 즉, 어떤 표본관찰의 결과는 다른 표본관찰의 결과에 영향을 미쳐서는 안 된다.

2) 단순 무작위 표본추출의 특징

이제 단순 무작위 표본추출이 갖는 몇 가지 특징을 생각해 보자. 유한모집단에 속해 있는 각 요소에 표본으로 뽑힐 똑같은 확률을 부여한다는 것이 단순 무작위 표본추출의 속성이라고 했다. 그렇지만 어떤 표본이 이러한 조건을 충족시켰다고 해서 단순 무작위 표본추출이 되는 것은 아니다. 10% 표본을 뽑는 다음 절차를 생각해 보자. 모집단을 10개의 동등한 집단으로 나누고 각 집단이 뽑힐 확률을 똑같게 하면서 이 집단의 하나를 표본으로 뽑는다. 이 방법은 모집단의 각 요소에 표본이 될 확률을 똑같이 부여하기는 했지만 그것이 각각의 가능한 표본조합에 뽑힐 확률을 똑같이 부여하지는 않는다.

유한모집단에서 각 개별 요소가 뽑힐 확률이 똑같다는 사실이 단순 무작위 표본추출의 필요 조건이라는 것에 주목해야 한다. 그러므로 모집단에 속해 있는 각 요소에 뽑힐 확률을 똑같이 부여하지 않는 표본 선택은 자동적으로 단순 무작위 표본추출이 아니다. 그러나 어떤 표본 선택 방법이 모집단의 각 요소에 뽑힐 기회를 똑같이 주고 있다는 것만으로는 그 표본이 단순 무작위 표본추출의 모든 조건을 충족한다고 결론지을 수 없다.

3) 단순 무작위 표본을 뽑는 방법

주요한 확률 표본추출 계획에 깔려 있는 통제 요인은 무작위성(randomness)인데, 이것은 주어진 모집단에서 모든 요소들이 특정한 표본에 포함될 동일하고 독립적인 기회를 갖는 것을 지칭한다. 확률 표본추출 계획의 각각에 대한 설명을 하기 전에 먼저 무작위 표본을 뽑는 방법을 설명하고자 한다.

(1) 유한모집단의 경우

유한모집단으로부터 표본추출을 적용할 경우 대체적으로 가능한 표본조합의 수는 놀랄 만큼 커서 수억에 달하게 된다. 따라서 단순 무작위 표본추출의 요구 조건을 충족하는 선발 절차를 사용하는 것이 필요하지만 모든 가능한 표본조합을 실제로 셀 필요는 없다. 이제 구체적으로 무작위표본을 획득하는 몇 가지 방법을 생각해 보기로 한다.

① 추첨

표본추출이 가장 단순하고 친숙한 유형은 종이쪽지나 공깃돌에 숫자를 쓰고 큰 통에 넣는 방법이다. 숫자는 모집단의 구체적인 요소를 나타내며 모집단의 모든 요소에 번호가 붙여져서 각각을 대표하게 된다. 숫자들을 철저히 섞은 후 연구자는 눈을 가리고 필요한 크기의 표본을 얻을 때까지 한 번에 하나씩 꺼낸다(the fishbowl draw). 이것을 무작위표본이라 한다.

그러나 이 표본추출의 유형에는 많은 비판이 있는데 그 중의 한 가지가 이 방법이 정교하지 않기 때문에 추출된 표본의 타당성에 관해 의문이 제기된다는 점이다. 이 방법에 대한 가장 중요한 논쟁은 무작위표본을 얻는 데는 더 좋은 방법이 존재한다는 것이다. 무작위표본을 얻는 방법들에는 난수표를 이용하거나 난수를 컴퓨터가 결정하는 배열 등이 포함된다. 이 방법들은 연구자가 가질 수 있는 편의(bias)에 덜 취약할 수 있기 때문이다.

그러나 표본추출에서 이 방법을 사용하고자 할 때는 표본을 추출할 모집단이 좀 작아야 한다. 그렇지 않으면 수십만의 요소에 번호를 부여한다는 일이 힘들 뿐 아니라 그 숫자를 포괄할 항아리도 구하기 어렵게 된다. 이 방법은 사용하기는 쉽지만 이와 같은 점이 커다란 제약이 되고 있다.

② 난수표

만일 모집단이 아주 크면 추첨에서 칩을 흔들어 섞는 것과 같은 방법은 편리하지 않다. 충분히 섞이지 않으면 그 결과는 단순 무작위 표본추출의 요구 조건을 충족시키지 않을 수도 있기 때문이다. 더 좋고 더 실제적인 다른 하나의 방법은 난수표(table of random digits)를 사용하는 것이다. 아주 보편적으로 사용되고 있는 난수표에는 랜드연구소(Rand Corporation)의 난수표(Rand Corporation, 1955)와 주간 상무위원회(Interstate Commerce Commission)의 난수표(ICC, 1949)가 있다.

난수표는 10개의 칩에 0, 1……9의 숫자를 각각 쓰고 잘 흔들어 섞은 후 무작위적으로 칩을 꺼내서 숫자를 기록한 후 칩을 도로 넣고 10개의 칩을 다시 흔들어 섞은 후 칩을 다시 꺼낸다. 이러한 절차를 계속함으로써 난수표를 작성할 수 있다. 실제로는 좀더 시간을 절약할 수 있는 효과적인 절차가 난수표 작성에 사용된다(예를 들어, 전자계산기가 사용됨). 그러나 관련된 원리는 똑같다.

③ 컴퓨터에 의한 무작위 표본추출

연구하고자 하는 모집단이 특히 크고 설비를 이용할 수 있으면 모집단의 요소에 해당하는 요소의 난수를 얻는 데 컴퓨터 시스템을 활용할 수 있다. 요소의 난수로 정의될 일련의 숫자를 연구자가 원하는 만큼 컴퓨터가 프로그램을 하든지 찍어내도록 할 수가 있다.

(2) 무한모집단의 경우

모집단이 무한할 때 무한모집단과 관련된 과정은 표본관찰이 된다. 예를 들어, 알약(drug tablets)을 생산하는 과정에서는 알약의 일정한 두께를 고려해야 한다. 유사하게 단순 무작위표본을 구성하는 관찰을 하자면 다음 두 가지 조건이 성립해야 한다.

첫째, 그 과정은 관찰이 이루어지는 시간 동안 '안정적'이어야 하며, 모든 관찰은 '동일한' 무한모집단에서 이루어져야 한다.

둘째, 표본관찰은 통계적으로 독립이어야 한다.

무한모집단에서 뽑은 표본이 단순 무작위표본이라는 것을 입증할 수 있는 방법은 없다. 그러나 그 표본이 단순 무작위표본이라고 가정하는 경우는 그렇게 가정함으로써 얻을 수 있는 결과의 유용성 때문이다. 어떤 과정에서 일련의 관찰이 단순 무작위표본을 구성할 수 있느냐의 여부를 결정하는 데는 통계적 검증이 유용하게 사용될 수 있다.

4) 강점과 약점

(1) 강점

단순 무작위 표본추출의 강점은 다음과 같다.

첫째, 모집단의 모든 구성 요소가 표본에 포함될 가능성은 동일하고 서로 독립적이다. 적어도 이론적으로는 결과적으로 나온 표본이 대표성 있는 것이어야 한다. 어떤 요소는 뽑히지 않도록 하거나 어떤 요소는 다른 것보다 더 잘 뽑히게 하는 식으로 뽑은 표본은 편의되었다(biased)고 하며, 따라서 무작위적인 것도 아니고 대표성이 있는 것도 아니다.

둘째, 무작위 표본추출 방법은 모든 다른 확률 표본추출 방법과 연계되어 사용된다. 그러므로 모든 확률 표본추출 유형의 토대로서의 기능을 한다.

셋째, 단순 무작위 표본추출은 모든 확률 표본추출에 가장 쉽게 적용될 수 있다. 왜냐하면 이것은 이해하기가 가장 단순한 표본추출 유형이기 때문이다.

넷째, 연구자가 모집단의 진정한 구성에 대해 미리부터 알고 있을 필요가 없다. 단순 무작위표본은 이론적으로는 모집단의 모든 중요한 부분을 어느 정도 반영한다.

다섯째, 뽑힌 표본과 관련된 표본오차의 크기는 쉽게 계산될 수 있다. 표본오차란 모집단 값의 표본 추정치가 진실한 모집단의 값을 반영하지 못하는 정도를 말한다. 이것은 모집단 대신에 표본으로 연구할 때는 언제나 존재하는 것인데 표본오차는 $S_X = \dfrac{S}{\sqrt{n-1}}$로 결정된다. 여기서 S는 표본 표준편차이고 n은 표본의 크기이다. 이것은 평균에 관한 표준오차를 구하는 공식과 같으며 대표본이 소표본보다 더 좋다는 것을 설명해 주는 중요한 이유이다.

(2) 약점

단순 무작위 표본추출의 약점은 다음과 같다.

첫째, 단순 무작위 표본추출은 연구자가 모집단에 대해 갖고 있는 관심에 충분한 답을 주지 못한다. 연구자는 결과적인 표본이 더 대표성 있게 뽑히도록 하기 위해 모집단에 대한 정보에 접근해야 한다. 대표성이란 남녀, 노소 등등의 비율에 따른 모집단의 구체적인 특징과의 관계를 말한다.

둘째, 단순 무작위 표본추출에서는 모집단에 적게 존재하는 요소들이 주어진 표본에 포함될 것이라는 보장이 없다. 500명으로 구성된 모집단에서 10명만이 어떤(X) 특성을 갖는다고 하자. 연구자가 어떤(X) 특성을 갖는 자가 표본에 포함되기를 원한다면 이런 사람이 뽑힐 가능성은 아주 적다.

셋째, 층화 표본추출과 비교해 표본의 크기가 같을 때 단순 무작위 표본추출에서는 표본추출 오차가 더 큰 것이 보통이다. 이것은 표본추출 오차가 부분적으로는 뽑힐 표본의 이질성에 기초하고 있기 때문이다. 중요한 표본 특성의 비례적 분포에 따라 층화적으로 추출된 표본은 그 특성상 모집단을 대표하는 것이다. 만약 대표성이 많은 표본이라면 그것들이 얻어진 모집단을 더 정확히 추정하는 것이 보통이다. 그러므로 표본오차는 뽑힌 표본의 크기와 앞에서 구체화시킨 모집단의 중요한 특정 집합에 관한 표본의 대표성에 따라 결정된다.

따라서 모집단의 특성에 관해 더 많이 알고 있고 그 지식으로 더 대표성 있는 표본을 뽑을 수 있으면 결과적 표본과 관련된 표본추출 오차는 더 적을 것이라고 결론지을 수 있다.

5) 응 용

단순 무작위 표본추출은 궁극적으로 일정한 정보(some sources)를 통해 확률표본을 얻을 수 있다고 할 수 있다. 즉, 시 안내판(city directories), 센서스 명부, 여러 지역의 지리적 구역, 학교, 교도소, 지역사회, 기업 및 산업조직, 정치구역 및 전화번호부 등에서도 무작위표본을 얻을 수 있다는 말이다. 이것은 또한 심리학적 및 사회심리학적 실험에서 서로 다른 실험 조건에 무작위적으로 요소를 배정하는 데 사용할 수도 있다. 그러므로 확률표본추출의 모든 유형에서는 여러 수준과 단계에서 단순 무작위 표본추출의 사용이 불가결하다고 볼 수 있다.

6) 문제점

단순 무작위 표본추출(사실은 모든 확률 표본추출)에 대해서 종종 제기되는 한 가지 이슈는 카플란(Kalpan, 1964)이 표본추출의 패러독스(paradox of sampling)라고 지칭한 것이다. 표본이 그것을 뽑아 낸 모집단을 일반화하기 위해서는 그것은 모집단에 대표적이라야 한다. 그러나 모집단의 진실한 분포와 특징이 알려지지 않으면 표본이 모집단을 충분히 대표하고 있는지를 확실히 알 수 없기 때문에 표본의 패러독스가 생긴다. 단순 무작위 표본추출은 이론적으로, 표본 크기가 증가함에 따라 표본추출 오차의 크기를 감소시킨다. 따라서 패러독스는 연구자가 사용한 표본추출 방법과 표본추출 단위(표본 크기)에 의해서 부분적으로 결정된다.

3 계통적 표본추출

1) 의 의

무작위성의 특징을 가지면서 동시에 약간의 비확률적 특징을 갖는 표본추출 방법이 계통적 표본추출 방법(systematic sampling)이다. 이 표본추출 방법은 미리 결정된 조사 단위의 목록에서 매 n번째 사람을 뽑는 조사 단위의 집합을 얻는 것으로 정의된다. 도시 인명록이나 전화번호부에서 매 10번째 사람을 뽑는 것은 계통적 표본추출이다. 상점 앞에 서서 상점에 들어오는 매 20번째 사람에게 질문을 하는 것도 계통적 표본추출의 일종이다.

2) 강점과 약점

(1) 강점

계통적 표본추출의 주요 강점은 다음과 같다.

첫째, 계통적 표본추출 방법은 사용하기가 쉽다. 모든 조사 단위의 선정에서 난수표를 사용하는 것보다 훨씬 간편하다.

둘째, 비확률적 표본추출 방법을 포함하고 있기 때문에 조사 단위를 뽑는 과정에서의 잘못은 상대적으로 중요하지 않다. 즉, 연구자가 잘못 계산해 다른 조사 단위를 뽑는다 해도 그의 표본은 심각하게 영향을 받지 않는다.

셋째, 계통적 표본추출은 매 n번째 사람이 포함되었는지 어떤지를 체크하는 것이 쉽고, 계산의 잘못을 알아내기도 쉽다.

넷재, 계통적 표본추출은 신속성의 특징을 가진다. 연구자가 제한된 시간계획 아래서 일하고 있다면 계통적 표본추출은 어떤 확률 표본추출 상황에서 거쳐야 할 몇 가지 단계를 제거해 준다.

(2) 약점

계통적 표본추출의 주요 약점은 다음과 같다.

첫째, 계통적 표본추출은 선정된 매 n번째 표본을 추출해 표본이 일정한 주기성과 특정 경향성을 나타낼 때 조사 단위 사이에 있는 모든 표본의 특성들이 무시될 수 있다. 이것은 최종 표본에서 어떤 조사 단위를 제외시키게 되므로 확률적 표본추출이 아닌 결과를 초래할 수 있다.

둘째, 다른 하나의 약점은 조사 단위의 목록이 어떤 특정한 순서에 따라 배열되어 있을 때 나타날 수 있는지에 달려 있다. 만일 목록이 어떤 특징(예를 들어, 연령, 학력 등)에 따라 증가 또는 감소하는 것이라면 얼마만큼의 편의(bias)가 개입될 것이다.

셋째, 계통적 표본추출의 세 번째 약점은 블라로크(Blalock, 1972: 514-5)가 지적하는 것이다. 그에 의하면, 만일 조사 단위의 목록이 알파벳의 순으로 되어 있다면 어떤 인종집단의 과다 또는 과소 대표로 인해 어떤 편의(bias)가 일어날 것이라고 한다. 예를 들면, 미국에서 맥(Mc)으로 시작하는 이름을 선정해 추출하면 과다 대표되고, 어떤 동양인의 이름을 추출하면 체계적으로 제외되든지 과소 대표될 가능성이 크다.

넷째, 각 조사 단위가 표본에 포함될 동일한 기회를 갖고 있지 않으므로 얻어진 표본은 무작위적이지 않다. 어떤 연구설계와 구체적 연구 목적을 위해서는 이 약점이 중요한 것일 수 있다.

3) 응 용

계통적 표본추출을 응용하는 것은 무수히 많다. 노동조합원, 초등학교 및 중·고등학교 학생, 대학의 학생 및 교수, 도시명부, 전화번호부, 특정 이익 집단 및 조직의 구성원, 회사의 종업원, 교도소의 죄수, 이웃 등의 목록으로부터 체계적으로 조사 단위를 획득하는 것은 이 표본추출 유형이 적용될 수 있는 많은 사례 중의 몇 가지에 불과하다.

4) 문제점

계통적 표본추출은 확률 표본추출과 비확률 표본추출의 양쪽 측면을 모두 포함하므로 연구자의 연구 목적에 따라 어떤 논쟁이 있을 수 있다. 계통적 표본에서의 편의(bias)들 중에는 일련의 무작위 선발(random starts)을 사용함으로써 극복될 수 있는 것이 있음이 입증되어 왔다. 그러나 기술적으로 이 방법이 비확률적 표본추출 방법을 병행하고 있기 때문에 표본을 완벽하게 무작위적으로 추출하지는 못한다.

만일 연구자가 그의 연구설계에서 어떤 유형의 확률표본을 준비하는 것이 필수적이라면 모든 가능성 중에서 계통적 표본추출보다 더 적절한 어떤 표본추출 방법을 선택하게 될 것이다. 적절한 표본추출 유형의 선정은 연구자의 연구 목적에 달려 있다.

4 층화 표본추출

층화 표본추출은 모든 개체를 집단이나 범주(category)로 나누고 각 집단이나 층으로부터 무작위 추출이나 계통적 표본추출에 의해 독립 표본을 뽑는다. 여기에서 각 개체는 하나의 층에서만 나오도록 층(strata)을 정의한다. 각 층에 대한 표본추출 비율이 동일하면 비례적 층화 표본추출이라 하고 동일하지 않으면 비(非)비례적 층화 표본추출이라 한다.

표본을 층화하는 이유는, 첫째 서로 다른 표본추출 방법이나 목록이 각

층에 사용될 수 있다는 것과, 둘째 일정한 수준의 정확성을 얻기 위해 필요한 사례 수를 감소시킬 수 있다는 것이다. 연구 변수에 비해 층이 동질적이면 설계의 능률성을 향상시킬 수 있다.

1) 비례적 층화 표본추출

(1) 의의

연구자가 연구 대상이 되고 있는 모집단에 대해 어느 정도 알고 있으면[6] 비례적 층화 표본추출 방법을 사용할 수 있다. 이 표본추출 방법은 같은 특징이 모집단에 분포되는 방식과 정확하게 같은 비율로 규정된 특징을 갖는 표본을 얻는 데 유용하다. 한 가지 단순한 예를 들어 보면 이 표본추출 방법을 잘 이해할 수 있다.

어느 조그만 대학에서 학생들의 모집단을 생각해 보자. 이 대학의 총학생 수는 1,000명으로서 1학년이 400명(0.4), 2학년이 300명(0.3), 3학년이 200명(0.2), 4학년이 100명(0.1)으로 분포되어 있다고 하자. 연구자는 학년에 따라 층화함으로써 100명의 비례적 층화표본을 얻고자 한다면, 각 학년에서 1학년 40명(100 × 0.4), 2학년 30명(100명 × 0.3), 3학년 20명(100명 × 0.2), 4학년 10명(100명 × 0.1) 등으로 층화해 그 인원 수만큼 무작위 또는 계통적으로 추출하는 것이 일반적이다.

(2) 강점과 약점

비례적 층화 표본추출과 관련된 주요 강점은 다음과 같다.

첫째, 표본을 비율적으로 층화하는 것은 모집단과 관련해 표본의 대표성을 높인다.

둘째, 비례적 층화 표본추출을 사용해 얻은 결과적인 표본은 단순 무작위표본에 비교해 진정한 모집단의 특성을 더 잘 추정해 준다. 이 사실은 위에서 지적한 첫 번째 강점에서 유도된다.

셋째, 다른 하나의 중요한 강점은 모집단 추정자로서 표본과 관련된 표본오차가 같은 크기의 단순 무작위표본에서 발생하는 것보다 감소된다는

6) 예를 들면, 모집단의 모든 구성원들에 대한 연령, 성별 분포를 아는 것은 이에 해당한다.

것이다. 이러한 의미에서 비례적 층화표본은 단순 무작위표본보다 능률적이며 이 때 증가된 능률성이 표본오차의 감소 함수이다.

넷째, 이러한 유형의 표본추출 방법은 모집단에서 원래의 분포에 따라 조사 단위에 비중을 줄 필요성을 제거시킨다.

한편 이 표본추출 방법의 중요한 약점은 다음과 같다.

첫째, 비례적 표본추출은 획득하기가 좀 어렵다는 점이다. 이 방법은 연구자가 조사 단위를 뽑기 전에 모집단의 구성과 모집단 특징의 분포에 대해 알고 있어야 하기 때문에 종종 비현실적 가정이기 쉽다.

둘째, 이 방법은 몇 개의 층(strata)의 각각에서 조사 단위를 얻는 데 많은 시간이 걸린다. 그러나 단순 무작위 표본추출에 비교해 볼 때 표본오차의 감소는 비례적 층화표본을 얻는 데 요구되는 추가적인 작업을 상쇄한다.

셋째, 몇 개의 층을 설정할 때 분류오차(classification error)가 생길 가능성은 언제나 있다. 분류오차란 모집단의 조사 단위를 잘못된 층에 분류하는 것을 말한다.

(3) 응용

표본추출에 따르는 추가적인 시간이 필요하고 조사 단위의 적절한 분류를 하려고 할 때 발생하는 잠재적 어려움 때문에 구체적인 모집단의 특징이 필수적으로 포함되어야 할 때에만 이 표본추출 방법을 적용해야 한다. 이것이 정당화될 수 있는 응용에는 학년, 전공 분야, 연령, 성별 등이 중요한 변수로 작용하는 학교를 예로 들 수 있고, 이 밖에 계급, 특수 임무 등이 이론적으로 다른 변수들에 영향을 미칠 수 있는 연구 프로젝트에서도 이 표본추출 방법을 성공적으로 사용할 수 있다.

(4) 문제점

비례적 층화 표본추출과 관련해 제기되는 가장 중요한 의문은 어느 변수와 특징이 층화되어야 하는가 또는 유사하게 어느 차원이 어떤 연구에서 가장 의미 있는가 하는 것이다. 몇 개의 차원을 층화할 것인가를 결정하는 것은 개별 연구자가 중요한 것으로 간주하는 것이 무엇이냐에 달려 있다. 그는 최종 분석에서 이러한 결정을 내리기 위한 기초로 이론을 사용한다.

이론을 사용하지 않고 어떤 차원을 층화한다는 것은 순전히 자의적이기 때문이다.

층화 표본추출은 단순 무작위 표본추출에 비해 표본추출 오차를 감소시킨다고 한다. 그러나 이러한 상황의 역이 발생할 가능성도 있다. 연구자가 모집단을 층화하는 데 부적절한 차원을 선택하게 되면 결과 표본(resulting sample)의 편의(bias)가 증가될 수 있고, 이렇게 되면 그것과 관련된 표본오차도 증가하게 되는 것이다. 어쨌든 층화할 특징의 선정은 부분적으로 또는 어느 정도까지는 주관적인 것에 기초하고 있다.

층화 표본추출은 단순 무작위 표본추출보다 비용이 더 많이 드는 것이 보통이다. 여기서 생각해 볼 점은 어떤 차원의 층화를 통해서 얻은 추가적 정보를 기초로 두 가지 표본추출 방법의 상대적 비용을 따져볼 수 있다는 것이다. 언제 층화를 하고 언제 층화를 하지 않을 것인가를 구별짓는 확고부동한 규칙이 존재하는 것은 아니다. 그러나 연구자는 표본오차의 위험이 어느 정도인가에 따라 또는 연구 문제를 해결하는 데 이론적으로 적실한 어떤 특징을 나타내는 조사 단위가 포함되는 선에서 층화를 결정하게 될 것이다.

2) 비비례적 층화 표본추출

(1) 의의

비비례적 층화 표본추출은 비례적 층화 표본추출과 본질적으로 동일한 개념으로 이해된다. 기본적인 차이는 결과적으로 뽑힌 표본의 하위층(substrata)이 반드시 그것이 뽑힌 모집단의 비례적 가중치에 따라 분포되지는 않는다는 점이다. 다시 말해 어떤 하위층은 과다 대표되고 어떤 하위층은 과소 대표될 수 있다는 졈이다.

일례로서 사회경제적 지위를 사용해서 어떤 모집단을 6개의 하위층으로 나눈 경우를 생각해 보자. 각각의 사회경제적 지위의 수준과 비율은 상상(15%), 하상(10%), 상중(20%), 하중(20%), 상하(10%), 하하(25%)가 된다고 하자.

연구자가 이 모집단으로부터 비비례적 층화표본을 뽑으려면 그는 표본을 6개의 동일한 부분, 즉 각 부분은 하위 층의 각각에서 1/6씩 뽑아서 만들 수가 있다. 이 말은 만일 크기 60명의 표본을 원한다면 각 하위층에서 10명씩을 뽑으면 된다는 뜻이다.

비비례적으로 표본을 뽑는다는 것은 i) 각각의 하위 층에 동일 비중을 준다는 뜻이거나, ii) 모집단에서 비비례적 분포에 따라 어떤 하위층에는 더 큰 비중을 주고 다른 하위층에는 그만큼의 비중을 주지 않는 것을 의미한다.

(2) 강점과 약점

비비례적 층화 표본추출의 강점은 다음과 같다.

첫째, 비례적 층화 표본추출 방법보다 표본추출 시간이 적게 든다.

둘째, 특정한 조사 단위의 집단에 좀더 비중을 주는 것이 이 표본추출 유형에서 가능하다.

비비례적 층화 표본추출의 약점은 다음과 같다.

첫째, 이 방법은 원래의 모집단에 대한 분포에 비해 각각의 하위층에 적절한 대표성을 주지 않는다.

둘째, 이 표본추출 방법은 연구자가 원래 모집단의 조성을 알고 있어야 한다는 어려움이 있다. 이 약점은 비례적 층화 표본추출 방법에도 해당된다.

셋째, 두 번째 약점과 밀접히 관련해, 어떤 종류의 층화는 분류오차의 가능성을 암시해 주기도 한다. 그것은 연구자가 어떤 조사 단위를 분류할 때 잘못될 가능성이 있다는 점이다.

(4) 응용

연구설계에서 비비례적 층화 표본추출의 주된 용도는 층화하려고 하는 차원 안에 어떤 특정 하위층에 속하는 조사 단위가 거의 없을 때이다. 하나 또는 그 이상의 층에서 단순 무작위표본으로는 조사 단위가 포함되지 못할 충분한 가능성이 있으면 연구자는 그 특정한 층으로부터 조사 단위가 포함되도록 조치를 취해야 한다. 이것은 표본추출의 무작위성(randomness of the draw)을 훼손시킨다. 그렇지만 그만큼 전보다도 확률표본을 감소시킨다. 연구자는 조사 단위가 표본에 포함되도록 조치를 취해야 할 만큼 그 특정한 층이 중요한지에 관해 판단을 내려야 한다.

연구되는 모집단을 연구자가 어떤 친숙성을 가진 특성에 따라 층화할 수 있을 때 비비례적 층화 표본추출을 따르는 것이 보통이고, 그 표본이 층화되어야 하는지 어떤지를 결정하는 제1차적 기준은 층화 특성의 이론적 중요성에 따른다.

(5) 문제점

이 표본추출 기법의 적절한 응용에 대한 주요 문제는 i) 층화를 위한 의미 있는 차원은 무엇인가? ii) 어떤 층에 비비례적으로 대표되는 조사 단위는 무작위적으로 선정되는가? 하는 것과 관련된다. 연구자의 이론적 설계(scheme)에서는 층화를 할 것인가 아닌가를 결정하는 것이 가장 중요하다. 이러한 그의 이론은 더 정확하게 고려되어야 하는 특색 있는 차원을 확인하는 데 도움이 된다. 만일 연구자가 모집단으로부터 아주 큰 표본을 뽑으려고 한다면 이론적 중요성과 적실성에 의해 고려되어야 하는 가능성을 제외하고는 층화 표본추출의 어떤 종류도 추천할 수가 없다. 만일 이런 경우가 아니라면 단순 무작위 표본추출이 결국에는 적용하기도 쉽고 타당성도 있는 완전히 수용 가능한 대안이 될 것이다.

5 집락 표본추출

1) 의의 및 다른 표본추출 방법과의 비교

(1) 의의

층화 표본추출에서는 모집단을 층으로 나누고 모든 층으로부터 표본추출했다. 때로는 모집단을 집락(cluster)이라는 많은 집단으로 나누어 집락 간에서 표본추출하는 것이 유리한 경우도 있다. 예를 들면, 어떤 도시를 몇 백 개의 센서스 지역(tract)으로 나누고 여기서 표본으로 40개의 지역을 선정하는 것이다. 이러한 표본추출 설계를 집락 표본추출이라 하고, 자료 수집의 비용을 삭감하기 위해 사회조사에서 종종 사용된다. 집락 표본추출의 목적은 가능한 한 이질적이지만 면접에 드는 목록 비용이나 여행 비용을 삭감하는 데 충분한 집락을 뽑는 것이다.

집락설계에서 가장 간단한 것은 집락들 가운데 무작위로 선정해 집락의 표본에 포함된 집락들 내에 모든 개체를 선택하는 것이다. 이러한 설계는 표본추출이 단 한 번의 과정에서 일어나므로 단일단계 집락설계(single-stage cluster design)라 한다. 다른 한편 다단계 표본추출에서는 설계가 훨씬 더 복잡하다. 예를 들면, 먼저 도시 내에서 센서스 지역의 단순 무작위표본을 뽑고 그 후 각 지역 내에서 구역(block: 집락보다 더 작은 것)의 단순 무작위표본을 뽑을 수 있다.

끝으로, 면접자는 포함된 구역 내에서 제3의 모든 주거 단위를 뽑도록 할 수도 있다. 따라서 표본추출 절차는 몇 개의 점에서 선정 과정에 들어갈 수 있다. 물론 확률 표본추출에서는 절차에 무작위성이 있는 것은 필수적이다. 표본추출 비율은 모집단의 매개체가 표본에 똑같이 나타나 불편 표본이 되도록 계산할 수 있다. 그러나 이 방법으로 선정의 독립성을 확보할 수 있는 것은 아니다. 같은 집락 내에 있는 개체는 다른 집락에 있는 개체보다도 표본에 뽑힐 기회가 더 많은 것이 일반적이다. 사실상 집락 표본추출의 전반적 목적은 이렇게 되도록 하는 것이다.

(2) 다른 표본추출 방법과의 비교

집락 표본추출은 층화 표본추출 및 단순 무작위 표본추출과 비교해 보면 다음과 같다. 논의를 간단히 하기 위해 단일단계 집락설계를 가정해 본다.

① 집락 표본추출과 층화 표본추출의 비교

양자는 모두 모집단을 집단으로 나누지만 어떤 의미에서 반대되는 표본추출 조작(sampling operations)을 한다. 층화 표본추출에서는 모든 층 내에서 개체들을 뽑는다. 그러므로 모든 층들이 몇 개의 사례들로 대표되고 표본추출 오차는 층 내에서의 변동성을 반영한다. 따라서 층들은 가능한 한 동질적이고 각 층들 간은 가능한 한 이질적인 경우가 좋다.

집락 표본추출에서는 집락의 표본을 사용하므로 오차는 집락 간의 변동성을 반영한다. 집락 평균이 집락 내 변동성에 비해 상당히 다르면 집락의 표본에서 좀더 다른 집락을 택할 위험을 범하게 된다. 그러나 집락들이 집락 간의 차이에 비해 이질적이면 상대적으로 수가 적은 큰 집락으로 통과될 수 있다. 극단적인 예로서 모든 집락들이 이질적이고 집락 평균 간의 차이는 의미가 없다고 하자. 그렇다면 아주 큰 집락 하나를 선택해 우수한 표본을 선정할 수 있다. 그렇지만 집락들이 완전히 동질적이면 각 집락에서 오직 하나의 사례만이 필요할 뿐이다. 따라서 층은 동질적이고 집락은 이질적인 것을 얻도록 하는 것이 좋다.

② 집락 표본추출과 단순 무작위 표본추출의 비교

실제적으로 모든 예에서 집락표본은 같은 크기의 단순 무작위표본보다 덜 능률적(즉, 표본추출 오차가 더 크다)이다. 그러나 집락표본을 얻는 데는 비용이 상당히 적게 든다. 문제는 비용과 능률성을 균형시키는 것이다. 그렇다면 두 가지 설계에서 상대적 능률성을 어떻게 비교할 수 있는가? 능률성은 추정치의 표준오차의 크기로 아주 편리하게 측정할 수 있고 표준오차가 적으면 능률성이 높다.

2) 강점과 약점

(1) 강점

이 표본추출 방법의 주요 강점은 다음과 같다.

첫째, 집락 표본추출은 대규모의 모집단을 연구하거나 대규모 (지리적) 지역을 세밀히 조사해야 할 때 적용하기 쉽다. 이것은 연구자에게 주어진 지역에 거주하는 개인들의 미리 결정된 목록이 없어도 된다는 의미이다.

둘째, 집락 표본추출 방법의 경우는 앞에서 논의했던 다른 표본추출 방법에 비해 비용이 훨씬 적게 든다.

셋째, 집락 표본추출의 다른 한 가지 강점은 응답자를 동일한 무작위적 구역 내에서 다른 응답자로 바로 대체할 수 있다는 것이다. 왜냐하면 이 경우는 조사 단위의 집락이 표본추출되는 것이지 특정 개인이 표본추출되는 것은 아니기 때문이다. 그렇게 되지 않으면 조사 단위를 대체하는 문제는 다른 무작위 표본추출 방법에 비해 훨씬 민감한 것이 될 것이다.

넷째, 만일 현지 조사원이 전국의 다른 곳에 배치된다면 집락 표본추출은 지정된 집락 내에서 여러 조사 단위를 접촉하는 것을 용이하게 한다.

다섯째, 이 표본추출 방법은 융통성의 강점이 있다. 다단계 표본추출 방법에서는 몇 개의 계속적인 단계에서 여러 가지 다른 표본추출 형태를 사용하는 것이 가능하다.

여섯째, 이 표본추출 방법의 또 다른 강점은 뽑은 조사 단위의 집락의 특징을 추정하는 것이 가능하다는 것이다. 이러한 가능성은 조사 단위의 여러 집락으로 구성되는 표본이 확률표본이며, 따라서 표본을 얻은 다른 구역에도 일반화할 수 있다는 사실에서 나온 것이다.

(2) **약점**

집락 표본추출의 주요 약점은 다음과 같다.

첫째, 집락표본에 포함되는 각 표본추출 단위의 크기가 동일하다는 것을 확인할 방법이 없다. 연구자는 각 집락의 크기를 거의 통제할 수가 없기 때문이다. 집락의 크기의 균일성에 대한 이러한 변이는 최종 표본의 편의(bias)를 증가시킬 수도 있다. 예를 들어, 연구자가 어떤 구역을 무작위적으로 선정한 후 그 구역에 살고 있는 모든 성인을 면접한다고 가정했을 때 만일 그 구역이 다른 구역에 비해 도심지역이라고 한다면, 이 경우는 도시 거주자를 지나치게 포함시키는 것이 되고, 따라서 도시 중심의 어떤 편의(bias)가 생길 수도 있다.

둘째, 집락 표본추출 방법에서는 표본오차가 비교적 크다. 이것은 집락표본과 이와 비교될 다른 확률표본이 표본 크기에서 일정하다는 것을 가정하고 있다. 이러한 요인 때문에 부분적으로, 집락표본은 다른 확률 표본추출 방법보다 덜 능률적이다.

셋째, 한 집락에 포함된 개인들이 다른 무작위적으로 뽑힌 집락과 독립적이라는 것을 확인할 길이 극히 어렵다. 어느 개인이 한 집락에서 면접을 받고 다음날 아침에 무작위적으로 뽑힌 다른 한 집락의 지역으로 여행할 수도 있다. 그는 다시 면접을 받을 수 있으며 이 때 면접원도 달라질 수 있다. 모든 집락에서 모든 조사 단위를 동시에 면접하는 경우를 제외하고는 이러한 유형의 사태를 방지할 수 있는 방법이 거의 없다.

(3) 응용

집락 표본추출 방법은 많은 기능을 수행한다. 그 중에서도 공공 여론조사의 경우는 흔히 집락 표본추출 방법을 사용해 수행된다. 인구가 희박하고 광범한 지리적 구역을 포괄하는 농촌지역의 조사는 이 표본추출 유형을 사용함으로써 더 쉽게 수행될 수 있다.

구체적인 개인의 목록을 얻을 수 없거나 접근할 수가 없으면 지역 표본추출 방법을 추천할 만하다. 무작위 표본추출의 어떤 유형에서도 면접될 조사 단위를 확인할 수 없으면 집락 표본추출을 사용하는 것이 필수적이다. 집락 표본추출을 극히 대규모의 지역에만 꼭 한정시킬 필요는 없다. 이 방법은 도시의 블록이나 도시 지역에 흔히 적용된다. 피트남(Peatnam, 1947)은 이 방법을 광범한 응용(extensive: 집락 표본추출을 전국 규모로 사용하는 것)과 집중적 응용(intensive: 집락 표본추출을 도시 블록이나 이웃 등 상당히 작은 규모로 적용하는 것)으로 구분했다.

정치·사회적 행태에 대한 대규모 서베이 연구에서는 집락 표본추출을 응용할 만하며, 연구자의 예산이 제한되어 있을 때에도 사용할 수 있는 이점이 있다. 이 방법은 확률 표본추출의 다른 방법에 비교해서 훨씬 비용이 적게 들기 때문이다.

(4) 문제점

집락 표본추출과 관련해 제기되는 가장 중요한 문제는 이 표본추출 방법이 확률 표본추출 방법과 일치하느냐 하는 것이다. 이 의문은 계속적인 후속 단계에서 서로 다른 표본추출 방법을 사용하는 다단계 표본추출이 이루어질 때 아주 결정적인 것이다. 연구자는 제1단계의 단위들을 정해진 숫자만큼 뽑는 데 무작위 표본추출을 사용할 수 있다. 그러나 제2 및 제3단계에서 후속 단위들을 얻는 데에는 비확률 표본추출 방법인 판단 표본추출 절차를 사용할 수도 있는 것이다.

경우에 따라서는 집락 표본추출에 표본추출 오차가 더 클 수도 있다는 사실은 어느 방법이 결과적으로 손실을 더 크게 할 것인가, 즉 비용을 줄이고 표본오차를 크게 할 것인가, 표본오차를 줄이는 다른 표본 방법을 사용하면서 비용을 좀더 부담할 것인가 등에 대해서 연구자가 먼저 결정을 내려야 한다는 의미이다. 이러한 결정을 내릴 때 한 가지 기준이 되는 것은 연구자가 일단 정보를 얻으면 그 정보를 가지고 무엇을 할 것인가 하는 것이다.

제 3 절 비확률 표본추출 방법

비확률 표본추출 방법의 일반적인 목적은 연구 단위의 집합에 대한 대략적인 인상을 얻으려는 것이다. 이러한 표본추출 방법은 계속적이고 더 정교화된 확률 표본추출을 하기 위한 토대가 될 수도 있다. 연구자가 특정한 모집단에 처음으로 부딪힐 때 그것에 대해 이용할 수 있는 정보가 거의 없을 가능성도 있다. 이 경우 비확률 표본추출의 단순성이나 신속성은 후속적인 더 정교한 표본추출 방법을 이용할 수 있는 어떤 하나의 모집단에 대해 알 수 있도록 해 준다. 특정 모집단의 특징에 대해 더 많이 알게 됨에 따라 연구자는 비례적 층화표본이나 그것에 필적하는 표본을 얻을 수 있게 된다.

확률표본과 비확률표본의 주요한 차이는 확률 표본추출 방법이 주된 통계적 통제로써 무작위성을 사용하는 데 비해 비확률 표본추출 방법에서는 이를 사용하지 않는다는 점이다. 그러므로 확률표본을 사용하면 그 표본의 원래 모집단을 일반화할 수 있고 표본오차의 크기를 쉽게 결정할 수 있다. 그렇지만 비확률표본에 의해 표본오차의 크기를 결정하기가 어렵고 연구자가 연구 결과를 모집단에 일반화하는 것이 정당화되지 않는다. 비확률 표본추출 방법에도 몇 가지 유형이 있다.

1 할당 표본추출

1) 의 의

할당 표본추출(quota sampling)이란 연구자에게 가장 접근 가능하며 그가 관심을 갖고 있는 어떤 특징을 가진 연구 단위를 원하는 수만큼 얻는 방법으로 정의된다. 연구자는 면접원에게 흑인이고, 가톨릭 신자이면서 특정한 지역에 사는 사람들 일정한 수를 면접하라고 지시할 수 있다. 또 학년말을 앞둔 어떤 고등학교에서 학생 신문 기자들이 5명의 상급반 학생을 각각 접촉하고 학교의 실무에 대한 의견을 조사할 수도 있다. 이 조사에서 상급생들은 지정된 날짜에 입은 상급생 복장 때문에 눈에 띄어 선정된다. 이렇게 얻은 표본을 할당표본이라 한다.

2) 강점과 약점

(1) 강점

할당 표본추출의 주요 강점은 다음과 같다.

첫째, 이 표본추출 방법은 확률적 또는 비확률적 표본추출 방법 중에서 다른 어떤 방법보다 비용이 적게 든다.

둘째, 신속하지만 다소 조잡한 결과를 낼 수 있는 할당표본이 연구자의 연구 목적을 달성할 수 있다면 만족스럽다고 할 수 있을 것이다.

셋째, 할당 방법을 사용하면 표본에 어떤 유형의 사람들을 포함시킬 수가 있다. 만약 위의 예에서 지적된 고등학교의 상급생을 일정한 수 면접한다면 이들이 그 학교의 상급생을 대표한다고 말할 수 있다는 의미이다.

(2) 약점

할당 표본추출의 주요 약점은 다음과 같다.

첫째, 할당 표본추출은 면접자가 그 대상으로 가장 접근하기 쉬운 연구단위, 심지어 친구만을 선정하기도 한다. 그러나 가장 접근 가능한 연구 단위가 어떤 모집단에 대해 반드시 대표적이지는 않다.

둘째, 제1차적 통제로서 무작위성을 확보할 진정한 수단이 없으므로 최종 표본은 확실히 확률표본이 아니다. 그러므로 표본을 추출한 모집단이 어떤 것인지를 모르기 때문에 결과를 어느 의미 있는 수준까지 일반화할 수가 없다.

셋째, 연구자가 할당 표본추출을 통해서 선정한 연구 단위를 분류하면 그가 갖고 있는 고유한 편견 때문에 분류오차의 정도를 증가시킨다.

넷째, 연구자는 하나의 변수(예: 인종, 종교)를 어느 정도까지 통제할 수 있다는 것이 사실이라 할지라도 이론적 의의가 있는 다른 여러 가지 변수들을 통제할 수는 없다. 이것은 표본을 뽑는 모집단에 대해 많이 알고 있지 못하다는 것이 일반적이기 때문이다.

3) 응 용

할당 표본추출은 주로 편의성과 정보 수집 비용의 저렴성 때문에 이용된다. 수집된 정보의 질이 확률 표본추출 방법을 통해 얻은 것만큼 좋지 않을지도 모르지만 나름대로 어떤 한정된 연구 목적을 만족시킬 수는 있다. 만일 연구자가 주로 탐색적인 연구설계를 사용한다면 할당 표본추출은 사물의 신속한 인상을 얻도록 하는 능률적 수단이 될 수 있다. 계통적 표본추출과 같이 할당 표본추출은 회원 목록에서 궁극적으로 개인 목록이 있는 어떤 다른 자료(시민명부, 전화번호부 등)에서도 연구 단위를 얻는 데 사용될 수 있다. 그렇지만 계통적 표본추출과 비교해 할당 표본추출은 그의 연구에 약간의 통제를 할 수 있게 해 준다. 연구자는 인종 또는 어떤 직업적 특징과 같은 특성을 소유하는 듯한 사람들을 연구 대상으로 선정할 수 있다는 것이다. 그러나 양쪽 유형의 표본과 관련된 변동성(variability)에는 거의 차이가 없다고 할 수 있다. 계통적 표본추출과 할당 표본추출은 확률 표본추출 유형보다도 변동성이 더 큰 것으로 기대되는 것이 보통이다.

4) 문제점

최종 표본의 제한적 효용성을 생각할 때 할당표본의 편의성과 경제성이 그것들의 용도를 정당화시킬 수 있는가? 이 질문은 대답하기가 어려우며 총괄적 일반화를 하려고 하면 특히 어렵다. 많은 유형의 연구 목적을 위해서는 할당 표본추출이 충분하고 아주 적절한 경우도 있다. 여기에서는 그가 얻은 표본으로 연구자가 무엇을 하려고 하느냐의 관점에서 생각해 보아야 한다. 다시 말해 그의 즉각적인 목적은 업무이며 그 목적을 달성하기 위해서는 어떤 표본이 요구되는가? 할당 표본추출 방법이 좋다든가 나쁘다든가 또는 적절하다든가 부적절하다든가 판단하기 전에 이러한 것을 먼저 생각해야 할 것이다.

2 목적 표본추출

1) 의 의

목적 표본추출(purposive sampling)은 구체적인 연구 단위가 확실히 포함되도록 연구자에 의해 선정된 방법이다. 이 방법에 수반되는 고도의 선택성은 모든 적실한 층이 주어진 연구설계에서 대표될 것이라는 점을 보장한다. 유의표본은 연구자가 찾고 있는 정보에 대해 주어진 모집단에 대표적이라고 생각되는 연구 단위를 포함시키느냐에 대한 판단을 해야 하므로 판단 표본추출(judgemental sampling)이라고도 부른다. 어떤 연구 단위를 주의깊게 정선함으로써 확률 표본추출 방법에 따라 선정된 표본으로부터 유도된 정보에 필적할 만한 정보를 얻는다. 이직과 직무 만족 간의 관계를 연구하는 데 공장 근로자를 포함시키고자 할 경우 연구자는 근로자에게 불만을 주는 유형의 직무를 수행하는 근로자들이 이직이 특히 높을 것이라고 느낄 것이다. 그의 관심은 그 공장의 특별한 부서에 근무하는 근로자들에게 쏠린다. 그는 그 부서에서 몇 명의 근로자를 뽑아서 다른 곳으로 옮기기 위해 회사를 떠날 성향과 직무 만족을 연구할 것이다. 또 보험회사에서 자동화의 충격을 연구할 수도 있다. 연구자는 자동화에 의해 가장 영향을 받기 쉬운 보험회사에서 몇 명의 개인들을 주의 깊게 선정해서 연구할 것이다. 그는 표본을 뽑은 모집단에 대표적이라고 생각되는 연구 단위를 뽑았다는 사실 때문에 표본의 대표성을 확신한다는 것에 주목할 필요가 있다.

2) 강점과 약점

(1) 강점

목적 표본추출의 강점은 다음과 같다.

첫째, 목적 표본추출은 어떤 무작위 선정 과정을 내포하지 않는다. 결과적으로, 이 방법은 비용이 적게 들고 연구자가 좀더 쉽게 접근할 수 있다. 편의성도 목적 표본추출을 사용하는 유인이 된다.

둘째, 목적 표본추출은 연구설계에 적실한 어떤 연구 단위가 포함되는 것을 보장한다. 확률 표본추출이든 비확률 표본추출이든 연구자를 위해 이러한 보장을 할 수 있는 방법은 거의 없다.

(2) 약점

목적 표본추출의 약점은 다음과 같다.

첫째, 선정된 표본의 대표성을 얼마나 신뢰하느냐에 관계 없이, 확률적 의미에서 표본이 진실로 무작위적인지 혹은 대표적인지를 확신할 방법이 없다. 특히 연구자가 결과를 일반화하고자 할 때 이는 심각한 약점이 된다.

둘째, 목적 표본추출은 무작위표본에 비해 일반화를 하는 데 덜 능률적이다. 유의표본에서 어느 연구 단위가 대표적이고 어느 연구 단위는 그렇지 못한지를 판단하는 데 연구자의 능력을 지나치게 강조한다.

셋째, 모든 비확률 표본추출 방법에 관련된 한 가지 일반적 약점은 추측통계학이 정당하게 사용될 수 없다는 것이다. 왜냐하면 모든 추측통계학의 기법에 흐르고 있는 것은 무작위성의 가정이기 때문이다. 불행히도 이 목적 표본추출 방법은 다른 어떤 비확률 표본추출 방법과 마찬가지로 무작위성을 주장할 수 없고, 따라서 이 가정을 사용할 수가 없다.

3) 응 용

정치학자, 여론분석가, 경제학자들은 모집단에서 대표적인 연구 단위라고 생각되는 표본을 뽑아 검토함으로써 투표 행태, 정치 후보자 및 정치 이슈에 대한 의견, 사회경제적 조건에 대해 무엇인가를 말하고자 할 때 목적 표본추출 방법을 흔히 이용한다.

또한 심리학자들은 심리학적 실험을 위해서 특이한 태도 성향을 갖는 개인을 선정할 때 이 방법을 사용한다. 심리학적 연구를 위해 개발되어 온 많은 연구설계와 관련해 이 표본추출 유형을 함께 사용하는 것이 가능하다. 몇몇 이러한 설계에서는 참여자나 연구 단위가 원래 판단적으로 선정되었다 하더라도 종합적 특징으로서 무작위성을 사용한다. 그것들은 연구자의 실험에 대한 무작위적 처리 조건에 궁극적으로 배정되어 있다. 끝으로 만일 연구 단위 선정의 오차가 연구자의 연구 목적에 지나치게 부적절하지 않다면 이 표본추출 방법은 유용할 것이다.

4) 문제점

여기에서 생각해 보아야 할 중요한 점은 목적 표본추출이 비례적 층화 표본추출과 같은 확률 표본추출보다 연구자에게 더 가치가 있는가 하는 것이다. 무작위성이 목적 표본추출에서 가장 중요한 통제 수단은 아니므로 목적 표본추출이 확률 표본추출이라는 것을 효과적으로 주장할 수는 없다. 이러한 견지에서 무작위성과 확률의 문제를 해결해야 할 것으로 보인다. 그렇지만 적절히 수행되기만 한다면 목적 표본추출도 다른 대안적 무작위 표본추출과 마찬가지로 효과적이라는 것을 주장하는 사람도 있다. 이것은 위에서 지적한 여러 가지 비판에 부적절한 주관적 논쟁이다.

3 임의 표본추출

임의 표본추출(accidental sampling)은 편의 표본추출(convenient sampling)이라고도 하며, 연구자가 가장 손쉬운 방법으로 표본을 추출하는 방법이다. 예를 들어 한국과 이탈리아 월드컵 축구경기에 대한 TV 스포츠 중계방송에 앞서 양팀에 대한 우승 전망을 묻는 질문을 하기 위해 리포터가 쉽게 마주치는 사람들을 임의적으로 표본추출해서 인터뷰하는 방법이다. 임의 표본추출에서는 연구자가 편의성과 경제성에 주로 관심을 두고 있을 뿐 구체적인 특성을 가진 사람이 포함되느냐에 대해서는 상관하지 않는다. 그는 그가 발견할 수 있는 것을 택하고 그것에 만족한다.

거리에서 특정한 사람에게 말을 건네며 거닐고 있는 리포터가 통행인에게 TV 프로그램이나 상품 등에 대해서 물을 때 그는 임의 표본추출을 하고 있는 것이다.

이 방법의 강점은 주로 편의성과 경제성에 있고, 약점은 제한된 일반화 가능성, 많은 편의(bias),[7] 그리고 확률표본이 될 무기준 등이다. 이 방법을 다른 표본추출 방법과 비교해 보면 여러 가지 다른 한계점도 암시받을 수 있을 것이다.

---

7) 이 편의(bias)는 연구자의 관심과 주관성에서 발생하는 것을 말하는데, 많은 사람들이 빈번히 드나들지 않는 상업 지역의 응답자를 상대함으로써 발생하는 것과 같은 경우에 생길 수 있다.

제 6 장 연구 유형 및 연구설계의 인과 관계와 타당성

제 1 절 연구 유형

연구는 수행하는 목적이나 방법에 따라 여러 유형으로 분류된다. 가장 일반적인 분류 방법은 연구 목적에 따른 분류로서 설명적 연구(explanatory study)와 기술적 연구(descriptive study)가 있다. 설명적 연구는 여러 사실을 토대로 어떤 현상에 내재된 원인과 결과를 찾아내려는 데 초점을 두는 반면, 기술적 연구는 현재 사회에서 나타나고 있는 현상을 자세하게 묘사 또는 기술(description)하는 것을 달한다. 설명적 연구의 예는 인과 관계를 규명하는 실험실 실험이나 현지 실험에서 찾을 수 있고 기술적 연구는 사회 현상을 정확하게 묘사하려는 표본 질문서에서 그 예를 찾을 수 있다.

또한 연구 방법에 따라 연구를 양적 연구(quantitative study)와 질적 연구(qualitative study)로 구분한다. 양적 연구는 실증적, 실험적, 또는 경험주의적 시각에 기반을 두며, 콩트(A. Comte), 밀(J. S. Mill) 등의 경험주의적 전통을 계승하고 있다. 반면 질적 연구는 현상학이나 해석학을 근간으로 하는 해석적 접근(interpretive approach)과 19세기 실증주의에 반대하는 반실증주의 운동에서 출발한다. 따라서 양적 연구는 사회 현상을 설명하기 위해 객관적인 자료(숫자)를 수집해 이들을 통계분석 방법을 이용해서 현상을 파악하고 있으며, 질적 연구는 자료가 숫자로 표현되는 것이 아니고 주관적 단어(의미)의 형태로 수집되고 이들을 주제와 범주로 구분해서 분석한다. 비록 양자가 기본 가정이 다르고 자료 수집 및 분석 방법이 다르다 할지라도 양자 모두 과학적 방법에 의해 결과를 추론하고 있다는 점에서 같다. 이러한 맥락에서 볼 때 양적 연구와 질적 연구는 상호 배타적이 아닌 상호 보완적인 연구 방법이라 할 수 있다. 양적 연구의 예로는 실험실실험, 현지실험, 표본 서베이 등이 있고, 질적 연구의 예는 현지연구나 사례연구, 참여관찰 등이 있다.

여기에서는 대표적 연구 유형으로서 실험실실험, 현지실험, 현지연구, 표본 질문서 등에 대해 간략히 설명한다. 그 밖에 제5편에서 관찰, 면접, 질문서 등을 심층적으로 다루고 있다.

1 실험실실험

1) 의 의

실험실실험(laboratory experiment)이란 당면한 연구 문제와 관련이 없으면서도 독립변수에 영향을 미칠 수 있는 모든 변수들의 영향을 최소한으로 통제한 채 연구 문제의 인과 관계를 규명하려는 연구이다. 이것은 엄격하게 구체화되고 조작화되고 통제된 조건 아래서 하나 이상의 독립변수를 조작함으로써 이루어진다.

실험실실험은 다음과 같은 특성을 가진다. i) 연구자가 어떤 현상을 연구하기 위해 인위적으로 '연구 상황'을 조성한다. ii) 실험자가 피실험자를 '실험집단'과 '통제집단'으로 구분한다. iii) 실험자가 '종속변수'에 영향을 미치지만 연구와 관련이 없다고 생각되는 '독립변수'를 실제로 통제한다. 그리고 iv) 실험자는 하나 혹은 몇 개의 관심 있는 독립변수를 조작한다 (Runkel & McGrath, 1972).

실험실실험은 자연발생적인 상황과는 다른 실험이 가능한 상황에서 실시된다. 실험실은 실험 대상에 제공되는 자극이나 그 행동의 관찰과 관련된 상황에 대해 실험자가 고도의 통제를 가할 수 있는 상황이라고 정의된다(Zeldrich & Hopkins, 1961: 464-78). 이 같은 상황을 조성하는 과정에서 연구자의 목적은 어떤 자연발생적인 행동 시스템을 재현하려는 것이 아니고, 그러한 시스템의 선정된 측면을 강조하는 상황을 조성하려는 데 있다(Runkel & McGrath, 1972).

실험실실험에서는 실험자가 피실험자들을 '실험집단'과 '통제집단'에 할당하게 되는데, 제3의 변수의 영향을 가장 최소로 할 수 있는 방법은 연구설계 속의 여러 집단에 피험자들을 무작위로 할당하는 것이다. 실험실실험에서는 연구자가 독립변수를 조작하고 동시에 그 이외의 모든 독립변수의 영향을 실제로 통제하게 된다.

2) 목 적

실험실실험은 세 가지의 관련 목적이 있다. 첫째, '순수한' 또는 '오염되지 않은' 조건 아래서 인과 관계를 발견하려고 한다. 실험자는 'x는 y와 관련되는가? 독립변수는 어떻게 종속변수와 관련되는가? 그 관계는 얼마나 강한 것인가?' 등의 질문을 한다. 둘째, 이론으로부터 도출된 예측을 검증하는 것이다. 이 방법은 기존의 이론으로부터 도출된 관계를 통계적으로 규명하는 것이다. 셋째, 다른 실험이나 비실험으로 검증된 가설과 관련된 가설을 형성하고 또 아주 중요한 것은 이론적인 체계 정립을 돕기 위해 이론이나 가설을 정교화시키는 것이다. 실험실실험의 목적은 이론으로부터 도출된 가설을 검증하고 변수들의 정확한 상호 관계와 그들의 조작을 연구하고 외생변수의 조작에 의해 오염되지 않은 연구 조건 아래서 제3의 변수에 의해 나타날 수 있는 분산(허위·혼란변수에 의해 야기되는 영향)을 통제하는 것이다.

3) 강점과 약점

(1) 강점

첫째, 제3의 변수를 통제할 수 있다는 고유한 강점이 있다. 실험실 실험자는 종속변수에 영향을 미칠 수 있는 많은 외생적 영향력을 제거(통제)함으로써 실험실 주위의 생활로부터 연구 상황을 분리시킬 수 있고 분리시키는 것이 보통이다.

둘째, 상황 통제에 덧붙여 실험실 실험자는 보통 무작위표본을 할당할 수 있고 하나 이상의 독립변수를 조작할 수 있다. 실험실 통제는 '대개의 경우 실험자는 변수에 대한 조작적 정의를 고도로 구체화시킬 수 있다'는 측면이 있다.

셋째, 조작적 강도와 밀접히 연결된 것에 실험실실험의 정확성과 반복가능성이 있다. '정확하다'는 것은 엄밀하고, 명확하고, 모호하지 않은 것을 의미한다. 정확한 측정은 정밀 도구로 가능해진다. 분산이란 용어를 사용해 설명하면, 실험 절차가 정확할수록 오차분산은 더 적어진다. 측정 도구가 엄밀하고 정확할수록 얻어진 측정치가 그것들의 '진실한' 값으로부터 많은 변이를 갖지 않는다는 것을 확실히 할 수가 있다. 이것은 제8장에서 논의할 신뢰성의 문제이다.

넷째, 정확한 실험실의 결과는 통제된 조작에 의해 달성된다. 실험 조건을 엄밀하게 구체화함으로써 조사 대상들이 모호하게 응답하고, 따라서 실험 상황에 무작위적 분산이 도입될 위험을 감소시킬 수 있다.

(2) 약점

첫째, 실험실실험의 가장 큰 약점은 독립변수의 영향력이 결여되어 있는 것이다. 실험실 상황이란 결국 특별한 목적을 위해 만들어진 상황이므로 실험적 조작 효과는 보통 약하다고 할 수 있다.

둘째, 실험실실험이 실험적 정확성과 세련된 통계에 집착하는 경향이 있다는 점이다.

셋째, '실험연구 상황의 가공성'인데 이것은 첫 번째 것의 결과로 볼 수 있다. 실제로 가공성이 약한 것인지 또는 단순히 실험실실험 상황의 중립적 성격인지를 알아낸다는 것은 어렵다. 가공성에 대한 비판은 실험 상황이 가공적이라는 것을 알고 있는 실험자로부터 오는 것이 아니며 실험실실험의 목적에 대한 이해가 결여되어 있는 개인들로부터 오는 것이다.

넷째, 실험실실험이 상대적으로 높은 내적 타당성을 갖고 있지만 외적 타당성은 결여되어 있다. 연구에서 발견된 관계의 '진실성'에 신뢰를 강하게 할수록 연구의 내적 타당성은 더 커지지만, 이렇게 발견된 관계를 일반화할 수 있는 외적 타당성은 결여될 수 있다.[1)]

2 현지실험

1) 의 의

현지실험(field experiment)은 가설을 검증하기 위해 실험자가 현실적인 상황에서 하나 이상의 독립변수를 조작하는 연구이다. 실험실실험과 현지실험의 차이점은 실험실실험이 현실 환경을 흉내내어 실험자가 독립변수를 조작하는 데 반해, 현지실험은 현지 상황이 허락하는 범위 및 엄격하게 통제된 조건 하에서 실험자가 한 가지 이상의 독립변수를 조작함으로써 이루어진다. 실험실실험은 최대한으로 실험 대상을 통제하게 되고 현지실험은 실험 대상에 대한 통제를 덜하게 되는데 이것이 종종 실험에서는 심각한 핸디캡이 되는 요인이다.

현지실험은 다음과 같은 특징을 가지고 있다.

첫째, 연구가 자연적인 상황에서 실시된다.

둘째, 실험자는 하나 혹은 그 이상의 독립변수를 조작한다. 그리고 동시에 그 이외의 혼란변수를 가능한 한 통제한다.

셋째, 그 같은 조작이 하나 혹은 그 이상의 종속변수에 미치는 영향을 체계적으로 관찰한다.

---

1) 실험실실험의 결과는 외적 타당성이 완전히 결여되어 있고, 또 일반적으로 현실의 문제 해결과는 아무 관계가 없는 것이라는 입장에서 실험실실험에 대해 비판적 입장을 취하는 논자들이 있다. 그렇지만 이와 같은 견해는 극단론이고, 프롬킨(Howard L. Fromkin)과 스트러퍼트(Siegfried Streufert)는 실험실실험이 현실의 문제 해결에 유용한 데이터를 거의 제공하지 못한다고 하기보다는 오히려 이와 같은 연구는 '어떤 특정의 실험 효과가 적용되는 기준 상황의 범위를 명확히 하고 있다'고 생각해야 하는 것이다.

현지실험은 피험자가 연구 목적을 위해 특별히 설정된 것이라고 지각하는 상황이 아닌 자연발생적 체계에서 실시된다.

2) 강점과 약점

현지실험은 독립변수가 조작될 수 있고 무작위 배정이 사용될 수 있기 때문에, 적어도 이론적으로는 통제의 기준이 만족될 수 있다. 그렇지만 실험적 현지 상황의 통제는 실험실실험 상황의 그것만큼 확실하게 통제하기는 어렵다. 실험실실험은 빈틈없이 통제된 상황에서 수행되지만 현지실험은 자연적인 상황에서 수행되기 때문된다. 현지 실험자의 주된 선입견 중의 하나는 연구 상황을 실험실실험의 조건에 아주 밀접하고 가깝게 하려고 애쓰는 것이다. 물론 이것은 달성하기에 어려운 목표이다. 그러나 연구 상황을 빈틈없이 유지하면 '~이면, ~이다'형의 진술을 더 강력하게 말할 수 있기 때문에 현지실험은 훨씬 강력해질 수 있다.

(1) 강점

혼합되어 있는 통제를 보상하는 것으로 현지실험은 몇 가지 독특한 강점이 있다.

첫째, 현지실험에서 변수들은 실험실실험에서의 변수들보다 효과가 강한 것이 보통이다. 현지실험은 현실적인 상황에 근거하기 때문에 일반화하는 것이 더 타당성이 있으며, 이것은 외적 타당성에 기여하게 된다.

둘째, 현지실험의 또 다른 강점은 생생한 상황에서 복잡한 사회적 영향력 및 사회적 변화를 연구하는 데 적절하다는 것이다. 예를 들어 소집단의 다이내믹스나 상호 작용은 현지실험에서 효과 있게 연구되어 왔다. 현지실험은 이론의 검증이나 실제 문제의 해결 모두에 잘 들어맞는다. 교육학에서의 실험 방법은 실제적인 목적이 많으며, 어느 방법이 가장 좋은 결과를 결정하는지를 찾으려고 노력하는 것이다. 대학의 교수법 연구, 동질적·이질적 집단화(grouping)의 연구, 지진아에 관한 실험, 체계적 및 비체계적 조기교육의 연구 및 많은 다른 연구들이 실제적 결과를 지향하는 것이다.

셋째, 현지실험의 다른 한 가지 강점은 현지실험이 일반적인 가설(broad

hypotheses)을 검증하는 데 적합하다는 것이다. 한 가지 좋은 예는 "집단 응집성이 클수록 그의 구성원에 영향력을 미칠 권력이 클 것"(Cartwright, 1968 : chap. 7)이라는 집단역학의 응집성 · 친화력 가설이다. 이것은 일반적인 일반화이지만 조작화가 어렵지 않고 현지실험에서 검증되는 것이다. 현지실험에 응용할 수 있는 중요한 가설은 구체적인 사례로부터 귀납을 통해 얻은 원리는 원리로부터 얻은 원리보다 새로운 상황에 더 잘 전달된다는 것이다.

(2) 약점

현지실험의 중요한 특징은 광범한 문제에의 유연성과 적용성인데, 하나 이상의 독립변수가 조작될 수 있는가 하는 것과 연구 상황의 실제적인 절박한 사정이 연구 중에 있는 특정한 문제를 현지실험이 해낼 수 있는가 하는 두 가지 제한이 있다. 이 두 가지 제한을 극복하는 것은 쉬운 일이 아니다. 그것이 가능해질 때 광범한 이론적 · 실제적 문제가 개방될 수 있다.

첫째, 현지실험의 주된 약점은 실제적인 것에 있다. 독립변수의 조작과 무작위 할당은 가장 중요한 문제이다. 독립변수의 조작은 생각할 수 있지만 많은 현지 상황에서 가능하지 못하거나 실제적이지 못할 수 있다. 예를 들어 통제집단에 할당된 부모들의 자녀가 통제집단에 속해 있는 것을 반대할 경우 바람직한 실험 처리를 받을 수 없을 것이다. 또는 그것이 어린이들로부터 만족감을 박탈하거나 그들을 갈등 상황에 몰아넣기 때문에 실험 처리에 반대가 있을 수도 있다.

둘째, 현지실험에서 무작위 할당의 어려움이 종종 나타난다. 계급집단을 해체하거나 무작위로 어린이들을 실험집단에 할당하도록 하는 것이 그 예들이다. 무작위 할당이 가능하고 그것이 허용된다 하더라도 처리 효과가 다른 효과로부터 분리될 수 없기 때문에 독립변수는 심각하게 오염될 것이다.

예를 들면, 교사와 어린이들은 실험하는 동안 무슨 일이 발생하는지를 논의할 수도 있다. 이러한 변수의 오염을 방지하기 위해 실험자는 행정가와 교사들에게 무작위 할당과 주의깊은 통제의 필요성을 설명해야 한다. 무작위 할당이 이뤄지도록 하는 능력의 결여 때문에 실험자는 연구를 포기해야 하고 그것을 상황에 맞도록 수정해야 하며 무작위 할당이 가능하고 허용되는 다른 상황을 찾아야 한다.

셋째, 현지실험 상황에서 고유한 다른 한 가지 약점은 정확성이 결여되어 있다는 것이다. 실험실실험에서는 고도의 정확성을 달성하는 것이 가능하다. 그래서 실험실 측정과 통제 문제는 보통 현지실험의 그것보다 더 간단하다. 실제 상황에서는 언제나 많은 체계적이고 무작위적 오차가 있는 것이다. 현지실험에서 종속변수에 대한 독립변수의 효과를 측정하기 위해서는 조작 변수나 어떤 할당 변수의 분산을 극대화하는 것이 필요할 뿐만 아니라 종속변수를 가능한 한 정확히 측정해야 한다. 그러나 학교나 지역사회집단과 같은 실제 상황에서는 외생적 독립변수가 많이 있다. 그리고 종속변수의 측정은 불행스럽게도 독립변수의 효과를 측정하기에 충분할 만큼 민감하지 못한 때가 종종 있다.

3 현지연구

1) 의 의

현지연구(field study)는 문헌조사 연구나 실험에 대응하는 조사연구 형태로서 실제 사회구조 속에서 사회학적 · 심리학적 · 사회과학적 변수들 간의 관계와 상호 작용을 현장에서 발견하는 것을 목적으로 하는 사후적 · 과학적 방법이다.

현지연구에서 연구자들은 먼저 사회적 · 제도적 상황을 살펴보고 그 후에 그 상황에서 태도, 가치, 인지, 개인과 집단의 행태 간의 관계를 연구한다. 서베이조사와 비교했을 때, 현지연구는 몇 가지로 그 특징이 구분될 수 있다.

첫째, 서베이조사는 연구 범위와 대표성에 중점을 두고 현지연구는 연구대상의 대상에 중점을 둔다.

둘째, 현지조사는 지역사회, 학교, 공장, 조직체, 기관과 같은 조직의 구조나 구조 내의 변수에 관심을 갖는다.

셋째, 서베이조사가 좀더 광범위한 연구를 하는 반면 현지조사는 특수한 영역을 깊이 연구 조사하는 경향이 있다.

한편 실험연구와 비교했을 때, 현지연구의 특징은 연구자가 독립변수를 조작하지 않는다는 점이다.

2) 유 형

현지연구는 탐색적 연구와 가설 검증 연구의 두 가지 유형으로 크게 구분할 수 있다.

(1) 탐색적 연구

탐색적 연구 유형은 발견될 '관계를 예측하기'보다 '관계가 어떤 것인가?'를 탐구하는 것이라고 한다. 탐색적 연구에는 세 가지 목적이 있는데, i) 현지 상황에서 의미 있는 변수들을 찾아내고, ii) 변수들 간의 관계를 찾아내고, iii) 나중에 더 체계적이고 엄격한 가설 검증을 위한 토대를 마련하는 것이 그것이다.

(2) 가설 검증 연구

현지연구의 두 번째 연구 유형인 가설 검증 연구는 변수 간의 관계의 발견을 목적으로 하는 연구로서 사회과학의 과학적 진보에 불가결하다. 예를 들어 과학에서 변수들 간의 상관 관계를 아는 것은 필요하다. 어떤 구성(construct)의 과학적 의미는 그것이 다른 구성과 갖게 되는 관계에서 나오는 것이다.

3) 강점과 약점

(1) 강점

현지연구는 현실성(realism), 유의성, 변수의 강도, 이론 지향 및 발견적 질(heuristic quality)의 면에서 강점을 가지고 있다. 현지연구의 현실성은 명백하다. 모든 연구 유형 가운데 현지연구가 가장 실생활에 가깝다. 여기에는 가공성에 대한 불평은 없다(현지실험에서 현실성에 대한 설명은 더 유력하게 현지연구의 현실성에 적용된다).

(2) **약점**

현지연구는 과학적 약점에서 실험실실험이나 현지실험과 유사하다. 가장 심각한 약점은 그것의 사후 연구적 성격에서 나타난다. 따라서 관계의 진술은 실험연구에서보다 약하다. 문제를 더욱 복잡하게 하는 것은 현지 상황이 거의 언제나 과도하게 많은 변수와 분산을 갖는다는 것이다. 학업 성취의 결정 요인을 선택할 수 있는 많은 가능한 독립변수를 생각해 보라. 실험연구에서 이들 변수들은 상당히 통제될 수 있다. 그러나 현지연구에서 그것들은 더 직접적이지만 덜 만족스러운 수단으로 얻을 수 있는 정도의 통제를 할 수 있는 것과 관련되어야 한다.

또 다른 하나의 방법론상의 약점은 현지 변수의 측정을 정확하게 할 수 없다는 점이다. 현지연구에서 정확성의 문제는 당연히 현지실험보다 더 예민하다.

이 밖에 현지연구의 다른 약점들은 실행 가능성, 비용, 표본추출 및 시간 등과 같은 실제적인 문제점들이다. 이러한 어려움들은 정말 잠재적인 약점들이며 약점들의 어느 것도 진실한 약점이라고는 할 수 없다. 가장 명백한 의문점들은 다음과 같은 것들이다. 즉, 그 연구는 연구자의 처리 방식에 따라 이 설비로써 수행될 수 있는가? 변수들은 측정될 수 있는가? 비용이 너무 많이 들 것인가? 시간과 노력이 너무 많이 들 것인가? 대상들은 협조적일 것인가? 무작위 표본추출이 가능한가? 현지연구를 계획하는 사람은 누구나 이러한 문제를 의심해 보고 대답해 보아야 한다. 연구를 설계할 때 대개의 현지연구를 성공적으로 완수하는 데 필요한 많은 시간과 노력 및 능력을 과소 평가하지 않는 것이 중요하다. 현지 연구자는 연구자일 뿐만 아니라 세일즈맨이어야 하며, 행정가이어야 하고 동시에 기업가이어야 한다.

4 서베이연구

1) 서베이연구의 의의

서베이연구(survey research)는 상대적인 빈도분포 및 사회학적 · 심리학적 변수들 간의 상관 관계를 발견하기 의해 모집단으로부터 선택된 표본을 추출하고 분석함으로써 모집단의 특성을 추론하는 방법이다. 이러한 정의로 사용되는 서베이는 표본추출 절차의 개발과 개선에 따라서 분리된 연구 활동으로 개발되었기 때문에 중종 표본 서베이라고도 부른다. 이러한 서베이는 사회복지 연구로서 18세기 이전에 영국에서 이루어졌다. 그렇지만 사회과학적 의미로서의 서베이연구는 20세기에 와서야 이루어진 것이다. 서베이연구의 절차와 방법은 대체적으로 심리학자, 사회학자, 인류학자, 경제학자, 정치학자 및 통계학자에 의해 개발되어 왔다. 이들은 서베이연구에 엄격한 과학적 특징을 부여했으며 그 과정에서 사회과학에도 큰 영향을 미쳤다.

그 정의도 모집단과 표본을 연결하고 있다. 서베이 연구자는 전체 모집단의 특징을 정확하게 평가하는 테 관심이 있다. 예를 들면, 미국에서 어떤 연구자는 얼마나 많은 사람들이 공화당 후보에 투표를 하며, 이러한 투표를 통해서 성, 인종, 종교적 선호 등과 같은 변수들 간의 관계가 어떤지를 알고자 한다. 또 다른 연구자는 학군 내 사람들의 교육에 대한 태도와 학교 공채 발행에의 공공 지원과의 관계를 알고자 한다. 요약하면 서베이 연구자는 모집단에 관해 무엇인가를 알고자 한다.

그렇지만 서베이 연구자들이 전체 도집단을 직접 다루는 일은 아주 드물고, 모집단에서 뽑힌 표본으로부터 모집단의 특성을 추론한다. 모집단에 대한 추론을 이끌어 낼 수 있는 표본의 연구는 전체 모집단을 연구하는 것이 어렵기 때문이다. 표본조사는 전수조사(센서스)보다 더 적은 비용으로, 더 능률적으로, 더 정확하게 똑같은 정보를 제공해 준다.

2) 서베이연구의 유형

서베이는 정보를 얻는 방법에 따라 개인 면접, 우편 질문지, 패널, 전화 및 통제된 관찰로 분류될 수 있다. 이들 가운데 개인 면접은 사회과학적 서베이연구의 가장 중요하고 유용한 도구로 다른 것들을 훨씬 압도한다. 여기에서는 이들 서베이 유형을 간단히 설명하고, 자료 수집의 방법을 연구할 때에 통제된 관찰과 개인 면접에 대해 설명할 것이다.

(1) 면접과 면접조사표

서베이연구의 가장 좋은 예는 정보 수집의 주된 방법으로 개인 면접을 이용한다. 이것은 면접조사표나 질문지를 주의깊고 신중하게 작성함으로써 부분적으로 작성될 수 있다.[2] 면접조사표의 정보에는 사실적 정보, 여론 및 태도, 행동에 대한 이유가 포함된다. 면접조사표는 작성하기가 어렵고, 시간이 많이 필요하며, 상대적으로 비용이 많이 들지만 이것만큼 정보를 얻을 수 있는 다른 방법도 흔치 않다. 서베이에서 수집된 사실적 정보(factual information)로는 성, 결혼 상태, 교육, 소득, 정치적 선호, 종교적 선호 등 이른바 사회과학적 자료가 포함된다. 이러한 정보는 변수들 간의 관계를 연구하고 표본의 적절성을 체크하는 데 사용되므로 필요불가결한 것이다.

사회과학적 입장에서 더욱 중요한 것은 면접에서 응답자들이 인지 대상에 대해 갖고 있는 신념, 의견, 태도 및 느낌이다.[3] 서베이연구에서 인지 대상의 많은 것들, 예를 들면 투자, 어떤 상업적 산출물, 정치적 후보자 등은 연구자의 관심이 아닐 수도 있다. 다른 인지 대상들, 즉 국제연합, 대법원, 교육 관행, 통합, 교육에 대한 보조금, 세입 배분, 대학생, 유대인 및 여성해방운동 등이 오히려 더 흥미 있는 일이 될 수도 있다.

---

2) 면접조사표란 용어를 사용했는데 이것은 '개인 면접을 통해 서베이 정보를 수집하는 데 사용되는 도구'라는 명백한 의미를 갖고 있다. 질문지(questionnaire)는 개인 면접 도구와 태도나 퍼스낼리티 도구에 붙이는 이름이며 '척도(scales)'라고 부르기도 한다. 제11장, 제12장 참조.

3) 인지 대상(cognitive object)이란 태도의 대상을 지적하는 데 사용되는 표현이다. 거의 모든 것이 태도의 대상이 될 수 있지만 집단(종교적 · 인종적 · 교육적)과 제도(교육 · 결혼 · 정당)와 같은 중요한 사회적 '대상'을 지칭하는 데 사용하는 용어이다(Kerlinger, 1967: 110-122).

(2) 패널 기법

서베이연구에서 다음으로 중요한 유형은 패널 기법(panel technique)이다(Lazarsfeld, 1953: 511-9). 응답자의 표본을 뽑아 면접하고 그 후에 다시 면접하고 연구를 한다. 패널 기법은 연구자가 응답자의 행태와 태도의 변화를 연구할 수 있도록 해 준다.

(3) 전화 서베이

전화 서베이(telephone survey)는 신속하고 비용이 적게 든다는 것 이외에는 별로 추천되지 않는 서베이 방법이다. 특히 면접자가 응답자를 모를 때는 가능한 한 무응답, 비협조 및 간단하고 피상적인 질문 이외에는 마지 못해 하는 대답으로 제한될 수 있다. 그렇지만 전화는 때때로 연구에 필수적인 정보를 얻는 데 유용하게 사용된다. 단지 그것의 주된 결함은 명백하고 상세한 정보를 얻을 수 없다는 점이다.

(4) 우편 서베이

우편 서베이(mail survey)는 또 다른 하나의 서베이 유형으로 다른 기법과 함께 사용하지 않으면 안 되는 심각한 결함을 갖고 있기는 하지만 사회과학에서 널리 사용되어 온 방법이다. 이러한 결함 중에는 응답이 결여되고 주어진 응답을 체크할 수 없다는 점이 있다. 이들 결함 중에 특히 첫 번째 결함은 고도로 정교하게 다루지 않으면 우편 질문지가 쓸모없다는 것보다 더 심각하게 오히려 더 나쁜 것으로 만들어 버릴 수 있다. 우편 질문지의 응답은 일반적으로 보잘것 없으며 회수율이 40~50% 이하인 것이 보통이다. 회수율이 더 높은 경우는 드물며 기껏해야 연구자는 50~60%의 회수율에 만족해야 한다.

(5) 인터넷 서베이

최근 정보·통신의 발달로 사이버 공간을 활용하는 인터넷 설문조사 방법이 활발해지면서 우편 질문지 방법이 점차 감소하는 추세이다. 인터넷 서베이(internet survey)는 인터넷을 도구로 하여 인터넷 사용자들을 상대로 이루어는 설문조사를 말한다. 인터넷 서베이의 특징은 첫째, 우편조사의 단점인 협소한 조사 범위를 광범위하게 확장시킬 수 있다. 둘째, 인터넷 사용자가 많지 않은 경우에 모집단의 크기가 문제될 수 있다. 셋째, 인터넷 서베이는 인터넷 사용자의 적극적 참여 없이는 불가능하다.

인터넷 서베이의 종류로는 첫째, 전자우편조사(e-mail survey), HTML 파일로 작성하는 설문조사, 온라인 포커스 그룹 인터뷰(on-line focus group interviewing) 방법, 이동통신 기기를 이용한 문자 메시지 조사 방법, 무작위 웹 사이트 방법 등이 있다.

3) 서베이연구의 방법론

서베이연구가 사회과학의 방법론에 기여한 가장 중요한 점은 아마도 엄격한 표본추출 절차, 연구설계의 전반적인 설계와 집행, 연구 문제의 명확한 정의와 구체화 및 자료의 분석 등일 것이다.

서베이연구의 방법론을 한정된 지면에서 적절히 논의한다는 것은 불가능하므로 이 책의 목적과 밀접한 관계가 있는 방법론의 부분, 즉 서베이 또는 연구설계, 이른바 서베이연구자의 흐름계획(flow planor chart) 및 표본의 신뢰성과 타당성의 체크, 자료 수집 방법만을 개관하기로 한다.

(1) 서베이연구의 흐름계획

서베이 연구자들은 설계와 서베이의 계속적인 집행을 위해 흐름계획을 사용한다. 흐름계획은 서베이의 목표로부터 출발해 거쳐야 할 각 단계의 목록을 만들고 최종 보고서로 끝을 맺는다.

① 문제의 구체화

이것은 연구 대상에 대해 많은 것을 알지 못할 때 시작하는 좋은 방법이다. 이 때는 문제의 여러 측면을 겨냥하는 구체적인 질문을 해야 한다. 이러한 각 질문은 면접조사표에 들어 있어야 한다. 어떤 서베이 연구자들은 연구 문제를 명백히 하고 면접 질문을 작성하도록 지도하기 위해 이 시점에서 자료분석을 위한 표들을 설계한다. 이러한 절차가 추천되기 때문에 서베이의 목표와 질문을 구체화하기 위한 표가 어떻게 사용되는가를 볼 수 있도록 구체적인 표를 설계한다.

② 표본과 표본추출 계획

표본추출은 주요 아이디어만 개관하기로 한다. 우선 표본으로 뽑혀서 연구될 모집단이 정의되어야 한다. 지역사회에 살고 있는 모든 시민들이 포함되는가? 즉, 지역사회 지도자는 누구이며, 학교 세금을 지불하는 시민들은 누구인가? 학령아동이 있는 시민들은 누구이며, 학교에 다니는 아동이 있는 시민들은 누구인가? 일단 모집단이 정의되면 표본을 어떻게 뽑고 얼마나 뽑아야 할 것인가 하는 결정을 해야 한다. 가장 훌륭한 서베이연구에서는 무작위표본이 사용된다. 그러나 높은 비용과 수행상의 어려움 때문에 무작위표본은 종종 할당 표본추출로 우회해 사용되기도 한다. 할당표본에서 대표성은 많은 남녀, 특히 미국의 경우 많은 백인과 흑인 등과 같이 면접자에게 할당량을 배정함으로써 달성될 수 있다. 할당 표본추출은 대표성이 보장될 수는 있지만 무작위 표본추출의 장점을 결여하고 있기 때문에 행태적 서베이연구에서는 피해야 한다.

③ 면접조사 및 측정 도구의 작성

이것은 초심자들이 종종 성급하게 끼워 맞추는 질문지와는 거의 닮은 점이 없는 힘들고 어려운 작업이다. 주요 과업은 연구 문제를 면접 도구와 서베이를 위해 작성된 다른 도구로 전환하는 것이다. 연구 문제들 가운데 하나는 예를 들면, '아동의 훈련에 대한 허용적 및 제한적 태도는 지방 학교에 대한 인지와 어떻게 관계되는가?'라는 것이며, 허용적 및 제한적 태도를 평가하기 위한 질문 가운데 하나는 '아동들은 어떻게 훈련되어야 한다고 생각하느냐?' 하는 것이다. 면접조사표나 다른 도구의 초안이 완료된 후 그것들을 모집단을 대표하는 작은 표본으로 사전검사(pretest)한다. 그리고 수정을 가해 최종 형태로 마무리짓는다.

위에서 개관한 단계들은 어떤 서베이에서도 처음의 중요 부분을 구성한다. 자료의 수집은 두 번째의 중요 부분이다. 면접자들은 누구를 면접하고 면접이 어떻게 처리되어야 하는가에 관해 완전한 지침을 가지고 오리엔테이션을 받아 익숙해져야 하며 면접에 임할 수 있도록 해야 한다. 가장 훌륭한 서베이에서 면접자들은 누구를 면접하는가에 관해 자유 범위가 허용되지 않는다. 그들은 무작위 장치(random devices)에 의해 일반적으로 지정된 개인들만을 면접해야 한다.

④ 분석

질문에 대한 응답은 부호화(coding)되고 표로 정리된다. 부호화란 분석을 목적으로 질문 응답과 응답자의 정보를 구체적인 범주로 번역하는 것을 말한다. 그 후 각 개인들을 긍정적 태도와 부정적 태도의 범주에 할당해야 한다. 부호화에 도움을 주기 위해 내용분석이 사용될 수도 있다. 내용분석이란 언어적 및 다른 자료 유형들을 범주로 할당하는 데 사용하는 객관적인 양적 방법이다. 부호화는 사실적 응답 자료를 분석하고 개인들을 계급이나 범주에 할당하고 특히 기계적 분석을 위해 기계 카드를 준비할 때는 범주를 개인들에게 할당하는 분석을 의미한다.

결과표(tabulation)란 백분율(%), 평균, 상관계수 및 적절한 유의성 검증과 같은 통계분석을 한 후 적절한 범주에서 응답 유형의 숫자를 기록하는 것이다. 자료의 분석은 연구되고 대조되고 통합되며 해석된다. 끝으로 해석과정의 결과는 보고된다.

(2) **서베이 자료의 검토**

서베이연구는 사회과학적 방법 가운데서도 '서베이 자료의 타당성을 검토할 수 있다'는 독특한 이점이 있다. 응답자들의 일부는 다시 면접할 수 있고 양쪽 면접의 결과를 서로 검토할 수 있다. 연령이나 소득과 같은 개인의 사실적 자료의 신뢰성은 높은 것으로 나타났다. 태도 반응의 신뢰성은 반응이 바뀌면 태도도 바뀐 것을 의미할 수 있기 때문에 결정하기가 더 어렵다. 물론 평균적 반응의 신뢰성은 개별적 반응의 신뢰성보다 신뢰성이 더 높다. 다행스럽게도 연구자들은 개별적 반응보다 평균적 또는 집단적 반응에 더 관심을 갖는 것이 보통이다.

측정 도구의 타당성을 검토하는 한 가지 방법은 외적 기준(outside criterion)을 사용하는 것이다. 연구자는 그의 연구 결과를 타당성이 있다고 생각되는 외적 기준과 비교한다. 예를 들면, 어떤 응답자가 학교 이사회 선거에서 투표했다고 말한 경우 우리는 등록 및 투표 기록을 검토함으로써 그가 투표했는지의 여부를 찾아낼 수 있다. 보통의 경우 개인의 행태는 개인에 대한 정보를 입수하기 때문에 검토하지 않지만 집단정보일 때는 그렇지 않다. 이 정보는 서베이 표본과 응답자의 응답 타당성을 검증하는 데 어느 정도 사용될 수 있다.

4) 강점과 약점

(1) 강점

첫째, 서베이연구는 '대규모 모집단에서 많은 정보를 얻을 수 있다'는 범위의 광범성에 대한 이점이 있다. 서베이연구는 실험실실험, 현지실험 및 현지연구보다 비용이 더 많이 드는데 그것은 이들이 산출하는 정보의 양과 질이 경제적이기 때문이다. 더욱이 현존하는 교육시설과 직원은 연구 비용을 줄이는 데 사용될 수 있다.

둘째, 서베이연구의 정보는 표본추출 오차 내에서 적절하다. 적절하게 뽑은 표본의 정확성은 현지 전문가들에게조차도 놀라울 지경이다. 600 내지 700명의 개인이나 가족에 대한 표본은 지역사회(그것의 가치, 태도, 신념)를 묘사하기에 충분히 적절하다.

셋째, 자료의 범위가 넓다. 거대한 도집단으로부터 수집된 자료는 그 범위가 넓고 생생하기 때문에 여러 가지 가설을 암시해 준다. 그뿐만 아니라 일반화의 정도와 수준이 높다.

(2) 약점

이러한 강점과 함께 약점 또한 불가피하게 존재한다.

첫째, 서베이 정보는 일반적으로 피상적이다. 추구되는 정보의 범위는 심도를 희생시키면서 강조되는 것이 보통이다. 그렇지만 이것은 반드시 이 방법에만 있는 고유한 약점은 아닌 것 같다. 그러나 서베이는 집중적 연구(intensive research)보다 포괄적 연구(extensive research)에 잘 적용되며 다른 연구 유형도 관계를 더 깊이 연구하는 데 더 잘 적용된다.

둘째, 실제적으로 서베이연구에서는 시간과 비용이 많이 든다는 점이다. 대규모 서베이에서는 단일 가설을 검증하는 데 몇 달이 걸릴 수도 있다. 표본추출과 훌륭한 면접자를 개발하는 것도 주요 작업이다. 면접에는 기술 ·

시간 및 돈이 필요하며, 소규모의 서베이에서는 이 문제들을 어느 정도 피할 수 있지만 서베이연구가 많은 시간과 노력과 돈의 투자를 필요로 한다는 것은 일반적으로 사실이다.

이와같이 서베이연구는 많은 연구 지식을 필요로 하고, 유능한 서베이 연구자는 표본추출, 질문과 면접표 작성, 면접, 자료분석 및 서베이의 다른 기술적 측면에 대해 알고 있어야 하지만, 일반적으로 이러한 지식을 얻기가 쉽지 않다. 이러한 종류의 지식과 경험을 가진 연구자는 많지 않다. 대규모 서베이연구에서나 소규모 연구에서나 그 가치가 이해되면 적어도 최소한 이러한 지식과 경험이 연구자에게 필요하게 된다고 생각하게 될 것이다.

제 2 절 연구설계에서의 인과 관계

1 인과 관계의 의의

1) 기술적 연구설계와 설명적 연구설계의 구분

연구 문제는 흔히 우리의 일상 생활 속에 내재되어 있기 때문에 각종 범죄, 환경오염, 인플레이션, 에너지, 복지, 실업 문제 등에서 쉽게 찾을 수 있다. 이러한 연구 문제들은 종종 다른 연구 문제에 영향을 주고받게 된다. 예를 들면 어느 연구 문제에서 하나의 사회 현상(변수 또는 변수)은 다른 사회 현상(변수 또는 변수)과 밀접한 연관을 갖게 마련이다. 이러한 연구 문제에서 연구자가 발견한 사실들과 이론적 예측을 연관시키는 것을 가설이라 하며, 가설은 연구 문제에서 제기한 현상에 대한 2개 이상의 변수 간의 관계에 대한 가정적 진술이라고 파악한다.

가설은 추상성의 정도에 따라 기술적(또는 식별) 가설과 설명적 가설로 분류된다. 기술적(식별) 가설은 어떤 사실을 묘사하기 위한 것이며 '무엇은

~이다'의 표현 양식을 취한다. 예를 들어 '빈곤 지역의 가구당 월평균 소득은 80만 원이다'의 형태로 나타난다. 이에 반해 설명적 가설은 어떤 사물에 관계되는 기존 지식 체계나 연역과 귀납과 같은 논리 체계에 의해 그 사물의 필연성이나 인과 관계를 제시하는 가설로서 왜(why)에 대해 대답하는 모양을 하고 있다. 설명적 가설은 '~하면 ~이다', 또는 '~할수록 ~하다'라고 표현된다. 따라서 '소득이 많을수록 소비 지출이 커진다'는 표현은 설명적 가설의 한 예가 된다.

기술적 연구설계는 어떤 한 시점에서의 상황이나 현상에 대해 정확하고 체계적으로 기술하는 것을 목적으로 하는 연구설계를 말한다. 기술적 연구설계에서 가장 중요하게 고려할 사항은 자료의 정확성이므로 오류를 극소화하고 신뢰성을 극대화할 수 있는 연구설계가 필요하다. 이렇듯 한 시점에서의 자료의 정확성에 초점을 두는 기술적 연구설계는 횡단적 연구설계(cross-sectional study design)와 밀접한 관련을 갖는다. 횡단적 연구설계는 종단적 연구설계(longitudinal study design)의 상대적 개념으로 일정 시점을 기준으로 현상과 관련된 모든 변수에 대해 자료를 수집하는 설계 방법이다. 기술적 연구설계의 유형으로서는 횡단적 연구설계의 두 유형인 현황조사와 상관적 연구를 비롯해 내용분석으로 구분한다.

한편 설명적 연구설계는 기술적 연구설계와 달리 두 개 이상의 변수(또는 변인) 사이에 인과 관계가 형성되어야 한다. 앞에서 지적한 바와 같이 '소득이 많을수록 소비 지출이 커진다'는 가설에 대해 연구자는 가설 입증을 위한 연구설계가 필요하다. 이를 입증한다는 것은 소득과 소비 지출 사이에는 분명한 인과 관계가 실재함을 증명해야 한다는 의미이다. 이런 맥락에서 지금부터 언급하는 연구설계는 기술적 연구설계가 아닌 설명적 연구설계를 지칭하는 것이며, 이를 전제로 인과 관계의 의미, 연구설계의 조건 및 연구설계의 타당성을 검토하기로 한다.

2) 인과 관계의 개념

공공정책 분야에서 가장 중요하게 고려되어야 하는 것이 정책집행으로 인한 효과가 어떠했느냐 하는 정책평가일 것이다. 커다란 범주에서 보면 정책평가는 앞에서 지적한 기술적 요소와 설명적 요소를 모두 포함하지만 거의 대부분의 정책평가는 정책의 설명적 요소, 즉 인과 관계(causality)에 초점을 두고 있다. 인과 관계는 한마디로 하나의 사건(독립변수)이 원인이 되어 다른 사건(종속변수)에 결과가 되는 것을 의미한다. 예를 들어 지방자치단체장과 의원을 선출하는 지방선거에서 입후보자의 소속 정당이 유권자들의 투표 행태에 영향을 미쳤다고 한 연구자가 가설을 설정했다면 입후보자의 소속 정당과 당선과의 인과 관계가 있었는지를 검증하면 쉽게 가설을 입증할 수 있을 것이다.

그러나 어느 한 사건(원인)이 발생하고 다른 한 사건(결과)이 발생했다고 해서 모두 인과 관계가 성립하는 것은 아니다. 만일 연구자가 관찰한 두 개의 사건(원인과 결과) 이외에 그 밖의 다른 사건이 개재되어 있지는 않는지 또는 논리적으로 인과 관계를 입증할 만한 논리적 추리가 가능한지를 설명해야 한다.

2 인과 관계의 입증 논리

인과 관계가 있음을 어떻게 입증하는 것이 타당한 방법일까? 인과 관계의 입증 논리는 일찍이 밀(John Stuart Mill)에 의해서 제공되었다(Mill, 1911: 254-262). 밀은 논리의 비교를 통해 원인과 결과가 존재함을 입증하기 위한 다섯 가지의 법칙을 제시했다. 이 다섯 가지의 기본 논리는 비록 비판적인 시각도 갖고 있지만 현재에도 여전히 연구설계에서 제일 먼저 고려해야 할 논리적 기준이 되고 있다. 밀이 제시한 다섯 가지의 기본 논리 중에서 가장 간명하면서도 알기 쉬운 일치법과 차이법을 비롯해 결합법, 잉여법, 공동변화법 등을 알아본다.

1) 일치법

일치법(method of agreement)은 두 개 이상의 관찰된 모든 현상에서 오직 한 가지 조건에서만 일치를 보이고 있다면 그 현상과 일치된 조건 사이에는 원인과 결과의 관계가 성립한다고 보는 것이다. 예를 들어 한 팀이 세 명으로 구성된 족구 경기에서 첫 번째 경기에서는 A, B, C가 짝을 이루어서 승리했고, 두 번째 경기에서는 A, E, F가 출전해 승리했다면 족구 경기에서 승리의 원인은 A의 역할이라고 판단하는 것이다.

	선행된 행동	귀결된 현상
현상 X의 요소	Ⓐ B C	ⓐ b c
현상 Y의 요소	Ⓐ E F	ⓐ e f
	따라서 Ⓐ --> ⓐ	

2) 차이법

차이법(method of difference)은 일치법과는 대조적인 방법으로 일치되는 상황과 일치되지 않는 상황을 비교함으로써 인과 관계의 성립을 찾아내는 방법이다. 예를 들어 한 팀이 세 명으로 구성된 족구 경기에서 A, B, C가 한 팀을 이루어 경기에서 승리했다. 두 번째 족구 경기에서는 한 팀이 두 명씩 짝을 이루어 B, C가 출전했으나 그 경기에서 지고 말았다. 따라서 여기서도 승리를 결정하는 승리의 원인은 A의 역할이라고 판단하는 것이다.

	선행된 행동	귀결된 현상
상황 X의 요소	Ⓐ B C	ⓐ b c
상황 Y의 요소	B C	b c
	따라서 Ⓐ --> ⓐ	

3) 결합법

결합법(joint method of agreement and difference)은 일치법이나 차이법을 직접 적용할 수 없는 경우에 일치법과 차이법의 결합으로 나타나는 경우를 말한다. 즉 어떤 특정한 선행된 행동이 나타나면 그와 연관된 상황이 나타나고, 그 반대로 그렇지 않은 상황에서는 앞에서 연관된 상황이 나타나지 않는 경우를 말한다. 특히 이 방법은 일치법과 차이법을 두 번 적용한 것으로 나타나지만 각각은 독립적으로 이루어진다.

예를 들어 한 팀이 세 명으로 구성된 족구 게임에서 A, B, C가 한 팀을 이루어 경기에서 상대팀을 이겼다. 역시 한 팀이 세 명으로 구성된 두 번째 족구 경기에서 A, D, E가 출전해 승리했다. 그러나 세 번째와 네 번째의 족구경기에서는 한 팀이 두 명씩 짝을 이루어 각각 B, C와 D, E가 짝을 이루어 출전했으나 모두 그 게임에서 지고 말았다. 따라서 이 경우에서도 승리를 결정하는 승리의 원인은 A의 역할이라고 판단하는 것이다.

	선행된 행동	귀결된 현상
상황 W의 요소	Ⓐ B C	ⓐ b c
상황 X의 요소	Ⓐ D E	ⓐ d e
상황 Y의 요소	B C	b c
상황 Z의 요소	D E	d e
	따라서 Ⓐ --> ⓐ	

4) 잔여법

잔여법(method of residues)은 비교적 간단한 논리로 전개된다. 즉, 특정한 현상에서 다른 요인에 대한 원인이 밝혀져 있을 때에 아직 밝혀지지 않은 상황과 맞물려 있는 남아 있는 행동이 그 원인이 된다는 것이다. 예를 들어 한 팀이 세 명(A, B, C)으로 이루어진 족구 팀의 역할은 오른쪽 공격수, 왼쪽 공격수, 그리고 수비수(a, b, c)로 구성되었음을 알고 있다고 한다. 그런데 과거의 경험에서 B는 오른쪽 공격수이고 C가 왼쪽 공격수임이 밝혀졌다면 A는 수비수(a)임이 증명된 것을 알 수 있다.

	선행된 행동	귀결된 현상
상황 X의 요소	A B C	a b c
상황 Y의 요소	Ⓑ Ⓒ	ⓑ ⓒ
	따라서 Ⓐ --> ⓐ	

5) 공동변화법

지금까지 네 가지의 연구설계에 대한 기본 논리는 선행된 행동이 귀결된 현상과 연관이 있음을 안다거나 혹은 선행된 행동에 대해 귀결된 현상이 나타나지 않는 경우에 논리적으로 원인과 결과의 관계를 규명했다. 그러나 어떤 경우에 일치된 선행 행동이 나타나지 않는 경우도 발생할 수 있다. 다시 말하면 공동변화법(method of concomitant variation)이란 어떤 선행된 행동에서의 강도나 정도가 귀결된 현상에서의 강도나 정도와 연관되어 있는 경우를 말한다.

예를 들어 교육부가 대학 입학 정책을 다루는 경우에 실험적으로 일부의 학생들만을 따로 떼어서 대학 입학 정책에 대한 실험 결과를 알아볼 수는 없기 때문이다. 주택 가격을 안정시키기 위해 부동산에 대한 중과세를 고려하고 있는 정부로서는 이에 대한 효과를 미리 알고 정책을 실시하면 부작용을 없앨 수 있다. 그러나 이런 경우에도 선행된 상황을 완전히 변화시키지 않고 조금 변화시킨 선행된 행동으로부터 얻어진 귀결된 현상(⌛A)과 그 밖의 선행된 행동(B, C)에 대한 귀결된 현상과 변형된 귀결 현상(⌛a)을 통해 일치와 차이에 의해서 인과 관계를 추론하는 방법이다.

	선행된 행동	귀결된 현상
상황 X의 요소	A B C	a b c
상황 Y의 요소	⌛A D E	⌛a b c
	따라서 Ⓐ --> ⓐ	

6) 밀의 연구설계 기본 논리에 대한 비판

밀이 주장하는 기본 논리는 인과 관계의 발견을 위한 도구이며, 인과 관계의 증명을 위한 규칙이다. 이러한 논리는 오늘날까지 인과 관계를 규명하는 논리적 시점으로서의 역할을 하고 있는 것이다. 그러나 밀의 기본 논리는 오류가 내재되어 있음을 쉽게 알 수 있다. 예를 들어 일치법에서 연구단위가 오직 한 가지의 사항에서만 동일성을 가지고 있다고 가정하기 힘든 면이 있기 때문에 인관 관계 파악에 오류가 내재할 가능성이 높다고 할 수 있다. 그리고 차이법에서의 문제는 인과 관계의 존재에 대한 증명이 제한된 경험적 증거에 의존해야 한다는 점과 조사연구를 하고 있는 현상 중에서 오직 한 가지의 차이만 밝혀 내기 어렵다는 데에 있다. 즉 여러 가지의 가능성에 대한 고려가 미약하다는 점을 인과 관계 설정의 약점으로 지적할 수 있다.

3 인과 관계 추론의 조건

연구설계는 사회 현상에서 나타난 연구 문제를 토대로 연구자의 깊은 통찰에 의한 도출된 가설을 경험적으로 검증하려는 논리적 도구에 해당한다. 그런데 연구자가 제시한 가설을 검증하기 위한 연구설계의 논리 구성의 대부분이 인과 관계를 규명하는 노력과 결부된다는 사실이다. 인과 관계를 나타내는 이론이나 가설들의 예는 'X의 변화는 Y의 변화의 원인이다', '~하면 ~이다', 또는 '~할수록 ~하다'라고 표현된다. 이러한 맥락에서 볼 때, 연구설계를 구성하기 위해서는 우선적으로 사회 현상에서 나타나는 '인과성'에 대한 폭넓은 이해가 필요하다. 인과 관계는 원인이 되는 선행된 변수의 행동이 효과로 나타나 다른 변수의 결과로 나타나는 관계를 의미한다.

인과 관계에 대한 규명은 실증철학자와 최근에는 과학철학자들에 의해서 활발하게 연구되어 오고 있다. 예를 들어 흄(David Hume)은 인과 관계를 추론하는 데에는 세 가지의 조건, 즉 원인과 효과 간의 근접성, 시간의 선행성, 효과를 나타내는 원인의 존재 등을 지적한다(Cook & Campbell, 1979: 9-30; 노화준, 2006: 202-205). 여기서는 인과 관계 추론의 조건으로 일반적으로 지적되고 있는 시간적 선후 관계, 인과 간의 공동 변화, 인과 간에 허위 관계의 비존재 등을 중심으로 살펴보기로 한다.

1) 인과 발생의 시간적 선후 관계

인과 관계가 성립하기 위한 첫 번째 조건은 원인과 결과라고 추정되는 두 개의 행동 또는 변수들 사이에 시간적으로 선후 관계(temporal precedence)

가 분명히 나타나야 한다는 것이다. 즉, 종속변수에 영향을 미치는 독립변수의 실행이 종속변수에서 나타나는 효과보다 시간적으로 선행하거나 적어도 동시적으로 발생해야만 두 변수 사이의 인과 관계가 존재한다고 할 수 있는 필요 조건이 성립하는 것이다. 만일 비만이 당뇨병의 직접적인 원인 중의 하나라고 판단하기 위해서는 비만이 발생한 후에 당뇨병이 나타나야 한다는 것이다.

시간적 범위를 다루는 연구의 종류에는 황단적 연구(cross-sectional study)와 종단적 연구(longitudinal study)가 있다. 황단적 연구는 일정 시점에서 자료를 수집해서 분석하는 연구를 말하고, 종단적 연구란 둘 이상의 시점에서 자료를 수집해서 분석하는 연구를 말한다. 한 시점에서 자료를 수집하면 횡단적 자료 수집이라고 할 수 있는데 반해 종단적 자료 수집은 수집 방법에 따라 시계열연구(time-series study), 동기생연구(cohort study), 동일집단 반복연구(panel study)의 세 가지 형태로 나뉜다. 시계열연구는 조사 대상이 누구이든 상관없이 둘 이상의 시점에서 관찰해 그 결과를 분석하는 연구를 말한다. 예를 들어 매년 성년이 되는 사람들에게 일정한 설문을 조사하는 경우를 말한다. 동기생연구는 일정한 조사 대상을 한정시켜 놓고 그 중에서 일정한 사람을 대상으로 둘 이상의 시점에서 조사하는 연구를 말한다. 예를 들어 2008학번 중에서 몇 명을 선정해 둘 이상의 시점에서 조사하는 경우이다. 마지막으로 동일집단 반복연구는 매번 조사된 사람들을 반복적으로 조사하는 경우를 의미한다.

횡단적 연구와 종단적 연구와의 관계를 구분짓는 것은 인과 관계와의 사이에 밀접한 연관성이 존재하기 때문이다. 앞에서 지적한 바와 같이 기술적 연구설계는 어떤 한 시점에서의 상황이나 현상에 대해 정확하고 체계적으로 기술하는 것을 목적으로 하는 연구설계이며, 설명적 연구설계는 두 개 이상의 변수(또는 변수) 사이에 인과 관계가 형성되어야 한다고 설명했다. 이러한 관점에서 보면 연구설계는 기술적 연구설계가 아닌 설명적 연구설계를 전제로 설명되고 있으며, 횡단적 연구가 아닌 종단적 연구를 대상으로 하고 있다.

2) 인과 관계의 공동 변화

인과 관계가 성립되기 위한 두 번째 조건은 인과적 관계에 있는 둘 또는 그 이상의 변수가 상호 연관성을 나타내는 공동 변화(concomitant variation)이다. 다시 말해 공동 변화는 한 변수(원인)가 변화할 때 그와 관련이 있다고 믿어지는 변수(결과)도 그에 수반해서 변화하는 것을 나타내고 있다. 두 변수 사이에 공동 변화가 있다고 믿기 위해서는 하나의 변수가 변화할 때 다른 변수도 변화가 나타나야 한다는 것이다.

그러나 두 변수 사이의 공동 변화를 전제로 한 인과 관계와 상관 관계를 혼동해서는 실험연구가 오류에 빠질 가능성도 있다. 일반적으로 원인이 되는 현상이 발생됨으로 인해서 결과가 되는 현상이 발생했다면 그것은 인과 관계라고 규정짓고, 이것을 두 변수 간에 비대칭적 관계(asymmetrical relationship)라고 부르고 있다. 이러한 인과 관계가 성립하면 두 변수 사이에는 상관 관계가 존재한다고 보고 상관 계수로서 상관 관계의 강도를 측정한다. 이러한 의미에서 상관 관계는 어떤 요인의 변량(variations) 또는 변수(variances)가 다른 하나 이상의 변량이나 변수에 상응하는 변화의 정도를 주는 관계를 의미한다고 본다. 그러나 상관 관계가 성립한다고 해서 자동적으로 두 변수 간에 인과 관계가 성립되는 것은 아니다. 즉, 두 변수 간의 상관 관계는 비대칭적 관계(asymmetrical relationship)로 인과 관계를 나타낼 때도 있지만, 대칭적 관계(symmetrical relationship)로 두 변수 간에 아무런 인과 관계가 성립하지 않기도 하며, 드물게는 두 변수 상호간에 인과 관계를 나타내는 상호 인과적 관계(reciprocal relationship)로도 나타날 수 있다.[4)]

---

4) 두 변수 간의 관계는 변수 간의 성격에 따라 대칭적 관계(symmetrical relationship), 상호 인과적 관계(reciprocal relationship), 비대칭적 관계(asymmetrical relationship)로 구분된다. 대칭적 관계는 두 변수의 관계에서 어느 변수도 다른 변수의 원인이 아닌 경우이다. 상호 인과적 관계는 두 변수가 서로에게 영향을 주며 상호 인과 관계가 성립되는 경우이다. 비대칭적 관계는 대칭적 관계의 반대로 한 변수가 다른 변수에 영향을 주고 인과 관계도 성립되는 경우를 말한다.

3) 비허위적 관계의 입증

지금까지 인과 관계를 판단할 수 있는 추론의 조건으로 시간적 선후 관계나 공동 변화에 대해 언급했다. 그러나 이 두 가지 조건이 확인되었다 하더라도 그들만으로 인과 관계가 성립된다고 할 수 없다. 즉, 원인과 결과 사이에 제3의 변수가 종속변수에 아무런 영향을 주지 않았음을 확인해야 하는 비허위적 관계(non-spurious relationship)가 입증되어야 한다. 비허위적 관계는 둘 또는 그 이상의 변수들 사이에 제3의 변수가 아무런 영향을 미치지 않고 오직 독립변수(원인)의 변화가 종속변수(결과)의 변화를 가져오게 한 관계를 의미한다.

인과 관계라고 추정되는 두 변수 사이에서 독립변수와 종속변수에 영향을 미쳐 결과에 변화를 주는 제3의 변수 중에 허위변수와 혼란변수가 있다. 허위변수는 제3의 변수로서 독립변수(X)와 종속변수(Y) 모두에게 영향을 준다. 허위변수가 독립변수와 종속변수에 영향을 미치기 때문에 독립변수와 종속변수 사이에 아무런 연관성이 없음에도 불구하고 마치 강한 관련이 있는 것으로 잘못 판단하게 만드는 상황을 의미한다. 따라서 독립변수와 종속변수 사이에 아무런 연관성이 없음에도 불구하고 허위변수(제3의 변수) 때문에 독립변수와 종속변수 사이에는 인과 관계가 성립한다고 잘못된 결론에 도달하게 되는 상황을 말한다.

혼란변수는 제3의 변수로서 독립변수(X)와 종속변수(Y) 모두에게 영향을 주는 것은 허위변수와 같다. 그러나 허위변수와 달리 독립변수가 종속변수에 어느 정도 영향을 미치기 때문에 독립변수와 종속변수 사이에는 연관성이 있다. 따라서 독립변수와 종속변수 사이에 연관성이 있기는 하지만 혼란변수(제3의 변수) 때문에 독립변수와 종속변수 사이에는 인과 관계가 실제보다 더 강하게 성립한다는 결론에 도달하게 된다. 이 경우에 독립변수와 종속변수 사이에 인과관계를 혼란변수 때문에 과장되게(overestimate) 결론짓게 된다.

[그림 6-1]은 허위변수와 혼란변수의 관계를 설명한 것이다. 허위변수에 대해서 설명하기 위해 흔히 소개되고 있는 소방차와 피해액 사이의 관계를

[그림 6-1] 허위변수와 혼란변수인 경우 독립변수와와 종속변수와의 관계

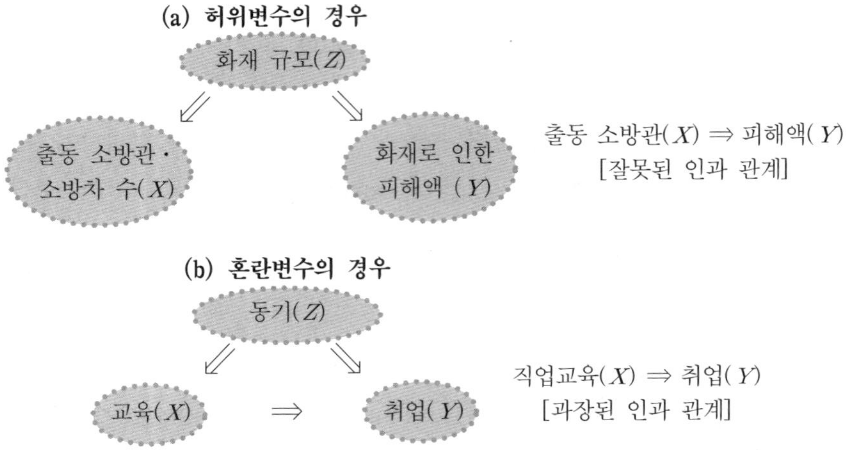

소개한다 (Nachmias & Nachmias, 1987: 60-61 참조). [그림 6-1](a)에서 출동한 소방관의 수와 화재로 인한 피해액의 관계와 허위변수의 역할을 보여 준다. 한 연구자는 화재로 인한 피해액(종속변수)을 결정하는 원인으로 화재 현장에 출동한 소방관 숫자와 소방차의 수(독립변수)에 의해서 결정되는 인과 관계로 보았다. 그러나 사실은 화재로 인한 피해액의 크기가 화재 현장에 출동한 소방관과 소방차의 숫자에 의해서 결정되는 것이 아니고 화재의 크기에 따라 화재 현장에 출동해야 하는 소방관과 소방차의 숫자가 결정됨과 동시에 화재로 인한 피해액의 크기가 결정됨을 알 수 있다. 간단히 말하자면, 연구자가 설정한 독립변수(출동한 소방관과 소방차의 수)와 종속변수(화재로 인한 피해액) 사이에는 아무런 연관성이 없는 데에도 불구하고 독립변수와 종속변수에 동시에 영향을 준 허위변수(화재의 크기)에 의해 독립변수가 종속변수의 원인이었다고 잘못된 판단을 내린 것이다.

[그림 6-1](b)에서는 직업훈련 교육(독립변수)과 취업(종속변수) 사이의 인과 관계와 혼란변수(성취 동기)와의 관계를 도식적으로 보여 준다 (노화준, 2006: 212-219 참조). 직업훈련 교육과 취업 사이에는 어느 정도의 연관성이 있는지를 알아보기 위해 양자의 연관성 정도를 파악하려 하고 있다.

그러나 실제로는 독립변수와 종속변수 사이에 혼란변수인 성취 동기가 존재함을 알았다. 하지만 혼란변수가 허위변수와 다른 점은 혼란변수의 경우 독립변수(직업훈련)와 종속변수(취업) 사이에는 인과 관계가 존재하는 것이다. 다만 혼란변수(성취 동기)가 독립변수와 종속변수에 각각 영향을 주고 있기 때문에 독립변수가 종속변수에 미치는 영향을 실제의 인과 관계의 정도보다 더 과장되게 결론짓게 된다는 것이다. 한마디로 요약하면, 허위변수의 경우 독립변수와 종속변수 사이에 아무런 인과 관계가 없음에도 불구하고 인과성이 있는 것처럼 그릇된 결론에 도달하게 되며, 혼란변수의 경우 독립변수와 종속변수 사이에는 인과성이 존재하지만 혼란변수 때문에 독립변수와 종속변수 사이의 인과성의 정도가 과장되게 결론짓게 된다는 것이다.

제 3 절 연구설계에서의 타당성

1 연구설계에서 타당성의 개념 및 종류

1) 타당성의 개념

연구설계에서의 타당성(validity)이란 주어진 연구설계에서 연구자가 해당 가설이나 연구 문제에 나타난 인과 관계를 얼마나 정확하게 추론할 수 있는가를 나타내는 개념이다. 연구설계에 관한 타당성은 캠벨(Campbell, 1957), 쿡과 캠벨(Cook & Campbell, 1979: 37-94), 캠벨과 스탠리(Campbell & Stanley, 1963)가 내적 타당성과 외적 타당성으로 나누어 자세히 설명했다. 그 후 쿡과 캠벨은 내적 타당성을 내적 타당성(internal validity)과 통계적 타당성(statistical validity)으로 세분하고, 외적 타당성을 구성 타당성(construct validity)과 외적 타당성(external validity)으로 나누어 설명한다. 이 개념들은 지난 2~30년에 걸쳐서 연구방법론에 가장 의미 있고 중요하고 명백하게 기여한 것들 중의 하나이다. 여기서는 쿡과 캠벨이 분류해 놓은 개념에 따라 내적 타당성, 통계적 타당성, 구성 타당성, 외적 타당성으로 나누어 설명하기로 한다.

2) 타당성의 종류

내적 타당성이란 연구설계의 분석 과정에서, 가설에서 추정된 원인과 결과의 관계가 진실로 유의미한가라는 질문에 대한 답변에 해당한다. 특히 내적 타당성은 외생변수의 통제를 통해 확보될 수 있다. 외생변수란 종속변수에 영향을 미칠 수는 있지만 연구와 관련이 없는 변수를 말한다. 외생변수를 통제할 수 있는 가장 좋은 방법이 무작위 배정(randomization)이며, 무작위 배정이 어려운 경우 짝짓기(matching) 방법으로 실험집단과 통제집단을 동질화함으로써 외생변수를 통제하게 된다.[5] 내적 타당성을 저해하는 요인으로는 성숙 요인, 역사 요인, 선발 요인, 상실 요인, 회귀 요인, 검사 요인, 도구 요인 등이 있다.

통계적 타당성이란 정책이나 프로그램을 통해 추정된 원인과 추정된 결과 사이에 연관이 있는지에 대한 판단에서 나타날 수 있는 오류를 말한다. 즉 실제로 귀무 가설(또는 영 가설: 추정된 원인과 추정된 결과 사이에 인과 관계가 없음을 판단한 의사 결정)을 채택하는 것이 옳지만 귀무 가설을 기각함으로써 발생하는 오류를 제1종 오류라고 하며, 반대로 실제로 귀무 가설을 기각하는 것이 옳지만 귀무 가설을 채택함으로써 발생하는 오류를 제2종 오류라고 한다. 이 두 가지의 오류를 범하게 되면 통계적 타당성이 낮아지게 된다. 통계적 타당성을 결론의 타당성으로 표현하는 경우도 있다(노화준, 2006: 227-229).

구성 타당성이란 실험에 사용된 이론적 구성이 실제 상황을 얼마나 정확하게 반영하는지 또는 측정하려는 측정 도구가 실제 측정하려던 상황과 얼마나 일치하는지를 나타내는 개념이다. 이것은 다른 말로 표현하면 연구문제의 해결 가능성을 의미하는데, 이는 그 연구설계가 얼마나 정확하게

---

5) 연구설계에서 실험집단은 실험적 자극을 통해 자극의 반응을 관찰하는 집단을 의미하며, 이에 반해 통제집단은 실험의 자극을 주지 않고 반응 상태를 관찰하는 집단을 의미한다.

연구 문제에 대답하고 있는가, 또는 그 연구설계가 가설을 적절히 검증하고 있는가 하는 질문으로 표현될 수 있다. 예컨대, 실험집단과 통제집단이 실험과 관련된 실험 대상이라는 점에 너무 집착한 나머지 과잉 반응함으로써 과대 평가나 혹은 과소 평가하지 않는지를 측정하려는 것이다.

외적 타당성이란 충족되기 어려운 기준으로서 대표성 또는 일반화 가능성을 의미한다. 일반화는 특정 시기와 상황 아래 어떤 집단을 대상으로 실시한 실험에서의 결과가 다른 시기와 상황, 그리고 다른 집단에게 똑같이 적용했을 때 같은 결과가 도출될 수 있는지를 나타내는 개념이다. 표본의 일반화 가능성뿐만 아니라 연구의 생태론적 및 변수 대표성에 대해서도 의문이 제기되어야 한다. 실험이 수행되는 사회 상황이 바뀌어도 A와 B의 관계는 여전히 지속될 것인가? 만일 그 연구가 더 낮은 수준의 학교에서 반복되어도 A와 B는 인과성은 연관이 있는 것인가? 이것은 생태적 대표성(ecological representativeness)의 문제이다. 변수대표성(variable representativeness)은 더 미묘한데 '이 연구의 변수들은 대표성이 있는가?' 하는 질문이 제기되어야 한다. 특별한 주의와 특별한 노력을 하지 않으면 연구 결과는 대표성이 없고, 따라서 일반화를 할 수가 없다. 캠벨과 스탠리(Campbell & Stanley, 1963)는 내적 타당성은 연구설계의 필수 조건이고, 내적 타당성과 외적 타당성이 종종 상치되지만 이상적인 설계는 이 양자에 모두 강해야 한다고 한다. 여기에서는 구성 타당성과 외적 타당성에도 주의를 게을리하지 않으면서 주된 강조점은 내적 타당성에 두게 될 것이다.

2 내적 타당성의 저해 요인과 해결 방안

앞에서 논의한 바와 같이 허위변수(spurious variable)는 독립변수와 종속변수와 각각 인과적 연관을 갖는다. 하지만 아무런 인과 관계가 없는 독립변수와 종속변수 사이에서 역할을 함으로써 마치 독립변수와 종속변수의 인과 관계가 성립한다고 잘못된 결론에 도달하는 경우를 말한다. 한편, 혼란변수(confounding variable)는 허위변수처럼 독립변수와 종속변수 모두에게 영향을 준다. 하지만 혼란변수의 경우에는 독립변수와 종속변수 사이에는 어느 정도 연관성이 있으면서 혼란변수가 독립변수와 종속변수에 영향을 미치기 때문에 실제의 독립변수와 종속변수의 인과적 관계보다 더 과대 평가되어 나타나게 되는 경우이다.

연구설계에서 실험집단만을 가지고 결과를 측정했을 경우 허위변수나 혹은 혼란변수가 나타나는 것을 인식하지 못한다. 따라서 허위변수와 혼란변수의 해결 방안은 연구설계에서 집단을 실험집단과 통제집단으로 구분해 두 개의 집단을 배정하고 사전・사후 평가를 실행함으로써 내적 타당성의 문제를 해결할 수 있다.

1) 성숙 요인과 역사 요인

(1) 성숙 요인 또는 역사 요인으로 인한 저해 요인

성숙(maturation) 요인은 실험에 참가한 사람들이 시간이 경과함에 따라 나타나는 생물학적 변화가 실험에 영향을 주는 것이다. 예컨대, 왕성하게 성장 중인 어린이를 실험 대상으로 한 교육 프로그램의 경우에 교육 프로그램을 마치고 난 후 어린이의 변화가 프로그램의 영향인지 또는 왕성한 성장 과정 때문인지 모르게 된다. 또 다른 예로서 노인을 실험 대상으로 한 건강식품의 효능에 대한 결과가 약품의 효과인지 아니면 자연스러운 노쇠 현상에 의한 생물학적 변화인지 의심스런 경우가 있다.

한편 역사(history) 요인은 실험에 참가한 사람들을 대상으로 한 실험 결과에 (역사적) 사회 상황이 긍정적 또는 부정적 영향을 주는 경우를 말한다. 예컨대 직업훈련 교육에 대한 성취 효과를 취업과 연계해서 측정할 경우에 경제적인 호황과 불황에 따라 취업 달성은 영향을 받게 되고, 그렇게 됨으로써 직업교육 효과에 대한 정확한 평가가 어렵게 된다.

(2) 해결 방안

연구설계에서 통제집단을 배제하면 독립변수의 효과에 성숙 요인이나 역사 요인이 포함되어 내적 타당성을 저해하는지에 대한 의문이 들게 된다. 이 경우 실험집단과 함께 통제집단을 만들고 실험조사 기간을 짧게 하여

성숙 요인이나 역사 요인이 배제될 수 있도록 연구설계를 구성한다.

2) 선발 요인, 상실 요인 및 회귀 요인

(1) 선발 요인, 상실 요인 또는 회귀 요인으로 인한 저해 요인

선발(selection) 요인, 상실(mortality) 요인 및 회귀(regression) 요인은 표본의 대표성에 문제가 발생함으로써 나타나는 내적 타당성 저해 요인이다. 선발 요인은 실험집단과 통제집단을 구성하는 구성원들이 실험을 하기 전부터 차이가 나는 경우를 말한다. 예를 들어 직업 교육에 대한 평가에서 교육에 참가한 사람들은 통제집단에 구성된 사람들보다 더 적극적이고 진취적인 성격 소유자라면 두 집단의 차이가 단순하게 교육 프로그램에서 오는 차이가 아니며 이것이 바로 내적 타당성을 저해하는 요인이 되고 있다. 이러한 상실 요인은 실험 기간 중에 중도 탈락자가 생기면서 결과에 영향을 주는 경우를 말한다. 예컨대, 영어 회화를 가르치는 두 개의 학급에서 A반은 전원이 끝까지 프로그램을 끝냈지만 3할 정도만이 상급반으로 진급했고 B반은 끝까지 남아 있던 수강생의 5할 정도가 상급반으로 진급했다. 그러나 B반의 경우 많은 수강생들의 출석이 안 좋더니 나중에는 그 중의 절반이 중도 탈락하게 되었다. 이 때 내적 타당성을 저해하는 상실 요인은 바로 B반에서 중도 탈락한 수강생들에 의해 발생하게 되는 것이다.

한편 회귀 요인은 실험집단이나 통제집단에서 우연하게 극단값(각 집단에 포함된 동료들의 평균치보다 매우 크거나 매우 작은 경우의 값)을 갖는 사람이 포함되어 있는 경우 그 값은 보통의 경우 평균값으로 회귀하기 때문에 그 극단값의 발생이 내적 타당성을 저해하는 요인이 된다는 것이다.

(2) 해결 방안

선발 요인이나 상실 요인은 대표성으로부터 발생하는 문제점이기 때문에 무작위 배정이나 실험집단과 통제집단의 사전-사후의 변화된 값을 측정함으로써 내적 타당성의 저해 요인을 해결할 수 있다. 회귀 요인은 극단값을 갖는 집단을 배제하거나 회피함으로써 내적 타당성 문제를 해결할 수 있다.

3) 검사 요인 및 도구 요인

(1) 검사 요인 또는 도구 요인으로 인한 저해 요인

검사(testing) 요인은 정책이나 프로그램의 효과를 측정하는 경우 프로그램 대상자로 참여한 사람들이 점차 그 프로그램에 익숙해짐으로써 실제 효과보다 더 나은 결과를 가져오게 만드는 문제점을 말한다. 예컨대, 어느 프로그램에 대한 효과를 측정하는 경우에 사전에 측정했던 질문과 사후에 측정한 문제가 유사해서 그 문제를 해결했다 하더라도 그것이 바로 교육 효과라고 보기는 어렵다는 개념이다.

도구(instrumentation) 요인은 실험 대상자를 측정하는 경우 측정 수단이 달라지는 경우에 나타나는 문제점을 말한다. 예를 들어 교육 효과를 측정하는 경우 참여자의 일부는 주관식으로 측정하고 다른 일부는 객관식으로 측정하는 경우를 말한다.

(2) 해결 방안

검사 요인에서 나타나는 문제를 해결하기 위한 연구설계로는 솔로몬 4집단 연구설계가 가장 좋은 방법이다(제7장에서 자세하게 논의됨). 도구 요인의 문제점을 해결하기 위한 방법으로는 한 실험 대상에 동일한 측정 도구를 사용해야 하며, 측정 도구는 표준화하는 것이 바람직하다.

3 구성(개념) 타당성의 저해 요인과 해결 방안

구성 타당성은 연구설계에 사용된 이론 구성의 의도와 측정하려는 측정수단이 잘 연계되어 있는지를 나타내는 개념이다. 구성 타당성은 연구자에 따라 개념 타당성 또는 구성개념 타당성으로 불리기도 한다. 구성 타당성을 실험자 효과, 실험집단의 반응, 통제집단의 반응 등 세 가지 측면에서 살펴보기로 한다.

1) 실험자 효과

(1) 실험자 효과로 인한 저해 요인

실험자 효과(researcher's effects)는 실험자 자신의 특성과 관련된다.

첫째, 실험은 실험자의 사회생물학적 특성과 연관된 것이다. 예를 들어 실험자와 피실험 대상자가 같은 인종으로부터 느끼는 호감 정도가 크거나, 또는 여성에 대한 연구에서 남성 실험자에게 더 호감을 갖는 정도가 클 때 결과가 달라질 수 있다.

둘째, 실험이 실험자의 심리적 상태에 따라 결과에 영향을 미치는 경우를 말한다. 예를 들어 실험자가 욕구가 강한 특성을 가졌다면 그 반대의 성품을 가진 실험자보다 응답자로부터 더 긍정적인 답변을 많이 얻을 가능성이 있다. 이러한 현상을 피그말리온 효과(Pygmalion effects)라고도 한다. 피그말리온 효과는 교사가 어떤 학생을 우수할 것이라는 기대로 가르치면 그 기대를 받은 학생은 다른 학생보다 더 우수하게 될 확률이 높다는 이론으로, 무슨 일이든 기대한 만큼 이루어진다는 것을 말한다.

(2) 해결 방안

실험 과정을 표준화하거나 연구 가설을 실험자에게 알려 주지 않음으로써 연구자의 주관적 특성이 개입되지 않도록 한다.

2) 실험집단의 부적절한 반응

(1) 실험집단의 부적절한 반응으로 인한 저해 요인

실험집단의 행동으로부터 야기되는 문제는 실험집단이 실험적 자극에 대해 부적절한 반응을 나타내는 때 발생하게 된다. 실험집단 구성원이 실험에 대해 평소와는 다른 부적절한 반응을 보이는 두 가지 형태로 나타난다.

첫째, 실험 대상자들이 과거의 경험, 연구자의 행위, 연구 절차 등으로부터 연구 가설을 알게 된다면 적절한 자료를 얻는 데 장애가 될 수 있다. 만일 실험 대상자들이 연구 가설을 알고 있는 경우에 그들의 반응은 좋은 피험자로서의 역할을 하려고 애쓰거나, 반대로 연구 가설과 의도적으로 반대되는 반응을 보일 경우가 있다.

둘째, 실험 대상자들이 실험에 대해 민감하게 반응하는 경우가 있다. 연구 대상자들이 어떤 실험 문제에 대해 평상시보다 더 주의깊게 반응하는 경우이다. 예를 들어 평상시와는 다르게 더욱 열심히 일해서 더 좋은 성과를 나타낸 경우를 호손 효과(Hawthorn effects)라고 한다. 호손 효과는 메이요(Elton Mayor) 연구팀이 미국 서부전기회사(Western Electric Company)에서 실행한 조명도 밝기가 생산성에 미치는 영향을 조사하는 과정에서 나타난 현상이다. 이 호손 실험에서 조명도의 밝기와 상관없이 근로자들의 생산성은 증가되었는데, 그 원인은 바로 실험 대상자 자신들이 많은 사람들에게 주목받고 있다는 점 등이 실험 결과에 민감하게 반응한 결과이다.

(2) 해결 방안

실험에서 실험집단의 부적절한 반응을 통제(억제)하기 위해서는 가짜약 통제집단을 사용하는 경우와 눈가림 배정 등이 효과적이다. 가짜약 통제집단의 사용은 통제집단을 만들어 실험을 한 것처럼 위장하되 실제로는 실험효과가 없이 결과를 보는 경우를 말한다. 눈가림 배정은 자신이 실험집단에 속하는지 통제집단에 속하는지 모르게 집단을 구성하는 경우이다.

3) 통제집단의 부적절한 반응

(1) 통제집단의 부적절한 반응으로 인한 저해 요인

실험연구에서 통제집단은 두 가지 면에서 실제 상황과 다른 반응을 나타낼 수가 있다.

첫째, 통제집단은 실험집단에 비해 주목을 받지 못하기 때문에 실제와 다르게 행동하거나 과장되게 표현함으로써 자신들에게 주어지지 않는 자극을 보상받으려고 하는 심리 상태를 나타낼 때가 있다. 예를 들어 어떤 교육 프로그램에 대한 학습 효과를 실험집단과 통제집단에 대해 측정하려는 경우 실험집단에 비해 통제집단이 더 열성적으로 실험에 임하는 경우에 나타날 수 있다.

둘째, 통제집단의 보상을 위한 경쟁에서와는 달리 통제집단의 구성원들이 스스로 박탈감을 느껴 사실적 실험 효과를 저해하는 경우를 말한다. 예를 들어 학습 효과를 측정하려는 경우 통제집단의 사기가 저하된 경우에 평소와 다른 행동을 나타낼 수가 있다.

(2) 해결 방안

통제집단의 부적절한 반응을 통제(제거)하기 위해서 앞에서 지적한 가짜약 처리 혹은 연구 대상의 눈가림 배정이 효과적이다.

4 외적 타당성의 위협 요인과 해결 방안

외적 타당성이란 연구실험 결과로 나타난 인과 관계에 대한 일반화 가능성을 의미한다. 다시 말하면, 외적 타당성은 연구설계에 의한 연구 결과를 다른 연구 대상, 다른 시기 및 다른 조건에서도 일반화할 수 있는지를 의미하는 것이다. 연구설계에서 특별한 주의와 특별한 노력을 하지 않으면 연구 결과는 대표성이 없고, 따라서 일반화를 할 수가 없다. 캠벨과 스탠리(Campbell & Stanley, 1963)는 내적 타당성은 연구설계의 필수 조건이고, 내적 타당성과 외적 타당성이 종종 상치되지만 이상적인 설계는 이 양자에 모두 강해야 한다고 한다.

1) 실험 상황의 반응 효과

(1) 실험 상황의 반응 효과로 인한 저해 요인

실험 상황의 반응 효과(reactive effects of experimental arrangement)는 인위적인 실험 상황이 자연적인 상황을 실현하는 것이 어렵기 때문에 나타난다. 예를 들어 실험에서 보여 주는 교육 프로그램과 실제로 실행하는 프로그램과 다르지 않은지에 대한 논란이 있을 수 있다. 또한 연구설계에서 사전검사(pretest)를 받기 때문에 사전검사에 의해 결과에 조금이라도 영향을 주었다면 실제 상황에서는 사전검사와 같은 상황이 나타나지 않는다.

(2) 해결 방안

실험 상황의 반응 효과를 통제하는 방법은 상이한 유형의 상황에서 반복적으로 실험연구를 행함으로써 문제를 해결한다.

2) 실험 시기의 변화 효과

(1) 실험 시기의 변화 효과에 따른 저해 요인

특정한 시기에 측정된 정책이나 시업 또는 프로그램의 인과 관계가 다른 시기에 측정해도 같은 결과가 나오는지에 문제이다. 예를 들어 직업훈련 교육에 대한 평가에서 경제 상황이 좋을 때의 취업률과 좋지 않을 때의 취업률이 달랐을 때 이것이 교육 효과의 차이라고 말하기 어렵다는 것이다.

(2) 해결 방안

시기를 달리해 반복적으로 실험해 결과를 비교하는 방법이 효과적이다.

3) 실험 대상자의 변화 효과

(1) 실험 대상자의 변화 효과에 따른 저해 요인

실험 대상자 선정에서 잘못된 편견이나 판단에 따라 실험 대상자를 선정했을 경우 선정된 표본집단이 실제 상황에서의 모집단과 과는 다를 수 있다는 논리이다. 예를 들어 암에 대한 일반인의 인식을 알아보기 위한 실험에서 평소에 암에 대한 관심이 많은 집단을 선정하게 되든가 또는 반대로 상대적으로 관심이 적은 집단에서 표본이 선정되는 경우에 실험의 오차(분산)가 실제 상황보다 더 증가할 것이다.

(2) 해결 방안

표본추출을 달리해 반복적으로 측정하는 것이 효과적이다.

제 7 장 연구설계

제 1 절 연구설계의 목적과 원리 그리고 기준

연구설계는 연구 문제에 대한 해답을 얻기 위해 내적 · 외적 타당성을 저해하는 요인들의 통제(분산통제)를 위해 착상된 연구의 계획이며 구조이고 전략이다. 계획이란 연구의 전반적인 설계(scheme) 또는 프로그램이며, 가설과 그것의 조작적 정의를 작성하는 것에서부터 최종적인 자료의 분석에 이르기까지 연구자가 무엇을 할 것인가에 대해 일목요연하게 정리하는 것이다. 연구의 구조란 좀더 구체적인 것으로 변수 조작에 관한 패러다임(paradigm)으로서의 개관이며 개요이다.[1)]

1 연구설계의 목적과 원리

1) 목 적

연구설계는 연구 문제에 대해 해답을 제공하는 동시에 분산을 통제하는

---

1) 패러다임이란 원형, 모형 또는 범례인데, '모형'이란 용어는 패러다임의 동의어이지만 '패러다임'은 '모형'의 가치함축성을 기피한다. 다이어그램, 그래프 및 언어적 개관도 패러다임이다. 여기에서는 특히 연구설계와 관련해서 구조와 지도모형이란 의미로 사용한다.

두 가지 기본적 목적을 갖고 있다.[2] 연구설계는 연구자가 연구 문제에 대한 해답을 가능한 한 타당성 있고 객관적으로 정확하게 또한 경제적으로 얻을 수 있도록 고안된 것이다. 어떤 연구계획이란 연구 문제에 관계 있는 경험적 증거를 가져오기 위해 의도적·구체적으로 고안되고 집행되며, 연구 문제는 가설의 형태로 서술될 수 있다. 연구 문제는 연구의 어떤 점에서 경험적으로 검증될 수 있도록 서술되고, 검증의 가능성은 넓은 범위에 걸쳐 있으며, 적어도 이론적으로는 가능성이 있는 만큼 많은 연구설계가 존재한다. 여기서 설계는 가설로 요약되어 연구 문제에 믿음직하고 타당성 있는 해답을 내도록 주의깊게 고안된다.

우리는 하나의 현상에 대해 관찰하고, 이러한 관찰을 기초로 해서 가설화된 관계가 존재한다고 추론할 수 있지만 그렇게 해서 만들어진 추론을 받아들이지 않을 수 있음도 분명하다. 다른 한편 수백 개의 관찰을 하고 그 많은 관찰을 기초로 해서 가설화된 관계가 존재한다고 추론하는 것도 가능하다. 이 경우에 그 추론을 타당한 것으로 받아들일 수도, 받아들이지 않을 수도 있다. 그 결과는 추론이 어떻게 이루어졌는가에 따라 달라진다. 적절히 계획되고 집행된 설계는 관찰과 추론을 수용하는 데 크게 도움을 준다.

2) 연구설계의 원리

연구설계의 주요 기술적 기능은 분산(제3의 변수의 영향)을 통제하는 것이다. 분산을 통제한다는 것은 실험적 분산을 극대화하고 외생적·체계적 분산을 통제하며 오차분산을 극소화하는 것이다. 이 원리에 따르면 능률적인 연구설계를 구성함으로써 연구자는 ⅰ) 그의 실질적인 연구 가설 변수(들)의 분산을 극대화하고, ⅱ) 그의 실험 결과에 영향을 미칠 수도 있는 외생적 변수 또는 원하지 않는 변수들의 분산을 통제하며, ⅲ) 이른바 측정오차를 포함해 오차분산을 극소화하려고 한다.

---

2) 분산의 통제란 연구설계에서 의도된 변수 이외의 모든 변수의 영향을 통제(제거)하는 것이며, 내적·외적 타당성을 저해하는 요인들을 통제하는 것이다.

(1) 독립변수와 종속변수 간 변화(실험분산)의 극대화

실험자에게 가장 명백하면서도 반드시 가장 중요한 것은 아닌 관심사는 실험분산을 극대화하는 것이다. 일반적으로 연구설계는 연구자가 검증하려고 하는 실질적 가설에서 독립변수의 영향을 받아 나타난 종속변수의 변화(분산)를 설명하고자 도입되었다.

독립변수의 영향에 의해 종속변수가 실질적으로 크게 변화하지 않으면 우연에 기인하는 만큼 종속변수에 나타난 총분산에서 독립변수의 효과를 분리하기가 어려워진다. 따라서 총분산으로부터 어느 것이 그 많은 원인이 우연에 기인하는 분산인가를 구별해 낼 필요가 있다. 최대 최소 동시성(maxi-mincon) 원리의 이 하위 원리를 연구할 때 기억하면 교훈을 얻을 수 있다.[3]

(2) 외생변수의 통제

외생변수(extraneous variables)의 통제란 연구 목적과 다르게 작용하는 외생변수의 영향을 극소화하고 제거하는 것을 의미한다. 환언하면 이러한 변수의 분산은 실제로 0이거나 거의 0으로 감소되어야 하고, 다른 독립변수의 분산으로부터 분리되어야 한다. 여기서 말하는 외생변수의 통제는 내적 타당성을 저해하는 요인을 통제하는 것을 의미한다. 외생변수를 통제하는 데는 다음 네 가지 방법이 있다.

① 해당 변수의 제거

가능하기만 하면 가장 쉬운 것으로 '그 변수를 변수로써 제거하는 것'이다. 예를 들어, 성취에 관한 연구에서 지능을 가능한 기여변수로 고려한다면 한 가지 지능 수준의 조사 대상, 즉 IQ 90~110 범위를 가진 대상만을 사용함으로써 종속변수에 관한 그것의 효과를 실질적으로 제거할 수 있다.

② 무작위 할당

이론적으로도 무작위 할당이 모든 가능한 외생변수를 통제하는 가장 좋

---

3) 이 하위 원리에는 예외가 있을 수 있다. 그러나 그런 경우는 드물다. 연구자는 말하자면 어떤 문제를 학습할 때 동기 부여적 유인을 조금씩 이행하는 데 따른 교과를 연구하고 싶어할 수도 있다. 이 때 연구자는 그의 실험 조건을 가능한 한 다르게 하지 않으려고 할 것이다. 그는 그것들을 조금 다르게 하려 하고, 종속변수에서 구별할 만한 결과적인 분산을 찾기가 어려울 것이다.

은 방법이다. 즉, 무작위 할당이 철저히 이루어지면 모든 가능한 방법에서 실험집단은 통계적으로 동질적인 것으로 생각될 수 있다는 것이다.

③ 독립변수로 취급

이 방법은 외생변수를 독립변수로서 설계 속에 삽입해 고려하는 것이다. 예를 들면, 앞에서 논의한 실험에서 성(性)은 통제되어야 하고, 만일 그렇게 되지 않았을 경우 그것을 제거하는 것이 불편하거나 현명하지 못하다고 한다면, 성을 다른 독립변수로서 설계 속에 추가하는 것이다.

④ 짝짓기

짝짓기(matching) 방법은 연구 대상인 실험집단과 통제집단을 무작위 배정시키지 못하는 경우에 짝짓기하는 것이다. 짝짓기에 흐르고 있는 통제원리는 분산의 통제와 같은 것이다. 즉, 짝짓기는 외생변수를 설계 속에 도입함으로써 그것의 분산을 통제하는 원리와 유사하다. 그 기본 원리로는 가설에 관련이 있는 변수들을 중심으로 유사한 성격끼리 둘씩 짝을 지은 다음에, 하나의 집단을 실험집단에 또 다른 하나의 집단을 통제집단에 배정하는 것을 말한다. 보통 짝짓기가 실행되는 경우는 여러 가지 이유로 무작위 할당이 곤란할 때 사용되는 방법이다. 짝짓기의 경우에는 이미 알고 있는 제3의 요인을 통제해 실험집단과 통제집단을 동등화시킬 수 있게 된다.

(3) 오차분산의 극소화

오차분산은 그 기초적 특징으로서 자기 보상적이라는 점과 무작위적 변동에 기인하는 측정치의 변동성(variability)이라고 말할 수 있다. 즉, 무작위 오차는 서로 균형을 이루어 그들의 평균은 0이 된다. 그러나 체계적 분산은 본질적으로 예측 가능하며 오차분산은 예측이 불가능하다.

2 연구설계의 기준

앞에서 검토한 연구설계의 원리는 연구자에게 어떤 방법으로 자료를 수집·분석해야 하는지 등 일련의 방법을 말해 주고 있는데 반해, 연구설계의 기준은 부적절한 연구설계를 피하고 사회 현상의 인과 관계의 명백한 증거가 도출되고 입증될 수 있도록 기준을 정하는 연구설계의 지침을 의미한다. 여기서는 설계 기준을 다른 방법으로 표현하는 캠벨의 분류 개념인 내적 타당성과 외적 타당성을 관련시켜 논의한다.

1) 연구 문제의 해결 가능성

연구설계의 주된 기준이나 요구는 '그 연구설계가 연구 문제에 대답하고 있는가?' 또는 '그 연구설계가 가설을 적절히 검증하고 있는가?' 하는 질문으로 표현될 수 있다. 따라서 연구설계의 가장 중요한 점은 연구 문제로부터 도출된 가설을 입증할 수 있어야 한다는 점이다. 그러나 연구설계의 가장 심각한 약점은 그 설계들이 연구 문제에 적절히 대답할 수 없다는 것이다. 즉, 연구설계 간의 불일치, 혹은 연구 문제와 가설 간의 불일치에서 공통적으로 나타나고 있는 예는 연구설계에 적절하지 않게 실험집단·통제집단 유형의 설계를 사용하는 것이다.

2) 외생변수의 통제

두 번째 기준은 외생변수의 통제인데, 이것은 연구중인 독립변수와 외생변수를 분리하는 것을 의미한다. 외생변수의 통제는 앞에서 지적한 내적 타당성을 저해하는 요인을 제거하는 일이다. 외생변수란 종속변수에 영향을 미칠 수는 있지만 연구의 일부분은 아닌 변수를 말한다.

3) 일반화 가능성

세 번째 기준인 일반화 가능성(generalizability)은 그것이 다른 종류의 것이기 때문에 다른 기준과는 독립적인 위치에 있다. 이 기준을 위반하는 것은 앞에서 논의한 외적 타당성의 저해 요인으로 나타나고 있다. 이것은 아주 중요한 것인데 '이 연구의 결과를 다른 연구 대상, 다른 집단 및 다른 조건에 일반화할 수 있는가?' 하는 것을 의미한다. 이것은 '연구 결과를 어느 정도나 일반화할 수 있는가?' 또는 '누구에게 또 무엇에게 연구 결과를 일반화할 수 있는가?'라는 질문에 대한 답변이다.

4) 내적 · 외적 타당성

연구설계에 관한 두 가지 일반적 기준에 대해서는 캠벨(Campbell, 1957)과 스탠리(Stanley, 1963)에 의해 자세히 설명되었다. 이 개념들은 앞에서 충분하게 논의된 개념들로서 내적·외적으로 타당성을 저해하는 요인들을 통제하는 것이 중요한 연구설계 기준의 하나이다.

내적 타당성이란 '실험 조작이 진실로 유의한 차이를 일으키는가?'라는 질문에 해당한다. 앞에서의 세 가지 기준은 실제로 내적 타당성의 측면에 관한 것이다. 설계의 통제(집단)에 영향을 미치는 것은 내적 타당도의 문제가 된다. 만일 설계가 실험집단 간의 유의한 차이에서 알 수 있듯이 그 관계에 거의 신뢰를 갖지 못하는 것이라면 이것은 내적 타당성의 문제이다. 지금부터는 내적 타당성이라는 용어가 사용될 때 앞에서 논의한 통제 기준을 표시하는 일반적인 방법으로 생각하면 된다. 외적 타당성이란 충족되기 어려운 기준으로서 대표성 또는 일반화 가능성을 의미한다.

제 2 절 연구설계

과학자는 그의 과학적 목적을 표현하며, 실행할 수 있고 형성력 있는 형태를 필요로 한다. 따라서 내용이 없는[4] 연구설계는 공허한 것이다. 그러나 형태가 없는 연구설계, 즉 연구 목적을 적절히 표현하고 창조하는 구조가 없이는 그 가치는 거의 달성되지 않는다. 많은 행태 연구가 실패로 끝난 것은 훈련된 상상력 있는 형태를 구성하는 데 실패했기 때문이라고 말하는 것도 과장은 아니다. 연구설계의 가장 기본적인 형태로서의 진실험설계는 우선 실험에 투입되는 집단을 무작위로 배정하고 독립변수와 종속변수 간의 인과 관계를 입증하도록 설계된 연구 장치이다.

앞에서 인과 관계가 성립되기 위한 조건으로 ⅰ) 인과 관계 발생의 시간

4) '내용이 없다'는 것은 훌륭한 이론이나 가설, 문제 등이 없다는 의미이다.

적 선후 관계가 분명히 존재하고, ii) 인과 관계가 공동으로 변화하는 관계이어야 하며, iii) 비허위적 관계 변수가 존재하지 말어야 할 것 등을 지적했다. 이러한 세 가지 조건을 어느 정도 단족하는가에 따라 진실험설계, 준실험설계, 비실험설계로 나뉜다. 진실험설계는 세 가지 조건을 모두 만족하는 경우이고, 준실험설계는 진실험설계에서 무작위 할당이 어려운 경우이고, 비실험설계는 인과적 추론의 세 가지 모두 갖추지 못한 연구설계를 의미한다. 연구설계의 논의에 앞서 진실험설계에서 사용하게 될 기호에 대한 설명을 하고, 동시에 실험연구와 사후 연구의 중요한 차이점을 알아본다.

1 실험의 사전 · 사후 검사와 기호

1) 실험의 사전과 사후 검사

실험이란 연구자가 하나 이상의 독립변수를 조작 · 통제하고 독립변수의 조작과 동시에 일어나는 종속변수를 관찰하는 과학적 연구를 의미한다. 따라서 실험설계(experimental design)란 연구자가 적어도 하나의 독립변수를 조작하게 되는데, 그 조작을 중심으로 사전과 사후의 집단상황을 주시하는 것이다. 진실험설계에서 연구자는 조사 대상을 실험집단(EG: experimental group)에 할당할 권한을 갖고 있다. 진실험이 이상적으로 실행되려면 연구자가 가능하면 무작위적으로 조사 대상을 '선정할' 권한을 가져야 한다. 만일 실험자가 조사 대상을 실험집단에 할당할 권한도 없고 집단들에 실험 처리를 할당할 권한도 없다면 그의 연구는 실험은 될 수 있어도 '진(true)'실험은 되지 않는다. 따라서 진실험설계에서 가장 중요한 조건 중의 하나는 연구자가 실험집단에 대해 무작위로 배정할 수 있어야 한다.

2) 기호와 정의

진실험설계에서 연구설계를 논의하기 위해 구체적인 기호들에 대한 설명이 필요하다. 실험집단은 실험에 참여한 집단으로서 실험 처리(X)가 이루어지는 집단을 의미한다. 통제집단(CG: control group)은 실험에 참여하지만 실험 처리(X)가 이루어지지 않는 집단을 의미한다. 무작위 배정(R: randomization)은 실험에 참여한 실험집단과 통제집단이 무작위적으로 배정되었음을 의미한다. 실험 처리(X: treatment)는 실험적으로 조작된 독립변수(들)을 의미한다. 보통은 X하나만을 사용하지만 하나 이상의 독립변수를 사용할 때는 X_1, X_2, X_3 등을 쓰며, 이것들은 독립변수 1, 2, 3을 의미한다.[5] 실험 전 종속변수(Y_B: Y before treatment)는 실험 처리(X)를 조작하기 '이전의' 종속변수를 말하며, 실험 후 종속변수(Y_A: Y after treatment)는 실험 처리(X)를 한 '이후의' 종속변수를 의미한다. 효과(E: effect)는 실험 결과로 나타난 실험 처리의 효과를 표현한다.

기 호	의 미
실험집단(EG: experimental group)	실험 처리(X)가 이루어지는 집단
통제집단(CG: control group)	실험 처리(X)가 이루어지지 않는 집단
무작위 배정(R: randomization)	대상 집단에 무작위적으로 배정
실험 처리(X: treatment)	실험적으로 조작된 독립변수(하나 이상의 변수의 경우 X_1, X_2, X_3로 표시)
실험 전 종속변수(Y_B: Y before treatment)	X의 조작을 하기 '이전의' 종속변수
실험 후 종속변수(Y_A: Y after treatment)	X의 조작을 한 '이후의' 종속변수
실험 효과(E: effect)	실험 후에 나타난 결과

2 진실험 연구설계

앞에서 논의된 결함 있는 연구설계와는 달리 진실험 연구에서 논의할 설계들은 무작위 배정에 의해서 실험 대상을 동질화하고 이를 바탕으로 실험집단과 통제집단으로 나누어 양자를 관찰하게 된다.

5) 독립변수의 분할을 의미하는 데에 X_1, X_2, X_3 등을 사용하기도 하지만 그 차이는 곧 명백해질 것이다.

1) 설계 1: 실험 · 통제집단 사후조사

실험집단(EG)	무작위 배정(R)	X	Y_{EA}: ①
통제집단(CG)	무작위 배정(R)		Y_{CA}: ②
실험 효과(E)	① - ②		

(1) 의의

설계 1(실험 · 통제집단 사후조사)은 무작위 배정에 의해 실험 대상을 동질화하는 것과 실험 대상을 실험집단과 통제집단으로 양분화해서 실험 처리의 효과를 명확하게 나타내도록 하는 특징을 가지고 있다. 이러한 연구설계는 현실적으로 용이하게 결과를 얻을 수 있기 때문에 많이 이용되는 연구설계 방법이다. 그러나 설계 1은 실험집단과 통제집단에 대해 실험의 사후 측정만 하고 사전 측정을 하지 않고 있기 때문에 한계를 갖고 있다. 이 연구설계는 실험 처리 이후에 관측된 두 종속변수를 비교함으로써 ($Y_{EA} - Y_{CA}$) 실험 효과를 알아낼 수 있다.

(2) 특징

만일 이것이 두 개 이상의 집단에 확장되고 제기된 연구 문제에 대답할 수 있으면 이 설계는 다음과 같은 이점이 있다. ⅰ) 이것은 특별한 경우에 한두 가지의 예외는 있지만 어떤 설계의 가장 좋은 확고한 이론적 통제 체계를 갖는다. ⅱ) 이론적으로는 닮은 변수가 있는 많은 집단에 확장할 수 있으므로 유연성이 있다. ⅲ) 하나 이상의 변수에 확장되면 한 번에 여러 개의 가설을 검증할 수 있다. ⅳ) 그것은 또한 통계적으로 그리고 연구적으로 정교하다. 앞의 네 가지 이점은 다음의 두 가지 이유 때문에 아주 효과적이다.

첫째, 통제집단과 실험집단의 구분은 과학이 요구하는 비교 가능성을 제공한다. 비교란 모든 과학적 연구에서 본질적인 것이다. 동질적인 실험집단과 통제집단을 사용하는 고전적 실험집단 · 통제집단설계는 아주 능률적인 방식으로 비교할 수 있게 해 준다.

둘째, 그것의 장점에 대한 두 번째 이유는 무작위 배정이다. 실험집단 ·

통제집단 아이디어를 타당성 있게 하려면 그가 사용하는 집단이 종속변수(들)과 관련된 '어떤' 변수에 관해 근사적으로 (통계적으로) 동등하다는 어떤 확신을 실험자가 할 수 있어야 한다. 짝짓기에 의해서는 이것을 할 수 없으며 직관적이거나 경험에 의한 판단으로도 할 수 없는 것이다.

(3) **효과**

이 설계는 무작위로 실험 대상이 배정됨으로써 실험집단과 통제집단이 동질화되는 장점이 있다. 실험 변수의 처리 전에 실험집단과 통제집단이 동일하다는 동질화의 요인 때문에 성숙 요인, 역사 요인, 회귀 요인 등으로 불리는 내적 타당성의 저해 요인을 통제하게 된다. 그러나 실험변수의 처리 전에 실험집단과 통제집단에 대해 측정하지 못하는 약점을 가지고 있다. 이러한 약점 때문에 선발 요인, 상실 요인, 검사 요인 등의 내적 타당성 저해 요인을 통제하기 어렵다.

2) 설계 2: 실험 · 통제집단 사전 사후 측정 설계(고전적 연구설계)

실험집단(EG)	무작위 배정(R)	Y_{EB}: ①	X	Y_{EA}: ②
통제집단(CG)	무작위 배정(R)	Y_{CB}: ③		Y_{CA}: ④
실험 효과(E)	(② - ①) - (④ - ③)			

(1) **의의**

설계 2(실험 · 통제집단 사전 사후 측정 설계)에서는 연구 대상이 실험집단과 통제집단에 무작위로 할당되고 종속변수 Y의 측정치는 사전과 사후에 측정된다. 연구 대상인 두 집단 구성원이 무작위 배정됨에 따라 두 집단은 동질적인 것으로 간주된다. 실험 조작 X가 수행한 후 그 집단들은 다시 Y에 관해 측정된다. 실험 조작 X가 수행되기 전후로 두 집단들에 대해 Y에 관해 측정된다. 실험 조작 X가 수행되기 전 실험집단(Y_{EB})과 통제집단(Y_{EA})에 대해 측정하고 실험조작 X가 수행된 후에 실험집단(Y_{CB})과 통제집단(Y_{CA})에 대해 측정된다. 두 집단 간의 차이는 주로 t검증을 이용해 통계적으로 검증된다. 이 연구설계의 효과는 실험집단과 통제집단의 실험 처리 사후 측정값의 차이($Y_{EA}-Y_{CA}$)와 실험집단과 통제집단의 실험 처리 사전 측정값의 차이($Y_{EB} - Y_{CB}$)의 비교($Y_{EA} - Y_{CA}$)-($Y_{EB} - Y_{CB}$)로 결정된다. 이 설계에서 홍미 있으면서도 어려운 특징은 분석되는 점수, 즉 차이 또는 변화 점수의 성격에 있다. 실험 조작의 효과가 강하지 않으면 차이 점수의 분석은 권장할 만하지 못하다. 그러나 분석을 하면 t검증이나 F검증을 사용하게 된다. 이것과 다른 어려움 때문에 이 한 가지 설계에 대해서만 모든 장을 할애해야 할 정도이며 상세한 논의에 관심이 있는 독자들은 캠벨과 스탠리(Campbell & Stanley, 1963 13-24)의 책을 참조하는 것이 좋을 것이다. 여기에서는 설계의 주요한 강점과 약점만을 논의하고, 끝에 가서 분석상의 어려움에 대해서도 간단히 살펴보기로 한다.

(2) **특징**

가장 중요한 것은 비교통제집단을 갖고 있기 때문에 설계 1의 약점을 크게 극복할 수 있다. 하나의 집단만으로는 사건 요인, 성숙 요인(또는 두 가지 모두), 또는 실험 조작 X가 Y의 변화를 일으킨 것인지 어떤지를 결코 알지 못한다. 통제집단이 추가되면 상황은 크게 변화된다. 결국 그 집단들이 무작위 배정을 통해 동질화되면 사건 요인이나 성숙 요인의 효과는 만일 그것이 있다면 양쪽 집단에 모두 있어야 한다. 예를 들면 실험집단에 속해 있는 아동의 정신 연령이 증가하면 통제집단에 속해 있는 아동의 정신 연령도 증가해야 한다. 이것이 바로 잘 계획되고 잘 집행된 실험·통제집단 사전·사후 설계의 주된 강점이다.

그러나 이 설계가 가지고 있는 사전·사후 설계는 내적 타당성에 영향을 미치지 않지만 실험의 외적 타당성을 감소시키는 측면이 있다. 이러한 어려움은 사전검사 때문이다. 사전검사는 연구 대상에 관해 감광 효과(sensitizing effect)가 있을 수 있다. 예를 들면, 연구 대상들은 보통 때는 그들이 인식하지 못하는 그들의 환경에서 어떤 사건으로 변화될 수 있다. 만일 사전검사가 태도 척도이면 이것은 척도에서 언급된 문제에 대해 연구 대상자를 감광시킬 수 있다. 그 후 처리 X를 실험집단에 적용하면 이 집단의 연구 대상자들은 시도된 영향력, 커뮤니케이션, 태도를 변화시키기 위해 사용된 방법이 무엇이든 문제와 실험 조작에 민감도가 증가한 만큼 반응할 수도 있다. 이러한 상호 작용 효과는 즉각 명백한 것이 아니므로, 또한 그것들은 실험의 외적 타당성에 위협이 되므로 이것들에 대해 좀더 검토해 볼 가치가 있다.

(3) 효과

이 설계는 설계 1처럼 무작위로 실험 대상이 배정됨으로써 실험집단과 통제집단이 동질화되는 장점이 있다. 이러한 동질화의 요인 때문에 성숙 요인, 역사 요인, 회귀 요인 등으로 불리는 내적 타당성의 저해 요인을 통제하게 된다. 그뿐만 아니라 실험 2(실험·통제집단 사전·사후 측정설계)는 설계 1과는 달리 실험 변수의 처리 전에 실험집단과 통제집단에 대해 측정해서 실험변수의 처리 후에 양 집단에 대해 측정·비교함으로써 선발 요인과 상실 요인와 같은 내적 타당성의 저해 요인을 통제할 수 있다. 그러나 이 설계는 검사 요인이나 도구 요인을 통제하지 못하는 단점이 있다.

3) 설계 3: 솔로몬의 네 집단 전후 설계(Solomon four-group design)

실험집단1($EG1$)	무작위 배정(R)	Y_{1EB}: ①	X	Y_{1EA}: ②
통제집단1($CG1$)	무작위 배정(R)	Y_{1CB}: ③		Y_{1CA}: ④
실험집단2($EG2$)	무작위 배정(R)		X	Y_{2EA}: ⑤
통제집단2($CG2$)	무작위 배정(R)			Y_{2CA}: ⑥
실험 효과(E)	[(② - ①) - (④ - ③)] - [⑤ - $\frac{1}{2}$(② + ④)] - [⑥ - $\frac{1}{2}$(② + ④)]			

(1) 의의

솔로몬(Solomon, 1954 : 137-50)에[6] 의해 제안된 이 설계는 강력하고 심미적으로 만족스러우며 실효성 있는 통제가 가능하다. 이 설계는 앞에서 설명한 실험 1과 실험 2를 결합하고 있기 때문에 두 설계의 장점이 하나의 설계에 조합되어 있다. 따라서 이 연구설계는 앞에서 열거한 모든 내적 타

6) 이 설계는 짝짓기형을 갖지만 여기에서 그것은 논의되지도 않고 추천되지도 않는다. 위에서 사용된 기호도 솔로몬(R. Solomon)이 사용했던 것은 아니다.

당성의 저해 요인을 통제할 수 있다. 캠벨은 이 설계가 사회학자를 위한 새로운 이상이 되었다고 말하고 있다(Campbell, 1957: 297-312; Campbell & Stanley, 1963). 이 말은 좀 지나치기는 해도 이 설계가 갖는 아주 좋은 점을 지적하고 있다.

(2) 특징

이것이 왜 강한 설계인가에 대한 이유 가운데 첫째, 비교를 위한 요구는 처음 두 줄과 다음 두 줄에서 만족되고, 무작위 배정은 집단들의 통계적 동질성을 확보해 주며 사건 요인과 성숙 요인은 설계의 처음 두 줄에서 통제된다. 사전검사에서 연구 대상자가 감광되는 것에 기인하는 가능한 상호작용 효과는 처음 세 줄에 의해서 통제된다. 네 번째 줄을 추가함으로써 Y_{2CB}와 Y_{2CA} 간에 발생했던 가능한 잠정적·동시적 효과도 통제될 수 있다. 둘째, 실험 1과 실험 2가 조합되어 있기 때문에 각 검사를 분리해서 할 수 있고 두 실험집단이 있기 때문에 반복하는 힘도 있다.

솔로몬의 실험설계에도 약점은 있다. 그 약점의 원천(sources)에는 두 가지가 있는 것 같다. 첫째, 실용성 내지 실행 가능성의 문제인데, 하나의 실험집단보다 두 개의 실험집단을 동시에 운용한다는 것이 더 어렵고, 연구자는 같은 종류의 더 많은 연구 대상을 배치하는 데 어려움이 있다. 둘째, 여기서의 문제는 하나의 전반적인 통계적 접근 방법을 획득하는 데 어려움이 따른다는 것이다. 셋째, 이 설계와 다른 복잡한 설계들이 그 강도를 결정했지만 그 설계들이 일상적으로 사용될 수 있는지는 의심스러운 면이 있다.

(3) 효과

이 설계에서는 네 가지 각각의 실험 효과의 측정값을 탐색해 이들을 비교함으로써 전체적인 실험 효과를 측정할 수 있다.

① 제1 실험집단의 사전 사후 측정값과 제1 통제집단의 사전·사후 측정값과의 차이[(② - ①) - (④ - ③)]

제1 실험집단과 제1 통제집단이 사전·사후에 측정됨으로써 실질적으로 실험 효과를 측정할 수 있으며, 역사 요인, 성숙 요인, 회귀 요인, 선발 요인, 상실 요인 등을 통제할 수 있다.

② 제2 실험집단의 사전·사후 측정값과 제2 통제집단의 사전·사후 측정값과의 차이 $[⑤ - \frac{1}{2}(② + ①)] - [⑥ - \frac{1}{2}(② + ①)]$

여기서는 제2 실험집단과 제2 통제집단의 사전 사후 측정값을 비교함으로써 검사에 친숙함으로 발생할 수 있는 검사 요인 등과 측정과 처리의 상호 작용 효과를 나타내는 도구 요인 등 내적 타당성의 저해 요인에 관한 가장 강력한 통제 수단이 제공된다.

3 준실험 연구설계

준실험설계(quasi-experimental design)가 무엇인지에 대한 설명은 진실험설계와의 관계를 비교하면 그 개념이 더욱 명백해진다.[7] 앞서 논의되었듯이 진실험설계는 인과 관계를 추론하기 위해 세 가지 조건, 즉 시간적 선후 관계, 원인과 결과 간의 공동 변화, 그리고 원인과 결과 간에 허위 관계의 비존재가 존재해야 한다. 이러한 인과 관계 추론의 조건은 진실험설계에서와 마찬가지로 준실험설계에서도 동일하게 적용된다. 말하자면 준실험설계가 되기 위해서는 인과 관계를 위한 세 가지 조건을 만족해야만 한다. 진실험설계가 되기 위한 조건 중에는 이 밖에 무작위 배정이 있다. 즉, 실험 대상을 동질화하기 위해서 실험집단과 통제집단을 무작위로 배정해야 한다. 그러나 무작위 배정이 어느 경우에나 이루어지는 것은 아니며 경우에 따라서는 무작위 배정을 할 수 없거나 무작위 배정이 이루어진다 하더라도 실험 대상의 동질화에 심각한 의심이 있을 경우에 다른 방법을 사용하게 된다. 따라서 준실험설계는 인과 관계를 추론하지만 무작위 배정이 아닌 다른 방법을 통해 실험집단과 통제집단의 동질화를 통한 연구설계이다.

준실험설계에서도 진실험설계에서 사용되었던 기호들이 그대로 사용된다. 실험집단(EG)은 실험에 참여한 집단으로서 실험 처리(X)가 이루어지는 집단을 의미하며, 통제집단(CG)은 실험에 참여하지만 실험 처리(X)가

7) 여기에서는 편의상 진실험 연구설계를 진실험설계로, 준실험 연구설계를 준실험설계로, 그리고 비실험 연구설계를 비실험설계로 표현하기도 한다.

이루어지지 않는 집단을 의미한다. 다만 준실험설계에서는 두 집단 간에 무작위 배정을 할 수 없기 때문에 짝짓기 방법에 의해 할당된다. 실험 처리(X: treatment)는 실험적으로 조작된 독립변수(들)를 의미한다. 실험 전 종속변수(Y_B: Y before treatment)는 실험 처리(X)를 조작하기 '이전의' 종속변수를 말하며, 실험 후 종속변수(Y_A: Y after treatment)는 실험 처리(X)를 한 '이후의' 종속변수를 의미한다. 효과(E: effect)는 실험 결과로 나타난 실험 처리의 효과를 표현한다. 준실험 연구설계에서는 비동질적 통제집단설계, 회귀불연속설계, 단절적 시계열설계, 단절적 시계열 비교집단설계에 대해 논의한다.

기 호	의 미
실험집단(EG: experimental group)	실험 처리(X)가 이루어지는 집단
통제집단(CG: control group)	실험 처리(X)가 이루어지지 않는 집단
무작위 배정(R: randomization)	대상 집단에 무작위적으로 배정
짝짓기(M: matching)	짝짓기 방법에 의한 연구 대상의 배정
자격 기준(EC: eligibility criterion)	분명한 기준에 의한 연구 대상의 배정
실험 처리(X: treatment)	실험적으로 조작된 독립변수(하나 이상의 변수의 경우 X_1, X_2, X_3로 표시)
실험 전 종속변수(Y_B: Y before treatment)	X의 조작을 하기 '이전의' 종속변수
실험 후 종속변수(Y_A: Y after treatment)	X의 조작을 한 '이후의' 종속변수
실험 효과(E: effect)	실험 후에 나타난 결과

1) 비동질적 통제집단설계

실험집단(EG)	짝짓기(M)	Y_{EB}: ①	X	Y_{EA}: ②
통제집단(CG)	짝짓기(M)	Y_{CB}: ③		Y_{CA}: ④
실험 효과(E)	(② - ①) - (④ - ③)			

(1) 의의

비동질적 통제집단설계(non-equivalent control group design)가 무작위 배정에 의해 실험 대상이 동질화되는 것이 아니고, 짝짓기 방법에 의해서 실험 대상을 동일하게 유지하도록 노력한다는 사실만 제외하면 진실험설계의 고전적 실험설계와 유사하다. 무작위 배정 대신 짝짓기 방법을 통해 실험집단과 통제집단이 유사성을 갖도록 노력한다. 실험 대상의 배정이 끝나면 실험 처리(X)가 수행되기 전후로 두 집단들에 대해 Y에 관해 측정된다. 이 연구설계의 효과는 실험집단과 통제집단의 실험 처리 사후 측정값의 차이(② - ①)와 실험집단과 통제집단의 실험 처리 사후 측정값의 차이(④ - ③)의 비교[(② - ①) - (④ - ③)]로 실험 결과가 결정된다.

(2) 특징

교육연구에서 학교나 학급이 실제적으로 변수일 때, 즉 두 개 이상의 학교나 학급이 사용되고 실험 처리가 각 학교나 학급에서 이루어질 때 비동질적 통제집단설계는 설계 논리(design logic)의 기초가 된다. 예컨대 한 마을에서는 어린이의 심신을 단련하고자 약 1개월 동안에 걸쳐 축구교실을 열고 축구교실이 끝난 다음 축구교실에 대한 평가를 내리기로 했다고 한다. 그런데 그 마을에는 어린이의 수가 충분하지가 않아 약 40명 정도의 어린이가 실험에 참여하겠다고 모였는데 신체적 또는 연령적으로 많은 차이가 있었다. 따라서 무작위 배정은 실험집단과 통제집단을 동질화하기 어렵다는 판단 아래 짝짓기에 의해서 실험집단과 통제집단으로 구분했다. 그런 다음 실험집단은 축구교실에 참여하고 통제집단은 참여하지 않고 사전 사후 검사를 통해 프로그램을 평가했다. 따라서 짝짓기는 현실적으로 무작위 배정이 매우 어려운 경우, 혹은 무작위 배정보다 짝짓기가 오히려 두 집단의 동질화를 이룰 수 있을 때 사용되기도 한다.

(3) 효과

짝짓기 설계가 연구 상황의 고유한 요소인 때가 종종 있다. 같은 연구 대상이 두 개 이상의 실험 처리에 사용되든가 한 번 이상의 시험을 당하면 짝짓기는 그 상황에 고유한 것이다. 교육 연구에서 학교나 학급이 실제적으로 변수일 때, 즉 두 개 이상의 학교나 학급이 사용되고 실험 처리가 각 학교나 학급에서 이루어질 때 비동질적 통제집단설계는 설계 논리의 기초가 된다. 비록 무작위 배정과는 차이가 있지만 짝짓기에 의한 배정도 실험집단과 통제집단의 동질화를 이룰 수 있기 때문에 비동질적 집단의 연구설계에 유용하게 이용될 수 있다.

2) 회귀불연속설계

(1) 의의

회귀불연속설계(regression discontinuity design)는 실험집단과 통제집단에 실험 대상을 배정할 때 분명하게 알려진 자격 기준(eligibility criterion)을 적용하며, 두 집단에 대한 회귀(regression)를 비교하는 것이다. 회귀불연속설계를 설명하기 위해서 쿡과 캠벨(Cook & Campbell, 1979: 179)의 저서를 비롯해, 많은 교재들이 사용하고 있는 장학금 수혜와 학생들의 학업성취도와의 관계의 예를 들어 설명하도록 한다.

실험집단(EG)	자격 기준 (eligibility criterion)	Y_{EB}: ①	X	Y_{EA}: ②
통제집단(CG)		Y_{CB}: ③		Y_{CA}: ④
실험 효과(E)	(② - ①) - (④ - ③)			

회귀불연속설계는 비동질적 통제집단설계와 같은 논리로 접근이 가능하다. 즉, 실험집단과 통제집단으로 나누고, 실험집단과 통제집단의 실험 처리의 사후 측정값의 차(② - ①)와 실험집단과 통제집단의 실험 처리의 사전과 사후 측정값의 차(④ - ③)를 비교함으로써 효과를 측정할 수 있다. 다만 회귀불연속설계가 비동질적 통제집단설계와 다른 점은 비동질적 통제집단설계에서는 실험 대상을 분배하는 데 짝짓기 방법을 이용하는 대신 회귀불연속 설계에서는 분명하게 알려진 자격 기준을 적용한다.

예를 들어 장학금을 받은 학생과 받지 못한 학생 간에 학업성취도 면에서 얼마나 차이가 나는지에 대해 판단하고자 한다고 하자. 우선 실험집단과 통제집단으로 실험 대상을 구분해야 하는데, 만일 평점 3.5 이상의 학생이 장학금을 받는다고 가정하면 그 자격 기준이 평점 3.5점이다. 따라서 이 평점 3.5점이 장학금을 받을 수 있는지 혹은 받을 수 없는지를 구분하는 구분점(cutting point)이 된다. 이 기준에 따라 실험집단은 자격 기준에 의해 장학금을 받게 된 학생들이며 통제집단은 자격 기준에 의해 장학금을 받지 못하게 된 학생들이다. 실험 처리(X)는 자격 기준에 의해 선발된 실험집단 학생들에게 장학금을 지급하는 것이다. 한편 실험(장학금)의 효과는 학생들에게 장학금을 지급하기 전의 성적과 학교를 졸업한 후에 사회에서 이룬 성취도를 비교함으로써 효과를 측정할 수 있다.

[그림 7-1] 장학금의 효과를 나타낸 회귀불연속설계의 산점도

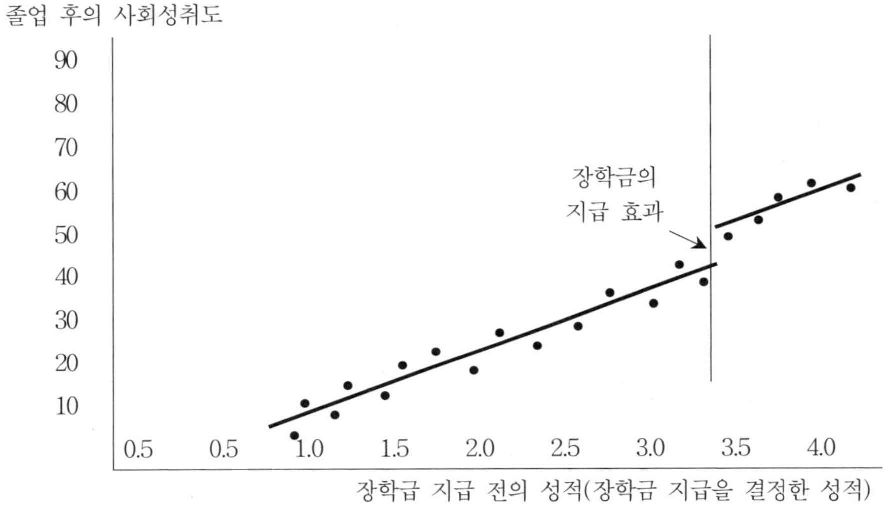

[그림 7-1]은 학생들이 대학교 재학 중에 장학금을 받을 수 있는지는 평점 3.5점인 구분점에 따라 결정된다. 즉, 평점 3.5 이상을 받으면 장학금을 지급받고 자동적으로 실험집단이 되고 반대로 3.5 미만이면 장학금을 받지 못하고 통제집단으로 배정된다. 따라서 장학금의 지급 효과는 평점 3.5 이상인 실험집단의 사전 사후의 차와 평점 3.5 미만의 통제집단의 사전 사후의 차를 비교함으로써 알 수 있으며, 그것은 [그림 7-1]에서 불연속으로 나뉜 두 회귀선의 차이와 같다.

(2) 효과의 추정

만일 다른 조건이 동일한 상황에서 장학금이 지급되지 않았더라면 회귀선은 불연속에 의한 두 개의 직선으로 나타나는 것이 아니고 연속적인 하나의 직선으로 나타날 것으로 추정된다. 따라서 이 연구설계를 이용해 추정할 수 있는 정책 효과는 불연속의 실험집단의 회귀선과 실험집단의 회귀선 사이의 차이에서 찾을 수 있다.

3) 단절적 시계열설계

실험집단(EG)	X $\quad$ $Y_5\ Y_6\ Y_7\ Y_8$
통제집단(CG)	$Y_1\ Y_2\ Y_3\ Y_4$
실험 효과(E)	시계열분석 ==> [회귀분석($Y_5 \sim Y_8$) - 회귀분석($Y_1 - Y_4$)]

(1) 의의

단절적 시계열설계(interrupted time-series design)는 일정한 주기로 분포된 여러 시점의 관찰 자료를 시계열분석(time-series analysis)을 통해 사업이나 정책의 효과를 추정하기 위한 방법이다.

단절적 시계열설계는 다른 연구설계와 달리 실험집단과 통제집단으로 구분하는 것이 아무런 의미가 없거나 두 집단으로 나눌 수도 없다. 왜냐하면 정책이 국민 전체를 상대로 집행되거나 일정한 범위의 모집단 전체를 상대로 실험집단이나 통제집단을 설정하기 어렵기 때문이다. 그럼에도 불구하고 여기에서 실험집단과 통제집단으로 구분한 것은 어떤 일정한 시점에서 사업 또는 정책이 집행된다면, 사업 또는 정책 이전에 정책에 영향을 받았던 모든 사람들은 통제집단으로 간주하고 사업 또는 정책 이후에 정책에 영향을 받았던 모든 사람들은 실험집단으로 간주해도 논리상으로 오류가 없기 때문이다. 말하자면, 앞에서 설명한 연구설계들과 비교해 토의하는 것이 유용할 것이라는 판단 때문이다. 실험 효과는 사업 또는 정책 집행 시점의 전후를 기준으로 분석되는 시계열분석의 결과로 나타나게 된다.

단절적 시계열설계의 대표적 예로는 미국 코네티컷 주의 고속도로에서 실시한 고속도로에서 속도 제한과 그 영향에 대한 연구가 있다. [그림 7-2]

는 미국 코네티컷 주에서 실시한 속도에 대한 교통통제와 교통사고에 대한 사망자 간의 관계를 보여 준다. 코네티컷 주지사는 1955년의 교통사고에 따른 사망자 수가 324건이나 발생한 것에 자극받아 1956년에 교통 통제를 전면적으로 실시했다. 그 결과 1956년에는 교통사고 사망자 수가 284건 발생해 전년 대비 12.3% 감소한 것으로 나타났다. 그 후에도 교통사고 사망자 수는 뚜렷하게 감소해 코네티컷 주 교통정책 담당자들은 이 속도 규제 프로그램이 분명한 효과를 나타냈다고 판단했다.

[그림 7-2]에서 보여 주는 것처럼 점선으로 표시된 정책집행 시점을 전후로 해서 분명한 차이가 있음을 알 수 있다. 그리고 정책집행이 있었던

[그림 7-2] 코네티컷 주의 차량 속도 단속과 교통사고 사망자 수와의 관계

1955년과 1956년 사이의 그래프는 점선으로 이어지고 이 부분에서 시계열이 중단되기 때문에 이 분석을 단절적 시계열이라고 부른다.

(2) 내적 타당성의 위협 요인

단절적 시계열설계는 정책을 평가하는 데 유용한 도구로 사용되고 있지만 여러 가지 내적 타당성의 위협하는 몇 가지 요인이 지적된다.

첫째, 관측된 여러 자료($Y_1 \sim Y_8$)들이 정책집행(X)과는 다른 움직임이 있다면 허위변수나 혼란변수의 영향을 배제하기 어렵다.

둘째, 성숙 요인이 개재되어 있을 수 있다. 만일 코네티컷 주 주민들이 각종 교통 프로그램이나 건강에 대한 인식이 높아져 교통 단속과 관계 없이 스스로 방어 운전을 했다면 성숙 요인이 내재되었음을 부인하기 어렵다.

셋째, 이 단절적 시계열 설계에 더한 결과에 역사 요인의 개입 여부이다. 만일 코네티컷 주가 교통사고를 유발할 수 있는 위험 도로를 전면적으로 개보수하여 교통사고에 의한 사망자 수가 감소했을 수 있다.

넷째, 회귀 요인이다. 만일 1956년과 그 후 몇 년간 일시적으로 극단적 값을 유지하다가 몇 년 후 다시 1955년 이전 수준으로 돌아간다면 1956년의 수치를 정책평가로 보기 어렵다고 보아야 한다. 결과적으로 단절적 시계열설계는 실험집단과 통제집단으로 구분하지 못하기 때문에 허위변수와 혼란변수를 통제하기 어렵고 역사, 성숙, 회귀 등의 내적 타당성 저해 요인을 통제하기 어려운 단점이 있다.

4) 단절적 시계열 비교집단설계

실험집단(EG)	특정정책	Y_{E1} Y_{E2} Y_{E3} Y_{E4}	X	Y_{E5} Y_{E6} Y_{E7} Y_{E8}
통제집단(CG)	집행대상	Y_{C1} Y_{C2} Y_{C3} Y_{C4}		Y_{C6} Y_{C7} Y_{C8} Y_{C9}
실험 효과(E)	시계열분석 ==> [회귀분석($Y_{E5} \sim Y_{E8}$) - 회귀분석($Y_{E1} \sim Y_{E4}$)] - [회귀분석($Y_{C6} \sim Y_{C9}$) - 회귀분석($Y_{C1} \sim Y_{C4}$)]			

(1) 의의

단절적 시계열 비교집단설계(interrupted time-series comparison group design)는 앞에서 설명한 비동질적 통제집단설계와 단절적 시계열설계의 방법들을 조합한 것이다. 즉, 이 설계는 단절적 시계열설계와 같고 정책환경에 노출되어 있는 집단과 유사하지만 정책환경에 노출되어 있지 않은 집단을 선택해 두 집단을 시계열로 분석하는 것이다. 따라서 단절적 시계열 비교집단설계는 실험 중에 나타날 수 있는 효과 추정의 오류를 줄일 수 있는 장점이 있다. 그뿐만 아니라 비동질적 통제집단설계에 단절적 시계열설계를 보충한 설계라면 준실험설계에서 나타날 수 있는 내적 타당성의 한계를 줄이고 인과 관계에 대한 증거력을 높일 수 있다.

[그림 7-3]은 코네티컷 주와 이웃한 4개 주의 교통사고 사망률의 평균을 비교한 것이다. 1951년에서 1959년 사이에 발생했던 교통사고 사망률로서 실선으로 표시된 그래프가 코네티컷 주를 나타내며, 점선으로 표시한 부분

[그림 7-3] 코네티컷 주와 통제된 주와의 비교(단절적 시계열 비교집단설계)

이 이웃한 4개 주의 평균을 보여 준다. 1951년부터 1955년까지 교통사고로 인한 사망률은 코네티컷 주와 이웃 주들 사이에는 별 차이가 없어 보인다. 그러나 코네티컷 주에 교통 단속이 실시된 1956년 이후에는 코네티컷 주의 사망률이 다른 통제된 주에 비해 급격하게 감소하는 경향을 보여 주었다. 따라서 실험집단인 코네티컷 주와 통제집단인 이웃 주들을 비교함으로써 교통 단속이라는 정책을 정확히 판단할 수 있다.

(2) 내적 타당성의 위협 요인

단절적 시계열 비교집단설계는 다른 준실험적 접근 방법과 비교했을 때, 실험집단과 통제집단으로 나눌 수 있고, 짝짓기가 아닌 자연스러운 방법으로 대상을 배정하기 때문에 준실험설계 중에서 가장 좋은 방법 중의 하나로 평가받고 있다. 말하자면 단절적 시계열 비교집단설계가 실험 대상을 실험집단과 통제집단을 나누어 관찰하기 때문에 역사 요인, 성숙 요인, 회귀 요인을 통제할 수 있는 장점이 있다. 그러나 실험집단과 통제집단을 구성하기 전에 잠재적인 허위 요소나 혼란 요소를 미리 예상해서 이를 통제해야 한다. 만일 허위변수나 혼란변수가 개재되면 단절적 시계열 비교집단설계로 나타난 결과는 허구이거나 혹은 과대 평가되어 있을 가능성이 크기 때문이다.

4 비실험 연구설계

비실험설계(non-experimental design)는 진실험설계와 준실험설계에서 사용하는 방법을 사용하기 어려운 경우에 주로 이용하는 방법이다. 즉, 인과 관계를 추론하기 위한 세 가지의 조건(시간적 선후 관계, 원인과 결과 간의 공동 변화, 원인과 결과 간에 허위 관계의 비존재)을 모두 갖추지 못한 설계 방식이다. 비실험설계도 진실험설계처럼 인과 관계를 추론하는 것이 주요 목적이다. 하지만 진실험설계에서와는 달리 비실험설계는 사용하는 분석 자료가 시간적인 전후 관계가 아닌 횡단적 자료(cross-sectional data)가 대부분이고 또한 실험 대상을 실험집단과 통제집단으로 구분하지 못하기 때문에 타당성을 저해하는 요인들에 의해 치명적인 약점을 가지고 있다고 할 것이다.

구체적으로 비실험설계는 역사 요인, 성숙 요인, 회귀 요인 등을 통제하기 어려운 점이 있다. 그러나 비실험설계가 진실험설계나 준실험설계에 비해 한계를 가지고 있음에도 불구하고 이 설계가 많이 사용되는 이유는 현실적으로 진실험설계나 준실험설계에 비해 자료 수집과 분석이 용이해서 강력한 분석을 도출해 내는 이점이 있기 때문이다.

1) 회귀분석에 의한 통계적 추론

(1) 의의

회귀모형에 의한 통계적 추론은 실험의 효과를 나타내는 종속변수가 하나 이상 존재할 때 그 제3의 변수를 통계분석 모형에 포함시키는 것을 말한다. 진실험설계가 성립되기 위한 세 가지 조건 중에서 원인과 결과 간에 제3 변수의 비존재를 만족할 수 있는 방법이다. 진실험설계나 준실험설계에서 제3 변수의 영향력을 배제하기 위한 방법들에 대해 많은 논의를 해왔지만 이 설계에서는 오히려 제3의 변수를 적극적으로 고려하는 것이다. 인과 관계를 논의할 때 원인변수 혹은 독립변수(X)가 결과변수 혹은 종속변수(Y)에 얼마나 영향을 미치는지를 추정한다. 이처럼 원인변수가 결과변수에 미친 영향을 추정하기 위해 회귀분석 방법을 이용한다면 아래의 회귀방정식으로 표현될 수 있다.

$$Y = \alpha + \beta X + e \tag{7-1}$$

방정식 (7-1)은 상수(α)와 기울기(β)에 의해서 결과변수(Y)의 값이 정해진다. 즉, 단순회귀계수(β)는 원인변수(X)가 한 단위 증가할 때 정책 효과(Y)의 증감을 나타낸다. 그런데 만일 추정된 원인변수(X) 이외에 또 다른 두 개의 원인변수가 존재한다면 이것은 진실험설계에서는 허위변수이거나 혼란변수로 간주되는 것이지만 이 설계에서는 두 개의 원인변수를 회귀모형 속에서 통제하고 본래의 원인변수(X)의 크기만을 측정하는 것이다.

이것을 방정식으로 나타내면 아래와 같다.

$$Y = \alpha + \beta_1 X_1 + \beta_2 X_2 + \beta_3 X_3 + e \tag{7-3}$$

식 (7-3)에서는 첫 번째 원인변스(X_2)의 회귀계수(β_2)는 본래의 원인변수(X_1)를 일정하게 고정할 때 첫 번째 추가된 원인변수(X_2)를 한 단위 증가시키는 데 따라서 변화하는 결과변수(Y)의 변화량을 나타내는 것이다. 이런 맥락으로 두 번째 원인변수(Z_3)의 회귀계수(β_3)도 같은 맥락으로 해석이 가능하다. 그러나 이 실험에서 관심을 가지고 있는 것은 본래의 원인변수(X_1)에 대한 영향력을 파악하는 것이기 때문에 제3의 변수인 통제변수들(X_2 및 X_3)의 영향을 통제한 후 원인변수의 크기를 측정하는 것이다. 그렇게 함으로써 제3 변수에 의한 허위 요소나 혼란 요소에 대한 문제점을 제거할 수 있다.

(2) 특징

이 연구설계의 특징은 제3의 인과변수들의 영향을 통제하기 위해 이들 제3의 변수들을 사업 또는 정책 효과를 추정하는 통계모형 속에 포함해 분석하는 것이다. 그러나 제3의 변수들과 결과 변수들 간의 관계에 따라 다르게 분석되어야 한다. 다시 말하면 종속변수와 제3의 변수들 간의 관계가 허위 관계인지 혼란 관계인지 혹은 대칭적 관계(symmetrical relationship)인지 상호 인과적 관계(reciprocal relationship)인지 비대칭적 관계(asymmetrical relationship)인지를 분명하게 밝혀야 본래의 원인변수(X)의 영향을 확실하게 파악할 수 있을 것이다. 원인변수들과 결과변수들 사이의 관계는 여러 형태로 나타나며, 이러한 관계가 회귀모형 속에서 어떻게 나타나고 영향을 미치는지를 인과모형에서 살펴보기로 한다.

2) 인과경로분석에 의한 추론

(1) 의의

인과경로분석(causal path analysis)은 회귀모형의 확장 개념으로서 연구자가 비교하고자 하는 둘 또는 그 이상의 인과 모형에 대해 상관 관계의 적합성을 검증하는 데 사용된다. 두 변수 간의 관계는 한 변수가 다른 변수에 대해 일방적 인과 관계가 적용되는 비대칭적 관계이거나 두 변수가 서로에게 양방향적 인과 관계가 적용 가능한 상호 인과적 관계이거나 두 변수 간에 아무런 인과 관계가 없는 대칭적 관계로 구분된다. 인과경로분석은 사업이나 정책을 평가하는 데 유용하게 적용할 수 있다.

(2) 인과경로분석의 절차와 사례

인과경로분석은 두 단계로 이루어지는데, 첫 단계는 인과 관계 형성을 위한 인과적 가설을 형성하는 것이고, 두 번째 단계는 경로분석의 단계이다.

① 인과모형 형성

인과모형은 사업이나 정책이 관련 대상자들에게 집행을 통해 어떠한 영향을 주고 결과적으로 어떠한 변화를 가져오게 만들었는지를 나타내는 인과적 가설의 형성을 나타낸 것이다. 인과모형에서 변수들은 독립변수이거나 매개변수이거나 혹은 종속변수로 나타난다. 화살촉이 한쪽에만 있는 화살(single arrows: ← 또는 →)은 외생변수(exogenous variable)나 매개변수(intermediary variable)와 종속변수(dependent variable) 사이의 인과적 관계를 나타낸다. 화살촉이 양쪽에 있는 화살(double arrows: ↔)은 외생변수(exogenous variables)들 사이의 상관 관계(correlation)를 나타내며 종종 상호 인과적 관계를 나타낸다. 화살촉이 없는 화살(no arrows: —)은 외생변수들 사이의 관계를 나타내며 상관 관계는 있지만 인과 관계가 없는 상태를 나타낸다. 내생변수(endogenous variables)는 정책개입 원인변수 혹은 종속변수를 포함한다.

[그림 7-4]를 통해 인과모형의 예를 들어 보도록 하자. [그림 7-4]에서 A, B, C는 외생변수이고 이들 간에는 화살촉 없는 화살표로 표시되어 있다. 한편, D와 E는 내생변수이다. 여기에 나타난 인과 경로의 실례를 들어보면 첫째 경로는 A에서 D까지, 둘째 경로는 B에서 D까지, 셋째 경로는 B에서 A를 경유해 D까지, 넷째 경로는 C에서 A를 경유해 D까지, 다섯째 경로는 C에서 B를 경유해 D까지이다. 그러나 두 번에 걸쳐 관계가 계

[그림 7-4] 인과모형의 예시

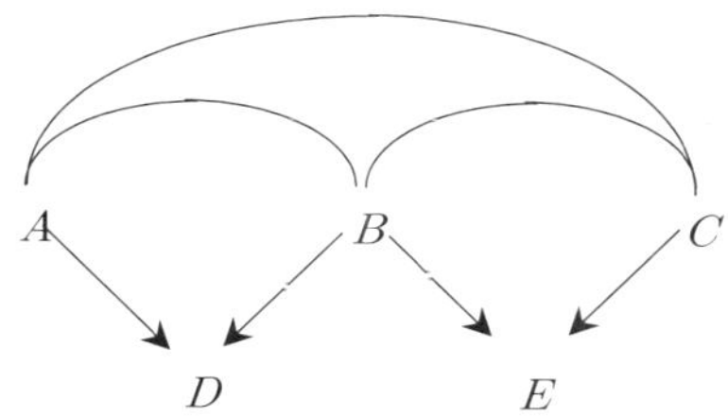

산되는 경우(C에서 B를 경유하고 A를 경유해서 D까지 이어지는 경로)는 인과 경로로 적절치 않다. 같은 논리로 반대 방향으로 돌아가는 경우(예를 들어 $E \rightarrow B \rightarrow D$, $E \rightarrow B \rightarrow A \rightarrow D$)도 인과모형으로 타당하지 않다.

② 경로분석

경로분석(path analysis)은 회귀분석을 이용해 변수들 간의 인과 관계나 상관 관계의 크기를 추정하기 위한 통계적 방법이다. 경로분석은 다중회귀분석의 확장 개념이며 경로분석의 목적은 변수들 사이에 가정된 인과 관계의 유의성과 크기를 추정하는 것을 준비하는 것을 의미한다. 사실 경로분석은 과정면에서 앞에서 논의된 인과모형의 형성과 분명하게 나뉘지 않는다.

제일 먼저 해야 할 단계는 경로도형(path diagram)을 구축해야 하는데, 이것을 위해 변수 이름을 적고 각각의 변수들을 다른 변수들과 연결되게끔 화살표로 연결한다. 이 경우에 연구자는 기존의 문헌조사나 혹은 연구자의 본능에 따라 변수의 연결 구조를 확립한다. 다음 단계로 경로도형에서 가설의 인과적 연결을 보여 주는 투입 부분과 통계분석을 통해 결과를 나타내는 산출 부분을 구별한다. 마지막 단계에서 경로계수(path coefficient)를 구한다. 경로계수는 경로모형에서 종속변수에 대한 독립변수의 직접 효과를 보여 주는 표준화된 회귀계수(standardized regression coefficient)로 표현된다. 만일 경로모형(path model)이 두 개 또는 그 이상의 원인변수를 갖고 있다면 경로계수는 다른 변수에 직접적으로 또는 간접적으로 영향을 미치는 하나의 변수의 효과 정도를 측정하는 편회귀계수(partial regression coefficient)이다.

경로분석과 관련해 브라이맨과 크래머(Bryman & Cramer, 1990: 246-251)는 직업과 관련한 설문조사에서 네 개의 변수(나이, 수입, 직무에서의 자율성, 그리고 직업의 만족감)를 사용해 분명한 예를 제시해 주고 있다. 브라이맨과 크래머가 네 개의 변수를 이용해 보여 주는 경로도형은 다음 [그림 7-5]에서 볼 수 있다. [그림 7-5]에서 보여 주는 경로모형으로부터 계수를 계산하기 위해 세 개의 경로 방정식(path equations)을 구체화할 필요가 있다.

[그림 7-5] 직업 만족에 대한 경로모형

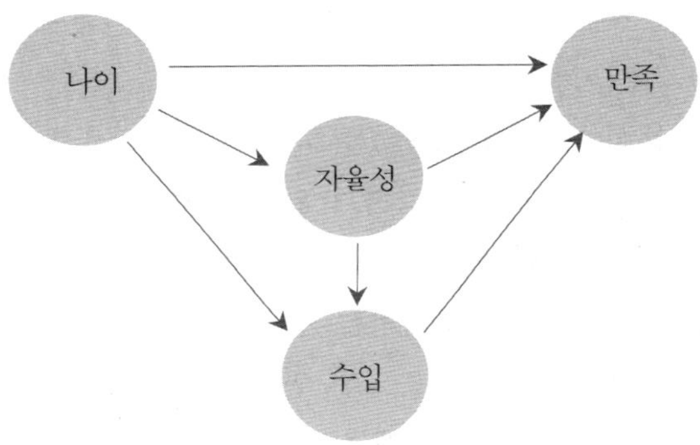

방정식 1 : 직업 만족 = b_{11} 나이 + b_{12} 자율성 + b_{13} 수입 + e_1

방정식 2 : 수입 = b_{21} 나이 + b_{22} 자율성 + e_2

방정식 3 : 자율성 = b_{31} 나이 + e_3

위의 식에서 계수(b) 값들이 경로계수이다. 예를 들어 b_{21}은 경로 방정식 2의 첫 번째 독립변수의 경로계수가 되는 것이다. 위의 경로모형에서 경로계수는 앞에 연결된 독립변수와의 관계로 나타난 내생변수의 독립표준화된 편경로계수(standardized partial path coefficient)이다.[8] 브라이맨과 크래

8) 표준화 편경로계수(standardized partial path coefficient)는 주어진 종속변수(dependent variable) 또는 내생변수(endogenous variable)와 연결된 변수와의 계수를 계산할 때 그 이외의 다른 변수들의 영향은 통제됨을 의미한다.

머는 수집한 자료를 근거로 하여 [그림 7-6]에서와 같이 경로계수를 계산하고 있다. 그 밖에 잔차(disturbance terms or residual error terms)는 e로 표시되며 설명되지 않은 분산(unexplained variance)을 의미한다.

경로계수의 값은 각 변수의 직접 영향을 나타낸다. 예를 들어 계수 b_{11}은 나이가 직업 만족에 미치는 영향을 나타내고, 계수 b_{21}은 나이가 수입에 미치는 영향을 나타낸다. [그림 7-6]의 경로모형에는 계산된 모든 계수들이 표시되어 있다. 그리고 이것들에 대한 계산은 직접 영향(directeffect), 간접 영향(indirect effect), 그리고 이것을 모두 합산한 결과인 나이에서 직업 만족까지의 총 인과적 효과(total causal effect)는 0.38로 계산된다.

[그림 7-6] 직업 만족에 대한 경로계수

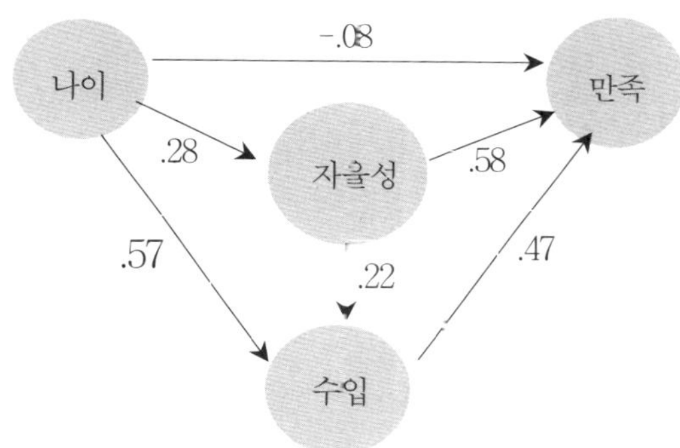

〈표 7-1〉 경로분석에서 인과적 영향과 경로계수의 계산

인과적 영향	경 로	영향의 크기
직접 영향	나이 → 만족	-0.08
간접 영향	나이 → 수입 → 만족	0.57 × 0.47 = 0.27
	나이 → 자율성 → 만족	0.28 × 0.58 = 0.16
	나이 → 자율성 → 수입 → 만족	0.28 × 0.22 × 0.47 = 0.03
총 인과적 효과	(나이 → 만족)	-0.08+0.27+0.16+0.03=0.38

(3) 인과경로분석에 대한 평가

인과경로분석(causal path analysis)은 기본적으로 다중회귀분석(multiple regression analysis)을 주요 분석 도구로 하여 회귀계수를 구하고 그 결과에 의해서 각 변수들 간의 인과 관계를 규명한다. 따라서 이 방법은 진실험설계나 준실험설계만큼 인과 관계를 추론하는 데 필요한 세 가지 조건을 충족했다고 볼 수 없다. 다시 말하면, 인과경로분석은 인과 관계를 추론하기 위한 세 가지 조건 중에서 시간적 선후 관계 및 원인과 결과 간의 공동 변화라는 조건을 만족시키지는 못한다. 다만 경로분석으로 통해 원인과 결과 간에 허위 관계나 혼란 관계를 경로계수를 통해 좀더 명확하게 계산해 낼 수 있는 이점도 갖고 있다. 따라서 인과경로분석 모형은 모형 자체에 구조적으로 모순점이나 명확성이 존재하는 것이 아니고 연구자가 구성한 모형의 타당성 또는 변수 구성의 적합성 여부에 따라 평가되어야 할 것이다.

제 4 편

측정 및 척도 구성

제 8장 측정과 그 신뢰성 및 타당성

명제나 가설은 변수들 간의 관계를 기술하고 있으며, 따라서 이를 경험적으로 검증하기 위해서는 변수들에 대한 경험적인 측정이 선행되어야 한다. 사회과학적인 현상들을 측정하는 것은 쉬운 일이 아니다. 특히 인간의 내면적인 심리나 태도, 상호 작용 등과 관련된 추상적인 개념들을 경험화하기는 어려운 일이다. 이 장에서는 측정의 개념과 측정 수준의 유형, 측정 오차를 먼저 설명하고, 측정의 신뢰성과 타당성에 대한 문제들을 살펴보기로 한다.

제 1 절 측 정

1 측정의 개념

1) 측정의 정의

측정이란 "추상적인 개념을 경험화하는 작업으로 경험적인 대상이나 사건에 대해 규칙에 의거해 숫자나 기호 등을 배정하는 절차"(Stevens, 1951:

1)라고 정의된다.[1] 이와같이 측정의 가장 핵심적인 요소는 숫자에 의한 규칙이다. 규칙에 의해서 가려진 기호나 숫자는 수의 성질을 갖거나 아니면 단순한 구분을 위해 사용되는가를 구분해야 한다.

첫째, 숫자라고 하는 것은 1, 2, 3……등의 형태로 표시되는 기호를 말하는데, 이들 기호 자체는 아무 뜻이 없으며 우리가 그것에 의미를 부여하는데 따라 그 뜻이 달라진다. 측정에는 보통 숫자(numerals)를 사용하는데 양적 의미가 부여된 후에는 수(numbers)가 된다.[2]

둘째, 숫자를 '부여한다'는 것은 한 집합의 대상들을 다른 집합의 대상들에 어떤 일정한 규칙에 따라 연결시켜 주는 것, 즉 사상(寫象, mapping)을 의미한다. 함수 f가 그 상응 규칙이며, 두 집합의 구성 요소는 어떤 대상이라도 좋다. 연구를 할 때는 한 집합의 구성 요소가 일반적으로 개인이나 개인을 나타내는 기호가 되고, 다른 집합에서의 구성 요소는 숫자나 수가 된다.

셋째, 측정에서 가장 중요한 것은 규칙인데, 이것은 우리가 무엇을 해야 하는가에 대해 설명해 주는 지침, 방법 또는 명령이다. 일례로 어떤 개인들에게 그들이 좋아하는 정도에 따라 1에서 5까지의 숫자를 부여하는데, 만일 아주 마음에 드는 사람에게는 5를 부여하고 전혀 마음에 들지 않으면 1을 부여하라고 했으면 이 사이에 있는 사람들에게는 1과 5 사이의 숫자를 부여하라는 뜻이 된다. 또한 만일 남자면 1을, 여자면 0을 부여하라는 규칙도 있을 수 있는데, 이것도 유효한 규칙이다.

2) 측정과 실제의 구조동일성

올바른 측정이 되려면 측정되고 있는 대상에 숫자를 부여한 숫자 조합의 정의 및 상응 규칙이 실제(reality) 현실과 연결되어야 한다. 가령 어떤 물체의 '경도(hardness)'를 측정하는 경우에, 물체 a가 물체 b를 긁으면 a는 b보다 더 단단하고, 마찬가지로 a가 b를 긁고 b가 c를 긁으면 a는 c를 긁을 수 있을 것이다. 이와 같은 방법으로 경도의 순서를 매길 수 있게 된다. 이

---

1) 캠벨은 이러한 성격의 정의를 처음으로 제기했는데 그가 내린 정의 가운데 하나는 "측정이란 속성을 나타내기 위한 숫자의 부여"라고 표현하고 있다(Campbell, 1952: 110).

2) 수는 양적 의미가 부여된 숫자이다.

와 같은 측정 절차와 숫자 체계를 실제 현실과 구조동일적 관계에 있다고 한다. 따라서 구조동일성(isomorphism)이란 형태의 동일성이나 유사성을 의미한다고 할 수 있다. 따라서 '이 대상 집합은 저 대상 집합과 구조동일적인가?', '두 집합은 어떤 형식적 측면에서 동일하든가 또는 유사한가?'와 같은 질문이 가능하다.

측정과 실체의 구조동일성의 성격을 설명하기 위해 다음과 같은 예를 들어 보자. 연구자가 일곱 사람의 인내심을 측정했을 때, 그러한 방법을 사용해 측정한 각자의 인내심의 결과가 6, 6, 4, 3, 3, 2, 1로 나왔다고 하자. 또한 각각의 진실된 실제값은 8, 5, 2, 4, 3, 3, 1이라고 하자. 이 경우에 실제 집합과 측정 집합 간에는 [그림 8-1]과 같은 집합의 상응 규칙이 존재한다. 이 결과에서 보면 3점에 해당하는 두 사람에 대해서만 참값을 평가하고 나머지는 모두 측정의 오류를 범했다. 그러나 양 집합에 속한 값들의 서열 간에는 상당한 상응이 있다는 점이다. 측정 범위도 0~7로 나타나 진실한 값의 범위 0~8와 매우 근접하고 있는 것으로 나타났다.

[그림 8-1] 실제 집합과 측정 집합 간의 상응 규칙

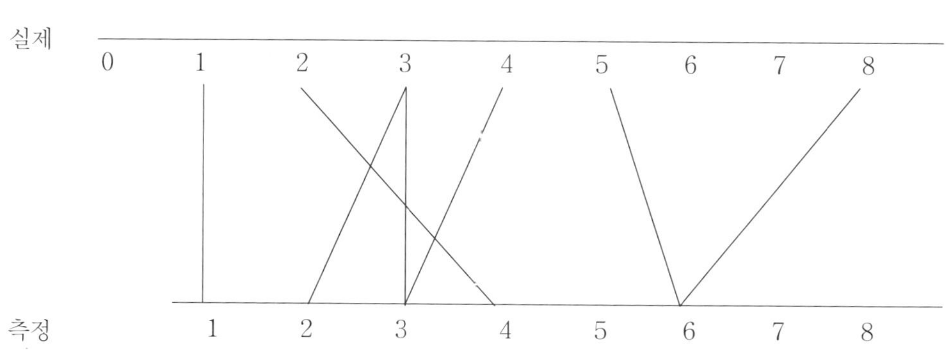

따라서 측정에서 가장 중요한 것은 '그 측정 절차가 실제와 구조동일적인가 하는 것이다. 문제는 측정의 실제값에 상응하는 정도를 발견하기가 어렵다는 것이다. 그러나 이러한 어려움에도 불구하고 과학자들은 그들이

하고 있는 측정 규칙(절차)와 실제와의 구조동일성을 어떤 방식으로 검증해야 한다.

3) 속성, 구성 개념 및 징후의 관계

우리는 대상을 측정한다고 말하지만, 사실은 이 대상들의 속성이나 특징을 측정하고 있다. 그러나 실제로는 대상들의 속성을 직접 측정하는 것이 아니라 대상 속성의 징후를 측정하고 있으므로, 우리가 대상을 측정한다고 할 수 있다.

일반적으로 어떤 자연적 대상의 속성은 직접적 관찰과 관련되어 있다. 예를 들면, 사람의 성별(性別) 특성은 직접 관찰을 통해서 알아낼 수 있으나, 단순한 물리적 속성에 비해 더 복잡하고 알 수 없는 사회적 속성(예: 적대감, 사기, 불안, 지능, 창의성 및 재능 등)은 직접적으로 관찰될 수 없는 것들이다. 따라서 이러한 속성이나 특징을 알아내기 위해서는 그 속성들을 가정하고 있는 징후로부터 추론해 내야 한다.

징후(indicants)란 어떤 개념의 실체에 대응하는 경험적 지시물을 의미한다. 만일 어떤 소년이 다른 소년을 끊임없이 때린다면 우리는 그의 행태가 그의 근저에 깔려 있는 적대감의 징후라고 말할 수 있다. 만일 어떤 사람의 손에 지나치게 땀이 흐르면 그는 불안해 한다고 말할 수 있다. 또 어떤 학생이 학력고사에서 객관식 유형 문항의 일정한 수를 바르게 대답했다면 그는 일정한 학력 수준을 가졌다고 말한다. 이들 각 경우에서 확인할 수 있는 어떤 행태는 그 근저에 깔려 있는 속성의 징후이다. 명백히 우리는 피부색이라든가 크기, 성(性)과 같이 직접 관찰할 수 있는 속성으로부터 추론을 할 때보다 간접적으로 관찰된 행태로부터 추론을 할 때 더 불안정한 토대에 기초한다고 할 수 있다. 즉, 어린애의 협동성·의존성·상상력 등을 측정하는 것은 그 어린애의 키·체중·팔뼈의 성장을 측정하는 것과는 아주 다르다. 측정의 기본 과정은 같지만 그 규칙을 규정하기는 훨씬 더 어렵다. 사회과학적 속성의 관찰은 물리적 속성의 그것보다 훨씬 더 실제의 속성으로부터 멀어질 수 있다. 이것이 사회과학적 측정에서 가장 큰 어려움이다.

따라서 속성들을 추론해 내는 징후들은 조작적 정의, 즉 변수나 구성 개념(construct)을 측정하는 데 필요한 활동이나 조작(operations)을 구체화하는 정의에 의해 구체적으로 표현된다. 구성이란 속성에 대해 붙여진 이름이다. 권위주의, 성취, 사회 계급, 지능, 인내심 등 많은 구성 개념들이 사용되며, 흔히 변수라고도 한다. 구성 개념은 다른 개념에 의해서 또는 실험이나 측정 절차에 의해 두 가지로 정의된다. 전자를 구성적(constitutive) 정의 또는 개념적(conceptual) 정의라 하고, 후자를 조작적(operational) 정의라 함은 이미 제2편에서 설명한 바와 같다. 측정과 직접 관련된 것은 조작적 정의인데, 이것은 대상의 개념적 속성을 측정하기 위해서 속성의 행태적 징후를 경험적으로 구체화함으로써 이루어진다. 속성의 행태적 징후에 일정한 숫자를 부여하여 관찰한 후에, 거기서 얻은 숫자를 그러한 징후에 대체해 통계적으로 분석한다.

2 측정 공리와 측정 수준

1) 측정 공리

측정 수준에는 일반적으로 명목적, 서열적, 등간적 및 비율적인 네 가지의 수준이 있다. 이 네 가지 수준은 네 가지 종류의 척도를 구성해 준다. 어떤 논자들은 서열, 등간, 비율 측정만을 인정하는 경우도 있지만 다른 논자들은 네 가지 모두 측정족(measurement family)에 속한다고 주장한다. 우리는 이 네 가지의 척도와 수준의 특징을 이해하는 것이 좋다.

측정 수준의 논의에 앞서 측정의 기초가 되는 세 가지 공리를 살펴보기로 하자. 공리(postulate)란 어떤 사고의 조작이나 흐름을 수행하는 데 본질적인 선결 조건이 되는 가정을 말한다. 측정에는 대상들을 동등화시키고 순서짓고 또 합하는 것을 가능하게 하자면 적어도 다음과 같은 세 가지 이상의 공리들이 필요하다(Guilford, 1954: 11-12).

<공리 1> '$a=b$이거나 $a \neq b$이지, 둘 다는 아니다'라는 원칙이다. 이것

은 분류의 상호배제성을 의미한다.

<공리 2> '$a=b$이고 $b=c$이면 $a=c$이다'라는 원칙이다. 이것은 어떤 집합(범주)의 구성 요소들 간의 등가성을 확인하는 데 유용하다.

<공리 3> '$a>b$이고 $b>c$이면 $a>c$이다'라는 원칙이다. 이행성의 공리(transitivity postulate)라고 한다.

<공리 1>은 어떤 대상이 어떤 특징에서 다른 한 대상과 같든지 혹은 같지 않다든지 하는 것을 주장할 수 있어야 한다는 것을 의미한다. 측정에서는 '같다(the same)'는 것이 완전한 동일성을 의미할 필요는 없다. 그것은 같은 집합의 구성원들과 분류될 수 있을 만큼만 동질적이면 된다. 예를 들어, 어떤 한 소년은 다른 소년보다 좀더 남성적이라 하더라도 '남성적임'에서는 두 소년이 같다. 그렇지만 두 소년은 많은 다른 특징에서는 틀림없이 다르다. '두 가지가 같다'고 말하기 위해서는 일련의 기준들이 있어야 하는데 만약 소년들을 사회 계급의 카테고리에 따라 할당하려고 한다면 그들 아버지의 직업이나 거주 지역이라는 기준을 사용할 수 있을 것이다. 그러나 그 기준은 분류를 하는 데, 즉 공리가 요구하는 조건을 만족시키기 위해서 충분히 명백하게 밝혀져야 한다.

<공리 2>는 연구자들이 대상을 비교함으로써 어떤 특징에 관한 집합의 구성 요소들의 동등성을 설정할 수 있도록 해 준다. 더 중요한 것은 만일 공리가 만족되면 관찰되지 않는 대상들도 모집단의 하위 집합에 할당할 수 있다는 것이다. 예를 들어, 어떤 사람들이 '편견'과 '비편견'이라는 두 가지의 범주에 따라 할당하려고 할 경우 그가 속해 있는 집단의 거의 모든 사람들이 그가 편견을 가졌다는 것을 알고 있다면 그를 '편견'이라는 범주에 할당해도 무방할 것이다. 또는 편견을 측정하는 도구와 아주 상관이 높은 다른 측정 도구에 대한 응답을 토대로 그를 '편견'이라는 범주에 할당할 수도 있을 것이다.

<공리 3>은 'a가 b보다 크고 b가 c보다 크면 a는 c보다 크다'는 이행성의 원리로서, 수치적 측정에서 가장 기본적이고 실제적인 중요성을 가지고 있다. 사회과학에서 대부분의 측정은 이 공리에 의존한다. 'a는 b보다 어떤

속성을 더 많이 갖고 있고, b는 c보다 그 속성을 더 많이 갖고 있다. 따라서 a는 c보다 그 속성을 더 많이 갖고 있다' 하는 식으로 서열적 언명을 주장하는 것이 가능하다.

일반적으로 물리적 측정에서는 이러한 공리가 보통 충족되는데, 사회심리적 측정에서는 반드시 그렇지 않은 경우도 있을 수 있다(Coombs, 1953: 477). 예를 들면 막대기 a가 막대기 b보다 길고 막대기 b가 막대기 c보다 길면 막대기 a가 막대기 c보다 길다는 것은 틀림없는 사실이다. 학생 a가 학생 b보다 시험에서 더 많이 맞추었고 학생 b는 학생 c보다 더 많이 맞추었으면 학생 a는 학생 c보다 더 많이 맞추었음도 또한 틀림없다. 그러나 이러한 것과는 다른 예로 지배(dominance) 관계를 생각해 보자. a가 b를 지배할 수 있고 b는 c를 지배할 수 있지만 a가 c를 지배하지 못하는 것도 가능할 수 있다. 예를 들어 사과, 배, 포도에 대한 선호 관계를 보자. 어떤 사람이 사과보다는 배를 더 좋아하고, 배보다는 포도를 더 좋아한다고 해서, 사과보다 포도를 더 좋아한다고 할 수는 없다. 만일 어떤 연구자가 이러한 지배 관계를 연구한다면 그는 이 공리가 단순히 옳다고 가정할 수는 없다.

2) 측정 수준과 척도

측정이란 일정한 기준에 따라 대상의 속성에 질적 또는 양적인 값을 매기는 과정이다. 그런데 측정의 수준에는 일반적으로 명목적, 서열적, 등간적 및 비율적인 네 가지 수준이 있다. 이 네 가지 수준은 네 가지 종류의 척도를 구성해 준다.

(1) 명목측정과 명목척도

명목측정(nominal measurement)은 관찰 대상을 범주로 분류하는 것으로 가장 낮은 수준의 측정 방법이다. 여기서는 어떤 대상이나 관찰 대상을 상대적인 크기나 숫자로 나타낼 수 없다. 예를 들어 성, 종교 등을 측정하는 경우를 생각해 볼 수 있다. 성은 남성과 여성으로 분류된다. 남성과 여성에 어떤 상대적인 크기나 숫자가 부여될 수 없다. 단지 범주별로 분류한 것에 편의상 어떤 숫자는 부여할 수 있다. 이를테면 남자를 1로 여자를 2로 분류하는 방법이 그 예이다. 종교를 측정하는 경우에도 기독교, 불교, 가톨릭에 어떤 특정 수치나 상대적 가치를 부여할 수는 없으나 명목상의 구분을 위해서 일정한 수치를 부여할 수는 있다.

명목측정에서 각 범주에 부여되는 수치는 어떤 의미를 갖는 것이 아니며 단순히 대상을 분류한 범주에 편의상 수치를 부여한 것에 불과하다. 다시 말하면 다만 여기서 쓰는 수치는 어떤 수량적 크기를 나타내거나 계산을 할 성질의 것이 아니고 단순히 지시의 기능을 할 따름이다.

명목측정의 논리적 특성은 한 범주 내에 있는 모든 대상은 동등하다는 등가성(equivalence)을 가지고 있다. 이러한 특성은 한 범주 내에 있는 대상에 적용되지만 서로 다른 범주에 있는 대상에는 적용되지 않는다. 등가성의 내용은 반사성, 대칭성 및 이행성으로 설명된다(Nachmias & Nachmias, 1981: 134).

① 반사성(reflexivity): 한 범주에 있는 대상은 서로 같다. 즉, 한 범주에 있는 대상 a는 그 자체의 a이다($a=a$).

② 대칭성 (symmetry): 만일에 $a=b$이면 $b=a$이다.

③ 이행성(transitivity): $a=b$이고 $b=c$이면 $a=c$이다.

이와같이 어떤 집합의 모든 구성 요소에 같은 숫자를 할당하고 다른 집합에는 같은 숫자가 부여되지 않는다(공리 1, 2의 만족). 그런데 사회과학적 측정에서 '같다(equal)'는 말은 인간 행태의 복잡성, 인간의 판단과 반응의 오류 가능성, 일반적인 측정오차 때문에 '근사적으로' 같다는 것을 의미한다.

명목측정은 [그림 8-2]와 같이 단순한 형태로 짝짓는다.

여기에서는 {0, 1} 범위의 대상이 다섯 사람인 집합 U의 대상 a에 짝짓고 있으며, 짝짓기 규칙은 x가 남자이면 1을, x가 여자이면 0을 할당하도록 되어 있다. 이것은 이분법만이 포함될 때 명목측정이 어떻게 계량화되는가를 설명해 준다. 분할이 두 가지 이상의 범주를 포함할 때는 다른 방법이 사용되어야 하며, 기본적으로 명목측정의 계량화는 하위 집합이 분할표의 각 칸에 들어가는 대상의 수를 헤아림으로써 이루어진다.

[그림 8-2] 명목측정의 짝짓기 방식

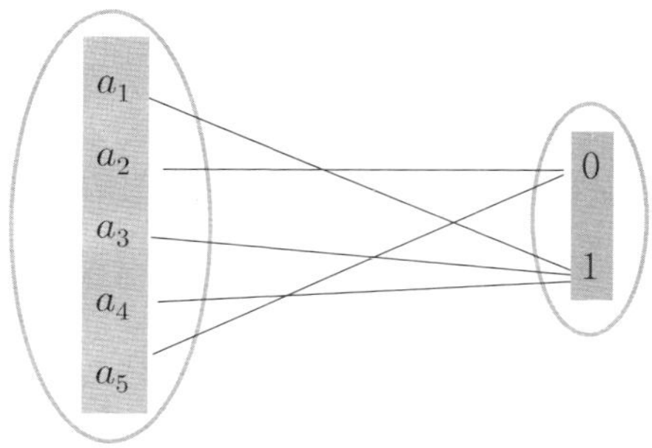

사회과학에서 흔히 이러한 분류에 따라 측정되는 변수들의 보기를 들면, 남녀의 성별, 인종, 종교, 국적, 정당 소속, 도시·농촌의 거주지, 외국 여행의 유무 등을 들 수 있다.

(2) 서열측정과 서열척도

서열측정(ordinal measurement)은 한 집합의 대상들이 조작적으로 정의된 특징이나 속성에 관해 순서로 배열될 수 있어야 한다. 서열 이행성 공리가 정당화되면 서열측정이 가능하다. 즉, 세 개의 대상 a, b, c가 있고 a는 b보다 크고 b는 c보다 크며, 따라서 a가 c보다 크다는 것을 정당화할 수 있으면 서열측정의 주요 조건은 만족된다.

이 절차는 세 가지 방법으로 일반화될 수 있다.

첫째, 어떤 종류의 대상이 몇 개라도 a, b, c, … ,n으로 연장함으로써 서열적으로 측정될 수 있다(두 개의 대상이 간혹 같은 경우라 하더라도 서열측정은 여전히 가능하다). 따라서 우리는 어떤 속성에 관해 $a, b, c, \ldots > n$이라고 말할 수 있어야 한다.

둘째, 조합된 속성이나 기준을 사용하는 것으로서 둘 이상의 속성을 동시에 사용하는 것이다. 이것의 예로는 GPA에 의한 학업성취도에 관해 대학생들을 GPA와 테스트 점수의 집합 기준으로 서열화하고자 하는 경우를 들 수 있다(물론 GPA도 복합 점수이다).

셋째, 우리가 흔히 사용하는 '~보다 큰', '~보다 작은' 등과는 다른 기준을 사용함으로써 가능할 수 있다. '선행한다', '~보다 위이다' 및 '~보다 우월하다' 등은 이것의 유용한 기준이 될 것이다. 사실상 우리는 '>'나 '<'와는 다른 기호로 대치할 수 있다. 이러한 기호 가운데는 '∘'이 있을 수 있다. 이것은 위에서 명명한 것과 같은 어떤 조작이라도 의미할 수 있으며 이행성 공리가 만족된다. 즉, $a \circ b$는 'a는 b를 선행한다' 또는 'a는 b에 종속된다'는 것을 의미하며 $a \circ b \circ c$는 'a는 b에 우월하고 b는 c에 우월하면 a는 c에 우월하다'는 것을 의미한다.

서열화된 대상에 할당된 숫자를 서열값(rank values)이라 부른다. R을 서열화된 대상의 집합이라 하자. 즉, $R = \{a > b > .... > n\}$이다. 또 R^*은 서열값의 집합이라 하자. 즉, $R^* = \{1,\ 2,\ .... > N\}$이다. 그러면 R의 대상에 R^*의 대상을 다음과 같이 할당할 수 있다. 즉, 가장 큰 대상에 1, 다음 대상에는 2등으로 할당해 가장 작은 것에는 특정한 계열(series)의 마지막 숫자를 할당한다. 예를 들어, 5개의 대상이 있고 a가 가장 크고 b가 그 다음이며, e가 가장 작다고 하자. 이것을 <표 8-1>과 같이 할당할 수가 있다.

물론 R^*을 직접 할당함으로써, 즉 a에는 5, b에는 4, e에는 1등으로 할당함으로써 한 단계를 생략할 수도 있다.

〈표 8-1〉 서열값

대상	R	R^*
a	1	5
b	2	4
c	3	3
d	4	2
e	5	1

서열 수는 서열을 나타낼 뿐이며 그 이상 아무것도 의미하지 않는다. 숫자들은 절대량을 가리키지 않으며 수들 간의 동일한 간격을 의미하지도 않는다. 다시 말해 그들이 나타내고 있는 속성이 균등하게 분포되어 있는 숫

자라고 해서 그 숫자들이 균등히 분포되어 있다는 것을 가정하지도 않는다.

만일 두 개의 실체(subjects)가 지위 8과 5를 갖고 있고 또 다른 두 개의 실체가 지위 6과 3을 갖고 있다 할지라도 첫 번째 쌍과 두 번째 쌍의 차이가 같다고 말할 수는 없다. 또한 어떤 실체가 측정되고 있는 속성을 하나도 갖지 않았다는 것을 알 수 있는 방법도 없다. 서열척도는 등간척도(equal interval scales)가 아니며 절대 영점도 갖지 않는다.

서열측정은 다음과 같은 논리적 특성을 가진다.

① 비대칭성(asymmetry): $a > b$이면 b는 a보다 크지 않다.

② 이행성(transitivity): 만일에 $a > b$이고 $b > c$이면, $a > c$이다.

이와같이 모든 서열척도는 명목척도의 특징을 지닐 뿐만 아니라 명목측정이 가지고 있지 않은 특징, 즉 비교의 기준이 되는 어떤 특정 기점(distinct unique point)을 가지고 있다. 누구보다 더 키가 크다거나, 또는 누구보다 더 보수적이라거나 하는 표현들은 바로 서열척도의 특징을 보여주는 것이다.

서열척도의 구체적인 예를 들면, 사회계층의 높낮이(상류층, 중류층, 하류층), 교육 수준의 높낮이(국졸, 중졸, 고졸, 대졸), 호텔 등급 평가 결과, 일반 대중의 특정 잡지에 대한 인기도 등이 해당된다.

(3) 등간측정과 등간척도

등간측정(interval measurement)은 현상이나 사물을 분류하고 서열화하며 분류된 범주 간의 거리까지 측정하는 수준을 말한다. 이것은 일정한 측정 단위에 의해 구체적인 숫자로 표현되는 측정이다. 따라서 반드시 측정 단위가 마련되어 있어야 한다. 측정 단위가 명시되어 있다는 것은 비교 가능한 등거리 구간(equi-interval)으로 구분되어 있음을 의미하며, 따라서 등간척도는 서열척도처럼 단순히 더 또는 덜 강하고 약한가를 설명할 수 있을 뿐만 아니라 구체적으로 어느 정도, 어느 단위만큼 강하고 약한가를 측정할 수 있게 한다. 등간적 수준의 측정은 측정 대상에다 순서에 따라 실수를 부여하는 절차이며 그 측정 단위는 공통적이고 불변적인 것이 특징이다.

그러므로 등간적 측정의 구조는 산술적 구조와 구조동일성의 특징을 띠는 것이 특징이다. 따라서 척도 계산에서 더하기 · 빼기 계산이 가능하다(단, 곱하기 · 나누기의 계산은 불가능하다). 예를 들어 섭씨 1°C와 섭씨 2°C의 차이는 섭씨 99°C와 100°C의 차이와 동일하므로 섭씨 2°C에서 섭씨 1°C를 뺀 온도의 차이를 섭씨 86°C에서 섭씨 85°C를 뺀 차이와 비교 가능한 것이다. 이 때 유의할 점은 섭씨 0°C와 같은 제로 값의 의미이다. 섭씨 0°C라고 하는 것이 결코 온도가 전혀 없다는 것을 뜻하거나, 학생들의 성적 평가에서 0점이라는 것이 전혀 수학 능력이 전무함을 의미하는 것은 아니다. 즉 비교의 편의상 임의적으로 0을 만들어 놓았을 뿐이다.

따라서 등간측정이 갖는 형식 논리적 특성을 다음과 같이 정리할 수 있다(Nachmias & Nachmias, 1981: 137).

① 유일성(uniqueness): 만일에 $a,\ b \in R$(실수)라면, $a+b \in R$, $a \times b \in R$이다.

② 대칭성(symmetry): 만일에 $a=b$이면 $b=a$이다. 예를 들어 섭씨 0°C가 화씨 32°F와 일치한다고 가정하면 화씨 32°F는 섭씨 0°C와 일치함을 의미한다.

③ 이행성(transitivity): $a=b$이고 $b=c$이면 $a=c$이다. 예를 들어 A, B, C 세 사람 중에서 A의 키가 170cm, B의 키가 역시 170cm이고, C의 키도 B의 키와 같다면, A와 C의 키는 동일하다는 것이다.

④ 전환성(commutation): 만일에 $a,\ b \in R$(실수)라면, $a+b=b+a$, $a \times b = b+a$이다.

⑤ 대체성(substitution): 만일에 $a=b$이고 $a+c=d$이고 $a \times c = d$이면, $b \times c = d$이다.

⑥ 조합성(association): 만일에 $a, b, c \in R$(실수)라면, $(a+b)+c=a+(b+c)$이고 $(a \times b) \times c = a \times (b \times c)$이다.

사회과학에서는 이러한 등간적인 변수를 찾기란 쉽지 않다. 등간적으로 측정하는 값이라 해도 그 값이 사물의 실재값과 일치한다고 할 수 없고, 또한 산술적 수치라는 것도 조작적 정의를 통해 부여된 임의적 기준으로부터의 수량적 거리에 불과한 것이지, 대상 자체의 속성의 실재적 크기가 아닐 수도 있다. 예를 들어 수학 능력 점수가 400점인 사람은 200점인 사람보다

200점(또는 2배)이 더 높다고 할 때, 그것은 어디까지나 수학 능력 시험에서 얻은 점수를 말하는 것이지, 수학 능력 자체가 200점(또는 2배) 더 높다는 의미는 아니다. 다시 말하면 수학 능력 점수는 엄밀한 의미에서 등간적 측정치라기보다는 서열적 측정치라는 의미이다.

그런데 실제 사회조사 연구에서 서열척도와 등간척도가 명확하게 구별되지 않는 경우가 많아, 때로 서열척도의 일부는 준등간척도(quasi-interval scale)로 불리기도 한다. 예를 들면, 어떤 선거 유세에서 입후보자 A에 대한 청중들의 반응을 조사해 보았더니 다음과 같이 다섯 가지로 구분되었다고 가정하자.

(청중 반응)	절대 반대	반대	미결정	지지	적극 지지
(수량화)	1	2	3	4	5

엄밀한 의미에서 이상과 같은 청중들의 반응은 서열척도에 속한다고 할 것이다. 그러나 대부분의 조사에서는 ‘절대 반대’와 ‘반대’, ‘반대’와 ‘미결정, ‘미결정‘과 ‘지지’, 그리고 ‘지지’와 ‘적극 지지’를 등거리에 있는 것으로 생각해 준등간척도로 간주하는 경우가 많다. 준등간척도로 간주하는 경우에는 통계분석에서 등간척도에 적용되는 가감승제 작업을 수행할 수 있다고 본다. 이러한 경우에 청중들의 반응을 서열척도로 간주할 것인가, 아니면 등간척도로 간주할 것인가의 판단은 연구자의 결정에 따를 것이지만, 그 논리적 근거에 대한 충분한 설명이 있어야 할 것이다. 등간척도의 구체적인 예로는 교육받은 연수로 나타낸 교육 수준, 지능지수, 섭씨나 화씨로 나타낸 온도, 시험 성적 등을 들 수 있다.

(4) 비율측정과 비율척도

비율측정은 명목측정에서의 사물이나 현상을 일정한 범주로 분류하고, 순위측정에서의 서열을 정할 수 있을 뿐만 아니라, 등간측정에서처럼 분류된 범주 간의 간격을 측정할 수 있는 가장 높은 수준의 측정이다. 비율척도는 명목, 서열, 등간 척도의 특징을 모두 가지면서 동시에 경험적 의미를 갖는 절대 영점(absolute zero point)도 갖는다. 비율척도에서 어떤 측정치가 0이면 그 대상은 측정되고 있는 속성을 전혀 갖고 있지 않다는 것을 의미한다. 절대 영이 있기 때문에 곱셈과 나눗셈을 포함한 모든 수학적 조작이 가능하며, 척도상의 숫자들은 측정되고 있는 속성의 실제량을 가리킨다. 성취에 관한 비율척도가 존재한다면 8점을 받은 학생은 4점을 받은 학생보다 두 배의 성취 점수를 얻었다고 말할 수 있다.

비율척도의 실례로서는 나이, 신장, 체중, 연간 소득 액수, 기업체의 종업원 수, 교육 연수, 아파트의 임대료, 휘발유 가격 등을 들 수 있다.

3) 척도의 비교(실제적 중요성과 통계)

이상에서 네 가지 유형의 측정에 대한 기본적인 특징과 그것에 부수되는 척도에 대해서 알아보았다. 사실 측정 방법은 측정 대상과 조사자의 연구 목적에 따라 달라지며, 관찰 대상을 측정할 때 어떠한 척도 방법을 선택하는가에 따라 통계 작업이 영향을 받는다. 조사연구에서 측정된 자료가 지닌 성격을 정확히 파악하는 것도 중요하지만, 그러한 속성을 고정적인 것으로 보고 그 틀에 갇혀 있을 필요는 없다. 자료의 기본 속성에서 크게 벗어나지 않는다면 연구 목적을 위해 명목척도와 순위척도를 마치 등간척도나 비율척도처럼 사용하는 경우도 있다. 그러나 위의 네 가지 척도에서 정보의 수준이 높아져 가는 단계를 보면 <표 8-2>에서 보는 것처럼 명목척도, 서열척도, 등간척도, 비율척도의 순서이다. 속성이 같은 것끼리 단순한 분류만 하는 명목척도의 기능은 다음의 서열척도에서는 이미 전제되고, 거기에다 어떤 속성의 크고 작음을 비교한다. 등간측정에서는 분류된 속성의 서열적 차이뿐만 아니라 그 차이의 크기를 나타내는 간격이 일정한 단위로 규정될 수 있어서, 더하기·빼기의 조작적 처리가 가능해진다. 비율척도는 이러한 등간척도의 특징을 모두 내포하면서 절대적·자연적 0의 값을 전제해 가감승제의 모든 산술적 조작을 가능하게 해 준다. 이러한 척도의 특성이 실제 조사연구에서 큰 의미를 갖게 되는 것은 통계분석 기법의 적용과 깊은 관계가 있다.

〈표 8-2〉 측정 수준과 척도의 비교

측정 수준	등가성	이행성 (서열 차이)	등거리 구간	절대 영점	가감승제	연속성 여부
명목측정	○	×	×	×	×	×
서열측정	○	○	×	×	×	×
등간측정	○	○	○	×	×	○
비율측정	○	○	○	○	○	○

통계분석에서 명목척도와 서열척도로 측정된 자료는 비계량적 자료 또는 질적 자료라고 하며, 한편 등간척도와 비율척도로 측정된 자료는 정량적 자료 또는 양적 자료라고 한다. 비계량적 자료에 적용 가능한 통계 방법은 비모수 통계 기법이며, 정량적 자료에는 모수 통계 기법이 이용된다. 이때 자료의 성격에 적합한 분석 기법을 적용하는 것이 매우 중요하다.

비모수 통계분석은 주로 서열척도와 경목척도로 측정된 자료에 대한 통계적 추론에 이용되는 분석 방법이다. 이것은 비록 모집단의 특성을 추정하기는 하나 모수와 통계량의 관계를 다루지 않으며, 보통 분석 가정이 요구되지도 않는다. 대표적인 분석 기법으로 Run 검증(명목척도), Man-Whitney U검증(서열척도), Kruscal-Wallis H검증(서열척도), Wilcoxon 부호-서열검증(명목 및 서열척도), Friedman 검증(서열척도), Kendall ω 검증(서열척도), χ^2독립성 및 적합성 검증, Spearman 서열상관계수 등이 있다.

반면에 주로 사용하는 통계 기법은 모수 통계분석인데, 이것은 주로 양적 자료를 대상으로 표본의 특성치인 통계량을 이용해 모집단의 모수를 추정하거나 검증하는 분석 방법이다. 모수통계 기법은 매우 다양하게 개발되어 있다.

실제 통계분석에서 측정 수준이 문제되는 대표적 사례로서 다음과 같은 경우를 들 수 있다.

첫째, 어떤 대상들이 집단의 구성원을 성·인종·결혼 여부·종교 등을 기초로 해서 둘, 셋 또는 그 이상으로 분할하면 그 측정은 명목측정이다. 대상들은 키가 크다든가 작다든지 또는 젊다든가 나이 들었다든가로 구분할 때처럼 연속변수를 속성변수로 전환할 때 적어도 서열을 매길 수는 있지만 결국은 그 값이 0과 1로 되므로 우리는 준(準)명목측정(quasi-nominal measurements)을 할 수가 있다.

이러한 명목측정으로 각각의 범주나 하위 범주에 들어갈 빈도 수를 계산하는 것이 가능하고, χ^2, 백분율, 상관계수(분할계수)와 같은 빈도통계치가 사용될 수 있다.

둘째, 지능지수·적성지수·성격검사지수 등은 기본적으로 또한 엄격하게 말하면 서열측정이다. 그것들은 지성·적성·성격 특성에 대한 실재량이 아니라 개인들의 서열 지위를 나타내는 것이다. 앞에서 살펴보았듯이 서열척도는 등간격이나 절대 영의 특징을 갖지 않는다. 따라서 서열척도를 사용할 수 있는 통계는 순위 상관계수 ρ, 켄달의 ω, 순위분산분석, 중위수, 백분비(percentile)와 같은 서열척도를 포함한다.

그러나 위에서 지적했듯이, 대부분의 연구자들은 지능지수·적성지수·성격검사지수 등에 의한 측정자료를 준등간척도로 간주해 모수통계 기법을 적용해 r, t, F와 같은 통계를 사용하는 경우가 많다. 예를 들면, 선호나 태도를 측정할 때에 '중립'의 중간점을 0점으로 간주하고, 그 양편에 '호의적'(+1), '매우 호의적'(+2), '비호의적'(-1), '매우 비호의적'(-2) 하는 식으로 척도를 구성해 사용할 수 있기 때문이다.

대부분의 심리학적 척도는 기본적으로 서열적이면서 간격의 동일성을 가정할 수 있다. 만일 같은 변수에 대해 둘 내지 셋의 측정치를 갖고 있고, 이 측정치들이 선형성에 가까우면 가까울수록 척도의 간격은 더 등간적일 것으로 가정할 수 있다. 따라서 지능, 성취도, 태도검사 및 척도와 같은 심리학적 척도에 모수적 통계 기법이 적용될 수 있다. 유능한 연구자라면 이러한 척도화 방법과 서열척도를 등간척도로 전환시키는 전환 방법에 대해 어느 정도 알고 있어야 한다(Bartlett, 1947: 39-52). 그러나 등간측정에 적합한 모수적 분석 기법이 적용된 서열 자료의 해석에는 자료 분포의 가정 등을 세심하게 따져보아야 한다.

셋째, 앞의 경우와는 반대로, 실제가 등간측정이나 비율측정인데도 서열측정을 사용하는 경우에도 자료와 그것으로부터 추론된 관계를 해석하는데 잘못을 범할 수 있다. 물론 통계수치 자체는 별 문제라 하더라도, 이러한 경우에는 ρ와 r 또는 모수통계와 비모수통계의 차이를 알지 못하며 그것들의 용도 뒤에 숨어 있는 가정도 알지 못한다. 따라서 측정과 분석에서 강력한 모수적 통계모형의 적용을 배제함으로써 해결하고자 하는 문제에 대한 유용한 정보를 얻을 수 없게 되는 결과가 된다. 이러한 점에서 연구자는 측정 수준과 분석 기법의 적용 가능성에 대한 사전적 지식을 미리 알고 있어야 한다.

3 측정오차

1) 의 의

측정오차(measurement error)란 측정 대상에 대한 측정값과 대상의 실제 참값 사이의 불일치 정도 또는 그 차이이다. 이상적으로 말한다면, 어떤 대상 또는 목적물에 대한 측정 결과는 가능한 한 그 측정 대상이 갖는 일체의 속성 또는 특수성을 구조동일적으로 나타낼 수 있어야 한다. 그러나 측정 대상이 갖는 실제 내용과 그 측정 결과는 항상 일정한 차이가 있게 마련이다. 그 이유는 다음에서 보는 것처럼 다양한 소스에 의해서 발생한다.

2) 유 형

오차의 종류는 그 오차를 나오게 하는 여러 원인 또는 원천에 따라 각기 다양하게 구분될 수 있다. 여기서는 포괄적인 오차의 종류로서 체계적 오차(systematic error)와 무작위적 오차(random error)로 나누어 볼 수 있다(Rubin & Babbie, 1993: 155-164).

(1) 체계적 오차

체계적 오차는 측정 대상 또는 측정 과정에 대해 체계적으로 영향을 미침으로써 오차를 초래하는 것이다. 체계적으로 영향을 미치게 하는 요인들은 주로 지식, 교육, 신분, 특수 정보, 인간성 등으로서 이들은 경우에 따라서는 인위적으로 또는 자연적으로 작용해 측정시에 오차를 초래한다. 체계적 오차의 영향은 흔히 그 측정 결과의 자료 분포가 어떤 방향으로 기울어지는 것이 그 특징이다. 변수 간의 상호 관계 역시 어느 한쪽으로 지나치게 높거나 또는 낮게 나타나는 경향이 있다(Selltiz et al., 1966: 154).

한편 이런 체계적 오차를 다른 측면에서 규정해 보면 측정된 일련의 변수 X_1, X_2, $X_3 \cdots\cdots X_j \cdots\cdots X_k \cdots\cdots X_m$에서 한 변수 X_j의 오차 e_j가 다른 여러 변수들 중 어떤 변수 X_k의 진실한 값(true values)과 또는 그 오차값 e_k와 상관되어 있다면 그것은 체계적 오차라고 규정한다(Rummel, 1970: 230).

이와같이 체계적 오차가 발생한다는 것은 측정하려는 개념이 아닌 다른 것들이 측정되는 경우를 말한다. 체계적 오차를 발생시키는 몇 가지 대표적인 경우들은 다음과 같다.

① 태도와 행동

많은 연구에서 인간의 행동(behavior)과 태도(attitude)의 측정을 혼동하는 경우가 많다. 태도를 측정하면서 실제로는 행동을 예측하려 한다거나, 반대로 행동을 측정해 태도를 예측하는 것 같은 경우들은 측정 과정에서 일반적으로 나타나기 쉬운 오차들이다. 예로서 공무원들의 행정 서비스 제공에 얼마나 민주적인 것인가를 조사하는 연구에서, 만일 설문지를 통해 공무원의 민주성을 측정했다면 민주성에 대한 태도를 측정한 것이지, 공무원들의 민주적 행동의 정도를 측정하지 못했을 가능성이 있다.

② 편견에 의한 오차

측정 대상자들이 갖는 각종 편견에 의해서 측정에 오차가 발생하는 일이 많다. 여기에는 i) 고정반응(response set), ii) 사회적 소망성 편견(social desirability bias), iii) 문화적 차이 편견(cultural gap bias)으로 나뉜다(김영종, 2002: 150-151).

첫째, 고정반응은 설문지에서 일정한 유형의 응답들이 연속적으로 부과될 때 주로 나타나는 오차이다. 이 경우에 응답자들은 개별 문항들에 대해 깊이 있게 생각하지 않고 앞에서 이미 계속되어 온 응답들에 맞추어 그 부근에서 자신의 응답을 선택해 버리는 경우이다. 이것을 '연속반응 함정'이라고도 한다.

둘째, 사회적 소망성 편견은 응답자들이 질문자의 의도에 맞추어 대답하는 경우에 나타나는 측정오차이다. 자신의 생각과는 무관하게 자신이 소속된 집단을 우월하게 보이기 위해 대답하는 경우에 사회적 소망성의 편견 오차는 자주 발생한다. 이것은 실제로 측정하려고 하는 응답자들의 개인적 생각을 측정하기보다는 다른 사람들이 사회적으로 무엇이 바람직한 것으로 판단하는지에 따라 응답자들의 응답이 편중되는 결과를 낳게 된다. 예를 들어, '부(富)의 양극화를 해소하기 위해 정부가 사회복지 지출을 늘리는 것에 대해 어떻게 생각하십니까?'라는 설문의 결과는 '찬성'과 '반대'라는 답항에서 찬성 쪽이 훨씬 크게 나올 가능성이 있다. 반면에 '부의 양극화 해소를 위한 세원 마련을 위해 세금 부담을 늘리는 것에 대해서는 어떻게 생각하십니까?'라는 설문의 결과는 전자와는 다른 결과를 가져올 수 있다.

셋째, 문화적 편견 차이는 측정의 과정에 문화적 차이가 스며들어 발생하는 오차이다. 어떤 문화집단에서는 자연스럽게 받아들여지는 사실들이 다른 문화집단에서는 부자연스럽게 받아들여지는 경우에 많이 나타난다. 예를 들어, 대학생과 농민집단에 대해서 '일본 문화 개방에 대해 어떻게 생각하십니까?'라는 질문에, 그 질문을 통해 측정하려고 했던 것보다는 오히려 두 집단의 지식의 정도를 측정하게 되는 결과를 가져올 수도 있다.

(2) 무작위적 오차

무작위적 오차는 측정 상황, 측정 과정, 측정 대상, 측정자 등에서 우연적이며 가변적인 일시적 형편에 의해 측정 결과에 대한 영향을 미치는 오차를 말한다. 이 오차는 누가, 어떻게, 언제 영향을 미쳤는지 전혀 그 오차의 소스를 모르는 측정 과정상의 우연적인 오차이다. 그러므로 이러한 오차는 사전에 어떻게 알 수 없을 뿐만 아니라 어떻게 통제할 수도 없는 것이다. 이러한 오차는 어디서, 어떻게, 언제 오는지 모르기 때문에 그러한 무작위적 오차끼리 상호간의 영향을 상쇄해 가는 경향도 없지 않다(Selltiz et al., 1966).

한편 이런 무작위적 오차는 측정된 일련의 변수 X_1, X_2, $X_3 \cdots\cdots X_j \cdots\cdots X_k \cdots\cdots X_m$에서 어떠한 변수 X_j의 오차 e_j가 다른 여러 변수들 중 어떤 변수 X_k의 진실한 값과 그것의 오차값 e_k와 상관되어 있지 않으면 그것은 무작위적 오차라고 규정되기도 한다(Rummel, 1970: 226).

3) 오차의 원천

측정 과정상에서 나타날 수 있는 오차의 원인적 원천을 구체적으로 밝혀보면 다음과 같다(Webb et al., 1966: 12-34).

(1) 측정자에 의한 오차

측정자가 인간이기 때문에 그로 인한 여러 가지 측정상의 오차가 있을 수 있다.

첫째, 측정자의 가변성(variability)이다. 시간적·공간적인 측정자의 측정 태도의 가변성에 의한 오차 개입의 가능성이다.

둘째, 측정자가 갖는 편견 또는 편의(bias)이다.

셋째, 면접자에 의한 보고이다.

넷째, 측정자 또는 면접자가 두 사람 이상인 경우 그들 간의 측정에서 개인적인 차이가 있다.

다섯째, 측정자 또는 관찰자에 의해 영향이 주어지는 경우로서, i) 면접자가 피면접자에게 주는 영향, ii) 관찰이나 측정의 반복으로 인한 영향, iii) 일정한 사실의 공표 또는 알림으로 인한 영향(예: 대통령 선거 전에 여론조사 결과의 공표가 대통령선거에 미친 영향 등)이다.

(2) 인간의 지적 특수성에 의한 오차

측정자나 피측정자 모두 그들이 갖는 지적 사고력 또는 판단력에 의해 측정상에 많은 오차를 초래한다.

첫째, 피측정자의 측정하려는 분야에 대한 지식 결여에 의한 것이다. 요구하는 것에 대한 적절한 의사 표시를 못하는 것 등이다.

둘째, 인간의 기억력은 한정적이다.

셋째, 인간은 본능적으로 특정한 것들에 대해서는 감추려고 하는 경향이 있다.

넷째, 흔히 측정자에게 인위적으로 호의적인 태도를 취하려는 경향이 있다.

다섯째, 인간은 그들의 행동을 합리적인 방향으로 유도하려는 경향이 있다.

여섯째, 인간은 필요한 경우 속이려는 경향이 있다.

(3) 측정 소재와 관련된 오차

성공적인 연구를 실현하기 위해서는 연구 대상, 즉 연구 소재가 충분하고 적절하게 확보되어야 하고, 필요한 경우 실험적 조작이나 표본추출이 가능해야 한다. 만일 그렇지 못할 때는 여러 가지 오차가 개입하게 된다.

첫째, 연구 소재에 대한 표본이 부적합할 때이다.

둘째, 연구 소재가 충분하지 못하든가, 또는 사람의 응답을 요하는 경우 무응답이 많아 전체적인 모집단의 특수성을 제대로 알 수 없을 때이다.

셋째, 실험연구가 필요한 경우인데 실험이 불가능한 경우이다.

넷째, 소재에 중요한 결점이 있으면 그 신뢰성이 문제될 때가 있다.

다섯째, 소재의 입수가 용이하지 않으며 산만성이 심한 경우이다.

여섯째, 지나치게 소재가 크거나 또는 작아서 관찰이 불가능한 때이다.

(4) 시·공간적인 제약에서 오는 오차

측정자나 피측정자 모두 일정한 시간적·공간적인 제약을 받기 때문에 상당한 오차의 개입을 불가피하게 한다.

첫째, 전체 측정 모집단의 시간적인 불안정성이다.

둘째, 표본의 시간적인 부적합성이다.

셋째, 측정 대상의 지역적인 격차, 즉 표본의 지리적인 제약성이다.

제 2 절 측정의 신뢰성

연구 대상에 대해 일정한 규칙(척도)에 따라 숫자를 부여하는 측정이 이루어진 후에, 그 측정 결과에 측정오차들이 얼마나 개입되어 있는지, 그로 인해 측정의 결과물이 어느 정도 정확하게 측정 대상의 속성을 반영하고 있는지를 알기 위해서는 신뢰성과 타당도에 대한 검토가 필요하다. 신뢰성(reliability)이란 시간과 장소에 구애받지 않고 일정한 값을 계속해서 일관되게 산출해 내고 있는지를 보여 주는 것으로, 측정값들의 일관성을 의미한다. 그리고 타당성(validity)이란 '측정하려고 했던 것을 측정했는가?'를 보여 주는 것이다. 즉, 측정이 의도했던 개념을 측정했는지 아니면 다른 것을 결과적으로 측정하게 되었는지를 판단하는 것이다.

따라서 만일 자료에 대한 신뢰성과 타당성을 알지 못하면 얻은 결과와 결과로부터 끌어낸 결론에 대해 믿음을 가질 수가 없다. 먼저 측정의 신뢰성 문제를 검토하고, 다음 타당성 문제를 살펴보기로 한다.

1 신뢰성의 정의

신뢰성이란 측정에서의 일관성·안정성을 나타내는 것으로, 측정값들이 일정하게 나타나는 정도로 표시할 수 있다. 측정 도구의 정확성을 나타낸다는 점에서 타당성과 같으나, 타당성의 개념과는 명백히 구분된다. 타당성이 측정에서의 체계적 오차들과 관련된 것이라면 신뢰성이란 측정의 무작위적 오차들과 관련되어 있다. 측정의 신뢰성을 정의하는 데는 전통적으로 다음 세 가지 접근 방법이 있다.

첫 번째 접근 방법은 신뢰성을 "동일한 또는 비교 가능한 측정 도구로 동일한 집합(set)의 대상을 반복해 측정할 때 동일한 또는 우세한 결과를 얻을 수 있는 정도"라고 정의하는 것이다. 이러한 정의는 신뢰성 개념에 안정성, 믿음성, 예측 가능성 등을 내포하고 있다. 가장 흔한 상식적 수준의 정의 방식이라 할 수 있다.

두 번째 접근 방법은 신뢰성을 "어떤 측정 도구를 통해 얻은 측정치가 측정되고 있는 속성의 '진실한' 측정치와 부합되고 있는 정도"로 정의한다. 이것은 측정의 정확성과 관련된 정의로서, 첫 번째 정의와 비교해서 상식이나 직관은 많이 제거되어 있지만 역시 기초적인 정의이다. 이 두 가지 접근 방법이나 정의는 안정성과 정확성이란 용어로 요약될 수 있다. 후술하는 것처럼 정확성의 정의는 안정성의 정의를 내포하고 있고, 안정성보다 광의의 개념이다.

세 번째 접근 방법은 신뢰성을 "측정 도구에서 상대적인 측정오차가 없는 정도"라고 정의한다. 이러한 접근은 이론적 및 실제적 문제를 정의하고 해결하는 데 도움이 될 뿐만 아니라 다른 접근 방법과 정의를 암시해 주는 방법이다. 우리는 측정 도구에 측정오차가 얼마나 포함되어 있는지에 대해 의문을 가질 수 있다. 측정오차는 확률오차(무작위오차)이며 그것들은 많은 원인의 합계이며 산물로 볼 수 있다. 즉, 측정에는 확률적 또는 기회적 요소들과 같은 알려지지 않은 원인들이 영향을 미친다. 예를 들면 측정자의 임시적·순간적 피로, 측정 더상이나 측정 도구의 특정 시점의 심리적·물리적 상태나 우연한 조건, 기억이나 분위기의 기복, 일시적인 또는 지속적인 요인들에 의한 영향이 모든 측정치에 존재하는 것이다. 이와같이 측정 도구에 측정오차가 존재하고 있으면 측정 도구는 그만큼 신뢰할 수가 없다.

이러한 의미에서 측정의 신뢰성이란 측정 도구의 정확성이나 정밀성을 말한다. 하나의 예로서 어떤 스포츠맨이 두 가지 권총의 정확성을 비교하려고 한다고 하자. 하나는 1세기 전에 만들어진 오래된 것이지만 아직 좋은 상태에 있고, 다른 하나는 전문 총포공이 만든 현대 무기이다. 양자는 모두 견고하게 조립되어 명사수에 의해 명중되게 되어 있다. 각각의 권총으로 같은 횟수만큼 발사했을 때 각 권총의 표적 적중에 대한 가설적인 유형을 [그림 8-3]에 나타내고 있다. 왼쪽에 있는 표적은 옛날 권총에 의해서 나온 적중 유형을 나타내는데 탄환이 여기저기 흩어져 있다. 오른쪽에 있는 탄

흔은 좀더 조밀하게 모여 있다. 즉, 탄흔이 과녁의 흑점 주위에 조밀하게 모여 있다.

과녁을 나타내는 원 주위에 다음과 같이 숫자를 부여했다고 하자. 즉, 과녁의 흑점에는 3, 다음 원에는 2, 바깥 원에는 1, 과녁 바깥의 흔적에는 0을 부여한다. 만일 두 가지 탄흔의 유형에서 변동성, 예를 들면 표준편차를 계산하면 낡은 권총이 새로운 권총보다 변동성의 측정이 더 클 것이라는 것은 명백하다. 이 측정치는 신뢰성의 지표로 생각할 수 있다. 새 권총의 변동성 측정이 더 작으면 오차가 훨씬 작다는 것을 가리키고 이것은 정확성이 더 높다는 것을 의미하게 된다. 따라서 새 권총은 신뢰성이 있고 정확성이 더 높다는 것을 의미하게 된다. 따라서 새 권총은 신뢰성이 있고 오래된 권총은 신뢰성이 낮다는 결론이 도출된다.

[그림 8-3] 신뢰성의 개념

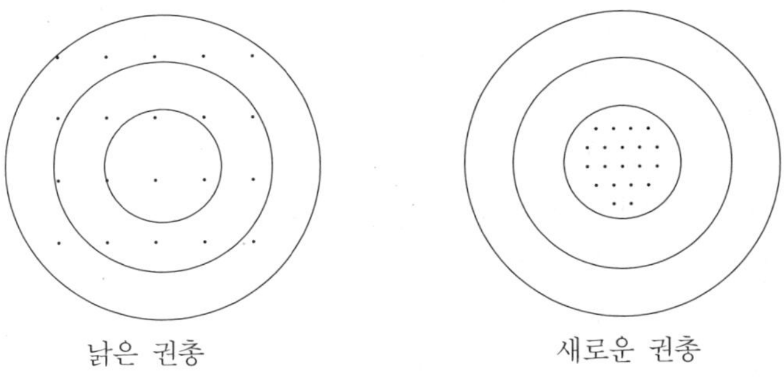

2 신뢰성의 이론

1) 분산과 신뢰성

측정의 신뢰성이란 어떤 측정 수단 또는 도구를 둘 이상의 다른 연구자들이 사용하든가, 또는 같은 연구자가 두 번 이상 사용한다고 할 때, 그 결과가 안정되고 일관성이 있는가라는 것을 의미한다. 측정의 일관성은 측정 규칙(rules)의 일률적인 적용과 관찰된 자료의 기록 및 부호화(coding) 과정에서의 일률성을 내포한다. 좀더 기술적인 용어로 표현하면, 신뢰성은 어떤 측정이 지니고 있는 변이오차(variable error)의 정도를 의미한다. 예를 들면 동일한 자(scale)로 측정을 한 번씩 했는데, A라는 대상과 B라는 대상에 적용할 때마다 결과가 다른 경우의 오차라든가, 또는 같은 자로 같은 대상을 두 번 이상 재어 보았는데 그 결과가 각각 다른 경우의 오차 같은 것을 변이오차라 부른다.

그런데 어떤 측정이든 두 가지 구성 요소로 구성된다고 볼 수 있는데, 그 하나는 진짜 요소이고 다른 하나는 오차의 요소이다. 이 때 신뢰성은 측정된 값(또는 점수)의 총분산에 대한 '진실된' 분산(variance)의 비(ratio)로 나타낼 수 있다. 이것을 대수적으로 표현해 보자.

먼저 어떤 조사 대상자의 측정 점수는,

$$X_t = X_\infty + X_e \qquad \text{(식 8-1)}$$

로 나타낼 수 있다. 이 때 점수 X_t는 어떤 사람의 실측 점수이고, 이것은 '진실된' 요소와 오차 요소의 두 가지 요소를 합한 것과 같다. X_∞는 어떤 사람의 '진실된' 점수를 의미하며(∞는 무한대 기호이며 '진실된' 값을 의미한다), 전지전능한 존재에게만 알려진 점수이다.[3] 어떤 대상의 참값 X_∞는 측정에서 모든 내적 및 외적 조건이 '완전'하고 측정 도구도 '완전'할 경우 어떤 개인이 얻을 수 있는 점수이다. 이것은 현실적으로 똑같은 사람에게 검사를 많이 시행했을 때의 평균으로 생각할 수도 있다. 기호로 나타내면 $X_\infty = (X_1 + X_2 + \cdots + X_n)/n$으로 표시된다. 그리고 오차점수 X_e는 측정오차와 관련된 여러 가지 요인들로부터 나오는 (+) 또는 (-)의 증분이다.

(식 8-1)에서 측정값 X_t가 진실된 값 X_∞를 추정했을 때 그 측정값이 일관성 있게 같은 측정값으로 나타나고 있느냐를 판단하는 것이 신뢰성을

3) 이것은 X_∞가 측정되고 있는 속성 이외의 속성을 포함하고 있지 않다는 것을 의미하지는 않는다. 모든 체계적 분산은 X_∞에 포함되어 있고 그 속성을 측정하는 문제는 타당성의 문제이다.

판단하는 것이다. 이러한 신뢰성은 분산(variance)에 의해서 측정될 수 있다. 일반적으로 측정값 X_t에 대한 분산은 다음과 같이 나타난다.

$$\sigma_x^2 = \frac{\sum_{t=1}^{n}(X_t - \overline{X})}{N} \qquad \text{(식 8-2)}$$

분산값은 개개의 측정값이 평균으로부터 얼마나 떨어져 있느냐를 판단하는 방법이다. 분산값이 크면 클수록 측정값은 진실된 값이라고 추정되는 평균값으로부터 멀어져 결국 신뢰성이 낮아지게 된다.

이 (식 8-1)을 분산값으로 바꾸어 표현하면,

$$V_t = V_\infty + V_e \qquad \text{(식 8-3)}$$

로 나타낼 수 있다. (식 8-3)은 어떤 대상자의 관찰된 점수의 총분산은 '진실된' 요소와 '오차' 요소의 두 가지 분산 요소로 구성되어 있음을 나타낸다. 예를 들어 만일 동일한 측정 도구를 어떤 집단의 모든 개인들에게 각각 1백만 번 적용해 점수를 측정할 수 있고 또한 각자가 1백만 번의 점수들의 평균을 계산할 수 있다면, 우리는 그 집단 내 각 개인들의 '거의 진실된' 측정값들의 집합을 얻을 수 있을 것이다. 즉 이 평균들은 그 집단의 X_∞의 값들이다. 여기서 우리는 X_∞의 값들의 분산을 계산할 수 있으며, 이 분산값은 획득된 원래의 점수 X_t의 집합으로부터 계산된 분산 V_t보다 언제나 작아야 할 것이다. 왜냐하면 원래의 점수는 오차를 포함하고 있고 '진실된' 또는 '거의 진실된' 점수는 오차를 포함하고 있지 않기 때문이다. 즉, 오차는 평균화 과정(averaging process)에서 제거되었기 때문에 V_t에 측정오차가 없다면 $V_t = V_\infty$이다. 그러나 측정오차는 언제나 존재하기 마련인데, 만일에 오차 점수를 알 수만 있다면 측정 점수에서 그것을 빼어 주면 '진실된' 점수를 얻을 수 있을 것이다. 대부분의 경우 '진실된' 점수를 알지 못하기 때문에 오차 점수조차 알지 못한다. 그러나 오차분산을 측정하는 것은 가능하다.

그러면 측정의 신뢰성을 구하는 방법을 알아보자. 예를 들어 [그림 8-4]

[그림 8-4] 측정분산의 구조

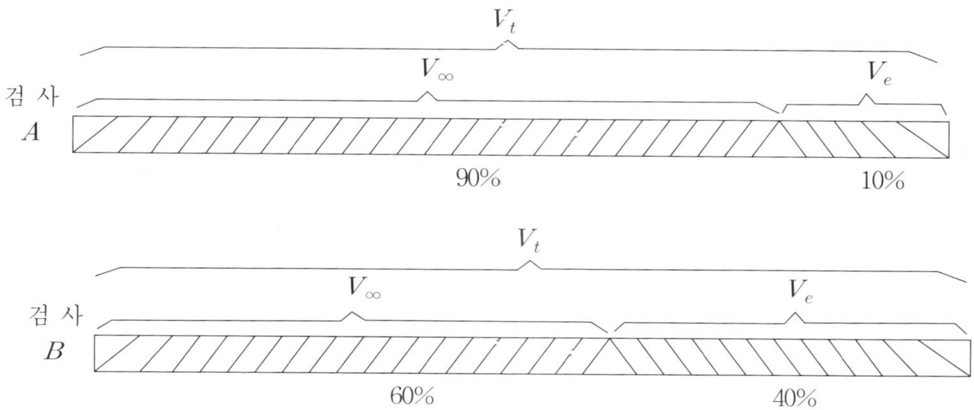

와 같이 두 개의 검사에서 얻어진 총분산을 두 개의 막대(bars)에 의해 표시하기로 한다. 한 검사는 신뢰성이 높고 다른 한 검사는 중간 정도로 신뢰성이 있다고 하자. 검사 A와 B는 똑같은 총분산을 갖지만 검사 A에서는 90%가 진실된 분산이고 10%는 오차분산인데 비해, 검사 B에서는 60%만이 진실된 분산이고 40%가 오차분산이다. 따라서 검사 A가 검사 B보다 훨씬 더 신뢰성이 높다는 것을 알 수 있다. 이와같이 신뢰성이란 오차를 통해 정의될 수 있다. 즉, 오차가 클수록 신뢰성은 낮고, 오차가 작을수록 신뢰성은 높다는 의미이다. 실제적으로 이것은 우리가 측정치의 오차분산을 추정할 수 있으면 그 측정치의 신뢰성을 추정할 수 있다는 것을 의미한다.

이것은 신뢰성에 관해 다음과 같은 두 가지 정의를 가능하게 해 준다.

첫째, 신뢰성이란 측정 도구에 의해 얻은 자료의 총분산에 대한 '진실된' 분산의 비율을 말한다.

$$r_{tt} = \frac{V_\infty}{V_t} \qquad (식\ 8\text{-}4)$$

여기에서 r_{tt}는 신뢰성 계수를 말하며, 다른 기호들은 앞에서 정의한 것과 같다.

둘째, 신뢰성이란 완전한 신뢰성을 의미하는 지수 1에서 측정 도구에 의해 얻은 총분산에 대한 오차분산의 비율을 뺀 것을 의미한다. 즉,

$$r_{tt} = 1 - \frac{V_e}{V_t} \qquad \text{(식 8-5)}$$

또는

$$r_{tt} = \frac{V_t - V_e}{V_t} \qquad \text{(식 8-6)}$$

으로 나타낼 수 있다.

실제 신뢰성을 계산할 때, (식 8-4)보다는 (식 8-5) 혹은 (식 8-6)을 사용한다. 왜냐하면 대부분 측정에서 '진실된' 분산을 알 수 없기 때문에, 측정치의 전체 분산에 오차분산의 비율로 구하는 것이 현실적이기 때문이다.

만일 $V_t = 0$, 즉 측정오차가 0이면 신뢰성은 $r_{tt} = (V_t - 0)/V_t = 1$이 되고, 만약에 $V_t = V_e$, 즉 측정값의 분산과 오차값의 분산이 같으면 $r_{tt} = (V_t - V_e)/V_t = 0$이다.

즉, 어떤 특성이 전혀 변이오차가 없다면 $V_t = 0$이 되어 신뢰성은 0이며, 반대로 어떤 특성이 모두 오차투성이라면 $V_t = V_e$가 되어 신뢰성은 0이이다. 그래서 신뢰성의 값은 0에서 1의 범위를 갖는다. 그런데 실제 조사에서는 '진실된' 점수가 과연 얼마인지를 알아낼 방법이 없기 때문에 V_{∞}/V_t의 비를 추정하지 않으면 안 된다.

2) 신뢰성 계수의 해석

통계적으로 신뢰성 계수가 가지는 의미에 대해 살펴보면 다음과 같다.

첫째, 신뢰성 계수는 결정 계수와 같으며 이론적으로는 측정된 변수의 총분산에서 어느 정도가 진실된 분산인가를 알려 주는 역할을 한다는 사실이다. 대수적으로는 상관 계수 r을 제곱하면 결정 계수가 된다. 이것은 두 변수에 의해 설명되는 분산의 비율을 말한다. r=.90이면, 이 두 변수는 총분산 (.90)2=.81, 즉 81%를 공유한다고 말한다. 만일 우리가 진실된 점수를

알고 있다면, 측정된 변수의 점수와 진실된 점수 간에 상관 계수를 구하고 이를 제곱해 보면 신뢰성 계수를 계산할 수 있다.

이것은 기호를 사용(GI)해서 나타내면 신뢰성 계수는,

$$r_{tt} = r^2_{t\infty} \qquad \text{(식 8-8)}$$

으로 정의할 수 있다. 이 때 $r_{t\infty}$는 측정된 점수와 진실된 점수 X_∞ 간의 상관 계수이다. $r_{t\infty}$를 직접적으로 계산할 수는 없지만 신뢰성 계수의 이론적 의미를 이해하는 데 도움이 된다.

둘째, 다른 사정이 동일하다면 각각의 X_∞는 개인에게 검사를 여러 번 실시해 도출된 많은 X_t의 평균과 같다는 사실이다(Guilford, 1954: 349). 이러한 개념 뒤에 있는 아이디어에 대해서는 앞에서 설명한 것과 같이 첫 번째로 검사를 실시해 개인들에 대해 어떤 순위를 얻고 두 번째, 세 번째, 더 많은 검사를 시행해서 거의 동일한 순위를 얻게 되면 그 검사는 신뢰성이 있는 것이다. 이것이 바로 신뢰성의 안정성 또는 검사-재검사(test-retest) 해석이다.

셋째, 신뢰성이란 검사의 내적 일관성(internal consistency), 즉 여기에서는 검사 문항의 동질성을 의미한다. 검사의 내적 일관성을 알아보기 위한 방법으로, 문항들 가운데 무작위 표본 집합을 두 개 택하고, 각 표본에 대해 분리된 하위검사(subtest)를 행하면 개인들은 하위표본별로 두 개의 측정값 X_t를 얻을 것이다. 이 과정을 무한히 계속해 두 집합의 값들을 상관시켜 상관 계수를 구한다. 이러한 하위표본의 평균적 상호 관계(Spearman-Brown 공식으로 수정된)는 검사의 내적 일관성을 말해 준다(Cronbach, 1951: 297-334; Tryon, 1957).[4]

그런데 두 개의 자료 집합에서 검사가 신뢰성이 있다면 각각의 하위표본

---

4) 크론바흐(L. Cronbach)와 트라이언(R. Tryon)의 공식은 (식 8-5)나 (식 8-6)과는 다른 것처럼 보이나 실제는 똑같은 결과를 가져온다. 신뢰성을 추정하기 위한 분산분석을 최초로 사용한 사람은 호이트(C. Hoyt)이다(Hoyt, 1941: 153-60). 그리고 에벨(R. Ebel)은 평가에 분산분석의 사용을 확장했고 계급 내 상관 관계의 사용을 강조했다(Ebel, 1951: 407-24).

에서 개인들이 얻은 점수들의 순위들은 서로 거의 동일할 것이라는 의미를 내포하기도 한다. 그러나 검사를 통해 거의 동일한 순위를 얻어내지 못하면 그 검사는 신뢰성이 없는 것으로 간주할 수 있다. 일반적으로 신뢰성 계수는 상관 계수의 해석과 같은 방법으로 하면 된다. 신뢰성 계수가 높을수록 신뢰성이 높다는 것을 말해 준다. 이때 신뢰성 계수를 제곱해 결정 계수로 바꾸어서 해석하는 것이 더욱 정확하다.

그러나 이러한 신뢰성 계수를 좀더 의미 있게 해석하기 위해서는 먼저 측정의 표준오차(standard error of measurement: SEM)라는 것을 계산해야 하는데, 그 공식은 다음 (식 8-9)와 같다.

$$\sigma_{meas} = S_x \sqrt{(1 - r_{tt})} \qquad \text{(식 8-9>}$$

여기서 σ_{meas}는 측정의 표준오차 S_x는 한 측정검사 점수분포의 표준편차, r_{tt}= 한 측정검사의 신뢰성 계수를 의미한다. 예컨대 한 측정검사에서 r_{tt}=.75이고 S_x=12라고 한다면, 이 검사에서의 측정의 표준오차는 아래와 같이 σ_{meas}=6.0이다.

$$\sigma_{meas} = 12\sqrt{(1 - .75)} = 12\sqrt{(.25)} = 12 \times .5 = 6.0$$

연구자는 표본측정에서 얻은 결과를 통해 진실된 측정값의 범위를 알고 싶을 때가 있다. 예를 들어 한 어떤 한 개인이 이 검사에서 X= 65점을 얻었다면 ±1 SEM 내에 있을 확률은 68%이고, ±2 SEM 안에 있을 확률은 95%가 된다. 만일 95% 신뢰 수준(즉, 유의 수준 5%)에서 표준화 계수(z)는 2이므로 이를 표준오차에 곱해서 검사 점수에서 가감해 구한 점수, 즉 $X \pm 2\,SEM = 65 \pm 2(6.0) = 53 \sim 77$점이 그 사람의 '진정한 점수'가 된다. 다시 말해서 그의 진실된 점수는 53점부터 77점 사이의 어떤 점수일 가능성이 95%라는 해석이 가능해진다. 따라서 이러한 해석을 통해 한 개인이 실제로 얻은 점수로부터 '진실된 점수'의 범위를 짐작할 수가 있다. 이러한 계산은 측정값이 정규분포를 보인다라는 가정에서 출발한 것이므로 표본의 측정값을 구할 때는 대상자의 수가 많아야 정확한 추정이 가능하다.

신뢰성 계수의 해석이나 보고에서는 측정의 표준오차를 통한 해석과 함께 그 신뢰성 계수를 결정한 요인들을 반드시 밝혀야 한다. 즉, 어떤 검토방법(예컨대 재검사법 · 반분법 등)에 의해서 계산했는지를 밝히고, 검사집단의 성질, 예컨대 연령 · 성별 · 교육 정도 · 사회경제적 지위 등을 분명히 해 두어야 한다. 이와 함께 집단의 점수 분포의 사례 수, 산술 평균치 및 표준편차도 반드시 제시해야 한다.

3) 측정의 표준오차

실제 연구에서 측정의 표준오차와 그것의 제곱인 측정의 표준분산은 다음과 같은 간단한 예를 통해 설명될 수 있다.

어떤 연구자가 다섯 사람의 태도를 측정해 <표 8-3>에서 X_t 라고 이름붙인 열에서와 같은 점수를 얻었다. 그리고 다섯 사람의 '진실된' 태도 점수는 X_∞ 라고 이름붙인 열에서와 같은 값이라고 가정한다.

얻은 다섯 개의 점수들은 그 중 하나만이 진실된 점수와 일치하고, 나머지는 조금씩 차이가 있다. 이 차이를 오차점수(error scores)라 하며, 각각의 점수오차 등이 X_e 열에 적혀 있다. 이 측정 도구의 신뢰성(r_{tt})은 .71로 비교적 높다.

또한 측정 도구의 신뢰성은 오차점수(X_e)의 분산이나 표준편차를 계산함으로써도 가능한데, 오차점수의 분산과 X_t 와 X_∞ 점수의 분산이 <표 8-3>에 계산되어 있다. 엄밀한 의미로 오차점수의 분산은 측정의 표준분산을 의미하기 때문에 측정오차의 표준분산이라고 부르는 것이 정확한 표현이다. 그리고 이 때 측정의 표준분산(SV_{meas}: standard variance of measurement)과 이 통계량의 제곱근인 측정의 표준오차(SE_{meas}: standard error of measurement)는

$$SV_{meas} = V_t(1 - r_{tt}) = V_e$$
$$SE_{meas} = SD_t\sqrt{1 - r_{tt}} = \sqrt{SV_{meas}} \qquad (식\ 8\text{-}10)$$

로 정의된다(Kerlinger, 1986: 413-414).

〈표 8-3〉 가설적인 측정의 신뢰성과 표준오차의 예

	X_i	X_∞	X_e
A	2	1	1
B	1	2	-1
C	3	3	0
D	3	4	-1
E	6	5	1
점수합(Σ)	15	15	0
평균(M)	3	3	0
분산(V)	2.80	2.00	.80

$$r_{tt}=1-\frac{V_e}{V_t}=1-\frac{.80}{2.80}=.71 \qquad r_{t\infty}= .845$$

$$r_{tt}=1-\frac{V_\infty}{V_t}=1-\frac{2.00}{2.80}=.71 \qquad r_{tt}=r_{t\infty}^2=(.845)^2=.71$$

$$SV_{meas}=V_t(1-r_{tt})=2.80(1-.71)=.81$$

$$SV_{means}=SD_t\sqrt{1-r_{tt}}=\sqrt{SV_{meas}}=\sqrt{.81}=.90$$

이 통계량은 신뢰성 계수를 알고 있기만 하면 계산할 수 있다. 또한 역으로 SE_{meas}를 추정하는 방법이 있으면 신뢰성 계수를 계산할 수 있다.

우리는 신뢰성의 정의를 $r_{tt}=V_\infty/V_t=1-V_e/V_t$에서 출발했는데, 여기에 대수적 조작을 조금만 가하면 측정의 표준분산을 계산해 낼 수 있다. 즉,

$$r_{tt}=1-\frac{V_e}{V_t}$$

$$r_{tt}V_t=V_t-V_e$$

$$V_e=V_t-r_{tt}V_t$$

$$V_e=V_t(1-r_{tt}) \qquad \text{(식 8-11)}$$

(식 8-11)의 우변은 (식 8-10)의 우변과 같다. 그러므로 $V_e=SV_{meas}$, 따라서 분산분석에서 사용되었던 오차분산은 측정의 표준분산이다. <표 8-3>에 보듯이 주어진 자료 집합에서는 자료의 측정의 표준분산과 측정의 표준오차는 각각 .81과 .90이다.

그리고 측정점수 X_t와 '진실된 점수' X_∞를 상관시키면 상관 계수 $r_{t\infty}$ 값 .845를 얻게 되는데, 이 계수 $r_{t\infty}$에 제곱을 하면 신뢰성 계수를 얻는다(식 8-8). 물론 이것은 (식 8-4)에서 구한 값 .71과 같다.

3 신뢰성의 측정 방법

진실된(참) 분산과 오차분산들은 반복해서 얻을 수 있는 것들이나, 실제로는 한 번의 측정으로 구해진다. 따라서 신뢰성 측정에 필요한 V_∞ / V_t 비율은 추정될 수밖에 없다. 즉, 신뢰성을 추정하는 것은 표본 측정값의 전체 분산 중에서 참 분산의 비율을 추정하는 것으로 여기에는 몇 가지 기법들이 있다. 신뢰성 측정을 하는 데 많이 쓰이는 기법들로서는 검사-재검사법, 동등형 검사법, 내적 일관성법(반분검사법, Cronbach α계수), 상호채점자(관찰자)법 등이 있다(Babbie, 1991: 130-132)..

1) 검사-재검사법

(1) 개념

검사-재검사법(test-retest method)은 가장 기초적인 신뢰성 검토의 방법으로 동일한 검사를 동일한 대상에게 일정한 시간 간격을 두고 두 번에 걸쳐 실시했을 때 두 번 실시한 시험 점수가 일치되는 정도를 의미한다. 두 번 실시한 점수가 일치되는 정도를 의미한다는 점에서 안정성 계수라고 부른다. 검사-재검사 신뢰성에서 오차의 근원은 시간 간격이다. 보통 측정 간격은 검사 효과를 고려해 2주 정도로 한다.

(2) 추정 방법

검사-재검사법은 동일 검사를 동일 집단에게 두 번 실시해 얻은 두 검사 점수 간의 순위 상관 계수(ρ)를 구하거나 또는 두 측정 점수 사이의 적률 상관 계수(r)를 구해 봄으로써 신뢰성을 판단한다. 여기서의 문제는 시간 지체(time delay)의 타당성이다. 이 때 두 분산은 동일하다고 가정한다. 즉,

$X_1 = X + e_1$과 $X_2 = X + e_2$에서 $e_1 = e_2$(즉, 공분산=0)라고 가정하고 신뢰성 계수 ρ_x를 X_1과 X_2의 상관 관계로 보아 $\rho_x = \rho_{x_1 x_2}$로 정의한다.

(3) 장단점

측정 도구 자체를 직접 비교할 수 있고 적용이 간편하다는 장점을 지니지만 여러 가지 단점도 지니고 있어 실제로는 잘 쓰이지 않는다. 검사-재검사법은 일정 기간 동안에 두 번 테스트를 한다는 점에서, i) 검사 요인 효과(처음 측정이 재검사 점수에 영향을 미치는 효과), ii) 성숙 요인 효과(측정 간격이 길 때에 조사 대상집단의 특성 변화에 따른 효과), iii) 역사 요인 효과(측정 기간 중에 발생한 사건의 영향) 등 내적 타당성을 저해할 가능성이 많다. 이와 관련해 다음과 같은 문제점들이 지적된다.

첫째, 시험 간격 설정에 따른 논란이다. 시험 간격 설정은 검사를 두 번 시행하는 데 따른 기억 효과를 배제하기 위한 기간을 의미한다. 일반적으로 2주에서 4주의 기간을 설정하나 검사 도구의 특성이 시험 간격 설정의 주요 변수가 된다.

둘째, 검사를 두 번 시행하는 데 따른 문제점이다. 현실적으로 검사를 두 번 시행해야 하는 번거로움과 동일한 검사환경, 검사에 대한 동일한 동기와 검사 태도를 만들기 어렵다는 점이 문제로 제기된다. 예컨대 제1차 측정에서 다루었던 검사를 제2차 측정에서 다시 다루게 되므로 기억이나 연습 효과가 작용될 가능성이 많으며, 또한 제1차 측정에 열심히 응했던 피검자들이 제2차에서는 적당히 응하는 경향 등이 있어 측정 상황을 1·2차에서 완전히 동일하게 통제할 수 없는 점 등이 있다.

2) 동형검사법

(1) 개념

동형검사법(equivalent forms method)은 문항 내용은 다르지만 측정 내용, 문항 수, 문항 형식 등이 같도록 만든 두 개의 동형검사를 동일한 대상에게 연속적으로 실시했을 때 두 개의 검사에서 받은 점수가 일치되는 정도를 의미한다. 동형검사법은 두 검사의 유사성을 측정하며 평행검사 신뢰성(parallel-form reliability)이라고도 한다.

(2) 추정 방법

동형검사법은 두 개의 동형검사가 제작되어 동일 피험자에게 검사가 두 번 시행되어야 한다. 두 번 시행으로 얻은 각 피험자의 검사 점수 간의 상관 계수를 계산해 동형검사 신뢰성을 추정한다.

(3) 장단점

동형검사법은 두 개의 동형검사를 동일 집단에게 동시에 시행하므로 시험 간격이 문제가 되지 않으며 신뢰성 계수 추정이 쉽다는 점이 장점이다. 단점으로는 두 개의 동일한 동형검사 제작이 어렵다는 점을 들 수 있다. 동형검사법은 추정시 두 검사의 동형성 여부에 따라 동형검사 신뢰성 계수가 달리 추정되는 단점이 있으므로 연구자의 검사 도구 제작 능력에 따라 신뢰성 계수가 영향을 받는다.

3) 내적 일관성 신뢰성

내적 일관성 신뢰성(internal consistency reliability)은 검사를 구성하고 있는 문항 간의 일관성을 측정하므로 검사 도구가 얼마나 오차 없이 정확하게 측정하고자 하는 속성을 측정했느냐 하는 것이다. 내적 일관성 분석은 동일한 개념(속성)을 측정하는 항목인 경우에 그 측정 결과에 일관성이 있어야 한다는 논리에 따라 일관성이 없는 항목, 즉 신뢰성을 저해하는 항목을 배제한다는 논리이다.

내적 일관성 신뢰성에는 반분검사 신뢰성, Kuder-Richardson 20, Kuder-Richardson 21, Hoyt 신뢰성, Cronbach α 등이 있다. 여기에서는 반분검사법과 Cronbach α에 대해서 살펴보기로 한다.

(1) 반분검사 신뢰성

반분검사 신뢰성(split-half reliability)은 한 번에 실시한 검사 문항을 동형이 되도록 두 부분으로 나누어 두 부분에서 얻은 점수들이 어느 정도 일치하는가의 정도를 의미한다. 반분검사 신뢰성은 하나의 검사를 가지고 추정해 낸 동형검사 신뢰성이라는 점에서 아주 간편하고 경제적인 방법이다. 반분검사 신뢰성은 한 개 검사를 반쪽으로 나누어 구한 상관 계수이므로 스피어만-브라운(Spearman-Brown)의 수정 공식을 교정해 문항 수를 두 배로 증가시켰을 때의 신뢰성을 구하면 된다.

검사 점수를 양분하는 방법으로 전후 절반법, 기우 절반법, 문항 특성에 따른 양분법, 무선 양분법 등이 있는데, 기우수 반분법이 흔히 사용된다.

일반적으로 전체 측정의 상관 계수를 구할 때에는 스피어만-브라운 예언(Spearman-Brown Prophecy) 공식을 이용한다.

$$r_{tt}' = \frac{nr_{tt}}{1+(n-1)r_{tt}}$$

여기서 r_{tt}' : 전체 문항에 대한 추정 신뢰성 계수

r_{tt}: 두 부분 간의 반분 상관 계수

n: 자료 그룹의 수

이 때 전체 문항을 반분한다면 n=2가 되므로

$$\frac{r_{tt}' = 2r_{tt}}{1+r_{tt}} \qquad \text{(식 8-12)}$$

가 된다. 이 방법의 전제 조건은 다음의 두 조건을 충족해야 한다. 첫째, 측정 도구의 동질성(homogeneity)이 확보되어야 한다. 즉, 측정 도구가 같은 개념을 측정한다는 것이 명백해야 한다. 둘째, 양분된 측정 도구의 문항 수는 그 자체가 완전한 척도를 이룰 수 있을 만큼 충분해야 한다. 즉, 반분된 항목 수는 적어도 8~10개는 되어야 한다.

예컨대 반분된 측정검사를 따로 채점해서 그 두 점수 분포 간의 상관 계수 r_{tt}가 .80으로 나왔다면 전체 측정검사의 신뢰성 계수는 다음과 같이 된다.

$$r_{tt} = \frac{2(.80)}{1+.80} = \frac{1.60}{1.80} = .889$$

반분검사 신뢰성은 한 번의 검사 실시로 신뢰성을 추정할 수 있는 장점을 지니고 있으나, 전제 조건을 충족하기가 쉽지 않고, 검사를 양분하는 방법에 따라 신뢰성 계수가 변하는 단점도 지니고 있다. 특히 속도검사에서 반분검사 신뢰성을 사용할 때 주의가 필요하다.

(2) **크론바흐 α 계수**

반분법이 단일의 신뢰성 계수를 구할 수 없다는 점에 착안해 만든 방법이다. 검사를 한번 실시해 양분하지 않고 문항 간의 일치 정도를 추정하는 방법은 KR-20, KR-21, Hoyt 신뢰성, 크론바흐 α 계수 등이 있다. 이 가운데 가장 널리 사용되는 크론바흐 α 계수가 많이 이용된다(Cronbach, 1951). 이것은 동일한 개념에 대해 여러 개의 항목으로 구성된 척도를 이용할 경우에 해당 문항을 가지고 할 수 있는 한 가능한 모든 반분 신뢰성을 구하고 이의 평균치를 산출해 신뢰성을 측정하는 것이다. 그 값은 적어도 0.6은 넘어야 만족하는 수준이 된다.

리커트 척도를 사용한 크론바흐의 α는 다음과 같이 구한다.

$$\alpha = \frac{k}{k-1}\left(1 - \frac{\Sigma V_i}{V_t}\right) \qquad \text{(식 8-12)}$$

여기서, V_i = 문항 i의 분산

V_t = k 문항 모두를 더한 총화척도의 분산

k = 문항 수

크론바흐 α값은 각 문항 간의 평균 상관 계수 $\overline{r_{tt}}$를 가지고도 구하는데, 이 때의 α값을 표준화된 α라 하여 α_s로 표현한다.

$$\alpha_s = r_{tt} = \frac{k\overline{r_{tt}}}{1+(k-1)\overline{r_{tt}}} \qquad \text{(식 8-13)}$$

크론바흐 α 계수의 계산은 대부분 통계 프로그램들에 의해 쉽게 수행될 수 있고, SPSS(Statistical Package for the Social Sciences) 등을 통해서 쉽게

계산할 수 있다. 어느 신뢰성 계수와 마찬가지로 0에서 1의 값을 가진다.

크론바흐 α계수는 검사를 양분하지 않아도 되는 장점과 단일한 신뢰성을 추정하는 결과를 얻을 수 있고, 재검사 신뢰성, 동형검사 신뢰성, 반분검사 신뢰성이 지니는 단점을 극복할 수 있는 장점이 있다. 최근 각종 연구보고서에서 가장 많이 활용되는 신뢰성 추정 방법이라 할 수 있다. 그러나 검사 도구의 신뢰성을 과소 추정한다는 점이 지적되기도 한다.

그리고 내적 일관성을 측정할 척도가 이분(dichotomous, 예/아니오, 맞다/틀리다) 문항으로 구성되어 있을 때는 Kuder-Richardson Formula 20(KR-20)을 사용한다. KR-20은 쿠더(G. F. Kuder)와 리처드슨(M. W. Richardson)이라는 학자가 개발했는데, 개발한 학자들의 이름 첫 글자를 따서 KR-20으로 부른다. KR-20은 크론바흐의 알파를 이분형의 항목으로 이루어진 도구에 적용한 것이므로 그 해석은 크론바흐의 알파와 같다. SPSS에서는 '분석 → 척도화 분석 → 신뢰성 분석 → 알파'를 선택하면 이분형 데이터의 경우 KR-20을 구해 준다. 이 경우에 설문지를 이용해 측정 도구를 적용할 때는 긍정적인 문항과 부정적인 문항을 반반 정도로 섞는 것이 좋고 신뢰성 분석을 할 때는 부정적인 문항은 부호화(coding) 변경을 통해 긍정적인 내용으로 점수를 바꿔야 한다.

4 신뢰성에 영향을 주는 요인과 개선 방법

1) 신뢰성에 영향을 주는 요인

신뢰성에 영향을 주는 요인들로는 검사에 관련된 요인, 피험자에 관련된 요인, 검사 시행에 관련된 요인들을 들 수 있다. 먼저 검사에 관련된 요인은 다음과 같다(성태제, 1995).

첫째, 문항 수가 신뢰성에 영향을 미친다. 적은 수의 문항보다는 많은 수의 문항으로 측정할 경우에 측정 오차를 줄일 수 있다.

둘째, 문항의 난이도가 적절해야 한다. 검사가 너무 어렵거나 쉬우면 검사 불안과 부주의가 발생해 진짜 능력을 발휘하지 못하므로 신뢰성이 저하된다.

셋째, 문항의 변별도가 높아야 한다. 문항이 피험자의 능력에 따라 구분할 수 있는 문항 변별력이 있어야 검사의 신뢰성이 높아진다.

넷째, 검사 도구의 측정 내용이 더 좁은 범위의 내용이어야 한다. 검사 내용의 범위가 좁을 때 문항 간의 동질성을 유지하기가 용이하기 때문에 전체 내용 범위보다는 일부 내용 범위로 제한할 경우에 신뢰성이 높아진다.

다섯째, 검사 시간이 충분해야 한다. 충분한 시간이 부여될 때 응답의 안정성을 보장받을 수 있다.

여섯째, 그외 신뢰성에 영향을 주는 피험자와 관련된 요인들로 피험자 집단의 이질성, 피험자들의 검사 기술(testwiseness), 피험자들의 흥미와 동기 등을 들 수 있다. 피험자 집단이 이질적일 때 신뢰성은 증가한다. 피험자의 수험 기술을 발휘할 때 신뢰성이 증가할 수 있다. 그리고 피험자들의 검사에 대한 흥미가 높고 검사를 선택한 동기가 높으면 신뢰성은 증가하나 흥미를 상실한 상태에서 검사에 임하면 응답의 일관성을 결여해 신뢰성이 감소된다. 또한 검사 시행에 관련된 요인들로는 시간 제한, 시험환경 등이 검사의 신뢰성을 증가시키거나 감소시키는 요인으로 알려지고 있다(성태제, 1995).

2) 신뢰성의 개선 방법

신뢰성을 개선하는 방법은 '최대 최소 동시성 원리(maximincon principle)'를 적용하는 것이다. 이것은 개인별 차이의 분산을 극대화하고 오차분산을 극소화하는 것이다. 이에 대한 일반적 방법들은 다음과 같다(Kerlinger & Lee, 2000: 659-660).

첫째, 측정 도구의 문항을 명백히 정의해 측정의 모호성을 제거한다. 문항의 내용이 모호하면 개인들이 문항을 서로 다르게 해석할 수 있어, 오차분산이 커지고 따라서 신뢰성도 떨어진다.

둘째, 측정 항목 수를 늘린다. 측정 도구가 충분히 신뢰성이 높지 못하면 동일한 종류와 질의 문항들을 더 추가하는 것이 좋다. 이렇게 하면 예측할 수 있을 만큼 신뢰성을 높이는 것이 바람직하다. 문항을 추가하는 것은 어떤 개인의 X_t가 그의 X_∞에 근접할 확률을 증가시켜 준다. 문항이 많아지면 무작위적 응답인 기회 오차가 그만큼 적어진다. 다시 말해 문항을 많게 하면 정확한 측정을 할 확률이 커진다는 것이다(각 X_t는 개인별 문항의 값의 합계임을 상기할 것). 측정 항목 수와 바라는 신뢰성 정도와의 관계를 식으로 나타내면 다음과 같다.

$$k = \frac{r_1(1-r_0)}{r_0(1-r_1)}$$

여기서, r_0은 현재의 신뢰성 정도
r_1은 원하는 신뢰성 정도
k는 r_1을 위해 필요한 측정 항목

셋째, 측정 규칙(rules)을 명백히 하고 표준화하면 측정오차를 감소시켜 주는 경향이 있다. 모호한 규칙은 오차분산을 증가시키기 때문이다. 더욱이 측정도구는 언제나 표준적이고 잘 통제되고 유사한 조건 아래서 적용되어야 한다. 이전의 조사에서 이미 신뢰성이 검증된 측정 도구를 사용하는 것이 좋다.

넷째, 측정자들의 면접 방식과 태도에 일관성이 있어야 한다. 적용 상황이 달라지면 오차분산이 다시 개입될 여지가 많다.

다섯째, 동일한 질문이나 유사한 질문을 2회 이상 하는 방법이 있을 수 있다. 이러한 규칙을 통해 응답자로 하여금 좀더 일관성 있는 응답을 하도록 유도할 수 있다.

여섯째, 조사 대상자가 잘 모르거나 전혀 관심이 없는 내용에 대한 측정은 하지 않는 것이 좋다.

제 3 절 측정의 타당성

1 타당성의 의의

사회 현상의 연구에서는 추상적 개념을 측정하기 위해 측정지표나 측정 문항을 개발해 사용하고 있다. 정확한 측정 결과를 얻기 위해서는 측정지표들이 측정하고자 하는 개념을 얼마나 정확하게 측정할 수 있는지에 대한 평가가 필요하다. 타당성(validity)은 측정 도구(검사 또는 시험)가 측정하고자 하는 개념이나 속성의 내용을 얼마나 충실하게 재고 있는지 정도를 의미한다. 따라서 타당성은 측정 개념에 대한 조작적 정의와 조작적 정의의 타당성을 의미한다.

타당성의 의미를 정확히 이해하기 위해서는 다음의 몇 가지 점에 유의할 필요가 있다.

첫째, 타당성은 측정 대상 집단에 사용된 측정 도구나 검사를 통해서 얻은 검사 결과의 해석에 대한 적합성이지 측정도구(검사) 자체와 관련된 것이 아니다. 그러므로 편의상 측정(검사)의 타당성이라 표현하지만 정확히 말해서 측정(검사) 결과로부터 만들어진 해석에 대한 타당성을 말하는 것이다.

둘째, 타당성은 정도의 문제이다. 타당성이 '있다' 혹은 '없다'로 말하는 것이 아니라 어느 정도 '낮다', '적절하다', '높다' 등으로 표현해야 한다.

셋째, 타당성은 특별한 목적이나 해석에 제한된다. 한 측정(검사)이 모든 목적에 부합될 수 없듯이 이 측정(검사)은 무엇을 측정하는 데 타당하다고 표현해야 한다.

넷째, 타당성은 단일한 개념이다. 다양한 종류의 타당성 개념과 관계된 전통적 관점은 무시되고 다양한 종류의 근거에 기초한 단일한 개념으로 해석되고 있다.

따라서 타당성 개념에는 적어도 다음의 두 가지 쟁점이 내포되어 있다. i) 측정하고자 하는 개념이나 속성을 얼마나 실제에 가깝게 정확히 측정하고 있는가의 정도, ii) 개념이나 속성을 측정하기 위해서 개발된 측정 도구가 해당 속성을 얼마나 정확하게 반영하느냐의 정도, 즉 측정 개념이나 속성에 대한 개념적·조작적 정의의 타당성을 의미한다.

2 타당성의 유형

일반적으로 측정의 타당성[5]은 내용타당성(content validity), 기준타당성(criterion-related validity) 및 구성개념 타당성(construct validity)의 세 가지 유형으로 나뉜다(Kerlinger & Lee, 2000: 666-667).

1) 내용타당성

(1) 정의

이것은 측정하고자 하는 대상을 얼마나 측정하고 있는가를 논리적으로 따져보는 것이다. 환원하면 측정 도구 자체가 측정하고자 하는 속성이나 개념을 측정할 수 있도록 되어 있는가를 평가하는 것이다. 논리적 타당성(logical validity) 또는 표면(액면) 타당성(face validity)이라고도 한다. 예를 들면 시험 문제지의 문항, 질문, 목적이 측정을 위해 규정된 내용 영역이나 전체를 얼마나 잘 대표하느냐의 정도를 말한다. 내용타당성은 논리적 사고에 입각한 논리적 분석 과정으로 판단하는 주관적인 타당성으로 객관적인 자료에 근거하지 않는다. 이는 측정 도구(검사)에 관한 내용 전문가에 의해 검사가 측정하고자 하는 속성을 제대로 측정했는지를 주관적으로 판단한다. 이 때 판단은 측정이 우리가 의도한 것을 제대로 표상해 주고 있는지에 대해 자명성(self-evidence) 기준에 의해 판단한다.

내용타당성은 다시 세분하면 표면(액면) 타당성과 표집 타당성(sampling validity)으로 나뉜다(Nachmias & Nachmias, 1981: 59-60).

① 표면(액면) 타당성: 우리가 쓰는 측정 도구가 그것이 재고자 의도하는 행위·속성을 제대로 재는가를 주관적으로 판단하는 것을 말한다. 이 때는

---

5) 사회과학 연구에서 타당성 문제는 보통 인과적 추론의 타당성과 측정의 타당성 문제로 논의된다. 인과적 추론에서는 타당성의 유형을 내적 타당성, 외적 타당성, 통계적 결론의 타당성, 구성개념의 타당성으로 구분해 설명하는 것이 일반적이고, 여기에서 논의하는 측정의 타당성은 구성개념의 타당성에 해당한다.

주로 개념 규정, 측정 또는 관찰의 절차, 그리고 관찰·측정하려는 속성에 대한 세심한 검토를 한 다음에 결정해야 한다. 만일 연구자가 다른 기준에 의해 판단할 때 그 측정 도구로써는 재려는 속성이 측정·관찰되지 않는다면 도리가 없다.

② 표집 타당성: 측정 도구로 재려는 행위나 속성의 내용이 정말 그 행위나 속성 요소의 모집단을 대표한다고 할 수 있는가 하는 것이다. 일반적으로 좁은 의미에서 내용타당성(content validity)이라고 할 때는 이것을 말한다. 만일에 문항 표본의 대표성이 높으면 그만큼 내용타당성이 높다고 할 수 있다.

(2) 추정 방법

내용타당성은 측정 도구에 포함된 설문 문항이나 관찰 항목들에 대해서, 주관적 혹은 상호 주관적 판단에 기초해 그것들의 적합성 여부를 결정하는 것이다. 측정하고자 하는 개념을 측정하기 위해서 올바른 질문이나 관찰들이 측정 도구에 포함되어 있는지를 연구자의 직관이나 전문가들의 견해를 통해 판단한다. 내용타당성은 전문가의 주관적 판단에 의존하므로 객관적 자료를 사용하지 않으며 내용타당성이 '높다' 혹은 '낮다'로 표현할 수 있을 뿐이다. 문항 내용 전문가의 전문 지식에 의존하는 것이기 때문에 임의적 판단이 아님을 전제한다. 특히 학업성취도 검사의 내용타당성은 검사 제작 전에 작성한 이원분류표에 의해 문항들이 제작되었는지를 확인하는 과정을 통해 검증된다.

논의의 핵심은 '이 측정 도구의 실체나 내용이 측정하고 있는 속성의 내용을 대표하고 있는가?'라는 것이다. 여기서 어떤 관심 변수의 속성에 대해 관찰 가능한 모든 내용들의 이론적 모집단 U를 생각해 볼 수 있다. 모집단 U의 구성 요소를 문항이라고 부를 수 있다. 예를 들어 학생들의 '수학 성취도'를 생각해 보면, U는 수리적 연산이나 개념을 사용하는 모든 가능한 문항을 구성 요소로 하며 그 구성 요소는 무한히 많다. 만일 U가 수리적 연산, 수학적 개념, 수리적 조작을 의미하는 A, B, C의 하위 집합으로 구성되어 있으면 U의 충분히 큰 표본은 A, B, C를 거의 동등하게 대표할 것이다. 그리고 테스트의 내용타당성은 만족스러울 것이다. 그러나 현실적으로 내용의 모집단으로부터 문항을 무작위로 표집해 내용타당성을 완전히 확보하는 것은 쉬운 일이 아니다. 문제는 내용 모집단에서 표집된 문항 표본이 얼마나 모집단을 잘 대표하고 있느냐 하는 것을 누구에 의해서, 어떻게 판단하느냐 하는 것이다. 내용 타당화는 본질적으로 관찰자의 주관적 판단에 따른 자기타당화(self-validated) 과정에 의존한다. 따라서 문항의 내용에 전문적 지식을 갖고 있는 전문가가 '이 문항은 속성 M을 정확히 측정하고 있는가?' 또는 '이 문항은 속성 M의 내용 모집단을 제대로 대표하고 있는가?'에 대해 판단하게 된다. 또한 만일 U의 하위 집합이 있으면 '이 문항은 하위 집합 M_1 또는 하위 집합 M_2의 구성 요소인가?'에 대해서도 판단할 수 있어야 한다. 그 밖에도 내용타당성 평가 방법으로 측정 대상과 관련된 기존 지식이나 이론 등을 판단 기준으로 사용하는 방법, 패널 토의, 워크숍 등을 통해 특정 분야의 전문가들의 합의적 판단에 크게 의존한다.

(3) **장단점**

내용타당성은 계량화되어 있는 정보를 제공하지 못한다고 해도 전문가들의 판단에 의해 측정(검사)의 타당성을 입증받게 되는 것이므로 측정(검사)의 목적에 부합하는가의 여부를 검증할 수 있다는 장점이 있다. 일반적으로 전문가들이란 어느 특정 영역에서 공통된 인식을 고유하므로 측정(검사)의 타당성 입증에 다른 견해를 표출하는 경우는 많지 않다.

그러나 정의에 대한 통일된 인식이 없는 특성, 특히 정의적 특성을 측정할 때 전문가마다 각기 다른 견해를 가지는 경우가 많으므로 내용타당성에 대해 각기 다른 검증 결과가 나올 수 있다. 내용타당성은 계량화되지 않았기 때문에 타당성의 정도를 표기할 수 없다는 것도 단점이라고 하겠다. 특히 측정·관찰하고자 하는 개념의 규정 자체에 대한 완전한 합의나 의견의 일치를 얻기가 어려운 경우에는 더욱 그러하다. 그리고 대부분의 사회과학적 개념들은 다차원적인 성격을 띠기 때문에 그것을 다시 부분 개념들로 나눌 때, 그 중 어떤 차원을 포함시키느냐 하는 것도 그리 간단한 문제가 아니다.

따라서 측정 도구의 평가를 내용타당성에 의존할 수밖에 없는 경우일지라도, 다양한 외부 전문가를 포함시켜 주관성의 소지를 줄이는 것이 필요하다. 측정하고자 하는 개념에 대한 전문가, 측정 도구 개발에 관한 전문가, 혹은 예비조사를 통해 본검사에 사용하려는 설문지(검사지)나 관찰 기록지의 내용들이 타당한지를 확인하는 것이 바람직하다. 따라서 측정의 내용들에 대한 타당성을 확인하는 데 가장 중요한 것은, 측정하고자 하는 속성들의 내용이 골고루 분포되도록 문항 표본을 설계하는 것이다.

2) 기준 관련 타당성

(1) 정의

기준 (관련) 타당성은 하나의 측정 도구를 사용해 측정한 결과를 다른 기준을 적용해 측정한 결과와 비교해 나타난 관련성의 정도를 말한다. 즉, 이미 타당성이 있는 것으로 알려진 외재변수 또는 기준(criterion)과 측정값들을 비교하는 것이다(Kerlinger, 1986: 418). 현재 개발된 측정 도구에 의해 산출된 측정 결과들이 비교 기준이 되는 다른 측정 결과들과 높은 연관성을 갖게 될 때 기준타당성은 높아진다. 이 때 기준타당성은 그 성질상 경험적이고 예측적 또는 결정적 성격을 갖고 있다.

첫째, 기준타당성은 이미 그 타당성이 경험적으로 입증된 기준과 관련시켜서 비교하는 것이기 때문에 경험적 타당성(empirical validity)이라고도 한다. 전술한 내용타당성이 관찰자들의 주관적인 판단에 의해 이루어지는 것인데 비해, 기준타당성은 경험적인 근거를 통해 타당성을 확인하는 방법이다. 예를 들어 대학 입학 선발 방법으로서 수학 능력 시험의 타당성을 평가한다고 하자. 만약 수학 능력 시험 점수와 입학 후 학업 성적과의 상관관계가 높다고 하면 수학 능력 시험은 학업 성적이라는 기준과 관련시켜 볼 때 타당성이 높다. 또한 공무원 채용 시험의 타당성을 입증하기 위해 채용 후 근무 성적과 비교했다면, 근무 성적이 공무원 채용 시험의 타당성 기준이 되는 것이다.

둘째, 다른 관점에서 보면 기준타당성은 측정 도구가 어떤 기준 변수의 값을 얼마나 정확하게 예측할 수 있는가를 평가하는 것이다. 위 예에서 수학 능력 시험(또는 공무원 채용 시험 성적)이 향후 대학 재학시의 학업성취도(또는 채용 후 근무 성적)라는 기준 변수의 값을 얼마나 잘 예측해 줄 수 있는가 하는 것과 관련되어 있다. 이와같이 기준타당성은 실제적인 문제를 해결하고 결정을 내리는 데 도움을 준다. 측정검사는 교육, 기업 및 다른 직업에서 성공적인 사람을 추려내고 선발할 예측적 목적으로 수많은 사람들에 의해 사용된다. 따라서 기준 관련 타당성이 높은 측정검사는 연구자가 사람들을 처리에 배정하는 데 결정을 잘 내리도록 도와 줄 수 있다. 예를 들어 대학입학위원회는 학업 적성검사를 토대로 지원자를 대학에 입학을 허용할 것인가 여부를 결정할 수 있는 것이다.

(2) 종류

이와 같은 기준타당성의 판단에는 사용되는 비교 기준의 시점에 의해 두 가지 방법이 있다. 평가의 기준 변수가 미래의 시점에 관한 것이면 예측적 타당성(predictive validity)이라고 부르고, 현재 상태를 나타내는 것일 경우에는 동시적 타당성(concurrent validity)이라고 부른다(Neuman, 2000: 168-169).

① 예측적 타당성: 이것은 검사 점수를 이용해서 일정 시간이 경과한 후 피험자의 행동 수준 또는 성과를 예언할 수 있는 정도를 말한다. 측정 결과가 관련 개념을 예측하는 데 쓰이면, 그 관련 개념이 예측 기준(predictive criterion)이 되어서 측정 도구의 타당성을 확인해 준다. 예를 들어, 전술한 수학 능력 시험 성적으로 어떤 학생의 대학 재학시의 학업 능력을 예측하는 지표로 쓰는 것이라든지, 또는 현재의 직장 만족도를 측정하는 지표로 장차 노동자들의 생산성이 높은지를 가려낼 수 있는지를 평가하는 경우이다.

예측적 타당성은 검사 점수와 미래의 행동과의 관계에 의해 추정되므로 계량화되는 특징을 지닌다. 따라서 예측적 타당성의 추정 방법은 측정검사의 점수와 미래 행동 점수 간의 상관 계수에 의해 추정된다.

예측적 타당성의 장점으로는 검사 도구가 미래의 행위를 예측해 주기 때문에 예측적 타당성이 높으면 선발, 채용, 배치 등의 목적을 위해 검사를 사용할 수 있다. 예를 들어 각종 국가공인 자격 시험, 대학 수학 능력 시험에서 예측적 타당성이 중요시되어야 한다. 단점으로는 동시 측정이 불가능하므로 검사의 타당성을 검증하기 위해서는 시간적 여유가 필요하다. 일정한 시간이 경과된 후에 검사 점수와 측정된 행위 간의 상관 계수에 의해 타당성을 검증하기 때문에 연구용 검사 도구의 예측적 타당성을 검증하기 어렵다.

② 동시적 타당성: 이것은 어떤 검사 점수가 '현재' 시점에서 다른 검사 점수와 어느 정도 일치되느냐의 정도를 말한다. 동시적 타당성은 기준타당성의 한 종류로서 검사 점수와 기존에 타당성을 입증받고 있는 검사를 통해 얻은 점수와의 관계에 의해 검증되는 타당성이다. 즉, 새로운 검사를 제작했을 때 기존에 타당성을 보장받고 있는 검사와의 유사성 혹은 연관성에 의해 타당성을 검증하는 방법이며 공유타당성이라고도 한다.

동시적 타당성은 측정 결과가 현재 그것과 관련이 있다고 믿어지는 다른 변수와의 상관 관계를 통해 확인된다. 동시적 타당성은 새로 개발된 측정 도구의 검사 점수와 타당성을 검증받은 기존 검사 점수 간의 상관 계수에 의해 추정된다.

동시적 타당성의 장점은 계량화되어 타당성에 대한 객관적 정보를 제공할 수 있으며 타당성의 크기를 나타낼 수 있다는 점이다. 단점으로는 타당성을 입증받은 기존의 타당한 검사가 없을 경우 동시적 타당성을 추정할 수 없다.

(3) 추정 방법

이처럼 현재의 측정 도구에 대한 타당성을 알아보기 위해 측정값(M)과 비교 기준(C)을 비교해 양자 간의 상관 관계를 구해 기준타당성으로 사용한다. 이를 간단히 나타내면 [그림 8-5]와 같다.

그림에서 어떤 측정 도구가 타당한지에 대한 추정은 측정값(M)이 측정대상(U)을 적절하게 기술하는지를 통해 알 수 있다. 이를 확인하기 위해 기준타당성에서는 외부에서 비교 기준(C)을 찾는다. U와 밀접한 관련성이 있는 것으로 믿어지는 C의 값을 비교의 기준으로 삼아, M과 C의 상관 관계를 경험적으로 확인한다. M과 C가 높은 상관 관계를 가질 때, M은 U를 적절하게 기술하고 있다고 보고, 측정 도구가 타당성이 있는 것으로 추정된다.

[그림 8-5] 기준타당성의 추정

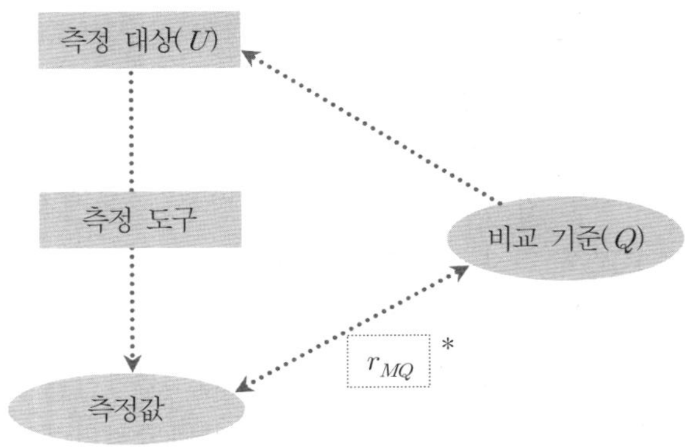

* r_{MC}(타당성 계수): 측정(M)과 비교 기준(C) 간의 상관 계수

이처럼 측정값과 비교 기준 간의 상관 계수를 가지고 타당성 계수로 보통 많이 사용한다. 이미 타당성과 신뢰성이 입증된 외부 기준을 선택하는 것이 필요하다.

3) 구성개념 타당성

(1) 정의

구성개념 타당성(construct validity)이란 현대의 측정 이론에서 가장 진보된 유형의 타당성이다.

일반적으로 사회과학에서 사용하는 개념은 비교적 추상화의 정도가 높은데, 이처럼 추성화의 정도가 높은 개념을 구성개념(construct)이라 한다. 따라서 구성개념 타당성이란 연구자가 측정하고자 하는 추상적인 개념이 측정 도구에 의해 적절하게 제대로 측정되었는지의 정도를 나타낸다. 즉, 구성개념 타당성은 연구에 사용되는 이론적 구성 개념과 이를 측정하는 측정 수단들 간의 일치의 정도를 나타내는 것이다.

구성개념 타당성을 추정하기 위한 논리적 과정은 [그림 8-6]과 같이 나타낼 수 있다(Cronbach & Meehl, 1955: 281-301). 이를 단계별로 설명하면 다음과 같다.

첫째, '하나의 측정 도구가 이론에 포함된 어떤 구성개념의 특성 *A*를 측정한다'라는 명제를 설정한다.

둘째, 위의 명제가 구체적으로 특성 *A*를 형성하고 있는 이론과 결합된다.

셋째, 이론을 통해 측정 도구는 그것과 관련되었거나 관련이 없는 특성 *B*를 예측한다.

넷째, [그림 8-6]의 예측된 관계를 경험적으로 입증된 자료를 통해서 채택 또는 기각하게 된다. 위의 명제가 수용되면 측정 도구의 유효성이 확보된다. 반면에 기각되면 측정 도구는 특성 *A*를 잘 측정하지 못하거나 예측 과정에 결함이 있다고 판단하게 된다.

예를 들어 직장인의 직무만족도를 측정하는 도구에 대한 구성개념 타당성을 확인하기 위해서는, 먼저 직무만족도와 관련한 이론적 틀을 구성해야 한다. 직무 만족의 원인과 결과에 대한 가설적 설명들이 그러한 이론적 틀을 형성하게 될 것이다. 만일에 경제적 보상이 높을수록 직무만족도가 높게 나타난다는 이론적 설명이 가능하다고 하자. 만약 직무만족도를 측정하는 도구가 타당하다면, 직무만족도가 높게 나타나는 경우에 경제적 보상도 높게 나타나야 할 것이다. 그렇지 않은 결과가 나타난다면 직무만족도에 대한 측정 도구의 구성개념 타당성에 대한 의문이 제기될 수 있다.

[그림 8-6] 구성개념 타당성

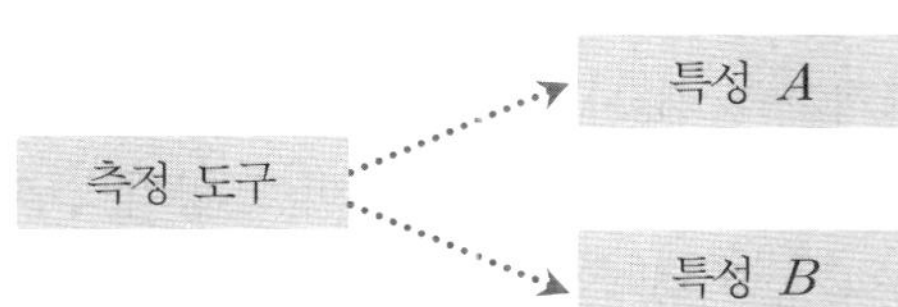

(2) 종류

구성개념 타당성은 수렴적 타당성(집중 타당성, convergent validity), 차별적 타당성(판별타당성, discriminant validity), 이해타당성(nomological vality)으로 구분해 볼 수 있다(Kerlinger, 1986: 421).

① 수렴적 타당성

이것은 같은 개념을 측정하는 경우에는 상이한 측정 방법을 사용하더라도 그 측정값들 간에 높은 상관 관계가 존재해야 한다는 것이다. 같은 개념을 측정하는 여러 측정 도구들 간에 상관 관계가 높으면 그 측정 도구는 타당성이 높고, 그렇지 못할 경우는 타당성이 낮다. 수렴적 타당성은 동일한 개념을 측정하기 때문에 상이한 측정 방법을 사용하더라도 그 측정값들은 하나의 차원으로 수렴해야 한다는 원리에 기초한다. 예를 들어, 대학에서의 수학 능력을 판단하기 위한 대학 입시 선발 척도로 수학 능력 시험 점수와 학교 내신 성적을 사용한다고 할 때, 이 때 지원자들의 양 점수 간에 상관 관계가 높게 나타난다면 두 가지 측정 도구는 수학 능력 개념을 측정하는 수렴적 타당성이 높다고 할 수 있다. 실제 조사에서 한 개념을 측정하기 위해 복수의 문항들이 사용될 때, 이들 문항들의 수렴적 타당성이 높다면 이들 간의 상관 관계도 높게 나타나야 한다.

② 차별적 타당성

이것은 상이한 개념을 하나의 측정 도구나 두 개 이상의 측정 도구로 측정하는 경우에 각 측정 도구의 결과 간에 상관 관계가 낮게 나타나면 그 측정 방법은 차별적 타당성이 높다고 한다. 다시 말해 상이한 개념을 측정하는 경우에 동일한 측정 방법을 사용한다면 그 측정값 간에는 차별성이 나타나야 한다는 것이다. 예를 들어 보수주의와 진보주의가 서로 다른 차원의 개념이라면 각각을 측정하는 측정 지표들 간에는 차별성이 나타나야 한다. 즉 상관 관계가 낮게 나타나야 한다. 반면에 보수주의와 진보주의가 동일한 차원의 연속선상의 개념이라면 이들 양자 간의 측정 지표들 간의 상관 관계는 (-)의 높은 상관 관계를 보이게 될 것이다.[6]

③ 이해타당성

이것은 특정 개념을 어떻게 이해하고 있는가에 관한 것으로 체계적으로

---

6) 보수주의와 진보주의 간의 관계에 대한 이론은 양자가 서로 차원을 달리 한다고 보는 이원성이론(duality theory)과 동일한 차원의 양극이라고 보는 양극성이론(bipolarity)으로 나뉜다.

개념의 구성에 따른 측정 방법이 사용된다. 즉 이해타당성을 높이기 위해서 조사자는 관심이 있는 특정 개념과 관련이 있는 모든 개념들을 체계적으로 연결시키는 이론적 구성도를 작성해 관련된 개념으로 구성된 모형에 측정 방법을 연결시키려는 노력을 해야 한다. 또한 그 모형을 통해 계속적으로 모형을 평가하고 해석하며 관련된 다른 모형을 추론해 나가야 한다. 만일 *A*라는 개념이 *B*라는 개념과 높은 상관 관계를 가진다고 할 때, 개념 *A*만을 측정하다기보다는 *B*와 함께 하는 것이 높은 타당성을 가지게 되는 것이다. 예를 들면 지능은 분석력, 창의력, 판단력, 문제 해결 능력 등으로 구성되어 있으므로 지능의 측정은 이들을 종합적으로 측정해 연결함으로써 측정될 수 있다.

(4) 다중속성 · 다중측정 행렬분석

측정 도구의 수렴적 타당성과 차별적 타당성을 추정하기 위한 대표적 방법으로 캠벨(D. Campbell)과 피스크(D. Fiske)가 제안한 다중속성 · 다중측정 행렬(multitrait-multimethod matrix)을 분석하는 방법이 있다. 이것은 두 개 이상의 개념에 대해 측정할 수 있는 도구를 각각 두 개 이상 개발하고 집중타당성과 판별타당성을 평가한다.

캠벨과 피스크(Campbell & Fiske, 1959: 81-105)는 수렴성과 차별성의 아이디어를 이용해 이들에 대한 상관 행렬을 구함으로써 구성개념 타당성을 검증하고자 했다. 즉, 이들에 의하면 다중속성 · 다중측정 행렬에서 구성개념의 수렴적 타당성과 차별적 타당성을 입증하기 위해서는 다음과 같은 조건이 필요하다.

첫째, '동일한' 개념적 속성을 측정하기 위해 '상이한' 측정 방법을 사용하게 되면 이들 측정값 간의 상관 계수값이 높아야 한다.

둘째 '상이한' 개념적 속성을 측정하기 위해 '동일한' 측정 방법을 사용하게 되면 이들 측정값 간의 상관 계수값이 낮아야 한다.

넷째, '상이한' 측정 방법으로 '동일한' 개념적 속성을 측정한 결과 간의 상관 계수는 '동일한 방법'으로 '상이한' 개념적 속성을 측정한 결과 간의 상관 계수보다 높아야 한다.

넷째, '동일한' 측정 방법으로 '동일한' 개념적 속성을 측정한 결과와 '상이한' 측정 방법으로 '상이한' 개념적 속성을 측정한 결과 간의 상관 계수들 값의 크기가 유사해야 한다.

이 방법을 적용해 구성개념 타당성을 검증하기 위해서는 최소한 두 가지의 개념적 속성에 대해 두 가지의 상이한 측정 방법을 이용해 측정한 결과 점수가 있어야 한다.

이와같이 다중속성·다중측정 방법 절차의 모형은 측정 도구의 수렴적 타당성과 차별적 타당성을 동시에 평가된다. 이러한 방법을 실제 사용하려면 서로 다른 개념을 측정하기 위한 한 쌍의 상이한 측정 도구를 개발해야 하는데, 현실적으로 이러한 조건을 충족시키는 개념과 측정 도구를 찾기가 어렵다. 또한 실제 연구 상황에서 상대적으로 큰 표본에 두 개 이상의 변수를 두 가지 이상의 측정 도구로 적용하는 것이 쉽지 않다는 적용상의 난점이 있다.

(5) 요인분석에 의한 구성개념 타당화 방법

요인분석은 후술하는 것처럼 척도분석의 방법으로 활용되기도 하지만 구성개념의 수렴성과 차별성을 평가하는 방법으로도 쓰인다(Kerlinger & Lee, 2000: 427).

요인분석의 기본 원리는 상관 관계가 깊은 측정 항목들 간의 상관 관계가 높은 것끼리 하나의 공통 요인(common factor)으로 묶어 내며 요인들 간에는 상호 독립성을 유지한다는 것이다. 따라서 요인들 사이에는 서로 상관 관계가 없으므로 서로 다른 개념이라고 할 수 있다. 이것은 요인 내의 항목들은 수렴적 타당성을 유지하고, 요인 간에는 차별적 타당성이 유지되는 것으로 해석할 수 있다. 요인분석에서 사용하는 변수 또는 항목들은 두 개 이상 여러 개가 있어야 하고 측정은 등간 또는 비율 척도여야 한다.

구성개념 타당성 평가를 위한 요인분석 절차는 다음과 같다. 먼저 상이한 개념적 속성들에 대해 각각 여러 가지 방법을 사용해서 복수 개의 측정 지표(문항)를 구성한다. 다음에는 이들 측정지표(문항)들에 의해 측정된 값들을 사용해서 요인분석을 실시해, 그 결과로 나온 요인들이 원래 의도한 개념적 속성을 대표하는지를 평가하는 것이다. 요인분석의 결과, 하나의 요인으로 묶여진 측정 항목들은 동일한 개념적 속성을 측정하는 것으로 간주되고, 반면에 원래 의도했던 것과는 다른 어떤 요인에 적재값이 큰 측정지표(문항)들은 다른 개념적 속성, 즉 다른 요인을 측정하는 지표로 간주되어 그 구성개념 타당성이 낮은 것으로 평가한다. 따라서 하나의 요인으로 묶여진 측정 항목들은 수렴적 타당성이 있으며, 원래 다른 개념을 측정하는 것으로 생각되었던 지표들이 서로 다른 요인으로 묶였을 경우에는 차별적 타당성이 높은 것으로 판단된다.

이러한 요인분석 방법은 다중속성·다중측정 행렬분석보다 현실적으로 적용하기가 훨씬 용이하므로 경험적 조사연구에서 광범위하게 이용된다.

일반적으로 요인분석은 탐색적 요인분석(EFA: exploratory factor analysis)과 확인적 요인분석(CFA: confirmatory factor analysis)으로 나뉘는데, 전자는 연구자가 사전에 관찰 항목(변수)들과 요인들 사이의 구조를 정하지 않고 요인을 추출하는 방법이고, 후자는 사전에 탐색적인 연구가 이루어졌거나 미리 가정한 연구모형으로 자료를 충분히 설명할 수 있는지 여부에 대한 관점에서 분석을 진행하는 방법이다. 이 중에서 확인적 요인분석이 측정 도구의 타당성을 검증하는 도구로 활용된다. 보통 확인적 요인분석은 구조방정식 모형(SEM: structural equation modeling)에서 인과 분석(causal analysis)에 앞서 시행되며, 이러한 분석을 위한 전문 통계 패키지로서 AMOS, LISREL, EQS, PLS, CALIS 등이 있다.

확인적 요인분석의 결과는 전체적인 적합지수를 통해서 연구모형에 대한 적합성 검증을 통해서 실제 측정 자료를 평가한다. 이러한 절차를 거치기 때문에 확인적 요인분석은 크론바흐 알파(Cronbach α)를 포함한 신뢰성 계수보다는 요인에 대한 단일 차원성에 대한 엄격한 검증이라 할 것이다(김계수, 2006: 249). 확인적 요인분석에서는 전반적인 모형의 적합지수를 만족하는지 여부를 판단하고, 다음으로 측정모형에 대한 모수(parameter)를 확인하는 절차를 밟게 된다. 확인적 요인분석에서 요인적재값(factor loading)을 이용해 구성개념 타당성(construct validity)과 분산추출값(variance extrcted)을 계산한다.

$$구성개념\ 타당성 = \frac{(\Sigma 표준적재값)^2}{[(\Sigma 표준적재값)^2 + \Sigma 측정오차]}$$

$$분산추출값 = \frac{\Sigma(표준적재값)^2}{[\Sigma(표준적재값)^2 + \Sigma 측정오차]}$$

구성개념 타당성의 경우는 0.7 이상이면 타당성이 있는 것으로 판단하고 분산추출값은 0.5 이상이면 구성개념 타당성이 있는 것으로 평가된다. 또한 LISREL 분석 결과에서는 회귀식의 설명력을 나타내는 γ^2이 제시되는데, 이는 측정 항목들 전체가 이론 변수에 의해서 설명되는 분산을 말하며, 0.5 이상이면 적당한 것으로 인정된다.

3 신뢰성과 타당성의 관계

1) 분산적 관련성(분산적 정의)

앞에서 신뢰성은 총분산에 대한 진실된 분산의 비율로 정의되었다.[7] 즉,

$$r_{tt} = \frac{V_{\infty}}{V_t} \quad (식\ 8\text{-}14)$$

이다. 마찬가지로 타당성이란 총분산에 대한 공통요인분산의 비율이라고 생각할 수 있다. V_{al}을 타당성이라 하고, V_{co}를 공통요인 분산, V_t를 측정의 총분산이라 할 때,

$$V_{al} = \frac{V_{co}}{V_t} \quad (식\ 8\text{-}15)$$

로 나타낼 수 있다(Kerlinger, 1986: 428-431).

어떤 측정값의 총분산은 [그림 8-7]에서 보는 것처럼, 공통요인분산, 고

---

7) 여기에서 제시되고 있는 타당성에 대한 분산을 이용한 설명은 앞의 절에서 다루었던 신뢰성에 대한 변수 중심의 설명을 연장한 것이다.

유분산 및 오차분산의 세 가지 요소로 구성된다. 공통요인분산(V_{co} : common factor variance)이란 둘 이상이 검사 항목(측정지표)의 측정치가 공유하는 분산이다. 환언하면 공통요인분산은 둘 또는 그 이상의 검사가 공통으로 갖는 분산을 말한다. 고유분산(V_{sp} : specific variance)은 어느 측정치의 공통요인분산과 대조되는 것으로, 어떤 측정치가 다른 측정치와 공유하지 않는 체계적 분산을 말한다. 만일 어떤 측정검사가 다른 검사들이 측정하고 있는 기술 능력(skill)을 측정한다면 여기에는 공통요인분산이 있다고 말하고, 만일 이 검사가 다른 검사는 측정하지 못하는 기술 능력을 측정한다면 고유분산이 있다고 말한다. 그리고 오차분산(V_e : error variance)은 측정 도구 특성과는 무관한 확률적 오차이다. 이들 간의 관계를 나타내면 [그림 8-7]과 같다.

[그림 8-7] 측정 분산의 구조

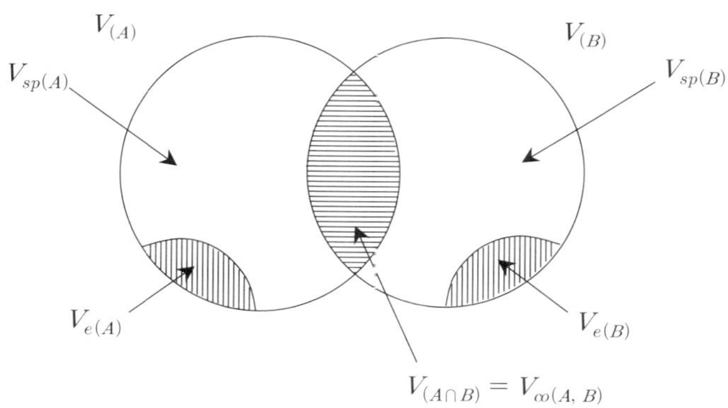

이를 식으로 표시하면,

$$V_{(A \cap B)} = V_{co(A,E)}$$

$$V_t = V_{co} + V_{sp} + V_e \qquad (식\ 8\text{-}15)$$

이다.

여기에서, $V_{(A)}$와 $V_{(B)}$는 검사(test) A와 B의 분산을 나타내고, $V_{(A \cap B)}$는 공통요인분산 $V_{co(A,B)}$이며, $V_{sp(A)}$와 $V_{sp(B)}$는 양쪽 검사의 고유분산들이고, $V_{e(A)}$과 $V_{e(B)}$는 각각의 오차분산이다.

총분산에 대한 비율을 설명하기 위해 (식 8-13)의 각 항을 총분산으로 나누어 주면,

$$\frac{V_t}{V_t} = \frac{V_{co}}{V_t} + \frac{V_{sp}}{V_t} + \frac{V_e}{V_t} \qquad \text{(식 8-16)}$$

이 된다.

(식 8-16)에서 우변의 첫째 항 V_{co}/V_t는 (식 8-14)의 우변과 같다. 따라서 타당성이란 고유분산이나 오차분산이 아닌 측정치의 총분산의 한 부분으로 볼 수 있다. 이것을 대수적으로 나타내면 다음과 같다.

$$\frac{V_{co}}{V_t} = \frac{V_t}{V_t} - \frac{V_{sp}}{V_t} - \frac{V_e}{V_t} \qquad \text{(식 8-17)}$$

따라서 앞의 절에서의 정의에 의해 신뢰성이란,

$$r_{tt} = 1 - \frac{V_e}{V_t} \qquad \text{(식 8-18>}$$

로 정의되는데, 이것은 다음과 같이 쓸 수 있다. 즉,

$$r_{tt} = \frac{V_t}{V_t} - \frac{V_e}{V_t} \qquad \text{(식 8-19)}$$

또한 이 방정식의 우변은 (식 8-15)의 우변의 한 부분과 같다. (식 8-15)를 약간 다르게 쓰면,

$$\frac{V_{co}}{V_t} = \frac{V_t}{V_t} - \frac{V_e}{V_t} - \frac{V_{sp}}{V_t} \qquad \text{(식 8-20)}$$

이 된다.

이것은 신뢰성과 타당성이 밀접한 분산 관계가 있음을 의미한다. 신뢰성

이란 (식 8-20)의 우변의 처음 두 항과 같다. 따라서 (식 8-18)과 연결시키면,

$$r_{tt} = \frac{V_t}{V_t} - \frac{V_e}{V_t} = \frac{V_\infty}{V_t} \qquad \text{(식 8-21)}$$

이, 되고 (식 8-20)에서 대체시키면 다음 관계가 얻어진다.

$$\frac{V_{co}}{V_t} = \frac{V_\infty}{V_t} - \frac{V_{sp}}{V_t} \qquad \text{(식 8-22)}$$

따라서 어떤 측정치의 공분산의 비율은 진실된 분산에서 고유분산을 뺀 것의 총분산에 대한 비율과 같다는 것을 알 수 있다. 즉, 측정치의 타당성은 공유분산의 총분산에 대한 비율인데, 이것은 신뢰 계수에서 전체 분산 대비 고유 분산 비율을 빼준 것과 같다.

이것은 두 가지 방법으로 요약될 수 있다. 첫째의 방법은 어떤 측정치의 분산을 방정식으로 나타내는 것이다. 만일에 어떤 측정검사에 두 가지의 공통 요인 A, B의 분산 소스가 있다고 하면(예로서 언어 능력과 산수 능력, 또는 진보주의적 태도와 보수주의적 태도 등), 그 측정검사의 공통요인분산은 요인 A의 분산과 요인 B의 분산을 합한 것과 같다. 이를 식으로 나타내면,

$$V_{co} = V_A + V_B \qquad \text{(식 8-23)}$$

$$\frac{V_{co}}{V_t} = \frac{V_A}{V_t} + \frac{V_B}{V_t} \qquad \text{(식 8-24)}$$

이다.

(식 8-15)를 사용해 (식 8-24)에 대입하면 다음 결과를 얻을 수 있다.

$$V_{al} = \frac{V_A}{V_t} + \frac{V_B}{V_t} \qquad \text{(식 8-23)}$$

앞에서 언급했듯이 어떤 검사의 총분산은 공통요인분산, 그 검사에는 있고 다른 검사에는 없는 고유분산 및 오차분산을 포함한다고 보는데, (식 8-13)과 (식 8-14)가 이것을 나타내고 있다. 이제 (식 8-14)와 (식 8-22)를 연결시켜 보면 다음 결과가 나온다.

$$\frac{V_t}{V_t} = \underbrace{\overbrace{\frac{V_A}{V_t} + \frac{V_B}{V_t}}^{h_2} + \frac{V_{sp}}{V_t}}_{r_{tt}} + \frac{V_e}{V_t} \qquad \text{(식 8-24)}$$

(식 8-24)의 우변의 처음 두 항은 측정의 타당성과 관련되어 있고 우변의 처음 세 항은 측정의 신뢰성과 관련되어 있다.

공통요인분산 또는 측정의 타당성 요소는 공통분산치((communality)라고 하고, 기호는 h^2로 표시한다.

둘째의 방법은 [그림 8-8]과 같이 (식 8-24)를 다이어그램으로 표현하는 것이다. 이 그림은 어떤 측정검사의 총분산에 대한 각각 다른 분산의 기여를 나타내고 있다. 세 개의 체계적 분산과 오차분산, 즉 네 개의 분산이 이 이론적 모형에서 총분산을 이루고 있다.[8] 그림에서 분산을 구성하는 각각의 기여도가 표시되어 있는데, 어떤 측정검사의 총분산 가운데 80%는 신뢰성 있는 분산이고 신뢰성 있는 분산 가운데 30%는 측정 항목 A에 의해, 25%는 측정 항목 B에 의해, 25%는 이 검사에 고유한 것이다. 총분산의 나머지 20%는 오차분산이다.

[그림 8-8] 분산구조의 다이어그램

V∞(80%)

$h^2 = V_{co}$(55%) V_e(%)

VA 30%	VB 25%	B_{sp} 25%	V_e 20%

8) 물론 실제의 결과는 이와같이 명백하게 나오지 않는다. 그렇지만 모형이 얼마나 효력이 있는가는 알 수 있다. 분산에 의한 사고 방식은 측정 결과를 개념화하고 논의하는 데 가치 있는 것이다.

이 경우에 총분산의 상당한 비율이 신뢰성이 있든지 또는 진실된 분산이므로 검사는 상당히 신뢰성이 있는 것으로 해석될 수 있다. 타당성의 해석은 그리 간단하지 않다. 만일 측정 방법(항목) *A*라고 하는 한 가지만 있고 그것이 총분산에 55%나 기여하면 총분산의 상당한 부분이 타당성 있는 분산이라고 할 수 있다. 그러나 이러한 경우는 매우 드물기 때문에 복수의 측정 방법(항목)을 사용하는 것이다.

일반적으로 타당성은 측정하려는 개념을 어떻게 조작적으로 정의했는가에 따라 크게 영향을 받는다. 왜냐하면 측정 도구는 조작적 정의를 구체화시킨 지표(항목)이기 때문이다. 대부분의 사회과학적 개념(변수)들은 대부분 하나의 조작적 정의에 의해 측정될 수 없고 여러 가지의 조작적 정의를 통해 측정하고, 이들 측정값 간의 상관 관계를 조사해 측정의 타당성을 평가하는 방법을 취해야 한다.

[그림 8-9] 타당성의 개념

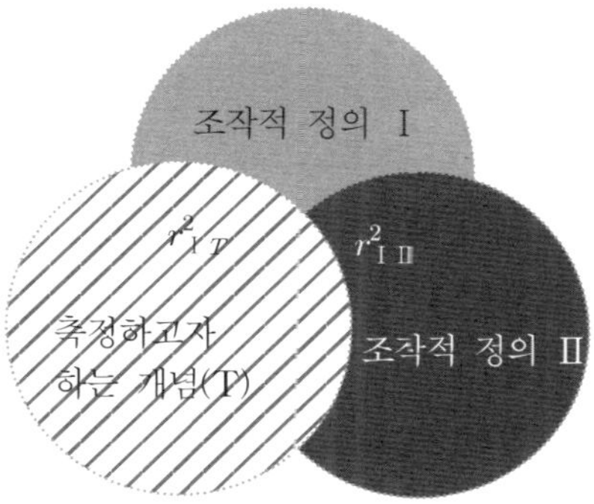

[그림 8-9]에서 측정하고자 하는 개념(*T*)이 빗금을 친 원으로 나타나 있고, 조작적 정의(측정 항목) Ⅰ과 Ⅱ가 다른 원들로 나타나 있다. 보통 하나의 개념을 측정하고자 할 때 측정하고자 하는 개념의 진실된 값을 모르기 때문에 서로 다른 여러 개의 조작적 정의(측정 항목)를 사용하게 된다. 여기서 조작적 정의와 측정하고자 하는 개념이 완전히 일치하게 된다면 조작

적 정의와 측정 개념이 완전히 일치해 타당성은 1이 되고, 반면에 중복 범위가 작아질수록 타당성은 낮아진다고 할 수 있다. 따라서 타당성을 평가하기 위해서는 서로 다른 여러 개의 조작적 정의(측정 항목)를 이용해 동일한 개념을 측정하고, 이 때 각 측정값들의 상관 계수가 높을수록 타당성은 높다고 하겠다. 앞서의 분산적 정의와 비교하면 서로 다른 측정 항목들 간의 공통분산(V_{co}), 즉 h^2값이 클수록 동일한 개념을 측정했다고 볼 수 있기 때문에 측정의 타당성이 높다고 할 수 있다.

[그림 8-9] 신뢰성과 타당성의 관계

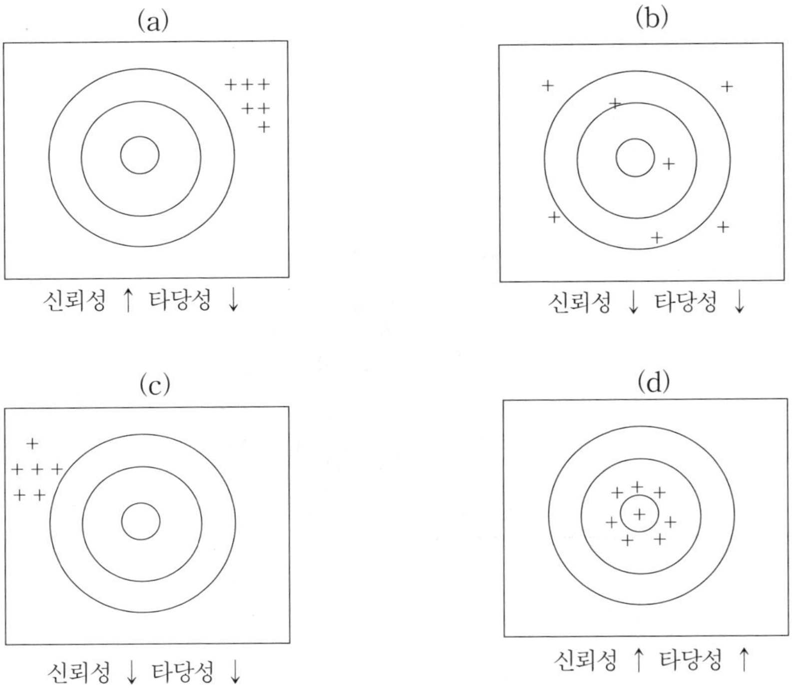

2) 측정 도구의 타당성과 신뢰성

신뢰성이 증가한다고 해서 타당도가 높아지는 것은 아니다. 왜냐하면 신뢰성이 정확도를 의미하는 것은 아니기 때문이다(Babbie, 2001: 129). 그러나 신뢰성이 높지 않은 상태에서 좋은 과학적 결과를 기대하기는 힘들다. 즉, 타당도가 높아지면 신뢰성이 높아지게 된다. 일반적으로 신뢰성은 타당성을 위한 필요 조건이지만 충분 조건으로 간주되지는 않는다. 지금까지 설명한 신뢰성과 타당성의 관계를 나타내면 [그림 8-9]와 같다.

그림 (a)는 측정값이 일정값으로 치우쳐 신뢰성은 높으나 타당성이 낮은 것을 나타낸다. 그림 (b)와 그림 (c)는 측정값의 분산 정도에서 크게 차이가 있어 신뢰성과 타당성이 낮은 것임을 알 수 있다. 그림 (d)는 측정값들이 참값(진실된 값) 주위에 몰려 있어 신뢰성과 타당성이 높음을 알 수 있다.

제 9 장 척도 구성

제 1 절 척도화의 이론

1 척도화의 이론

1) 의 의

우리는 앞에서 측정이란 연구 대상이 지니고 있는 변수의 속성(attribute)의 크기를 나타내기 위해 일정한 수치를 부여하는 것, 또는 값을 매기는 것이라 했다. 여기에서 측정 대상에 일정한 수치를 부여하기 위한 규칙을 척도(scale)라 하는데, 척도화(scaling)란 이러한 측정 대상을 측정하기 위한 척도의 수립 과정을 말한다. 엄밀히 말해서 척도화는 측정 대상과 연구자의 연구 목적 등에 따라 각양각색일 수 있다. 그러므로 기존의 동일 측정 대상 또는 동일 연구 목적에 대한 표준화된 척도가 없는 경우에 연구자는 그 대상 및 목적에 맞는 척도를 만들어야 한다. 따라서 반복적인 연구가 아닌 한 어떤 척도를 그대로 사용할 수는 없다. 새로 척도를 만드는 경우 측정을 위한 네 개의 기본적인 척도의 종류가 우선 근본적인 준거 기준이 된다.

그러나 새로 척도를 만드는 것은 전문가에게도 결코 쉬운 일은 아니다. 척도를 수립하려면 무엇보다도 먼저 그 측정 대상에 대한 충분한 지식을 가져야 한다. 이러한 지식은 주로 관계이론, 관찰, 경험, 그리고 전문가 등에게 문의함으로써 얻을 수 있는데, 우선적으로 척도화의 이론 및 기술 또는 그 절차에 대한 상당한 지식과 경험이 있어야 한다. 그러나 척도화의 이론 등은 대단히 난해하다고 하지 않을 수 없다. 특히 척도를 사용해 측정할 때 질(質)의 양화(量化)라는 면에서 항상 그들 간의 일정한 갭, 즉 오차의 개입이 불가피하다는 데 깊은 주의를 기울이지 않으면 안 된다.

2) 척도화의 전제와 목적

(1) 기본 전제

일반적으로 척도화의 절차에는 세 가지 기본 전제가 있다.

첫째, 어느 측정 대상 또는 목적물을 막론하고 그들의 제반 속성을 나타내는 무한한 수의 문항이 존재할 수 있다. 이것은 측정 대상에 대한 내용의 모집단(문항의 모집단)이라고 할 수 있다.

둘째, 대상의 측정은 그 항목 및 문항의 모집단으로부터 추출된 일정 수의 문항 표본에 입각해 실현되는 것이다.

셋째, 대상에 대한 계량적 측정을 위한 조작화 또는 조작적 정의는 하나의 연속체를 전제로 하고 있다(Francis, 1967: 194).

(2) 목적

척도화의 기본 전제는 연구자로 하여금 다음과 같은 여러 가지 구체적인 문제에 대한 해결을 요구하게 된다.

① 측정 대상에 대한 문항의 모집단에 대한 규모, 성격 등의 문제

② 문항의 모집단에 속하는 각종 문항의 발견 문제

③ 척도의 타당성 및 신뢰성을 결정하는 것으로서, 문항의 모집단으로부터 표출된 문항 표본의 대표성 및 그 문항 수의 문제

④ 동일한 내용을 갖는 여러 문항에 대한 단일 연속체로서의 적응·통합

문제

⑤ 문제 문항의 내용 및 성격에 따라 동일 차원 또는 요인으로의 집단화 또는 통합 문제 (Francis, 1967: 194)

⑥ 척도 또는 문항에 따른 연속체를 세분하는 정도 및 그 범주(category) 수의 문제

⑦ 각 문항의 가중치 문제와 연속체 범주의 가중치 문제

⑧ 척도에 따른 척도 내의 문항 간의 일관성 문제, 즉 내적 타당성 문제 등이다.

위의 여러 문제들이 척도화를 위한 과정상의 문제를 전부 나열한 것은 아니다. 그러나 일반적으로 그들 문제에 대한 해결이 척도 수립을 위한 필요 조건이라고 하지 않을 수 없다. 그러므로 이러한 문제들이 훌륭하게 해결되면 될수록 좀더 적절한 측정을 위한 척도를 마련할 수 있다.

3) 척도화의 이론

척도화를 위한 이론은 대단히 복잡하고 난해하다. 그러므로 여기서는 척도화 이론의 기본적인 예시만을 위한 것으로 한정해 그러한 이론의 가장 기본이 되는 두 가지 이론만을 간단히 소개한다.

척도화의 기초로서는 무엇보다도 하나의 연속체를 가정해야 한다. 그러므로 척도의 이론이라고 하면 측정 대상과 측정 개념 간의 관련성에 관한 이론이다. 연속체상에 대상의 속성에 대한 분포 상태를 어떠한 방법에 의해 측정 파악하느냐에 따라 여러 가지 형태의 척도가 나타나게 된다.

(1) 서스톤의 비교판단의 법칙

척도화 이론을 체계화시킨 초기 대표적 학자인 서스톤(L. Thurstone)의 비교판단의 법칙이다 (Thurstone, 1927: 384-400). 이 법칙의 요점은 다음과 같다.

두 개의 자극 S_i, S_j가 있고 그에 대한 여러 가지 반응의 평균을 M_i, M_i 라고 규정할 때 그 분산 상태는 $\sigma_i^2 + \sigma_j^2 - 2r_{ij}\sigma_i\sigma_j$의 정규분포에 따른다는 것이 이 이론의 요지이다. 이것을 수식으로 표시하면,

$$M_i - M_j = Z_{ij}\sqrt{\sigma_i^2 + \sigma_i^2 - 2r_{ij}\sigma_i\sigma_j)}$$

이다. r_{ij}는 S_i, S_j의 반응의 상관 계수이고 Z_{ij}는 단위 정규분포(i, j의 각각의 정규분포)의 평균 0으로부터 $M_i - M_j$까지의 거리이다. 이 수식의 좌측의 값을 산출하려면 $M_i - M_j$의 거리의 크기를 산출하고, S_i, S_j의 척도치를 부가한다. S_i, S_j의 대소에 대한 판단의 실제적 분배에서 Z_{ij}는 얻어지지만 다른 것은 알 수 없기 때문에 가정이나 근사치를 사용해서 처리한다. 이러한 법칙은 심리학 연구 방법상의 정신물리학적 조작의 적용 범위를 확대했고, 따라서 심리적 현상의 측정 등 척도화 가능성을 넓혔다.

(2) 라자스펠드의 잠재구조분석법

척도화에 대한 또 하나의 대표적인 이론은 1950년 라자스펠드(P. F. Lazarsfeld)의 잠재구조분석법으로 그의 이론은 다음과 같다(Lazarsfeld, 1954).

조사하려고 하는 하나의 단일 차원의 잠재적 연속체, X상의 어떤 한 점 x에 위치하고 있는 표본이 테스트 문항 i에 대해서 적극적인 반응을 얻을 수 있는 미지의 분포확률을 y_i라고 하면 y_i와 x의 관계는 $f_i(x)$라고 규정된다. 그러므로 $y_i = f_i(x)$가 된다. $f_i(x)$를 도표로 표시하면 여러 가지의 반응곡선으로 나타난다. 그래서 모든 문항의 관계는 하나의 잠재적 연속체 등에 의해서 해석하려고 하는 것이다,

연속체 X의 미소(微小) 구간을 dx라고 하고 그 dx에서의 밀도 관계를 $g(x)$라고 하면 그 $g(x)$에 따라 표본의 대상자는 X상에 분포하는 것으로 볼 수 있다. 다음에 적극적 반응의 실측치와 가정적인 형태의 $g(x)$, $f(x)$…… 등을 구한다. 따라서 잠재적 연속체에 의해 대상자와 문항을 기술하는 것이다.

이러한 사고 방식은 일반적인 측정시에 수반되는 가정이라든가 또는 각종의 척도 성격을 명백하게 할 뿐만 아니라 그런 가정의 타당성을 검토케 하는 일정한 기준을 제공하기도 한다. 또한 이와 같은 방법은 다차원 또는 다연속체의 방향으로 길을 열어 주기도 한다.

다차원 공간에 대한 척도화의 방법으로는 다차원 척도 방법이 있다. 이것은 하나의 자극이 다연속체를 전제한 다차원 공간에 의해 생각하지 않으면 안 되는 것으로서 이 때 이들 차원 수를 결정해서 그 차원상의 자극에 척도치를 부여하는 방법이다. 이러한 방법으로 요인분석을 적용하게 된다.

2 척도화의 절차

1) 연속체의 가정

어떤 대상의 측정을 위해서는 일정한 연속체의 존재를 가정하는 것이 필요하다(Goode & Hatt, 1952: 234). 특별한 경우가 아니면 일반적으로 단일 차원의 연속체의 존재를 가정한다. 연속체는 보통 [그림 9-1]과 같은 것이라고 규정해 볼 수 있다.

[그림 9-1] 연속체의 가정

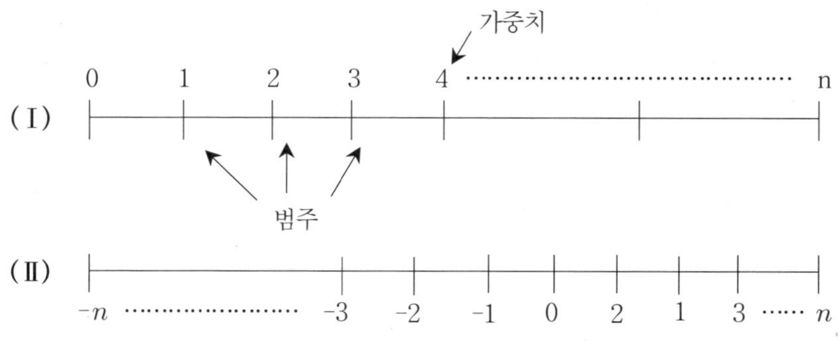

위의 그림에서 보는 바와 같이 연속체는 무한히 연속되는 하나의 선이다. 다시 말해서 그 선을 무한한 범주로 나눌 수 있다. 그 범주의 수는 연구자가 대상의 성격과 목적에 따라 임의로 세분할 수 있다(Simon, 1969: 306).

연속체는 대상의 측정을 위해 항상 반대의 뜻을 지닌 양극을 갖는다. 연속체의 한쪽 극이 양적으로 많은 것을 나타내면 다른 쪽 극은 적은 것을 나타내며, 또 질적으로 한쪽 극이 좋은 것을 나타내면 다른 쪽 극은 나쁜 것을 나타내는 것이다.

측정을 위해 연속체 내에 임의로 구별된 각 범주는 그 연속체의 상반되는 양극을 기준으로 일정한 양을 나타내는 숫자가 부여된다. 각 범주의 배분된 숫자의 크기 및 대소는 연구자가 측정 대상의 속성과 측정 목적에 따라 임의로 부여할 수 있다. 물론 각 범주는 각기 구별되는 다른 수치가 배분된다. 각 범주를 어떤 수적 차이에 따라 구별할 것이냐에 따라 명목, 서열, 등간 및 비율척도가 성립된다.

연속체의 각 범주는 수적 단위로써만 나타내는 것은 아니다. 질적인 표현인 말로써도 나타낼 수 있다. 질적인 표현인 말이 양적(量的)인 표현인 숫자의 대칭이라고는 할 수 없어도 말을 숫자로도 바꿀 수 있으며, 또한 숫자를 말 등의 질(質)로도 대체할 수 있다.

연속체라고 해서 실제 측정상 그 성격이 연속성만을 갖는다고는 볼 수 없다. 연속체는 그 연속체를 세분하는 임의의 '일정 수의 범주'를 가지고 있는 한 오히려 그 자체는 불연속성의 성격을 갖는다(Simon, 1969: 305). 즉, 논리적인 연속성을 전제하나 일정한 범주에 한정되는 한 불연속성을 갖는 것이다. 어느 의미에서 연속체는 여러 개의 임의의 범주로서의 측정 단위를 갖는 숫자화 체계(numbering system)의 성격을 갖기도 한다. 그러므로 대상의 측정은 그 대상의 특징적 속성이 갖는 양적 상태와 연속체라는 숫자화 체계 내의 계량적 숫자가 서로 일대일의 등가(等價)인 양적 대응을 나타내는 숫자적 대비가 이루어졌을 때 가능하다.

연속체의 성격은 원래 측정 대상의 성격 또는 측정 목적에 따라 규정되는 것이다. 좀더 직접적으로는 척도를 형성하기 위해 선정된 문항 성격에 따라 결정된다. 그러므로 측정 대상, 문제 그리고 연속체는 불가분의 관계에 있다. 연속체 그 자체도 측정 대상이지만 문항에 따른 타당성 문제가 있다는 것에 주의해야 한다.

2) 대상 속성의 발견

새로운 측정을 하기 위해서는 무엇보다도 그 측정 대상을 구성하고 있는 기본적인 속성을 발견해야 한다. 구성 속성을 발견하기 위해서는 그 대상에 대한 충분한 지식을 갖고 있어야 한다.

먼저 측정 대상에 대한 정확한 정의를 내려야 하며, 특히 합리적인 조작화 또는 조작적 정의를 내리는 것이 필요하다. 그럼으로써 그 속성의 발견을 위한 일정한 기준으로서 그 대상의 한계, 범위 및 내용 등을 제시할 수 있어야 한다.

조작화된 정의를 토대로 해서도 용이하게 속성이 발견되는 것은 아니다. 그것을 근거로 하되 충분한 이론적인 검토와 그에 따른 연역적 추리와 경험적 판단 등을 통한 노력이 없고서는 그 대상의 속성은 발견되지 않는다. 다소간 논의의 여지는 있으나 속성 발견을 위한 하나의 접근법은 구조 또는 기능 등의 일정 규준에 입각해 그 대상을 한 체제로 보아 구성 부분과 전체 간의 상호 관계 등을 종횡으로 분석적인 고찰을 하는 것이다.

3) 문항의 선정

문항을 선정할 때는 다음과 같은 점을 고려해야 한다.

(1) 문항의 모집단

각 척도는 일정 수의 문항에 의해 형성된다. 측정 대상의 속성을 나타내는 여러 문항은 일정한 형태의 문항의 모집단이 존재한다는 것을 전제할 수 있다. 사실 이론적으로 볼 때 측정 대상의 속성을 대표하는 문항은 무한히 많을 수도 있다. 그러므로 그 문항 모집단의 성격, 범위 등을 가능한 한 명백히 규정하는 것이 바람직하다. 이러한 규정은 대상에 대한 정의의 규정과 직결된다. 아무튼 이러한 관계는 개념과 실제 현상과의 관계 규정과 마찬가지로 연구자의 임의적인 영역이 넓다는 것을 뜻한다. 어떤 형태로든 문항 모집단의 윤곽이 잡히면 그로부터 그 측정 대상의 속성을 적절히 대표할 수 있는 표본을 선출한다. 표본을 선출하는 이유는 보통의 경우 문항 모집단에 속하는 문항 전부를 포함하는 척도를 만들 수 없기 때문이다.

문항의 모집단으로부터 문항 표본을 선출하는 방법으로서 단순무작위 표출 방법을 사용하는 데에는 한계가 있다. 왜냐하면 연구자가 무한한 문항 모집단을 형성하는 것이 현실적이지도 않고, 그것이 가능하다고 하더라도 많은 문항 모집단 내의 문항들 간에는 상호 일정한 관계가 있어 그들에 대한 무작위 표출은 부적당하다고 인정되기 때문이다(Francis, 1967: 208).

표출된 문항들은 특히 대상의 속성을 적절히 대표할 수 있는 대표성 또는 타당성을 가져야 한다. 따라서 척도의 타당성과 신뢰성에 대해 검토해 보아야 한다.

첫째, 척도에 따라서는 문항의 타당성을 검정하기 위해 내적 일관성에 대한 검증을 해야 한다. 리커트 척도의 경우 문항의 상관 또는 문항분석이 있다. 또 거트만 척도의 경우 척드분석 방법 등이 그 예이다.

둘째, 유사한 문항이라든가 또는 복잡한 문항들은 통합하는 것이 좋다. 이런 것을 위해 고도의 논리적인 합리성을 갖는 요인분석을 통한 척도분석법이 있다.

셋째, 표출된 문항은 가능한 한 연속치상의 모든 범주에 배분할 수 있도록 마련되는 것이 바람직하다. 측정 결과가 연속체의 한쪽 극으로 전부 기울어지든가 또는 양극만으로 기울어지도록 문항이 구성됨으로써 체계적 오차의 개입이 있어서는 안 된다(Francis, 1967: 209).

(2) 문항 및 범주의 가중

문항의 가중은 대개의 경우 동일 가중치를 부가한다. 물론 그렇지 않은 예도 없지는 않다(즉, 서스톤 척도의 경우). 동일한 가중치를 부가하는 이유는 측정의 결과를 분석할 때 문항의 가중치는 일반적으로 고려하지 않기 때문이다. 만일 문항의 가중치가 문항에 따라 다르다고 하면 그 분석상 실로 많은 비용과 시간이 소요되는 곤란한 문제가 있다. 문항의 가중보다 더 중요한 것은 각 문항이 갖는 연속체상의 범주에 대한 가중의 문제이다. 질문서인 경우 각 문항에 대한 응답자의 선택의 여지에 대한 가중치의 부가 문제가 있다. 가장 일반적인 방법은 그 문항 차원의 어떤 원점을 표시하는 것(보통 처음 범주)에 대해서는 0 또는 1의 숫자를 부과하고 다른 범주에 대해서는 연속된 숫자 2, 3, 4,…… 등을 부여한다. 만일 그 범주의 수가 많은 경우에는 중간점에 해당하는 범주를 0으로 해서 + 또는 -의 수치, 즉

+1, +2,…… $+n$ 또는 -1, -2, …… $-n$ 등을 부과하기도 한다(Francis, 1967: 211). 이러한 가중치 부가의 방법은 실로 많으며, 가중치의 부가는 임의적인 것이다.

(3) 문항과 척도

척도 내의 어떤 문항은 논리적 성격에 따라 전후의 다른 문항에 비해 그 문항의 범주가 갖는 가중치 부여를 전혀 반대 방향으로 해야 하는 경우가 있다. 각 속성을 대표하도록 표출된 모든 문항이 전부 동일한 척도를 구성하는 것은 아니다. 차원을 달리하는 문항을 반드시 동일한 척도에 포함시킬 필요는 없다. 즉, 논리적으로 전혀 관계가 없는 문항을 구태여 동일한 척도에 포함시킨다는 것은 오히려 무리이다. 거트만(Guttman) 척도는 단일 차원을 대표하는 문항만으로 구성되는 좋은 예이다.

대상을 측정할 때 보통 그 전체적인 척도 내에 여러 개의 부분 척도를 의식적으로 포함해야 하는 경우가 많다. 경제적 자유주의에 대해 측정을 한다면 여성의 고용 상태, 부채 상태, 경제 정책 등을 측정하는 부분 척도 등을 포함하는 것이 그러한 예이다(Francis, 1967: 208).

이러한 부분 척도는 결국 각각의 별개 차원을 측정하기 위한 것으로서 각 차원을 대표하는 문항 수로는 십여 개 정도의 문항을 포함하는 것이 보통이다. 물론 문항의 수는 차원의 성격 또는 측정의 정밀성에 따라 많을 수도 있고 적을 수도 있다.

(4) 문항의 종류

각종 척도에서 사용하는 문항의 종류는 크게 나누어 독립 문항과 비독립 문항 등으로 구별하나, 여기서는 좀더 세분해 찬성·반대 문항, 순위 문항, 강제·선택 문항의 세 가지 종류로 분류한다(Kerlinger, 1986: 458-64).

① 찬성·반대 문항

이것은 다시 세분해 보통 다음과 같은 세 가지 형태로 보통 구별한다.

첫째, 두 개의 가능한 응답 중에서 하나의 응답만을 허용하는 형태이다. 이것은 문항의 응답시에 단순한 찬성·반대로서 '예' 혹은 '아니오' 등의 둘 중 하나만을 택하는 단순한 양분 문항이다.

둘째, 세 개 이상의 가능한 응답 중에서 하나만의 응답을 허용하는 형태이다. 이것은 일명 평정식 문항이라고 하는 것으로서 '찬성-중립-반대'의 문항, 또는 '적극 찬성-찬성-반대-적극 반대' 등의 문항의 범주를 갖는 것들로서 이들 중 하나만의 응답을 허용하는 것이다.

셋째, 세 개 이상의 가능한 응답 중에서 하나 이상의 응답을 허용하는 형태이다. 이것은 일명 체크리스트 문항이라고 한다. 이 형태는 여러 개의 문항을 제시하는 것으로 이들 문항 중에서 대상자가 찬성한다든가 또는 진실이라든가 자기의 뜻을 밝힐 수 있다고 생각하는 문항들을 선택해 응답하는 것이다.

② 순위 문항

순위척도와 같이 일정 순위라든가 또는 등급을 표시하도록 마련된 문항이다. 척도가 순위화될 수 있기 때문에 대상자는 자기 나름의 특정 기준에 따라 문항의 전부를 순위로 표시하는 응답을 하는 것이다. 흔히 각 문항을 중요한 순위, 좋아하는 순위, 싫어하는 순위로 표시한다. 순위 문항은 용어, 문장, 또는 형용사 등으로 표시된다.

③ 강제·선택 문항

두 개 문항 비교, 세 개 문항 비교, 네 개 문항 비교, 또는 다섯 개 문항 비교 등의 형태로 구별되는 것으로, 이런 문항의 본질은 대상자가 각각의 비교 대상의 문항들 중에서 그들을 비교함으로써 하나 또는 하나 이상을 선택하게 한다. 비교 문항들은 단어, 구, 문장, 또는 단원일 수도 있다.

제 2 절 척도의 유형

척도는 그 기준에 따라 여러 가지로 분류할 수 있다. 슈미트(C. F. Schmid)에 의하면, 사회학자들은 주로 i) 사회적 행위 및 퍼스낼리티와 관련된 척도, ii) 사회·문화적 환경의 특정 현상을 측정하기 위한 척도 등에 관심을 가지고 있다고 지적하면서 관찰 대상에 따라 두 가지로 척도 유형을 구분한다. 전자에 속하는 척도로서는 각종의 태도척도, 사기척도, 성격검사, 사회참여 척도 등을 들 수 있으며, 후자에 속하는 것으로는 사회·경제적 지위, 지역사회, 주택 상황, 사회 제도 등을 연구하기 위해 사용하는 여러 척도를 들 수 있다.

또한 슈미트는 모든 척도를 통계적 처리 방법에 따라 i) 임의척도, ii) 평가자척도, iii) 문항분석척도, iv) 척도분석적 척도, v) 투사식 검사 등으로 분류하고 있다(Schmid, 1956: 323-4). 또한 척도를 크게 i) 평가척도, ii) 구조척도의 2종으로 구분해 전자의 대표적인 척도로서 후술하는 유사동간법을 들고 있으며, 후자의 대표적인 것으로 i) 문항분석법, ii) 누적척도, iii) 요인분석과 잠재구조분석의 셋으로 구분하는 학자도 있다(이만갑, 1967: 220).

스티븐스(S. S. Stevens)는 모든 척도의 기본적 유형으로서 i) 명목척도, ii) 서열척도, iii) 등간척도, iv) 비율척도의 네 가지로 구분하고 있으며(Stevens, 1946: 677-80), 굿(W. J. Goode)과 하트(P. K. Hatt)는 여러 가지 척도를 i) 사회적 거리척도, ii) 평정척도, iii) 평위척도, iv) 내적 일관성척도, v) 잠재구조척도 등으로 분류하고, 그 중에 사회적 거리척도의 대표적인 예로서 i) 보가더스 척도, ii) 사회측정법을 들었으며, 평가척도로는 i) 조합비교법, ii) 유사등간법을, 그리고 내적 일관성 척도의 예로는 i) 서스톤척도, ii) 척도분석을 들고 있다(Goode & Hatt, 1952: 243-95).

여기에서는 평정척도(rating scale), 총화평정척도(summated rating scale), 차별척도(differential scale), 누적척도(cummulative scale) 등 네 가지로 나누어 설명한다.

1 평정척도

1) 의 의

평정척도 또는 등급척도(rating scale)는 조사연구자 자신이든 응답자든,

어떤 평정자가 주어진 대상·인물·문장 같은 것들을 일정한 연속선상의 한 점, 또는 몇 개의 의미 있게 배열된 범주들 가운데 하나에 위치시킴으로써 평정자의 의견·입장을 밝히든가, 대상의 속성을 평정하는 접근법이다. 이렇게 자리를 정한 다음, 각각의 점 또는 범주에 일정한 규칙에 따른 점수(값)를 매기게 되고, 여러 개의 항목들이 있으면 각 항목의 값을 합쳐서 척도의 값으로 쓴다.

대표적인 예로는 학생들의 성적을 *A*, *B*, *C*, *D*나 수·우·미·양·가와 같이 몇 개의 단계로 구분해서 평가하는 것이다. 설정한 각 단계에 임의의 수치를 부여함으로써 얻은 수치의 합계 또는 그 평균을 측정 대상이 가지는 점수로 보는 계량적 표현도 가능하다.

평정척도는 그 설계 과정에서 i) 평가자, ii) 평정될 대상, iii) 평정의 연속성 등 세 가지 요소에 대해 신중히 고려해야 하며, 이들이 적절히 규정되지 않거나, 논리적 관련성이 없으면 연구 결과의 신뢰성 및 타당성을 유지할 수 없다(Goode & Hatt, 1952: 255-6).

평가자는 척도의 내용에 따라 한 사람일 수도 있고 여러 사람이 될 수도 있으나, 일반적으로 평가자의 수가 많으면 평정의 신뢰성은 높아진다. 어떠한 과목에 대한 학생들의 성적 채점은 한 사람의 선생(평가자)으로 족하다. 그러나 예를 들어 학생들이 생각하는 인기 직업을 알기 위해서는 평가자(학생)들이 많을수록 평정의 신뢰성을 높인다.

2) 유 형

평정척도는 언제나 측정 대상을 명시하고 연속성을 규정하는 지시문, 평정에 이용될 척도점(scale points)의 규정이라는 두 가지 부분으로 구성되어 있으며, 척도의 구성 형식에는 i) 도표법, ii) 기술법의 두 가지가 있다(Goode & Hatt, 1952: 257).

(1) 도표법

도표법에 의한 평정척도는 가장 흔히 사용되는 기법으로, 아래의 [예 1]은 학교 교사에 대한 도표식 평정척도의 예이다.

[예 1] 도표법에 의한 평정척도의 예

아래의 설문 내용은 학교 교사들의 일상적인 교수 태도에 관련된 특성을 알아보기 위한 것입니다. 관련된 질문에 가장 적합하다고 생각되는 곳에 √표를 해 주시기 바랍니다.

(설문 1) 귀하께서는 교사 자신이 담당하고 있는 과목에 대한 열의가 어떻다고 생각하십니까?

대단히 흥미를 가지고 있다.	흥미를 가지나 대단한 편은 아니다.	보 통 정도의 흥미를 가지고 있다.	오히려 무관심한 편이다.	아주 싫어하고 있다.

길퍼드(J. P. Guilford)는 도표법에 의한 평정척도 작성할 때 신중히 고려해야 할 원칙으로 다음 사항을 열거한다(Guilford, 1954: 271-2).

첫째, 가능하면 질문서의 한 면에 한 질문의 특성만을 제시하는 것이 바람직하며, 특히 평정될 사람이 많을 경우는 한 질문에 대한 모든 사람의 평정이 끝난 후에 다음 질문으로 옮겨 가야 한다.

둘째, 선의 길이는 적어도 10㎝를 넘지 않아야 하며, 그렇게 함으로써 한 눈에 내용 전체를 쉽게 파악할 수 있다.

셋째, 선은 끊어지거나 분리되어 있는 데서 비연속적인 특성으로 착각되어서는 안 된다.

넷째, 양(良)·불량(不良)의 양단은 한쪽만 표시하는 기계적 성향을 없애기 위해서 무작위로 교체되어 있어야 한다.

다섯째, 각 질문의 특성을 의문문으로 제시해서 이에 대한 답이 평정이 되도록 한다.

여섯째, 각 질문의 특성 표현에서는 3~5개의 기술적 형용사를 사용하되, 그 중 2개는 극단적인 것으로, 그리고 1~3개는 중간적인 것을 사용한다.

일곱째, 각 특성의 기술적 표현은 좁혀서 지시해 이들을 구분할 수 있는 충분한 여백이 있어야 한다.

여덟째, 각 특성의 기술적 용어는 은어나 담화체적인 표현을 피하고 일반적으로 이해되는 용어만을 사용해야 한다.

아홉째, 척도가 사용되는 대상에서 찾을 수 있는 각 특성의 가능한 극단적인 응답을 미리 결정해야 한다.

열째, 특성의 극단에 있는 답들은 평정자가 기피할 정도의 극단적인 것이 되어서는 안 된다.

열한 번째, 평균적 또는 중립적인 답은 선상의 중앙점에 있어야 한다.

열두 번째, 평점화(scoring)에서는 연필로 선을 분할해 그 속에 수치를 기재할 수 있게 한다.

(2) 기술법

기술적 기법에 의한 평정척도 작성할 때에는 연속성의 정의 및 그 지점의 결정 방식과 관련해서 일반적으로 i) 범주화 방법, ii) 평점 방법의 두 가지 종류로 구분할 수 있다.

범주화 방법은 전술한 도표법의 한 질문이 가지는 각 범주를 일반적인 조사표나 질문서에서와 같이 범주화한 것이다.

[예 2] 범주식 평정척도의 예

(설문) 귀과 과장님의 지도력은 어느 정도입니까 ?

___① 대단히 강한 지도력을 가졌다.

___② 강한 지도력을 가졌다.

___③ 약한 지도력을 가졌다.

___④ 대단히 약한 지도력을 가졌다.

평점 방법은 어떠한 문제가 가지는 여러 특성에 대해서 평가자가 그의 의견이나 태도를 수치로 평점하는 데 있다. 이 경우 평점의 양극은 0에서 100점으로 지정되어 있으며, 이 사이의 다른 평점들이 명시되어 있지 않다는 점에 다른 방법과의 차이가 있다.

평점 기법에 의한 평정척도의 예로는 스미스(Mapheus Smith)에 의해서 실시된 대학생들의 직업에 대한 평판평정(prestige ratings of occupations)에서 볼 수 있다(Smith, 1943: 185-92). <표 9-1>은 스미스가 345명의 대학생들에 대해 미국에서 대표적인 100개의 직업을 나열하고, 각 직업에 대한 이들의 평점을 합계해서 평균치를 낸 것의 일부를 나타낸 것이다.

〈표 9-1〉 100개의 대표적인 직업에 대한 평판평정(평균치와 이들의 표준오차)

등위	직 업	평균치	표준 오차
1	대법원 판사	99.02	0.120
2	해외 주재 대사	97.56	0.145
3	정부 각료	97.08	0.161
4	상원의원	96.21	0.145
5	주지사	95.25	0.170
6	대학 총장	92.30	0.229
7	대도시의 은행가	89.41	0.360
8	50만 이상 인구의 도시 시장	88.76	0.423
……	………		

평정척도의 신뢰성은 평가자의 수 및 설문이 요구하는 범주의 수와 함수관계에 있다. 일반적으로 평가자의 수는 8~10명 이상이라야 하며, 범주 수는 7개를 넘어서는 안 된다. 신뢰성의 측정시에서는 재검사법 및 복수양식법이 모두 이용될 수 있다. 한편 타당성은 어떠한 검증 방법도 사용될 수 있다(Goode & Hatt, 1952: 260).

(3) **비교평정법**

위의 경우는 어떤 내적인 정도의 기준에 따라 대상을 평정하게 하는 방법인 데 비해 비교평정법(comparative rating)에서는 비교할 기준을 따로 제시하고 그에 따른 평정을 하는 경우이다. 이는 도표법(그림 척도)으로도 할 수 있고 기술법(문항 척도)으로도 할 수 있다.

대표적인 예는 대학에 추천서를 쓰는 양식이다. 외국의 추천서에 보면 추천하고자 하는 학생(졸업생)이 자기가 속한 학년이나 학과의 전학생 · 재학생 등과 비교했을 때, 최고 5%, 10%, 25%, 50%, 75% 등에 속하는지를 표시하도록 되어 있다. 물론 그 평정 내용은 전반적인 학업 성취 능력을 비롯해 연구 능력, 학문에 대한 헌신 몰입도, 인화 관계 등등이다.

(4) 자아평정법

한 가지 변형은 응답자나 평정자 스스로가 자신을 대상으로 삼아 평정하게 하는 자아평정법(self-rating)이다. 자아정박 척도(self-anchoring scale)라고도 하는 이 절차는 자신의 태도로 평정하게 하지만 자신이 느끼는 삶의 질의 정도라든가, 자기가 소속한다고 믿는 사회경제적 지위의 위치 같은 것을 평정시키는 데 자주 쓰인다. 그 형식은 그림을 쓰기도 하고 단순한 언어적 평정척도로 나타내기도 한다.

3) 장단점

평정척도의 장단점은 다음과 같다.

(1) 장점

첫째, 평정척도는 만들기 쉽고 또 사용하기가 쉽다.

둘째, 다른 척도에 비해 시간 및 비용이 덜 든다.

셋째, 적용의 범위가 넓다.

넷째, 다른 자료 수집 방법에 대한 보충적 방법으로도 사용할 수 있다(Kerlinger, 1986).

(2) 단점과 극복 방법

① 외생적 결함

이것은 척도를 작성하고 사용하기가 아주 쉬워서 내생적 결함을 잘 알지 못한 채, 측정 상황의 적용 가능성을 고려하지 않고 아무 경우에나 무분별하게 사용함으로써 발생하는 것이다. 따라서 평정척도가 아무리 정교하게 개발되었다 할지라도 실제 현실에 그것을 사용할 때에 개입되는 잘못을 말한다. 이러한 잘못을 막기 위해서는 먼저 연구자들이 연구에서 사용되는 변수를 측정하는 더 좋은 방법이 없는지를 검토해 보고, 만일 그러한 방법이 있다면 그것을 사용해야 할 것이고, 없다면 좋은 평정척도의 특징을 연구하고 조심스럽게 작업을 해서 경험적 검증과 적절한 통계적 분석에 평정결과를 적용하도록 해야 한다(Guilford, 1954: 204-58, 293-6).

② 내생적 결함

평정척도는 사람의 주관적 판단에 의존하는 것이기 때문에 여러 가지 편의(偏倚, bias)가 체계적으로 또는 우연히 개입될 가능성이 크다. 대표적인 것으로 다음과 같은 것을 들 수 있다.

i) 연쇄(후광) 효과: 평정오차의 가장 대표적인 것으로 연쇄 효과(halo effect)가 있다. 후광 효과라고도 한다. 이것은 평가자의 최초 평정의 결과가 이후 문제의 평정에 연쇄적으로 영향을 미친다. 이것은 대상의 일반적 인상을 통한 일정한 방향으로 대상을 평정하는 경향이다. 예를 들어 평가자가 평정할 때에 어떤 학생이 첫 번째 질문에 답을 잘 썼기 때문에 두 번째, 세 번째, 네 번째 질문에 대한 답도 높게 평정한다. 아동들의 성취도에 대한 교사들의 평가는 아동들의 유순성에 영향을 받아서 연쇄 효과가 나타나는 다른 한 가지 예가 된다. 개인들을 평정척도상에서 평정할 때 한 가지 특징의 평정이 다른 특징의 평정에 영향을 미치는 경향이 있다. 연쇄 효과는 피하기가 어려우며 명확하게 정의하기 어렵고 관찰하기가 쉽지 않으며 도덕적으로 중요한 특징들에서 강하게 나타난다(Guilford, 1954: 279).

ii) 엄격성과 관용의 오차: 오차에는 두 가지 중요한 원천이 있는데 엄격성 오차와 관용 오차가 그것이다. 엄격성 오차(error of severity)는 모든 개인을 모든 특징에서 너무 낮게 평정하는 경향으로 점수를 아주 적게 주는 경우를 말하며, 관용 오차(error of leniency)는 일반적으로 너무 높게 평정하는 경향으로 모든 사람을 좋게 보려는 평정자가 여기에 속하고 이러한 성향이 평정에 반영되는 것이다.

iii) 집중화 경향의 오차: 평정에서 타당성을 낮추는 또 다른 중요한 원천은 집중화 경향의 오차(error of central tendency)이다. 이것은 모든 극단적인 판단을 피하고 중간 정도의 평정을 하는 경향을 말한다. 이와 같은 경향은 평정받는 대상에 평정자가 친숙하지 못할 때 주로 나타나는 현상이다.

iv) 대조 오차(contrast error): 이것은 평정자 자신의 특성과 반대 또는 대조되는 특성을 상대방에게서 찾아내어 그것을 부각시키려는 경향을 말한다.

ⅴ) 준거 오차(reference error): 이것은 같은 평정척도라고 하더라도 피평정자들이 그 척도를 해석하는 준거틀이 달라서 대답의 안정성 또는 신뢰성에 영향을 주는 경우이다. 예를 들어 직무 만족도 측정에서 '매우 만족한다'는 말에서 '매우' '만족'의 뜻을 사람에 따라 다르게 풀이할 수 있기 때문이다.

이 밖에도 몇 가지 유형의 오차가 있으나 일일이 설명은 하지 않기로 한다. 더 중요한 것은 위에 열거한 유형들의 오차에 어떻게 대처하느냐 하는 것이다.[9]

③ 극복 방법

그러나 이러한 문제점에도 불구하고 평정척도는 다른 방법들보다 시간을 적게 요하고 관찰자가 일반적으로 사용하기 쉽고 적용 범위가 넓다는 점에서 많은 행태적 조사연구에서 활용된다. 평정척도는 위에 지적한 문제점들을 최소화할 수 있다면 행태관찰을 보조하는 도구로 사용될 수 있으며, 면접이나 투시적 측정에서와 같은 다른 객관적 도구와 함께 사용될 수 있다. 평정척도의 문제점들을 극복하기 위한 구체적 방법을 예시하면 다음과 같다.

첫째, 평정하고자 하는 내용을 분명히 하고 평정 대상 집단을 명시해 공통적인 준거틀(frame of reference)을 사용해야 한다.

둘째, 응답의 보기를 구체적으로 제공한다.

셋째, 평정자의 훈련을 통해 훈련자의 자질을 향상시킨다.

넷째, 관대화 경향이나 집중화 경향을 극복하기 위해 강제 배분의 방법을 사용한다.

---

9) 이에 대한 상세한 설명과 오차에 대처하는 방안에 대한 설명은 길퍼드(J. P. Guilford)의 *Psychometric Methods*(1954)를 참조할 것. 체계적 오차는 어느 정도 통계적 수단으로 처리될 수 있다. 길퍼드는 분산분석을 사용하는 방법을 고안해 내었으며, 기본적 아이디어는 대상, 평정자 특징에 기인하는 분산을 평정의 총분산으로부터 구분해 낼 수 있다는 것이다. 그 후 평정은 수정된다. 개인을 한 가지 특징에 관해 평정할 때의 가장 손쉬운 방법은 이원(상관집단) 분산분석이다. 신뢰성도 쉽게 계산할 수 있고, 신뢰성 추정을 위해 분산분석을 사용하는 것은 호이트(C. Hcyt)의 공헌이다. 에벨(R. Ebel)은 평정의 신뢰성에 분산분석을 적용했다(Guilford, 1954: 260-8, 383, 395-7; Ebel, 1951: 497-24).

2 총화평정척도(리커트 척도)

1) 의 의

총화평정척도(summated rating scale)는 일명 리커트 척도라고도 하는 것으로서 거트만의 누적척도, 서스톤의 등간척도와 같이 주로 인간의 태도를 측정하는 태도척도이다.

총화평정척도는 행태적 조사연구에서 가장 실용성이 높고 많이 사용되는 척도로서 리커트(R. L. Likert, 1903-1981)가 개발한 방법이다. 이 척도는 여러 개의 문항으로 응답자의 태도를 측정하고 해당 항목에 대한 측정치를 합산해 평가 대상자의 태도 점수를 얻어내는 척도이다. 이것은 대표적인 응답자 중심의 척도화 방법으로, 질문은 서열척도를 사용하며 사실에 대한 판단보다는 개인의 가치를 묻는 것을 중심으로 하여 간결하고 명료하게 작성한다. 오늘날 사회과학이나 여론조사에서 가장 흔히 사용하는 척도이며 성격검사, 태도검사, 적성 및 흥미검사에서 많이 이용된다.

총화평정척도는 일련의 태도 문항으로 되어 있는데, 이들 문항들은 거의 동일한 태도 가치를 갖는다고 인정된다. 이들 각 문항에 대해 대상자(또는 응답자)는 찬성 또는 반대를 나타낼 때 선택적인 정도의 차를 표시하게 된다. 각 개인의 태도에 대한 점수를 알기 위해서는 그가 택한 이 척도의 모든 문항의 점수를 총화해 그것을 다시 모든 문항 수로 나눈 평균을 구하면 된다. 다른 모든 태도척도와 같이 총화평정척도의 목적도 각 대상이 측정하려는 일정 척도에 대한 연속체상에서 어떠한 위치를 갖느냐 하는 것을 밝혀 보려는 것이다.

2) 구성 절차

총화평정척도의 구성 절차를 요약하면 다음과 같다(Nachmias & Nachmias, 1981: 278-280).

① 문항의 선정: 조사자가 연구하고 싶은 어떤 문제에 관한 긍정적(호의적) 문항 및 부정적(비호의적) 문항들을 선정한다. 보통 20개 내외가 적절하다.

② 응답 범주의 작성: 각 문항에 대해 그 쟁점이나 평가 대상의 성격에 따라서 찬·반 태도, 호의적·비호의적, 인정·불인정, 개연성 정도를 나타내는 응답 범주를 작성한다. 일반적으로 5~7개가 적절하다. 가장 흔히 쓰는 응답 범주로서 '매우(절대, 전적으로, 대단히) 찬성', '찬성', '중립', '반대', '매우(절대, 전적으로, 대단히) 반대' 등 다섯 범주로 된 것이다. 그러나 실제로는 연구 목적에 따라서 단순한 '예-아니오', '그렇다-아니다', '찬성-반대'의 이항적 응답 선택지를 쓸 수도 있고 그 가운데 '모르겠다', '중립'의 응답을 삽입해 3개로도 하며, 또 그 정도를 아주 세분화해서 7개 혹은 그 이상의 응답지를 줄 수도 있다.

③ 응답자에의 적용: 주어진 문항들의 내용과 관련 대표성이 있다고 보는 응답자들의 표본(약 500명 정도)으로부터 자기의 의견에 부합하는 범주의 어느 하나에 체크하게 해서 각 문항에 대한 응답을 받아 낸다.

④ 점수 환산: 각 문항에 대한 응답자의 반응을 점수로 환산한다. 응답 범주에 대한 평점은 가장 우호적인 것을 높은 점수로 매기고 비우호적일수록 낮은 점수를 매긴다. 물론 그 반대의 방향도 무방하다. 가령 5개의 응답지가 있으면 점수는 1~5점이 될 것이다. 각 응답자의 총점은 각 문항의 평점을 모두 합해서 얻는다. 1~5의 평점을 가진 20개 문항이면 최저 20점, 최고 100점이 될 것이다.

⑤ 문항분석(item analysis)에 의한 판별력(DP: discrimitive power)의 결정: 문항 간의 내적 일관성·상관성을 알아보기 위해 판별력을 산출하는 것이다. 문항끼리의 내적 일관성 또는 각 문항에 대한 응답과 총점과의 상관성을 파악해 일관성이 낮은 문항을 버리고, 응답자의 태도를 잘 차별화시키는 문항, 즉 판별력 있는 문항만을 선택한다. 문항 선택은 아래에 설명하는 것처럼 판별력 지수에 의해 판단한다. 보통 적어도 6개의 문항은 되어야 척도를 구성할 수 있다.

⑥ 개인의 총점 산출: 척도로서 타당한 항목을 가지고 다시 응답자의 총

점을 구하면 그것이 그 사람의 태도 측정치이다. 총점은 각 문항에 대한 응답의 평점을 모두 합한 수치이다. 이와같이 새로 선정된 문항들에 대한 개인별 총점을 다시 계산해 분석에 활용한다.

3) 내적 일관성의 검토

총화평정척도는 특히 그 척도의 내적 일관성(internal consistency)을 가져야 한다. 내적 일관성이란 이 척도에 속하는 모든 문항은 각기 상호간에 높은 상관성을 가져야 하는 것을 뜻한다.

척도가 갖는 여러 문항의 내적 일관성을 검토하기 위한 방법으로 몇 가지가 있다.

첫째, 문항 간의 상관 계수를 구해 각 문항의 일관성을 검증하는 방법이 있다. 이 방법에 의해 검증하려면 우선 임시로 만들어진 척도를 가지고 대상자의 일부, 즉 수십 명 정도에 대해 응답하게 한다. 그 응답 결과를 수치로 바꿔 각 문항 간의 상관 계수를 구한다. 그런 다음에는 그 상관 계수가 낮은 것을 제거한다.

둘째, 문항분석에 의한 내적 일관성의 검증 방법이다. 이 방법은 측정을 위한 태도 연속체상에서 높은 점수를 갖는 응답자와 낮은 점수를 갖는 응답자를 일관성 있게 구별할 수 있는 문항들을 찾아내는 것이다. 각 문항은 낮은 점수를 갖는 응답자로부터 높은 점수를 갖는 응답자를 구별할 수 있는 능력의 측정을 받는 것이다. 즉, 각 문항의 판별력(discriminative power)을 검토하는 것이다(Goode & Hatt, 1952: 275).

판별력의 산정을 위한 절차는 다음과 같다.

첫째, 모든 문항에서 얻은 총점 순위로 응답자들을 4등급으로 분류한다.

둘째, 이 중에서 응답자 중 최저 25%에 해당하는 그룹, 제1사분위수(Q_1)와 최고 25% 범위에 속하는 그룹, 즉 제3사분위수(Q_3)를 정한다.

셋째, 다음으로 이 두 그룹의 각 문항에 대한 평균값을 구한 후 이들 평균값의 차이를 가지고 판별력 지수로 삼는다.

넷째, 구해진 각 문항의 판별력들은 다시 크기에 따라 배열하고, 판별력이 큰 순위에 따라 소요 수의 문항을 선정해 척도의 최종 문항으로 결정한다. 판별력은 클수록 좋으며 될 수 있으면 판별력이 1.00이나 그 이상의 것이 바람직하다. 0.50 이하는 제거되어야 한다. 실제 계산에서 판별력은 다음과 같은 t공식에 의해 t값으로 나타낸다. 그리하여 모든 문항들에 대해 t값을 산출하고 t값을 크기의 순위별로 나열한다. 그러면 가장 큰 t값을 갖는 문항을 20 내지 25개 정도를 선출해 최종 척도를 형성한다. t값이 크면 클수록 그 문항의 판별력은 큰 것이다(Edwards, 1957: 153-4). 계산 방법의 실례는 <표 9-2>와 같다(Edwards, 1957: 154). 주어진 사례에서 문항의 t값은 7.14로 나타나 문항이 판별력이 높다 하겠다.

$$t=\frac{\overline{X}_{Q_1}-\overline{X}_{Q_3}}{\sqrt{\dfrac{\Sigma(X_{Q_1}-\overline{X}_{Q_1})^2+\Sigma(X_{Q_3}-\overline{X}_{Q_3})^2}{n(n-1)}}}$$

〈표 9-2〉 구별된 두 집단을 중심으로 한 문항의 t값 산출(판별력 산출)

응답 범주	제1사분위집단 (Q_1)				제3사분위집단 (Q_3)			
	X (가중치)	f	fX	fX^2	X (가중치)	f	fX	fX^2
적극 찬성	4	15	60	240	4	2	8	32
찬 성	3	20	60	180	3	3	9	27
중 립	2	10	20	40	2	20	40	80
반 대	1	4	4	4	1	15	15	15
적극 반대	0	1	0	0	0	10	0	0
계		50	144	464		50	72	154
		n_{Q1}	ΣX_{Q_1}	$\Sigma X_{Q_1}^{\ 2}$		n_{Q_3}	ΣX_{Q_3}	$\Sigma X_{Q_3}^{\ 2}$

fX^2

$$\overline{X}_{Q_3}=\frac{72}{50}=1.44\quad \overline{X}_{Q_1}=\frac{144}{50}=2.88$$

$$\Sigma(X_{Q_3}-\overline{X}_{Q_3})^2=154-\frac{(72)^2}{50}=50.32$$

$$\Sigma(X_{Q1}-\overline{X}_{Q1})^2=464-\frac{(144)^2}{50}=49.28$$

$$t=\frac{2.88-1.44}{\sqrt{\dfrac{50.32+49.28}{50(50-1)}}}=7.14$$

4) 장단점

(1) 장점

첫째, 서스톤 척도와는 달리 평가자를 필요로 하지 않기 때문에 척도 구성이 간단하고 편리하다. 거트만 척도와 비교해 보아도 척도 구성이 훨씬 간단하면서 비슷한 결과를 산출해 유리하다.

둘째, 한 항목에 대한 응답의 범위에 따라 측정의 정밀성을 확보할 수 있다. 서스톤 척도는 여러 문항 중에 자신의 의견과 일치하는 어느 한 항목만을 선택하게 되나 리커트 척도는 각각의 문항이 모두 응답되어야 하며, 이때 각 문항에 대한 응답 범주를 5 7, 9, 11개로 늘려가면 그 항목에 대한 응답의 정밀성을 높이게 되어 이를 총화한 척도값은 더욱 정밀해진다.

(2) 단점

첫째, 척도 작성에서 제1사분위그룹과 제3사분위그룹의 점수차를 통해 판별지수를 구하기 때문에(즉 극단값을 기초로 하기 때문에) 중간 정도의 온건한 응답에는 민감하지 않을 수 있다.

둘째, 서열척도라는 한계가 있다. 즉 엄격한 등간척도가 되기 어렵다는 점을 들 수 있다.

셋째, 총점이 뜻하는 바가 개념적으로 분명치 못하다. 즉, 점수의 단순한 합계에는 각 항목이 표현한 응답자의 태도의 강도가 뒤섞여 버리기 때문에 개별 항목이 가지는 특징을 반영하기 어렵다.

넷째, 척도용으로 최종 선정된 문항들이 과연 측정하고자 하는 것을 제대로 측정해 주는가 하는 타당성의 문제이다. 문항분석을 통해 문항의 타당성을 확인할 수 없다. 즉, 문항분석의 절차는 기술적인 수준에서의 내적 일관성을 다루는 것이며 이론적 타당성은 다루지 않는다.

3 차별척도(서스톤 척도)

1) 의 의

사회조사 연구에서 쓰이는 척도들의 대부분은 엄격한 의미에서 특성상 서열척도의 수준을 넘지 못하는 것이 일반적이다. 그러나 통계분석을 위해서는 분석 방법의 정교화를 위해 등간적 특성을 요구하는 경우가 많기 때문이다. 따라서 그 속성의 특질과는 관계 없이 척도 구성의 기술적인 차원에서 측정의 등간성을 확보하려는 노력을 하게 된다.

따라서 차별척도(differential scale)란 측정하고자 하는 속성이 무엇이든지 간에 그 속성의 정도의 차이를 구함으로써 그것을 설명해 보자는 것에 토대를 둔다. 기본적으로 차별척도법은 평가자들이 순위를 매기든지 평정행위를 해서 만든 여러 개의 문항들로 척도를 구성하는 방법이며 그 대표적인 것이 서스톤 척도이다. 이 척도는 대표적인 자극 또는 문항 중심의 척도화 방법이다. 자극 중심 방법은 연구자가 자극이나 문항들을 심리적 연속선상에서 배열하려는 목적을 가진 방법이다.

이에는 유사등간법(method of equal-appearing intervals), 쌍대비교법(method of pairwise comparison), 순차적 등간법(successive intervals) 등의 세 가지 변형이 있다.

2) 유사등간법

(1) 의의

유사등간법에 의한 차별척도는 서스톤(L. L. Thurstone)이 정신물리학에서 사용되는 방법을 태도 측정을 위한 기법으로 처음 적용한데서 흔히 서스톤 척도라고도 한다(Thurstone & Chave, 1929). 유사등간법은 태도를 찬반의 연속성을 가진 문항에 의해서 측정한다. 그러므로 이 척도는 각 문항에 범주가 있는 것이 아니고, 각 문항 전체에 일정한 가중치를 부여하여 그 문항에 상응하는 찬반 태도의 강약 정도를 나타내게 한 것이다. 이 척도는 각 문항의 발견과 가중치의 부여에서 시작해 최종적으로 척도에 사용될 문항을 선정하고, 선정된 문항 간의 거리는 등간으로 간주한다(김광웅, 1976: 200). 보통 7점 혹은 11점 척도를 많이 사용하며 각 점수의 간격은 동일하다고 전제한다.

이 척도의 구성상의 기본 원리는 만일 한 태도의 연속성이 극단적인 찬성에서 극단적인 반대까지의 범위 사이에 있다면 이러한 연속성은 이론상 몇 개의 동일한 간격으로 구분할 수 있으며, 이러한 유사등간격적인 내용을 사전에 평가자들에게 제시함으로써 그들은 각자의 태도에 적합한 태도 연속선상에 있는 한 점을 결정할 수 있을 것이라는 사실에 두고 있다(Thurstone & Chave, 1929: 3).

(2) 작성 절차

서스톤의 유사등간법은 특정 변수를 나타내는 한 묶음의 지표들 사이에 적어도 경험적인 구조가 있도록 어떤 형식(format)을 개발하려는 시도이다. 척도 구성의 절차는 다음과 같다.

① 문항 작성

연구자가 특정 태도 변수의 측정 지표라고 생각되는 100개 내외의 문항들을 임의적으로 작성한다. 이를 다수의 집단에게 나누어 준다.

② 평가자의 평가 분류(평정)

다수(50~300명)의 평가자(응답자)들이 이들 문항들에 대해 각 문항이 어떤 변수의 측정 지표가 될 수 있는 강도를 숫자 1에서 11 사이의 범주로 평가하도록 한다. 이 11개의 범주는 대체로 가장 호의적인 것에서 중립적인 것 그리고 가장 비호의적인 것에 이르는 일종의 평정척도이다. 예를 들면 측정 변수가 '편견'이라 한다면, 평가자들에게 가장 약한 편견 지표에는 숫자 1을 부여하며, 가장 강한 편견 지표에는 숫자 11을 부여하고, 이 양극단 사이로 판단한다면 양 극단 사이의 어떤 값을 부여하도록 한다.

③ 문항의 척도값 부여

연구자는 각 문항에 대해 평가자 개개인이 분류 평정한 점수들을 각 문항의 점수로 기록하고, 평가자들의 수를 고려해 점수의 중위수를 각 문항의 척도값(scale value)으로 삼는다.

④ 문항의 선정

각 문항의 점수 분포가 지나치게 분산된 문항들은 태도가 모호한 것으로 보고 이를 제외해, 적게 분산된 문항들을 선정한다. 평가자들이 폭넓게 합의하거나 동의하지 않은 문항들은 점수 분산이 클 것이기 때문이다. 문항 선정 기준은 모호 계수(coefficient of ambiguity)에 의해 판단한다. 모호 계수는 사분위 분산값(interquatile dispersion value)에 의해 다음과 같이 계산된다.

$$\text{모호 계수} = (\text{제3사분위 분산값 } Q_3) - (\text{제3사분위 분산값 } Q_1)$$

⑤ 문항의 선정

다음에는 남은 문항들 가운데 일반적인 합의가 도출된 문항들을 선택해 문항의 척도값을 기준으로 1에서 11까지 순서대로 배열하면 각 척도 점수를 대표하는 하나의 척도가 된다. 이 때 최종 척도의 형태는 여러 개의 문항으로 구성되는데 각 문항마다 특정한 척도값이 부여되어 있다.

⑥ 척도의 적용

최종적으로 선정된 척도는 ⅰ) 척도치의 순서대로 배열된 문항들을 무작위적으로 뒤섞고, ⅱ) 조사 대상자에게 자신의 의견·태도에 일치하는 문항을 지적하게 한 다음, ⅲ) 지적된 문항들의 척도치를 합해 평균을 내어 그 사람의 태도 평점으로 삼는다. 만일에 서스톤 척도에서 강도 5를 나타내는 문항에서 편견이 있는 것으로 나타난 응답자는 강도가 이보다 약한 문항에 대해서도 편견을 가졌을 것으로 기대할 수 있고, 강도 6을 나타내는 문항에서 편견이 나타나지 않은 응답자는 이보다 강도가 더 큰 문항에 대해서도 편견이 없을 것으로 예상할 수 있다.

유사등간척도법의 구체적 사례르서 서스톤이 제시한 '일반인들의 교회에 대한 태도' 척도 구성 절차를 살펴보기로 하자. 그는 일반인들의 교회에 관한 태도를 측정하기 위해 교회에 대한 130개의 항목들을 작성했는데, 작성 기준으로 ⅰ) 가능한 한 응답자의 현재의 태도를 반영하도록 언어 구성을 하고, ii) 뜻이 두 갈래로 나타날 수 있는 모호한 표현을 피하고, iii) 극히 제한된 범위의 지지를 받을 항목 구성을 피해 최대한의 많은 사람들에게 적용될 문항을 택하며, iv) 각 문항의 의견은 응답자가 척도의 연속선상 어디다 놓아도 될 수 있는 것을 피하고, v) 문항 속에 혼동을 가져올 수 있는 용어는 없애고, vi) 가능한 한 속어는 사용하지 않는다는 여섯 가지의 기준을 제시했다(Thurstone & Chave, 1929: 57-8).

다음으로 130개의 문항을 300명의 응답자에게 제공해 각 문항에 대해서 '적극 찬성'으로부터 '적극 반대'까지의 태도를 11개 범주의 어느 하나에 분류하도록 하고, 각 문항에 대해 11개 수준의 분류된 태도에 대해 각 문항의 척도값을 구했다. 이 때 척도값은 다음 [그림 9-2] 및 [그림 9-3]과 같이 평가자들이 주어진 문항에 부여한 태도척도 수준의 중위 지점(median position)을 정함으로써 얻어진다.

[그림 9-2] 및 [그림 9-3]은 모두 평가자들이 1에서 11까지의 척도치에서 각기 부여한 값들의 점유 비율을 누적시킨 곡선들이다. 척도치는 0이 가장 적극적인 찬성을 나타내고, 11이 가장 적극적인 반대를 나타내는 태도의 연속성을 이루고 있다.

[그림 9-2]의 경우 '교회는 개인주의나 이기심을 극복해야 한다고 절대적으로 믿으며, 교회는 이 점을 잘 지키고 있다'라는 문항(문항 번호 39번)에 대해 거의 평가자 전원이 그들의 의견을 태도척도상 5까지에 두고 있어 교회가 그러한 점을 지키고 있는 데 대해 찬성 쪽에 기울고 있음을 알 수 있다. 따라서 39번 문항의 척도치는 도표상의 중위치에 해당하는 Y축 50을 지나는 누적곡선의 X좌표상의 값을 찾음으로써 결정되는데 이 경우 1.8이다.

이와는 달리 [그림 9-3]의 9번 문항의 경우는 평가자의 약 75%가 교회에 대해서 찬성하지 않는 쪽으로 기울어져 있으며(즉, 11점 척도 중간값인 5.5점에 해당하는 누적빈도가 약 75%임), 이 문항의 척도치는 5.3으로 전반적인 태도가 연속선의 중간 위치에 가깝게 나타나고 있다.

[그림 9-2] 39번 문항에 대한 평가

(문항 내용: 나는 교회가 개인주의나 이기심을 극복해야 한다고 절대적으로 믿으며, 교회는 이 점을 잘 지키고 있다.)

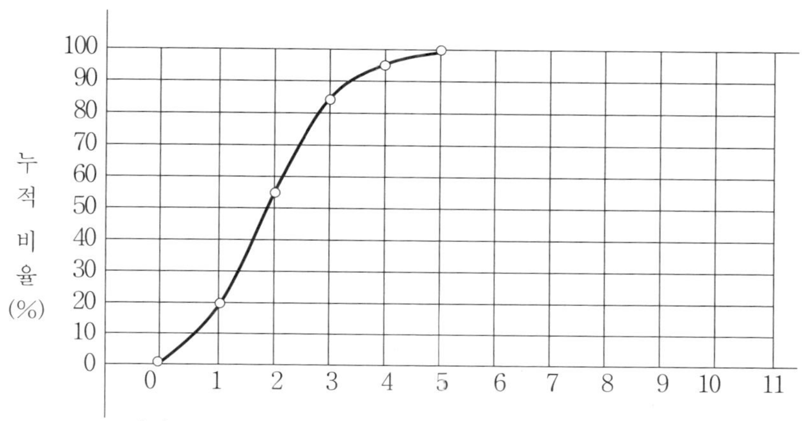

찬성 태도 척도

척도치 S = 1.8

사분편차 Q = 1.3

반대

[그림 9-3] 9번 문항에 대한 평가

(문항 내용: 교회에 나가는 것은 누구에게도 해를 안 준다.)

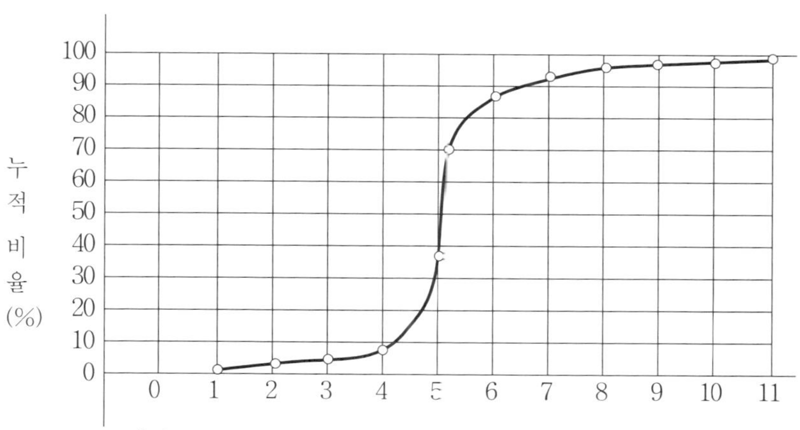

찬성 태도 척도

척도치 S = 5.3

사분편차 Q = 0.7

반대

위의 예에서, 130개 문항에 대한 척도치의 산출 작업이 끝나면 이들 문항들 가운데서 i) 모호한 문항을 제거하고, ii) 남은 문항들 중에서 척도치의 모든 범위(1~11까지)를 포함하는 문항들로 최종적인 척도를 구성한다. 이때 문항의 모호성을 측정해야 하는데 서스톤은 이 경우 사분편차의 개념을 적용했다. 즉, 위에서 일차로 선정된 각 문항들의 누적 비율에서 제3사분위수(Q_3)와 제1사분위수(Q_1)의 사분편차($Q = Q_3 - Q_1$)를 구해[10] 11개 수준의 태도를 대표하는 각 문항들 가운데서 가장 편차가 작은 것을 최종적으로 선정해 이를 교회에 관한 태도척도로 사용한다. 이 경우 척도에 사용되는 문항 수는 12~18개 정도면 된다(Goode & Hatt, 1952: 262-70).

문항 39번과 문항 6번의 척도치는 [그림 9-2] 및 [그림 9-3]의 중위치, 즉 각각 1.8 및 5.3이며, 사분편차는 2.6−1.3=1.3과 5.5−4.8=0.7이다. 즉, 문항 39번은 척도값 분산이 1.3으로 문항 6번의 0.7에 비해 상대적으로 클 뿐만 아니라, 범주의 포함 범위도 0~5로 문항 6번의 0~11에 비해 매우 좁기 때문에 태도척도로서는 적절하지 않다. 따라서 최종적으로 선택될 척도는 6번 문항이다.

이 유사등간법은 전술한 척도 작성 절차를 조심성 있게 수행해서 만들면 신뢰성이나 타당성 면에서 만족스러운 척도가 될 수 있다. 다만 이 척도에서 문제가 되는 것으로 i) 문항의 정확한 선정, ii) 연속성의 적절한 규정, iii) 사용된 문항 수, iv) 평가자의 수와 이들의 선정 등을 들 수 있다. 척도를 작성할 때 평가를 위한 문항 수가 많으면 그만큼 문항 선정이 정확해지는 반면 응답을 분석하는 데 많은 노력이 요구되는 약점이 있으며, 평가자를 선정할 때 이들이 가지는 편견, 문항에 대한 지식의 부족 등은 척도의 효율적 이용에 장애가 된다. 그러나 이러한 문제점들이 잘 극복되면, 서스톤 척도의 기법은 작성 절차 및 평점화의 간편성 때문에 사용이 매우 편리하다.

---

10) 이 사분편차를 Q값($Q-$value)이라고도 한다.

(3) 장단점

① 장점

척도에 포함되는 질문 문항들을 정리해 가능한 한 간격을 같도록 한다는 점에서 일반적 서열적 척도보다 한 수준 높은 등간적 척도 수준을 유지한다.

② 단점

첫째, 등간성의 가정이 비현실적이다. 척도용으로 선정한 문장들 가운데 중위수(또는 평균값)는 같지만 그 분산도가 다른 것들이 있을 수 있는데, 이 때 분산의 성격도 되도록 고려해야 할 것이다.

둘째, 응답자가 얻는 점수가 같더라도 그가 선택하는 문항의 종류와 수가 내용적으로는 서로 다른 경우가 있는 것을 가려낼 수 없는 흠이 있다.

셋째, 평가자의 편견 개입 가능성이 있다. 처음 문장들을 분류하는 평가자들의 성격에 따라 그 분포가 달라질 수 있기 때문이다. 따라서 연구자는 앞으로 연구할 대상들을 감안해서 이들을 대표할 만한 평가자들을 고를 수 있어야 할 것이다.

넷째, 실질적으로 이 방법은 절차가 복잡하고 문장이나 평가자의 수가 많아야 한다는 번거로움 때문에 불편하다. 보통 서스톤 척도는 10~15명 사이의 문항 평가자들로 하여금 문항에 점수를 부여하도록 하는데 소요되는 시간과 에너지 때문에 오늘날 조사에서 많이 사용하지 않는다.

3) 쌍대비교법(조합법)

(1) 의의

쌍대비교법(method of paired comparisons)은 측정 대상을 놓고 한꺼번에 서열을 측정하는 것이 아니고, 측정 대상(자극)들을 두 개씩 짝을 지어 놓고 평가자로 하여금 우열을 결정하도록 하는 방법이다. 이 방법은 일일이 자극들을 조합지어 물어야 하므로 질문의 횟수가 많아지지만, 측정 대상(자극) 전부를 놓고 서열을 결정할 때보다는 평가자의 입장이 수월해진다는 장점이 있다(김광웅, 1976: 201-2).

쌍대비교법의 가장 단순한 형식은 두 개의 자극을 놓고 연속성을 규정한 다음, 평가자에게 이 두 자극 중 어느 것이 예를 들어 더 크고, 덥고, 좋은

가를 물어서 비교하게 하는 것이다. 자극의 수가 두 개 이상일 경우 이들을 조합시켜서 비교시켜야 하는 문제가 생긴다.

(2) 예시

많은 자극에 대한 쌍대비교법의 간단한 예로는 푸에르토 리코의 성인들에 대한 여론조사에서 볼 수 있다. 이들은 ① 사무원, ② 간호원, ③ 점원, ④ 가정부, ⑤ 농업노동자 등 5개의 직업들이 각기 2개씩 짝지어진 것을 제시받으면서 그 중 어느 직업이 여성에게 더 바람직한 것인가를 결정하도록 했으며, 그 결과는 아래의 <표 9-3>과 같다.

<표 9-3>에서 좌측에 표시된 것은 짝을 지은 두 개의 직업 중 한 직업을 선택하는 데 일관성을 보여 줌으로써, 사무원>간호원>점원>가정부>농업노동자의 유형을 나타낸다. 반면 표 우측은 선호에 일관성이 결여되어 있음을 알 수 있다. 그러나 문항이 잘 선정되고 연속성이 명백히 규정되어 있으면 이러한 모순된 응답이 나오는 경우가 적어진다. 푸에르토 리코 조사의 경우 모순된 사례는 9%에 불과했다.

쌍대비교법의 가장 간단한 평점 방법은 단순히 선택된 횟수를 합해서 해당 직업의 평점으로 간주하는 방법이다. 예를 들어 <표 9-3>의 왼쪽의 경우 사무원의 평점이 4, 간호원이 3, 점원이 2, 가정부가 1이며, 농업노동자는 평점이 0이다.

〈표 9-3〉 여성에게 적합한 직업에 관한 조합비교법에 의한 응답 유형 푸에르토 리코(1947년)

	직업 선호에서 일관성이 있는 형태						직업 선호에서 일관성이 없는 형태				
	1	2	3	4	5*		1	2	3	4	5
1	—	○	○	○	○	1	—	○	○	○	○
2	×	—	○	○	○	2	×	—	○	○	×
3	×	×	—	○	○	3	×	×	—	○	○
4	×	×	×	—	○	4	×	×	×	—	○
5	×	×	×	×	—	5	×	○	×	×	—

(주) 1 : 사무원, 2 : 간호원, 3 : 점원, 4 : 가정부, 5 : 농업노동자

(3) 장단점

쌍대비교법은 척도 구성이 매우 간편하고 사용하기가 편리하다는 장점이 있으나, 문제점으로 i) 쌍을 비교한 측정치들 간의 모순성이 존재할 때에 측정치 간의 등간성을 확보할 수 없으며, ii) 문항 수가 많아지면 비교해야 할 쌍이 너무 많아져 사용하는 데 비효율적이다.

4 사회적 거리척도(보가더스 척도)

1) 의 의

이 척도는 보가더스(Emory S. Bogardus)가 처음 개발한 데서 보가더스 사회적 거리척도(Bogardus social distance scales)라고 불리며, 그를 비롯한 많은 사회학자들이 소수민족 · 사회계급 · 직업과 같은 여러 형태의 사회집단 및 추상적인 사회적 가치 등과 관련된 여론 및 태도를 연구하는 데 이 척도를 적용했다. 이 척도는 하나의 집단이 다른 대상 또는 다른 집단에 대해 얼마나 거리감을 느끼는가를 측정할 때 사용한다. 이 척도는 어떤 집단의 사람들이 다른 유형의 사람들과 친밀성이 상이한 사회적 관계에 참여하고자 하는 의사를 측정하는 기법이다.

2) 척도 구성 방법의 예

응답자들은 순서가 매겨진 일련의 진술에 응답할 때, 가장 위협적이거나 가장 거리가 먼 진술을 한쪽 끝에 배치하며 가장 덜 위협적이거나 사회적으로 친밀한 진술을 다른 끝에 배치한다. 이 척도의 논리에 따르면 접촉을 거부하거나 사회적으로 거리가 있는 문항에 대해 불편한 느낌을 가지는 사람은 사회적으로 가까운 거리에 있는 문항을 거부한다는 것이다. 이 척도를 구성하는 방법은 다음과 같다(Bcgardus, 1928: 265-71; 1936: 99).

보가더스는 인종적 편견의 강도를 측정하기 위해 1,725명의 미국인에 대해 <표 9-4>에서와 같은 설문을 제시하고 응답자들의 각 인종에 대한 사

〈표 9-4〉 4개의 미국 내 소수민족에 대한 1,725명의 미국인의 반응(%)(Bogardus, 1928: 25)

설문 내용	소수민족			
	영국인	스웨덴인	네덜란드인	한국인
(1) 결혼하여 가족 성원으로 받아들임	93.7	45.3	11.0	1.0
(2) 개인적 친구로 클럽에 받아들임	96.7	62.1	11.6	6.8
(3) 이웃으로 우리 동네에 받아들임	97.3	75.6	28.3	13.0
(4) 같은 직장인으로 받아들임	95.4	78.0	44.3	21.4
(5) 우리나라의 국민으로 받아들임	95.9	86.3	58.3	23.7
(6) 우리나라의 방문객으로만 받아들임	1.7	5.4	19.7	47.1
(7) 우리나라에서 추방함	0.0	1.0	4.7	19.1

회적 수용도(즉, 사회적 거리)가 어떻게 나타나는가를 보았다.

위의 표를 보면 각 소수민족에 대한 사회적 거리를 일곱 개의 일련의 척도로 측정하고 있으며, 이 일곱 개의 설문이 가지는 속성은 아무렇게나 놓여져 있는 것이 아니고 결혼을 통한 가족 성원으로의 수용적 태도로부터 국외 추방이라는 부정적 태도까지의 사회적 거리의 연속성에 따라 배열되어 있다. 그러나 실제적으로 설문 (1)에서 (5)까지는 긍정적인 수용 태도가 비교적 등간격적인 연속성을 지니고 있는데 반해, 설문 (6)과 (7)은 부정적인 반응을 나타내는 것이므로 (6) 및 (7)에 응답한 사람은 결코 (1)에서 (5)까지의 설문에 긍정적인 반응을 보일 수 없는 것으로 생각된다.

다음의 [그림 9-4]는 앞서 제시한 <표 9-4>의 각 소수민족에 대한 반응(%)을 도표화한 것이다. 부정적 반응을 나타내는 설문 (6)과 (7)을 제외하고 수용적인 반응을 나타내는 설문 (1)에서 (5)까지를 두고 고찰해 볼 때, 이들이 비교적 등간격적인 수용도의 차이를 보이고 있는 것으로 간주할 수 있다는 점에서 반응도의 평점화 문제가 제기될 수 있다. 한 소수민족 집단의 위치를 표현하는 지수는 그림에서 반응선의 높이와 기울기라는 두 요인의 값의 정도를 나타낸다(Goode & Hatt, 1952: 244-6).

이러한 두 요인을 반영할 수 있는 평점화의 방법은 간단한 산출 방법에서부터 복잡한 수학적 구성에 이르는 다양한 방법이 있을 수 있다. 가장 단

[그림 9-4] 1,725명의 미국인의 네 소수민족에 대한 반응(%)

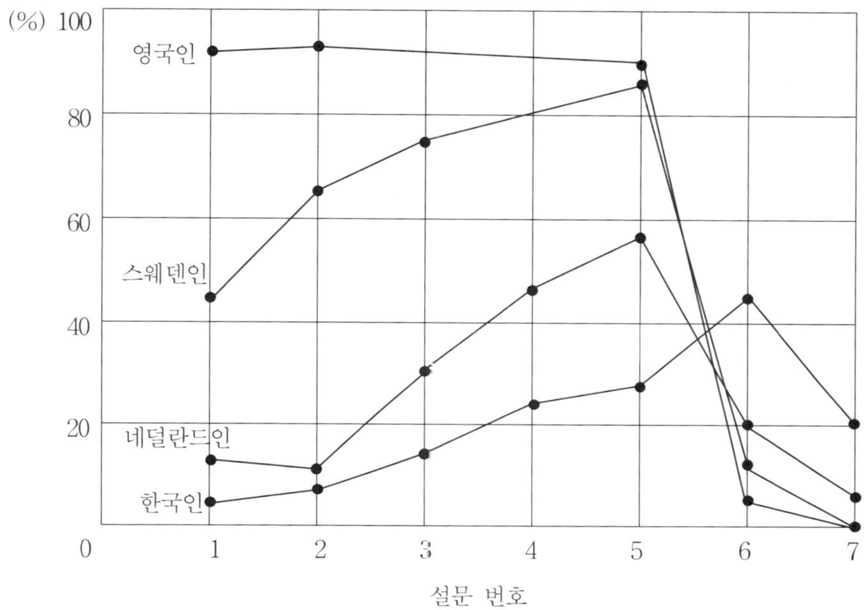

순한 평점화 방법은 <표 9-5>에서와 같이 (1)~(5)까지의 설문에 대해서 이들은 등간격의 연속적인 값으로 볼 수 있기 때문에 그의 위치 번호대로의 수치를 임의로 준 다음, 이들 각 위치에 있는 수용도(%)에 곱하고 이들의 합계를 해당 소수민족 집단이 가지는 점수로 간주하는 것이다.

이렇게 함으로써 이들 민족집단을 <표 9-5>의 경우 276.0점에서 1,440.1까지의 범위를 가진 한 척도상에 놓이게 할 수 있다. 이러한 보가더스 척도의 계량화 과정에는 척도상의 인접된 점수 간의 사회적 거리가 동일하다고 가정하고 있으며, 또한 척도상에 0지점이 없다는 사실에 유의해야 한다. 0이 없다는 것은 예를 들어 네덜란드인이 한국인보다 약 2배 가량 더 수용적이라고 단정할 수 없다는 것을 의미하며, 이러한 점에서 이 척도는 본질적으로 각 소수민족 집단에 대한 사회적 거리(수용도)의 서열을 나타내는 차별척도이며, 기법상 유사등간법이다.

〈표 9-5〉 네 소수민족에 대한 가중 사회 거리치의 산출 예

설문 위치	민 족							
	영국인		스웨덴인		네덜란드인		한국인	
(1)	(2) (%)	(3) (1)×(2)	(4) (%)	(5) (1)×(4)	(6) (%)	(7) (1)×(6)	(8) (%)	(9) (1)×(8)
1	93.7	93.7	45.3	45.3	11.0	11.0	1.1	1.1
2	96.7	193.4	62.1	124.2	11.6	23.2	10.8	21.6
3	97.3	291.9	75.6	226.8	28.3	84.9	11.8	35.4
4	95.4	381.6	78.0	312.0	44.3	177.2	20.1	80.4
5	95.9	479.5	86.3	431.5	58.3	291.5	27.5	137.5
		1,440.1		1,139.8		587.8		276.0

3) 장단점

보가더스 척도의 신뢰성은 양분법이나 복수양식법으로 측정하기 어려우며, 재검사법이 가장 효과적인 측정 수단이다. 또한 이 척도는 집단비교법을 사용해 그 타당성을 측정할 수 있다.

(1) 장점

첫째, 집단 상호간의 거리를 측정하는 데 유용하다.

둘째, 사회적 거리를 측정하는 척도에 연속체의 개념을 최초로 도입하는 데 크게 공헌했다.

셋째, 적용 범위가 넓고 예비조사에 적합한 면이 있다.

넷째, 집단뿐 아니라 개인 또는 추상적인 가치에 관해서도 적용할 수 있다.

(2) 단점

첫째, 적용 범위가 넓지만, 척도로서는 정밀하지 않기 때문에 척도 사용 시 예비적 연구나 단시일 내에 연구 결과가 요구되는 경우에 제한적으로 사용된다.

둘째, 척도점(scale point) 사이의 거리가 같고, 각 점은 반드시 앞의 점보다 뒤에 위치하고 있다고 가정하는 점 간의 순서 문제가 있다.

셋째, 신뢰성 측정에는 재조사법밖에 쓸 수가 없다.

5 누적척도(거트만 척도)

1) 의 의

누적척도(cumulative scale) 또는 거트만 척도는 반응 중심 접근 방법으로 문항과 응답자를 동시에 척도화함으로써 태도의 강도에 대한 연속적 증가 유형을 측정하고자 하는 척도이다. 초기에는 심리적 검사를 위해 고안된 것이었으나, 현재 사회과학 분야에서 널리 사용된다.

누적척도는 일련의 동질적 문항을 갖는 단일 차원적이고 누적적인 척도이다(Kerlinger, 1986: 453-5). 단일 차원의 척도란 변수 하나만을 측정하는 척도를 말한다. 즉, 몇 개의 분리된 관찰치들을 요약해 좀더 일반적인 변수를 나타내는 합성 측정의 유형이다. 척도를 구성하는 과정에서 문항들의 단일 차원성이 경험적으로 검증되도록 설계된다. 그리고 누적적이라는 것은 '강한 태도를 갖는 문항에 긍정적인 견해를 표명한 사람은 약한 태도를 나타내는 문항에 대해서는 긍정적이라는 논리를 적용해 문항을 배열한다'는 것을 의미한다. 이와같이 누적척도라는 이름은 그 척도를 구성하는 여러 문항과 대상자(또는 응답자)가 갖는 총평점의 관계가 누적되고 있기 때문에 연유된 것이다.

누적척도는 문항과 연구 대상을 모두 척도 구성의 주요 대상으로 삼을 수 있는 것이 특성이며, 한 태도 변수에 대한 여러 개의 문항을 설정해 대상자에게 물을 수 있으나 그 배열은 일정한 순서에 따라 배열해야 하므로 그 결과의 분석에서도 자연 상호 밀접한 관계를 갖는 순서적인 양상을 나타낸다. 그러므로 대상자들은 그들의 척도에 대한 응답 상태에 따라 점수에 의한 순서적인 배열이 되는 것이다.

2) 구성 절차와 검증 방법

(1) 구성 절차

거트만 척도의 구성 절차를 살펴보면 다음과 같다.

첫째, 척도 구성 항목을 선정한다.

둘째, 응답자의 응답을 스캘로그램(scalogram) 용지에 기입한다.

셋째, 재생 계수(CR: coefficient of reproducibility)를 구한다.

넷째, 구성 항목을 조정해 척도를 구성한다.

(2) 검증 방법

첫째, 연구자가 거트만 척도의 절차에 따라서 만든 척도가 완벽한 거트만 척도와 일치하는 정도, 즉 단일 차원성, 누적성의 가정에 얼마나 부합하는지를 재생 계수를 통해 그 정도를 파악한다.

재생 계수 = 1 − 〔응답의 오차 수/(문항 수×응답자 수)〕

둘째, 재생 계수가 1일 때 완벽한 척도 구성 가능성(scalability)을 갖는다. 보통 재생 계수가 최소한 0.9는 되어야 바람직한 거트만 척도이다.

3) 장단점

(1) 장점

첫째, 거트만 척도는 주로 질문이나 투표에 의한 태도적 개념의 측정에 매우 유용하다. 이것은 여러 개의 요소들을 결합해 만들 뿐 아니라 이들 지표들의 각 배합에 대해서 독특한 점수를 얻을 수 있고, 더 나아가서는 이들 지표들 간의 상호 관련성까지도 측정하는 수단을 제공한다.

둘째, 다른 척도와는 달리 응답자 개인을 서열화하기 때문에 개인차에 대한 연구를 수행할 때 특히 유용하다.

셋째, 분석의 수준이 최소한 서열적 수준인 것을 전제로 하므로 이 척도의 작성 과정이 그리 복잡하지는 않다.

(2) 단점

첫째, 현실적으로 재생 계수가 높으면서 위계적으로 구성된 문항을 만들고 배열하기가 매우 어려워 많은 문항을 척도화할 수 없다.

둘째, 단일 차원의 측정에는 문제가 없으나 다양한 특성을 포함하는 다차원적인 조사를 수행하기 위한 척도로는 구성이 불가능하다.

셋째, 여러 개의 지표들(항목들)의 결합이 하나의 개념을 구성할 수는 있지만, 어떤 개념의 존재 여부에 대한 증거를 결정적으로 제공하지 않는다.

4) 총화평정척도, 차별척도, 누적척도의 비교

주로 인간의 태도 측정을 위한 이 세 척도는 여러 면에서 대조적이다. 여기서 이들 척도에 대해 몇 가지 점을 중심으로 비교해 보면 다음과 같다.

(1) 분석의 초점

총화평정척도는 대상자와 척도상의 대상자의 지위를 중심으로 분석하는 것이고, 차별척도는 문항과 척도상의 문항의 지위를 중심으로 분석하는 것임에 대해, 누적척도는 문항의 척도 구성 가능성과 대상자의 척도상의 지위라는 두 가지 면에 분석의 초점을 둔다는 점에서 각 척도의 차이점이 있다.

(2) 신뢰성

총화평정척도와 차별척도는 그들의 신뢰성과 대상자의 태도 측정 결과가 거의 같게 나타난다.

그러므로 척도 수립이 용이한 총화평정척도가 척도 수립이 곤란한 차별척도를 대체해 사용되는 경향이 있다. 누적척도는 그 측정의 초점과 결과와는 전혀 다르기는 하나, 단일 차원의 심리적 분야의 측정에 한정된다. 그러므로 근래에 와서 행태적 연구에서 총화평정척도가 가장 많이 사용되는 경향이 있다.

(3) 목적

총화평정척도와 차별척도는 새로운 사실의 발견을 위해 주로 사용되는

데 반해서, 누적척도는 그와는 대조적으로 가설의 확인 등을 위해서 사용되는 경향이 있다.

(4) 대상과 구성

누적척도는 단일 차원의 가설, 개념 등을 대상으로 함에 비해 총화평정척도와 차별척도는 그렇지 않다. 그리고 일반적으로 누적척도가 갖는 문항 수는 10여 개 미만의 작은 수인 데 비해 차별척도가 갖는 문항 수는 20여 개 미만으로 된다. 그러나 총화평정척도는 흔히 그보다 많은 문항을 갖는다.

(5) 평가자집단

누적척도와 총화평정척도는 문항 선정 등에서 평가자집단을 필요로 하지 않으나 차별척도는 평가자집단을 필요 조건으로 한다.

제 5 편

자료 수집

제10장 관 찰

관찰(observation)은 강력한 자료 수집 도구의 하나로서 면접이나 질문지법으로 자료를 수집하기 어려운 문제 유형에 사용된다. 다시 말해서 자연 상태에서 행태를 연구하고 행위에 대한 동태적·상황적 특징을 파악하는 것이 중요할 때 정보 획득의 제1차적 방법으로서 관찰 방법이 이용된다.

관찰은 다른 사회과학 자료 수집 도구와 마찬가지로 연구에 효과적으로 사용되려면 연구자에게 독특한 기술을 요구한다. 관찰 기법이 단독으로 사용되느냐 또는 다른 방법과 함께 사용되느냐는 몇 가지 관련 측면을 논의함으로써 좀더 분명하게 이해할 수 있다. 이제부터 관찰의 성격, 주요 목적, 유형, 관찰 방법의 선정에 영향을 미치는 요인, 관찰연구의 설계와 집행에 관련된 문제 등을 논의하고자 한다.

제 1 절 관찰의 의의

1 관찰의 특성

관찰의 특성을 이해하기 위해 연구의 단순한 부산물로서의 관찰과 기본적으로 자료 수집 도구로서 사용된 관찰을 구별할 필요가 있다. 좁은 의미에서의 관찰은 연구 대상을 조작하거나 통제하지 않고 일정한 시간에 걸쳐서 다른 사람들(연구 대상)의 행태를 지켜보고 들으며, 발견한 결과를 기록함으로써 어느 정도의 분석적 해석을 통한 자료 수집 방법을 말한다.

관찰이 적절하게 수행된다면 다음과 같은 특징을 가질 수 있다.

첫째, 관찰은 연구 대상의 행태가 발생되는 자연적인 사회적 맥락을 포착한다.

둘째, 관찰은 참여자의 사회적 관계에 영향을 미치는 의미 있는 사건을 포착한다.

셋째, 관찰은 피관찰자의 세계관, 철학 또는 전망의 관점에서 무엇이 현실을 구성하는지를 결정한다.

넷째, 관찰은 한 연구에서 얻은 자료를 다른 자연적 상황의 연구에서 얻은 자료와 비교하고 대조함으로써 사회 생활에서의 규칙성을 확인한다.

관찰의 이러한 특징은 연구를 수행하는 과정에서 연구자에 의해 이루어질 수 있는 우연으로부터 가끔 일어나는 동시적인 관찰을 배제하며, 관찰연구와 실험적 사회연구 간의 특징적인 구별을 강조한다. 실험적 사회연구는 사회적 맥락을 고의적으로 구성하고 조작한 결과로 관찰이 이루어지는 것이지만, 관찰은 조작의 노력 없이 사회적 행태를 자연적인 형태로 보존하면서 관측하는 것을 말한다.

2 관찰의 주요 목적

앞에서 우리는 연구자들이 상황에 토대를 둔 행태의 차원을 노출시키는 데 관심을 갖고 있다는 사실을 언급했다.

관찰의 주요 목적은 다음과 같다.

1) 인간 행위의 자연적 포착

관찰은 우리가 행태를 과정상에서 볼 수 있도록 우리의 행위를 실제로 발생하는 상황에서 포착하는 것이다. 면접이나 설문서에서와는 달리 사람들이 어느 특정한 순간에 그들이 어떻게 느끼는가를 사실적으로 파악하는 것이다. 우리는 평소에 피관찰자의 행동에 대해서 정태적이고 순간적으로 이해하고 있다. 때로는 그들의 견해를 수정하면서, 때로는 그들 자신을 부정하면서, 그러나 적어도 부분적으로는 그들이 행동하고 있는 상황에 의해 언제나 동요되면서 실제 상황에서 어떻게 행동하는가는 간과하고 있다. 그러나 관찰은 서로서로에게 관련된 사회적 방법으로 개인들이 어떻게 행동하는가에 관한 정보를 기록함으로써 인간 행태의 동태적 본질을 찾으려고 한다.

2) 사회 생활에 대한 도식적 기술

관찰은 사람들의 생활이나 현실의 질을 밝히기 위해 다른 자료와 함께 사용되는 것이 보통이다.[1] 명백히 일상 생활의 상세한 부분에 관해 사회과학자들은 많은 것을 당연한 것으로 생각하고 있다. 설명이나 예측과 같은 다른 과학적 목표를 진행하고 현실을 정확하게 묘사하는 도식적 기술(figured description)의 토대는 관찰에 의해 제공되는 것이 보통이다.

3) 탐 색

어떤 주제에 관해 알고 있는 것이 거의 없는 경우도 많다. 이 때 연구자는 현장에 있음으로써 중요한 일에 관한 방향 감각을 얻으려고 한다. 왜냐하면 그렇게 함으로써 간과될 수 있는 이슈들이 주의 깊게 검토될 수 있기 때문이다. 아주 중요한 변수가 간과되거나 방법론적 오류가 있을 때는 수정될 수 있는 연구 대상에 대해 이미 알고 있는 것을 넘어서 연구 방향을 다르게 잡을 가능성을 검토하려는 경향이 있다. 관찰은 연구자에게 연구 상황뿐만 아니라 이러한 문제점들을 파악할 수 있는 여유를 준다.

---

1) 맥콜과 시몬스(McCall & Simmons, 1969)는 관찰의 기술적 특징에 관한 더 장기적 견해를 취하고 있다. 그들은 궁극적으로 분석적 기술(analytic description)을 할 수 있는 것으로 보고 있다.

3 관찰의 강점과 약점

관찰은 다음과 같은 강점과 약점을 가지고 있다(김해동, 1986: 325-7).

1) 강 점

첫째, 관찰 방법의 가장 큰 강점은 연구자가 연구 대상이나 행위가 일어나는 현장에서 연구에 필요한 사실을 알아낼 수 있다는 것이다.

둘째, 연구 대상이 유아나 동물 등 자기의 행위나 감정을 표현하지 못하는 경우나 표현 능력이 부족한 경우에 관찰이 유일한 자료 수집 방법이 될 때가 있다.

셋째, 연구 대상자가 표현 능력은 있더라도 조사에 비협조적이거나 면접을 거부할 경우가 있는데, 이 때에는 연구 대상자의 협력을 덜 필요로 하는 관찰이 더 효과적이다.

넷째, 연구 대상자에게는 너무도 일상적이어서 관심이 가지 않아 면접이나 질문지법으로는 얻을 수 없는 자료에 대해서도 관찰을 통해서 얻을 수 있다.

2) 약 점

첫째, 관찰의 대상이 되는 행위를 현장에서 포착해야 하므로 그러한 행위가 발생할 때까지 기다려야 한다는 점이다.

둘째, 성질상 관찰이 곤란하거나 외부로 표출되기가 곤란한 문제가 있다는 점이다. 즉, 성행위나 부부싸움 등이 적절한 예가 될 것이다.

셋째, 관찰자의 선호나 마음의 준비, 관심의 여하, 지식의 범위 등에 의해서 선택적 관찰을 하게 됨으로써 객관적으로 중요한 사실을 빠뜨리는 경우가 생긴다는 점이다.

넷째, 전부를 동시에 관찰하지 못한다는 한계성이다. 이러한 한계는 관찰자의 감각 기능의 한계, 시간적 · 공간적 한계, 지적 능력의 한계 등에 의해 발생한다.

다섯째, 관찰한 사실만을 기록할 때는 별다른 문제가 되지 않지만, 관찰한 사실을 해석해야 할 경우에는 그것을 관찰자마다 주관적으로 해석하게 되어 객관성이 결여될 수 있다는 점이다.

4 관찰에서 발생하는 오류

관찰에서 가장 문제가 되는 관찰자의 주관이나 편견 등에서 나타나는 오류의 근거는 대체로 관찰의 지각 과정과 인식 과정에서 분명하게 나타난다(김해동, 1986: 328-9).

1) 지각 과정상의 오류

지각 과정상의 오류는 관찰자가 사실을 알아차려 가는 과정에서 나타나는 오류이며, 다음과 같은 것이 이에 해당한다.

첫째, 각 관찰자마다 똑같은 현상에 대해서도 느낌이 다르다는 것이다. 둘째, 각 관찰자마다 제각기 다른 자극에 반응한다는 점이다. 즉 아무리 관찰 대상을 통제하더라도 각 관찰자에게 지각되는 현상 자체의 강도나 질적 차이가 다르게 나타난다. 셋째, 관찰 대상이 많은 경우에는 관찰 대상에 의해 관찰자가 압도당한다는 점이다. 넷째, 관찰자 자신의 환상이나 상상이 지각 과정에 작용한다는 점이다. 다섯째, 이질적이고 혼합된 관찰 대상의 경우에는 나타나는 현상 자체가 복잡해 관찰 자체를 방해한다는 점이다.

지각 과정상의 오류를 감소시키는 방법으로는 다음과 같은 것이 있다. 첫째, 객관적인 관찰 도구를 사용하는 방법이 있다. 즉, 녹음기·촬영기·시계·질문지 등을 사용함으로써 오류를 감소시킬 수 있다. 둘째, 좀더 큰 단위의 관찰을 하는 방법이다. 예를 들면, 피관찰자가 어떤 정서에 있는가 하는 관찰보다는 그가 정서적 장애를 받고 있는가 하는 관찰이 단위가 크다. 셋째, 가능한 한 관찰 단위를 세분화해야 한다. 즉, 관찰 대상의 몇 가지 일정한 면만 관찰하고 다른 것은 관찰하지 않는 방법이다. 이 경우 몇 가지

면의 관찰 목적을 충족시킬 수 있는 이론적 근거가 있어야 함은 두말 할 필요가 없다. 넷째, 혼란을 초래하는 영향이나 자극을 가능한 한 통제해 배제해야 한다. 이 경우의 통제는 관찰 대상에 관한 것이 아니라 관찰자의 관찰에 혼란을 일으킬 수 있는 환경적 요인이라든가 관찰자 자신의 지각훈련 등을 의미한다. 다섯째, 감각기관 중 가장 예민한 것을 사용하는 것이 좋으며, 보통의 경우 코보다는 귀가, 귀보다는 눈이 더 예민하므로 눈을 많이 사용하는 것이 좋다. 여섯째, 관찰 기간을 될 수 있는 한 짧게 잡는 것이 좋다. 즉, 지각된 사실에 대한 관찰자의 상상이나 환상의 개입이 없도록 하기 위한 방법이다.

2) 인식 과정상의 오류

인식 과정상의 오류는 관찰자가 관찰을 통해 지각된 사실을 깨달아 받아들이는 과정에서 나타나는 오류를 말하며, 이러한 오류로 지적되고 있는 것은 다음과 같다. 첫째, 관찰자들의 과거의 경험이 다르고, 인상을 다루는 지적 능력 및 유지 능력이 다르다는 점이다. 둘째, 관찰자마다 각자의 인식과 추리에 독특한 양태를 가진다는 점이다. 즉 경험이나 지적 능력 외에도 취미 등의 요인이 작용한다. 이와 같은 오류는 대체로 관찰자들이 사실을 인식할 때 그 준거틀(frame of reference)이 다르기 때문에 나타난다.

인식 과정상의 오류를 감소시키는 방법으로는 다음과 같은 것이 있다. 첫째, 이론적 개념을 분명히 밝히고 연구에 필요한 개념을 경험적으로 정의해야 한다. 둘째, 개념 간의 관계에 한정해 사고하고 인식하는 데 규칙이 주어지도록 한다. 셋째, 관찰에서부터 기록되는 시간을 될수록 짧게 잡아야 한다. 넷째, 관찰된 것과 관찰자 사이에 생기는 장애를 제거해야 한다. 다섯째, 관찰자의 지적 자기 인식을 강화해야 한다. 즉, 관찰자 자신의 고유한 사고 방식이 어떠한 것인가를 자기 훈련을 통해서 스스로 알게 함으로써 인식 과정에서 개입될지도 모르는 주관을 배제할 수 있다.

이러한 지각 과정이나 인식 과정에서 나타나는 오류는 관찰 방법의 객관성을 저해하는 요인이므로 관찰자의 훈련이나 전술한 여러 방법을 통해 이러한 오류를 감소시켜야 할 것이다.

제 2 절 관찰의 유형

관찰이란 광범한 가능성의 연속선상의 수많은 활동과 관련한 모든 것이 포함된다. 관찰은 그것의 성격상, 연구자의 특정한 요구에 부합하고 문제의 긴급성이나 연구의 전반적 목표에 적합해야 하는 방법이다. 관찰의 유형을 구분하는 한 가지 방법은 과학적으로 수용한 정보를 산출해 내는 관찰 자료의 능력을 기준으로 구별하는 것이다.

라이스(Reiss, 1971: 4)는 이를 토대로 관찰을 체계적 관찰과 비체계적 관찰로 구분하고, 체계적 관찰이란 관찰과 기록이 반복을 허용하는 명시적 절차에 따라 이루어지며, 과학적 추론의 이론을 사용할 수 있는 규칙을 따르는 것만을 의미한다고 설명하고 있다.

흔히 관찰은 참여, 통제, 직접성, 조직성 등과 같은 기준에 따라 다음과 같이 구분한다.

1 참여 과정에 따른 유형

1) 참여관찰

(1) 의의

참여관찰(particpation observation)은 민속현지연구(ethnographic fieldwork)라고도 한다.[2] 참여관찰에서 관찰자는 자신의 출현에도 불구하고 피관찰자들이 경계심을 갖지 않도록 하며 피관찰자에게 가까이 접근하여 관찰함으

---

2) 현지연구라는 말이 많이 사용되지만 아직 그에 대한 용어 통일이 이루어지지 않고 있다. 현지연구는 field research, field study, field survey 및 fieldwork이라는 용어로 사용자의 의도에 따라서 다르게 사용되어 왔다. fieldwork이 field study보다는 좁은 의미로 사용된다. 그럼에도 불구하고 여기서는 fieldwork을 현지답사라고 하기보다는 현지연구라는 좀더 넓은 의미로 사용하고자 한다.

로써 그들의 삶에 관한 정보를 기록하는 일련의 행동을 의미한다(Bernard, 1994: 136-137). 참여관찰에 대한 개념을 좀더 자세하게 살펴보면 참여관찰은 i) 새로운 공동체에서 사람들과 일체감(rapport)을 형성하고, ii) 관찰자가 바라볼 때 공동체 사람들이 일상적으로 하던 일을 하도록 조처하고, iii) 관찰자가 관찰을 통해서 지각한 것을 사실적으로 인지하도록 문화적으로 몰두하는 것을 말한다.

(2) 참여관찰과 현지연구의 구분

모든 참여관찰은 현지연구(fieldwork)이지만 모든 현지연구가 참여관찰은 아니다. 만일 한 연구자가 사무실에서 질문지를 만들어 우편으로 보내고 그 답변을 기다리고 있다면 그것을 현지조사(field research)라고 하지 않는다. 만일 한 마을에서 일정한 인원을 무작위로 표본추출해서 방문해 인터뷰를 실시했다면 그것은 현지조사이지, 참여관찰은 아니다. 만일 한 연구자가 전에 한번도 방문한 적이 없지만 전통이 고스란히 남아 있는 시골 장날을 연구하기 위해 그곳에 가서 장사꾼과 고객의 행태를 모니터링했다면 그것은 참여관찰은 아니고 그저 평범한 관찰일 뿐이다.

(3) 참여관찰의 필요성 및 참여관찰자의 기술

문화집단(cultural groups)에 관한 과학적 연구를 실행하는 데 참여관찰이 필요한 이유는 다음과 같다.

첫째, 참여관찰은 결혼, 출생, 죽음과 같은 색다른 종류의 데이터를 수집하는 것을 가능하게 해 준다.

둘째, 참여관찰은 관찰 대상자의 반응성(reactivity) 문제를 감소시켜 준다. 반응성 문제는 관찰 대상자가 그들의 행동이 연구의 대상이라는 것을 안다면 평소와 다른 행동을 보이는 것 또는 관찰자가 관심을 덜 가지는 사안에 대해서는 피관찰자도 그렇게 행동하는 것 등을 말한다.

셋째, 참여관찰은 질문지 등과 달리 참여관찰자가 토속 언어를 통해 분별 있는 질문(sensible questions)을 하도록 도와 준다.

넷째, 참여관찰은 참여관찰자에게 피관찰자들의 문화에 무슨 일이 발생하는지 그리고 참여관찰자가 수집한 의미 있는 자료에 대해 자신있게 말할 수 있도록 해 주는 등 참여관찰자가 직관적인 이해(intuitive understanding)가 가능하도록 도와 준다.

다섯째, 참여관찰을 제외하고는 많은 연구 문제들이 어느 것(anything)에 의해서 적절하게 설명되지 못할 수도 있다.

한편, 참여관찰자가 참여관찰 방법으로 자료를 수집하기 위해 몇 가지 기술(skill)이 요구되는 것이 일반적인 사실이다.

첫째, 자료를 수집하려고 하는 부족이나 지방(또는 국가)의 언어를 배워야 한다. 참여관찰의 특징이 피관찰자들(informants)과 함께 생활하며 그들의 문화, 생활, 풍습 등에 관한 자료를 얻는 것이라고 할 때, 이러한 자료를 얻기 위해서는 그들에게 마음으로 다가가야 하고, 그것을 위한 최선의 방법은 그들의 언어를 익히는 것이다.

둘째, 참여관찰자는 분명한 인지(explicit awareness) 능력을 증진해야 한다. 예를 들어, 양복을 입었지만 넥타이를 매지 않은 교수의 강의가 끝난 다음 강의에 참여했던 학생들에게 교수의 넥타이의 색깔을 묻는다면 분명한 인지에 관한 중요성을 알 수 있을 것이다.

셋째, 참여관찰자는 기억력(memory ability)을 향상시켜야 한다. 참여관찰자는 크고 작은 일에 관해 메모를 하고 그 날 저녁에 모든 일을 정리하지만 어떤 상황에서는 메모조차 할 수 없는 경우가 종종 발생하게 된다. 이러한 경우 기억력에 의존하게 되기 때문에 그 중요성이 매우 크다.

넷째, 참여관찰자는 항상 초심자(novice)의 입장을 유지해야 한다. 참여관찰자가 참여관찰 방법을 통해 자료를 수집하려는 경우 처음에는 모든 것이 생소하고 피관찰자에 대한 정보가 빈약하기 때문에 항상 조심하는 데 반해 어느 정도 경험이 쌓이면 자신의 전문성에 대한 과대한 기대를 갖기 쉽다. 하지만 참여관찰자가 본래 의도한 명확한 자료 수집을 위해서는 항상 초심자 같은 자세가 요구된다.

다섯째, 참여관찰자에게 요구되는 것 중에 중요한 것으로 작문 능력(writing skills)을 들 수 있다. 참여관찰자가 목격해 인지한 사실에 대해 분명하게 기록하기 위해서는 그 상황을 명확하게 기술할 수 있는 문장 작성 기술이 필수적임은 말할 나위가 없다.

(4) 참여관찰의 단계

참여관찰자가 참여관찰에 의해 자료를 수집하는 단계를 접촉 시도 단계, 충격 단계, 분명성의 발견 단계, 1차 휴식 단계, 집중 단계, 체력 고갈과 2차 휴식 그리고 멋진 행동, 그리고 현장으로부터의 철수 등 일곱 단계로 구분한다.

첫째, 접촉 시도(initial contact) 단계이다. 참여관찰자가 피관찰자에게 처음으로 접촉하게 되는 기간에는 연구에 대한 기대와 새로운 경험에 대한 동경으로 행복하고 흥미로운(euphoria and excitement) 종류의 감정에 접어들게 마련이다. 그러나 미지의 부락에서 느낀 첫인상이 그리 환상적이지 않음을 많은 인류학자들의 보고서를 통해서 알 수 있다(Bernard, 1994: 158-159). 참여관차자의 첫눈에 들어온 것은 무뚝뚝한 사람들, 벌거벗고 있는 사람들, 땀내가 배어 있는 사람들, 그리고 숨어서 참여관찰자를 응시하고 있는 사람들 때문에 행복한 첫인상을 가지지 못했음을 토로하고 있다. 따라서 참여관찰의 첫 단계에서는 이러한 상황에 대한 준비가 되어 있어야 한다.

둘째, 충격(shock) 단계이다. 심지어 첫 접촉 단계에서 아주 흥미로운 경험을 한 참여관찰자라 하더라도 한 주나 두 주 후에 현지에서의 경험에서 오는 문화적 또는 생활적 충격을 경험하게 된다. 참여관찰자가 경험해 온 세계와 다른 사고와 문화 때문에 겪게 되는 충격인 것이다. 이러한 충격을 최소화하기 위해서는 미리 현지에 대한 자료를 수집해 그들의 생활이나 관습을 간접적으로 미리 경험하는 방법이 충격을 줄여 줄 수 있을 것이다.

셋째, 분명성의 발견(discovering the obvious) 단계이다. 문화적 충격의 단계가 지나면 이제 본격적으로 자료를 수집하게 되는데, 이 기간에 전에 알지 못하던 좀더 분명한 자료를 얻게 된다. 참여관찰자가 가지고 있었던 상식과 달리 일정한 현상들이 하나씩 분명한 사실로 나타나게 된다. 예를 들어 남자보다 여자의 권력(power)이 더 우위에 있다는 것을 인지하게 된다거나 하는 것 등이다.

넷째, 휴식(break) 단계이다. 참여관찰의 중간 활동 중에서 빼놓을 수 없는 것이 중간 휴식이며, 이는 일을 착수한 지 3주 또는 한 달이 경과한 시점에서 발생한다. 이 기간을 이용해 종고적 또는 국가 통계 자료를 통해서 자료를 수집하거나 또는 그 지역에서 연구의 관심이 같은 학자를 방문하는 것도 바람직하다.

다섯째, 집중(focusing) 단계이다. 휴식 기간이 끝나면 참여관찰자가 부족하게 생각하는 자료에 대해서 집중해 수집하게 된다. 어떤 경우에(아마도 거의 모든 경우에) 현지에서 자료를 수집할 때 연구계획을 변경하게 되는데, 이러한 경우에 집중 단계에서 연구계획이 변경됨으로 해서 필요한 자료들을 수집할 수 있다.

여섯째, 체력 고갈, 2차 휴식, 멋진 활동(exhaustion, the second break, and frantic activity) 단계이다. 참여관찰을 시작한 지 7~8 개월이 지나면 참여관찰자들은 자신이 피관찰자들을 지치게 했다는 생각을 갖게 된다. 그리고 피관찰자들이 더 이상 이야기해 주거나 행동으로 보여 줄게 없음을 토로하게 된다. 이 때, 2차 휴식을 취하는 것이 좋은 생각이다. 그 기간을 통해 남아 있는 시간을 어떻게 할애할 것인지 또는 무엇을 얻었고 무엇이 부족한지에 대해 충분하게 생각하고 처리한다. 그리고나서 끝마무리에 해당하는 멋진 활동을 준비하고 실행한다.

일곱째, 현장 철수(leaving the field) 단계이다. 참여관찰자가 그동안 생활해 왔던 현지를 떠나게 된다. 가끔 참여관찰자들은 활동 당시 현지의 어린이들을 후에 자신의 대학에 초청해 그들을 돕는 경우도 많이 나타나고 있다.

(5) 강점과 약점

이 관찰 유형의 강점과 약점을 파악하기는 비교적 쉽다. 연구자의 관심이 연구가 이루어지는 자연적인 사회 상황을 보존하는 데 있는 한 참여관찰은 아주 바람직한 방법이다. 왜 이 사람이 있어야 하는가와 참여자의 자연스러운 행위를 유지하는 것, 관찰해야 할 것과 그렇지 않은 것에 대한 관심 등에 대한 자료를 수집하는 데 매우 유용한 연구 방법이다.

그러나, 참여관찰의 최대 약점은 왜 어떤 정보는 기록되고 어떤 것은 안되는지 그 이유를 연구자가 반드시 명시적으로 묘사하지는 않는다. 더구나 연구자는 이러한 구체적인 것을 표현할 수 없으며, 진행 중인 활동에 깊이 개입하고 있다. 따라서 정보 수집 절차를 구체화할 수 없으므로 연구자는 연구 결과의 반복 가능성 위험을 부담해야 한다. 더욱이 참여자로서 활동하는 관찰자가 관찰의 정확한 태도(방식)를 주의깊게 표현하지 못하면 관찰 자료의 제시는 물론이고 그 타당성을 입증하기가 어렵다. 참여관찰은 자료 집적 절차를 정확하게 하는 데 실패할 가능성이 크다. 따라서 정확성보다는 발견에 더 관심을 기울이는 것이 보통이다.

이 유형의 관찰에서 찾아볼 수 있는 다른 문제점은 모든 사람들이 특히 연구 주제에 불법적 또는 부정적 평가 문제가 개입될 경우, 기꺼이 시간을 투입하고 자료 개발의 위험을 무릅쓰려고 하지 않는다는 것이다. 진입의 문제도 크지만 참여관찰의 방식으로 자료를 수집하려고 하지 않는 연구자들도 있다.

2) 비참여관찰

(1) 의의

비참여관찰은 연구자가 자연 상황에서 타인들의 행태를 관찰하지만 자료 수집 과정에서 실제 참여가 아닌 방법이다. 따라서 이 방법이 자연스럽지 못하다고 주장하는 사람도 있다. 그러나 비참여 관찰자가 얼마 동안 주위에 있게 되다가 그 후에 보이지 않게 되면 관찰자의 존재에 대해 점점 관심이 없어진다고 지적하는 사람도 있다. 확실히 눈에 띄지 않는 방식으로 주위 환경을 조사하고 관찰하는 데에는 특별한 기술이 요구된다. 지금까지 알려진 바로는 비참여관찰에 의한 실제 사회 맥락에의 개입이 어떤 문제를 야기시킨다는 논란도 없을 뿐만 아니라 비참여 관찰자의 존재가 연구 중인 행태에 해로운 효과를 미친다는 증거 또한 없다.

(2) 강점과 약점

비참여관찰은 관찰할 상황의 선택, 자료의 대표성, 연구자의 존재와 관련된 문제 등 세밀한 기획을 할 수 있는 곳에 아주 유용하다. 설명상의 부수적 기법의 개발이나 탐색할 구체적인 연구 문제 등에 더 많은 생각을 쏟아야 하며, 기록 자료와 관련된 구체적인 내용은 주의깊게 도표화될 수 있고 어떤 관찰을 취사선택할지에 대해서도 결정을 내려야 한다.

비참여관찰의 이러한 매력적 특징에도 불구하고 결정적인 약점은 비참여관찰이 참여관찰이 갖는 사회 생활의 자연스러운 맥락을 포착하지 못한다는 것이다. 참여자가 연구자의 존재에 익숙하게 된 후에 상황의 자연스러움이 달성될 수는 있다. 그러나 그것은 연구자의 존재에 따라 야기된 새로운 조건에 적응하기 위해 참여자가 형성한 것으로 그 본질과는 다른 전혀 '새로운' 것일 수 있다.

3) 준참여관찰

준참여관찰(quasi-participant observation)이란 참여관찰처럼 관찰 대상의 생활 전부에 참여하는 것이 아니고 생활의 일부에만 참여하는 관찰 방법이다. 따라서 이 방법에서는 피관찰자(informants) 자신이 관찰을 받고 있다는 것을 알고 있다. 예를 들면, 중·고등학교에 교생 실습으로 나가 있는 사범대학 학생들을 볼 수 있다. 이 경우 실습생은 학교의 분위기나 선생으로서 해야 할 업무를 직접 경험하는 것이 목적이기 때문에 학교 교직원의 일상 생활에 완전히 참여할 필요는 없으며, 이 때 교직원도 관찰자인 실습생들이 자신의 일을 관찰하고 있다는 것을 알고 있지만 일상 업무를 처리하는 데는 지장을 받지 않는다.

2 통제의 정도에 따른 유형

구별 기준은 사전에 계획된 절차에 따라 그 타당성과 신속성을 확보하기 위해 관찰 조건을 표준화하는가의 여부에 달려 있다. 어떤 학자들은 관찰 대상의 통제면보다 절차상이나 방법상의 구성이란 면을 강조해 조직적 관찰, 비조직적 관찰 또는 구조적 관찰, 비구조적 관찰이라는 용어를 사용하기도 하지만 뜻은 대체로 동일하다(Sellitz et al., 1959).

1) 비통제관찰

(1) 관찰 내용

아무리 유능한 관찰자라도 눈에 보이는 것을 모두 다 관찰하고 기록할 수는 없다. 따라서 관찰해야 할 것이 무엇인지를 선택해야 하는데, 통제관찰에서는 조사해야 할 연구 과제만 설정되면 수집해야 할 자료도 분명해지지만 비통제관찰(non-controlled observation)에서는 어떠한 자료가 타당한 것인지를 미리 통제해서 알고 있는 것이 아니고 폭넓게 조사해 한쪽으로 좁혀 가는 방법이다.

보통 비통제관찰은 탐색적 연구에 많이 적용되는데, 이 때에는 특히 관찰 대상이 문제가 된다. 탐색적 관찰에서도 연구 목적에 의해 관찰한 상황을 미리 예정할 수도 있지만 대개 처음에는 연구 목적에 합당한 관찰의 대상이 무엇인지가 명백하지 않아 이것저것 관찰하다 보면 연구 목적과 가장 관련이 깊은 것이 무엇인지를 발견하게 되어 그 이외의 것은 모두 제거하게 되고 따라서 관찰의 초점을 좁힐 수 있다.

비통제관찰에서는 연구 목적에 합당한 자료를 얻기 위해 다음과 같은 점을 고려해 참고하는 것이 바람직하다.

① 참여자: 이는 관찰 대상이 되는 집단 구성원의 인적 상황을 말한다. 예를 들면, 남・녀・노・소, 직업, 그들 상호간의 관련성 등을 구분해 관찰하는 것이다.

② 배경: 이는 관찰 대상이 처해 있는 사회적 상황을 의미한다.

③ 목적: 관찰 대상인 집단의 참여자들이 모인 목적과 동기가 무엇인가를 살핀다. 그러한 목적에 대한 참여자들의 반응은 어떠한가, 참여자는 다른 목표를 추구하지 않는가 등을 관찰한다.

④ 행위: 이것은 참여자가 실제로 무엇을 누구와 어떻게 행했는가 하는 것을 관찰하는 것으로서, 행위의 원인(그러한 행위를 일으킨 어떤 자극이나 사건), 행위의 목표, 행위의 방향, 행위의 형태(담화・동작), 행위의 질(강도・지속성・희귀성・적절성 등), 행위의 영향 등으로 나누어 관찰할 수 있다.

⑤ 빈도와 지속도: 여기서는 언제까지 그 상태가 계속되는 것인지 또는 그 행위가 얼마나 반복되는 것인지, 반복되는 상태에서 특수한 상태가 나타나지 않는지 등을 관찰하는 것이다.

여기서 주의해야 할 점은 이러한 모든 사항을 빠짐없이 관찰한다는 것이 사실상 불가능할 때가 많기 때문에 관찰 목적이나 대상에 따라 어느 것에 중점을 둘 것인가를 결정한 후 관찰 내용을 선택해야 한다.

(2) 관찰 기록

관찰에서의 기록 문제는 언제 기록할 것인가 하는 문제와 어떠한 방법으로 기록할 것인가 하는 문제가 중요하다. 관찰 기록의 시기는 물론 관찰 즉시 기록하는 것이 사후에 기억을 더듬어서 기록하는 데서 오는 약점들을 제거할 수 있어 더 효과적인 것은 말할 것도 없지만 실제로는 즉시 그것을 기록할 수 없는 경우가 적지 않다.

이것은 참여관찰을 할 때 당면하는 문제인데, 피관찰자의 면전에서 기록을 하면 그들이 어떤 의심을 품을 수도 있기 때문에 자연스러운 상태의 진행을 저해할 우려가 있다.

(3) 관찰의 타당성과 신뢰성

관찰에서도 관찰 결과의 타당성과 신뢰성을 높여야 하는데, 비통제관찰은 통제관찰보다 타당성과 신뢰성을 확보하기가 어려운 편이다. 타당성이란 본래 관찰하려고 한 것을 어느 정도 정확하게 관찰했느냐에 관한 문제로서 보통 관찰한 것과 관찰하고자 한 것 사이에 다소 차이가 있기 때문에 제기된다. 신뢰성이란 관찰 대상을 여러 번 관찰했을 때 일관된 결과가 나오는 정도를 말한다.

관찰의 타당성과 신뢰성을 높이기 위해서 다음과 같은 것이 필요하다.

① 훈련

관찰자에 대한 훈련이 필요하다. 현대 사회과학에서 연구자는 관찰자를 하나의 도구, 즉 인간 측정기(the human measuring instrument)로 사용하고 있는 셈인데, 관찰의 신뢰성 등을 높이려면 관찰의 경험이나 훈련 등의 숙련 정도를 높여야 할 것이다(Heyns & Lippit, 1954).

② 관찰 결과의 상호 비교

하나의 관찰 대상을 여러 사람이 동시에 관찰한 후 그 결과를 서로 비교해 보고 편견을 끄집어 냄으로써 관찰의 신뢰성을 유지할 수 있다.

③ 관찰 진행 과정의 검토 및 비판

참여관찰의 경우 관찰 대상 집단에 익숙해지면 중요한 자료를 놓치게 되는 경우가 있는데 이 때에는 기록을 더욱 철저히 해서 관찰의 진행 과정을 빈번하게 검토하거나 제3자에게 관찰 내용을 정기적으로 제시해 그들의 비판을 받는 것도 타당성 등을 높이는 좋은 방법의 하나이다.[3)]

동일한 용어에 의한 평가 관찰의 신뢰성을 높이기 위해서는 페인(S. L. Payne)의 ≪용어해설집(*Glossary of the Record Fairly Detailed*)≫(1951)에서와 같이 관찰자는 같은 행태라든가 또는 유사한 행태에 대하여 주어진 일련의 용어 중에서 동일한 용어에 입각해 평가하도록 함으로써 각 관찰자들의 관찰 결과의 신뢰성을 높이도록 한다.

(4) 관찰자와 피관찰자의 관계

관찰자와 피관찰자의 관계는 피관찰자에게 어떻게 접근하는가 하는 문제에서 시작된다.

참여관찰의 경우 관찰자가 관찰 대상 집단의 구성원으로서의 역할을 수행하면서 위장해 관찰하게 되는데 이 때 위장 상황에서 오는 애로점이 많다. 연구자라고 밝히면 의문점을 솔직히 물어 보고 보충 자료를 얻어 자료 수집의 충실을 기할 수 있으나, 위장할 경우에는 이를 할 수 없기 때문이다. 또 위장을 하면 피관찰자에게 어떤 해로운 영향을 끼치게 되지 않느냐 하는 도덕적 책임성의 문제가 발생한다. 그러나 때로는 위장에 의한 관찰이 피관찰자에게 해가 되지 않고 효과적인 경우가 있다.

어쨌든 관찰자가 관찰하는 집단에 들어갈 때는 집단의 구성원들이 납득할 만한 이유를 제시해야 하며, 집단에의 참여 정도에 대해 미리 한계를 정해 놓아야 한다. 또 참여하는 집단의 여러 계층과 좋은 관계를 이루도록 계

---

3) 화이트(W. F. White)는 그의 *Street Corner Society*(Chicago: University of Chicago Press, 1955)에서 이 방법을 사용했다.

층 간의 참여 정도를 비슷하게 해야 한다. 그뿐만 아니라 관찰자의 선발이 관찰 대상 집단에 참여하는 데 결정적인 요소가 될 때가 있으므로 연구 목적과 성질을 고려해 관찰자를 신중하게 결정해야 한다.

2) 통제관찰

통제관찰(controlled observation)은 사전에 계획된 절차에 따라 그 타당성과 신뢰성을 확보하기 위해 관찰 조건을 표준화하고 질의표나 조사표 등의 보조기구를 사용해 관찰하는 것으로 비참여관찰 방법에 많이 사용되고 기술적 연구나 실험적 연구에서 많이 쓰인다. 다시 말하면, 통제관찰에서는 관찰 대상이 명백하므로 관찰 방법과 계획을 사전에 준비해 체계적으로 관찰하는 것이다. 따라서 대개의 경우 관찰계획표 등의 기록 장치가 미리 마련된다.

이러한 통제관찰은 일상 생활 상태의 현장에서 행하는 것과 통제실험에 의한 실험실 상태에서 행하는 두 가지 경우를 생각할 수 있다. 현장에서 행하는 관찰은 관찰의 대상이 되는 행위만은 명백히 규정되어 있으나, 그 때의 상황에 연구 목적에서는 기대하지 않던 어떤 다른 요인이 개입될 가능성이 있는 데 반해, 실험 상태에서는 이러한 요인을 제거하고 연구 목적에 적합한 상황을 조작할 수 있다. 이것을 실험적 관찰이라고 한다.

(1) 관찰 내용

통제관찰은 비교적 형식화된 절차에 따라 조직적으로 행해지므로 비통제관찰처럼 관찰 내용에 대해 융통성이 있는 것은 아니다. 즉, 이미 관찰자가 관찰하려고 하는 목적에 맞는 분석 기초가 될 범주가 정해져 있어, 이에 따라 관찰하고 기록하면 되는 것이다. 그러므로 분석의 기초가 되는 범주의 구성 여부에 따라 신뢰성 있는 관찰인가의 여부가 결정된다.

그 유명한 예로 발레스(Freed Bales)의 범주(categories)를 들 수 있다(Sellitz et al., 1959: 225). 그가 처음 집단 상황을 관찰할 때는 50개의 범주로 시작했다. 그 후 많은 경험과 신뢰성의 증가, 그리고 조사 기술의 발달에 따라 그의 범주는 점차 세련되어 최종적으로 12개의 범주로 구성되었다.

이 범주는 집단 내의 상호 작용을 기록하기 위한 것으로 비교적 광범위하게 사용될 수 있다. 즉, 집단의 어떠한 구성원이건 세밀하게 부호가 부여되어 있다. 이러한 범주를 작성할 때는 우선 관찰하는 것도 중요하지만 특히 감정이나 의견 등에서는 실제로 피관찰자와의 면접 결과를 비교하는 것도 현명한 일이다.

(2) 관찰 기록

통제관찰의 기록에 흔히 쓰이는 것은 범주가 나열되어 있어서 관찰한 행위를 부호로 그 범주에 기록할 수 있는 관찰계획표(observation schedule)이다. 이러한 관찰계획표는 입증 가능하고 계량 가능한 자료의 수집에 알맞도록 작성되어야 하며, 여러 관찰자들이 다른 시간에 관찰하더라도 똑같은 기록이 나올 수 있도록 어구의 구성도 세밀하게 마련되어야 한다. 이 밖에 녹음기, 촬영기, 펀치 카드, 상호작용 기록계(interaction chronograph) 등이 이용되기도 한다.

(3) 관찰의 타당성과 신뢰성

통제관찰이 비통제관찰보다 타당성과 신뢰성이 높은 것은 사실이나 범주를 분류하고 기록하는 과정에서 문제가 발생하지 않는 것은 아니다. 먼저 관찰 내용의 범주가 아무리 정확하게 분류되었다고 하더라도, 관찰자의 경험이나 지식의 차이에서 오는 편견이 개입할 수 있을 뿐만 아니라 관찰의 미숙으로 인한 오류가 생길 수 있는 문제점이 있다.

이러한 문제를 해결하기 위해서는 무엇보다도 관찰자의 훈련이 필요하다. 그 밖에 녹음기를 통해 같은 사실을 서로 다르게 기록할 가능성을 배제하는 것이다.

관찰계획표의 범주 자체의 문제로서 범주의 기준이나 이론적 근거가 정확하지 못할 때 발생하는 문제가 있다. 예를 들면, 업무를 혼자서 처리하는 사람을 보고 관찰계획표에 기입할 때, 만약 '열심히 일한다'는 범주와 '비협동적으로 일한다'는 범주가 있다면, 관찰자에 따라 위 둘 중의 한 범주에 기록할 것이기 때문이다. 따라서 범주는 관찰 내용을 정확하게 기록할 수 있도록 분류되어야 할 것이다.

끝으로 관찰 시간에 따른 문제로서, 동일한 관찰 대상이라도 관찰 시간이 달라짐에 따라 다른 내용으로 취급될 가능성이 있다는 점이다.

이와같이 통제관찰에서 나타나는 문제는 범주의 정확성과 관찰자의 훈련 및 단위 시간을 고려할 경우 타당성과 신뢰성이 높아진다고 할 수 있다.

(4) **관찰자와 피관찰자의 관계**

관찰자는 늘 기록을 해야 하므로 자기가 관찰을 하고 있다는 것을 감추기가 어렵다. 따라서 관찰자는 되도록 자기가 관찰하는 관찰 상황에 가능한 한 어떤 영향을 주지 않도록 피관찰자에게 중립적인 태도를 취하는 인상을 주고 심리적으로 영향을 주지 않도록 노력해야 한다. 이와같이 피관찰 대상의 자연 상태를 방해하지 않고 조심성 있게 관찰함으로써 관찰의 영향을 최소화할 수 있고 좀더 정확한 자료를 얻을 수 있는 것이다. 또 관찰당하고 있다는 사실을 인지함으로써 피관찰자들이 조작된 허상의 형태 및 정보를 제공하지 않도록 충분히 고려해야 할 것이다.

3 직접성에 따른 유형

이것은 관찰자가 직접적으로 관찰하느냐 또는 간접적으로 관찰하느냐의 여부에 따라 직접관찰과 간접관찰로 나눈다.

1) 직접관찰

이것은 연구자가 연구하고자 하는 사상이나 현상을 연구자 자신 또는 그의 대행자가 몸소 보고 관찰한 바를 기록해 자료를 활용하는 것이다. 그러나 사회적 현상이란 그처럼 직접 관찰하고 싶어도 할 수 없는 상황이나 조건 속에서 일어나는 경우가 많다. 그러나 만나야 할 사람이 갑자기 사망했다거나, 은둔자처럼 사람들 보기를 꺼리고 사생활을 철저히 보호하려는 경우에는 필요에 따라 간접관찰을 해야만 한다.

2) 간접관찰

간접관찰이란 이미 일어난 일들을 기록으로 남긴 각종 문헌에 의한 접근, 연구자가 다른 사람들의 경험과 관찰을 언어적 보고로써 알아내는 질문지법과 면접법, 그리고 무반응법에서 활용하는 사후적인 흔적의 관찰과 단순관찰법 등이 있다.

4 조직성에 따른 유형

관찰에서 조직화(구조화통제)를 적용하는 측면은 관찰의 방법이나 절차라 할 수 있는데, 이것에도 i) 무엇을 관찰하고 기록할 것인가라는 관찰대상의 측면을 특정화하는 것, ii) 관찰한 것을 측정하고 기록하는 기법이나 수단을 정교화하는 것의 두 가지 의미가 있다.

따라서 이 두 가지 기준을 사용해 관찰의 유형을 구분할 수도 있다(Bailey, 1978: 219).

1) 조직적 관찰

이것은 관찰 상황의 전체적 성격에 대해서는 거의 무시하고 일정한 개념 및 이론에 입각해 관찰 상황을 미리 몇 개의 범주로 분류 규정하고, 그 상황을 일정하게 체계화해 대상을 관찰하는 것으로 관찰의 대상과 절차를 중요시한다. 따라서 일정한 개념이나 명제의 조건에서 절차와 대상을 강조하고 방법의 신뢰성을 중요시한다.

2) 비조직적 관찰

이것은 관찰의 절차를 무시하고 상황의 자연성 및 실재성을 중요시하는 관찰 방법인데, 발견적 측면에서 실제 상태의 발견을 중요시한다.

〈표 10-1〉 조직화 및 환경에 따른 관찰의 종류

구 분		관찰환경의 통제	
		자연적 상황	인위적 상황
관찰 대상에의 접근 기법의 조직화	비조직적	① 전혀 구조화되지 않은 현지 연구에서의 관찰(참여관찰)	② 실험실상황에 대한 구조화하지 않은 접근의 관찰(비조직적 실험실 내 관찰)
	조직적	③ 현지연구에서 관찰 방법을 체계화시킨 경우(자연적 상황 속의 자연적 행동에 대한 체계적 관찰, 반조직적 관찰)	④ 실험실 상황에서 완전히 구조화된 방법으로 접근하는 관찰(조직적 관찰)

5 관찰 방법의 선택에 영향을 미치는 요인

연구자들이 자료 수집 방법으로서 관찰 방법을 선정할 때는 무수히 많은 요인들이 영향을 미친다. 그 중에서 ⅰ) 연구 문제 그 자체, ⅱ) 연구자의 능력과 특징, ⅲ) 관찰 대상의 특징과 관련된 세 가지 요인을 살펴본다.

1) 연구 문제 그 자체

어떤 연구 문제 유형들은 사람들의 일상 생활에서 실제 활동에 관한 자료를 수집해야 하는 것이 있다. 이러한 문제들은 다른 방법으로는 연구할 수가 없는 것이다. 여러 종류의 일탈자들을 연구하는 것, 커뮤니케이션을 할 수 없는 집단 및 비밀집단과 조직의 매일의 생활 스타일을 탐색하는 것 등은 관찰로 해야 하는 문제 유형의 예들이다. 면접과 마찬가지로, 관찰은 거시사회적 문제보다도 미시사회적 문제에 더 적절하다.

더욱이 이론적 준거틀은 그 허결에 이러한 유형의 자료를 요구하는 문제의 범위에 초점을 두기가 쉽다. 민속방법론, 현상학과 상호작용이론 등이 그것으로서 관찰에 중점을 두는 정향 중에 특출한 것들이다.

2) 연구자의 능력과 특징

어떤 사회과학자들은 관찰의 맥락에 익숙하지 못한 반면 어떤 과학자는 실제 발생의 과정에서 행태관찰의 과학적 유용성을 이해하고 도표나 컴퓨터의 결과물을 쉽게 이해한다. 이처럼 연구자의 능력과 특징에서 차이가 나면 연구 결과에도 영향을 미치기 때문에 연구자들이 면접, 질문지 등을 과학적으로 분석하는 데 훈련되어야 하듯이 관찰에서도 훈련되어야 한다.

관찰을 효과적으로 할 수 있는 능력은 연구 맥락에 관한 연령・성별・인종 등과 같은 관찰자의 집합적 특징의 영향을 이해하는 데 달려 있다. 이러한 특징에 대해서는 조정이 있어야 하나 이러한 특징들이 관찰 방법을 사용하지 못하도록 하는 것은 아니다.

3) 관찰 대상의 특징

연구자와 연구 대상 간의 상호 작용의 필요성이 강조되는 연구가 진행될 때 자료 수집 과정에 초점을 두는 연구 대상의 특징들은 가능한 한 주의깊게 보아야 한다. 면접에서처럼 관찰 방법을 사용할 때 피관찰자와 관찰자의 지위는 관찰이 자료 수집 방법으로 실현될 수 있는가를 결정하는 주요 요인이 되기 때문이다.

제 3 절 관찰연구의 설계

1 관찰연구의 설계

연구 도구로 관찰을 사용해 본 경험이 있는 사람은 그것의 가장 취약한 측면의 하나로 관찰은 활동할 때 이치에 맞도록 잘 설정된 방법론적 틀(methodological protocol)이 없다는 점을 쉽게 느낄 수 있다. 관찰자는 거의 선행되어 있지도 않은 상태에서 타당성과 신뢰성을 검증하기 위한 새로운 전략을 개발해야 한다는 부담을 안게 된다(Wiseman, 1970: 269-70).

관찰을 위해 자료 수집을 하는 사람들은 절차의 구체화 작업도 병행해야 한다. 그렇게 함으로써 다음의 두 가지 목표가 달성될 수 있다. ⅰ) 그 절차는 사회과학적 사고에 적합한 연구 도구로서 관찰의 독특함에 관한 강조를 상쇄시켜야 하고, ⅱ) 그 절차는 좀더 체계적 자료 수집을 위한 맥락을 제공해야 한다. 유일한 방법은 아니지만 이러한 목표를 실현하는 한 가지 방법은 다른 방법을 사용하는 프로젝트를 수행할 때 사용되는 것과 같은 방식으로 관찰에 착수하는 것이다. 다음에서는 관찰연구의 일반적인 개관에 대해 설명하도록 하겠다.

1) 관찰연구의 역사성

아주 일반적인 의미로 관찰이 현재적(current)이라고 하지만, 역사적 맥락에서 관찰의 위치를 무시해서는 안 된다. 우리가 문제로 삼고 있는 행태는 사회과학자에 의한 관찰로써는 시작되지도 않고 끝나지도 않는다. 따라서 좀더 광범위한 잠정적 상황에서 관찰을 위치시키는 것이 중요하다. 그렇게 함으로써 어떤 주제를 연구하는 연구자의 관심이 전면에 부각될 수 있다. 연구 내용이 빈민굴, 알코올 중독자, 슬럼 거주자, 경찰, 마약 중독자, 또는 그 누구이든지 간에 주제에 대한 역사적 계속성과 현재의 사회적 맥락을 연결시키고, 시간적 시점에서의 연구자의 관심 및 참여자에 대해 이해하는 것이 관찰연구의 적절한 출발점이 된다.

2) 목표의 진술

관찰연구는 기술적 또는 설명적 목표에 따라 진술되는 것이 보통이다. 그러나 그것들 중의 주요 문제는 연구의 기술적 내용이 제한되거나 본질적으로 지나치게 탐색적이라는 점이다. 과학적으로 유용한 자료를 생산해 내기 위해 관찰은 다른 연구에서 수행하는 것, 즉 연구되고 있는 변수를 가능한 한 명시적으로 구체화시켜야 한다. 물론, 관찰은 후속 연구를 위한 변수를 좀더 명시적으로 확인할 수 있다는 점에서 일반적으로 개념적 관심

(conceptual interests)을 검토하는 데 사용된다. 그러한 연구 유형에서 탐색되는 개념은 가능한 한 정확히 정의되어야 한다. 관찰에서는 변수들 간의 관계 진술이 선형, 곡선형 또는 멱함수 차원으로 세련화되는 경우는 거의 없다. 기껏해야 연구자의 생각에 어떤 중심이 되는 초점을 제공하는 구체적으로 묘사된 질문이 있을 뿐이다.

3) 문헌연구

문헌연구는 연구 프로젝트에서 종합적 특징이다. 그러나 현장에 나가서 실제로 관찰하는 것을 대신할 수 없다고 생각하는 관찰자들은 문헌을 주의 깊게 연구하지 않는 경향이 있다. 프로젝트에 관련된 이론적 및 방법론적 자료를 찾는 것과 더불어 관찰을 하는 연구자는 관찰되고 있는 상황과 사람들에 관한 지식을 제공해 줄 기술적 정보를 찾아내는 데 특별한 노력을 기울여야 한다. 이러한 정보는 연구자의 노력을 합법화하는 데 상당한 가치가 있다.

4) 이론적 개념과 정향

관찰의 주요 목적 중의 하나가 피관찰자들에게 그들 주위의 세상을 보게 하고, 또한 그들이 하고 있는 실제 행동을 관찰함으로써 상황을 정의하려는 것이다. 따라서 그들이 관계지으려고 하는 피관찰자의 세계관을 연구자가 적실한 이론적 개념과 정향으로써 확실하게 이해하는 것은 매우 중요하다.

5) 가 설

관찰 연구자의 목표, 즉 일반적 의미에서의 가설의 형성과 검증이라는 것이 때로 중요한 것이 아닐 수 있다. 그러나 가설의 형성과 검증이 관찰에서 이론적 관심의 일반적인 적실성을 제고하는 방향으로 역할을 한다. 관찰을 할 때 연구자는 좀 다른 방법으로 이론을 검증하게 된다. 적실한 이론적 입장에 충실한 관찰자들은 가능한 한 정확하게 자연스러운 사회 상황을 묘사하고 이 관찰 결과를 알려진 이론적 견해와 비교하고자 한다. 가설 검증보다 더 중요한 것은 관찰 결과의 관점에서 이론을 평가하는 방식으로 사회적 행태의 자연스러운 맥락을 묘사하는 것과 관계된 문제이다.

2 관찰연구의 방법론

실제로 관찰을 하는 방법론은 연구의 몇 가지 기초적 차원에 따라 결정된다. 따라서 관찰을 통해 과학적으로 유용한 자료를 얻기 위한 방법은 비슷한 프로젝트의 유형에 따라 결정된다. 연구의 궁극적 목표가 과학적 사실의 집적과 관련되는 한 그 운용은 일정한 논리를 밟아야 한다. 그것들은 의문의 논리의 핵심 요소가 되므로, 타당성 신뢰성 및 대표성에 대한 문제는 관찰자의 운용 절차를 구체화할 때 언급되어야 한다. 관찰에 대한 연구계획서를 준비하는 방법론에서는 관찰이 이루어지는 장소, 정보 획득의 공급원, 수집되는 자료의 유형, 자료 수집 방법 등으로 구분해서 설명하기로 한다.

1) 관찰이 이루어지는 장소

연구의 일반적 절차를 따른다면, 이것은 관찰되는 집단의 특징을 확인하고 그들 행위의 어느 요소나 어느 측면이 관찰된 것인가에 관한 것이다. 모집단의 특징에 관해 정보를 얻으려고 하는 일련의 질문은 공간적·시간적으로 집단을 위치시키는 것과 관계가 있다. 관찰되고 있는 행태가 어디에서 일어나고 있는가? 한 곳 또는 여러 곳에서 일어나고 있는가? 여기가 이러한 활동이 발견될 수 있는 유일한 곳인가? 다른 곳에도 유사한 상황이 있는가? 관찰이 일어나는 시간 간격은 어느 정도이며 연구되고 있는 모집단의 경계는 어디인가? 다른 질문의 유형들은 고유한 사회 맥락의 부분인 연령, 성별, 종족, 직업 및 다른 특징들과 관찰되고 있는 모집단이 나타내는 세계관의 유형에 영향을 주는 것들이다.

2) 정보 획득의 공급원

정보를 획득하는 데는 관찰의 수를 결정하는 것과 피관찰자 선정 방식 등 두 가지 문제를 고려해야 한다.

(1) 관찰의 수 결정

관찰자는 수행해야 할 관찰의 수를 결정해야 한다. 연구자가 관심 있는 모든 것을 관찰한다는 것은 불가능하다. 이러한 조건에서 관찰을 몇 가지나 할 것인가, 문제로 삼고 있는 행태에 대한 관찰과 지식을 토대로 정보 제공자를 사용하는 방법을 택할 것인가 등에 관한 결정을 내려야 한다. 복잡한 상황을 분석할 때에 관찰자는 관찰자로서 정보 제공자에 의존하지 않기는 어려운 일이다(Zeldrich, Jr., 1969).

(2) 피관찰자 선정 방식

관찰자는 피관찰자를 선정해야 하는데, 표본추출의 절차는 이미 설명했으므로 표본추출 방법의 선택은 연구되고 있는 문제에 의해 정해진다는 것만을 추가하고자 한다. 예를 들면, 만일 아주 선택적인 관찰을 통해서만 얻을 수 있는 특별한 정보가 필요하다면 난선화는 정확한 절차가 될 수 없다. 다른 한편, 만일 일정한 이웃이나 슬럼 지역에서 여러 종류의 사람들의 활동에 관한 대표적인 견해를 얻으려고 한다면 무작위적 관찰(random observations)이 적절한 절차가 될 수 있다.

3) 수집되는 자료의 유형

관찰연구의 목적을 달성하기 위해 수집되어야 할 자료는 자료 수집 도구에 따라서 한 가지 이상의 관찰 유형을 사용해야 하는 경우가 흔히 있다. 어떤 의미에서 관찰은 아주 미묘하고 전문화된 기법이어서 연구자가 수행하는 관찰을 지지해 주는 데 필요한 정보의 유형을 다른 수단에 의해 얻어야 하는 경우도 있다. 관찰의 가장 중요한 강점 중의 하나는 연구자가 여러 연구 기법을 비교적 쉽게 사용할 수 있게 한다는 점이다. 따라서 관찰에 관심 있는 사람들은 다른 유형의 자료 수집 절차에 친근할 수 있어야 한다.

사용될 방법의 유형을 선정하는 일 이외에도, 연구자들은 여러 사건이 발생하는 빈도에 관심이 있는지, 일정한 방식으로 상황의 맥락을 형성하는 의미 있는 사건에 대해 관심이 있는지, 또는 다른 무엇에 관심이 있는지를 결정해야 한다. 이런 유형이 결정될 때만 어느 유형의 자료가 수집되어야 하는지를 알 수 있기 때문이다. 관찰연구의 관점에서 중요한 것은 참여자가 그들의 활동을 인식함에 따라 세상을 묘사하는 혼합된 정보가 수집된다는 점이다.

4) 자료 수집 방법

연구자가 관찰연구를 할 때 두 가지 당면한 문제가 해결되지 않으면 연구 전체가 위험하게 된다. 하나는 관찰 대상이 일어나고 있는 상황에 어떻게 진입하는가 하는 문제이고, 다른 하나는 정확하고 유용한 기록을 어떻게 유지하느냐 하는 문제이다.

(1) 상황에의 진입

정보를 얻을 수 있는 사람에게 적절한 방법으로 접근하는 것은 연구 프로젝트에서 중요한 측면이다. 그 연구가 연구자와 대상 간, 즉 직접적인 개인 간의 관계를 포함하면 특히 중요하다. 각각의 상황이 독특한 문제를 제기하더라도 어떤 기본 지침은 정해질 수 있다.

딘 등(Dean, Eichhorn & Dean)은 이와 관련해서 몇 가지 제안을 하고 있다(McCall & Simmons, 1969).

첫째, 그들은 연구 상황에의 접근은 고위 당국자와 접촉함으로써 가능해진다고 주장한다. 당국이 하나 이상 있을 때는 계층의 최고 지위자와 접촉하면 된다.

둘째, 왜 그 연구가 수행되어야 하는가를 적절히 설명하는 것이 필요하다. 몇 가지 가능한 진술을 준비하고 가장 적절한 것을 설정하는 것이 도움이 될 것이다.

셋째, 그들 자신이나 연구 목적을 잘못 표현한 관찰자들은 잠재적으로 아주 어려운 상황에 처할 수도 있다. 피관찰자를 접촉할 때 정직하게 하는 것이 나중에 연구에서 예상하지 못한 함정을 피할 수 있게 해 준다.

넷째, 좀 일찍 자료 수집에 나서는 것이 좋다. 어떤 사실들은 초기에 얻을 수 있고 또 얻어야 한다.

(2) **관찰의 기록**

관찰자의 인지 영역에 들어오는 상당한 자료들의 기록 방법을 정하지 않으면 그 밖의 노력은 모두 허사가 된다. 가장 숙련된 연구자도 모든 것을 기억해 놓는다는 생각으로 관찰 현장에 뛰어들 수는 없다. 따라서 하나 이상의 자료 집적 방법이 고안되어야 한다. 실제로는 관찰 결과를 기록하는 대안의 범위는 한정되어 있다. 그것들을 사용하는 데 약간의 변이는 있을 수 있지만 크게 나누어 기계적 방법과 요점 정리(note taking)의 두 방법 중에서 선택해야 한다.

기계적 방법에는 녹음기, 카메라 등을 사용하는 것이 포함된다. 맥콜과 시몬스(McCall & Simmons, 1969: 73)에 따르면, 그것들을 사용하는 것은 중요하고, 복잡하고, 정보가 들어 있어 상황에 제한되어야 한다고 한다. 그러나 이 방법에서 기계의 구입 비용과 테이프나 필름으로 자료를 검색하는 비용이 많이 들면 이 방법이 사용되지 못하는 요인이 될 수 있다. 더욱이 많은 관찰연구에서 연구자들은 그들의 능률성에 대해 의문을 제기하면서까지 완전한 범위의 정보를 얻는 데 관심이 없어 보이기 때문이다.

요점 정리는 가장 흔히 사용되는 방법이다. 관찰을 통해서 얻은 정보를 기록하는 이 유형에 대해 몇 가지 살펴보기로 하자.

첫째, 노트는 관찰이 이루어진 후 가능한 한 빨리 기록되어야 한다. 관찰 기록의 설비가 발전함에 따라 연구자들은 그들이 생각했던 것보다도 더 많은 것이 기억된다는 것을 알게 되었다. 관찰을 하면서 한 기록은 관찰 후 기록된 것보다도 덜 바람직한데 그것은 사회 행태가 발생하면서 이루어진 노트 요약은 관찰을 대신하는 경향이 있기 때문이다. 관찰을 기록하는 한 가지 방법은 일지나 일기를 이용하는 것이다. 그것은 자료를 연대기적으로 기록하게 해 주며 관찰되고 있는 행태에서 시간을 두고 변화를 추적할 수 있게 해 준다(McCall & Simmons, 1969: 74-5).

둘째, 노트 요약은 자료분석을 용이하게 할 수 있는 방식으로 이루어져야 한다. 이것은 관찰의 체계적 분류 절차를 포함한다. 이것은 프로젝트가 개발됨에 따라 성공적으로 이루어진다. 아마 그 설계(scheme)는 연구의 여러 점에서 수정되고 개정될 것이다. 궁극적으로 주의깊게 개발된 분류 설계나 지표 설계은 관찰에 대한 궁극적 분석에 없어서는 안 될 불가분의 존재이다.

연구자가 가능한 한 빨리 관찰한 것을 적는다고 해도 관찰의 기록과 분석 간에는 상당한 시간이 경과된다. 정보가 직접 관찰된 것인가? 추론에 기초한 것인가? 또는 다른 어떤 것인가를 정확하게 회상하기는 어렵다. 레비스트로스(Claude Levi-Strauss)[4]는 언어적 관찰이 어떻게 기록되는가를 암시해 주는데 그의 언급이 면접에 구체적으로 지시되고 있지만 그것들은 관찰에도 적용될 수 있다(McCall & Simmons, 1969: 74). 또한 언어적 자료의 기록에만 한정하지 않고 비언어적 유형의 관찰을 더 세련되게 기호화하는 기법을 개발하게 한다. 이러한 기호는 제시된 자료의 상대적 가치를 평가하기 위한 정교한 기초로서 자료를 제공해 주는 이점이 있다.

4) 레비스트로스의 기호 방법을 보면 다음과 같은, " " 안의 기록은 완전히 회상된 것을 의미하고, ' ' 안의 기록은 확실성이 적은 것이나 풀이이며 표시가 없는 것은 타당성 있는 회상이지만 인용은 아닌 것을 나타낸다. 단일 괄호나 이중 괄호를 사용해서 면접자의 인상이나 영향을 표시하기도 한다.

제 11 장 면 접

제 1 절 면접의 의의와 기능

1 면접의 의의

1) 의 의

면접은 모든 연구 방법 가운데 가장 사회학적인 방법 중의 하나이다. 그것은 그 형식이 연구자와 응답자 간의 언어적 상호 작용에서 도출되기 때문이다. 많은 학자들은 사람들이 왜 그들이 일정하게 행동하는가를 알아내는 최선의 방법은 그들에게 말을 걸어 직접적으로 그들의 행위에 대해 알아보는 것이라고 주장한다.

덴진(Denzin, 1970: 195)에 의하면, 면접이란 "한 사람이 다른 사람으로부터 정보를 이끌어 내는 면 대 면(face to face)의 대화적 교환"이라고 한다. 베니와 휴즈(Benny & Hughes, 1956: 142)는 어떤 의미에서 좀더 제한된 입장을 취한다. 그들은 면접을 대면적 만남으로 한정하지는 않지만, 이러한 상호 작용에서 중심적 특징으로서 지위 평등과 비교 가능성을 강조한다. 따라서 베니와 휴즈는 면접이란 "두 사람이 일정 기간 동안 동등한 지위에 있는 것처럼 행동하는 곳(이것이 실제로 그러하든 않든, 그리고 그들의 만남이 또 다른 수많은 이러한 만남과의 비교에 의해서 의미를 갖는 것)에서의 두 사람의 관계"라고 정의하고 있다.

다시 말하면, 일정한 조건 아래서 언어를 매개체로 해서 질문을 하여 응답을 얻는, 즉 언어적 상호 과정을 통해 피면접자가 내적으로 갖고 있는 바를 인지해 내는 것이라 하겠다(김해동, 1986: 342).

면접은 아주 명확한 강점과 약점을 갖고 있고, 어떤 유형의 문제에 특별한 적응 가능성을 갖고 있으며, 다른 방법을 사용할 때는 필요하지 않은 전문화된 기술의 습득을 요구한다. 더욱이 자료 수집의 다른 형태에서처럼, 면접 자체가 연구의 대상이 될 수도 있다. 여러 가지 유형의 면접을 사용하는 데 영향을 미치거나 과학적으로 적실한 정보의 발생 장치로서의 면접의 세련화에 기여하는 요인들이 연구를 통해 계속 추구·확인되고 있다.

2) 면접의 특징

면접이란 정보를 이끌어 낼 목적으로 사용하는 언어를 매개체로 한 커뮤니케이션 행위이다. 면접에 대한 다양한 정의들은 면접이 내포하고 있는 엄밀한 특징을 모두 수용하지 못한다. 따라서 형식적 정의에 한정시키기보다는 면접의 본질적 특징을 검토해 보는 것이 더 적절한 것 같다. 면접의 가장 특징적인 내용은 다음과 같다.

(1) 질문과 응답은 언어적으로 이루어진다

질문의 언어적 성격은 위의 정의에서 충분히 강조되지 않은 면접에 대한 세 가지 사항을 지적하고 있다. 첫째, 면접은 단순히 대화의 교환이 아니라 진행 과정에서 언어로 질문한 것에 언어로 대답을 얻는 대화이다. 둘째, 이러한 언어적 교환은 흔히 대면적(face to face)으로 이루어지지만 반드시 대면적일 필요는 없다. 본질적으로 중요한 것은 면접자와 피면접자 간의 상호 작용이 언어적이라는 것에 있다. 끝으로, 면접은 두 사람 간의 대화로 이루어지는 것이 보통이지만 꼭 두 사람에게 한정되는 것은 아니다.

(2) 정보는 응답자에 의해서가 아니라 연구자에 의해서 기록된다

이 특성은 면접 이외의 다른 자료 수집 방법에서도 마찬가지이다. 어떤 관찰 방법과 실험 절차도 유사한 정보 기록을 요구한다. 그렇지만 커뮤니케이션의 언어적 성격은 면접이 보통 대면적으로 이루어진다는 사실과 유용한 자료를 과학적으로 수집하는 데 고려해야 할 특징과 결부되고 있다.

(3) 면접원과 피면접원의 관계는 몇 가지 구체적 방법으로 구조화된다

무엇보다도 먼저 이 관계는 일시적인 것이다. 대화 교환의 기간과 질문·응답의 유형면에서 시작과 끝이 고정되어 있기 때문이다. 몇 가지 다른 방법에서와는 달리 참여자들에게 면접은 일시적이고 순간적인 경험에 지나지 않는다. 둘째, 참여자들은 서로 낯선 관계이다. 어떤 관련되지 않은 맥락에서는 서로가 알고 있거나 또한 서로 모르는 관계이지만 그 관계는 면접을 새로운 경험으로 묶어 주는 어떤 요소에 의해 구별된다. 베니와 휴즈(Benny & Hughes, 1956: 140)는 이러한 생소함을 부각시키는 상호 작용의 특징으로서 평등성(equality)과 비교 가능성(comparability)을 강조했다. 평등성의 측면에서 "면접이란 면접원이 그들의 커뮤니케이션을 지도한 보답으로, 피조사자는 부정·모순·경쟁 또는 다른 괴롭힘을 배제할 수 있다고 확신하는 두 사람(집단) 간의 이해"라고 지적하고 있다. 다른 한편, 비교 가능성이란 자료에 놓여지는 과학적 요구를 인정하는 것으로서 그것들은 응답자에 대한 것이라기보다는 발견 결과의 일반화 가능성에 대한 방향을 나타낸다. 면접은 일부 면접받는 사람들이 주관적 느낌을 아무리 강조한다 하더라도 많은 접촉을 통해 행태에 대해 균일성(uniformities) 있게 통찰할 수 있는 자료를 얻도록 설계되어 있다(Benny & Hughes, 1956: 141).

(4) 면접의 형식에는 상당한 유연성이 있다

연구자에게 면접만큼 광범위하게 질문하는 형식을 갖는 다른 자료 수집 도구는 없다. 이러한 구조적 유연성은 면접원과 피면접원의 역할에 관한 질문과 응답에서 상호 이해를 훨씬 증대시킨다.

사회적 의문을 연구하는 다른 도구에서도 이러한 특징들이 있다. 거의 모든 유형의 자료 수집 도구가 정보를 모으고 기록하는 것과 관련된 문제를 제기한다. 그래서 연구자와 그들 자료의 공급원 간의 관계는 언제나 잠정적이다. 또한, 어떤 종류의 연구 방법도 문화특정적(culture-specific) 맥락에 적용될 수 있음에 유의해야 한다. 질문지는 문자 해독을 못하는 대상에는 적용될 수 없고 문서는 기록된 역사가 없는 원시문화에서는 찾을 수가 없다.

이처럼 면접을 특징짓는 네 가지 요소는 다른 연구 방법을 특징짓는 것과 유사하다. 그것은 특징들의 조합이 과학적으로 유용한 정보의 집적에 어떻게 영향을 미치는가 하는 것이다. 그 특징들이 조합될 때 그것들은 면접을 자료 수집의 도구로서 극히 유용하게 한다. 그러나 그것들은 연구 과정에서 어떤 목표의 추구에서 다른 것들보다 더 값있게 해 준다는 것을 암시해 준다.

2 면접의 기능과 용도

1) 면접의 기능

면접을 연구의 도구로서 선정하면 다양한 목적에 적합한 도구를 얻게 된다. 즉, 면접은 광범한 유연성 때문에 다양한 목표에 적합하다. 면접에는 i) 기술(description), ii) 탐구(inquiry)라는 두 가지 기능이 있다.

(1) 기술

면접에서 얻은 정보는 사회적 실체를 추리하는 경우에 통찰력을 제공하는 데는 특히 유용하다. 다른 어떤 유형의 연구 도구도 이러한 기능을 이만큼 수행하지는 못한다. 사람들은 언어적 대화로 그들 시간의 대부분을 보내고 있다. 질문과 대답의 과정을 대화의 표명 차원으로 이해하는 것은 사회 생활을 사실대로 일별할 수 있게 해 준다(Forcese & Richer, 1973). 사람들이 연구 대상을 어떻게 보는가에 대한 실질 수준(gut-level)의 이해는 좀더 구체적이고 엄밀한 결과를 얻을 수 있도록 했다.

또한 사회 생활의 상호 작용적 성질을 좁게 묘사함으로써도 면접 자료는 기술적 도구로서 매우 유용할 수 있다. 더욱이 그것들은 이러한 자료에 노출된 사실들의 사회학적 성격을 이해하는 데 도움을 준다.

(2) **탐구**

면접은 어떤 주제(topic)에 대해 아직 밝혀지지 않은 차원에 통찰력을 제시해 준다. 문헌에서 보고되고 있는 것과 같은 영역에서 수행된 일의 질문서는 언제나 문제가 요구하는 신선하고 명확한 설명을 해 주는 것은 아니다. 선택적·지적 편견은 극복되기보다는 영속되는 것이 보통이다. 특정한 요구에 관계 없이, 그것이 연구에 대한 새로운 변수를 확인하는 것이든 또는 개념적 명백성을 밝히는 것이든 간에 면접은 고도로 효과적인 탐색 도구로 사용될 수 있다. 면접은 또한 사람들의 감정, 태도, 신념에 대해 의문을 제기하고 사람들과 이야기하는 것을 통해 그들의 행위에 대해 통찰력을 얻음으로써 계속되는 검증에 사용될 가설을 개발하는 데 올바른 자극제가 될 수 있다.

2) 면접의 용도

면접의 여러 가지 유형과 그 강점과 약점에도 불구하고 어떤 연구 유형에는 면접이 특히 적합한 경우가 있다.

첫째, 연구 대상에 대한 이해를 언어적 표현에 의존하는 문제를 연구할 때 면접이 유용하다. 과학적 연구자의 관심을 끄는 문제가 모두 응답자로부터 비평을 이끌어 내는 것은 아니다. 예를 들면, 사회학자들의 거시사회적 관심 중의 많은 것들은 다른 방식으로 발생되고 취급된 자료에 의존한다. 응답자들이 언어적으로 표현된 견해가 연구되고 있는 행태적 맥락이 중심이 되는 미시사회적 성격의 연구 문제에서는 면접이 상당히 가치 있는 연구 도구가 된다. 응답자 자신의 관점에서 응답자의 견해를 검토하는 데 관심이 있는 문제에서 면접은 효과적인 연구 도구이다.

둘째, 면접은 자료 수집의 다른 방법에 부수적으로 사용된다. 면접을 연구 도구로서 논의하고 과학적으로 유용한 정보의 산출 도구로서 평가할 때에는 면접이 언제나 단독으로 사용되는 것으로 취급했다. 그러나 반드시 그런 것은 아니다. 자료 수집의 다른 형태를 증가시키기 위해서 언어적 자료를 얻을 수 있는 면접을 사용하는 것은 사회과학 연구에서 흔히 있는 일이다. 검토되고 있는 상황이 표, 그래프 등과 함께 면접 자료를 가짐으로써 더 생생하게 묘사될 수 있다고 생각될 때는 이러한 자료의 유용성은 명백해진다.

면접 자료는 통계적 정보에 신선함을 주는 것 이상의 역할을 한다. 질문지의 사전검사 도구로서 면접의 유용성을 살펴보면 다음과 같다(Gordon, 1969: 55). i) 면접은 연구자가 응답자와 함께 질문의 명료성을 탐색할 수 있도록 한다. ii) 면접은 응답자의 견해를 좀더 생생하게 관련시켜 응답을 구조화할 수 있게 한다. iii) 면접은 여러 가지 이유로 응답자가 대답하고 싶지 않은 질문을 맨 앞으로 부각시켜 준다.

셋째, 면접은 독립된 연구 도구로 사용될 때 전반적인 호소력을 높여 준다.

3) 면접 사용에 영향을 미치는 요인

과학적 목적을 달성하기 위해 사용되는 면접의 유용성을 결정하는 데에는 몇 가지 직접적 요인이 있다. 그 중에서 세 가지는 특별한 관심을 기울일 만한 것인데, i) 면접원의 질, ii) 피면접원의 질, iii) 연구 문제의 성격이 그것이다.

(1) 면접원의 질

광범하게 말해서 면접원의 주관적 및 객관적 특징을 구별하는 것은 가능하다. 어떤 프로젝트의 전반적인 성공에 더 큰 영향을 미치는 것을 미리 결정할 방법은 없으며, 두 요인들에 상당한 관심을 기울여야 한다.

① 주관적 성격

주관적 성격(즉, 다소간 개인의 특유한 것)의 질은 극히 중요한데 연구의 주요 기능이 탐색적인 것일 때는 특히 그러하다. 면접이 탐색 도구로서 효과적이기 위해서는 캐묻기를 좋아하고 문제에 대해 새롭게 대두되는 측면을 재빨리 재정향(再定向)할 수 있는 연구자에 의해 수행되는 것이 좋다.

이러한 성질을 가짐으로써 면접원은 면접을 할 때 어떠한 일도 해낼 수가 있다. 때때로 질문은 좀더 정확해야 하고 다른 문제들에도 방향을 재지시하거나 집중시킬 필요가 생기게 된다. 문제 자체도 질문에 대한 응답에 기초를 두어 재개념화될 필요가 있다. 또는 다른 사람을 추가적으로 면접할 필요가 있을 수도 있다. 무엇이 요구되더라도 면접원은 흩어져 있고 연결되지 않은 정보들을 균일하고 종합된 전체로서 이끌어 낼 재능을 가져야 한다(Selltiz, et al., 1959: 60-5). 더욱 중요한 것은 무엇을 해야 할 것인가에 대해서 정확하게 인지하는 것이 필요하다.

② 객관적 성격

면접원의 객관적 특징도 면접의 효과성에 상당한 영향을 미치는 것이 보통이다. 이러한 특징에는 성별, 연령, 인종, 민족, 사회 계급, 복장, 말투 등이 포함된다(Gordon, 1969: 126-67). 이러한 요소들이 직접적인 첫인상을 만들어 내고 응답자가 면접에 동의할 것인지를 결정하는 데 영향을 미칠 뿐만 아니라, 면접원이 취하는 역할에 한계를 설정하게도 한다. 이러한 명백하고 객관적인 특성은 면접원과 응답자 간에 발생하는 언어적 상호 작용에 간섭할 수 있는 방법들 때문에 아주 중요한 것으로 지적된다.

그러나 현재로서는 면접원의 편의(bias)가 이러한 변수들에 영향을 주는 것을 정확하게 평가할 유용한 정보들이 충분하지 못하다. 면접원, 응답자 및 일관된 지식이 얻어지기 전에 연구되고 있는 문제 간의 연결에 더 많은 생각을 해야 한다(Gordon, 1969: 127). 자료 수집 도구로서 면접을 포함하는 어떤 연구설계도 면접원의 가능성 있는 영향력에 관해 가능한 정보가 고려되어야 한다.

(2) 피면접원의 특질

면접이란 대화의 특별한 유형이므로 피면접원의 특질이 의사 소통의 흐름에 직접적으로 관련된다. 면접 상황에 제기된 질문에 솔직하고 자유롭게 응답할 수 있도록 하는 요인은 잘 알려져 있지 않지만, 어떤 광범한 영향 요인을 예측하는 사회적 상호 작용의 성격에 대한 것은 충분히 알려져 있다.

이러한 요인들 가운데 기본적인 것에는 응답자의 상대적 언어 능력이 있다. 피면접원으로서 선정된 개인은 그들의 생각을 이해할 수 있는 언어 형태로 전환시킬 수 있어야 한다. 언어적 불명료성이 증가함에 따라 그것들로부터 정보를 수집하기 위한 면접의 실행 가능성이 감소하기 때문이다. 아주 어리거나 정신적 결함자 및 극히 제한된 커뮤니케이션 능력을 가진 사람들은 피면접원으로서 적합하지 못하다. 이런 측면에서 공식교육을 거의 받지 못한 사람들은 문제점을 노출시키는 경우가 흔히 있다. 끝으로 상대적으로 격리된 상황에서 살고 있는 사람들도 그들의 견해를 의미 있게 표현할 수 없다는 사실이 입증된다.

능력상의 문제 이외에도, 면접에 응하겠다고 하는 응답자의 자발성(willingness)도 무시할 수 없는 문제이다. 많은 연구자들은 자발적 응답자들을 찾음으로써 이 문제를 우회하고 있다. 본질적으로는, 자유롭고 공개적으로 말하기를 원하는 사람은 훌륭한 응답자가 되고 참여를 꺼리는 사람은 다루기 힘든 문제를 제기하는 것으로 생각된다. 그렇지만 레인(Lane, 1962: 5-6)은 비자원자도 자원자와 함께 면접해야 한다고 주장한다.

피면접원의 자발성을 증대시키는 방법에는 여러 가지가 있는데, i) 그들의 서비스에 돈을 지불하거나, ii) 면접 대상을 그들의 집에서 면접하고, 사무실에서는 하지 않는 등 응답자의 편에서 면접을 수행하는 것이라든가, iii) 교실에서 프로젝트나 연구 논문을 위해 면접해야 하는 학생들에게 아주 친근한 방법으로 면접원의 학점이나 학위가 그들의 참여에 좌우되는 응답자를 이용하는 것 등의 방법이 그것이다.

(3) 연구 문제의 성격

면접은 연구되고 있는 주제에 의해서도 영향을 받는다. 어떤 연구 문제는 적절한 면접원과 피면접원이 아무리 많은 주의를 기울여도 충분한 응답을 이끌어 내지 못하는 경우가 있다. 예를 들면, 대개의 사람들은 그들의 보수에 대해 말하려 하지 않는다. 동시에 대개의 사람들은 그들의 성생활에 대해 연구자와 솔직하게 논의하고자 하지 않는 경향이 있다. 과학적 연구에는 너무 미묘하고 사적인 그런 문제들을 정확하게 지적해 내기는 어렵다. 문제들이 제기됨에 따라 요구되는 정보를 얻기 위해서는 기술이 필요하다.

어떤 문제들은 응답자들이 연구되고 있는 점을 언어화하는 것이 불가능하다고 생각하기 때문에 면접을 통해 연구하지 않으려고 한다. 물론 이에 따를 수 있는 경험 법칙은 없다. 이 점에서 사적인 것으로 간주되는 사람들의 생활의 단면을 취급하거나 응답자들이 언어적 커뮤니케이션에 특별한 어려움을 갖는 문제들에 대해서는 얻은 정보의 과학적 특질에 관한 무리함이 있을 것이다. 면접이 이러한 상황 아래서 사용될 때는 이러한 요인들에 대해 고려해야 하고 그 영향력을 최소화하도록 주의해야 한다.

이렇게 논의된 것과 관련된 문제들을 주장하기 위해 사회과학자들은 몇 가지 면접 유형을 개발했다. 연구 과정에 외부 변수(extraneous variables)의 개입을 통제하고 면접이 사용되는 연구의 전반적 목표를 달성하기 위해서는 그것들에 대해 숙지하는 것이 불가피하게 될 것이다.

3 면접의 강점과 약점

사용된 면접 유형에 관계 없이 공통되는 강점과 약점이 있다. 이들 중에 어떤 것은 이미 암시되었지만, 그것들을 요약해 보는 것이 유익할 것이다. 동시에 아직까지 상세하게 다루지 못한 문제를 명백히 밝힐 필요도 있다.

1) 면접의 강점

고든(Gordon, 1969: 52-4)은 면접의 주요 강점을 다섯 가지로 지적하고 있다.

첫째, 면접은 연구자가 필요로 하는 정보를 더 빨리 수집할 수 있게 해 준다.

둘째, 면접은 응답자가 질문을 적절하게 해석한다는 것을 연구자가 확신하도록 해 준다.

셋째, 질문 과정에서 융통성을 더 많이 부여한다.

넷째, 질문과 응답의 맥락에서 많은 통제를 할 수 있게 해 준다.

다섯째, 응답자에 의한 비언어적 역할의 기초에 관한 타당성을 입증하기 위한 정보를 더 많이 체크할 수 있다.

자료 수집의 다른 유형들도 이러한 면접의 강점을 갖고 있을 수 있다. 그렇지만 어느 것도 면접만큼 독특한 강점들을 갖고 있지는 못하다. 그러나 면접이 문제점으로부터 자유로운 것은 아니다. 통찰력 있는 독자들이 이미 찾아볼 수 있었던 몇 가지 약점들도 있다. 면접을 주된 연구 도구로 선정하기 전에 이러한 제한점을 강점과 비교해 보는 것이 좋을 것이다.

2) 면접의 약점

면접의 약점은 다음과 같이 지적할 수 있다.

(1) 언어적 응답의 타당성

사회과학 연구서에서 자주 언급되는 것과 같이 사람들은 그가 행동한다고 말하는 것처럼 실제로 행동하는가에 대한 의문이 언제나 남아 있다. 실제 행위에 관한 언어적 응답을 통해서 정보를 얻으려고 할 때 언어적 응답에 어느 정도의 타당성을 줄 것인가가 심각한 문제로 대두된다.

(2) 면접원의 변동성

사람들은 일정한 대화에 대해 의욕적일 때도 있고 대화 과정에서 이야기되는 것을 회피하려는 때도 있으며, 피로를 느낄 때도 있고, 마음이 산란할 때도 있으며, 방황할 때도 있을 것이다. 한 사람이 면접원만이 있는 연구에서조차도 응답에 대한 면접원의 긴감도의 변동성 문제는 고려되어야 한다. 면접원은 때때로 유사한 응답을 다르게 볼 수도 있고 면접마다에서 그것들은 다르게 기록할 수도 있다. 면접마다에서 면접원 자신이 변동(variation)의 주체가 되는 경향의 정도는 면접에서 얻은 결과의 전반적 유용성을 평가하는 데 주의깊게 관심을 가져야 할 문제이다.

(3) 면접원 간의 변동성

한 연구에서 면접원이 한 사람 이상 사용될 때 문제가 중복되는 경향이 있다. 이것은 면접이 구조화되지 않았을 때는 특히 그러하다. 면접이 고도로 구조화되어 있는 경우일지라도 응답자와 친교를 맺고 유지하는 것, 적절한 이미지를 투사하는 것, 필요한 정보를 정확하게 이끌어 내는 것, 정보를 적절히 기록하는 것 등과 같은 문제에서 면접원들 간에 상당한 차이를 나타낸다.

(4) 면접 맥락에 고유한 변동

시코우렐(Cicourel, 1964: 99)은 면접 맥락이 항상 일정한 것으로 기대할 수 없다는 것을 관찰했다. 즉, 응답의 성격은 상호 관계에서 초기에 개발된 신뢰, 지위상의 차이, 차별 인지, 질문과 응답에 놓여진 해석, 면접원이 구사한 통제 등등에 따라 달라진다고 보았다. 면접조사계획표의 타당성은 면접 내 및 면접 간에 있는 변동 가능한 조건이 된다.

연구자가 면접마다에서 면접 맥락이 정확하게 똑같이 유지된다고 확신할 수 있는 것은 아니다. 면접을 주된 연구 도구로 활용하는 연구에서는 발견된 결과를 평가하는 데 고려되어야만 하는 면접 맥락 자체가 변동적이다.

(5) 시간

면접은 처음에 상상했던 것보다도 완료하는 데 더 많은 시간이 소요된다. 이것은 녹음 테이프로부터 정보를 전환시키는 추가적 시간을 고려할 때는 더욱 그러하다. 테이프 녹음은 하루당 면접 건수를 더 많게 하지만 시간을 소모하는 약점이 있다. 추정치에 변동이 많긴 하지만 녹음된 면접 자료를 전환하는 데는 6~9시간이 소요된다고 한다. 면접 맥락이 구조화됨에 따라 능률성이 높아지긴 하지만 시간 제약을 해결할 수 있는 방도는 그리 많아 보이지 않는다.

(6) 정보의 기록

면접에서는 응답자로부터 얻은 정보를 기록하는 방법에서도 문제가 제기된다. 모든 사람들이 만족할 수 있는 교정 방법도 아직 없다. 어떤 것은 중요한 점에서의 구절이나 코멘트를 간단히 적어 놓는다든가 면접이 끝날 때 기록을 적어 두도록 기다린다. 그것이 끝나면, 면접원의 노트는 면접이 끝난 직후에도 연구자의 마음에 대화 내용이 생생할 때에 적어 두어야 한다는 규칙이 거의 보편적으로 수용되고 있다. 면접원이 당신의 행위에 의해 혼란되지 않도록 이따금 코멘트를 적어 둔다는 것을 응답자에게 알리는 것은 흔히 있는 일이다. 질문은 체계적으로 개발된 면접조사계획표에 일치하므로 요점을 기록하는 것은 조직화를 가능하게 하고 이것이 면접원과 피면접원 간의 커뮤니케니션의 흐름을 방해하지는 않는다.

이러한 요인들이 영향을 미친다는 생각이 들면 연구자들은 면접에 녹음도구(recording device)를 사용할 수가 있다. 녹음 면접의 한 가지 이점은 나중에 대화의 시간적 순서를 기억해 내는 데 어려움이 없다는 것이다. 더욱이 어떤 점의 강조나 조정에 관해 의문이 있을 때 녹음을 해놓았다면 바로 검토할 수가 있다. 그렇지만 요점 기록이 사람들을 혼란시킨다고 하는 것과 같이 마이크로폰이 피면접원을 위협할 수도 있다. 말 한 마디 한 마디가 녹음되고 있다는 것을 알게 되면 이것은 면접원이 노트에 기록하고 있는 것만큼 피면접원을 당황하게 할 수 있기 때문이다.

제 2 절 면접의 유형

과학적 자료를 수집할 때 연구자들이 사용하는 면접의 여러 가지 유형을 분류하는 데는 많은 접근 방법이 있을 수가 있다. 그러나 그것들을 구별짓는 가장 단순하고 편리한 방법은 면접이 구조화된 정도에 따르는 것이다. 이와 같은 기준에 근거할 때 면접의 유형은 네 가지로 대별할 수 있다.

첫째, 비공식적 면접(informal interviews)으로서 구조화(structured)나 통제(control)가 전혀 없는 형태를 취하는 면접으로서 현지의 대화 속에서 자료를 수집하는 방법이다. 즉, 연구조사의 시작 단계에서 사람들과 나눴던 대화를 기억하는 것들이 이에 대한 예에 해당한다.

그 이외의 세 가지 면접 유형은 비구조화 면접(unstructured interviews), 구조화 면접(structured interviews), 반구조화 면접(semi-structured interviews)이며, 여기서는 나머지 세 가지 유형에 대해 설명하기로 한다.

1 비구조화 면접

1) 의 의

비구조화 면접은 사회문화 분야에서 자료를 수집할 때 가장 광범위하게 사용되는 방법이다. 비구조화 면접은 면접원이 계속해서 마음에 품고 있는 계획에 근거해서 질문하는 것이지만, 질문에 대한 피면접원의 반응(답변)에 대해 최소 한도로 통제하는 특징을 가지고 있다.

예를 들면, 연구자는 청소년과 그들의 부모를 면접함으로써 세대차에 대한 연구 활동을 할 수 있다. 이 연구를 위한 구체적인 시간 제약은 없고 면접원이 필요하다고 느끼는 만큼의 시간만 응답자들과 보내면 된다. 질문도 특정한 방법으로 순서지어지지 않는다. 따라서 어떤 면접에서는 맨 먼저 질문한 것을 다른 면접에서는 중간이나 끝에서 물어도 된다. 또한 사실상 동일한 질문을 면접마다 물어야 하는 것도 아니다. 질문이 똑같은 방식으로 표현되지 않아도 된다. 피면접원의 특징이나 청소년이나 부모로서의 지위를 넘어 접촉될 피면접원의 수에 관해서 특별한 제한도 없으며 면접원이 지녀야 할 특별한 자격도 없다. 끝으로, 문제의 특별한 측면이 부각되는 방식으로 문제가 제기되지 않아도 된다. 면접 맥락은 가능한 한 규제와 의식적인 제약으로부터 자유롭다.

2) 강점과 약점

(1) 강점

이러한 유형의 자료 수집 방법을 사용하는 데는 특별한 강점이 있다.

첫째, 면접은 자연스러운 대화의 자발성에 아주 근접한다.

둘째, 응답자의 생각에 중심적인 문제의 특징들이 더 쉽게 확인될 수 있다. 따라서 면접원은 대화 과정을 왜곡시키거나 자료의 흐름을 제약하는 편의(bias)가 나타날 가능성이 적다.

셋째, 제약되지 않은 방식으로 문제의 여러 측면을 탐색해 낼 기회가 훨씬 더 많다. 이러한 여러 가지 점들이 비구조화 면접을 유력한 연구 도구로 사용되게 하는 것은 사실이지만 이 방법의 사용에 제약이 없는 것은 아니다.

(2) 약점

비구조화 면접의 주요 약점은 첫째, 면접마다에서 얻은 자료의 비교 가능성이 의심스럽다는 점이다. 질문 절차에 대한 체계적 통제가 없으므로 자료의 신뢰성이 심각한 문제로 대두될 수 있다.

둘째, 응답자가 이미 수집된 지식에 더 추가적으로 정보를 제공하지도 못하면서 면접 수행에 상당한 시간을 낭비하도록 한다는 점이다. 응답자의 선정에 관심을 기울이지 않으면 면접자는 쓸모없는 반복과 비생산적인 대화에 몰두해 버리게 된다. 따라서 문제의 여러 측면에 관해 상세하게 준비해 두지 않으면 연구자는 맹목적인 과정에 얽매일 위험도 있다. 결국 탐색이 생산적이도록 하는 확고한 확신이 없다는 것이다. 연구 활동이 가치 있는 통찰력을 제공하지 못하는 경우는 연구 문제가 주의깊게 개념화되지 못할 때라고 할 수 있다.

셋째, 연구자가 응답의 분류 절차를 미리 결정하는 방법을 모르는 한 면접이 일단 완료된 자료를 부호화(coding)하는 데 상당한 시간이 할애되어야 한다는 점이다. 같은 유형의 응답이 다른 시간에 다르게 부호화될 가능성도 있다. 이러한 이유와 그 밖의 다른 이유로 대개의 연구자들은 면접의 구조화를 어느 정도 도입하게 된다.

2 구조화 면접

구조화 면접은 모든 피면접원(informants)에게 미리 준비된 똑같은 일련의 자극에 대한 반응을 알아보기 위해 묻는 질문의 형태를 말한다. 구조화를 도입하는 데 고려할 가장 적실한 영역 가운데는 i) 면접 상황의 구체화, ii) 질문 순서와 응답 범위의 한정, iii) 면접원과 피면접원의 특징 규제 및 iv) 연구 문제의 측면 제한 등이 있다.

1) 면접 상황의 구체화

면접이 수행되는 장소는 얻은 정보의 질에 상당한 영향을 미친다. 연구자가 이러한 면접 맥락 상황의 통제에 관심이 있느냐 하는 것은 여러 가지 고려 사항에 의해 결정된다.

첫째, 연구자에게 시간이 어느 정도 중요하냐 하는 것이다. 즉, 연구 상황에서 면접원이 움직이는 데 드는 시간을 최소화하는 곳에서 면접을 수행하는 계획을 세우는 것이 좋다. 연구자와 통신원은 먼 거리를 움직이기 위해서 낭비할 시간이 없으며 응답자들이 있을 것으로 생각했으나 실제로는 없는 곳으로 반복해서 돌아다닐 시간도 없다. 모든 면접이 다 수행될 수 있는 편안하고 적절한 곳이 있으면 자료 수집은 그렇지 않을 때보다도 훨씬 수월하게 진행될 것이다.

둘째, 연구 프로젝트에서 친밀한 응답자를 확보하기 위한 전략을 계획하는 것이 좋다. 예를 들어 사람들이 논의하기를 원하지 않는 부분을 질문할 목적으로 기업의 간부나 공장 근로자 및 주부들을 평일에 방문하는 것은 좋지 않다. 근무 중인 사람들은 그들의 상관이나 근로 조건, 정치 또는 엿듣게 될 위험이 있는 일에 관해 말하려고 하지 않는다. 동시에 술집이나 가정에서 또는 그들의 직업이나 논의의 주제를 확인하기 어려운 곳에서 만나면 연구자에게 관심이 있는 여러 가지 문제를 공개적으로 자유롭게 말할 수 있다. 그들의 의견이 은밀하게 기록되고 있는 것이 아님을 확신시키기 어려우면 중립적인 장소를 찾는 것이 바람직하다.

2) 질문과 응답의 통제

연구 주제에 대해서 충분히 알게 되면 질문과 응답을 규제함으로써 면접을 구조화하는 것이 가능하다. 질문하는 것에 관심을 두는 한 고려해야 할 점은 두 가지가 있다.

(1) 질문 순서

이는 더 신뢰할 만한 결과를 얻기 위해서는 면접마다에서 동일한 순서로 질문하는 것이 좋다. 복잡성을 피하고 계속성을 확보하기 위해 구조화가 필요할 때는 면접조사계획표를 작성하는 것이 보통이다.[5] 예를 들면, 어떤 순서로 질문을 하는 것에 덧붙여 질문 순서가 피면접원의 반응에 따라 다양하게 될 수 있도록 면접조사계획표를 구체화할 수 있다. 즉, 응답자가 이런 식으로 답변하면 이런 질문을 하고 다른 식으로 답변하면 다른 질문을 하도록 조사표를 작성하는 것이다. 예를 들면, 응답자가 위의 질문에서 '예' 라고 대답하면 '다음 질문을 하라'고 지시하는 경우이다.

(2) 응답의 구조화

상세한 면접조사계획표에 거의 배타적으로 의존하는 아주 구조화된 면접에서 면접은 형식(format)을 갖춘, 그러나 고도로 구체화된 면접을 선호하지 못하도록 하는 질문지에 접근한다. 즉, 면접 맥락에서 질문만이 아니라 응답도 구조화하는 것이 가능하다는 것이다. 이것은 피면접원에게 제시하는 몇 가지 대안 가운데 응답을 선택하도록 함으로써 가능하다. 예를 들면, 질문을 다음과 같이 한다. 선생님은 앞의 진술에 대해 '강하게 지지', '상당히 지지', '약간 지지', 또는 '전혀 지지 않음' 가운데 어느 쪽이라고 할 수 있습니까? 또는 여론조사에서 흔히 발견할 수 있듯이 다음 가운데 대통령으로 누구에게 투표하시겠습니까? (명단 제시) 등이 그 예이다.

3) 면접원-피면접원의 특징

면접 맥락이 대화적이고 대면적 이상의 것이라는 사실을 인정하면 면접원·피면접원의 특징은 과학적으로 유용한 정보를 획득하는 데 상당한 유

---

5) 고든은 면접조사계획표(interview schedules)와 면접지침(guides)을 구별하고 있다. 그에 의하면, 면접조사계획표와 달리 면접지침이란 다루어야 할 주제이나 해외 주제의 개요나 체크리스트를 말하며 순서를 구체적으로 명시하지 않는다. 이러한 경우에 주제를 추구하는 데 유용한 어순 문제나 여러 가지 입증(proves)의 방법을 포함하게 된다. 면접지침은 많은 유용한 목적을 위해 사용될 모든 유형의 면접과 관련해서 사용된다(Gordon, 1969: 51).

의성을 가정할 수 있다. 이러한 특징에 따라 면접 맥락을 구조화하는 고정된 규칙은 없다. 그렇지만 면접원의 주관적 및 객관적 특징과 면접의 자발성이나 면접원·피면접원의 지위 등과 같은 피면접원의 특징은 면접의 맥락을 구조화하려는 노력에서 통제될 수 있는지를 알기 위해 주의깊게 검토되어야 한다. 면접의 대화적 맥락이 이러한 고려에 의해 적게 영향을 받으면 면접은 이러한 선에 따라 더욱 고도로 구조화될 수 있다.

어떤 앞선 결정이 이루어져야 하는 면접원·피면접원의 특징에 대한 추가적 측면은 정보를 얻는 데 주도적 행위가 응답자나 면접원에게 달려 있다는 정도에의 관심이다. 대개의 면접에서 응답자로부터 요구되는 정보를 들여다보는 것은 면접원의 책임이다. 그렇지만 비지시적 면접과 같은 면접 유형에서는 면접원으로부터의 직접적 질문에 최소한으로만 정보를 제공한다. 면접원이 할 일은 응답자가 계속 대답하도록 격려하는 것이다. 면접은 '당신은 ~이라고 느끼는군요', 또는 '더 상세히 말해 주시오', 또는 '왜', '그것은 흥미롭지 않습니까' 또는 단순히 '네'라고 하는 코멘트에 의존하는 경향이 있다(Selltiz et al., 1959: 267; Gordon, 1969: 261).

4) 문제의 제한

연구자들이 응답자들로부터 알아내려고 하는 것이 무엇인지를 더 깊이 알게 될수록 원래 관심이 있던 주제를 축소시키는 경향이 있다. 몇 가지 요인이 이러한 결정에 영향을 미치며 시간이나 비용과 같은 문제도 고려되어야 한다. 자료를 수집하는 항목의 범위를 좁히는 것도 어려운 결정에 속한다. 자료를 수집해야 하는 실제 연구 문제에 대해 더 많은 고려를 할수록 연구의 범위를 좁히는 데 기여할 수 있고 질문은 점점 세련화된다.

고려되고 있는 문제를 제한하고 면접 맥락을 구조화하는 가장 효과적인 방법의 하나는 자료 수집 방법으로서 면접의 융통성을 발휘할 수 있는 면접을 사용하는 것이다. 응답자는 모두 같은 경험에 좌우되어 왔다는 의미에서 면접은 특징을 갖는다. 이것을 인식하고 있는 연구자는 응답자가 그것들에 관한 경험의 여러 차원을 논의하도록 면접을 수행한다. 예를 들면, 같은 역할이나 같은 종교적 개혁운동에 참여했던 사람들은 이 공통 경험에 관련되는 특수한 질문을 받아 왔다.

전반적으로 보면 구조화된 면접으로부터 얻을 수 있는 명백한 강점에는 세 가지가 있다. i) 면접마다 얻는 자료를 쉽게 비교할 수 있고, ii) 자료의 기록과 부호화의 문제는 다루기가 덜 어렵고, 그래서 정확성이 더 커진다. iii) 면접 맥락이 고도로 구조화될수록 부적절하게 시간을 소비하는 대화에 관심을 몰두하는 경향이 적어진다.

3 반구조화 면접

반구조화 면접은 구조화 면접과 비구조화 면접의 강·약점을 보완·개발한 것으로서, 일정한 수의 중요한 질문을 구조화하고 그 밖의 질문은 비구조화하는 방법이다. 반구조화 면접은 면접원이 피면접원을 한번 이상 방문하기 어려운 상황에서 사용하는 최선의 방법이다.

이것은 면접의 목적과 질문 리스트가 기재되어 있는 면접지침(interview guide)을 사용하되, 이 지침의 범위 안에서 면접원이 어느 정도 융통성을 가지고 면접하는 방법이다. 이 면접 방법의 대표적인 예는 머튼(Robert K. Merton)과 켄달(Patricia L. Kendall)이 개발한 초점면접이라고 할 수 있다.

머튼 등(Merton, Fiske & Kendall, 1956)은 초점면접(focused interview)이 참여자의 경험의 효과에 대한 가설을 만들어 내는 연구자가 주의깊게 조사해 낸 공통 경험을 응답자가 공유하는 면접에 사용되는 것으로 이해하고 있다. 면접 맥락은 경험의 실제적 효과를 참여자에 의해 보여지도록 하는 것에 초점을 둔다.

셀티즈 등(Selltiz et al., 1959: 256)은 면접을 위한 기초로서 사용되는 공통된 경험을 포함하는 것으로 초점면접의 정의를 넓히고 있다. 연구자들이 참여나 친숙에 의한 경험을 인지할 필요성에 대한 규약은 없다는 것이다.

연구자가 어떤 지위를 수용하지 못하도록 하는 것도 없다. 그렇지만 연구자에 의한 상황이나 경험에 관한 지식이 증가함에 따라 정확성이 증대된다는 사실을 논쟁할 필요는 없다. 그러므로 연구자가 초점면접의 개념을 더 좁혀 들어가면 갈수록 더 정확한 자료를 수집할 가능성이 더 커지게 된다는 것은 잘 알려진 사실이다. 동시에 면접에 고유한 강점을 충분히 이용할 수 있는 기회도 훨씬 많아진다.

이처럼 면접 유형에 관한 논의를 통해 도달할 수 있는 한 가지 결론이 있다면 그것들을 구조화하는 방법에 대한 결정을 내리는 데 상당한 자유 범위가 허용된다는 것이다. 따라야 할 명백하고 단계적인 절차나 규칙이 없다는 것은 어떤 사람에게는 좌절감을 안겨 줄 수도 있을 것이다. 그렇지만 다른 사람들에게는 자료 수집 방법으로서 그것을 선택하도록 해 주는 면접의 특징이기도 하다.

제 3 절 면접의 과정

1 면접 실시를 위한 준비

면접법을 활용하는 연구 방법에는 여러 가지가 있고 또 그 성격에 따라 이용하는 면접의 종류도 다르다. 여기에서는 표본조사에서 주로 채택하는 구조화 면접에 국한시키고 실제 적용 과정을 자세히 살펴본다.

표본조사에서는 우선 표본추출을 해 놓고 이미 뽑힌 지역에 면접조사원들을 파견하고 최종 응답자를 표본추출하여 면접을 실시하는 절차를 밟는다. 그러나 실제 면접에 임하기 전에 갖추어야 할 예비적 요건들이 있다 (Warwick & Linger, 1975: 203-4; Lin, 1976: 228-34).

1) 예비조사와 사전검사

면접조사계획표가 작성되면 실제로 면접에 들어가기 전에 우선 예비조사(pilot study)를 통해 면접조사계획표에 대한 사전검사(pretest)를 해 보아야 한다. 예비조사는 예비조사표가 제대로 작성되었느냐를 검토해 보는 동시에 연구설계 또는 계획에 잘못이 없는가를 확인해 보려는 데 목적이 있다.

예비조사는 현지에 나가서 또는 현지와 같은 상황이나 조건에서 실시해야 되는데 대체로 20~50명 정도의 응답자를 대상으로 하게 된다. 이들 응답자들을 대상으로 면접조사계획표에 따라서 실제로 면접을 하면서 면접조사계획표 작성이 제대로 되었나를 확인해 보게 되는데, 이 때 다음과 같은 문제들을 알아보아야 한다.

첫째, 각 면접 항목이 명확하게 서술되어 있으며, 연구자가 의도한 대로 응답자들이 같은 의미로 파악하고 있는가? 얻은 응답이 연구 목적에 적절하며 충분한가?

둘째, 면접 항목의 해석상에 지역적 차이는 없는가? 만약 차이가 있다면 모호성을 피하기 위해서 어떻게 해야 되겠는가?

셋째, 어떤 질문들이 응답자에게는 대답하기 어려운가? 어떤 면접 항목들이 혼동을 가져오고 있는가? 질문이 너무 길지는 않는가?

넷째, 면접 항목은 조사하기에 편리한가? 면접조사원에 대한 지시 사항은 명확한가? 질문과 질문 사이의 연결은 자연스럽게 되어 있는가?

이상과 같은 자문을 통해 연구자는 작성된 면접 항목을 검토해서 잘못된 점이나 개선할 점은 보완·수정해야 된다. 전문적으로 면접 항목을 검토하려면 각 면접 항목들의 문항분석(item analysis)을 하거나 또는 내적 일관성(internal consistency)을 검토해서 좋지 않은 면접 항목은 빼어버리거나 대체해야 된다.

예비조사에서는 면접 항목을 검토하는 한편 연구설계가 제대로 되었는가도 확인해 보아야 한다. 특히 면접 방법 등을 검토해서 계획된 연구 방법도 수정·보완하도록 해야 된다.

2) 면접원의 선정

면접원의 특성과 행동으로 인해 면접 과정에서 편의(bias)와 오류가 발생될 수 있다. 면접원의 선정과 훈련도 결국은 그와 같은 문제점을 줄이고자 하는 안목에서 중요한 절차이다. 그렇다고 해서 면접원의 선정 기준이 확고부동하게 설정되어 있다거나, 그런 기준을 실제 상황에서 엄격히 적용할 수 있다는 것은 아니다.

(1) 면접원의 선정 기준

일반적으로 면접원의 선정 기준으로는 성별 · 나이 · 언어 능력 · 생김새와 같은 외형적 요인들과 성격 · 사람됨됨이 · 태도 · 지식 정도 등의 내면적 요인들을 지적할 수 있다.

내면적인 특질로 중요하다고 보는 것들의 보기를 들면, i) 정직성, ii) 융통성과 적응력, iii) 명랑하지만 사무적인 태도, iv) 정확성과 정밀성, v) 일과 주제에 대한 홍미, 헌신 그리고 몰입, vi) 면접이나 연구 활동 및 연구 내용에 대한 기본 지식, vii) 정서적 안정성, viii) 특정 쟁점에 대한 편향된 태도나 의견을 갖지 않을 것 등이다.

(2) 면접원의 수

흔히 면접원을 몇 명 쓰는 게 좋은가를 결정해야 할 때가 많다. 이는 주로 재정 능력과 조사표의 분량, 표본의 크기 등의 요인들에 의해 좌우된다. 하나의 상식적인 기준을 제시한다면, 한 면접원이 한 조사에서 20~30개를 초과하는 면접을 하지 않는 게 좋다는 것이다. 이 숫자를 넘어서면 능률이 떨어지고 질의 통제가 어려워진다. 그리고 한 조사에 참여하는 면접원의 수도 20명을 초과하는 것은 바람직하지 않다. 면접원 편의(bias)와 편차의 폭이 너무 커지기 때문이다.

3) 면접원의 훈련

(1) 의의

면접원들을 선발했으면 그들이 면접조사를 제대로 수행하는 데 필요한 훈련을 반드시 거쳐야 한다. 무엇보다도 면접원 훈련은 면접원이 수행해야 할 면접에서 최소한으로 요구하는 목표를 달성할 수 있는 능력과 자세를 갖추도록 교육시키고자 하는 것이다. 면접원이 면접에서 성취해야 할 목표란 i) 응답자를 만나서 면접에 응하겠다는 협조 · 동의를 얻는 일, ii) 응답자가 정직하게 충분한 대답을 하도록 동기 부여를 해 주는 일, iii) 되도록 조사표에 적힌 대로, 유도 질문을 하지 않으면서, 명확하게 알아들을 수 있도록 질문을 하는 일, iv) 면접원이 조사표에 따라 물어보는 질문에 적합한 응답자의 대답을 확보하는 일, v) 대답이 불분명하고 쓸데없을 때는 자세히 캐어물어서 적절한 응답을 받아내는 일, vi) 대답을 정확하게 기록하는 일 등으로 규정할 수 있다.

이러한 구실을 제대로 하기 위해서는 면접의 일반적 기법에 대한 소양도 갖추어야겠지만, 사회연구에 대한 특수한 몇 가지 정보와 훈련이 필요하다.

(2) 면접원 훈련의 목적

면접원 훈련을 통해 달성하고자 하는 목표는 다음과 같이 지적된다.

첫째, 연구의 목적·용도 및 주관기관·후원기관에 대한 사실정보의 인지

둘째, 면접원으로 하여금 연구 자체에 관심을 갖게 하고 최소한 헌신·몰입할 전략의 개발

셋째, 연구 과정에서 면접원이 수행하는 역할에 대한 이해 증진

넷째, 면접에 대한 기본 기술 습득(여기에는 면접의 시작에서 종료까지 도중에 발생하는 비상 상황 등에 대처하는 문제와 같은 실질적인 시사들을 포함)

다섯째, 면접원이 조사표 전반에 대해서는 물론, 각 문항의 특정한 의도에 관해서까지도 친숙해지도록 하는 일

여섯째, 현지에서 각자가 따라야 할 행정적인 절차, 단체행동의 규범 등에 관해 익숙하도록 하는 일

일곱째, 어려운 비상 상황에 대처하는 표준 절차에 대한 합의와 이해

여덟째, 면접원들 스스로는 물론 감독자·조교들 사이에 친근한 인간 관계, 호의적 태도의 개발 및 작업상의 사기 진작

아홉째, 훈련 도중 부적격자를 가려내는 일

(3) 면접원 훈련의 형식

이런 점들을 염두에 두고 구체적인 훈련을 실시할 때는 다음과 같은 순서와 형식을 좇아서 할 수도 있다.

첫째, 각종 배경 자료에 익숙하도록 기회를 준다. 대개 큰 규모의 면접조

사를 실시할 때는 '면접원 지침'을 마련한다. 여기에는 연구 목적 등에 관한 정보, 표준설계와 표본추출 절차에 관한 지침, 현지 작업상 필요한 갖가지 정보, 면접 수행 과정과 유의 사항, 부호화의 방침 등을 담는다. 이런 문서와 조사표 같은 인쇄물을 미리 나누어 주고 개별적으로 검토해 익숙해지도록 한다.

둘째, 한두 번 내지 세 번의 집단훈련 시간을 갖는다. 한 번에 3시간을 초과하면 지루하고 능률이 떨어진다.

집단훈련에서는 면접조사원들은 물론 조사책임자, 감독 및 기타 관계자들이 참여해 강의와 집단토의를 통해서 다음과 같은 일들을 한다.

① 제1차 집단훈련

i) 교재물·설문지 등의 자료 배포

ii) 면접조사원과 조사 관계자의 소개

iii) 조사연구 일반에 대한 소개: 목적·방법·표출 원리·면접조사의 중요성 등

iv) 해당 조사연구에 대한 설명: 목적·스폰서·조사 결과의 활용 등

v) 조사연구에 관계된 중요 개념 및 정의에 대한 설명

vi) 면접 방법과 지침의 소개

vii) 면접 조사원들의 질문에 대한 응답 및 토의

② 제2차 집단훈련

i) 면접 조사원들에 의한 설문지의 기재

ii) 설문 하나하나에 대한 토의

iii) 응답 결과의 부호화 실습(특히 자유 응답식 설문을 중심으로)

iv) 훈련 결과를 평가하기 위한 시험

③ 제3차 집단훈련

i) 면접조사에 관계된 원리 및 실제 문제에 대한 복습

ii) 녹음 또는 녹화를 통한 면접조사의 시범

iii) 면접 조사원들을 둘씩 짝지어 상호 면접조사의 실습

④ 제4차 집단훈련

i) 면접조사의 실습 과정에서 나타난 문제점들에 대한 질문과 응답

ii) 조사 현장에서의 주의 사항, 면접 절차상의 문제, 면접 조사원의 숙식, 여행 등에 대한 지시와 토의

iii) 훈련 전반에 대한 평가와 종합 토론

끝으로, 현지조사를 할 대상 지역과 성격이 비슷한 곳에 파견해 한두 번 현장 실습을 하는 것도 좋다. 그런 다음, 준비물을 챙겨서 현지로 출발하도록 한다.

이상과 같이 사전 훈련이 끝나면 그 다음 현지조사로 들어가게 되는데 현지에 나가서도 조사 책임자나 감독자들은 그때그때 훈련을 시키고 잘못된 점은 수정해 주어야 된다.

4) 현지 작업을 위한 준비

면접조사에서는 지역적 집락을 표본추출할 경우 지역별로 조사팀을 만들어서 같이 움직이든가, 아니면 전 지역으로 분산하여 표본추출한 경우에는 면접원이 각개 행동을 하게 된다. 또는, 전문 조사기관에서는 현지에 훈련받은 전문 면접원을 두고 있을 수도 있다. 이런 경우를 제외하고 되도록이면 면접원이 혼자 다니는 일은 삼가는 것이 좋다. 이는 여러 가지 신변 보호의 뜻도 있지만 문제가 생길 때 의논 상대가 있다는 이점도 있기 때문이다.

(1) 출발 전의 준비

현지에 출장하기에 앞서 조사 책임자는 면접원 각자가 가지고 다녀야 할 품목을 점검하도록 주의하고 출발시킨다. 한마디로, 면접용 휴대품(interviewer kit)이라고 할 수 있는 것들인데, 그 예를 들면 다음과 같다.

① 면접조사계획표(자신이 맡은 분량에다 10% 정도 추가하여 휴대)

② 표본추출 지침 또는 이미 표출한 경우에는 표본 명단, 주소, 전화번호 등

③ 입수 가능하거나 필요할 때에는 조사 대상 지역의 지도

④ 조사기관에서 발행한 신분증, 공문, 소개 편지 등

⑤ 조사표에 달린 부수품(그림 있는 응답 카드, 응답 항목이 길고 복잡한 경우의 응답 카드 등)

⑥ 필기 기구(볼펜 · 연필 · 지우개 등)
⑦ 일지를 기록하고, 회계 기록을 하기 위한 공책
⑧ 응답자에게 건네줄 선물
⑨ 기타 여행에 필요한 물품(세면도구 · 잠옷 등) 등

(2) 도착 후의 준비

현지에 도착하면 우선 숙소를 정하고, 즉시 우리 나라에서는 행정관서와 경찰관서에 신고하고 동시에 협조를 요청하는 것이 좋다. 그리고 연구조사 본부에 숙소의 주소와 전화번호 등을 알려 두어 비상시에 연락을 취할 수 있도록 조처한다.

우리나라의 농촌조사 같은 경우에는 행정관서의 협조도 중요하지만, 특히 마을의 이장을 미리 찾아가 취지를 잘 설명한 다음 협조를 구하는 것이 긴요하다.

이러한 예비 작업을 마친 후, 현지에서 표본의 선정을 위해 리 · 동사무소 등에서 필요한 명부(보기: 주민등록부 · 유권자명부 등)를 가지고 표본 추출에 들어간다. 표본추출을 할 때는 지정한 면접 대상자의 수보다 10~20% 더 뽑아서 사고 사례의 발생에 대처한다. 표본추출이 끝나면 지체없이 면접으로 들어간다.

2 면접의 진행

1) 면접 진행의 준비

(1) 응답자의 확보

무엇보다도 면접 대상인 응답자를 확보해야 한다.

표본설계가 아무리 완벽하다 해도 최종 단계에서 응답자를 직접 만나야 하는 면접원이 실수를 하거나 자의로 변경을 하면, 표본 편의(bias)를 면할 수가 없다. 대부분의 표본조사에서는 표본설계의 최종 단위인 가구 또는 개인의 선정을 면접원에게 일임하되, 정확한 절차를 제시하는 문서나 지침

을 주게 되어 있다. 면접원은 이 지시를 충실히 따르는 것이 원칙이다. 지정한 집의 특정 표본을 만날 수만 있으면, 어떻게 해서든 그 사람과의 면접을 완료하도록 모든 노력을 기울일 필요가 있다.

그러나 표본추출된 사람이 그 주소지에 없거나 표본추출 기준에 해당하는 인물을 찾을 수 없다든가, 여러 번 가 봐도 부재중이거나 혹은 끝까지 막무가내로 거절하는 경우에는 포기할 수밖에 없다. 이런 때를 위해 '대치'의 원칙도 미리 세워놓는 것이 편리하며, 실지로 표본을 선정할 때 아예 10% 내외의 초과 표본추출을 해서 예비 명단을 가지고 있는 것이 좋다. 특히 응답자를 확보하는 데 가장 해결하기 어려운 경우는 면접 거부이다.

면접 거부를 해 오면 그 이유를 잘 판단에서 대처해야겠으나 자기 소개, 연구의 중요성, 표본추출 절차, 연구의 결과 처리 등에 관한 친절하고 참을성 있는 해명으로 설득하도록 노력해야 한다. 경우에 따라서는 미리 준비해 간 선물을 주고 협조를 구할 수도 있다.

(2) 접근과 면접의 시작

상대를 확인하고 면접을 시작하려면 응답자의 협조와 동의가 필요하다. 그러기 위해서는 면접원는 먼저 자기 소개를 잘하고 연구의 목적과 성격에 관한 간단한 해명을 하는 것이 원칙이다. 대개 조사표의 표지에 '인사 말씀'의 형식으로 그 내용이 적혀 있도록 되어 있으나, 때로는 조사표에는 그런 내용을 싣지 않고 다른 종이에 인사 말씀을 인쇄해 면접원에게 나누어 주는 수도 있다.

① 인사말의 내용: 인사말의 내용에는 대략 다음의 사항들을 포함시킨다.

i) 면접원의 신분을 밝히는 내용을 간단히 쓴다.

ii) 연구의 주관자, 기관, 단체에 대한 소개를 한다.

iii) 연구 목적과 주제의 간략한 소개를 곁들여 이 연구에 참여함으로써 기여하는 바와 그 중요성을 설명·설득하는 말을 한다.

iv) 표본추출 절차의 해명, 즉 제비뽑기식으로 응답자가 뽑혔으며, 반드시 본인이 응답해야 연구가 올바로 된다는 점을 강조한다.

v) 대답한 내용의 익명성 보장 또는 사적인 문항의 비밀 보장, 특히 이는 자

료의 통계 처리 과정에서 자동적으로 이루어질 수 있음을 주지시킨다.

vi) 그리고 바쁜 줄 알지만 좋은 뜻의 일이니까 도와 주면 고맙겠다는 인사를 곁들인다.

② 방문 시간: 면접원이 조사 대상자를 찾아갈 때는 사전에 약속을 해 두는 것이 이상적이다. 그러나 이러한 약속을 하기가 어려우므로 보통은 선정된 조사 대상자를 그냥 찾아가게 된다. 그런데 일반적으로 응답자가 남자인 경우에는 낮에 그 집을 방문했다 하더라도 부재중인 경우가 많다. 이것은 도시의 경우에 더욱 심하다. 면접원이 첫 방문에 응답자를 만나기 쉬운 일이 아니라는 현지 면접원의 보고는 과장된 것이 아니다.

③ 협력을 얻는 기술: 이는 면접에서 매우 중요한 위치를 차지하는데, 시간과 장소, 알아내려는 정보의 성격 등에 따라 기술이 다르다. 협력을 얻는 기술은 크게 두 가지로 나누어 생각할 수 있다.

첫째, 어떤 지역사회에 들어갔을 경우 협조를 얻는 기술이다. 이를 위해서는 연구의 주제와 관련된 여러 지방단체의 인정을 받도록 해야 한다.

한국의 경우, 농촌은 아직도 폐쇄적이고 보수적인 면이 짙어 낯선 면접원의 출현을 탐탁하게 여기지 않는 경우가 많기 때문에 그 동네의 면장이나 이장 또는 경찰서 등을 통해 협조를 얻는 방법을 사용할 필요가 있다. 그리고 전화나 편지로 미리 면접 시간을 약속해 놓으면 그만큼 훨씬 응답자의 협조를 용이하게 얻을 수 있다. 또한 관공서가 주관하는 조사의 경우에는 동이나 면사무소의 협조를 얻는 것이 용이하다.

둘째, 응답자와 대면했을 경우에 협력을 구하는 기술을 차례로 설명하면 다음과 같다.

i) 소개 기술: 면접원이 처음 응답자에게 면접을 청할 때에는 다음과 같은 기본적 사실을 소개해야 한다.

• 신분 소개: 우선 면접원에 대한 응답자의 의심을 풀어 주기 위해서 면접원은 자기가 어느 연구기관에서 나온 누구라는 것을 공손히 말해야 한다.

• 면접의 목적: 왜 이 조사를 시행하며, 왜 응답자의 의견이 필요한지 또 그 결과가 어떻게 이용된다는 것을 말해야 한다.

• 응답자의 선출 방식: 응답자가 어떻게 선출되게 되었는지를 쉬운 말로

설명해 주어야 한다. 아울러 면접은 무기명으로 하며 개인적인 문제는 절대로 공개되지 않는다는 것을 강조할 필요가 있다.

ii) 응답자와 면접을 하게 되면 면접원은 응답자가 자기에게 인간적인 흥미를 갖도록 해야 한다. 따라서 면접원은 다정하고 이해성 있는 사람으로 보여야 하며, 응답자를 단순히 하나의 조사 대상으로서보다 한 인간으로서 진정한 관심을 표명해야 할 것이다.

iii) 응답자로 하여금 연구의 중요성 내지 가치를 깨닫게 해야 한다. 연구자가 응답자의 현실 생활은 물론 우리 사회 현실과 밀접한 관련성을 가졌으며, 면접의 결과가 생활 개선과 사회 발전에 많은 도움을 준다는 것을 이해하도록 해서 적극적으로 면접에 응하도록 해야 한다.

iv) 응답자가 면접에 대해서 가지고 있는 심리적 장애를 극복해야 한다. 심리적 장애는 면접 목적 자체에 대한 의심, 대답을 잘 못해 창피를 당하지 않을까 하는 염려, 조사를 당하고 있다는 생각 등을 말하는데, 이럴 때 면접원은 질문이 쉽고 재미있다는 것, 조사 질문에 대한 답은 옳고 틀린 것이 없다는 것, 비밀이 보장된다는 것 등을 말해 줌으로써 응답자의 자유로운 반응을 얻도록 해야 한다.

v) 응답자가 바쁘거나 부재중일 경우에는 면접을 할 수 없거나, 한다고 해도 역효과가 나기 쉽다. 이 때에는 정말 응답자가 분주한지 아니면 면접을 피하기 위한 구실인지를 알아야 한다. 실제로 바쁘다고 판단되면 면접 가능한 시간을 약속해 놓는 것이 좋다. 그리고 응답자가 외출하고 없을 경우에는 그 집의 다른 사람에게 자기 소개를 하고 방문 목적을 말한 다음 응답자가 집에 있는 시간을 알아두어야 한다. 이 때 다른 가족에게 좋은 인상을 주도록 해서 면접을 허락받는 데 도움이 되게 해야 한다.

vi) 응답자가 면접을 거절할 경우에는 거절의 원인을 분석하고 규명해 적절한 대책을 강구해야 한다.

vii) 응답자가 거짓말을 한 경우에는 인간은 의식적으로나 무의식적으로 거짓말을 하게 될 때가 있으므로 면접원은 이러한 문제를 잘 고려해 정확한 답변을 얻도록 해야 한다.

④ 면접원의 자격: 무엇보다도 면접원은 그 나름대로 행동 요강을 가지

고 그것을 지켜야 되겠는데, 첫째, 면접원의 일반 자격 요건을 들어 보면 아래와 같다.

i) 조사에서 정직(honest)할 것

ii) 믿을 수 있고 책임감이 있을 것

iii) 질문 태도가 객관적일 것

iv) 응답을 기록할 때 성실하고 중립적일 것

v) 응답 사항을 충실하고 이해하기 쉽게 기억할 수 있을 것

vi) 응답자에게 관심을 갖고 그들을 이해할 줄 알 것

vii) 응답자들로 하여금 신념을 갖고 응답케 하며 응답자들에게 편안한 분위기를 조성할 수 있을 것

viii) 정중하고 깨끗한 복장을 할 것.

둘째, 실제 면접조사에 앞서 다음과 같은 준비를 스스로 해야 한다.

i) 설문의 뜻을 충분히 이해하고 그 질문들을 읽는 대신에 자연스럽게 말할 수 있도록 모든 설문을 공부할 것

ii) 각 설문에 대해 자신이 스스로 질문과 응답을 해 보면서 철저하게 예행 연습을 해 볼 것

iii) 응답자들의 직업에 따라 집에 있는 시간이 다르므로 오전 9시에서 오후 9시 사이까지 면접 시간을 응답자별로 계획할 것

iv) 자신에게 주어진 지시 사항이나 실행한 일들을 잘 알고 또한 쉬는 시간에 다시 읽어 볼 것.

⑤ 면접원의 태도: 처음 시작에서 끝날 때까지 면접원이 취할 태도의 일반적인 성향에 관해서 요약한다면 다음과 같다.

i) 중립성(neutral): 의복에서부터 말씨 · 표정 · 태도 · 응답에 대한 반응 등 전반적으로 지나침이 없이 사무적이어야 한다.

ii) 공평성(impartial): 어떤 종류의 피면접원이든, 그의 지위 · 성향 · 나이 · 성 등 어떤 특성에서 차이가 나더라도 일률적으로 그가 자신감을 갖고 응답할 수 있는 적응력을 가지고 공정하게 대해야 한다.

iii) 자연스러움(casual): 너무 장난기가 있고 경박스러운 것도 곤란하지만, 그렇다고 지나치게 심각하고 경직된 자세로 임함으로써 상대방에게 위

압감을 주고 질리게 해서는 안 된다.

ⅳ) 일상 회화의 분위기: 질문지나 조사표의 내용에 익숙할 필요가 있는 바 그 이유는 면접을 일상의 대화처럼 자연스럽게 끌고 나가기 위함이다. 책 읽듯 하는 딱딱한 어법은 곤란하다.

ⅴ) 친절(friendly): 응답자를 편안하게 해 주는 게 중요하므로 친근감을 주고 친절할 필요가 있다.

ⅵ) 진지함(conscientious): 언제든지 진지함을 잃어서는 안 된다. 면접원이 진지한 태도를 보이지 않으면서 상대방의 진실한 응답을 기대할 수는 없을 것이다.

2) 면접의 실시

(1) 질문의 일반적 원칙

여기서 검토되고 있는 면접은 표준화 면접이며 면접조사계획표 자체도 가능한 한 뚜렷한 형식과 응답지를 가진 폐쇄형 질문이 주종을 이루는 경우이다. 이에 대한 이유는 면접원에 의한 편의(bias)를 최소화시키고자 하는 의도가 깃들어 있다. 면접 과정의 표준화를 목표하는 것이다. 그러면서도 동시에 친근한 관계를 형성해 좋은 면접을 성취하자면 다음과 같은 몇 가지 원칙을 강조하게 된다.

① '조사표(질문지)'에 익숙허서 면접을 '비공식적인 분위기'에서 편안한 자세로 할 수 있어야 한다.

② '각각의 문항'이 요구하는 특정 목적을 충실히 이해하고 질문해야 한다.

③ '모든 문항은 조사표에 적혀 있는 그대로 질문해야 한다.' 다만 조사표에 인쇄한 대로 묻는다고 해서 책 읽듯이 하라는 것이 아니고 평소에 말하는 것처럼 자연스럽게, 비공식적으로 질문해야 한다.

④ 모든 문항은 '조사표에 나타난 순서대로' 물어야 한다. 좋은 조사표라면 모든 문항의 배열 순서를 근거 있게 정해 놓았다고 간주할 수 있다. 따라서 면접원이 자의로 순서를 바꿈으로써 질문의 편의(bias)를 발생시키지 않도록 한다.

⑤ 문항은 '하나도 빠짐없이' 물어야 한다. 응답자가 끝까지 대답을 하지

않거나 할 능력이 없어서 정보가 누락되는 것은 부득이하다. 그러나 면접원의 실수로 한 질문이라도 빠뜨렸다면 이는 분명히 편의(bias)의 한 원천이 된다.

⑥ 응답을 '유도하거나 시사하는 일이 없도록' 한다. 질문지 작성 과정에서도 유도 질문과 부하 질문에 주의를 해야 한다. 면접에서도 역시 대답이 잘 안 나오는 경우 자칫 초조한 마음에 어떤 대답을 시사하거나, 더 나아가서는 한쪽으로 유도하는 식의 보충 질문을 해서는 안 된다.

⑦ '면접의 흐름을 순탄'하게 하기 위해 '단계적 이행'을 잘 해 나가야 한다. 대개 좋은 조사표라면, 질문의 성격에 따라 단원을 만들어 놓고 적절한 이행을 하도록 조처해 놓는다. 면접할 때에도 그와같이 중간에 잠깐의 휴식을 취하고 지나가거나, 주제가 바뀜을 일깨우면서 한숨돌리는 절차가 필요하다.

⑧ '한 문장도 공백을 남기지 말아야' 한다. 가끔, 해당되지 않는 질문이 있든가, 응답자가 대답을 못 하거나 거부하는 수가 있다. 그런 경우에는 '무응답(N.R)'이라고 쓰든가, '비해당'이라고 쓰든가, 아니면 아예 X표로 그어서, 질문을 실수로 놓치지 않았음을 표시해 두는 게 좋다.

조사연구의 목적은 어디까지나 응답자들로 하여금 솔직하고 믿을 수 있는 의견을 얻는 데 있으므로 면접원은 그러한 의견을 얻는 매개체의 구실을 할 뿐이라는 생각을 가지고 조사해야 되며, 조사 결과의 방향에 대해서는 개의치 말아야 하겠다.

(2) 면접조사의 전략

조사자가 원하는 모든 신뢰스러운 정보를 얻기 위해서는 면접원에게도 전략이 필요한데, 이것들을 간단히 요약하면 아래와 같다.

① 일반적으로 질문에 대한 응답자의 첫 번째 반응이 중요하다. 따라서 응답자가 한참 있다가 자기의 응답을 수정하려고 할 때에는 그 수정된 응답을 기록하는 척하면서 기록하지 않는 것이 좋다.

② 어떤 질문에 대해서 응답자가 '모르겠다'고 대답할 때에는 그것을 바로 기록하지 말고 다시 생각할 여유를 주어서 다시 응답해 보도록 하는 것

이 좋다.

③ '그렇다' 또는 '아니다'라고 응답자가 대답할 경우에는 그 대답에 대한 이유를 물어서 적어 넣는 것이 좋다.

④ 응답은 시간적 중단을 주지 말고 기록한다. 예컨대 두 번째 질문을 하고서 첫 번째 응답을 기재하도록 하는 것이 좋다. 시간적 단절이 생기면 분위기가 깨질 염려가 있다.

⑤ 질문을 할 때에는 응답자를 똑바로 보고 질문해야 된다.

⑥ 응답자는 항상 질문에 주의하도록 해야 된다. 응답자가 불필요한 말을 하게 되면 겸손한 태도로 질문에 관계된 이야기로 화제를 다시 돌리도록 유도한다.

⑦ 면접조사인 경우에는 절대로 응답자로 하여금 자기의 응답을 질문지에 기재하게 해서는 안 된다.

⑧ 면접원은 필요한 정보를 모두 얻도록 해야 한다. 모든 질문을 하나도 빼지 말고 던져야 하며 그 응답은 규정된 지면에 올바로 기록해야 된다.

(3) 캐어묻기

위의 원칙대로 진행해서 만사가 순조로우면 그 위에 더 바랄 것이 없지만, 현실적으로는 중간에 문제 상황이 생기기 마련이다. 그것은 완전하고 명확하며 또한 적합하고 적절한 응답을 얻고자 하는 면접의 목적에 잘 부합하지 않는 식의 대답이 나올 때, 뜨는 응답자가 대답할 능력이나 대답하고자 하는 마음이 부족한 때이다. 이러한 비상 상황에 대처하는 기량에 따라 면접원의 능력과 그의 면접의 성패가 판가름되는 경우가 허다하다. 이런 때에 응답을 제대로 받아 내기 위해 활용하는 '캐어묻기(probing, probe)'의 기법들을 고안해 낸 것이다.

① 캐어묻기의 기법: 우선 캐어묻기를 올바로 하자면 각 문항의 목표를 제대로 이해하고 시작해야 함은 더 강조할 필요가 없다. 동시에 어떤 응답이 불완전·불분명·부적합한지를 식별할 줄 알아야 한다. 그래서 면접원은 머리속으로 언제나, '저 대답은 이 질문에 대한 완전하고 적절한 대답인가'를 물어보는 습관을 기르는 게 좋다고도 한다. 캐어묻기의 구체적 기법

을 살펴보면 다음과 같다.

첫째, 무언의 캐어묻기이다. 대답이 불완전하다거나 미진할 때, 아무 말 없이 응답자의 눈을 바라보면서 '뭔가 더 하실 말씀이 있을 법합니다'와 같은 암시를 은근히 주는 방법이다. 간혹 고갯짓, 눈짓, 얼굴 표정으로 이를 보충할 수 있다.

둘째, 드러내놓고 권장하는 방법이다. 드러내놓고 더 좀 얘기하도록 '네, 네', '그렇습니까', '아, 그것 재미있습니다' 등의 말로, 또는 고개를 끄덕이면서 장려하는 방법이다.

셋째, 더 자세한 해명(elaboration)의 요구이다. 유도 또는 부하 질문은 피하고, 중립적인 질문이나 응수를 통해서 이미 대답한 내용을 좀더 자세히 해명하고 정교화하도록 종용하는 방법이다. 그 예로 이런 것들이 있다. 상황에 따라 적절히 활용하면 될 것이다.

"무슨 뜻인지요?"

"거기에 대해서 귀하의 생각을 좀더 말씀해 주실 수 있습니까?"

"생각하시는 게 어떤 것인지 좀더 말씀해 주시지요."

"무슨 말씀이신지 제가 좀 잘 이해를 못 하겠는데요."

"왜 그렇다고 생각하십니까?"

"왜 그렇게 생각하시는지 좀 말씀해 주실 수 있습니까?"

"그것은 무엇 때문에 그리 된 것으로 보는지요?"

"그 밖에 어떤 이유라도 있다고 보는지요?"

"그 밖에 뭐 하실 말씀은 없으신가요?"

넷째, 명료화(clarification)이다. 응답이 모순되거나 모호하거나 일관성이 없을 때 좀더 분명한 대답을 요구하는 캐어묻기 방법이다. 보기를 들어보자.

"죄송하지만 지금 말씀하신 것이 무슨 뜻인지 확실치 않은데, 좀더 자세히 설명해 주실 수 있습니까?"

"잠깐만 실례하겠습니다만, 지금 (……)라고 말씀하신 겁니까? 아니면 다른 뜻이 있는 것입니까?"

"그러니까 그게 정확하게 언제 있었던 일입니까?"

다섯째, 반복의 방법이다. 때로는 응답자가 한 말을 그대로 반복함으로써 좀더 자세하고 분명한 대답을 요구한다는 신호를 보낼 수도 있다. '메아리 캐어묻기(echo probes)'라고도 하는 이 방법을 함부로 쓰다가는 "그렇죠, 그게 바로 내 대답이요 !" 하고 퉁명스러운 메아리만 다시 유도해 불쾌감만 조장하는 수도 있다.

이와 같은 유형들은 어디까지나 보기에 불과하고 캐어묻기란 면접원의 훈련과 경험에서 우러나온 자연스러운 기량이 아니면 성공하기 어렵다. 특히 캐어묻기가 빠지기 쉬운 함정은 바로 유도 질문의 도입이다. 응답을 시사하는 질문이나 유도 질문은 피하라고 하는 원칙은 이미 지적했다. 캐어묻기에서도 중립성을 견지하는 것은 매우 중요하다.

② 캐어묻기가 필요한 경우: 질문 과정에서 특별히 캐어묻기가 필요한 경우를 몇 가지 밝혀 둔다.

첫째, '열린 질문' 혹은 개방형 질문의 경우이다. 대체로 개방형 질문에 대해서는 응답자의 대답을 그대로 기록하는 것이 원칙이지만, 우리나라와 같이 자기 표현에 익숙하지 않은 문화에서는 사람들이 '글쎄요 …', '내가 뭐 압니까?', '아 적당히 쓰시오', '알아서 적으세요' 등 아주 모호한 대답으로 얼버무리는 수가 많다. 그러므로, 열린 질문에는 끝 부분에 '자세히 기록할 것'이라는 식의 캐어묻기를 지시하는 명령문이 따라오곤 한다.

둘째, 열린 질문이 아니더라도 우리나라에서는 '글쎄요', '잘 모르겠는데요', '그럴 수도 있고 저럴 수도 있지요'가 자주 나온다. 이런 응답은 의견이 아예 없거나, 표현하기가 두렵거나, 그 쟁점을 다루기를 꺼리거나, 자신의 생각을 정리할 시간적 여유를 벌기 위해서, 또는 질문을 잘 이해하지 못하는 등 여러 가지 이유에서 나올 수 있다. 이런 때는 우선 질문을 그대로 되풀이하고 눈으로 응답을 계속하는 방법을 택해 본다. 그러고도 대답이 같으면, "사실 이 질문에는 옳고 그른 대답, 정답과 오답이 있을 수 없고, 귀하의 생각 그대로만 말씀해 주시면 되는 것입니다"라는 식의 캐어묻기를 하도록 한다. 그래도 마찬가지 대답이라면 그것은 '모른다(Don't Know: DK)'는 응답으로 간주하고 다음 질문으로 진행하는 수밖에 없다.

셋째, 반드시 캐어묻기는 아니지만, 질문을 순조롭게 진행하는 데 기여할 수 있는 보조 재료의 이용이다. 질문의 성질상 주어진 응답지를 그대로 읽는 것이 지루하고 번거로울 때가 있다. 그런 경우에 별도로 응답지 카드를 만들거나, 그림으로 응답지를 표시한 카드를 응답자에게 제시하고 그 중 하나를 고르도록 하는 방법이 있다.

(4) 면접조사에서의 주의 사항

면접조사를 할 때 면접원은 여러 가지 사항을 지켜야 하는데, 우선 '해서는 안 될 일'들을 몇 가지만 제시해 보면 아래와 같다.

첫째, 한 가구나 식구 중에서 절대로 두 사람을 면접조사하는 것은 비효과적이다. 왜냐하면 한 가족들은 대체로 비슷한 의견이나 태도를 갖고 있기 때문이다.

둘째, 절대로 친구를 상대로 면접조사를 해서는 안 된다. 모르는 사람을 대상으로 하는 것이 객관적이고 공정하다.

셋째, 직접 만나서 면접조사를 해야 할 경우에 전화를 통해서 조사를 해서는 안 된다.

넷째, 면접조사를 할 때 친구나 다른 사람을 대동해서는 안 된다. 반드시 혼자 가야 한다.

다섯째, 면접을 하는 당사자 외에 다른 사람이 대답을 하도록 허용해서는 안 된다. 조사를 할 때 다른 사람이 있으면 조사의 중요성을 설명하고 자리를 뜨거나 또는 가만히 있도록 해야 한다.

여섯째, 면접원이 다른 사람을 시켜서 조사를 해서도 안 된다.

일곱째, 응답 결과를 다른 사람에게 자세히 이야기해서도 안 된다. 비밀보장을 해야 한다.

여덟째, 응답지의 기재 사항을 함부로 고쳐서도 안 된다. 또한 거짓으로 응답을 기록해서도 안 된다.

(5) 조사에서 당면하는 문제의 처리 요령

현지조사를 나가게 되면 면접원들이 여러 가지 문제에 당면하게 되는데, 이들 문제에 대한 처리 요령을 몇 가지만 간단히 소개하면 다음과 같다.

첫째, 만약 응답자가 조사의 목적을 물을 때에는 "이 조사는 ○○연구소에서 실시하는 것으로서 사회 문제에 대한 사람들의 생각을 알아보는 데 그 목적이 있다"는 식으로 설명해 준다.

둘째, 만약 응답자가 조사기관에 대해 좀더 구체적인 대답을 요구할 때에는 "저는 면접원으로서 구체적인 것은 모르니 ○○연구소에 직접 문의해 보면 자세히 설명해 줄 것"이라고 대답한다.

셋째, 만약 응답자가 하필 왜 자기 자신에게 조사를 하려느냐고 질문을 해올 때에는 무작위으로 선정되었으며, 그렇기 때문에 표출 방법상 귀하에게 반드시 질문을 해야 된다고 응답한다.

넷째, 만약 응답자가 질문에 응할 시간이 없다고 하면 '질문이 길지 않으니 조금만 시간을 내달라'고 말하고 질문을 곧 시작한다.

다섯째, 그래도 계속 시간이 없다고 말할 때에는 다음에 다시 찾아오겠으니 편리한 시간을 가르쳐 달라고 한다.

여섯째, 만약 응답자가 자신은 아무것도 몰라서 응답할 자격이 없다고 말할 경우에는 "이 조사는 무엇을 아느냐를 알려는 것이 아니라 귀하의 생각을 알려는 것"이라고 설명한다.

일곱째, 만약 응답자가 어떤 질문에 대한 대답을 망설이거나 "왜 그런 질문을 하느냐?"고 물을 때에는 "이 질문은 모든 다른 사람에게도 물었으며 절대로 비밀을 보장하겠다"고 답한다. 또는 "이 질문은 ○○연구소에서 작성한 것이므로 저희는 묻지 않을 수 없다"는 식으로 대답한다.

여덟째, 만약 응답자가 어떤 질문에 대해 화를 내거나 응답을 거부할 때에는 "반드시 이 질문에 응답할 필요는 없으나 조사 목적을 위해서 필요하니까 의견을 말해 달라"고 말하고, 끝까지 응답을 거부할 때에는 다음 질문으로 넘어간다.

이상과 같은 문제들에 대한 처리 요령이나 대답은 미리 연구해 가지고 조사에 임해야 되겠다.

(6) 응답의 기록

응답을 기록하는 대원칙은 "연구 목적에 유관 적합한 자료이면 응답자가 말하는 것을 표현 그대로(verbatim) 완전하게 적는다"는 것이다. 이 말은 면접 도중 지루하니까 옆길로 들어서서 농담도 곁들이게 되곤 하는데, 이런 것까지도 기록하라는 말은 아니다. 그러면 기록상의 유의 사항을 살펴본다.

첫째, 응답의 형식은 미리 부호화해 놓은 닫힌 질문과 열린 질문이 있을 터인데, 닫힌 질문의 경우에는 지정해 놓은 응답란에 정확히, 제자리에 표시하도록 주의해야 한다. 보통 응답의 앞(또는 뒤)에 —로 응답란을 주는데, 거기에 ○표, ×표, √표 등을 확실하게, 아래 위로 어중간하게 걸치지 않도록 표기해야 한다. 열린 질문의 응답은 그대로 적는 것이 원칙이다.

둘째, 대개의 경우 질문하자마자 처음 나오는 대답이 가장 믿을 만하고 진실한 또는 중요한 반응이라고 보는 것이 옳을 것이다. 따라서 그것이 유효한 응답이면 지체없이 기록한다.

셋째, '예', '아니오' 대답으로, 또는 선택지에서 고르는 것으로 족한 질문인데도 거기에 덧붙여 '그런데……', '하지만……' 등 응답자의 해명·해설이 따르면, 그런 종류의 의견 표시를 자세히 적어 둔다.

넷째, 기록할 때 특히 조심할 것은 기록에 정신이 팔려 면접이 중단되거나, 면접 진행의 주체가 면접원이 아니고 응답자가 되는 일이 있어서는 안 된다. 계속 기록하면서도 질문을 진행해야 한다.

다섯째, 특수한 지시가 없는 한 면접조사에서는 응답자가 직접 대답을 기록하는 일이 없도록 하며 면접원 자신이 기록을 해야 한다.

여섯째, 모든 문항을 빠짐없이 물어서 빠짐없이 기록해야 한다. 여기에는 캐어묻기에서 얻은 응답도 포함한다.

일곱째, '모르겠다'는 대답은 재빨리 기록하고 넘어가지 말아야 한다. 캐어묻기를 통해 유효 응답을 얻어내도록 해야 할 것이다.

여덟째, 요약·풀어쓰기, 문법적 오류의 정정, 험한 말의 세련화 같은 것을 하고자 애쓰지 말고 되도록이면 표현 그대로 받아 적는 것이 좋다. 다만, 기록의 촉진에 필요한 일상적인 생략 표기는 간단히 써도 좋다. 그래도 속기사의 전문적 생략이나 남이 알아보지 못하는 표기는 피해야 한다.

아홉째, 틀린 기록은 줄로 그어서 확실히 오기임을 알게 해야 한다.

면접을 손으로 기록하지 않고 녹음기에 직접 옮겨 두는 방법도 가끔 쓴다. 그러나 이것은 주로 비표준화 면접에서 이용하는 것이 좋고, 조직적 면접에서는 조사표에 응답을 기록해 두는 것이 안전하다.

(7) 면접 완료와 뒤처리

① 면접원의 경우: 면접이 끝나면 면접원은 우선 응답자의 양해 아래 조사표를 처음부터 끝까지 점검하고 빠뜨린 것, 잘못 기록한 것이 없나 확인한 다음 물러나야 한다. 현장을 떠날 때는 바쁘고 어려운 가운데 적극 협조해 준 것을 깊이 감사한다는 정중하고 친절한 인사를 남길 것이다. 그리고 미리 선물이나 기념품을 준비한 경우에는 면접 완료 후 떠날 때 남기고 오도록 하는 것이 가장 적절하다. 협조가 어려워서 면접 시작전에 선물을 보여 주고 협조를 구하는 수도 없지는 않지만 되도록이면 그런 접근을 피하는 것이 좋다.

면접이 완료되면 나와서 적당한 장소에서 면접 시작에서 끝마침까지의 시간을 정확하게 기록한다. 그리고 면접원 스스로가 판단하기에 응답자의 태도, 협조 정도, 그 밖에 응답의 진실됨, 이해도 같은 것에 관한 의견을 지정된 난에 기록한다. 조사표의 표지에나 말미에 그런 자리가 미리 박혀 있지 않을 때는 자신이 가지고 다니는 일지에 자세한 기록을 남겨서 그것을 조사책임자에게 넘겨 주는 것이 매우 중요하다. 그 날의 조사 작업이 다 끝난 뒤에는 조사본부나 숙소로 돌아가서 감독자나 조교의 검사를 받도록 한다.

② 감독자의 경우: 감독자나 조교는 각 면접원의 조사표를 세밀히 검토하고 필요할 때는 면접원을 다시 특정 응답자에게 돌려보내어 보완·수정하게 한다. 때로는 정말 면접을 실시했는가를 확인하는 전화를 한다든가 하는 수도 있다. 이런 확인은 반드시 면접원을 불신해서가 아니라, 지정된 표본을 직접 만나서 제대로 면접을 했는가를 알아보기 위한 것이다. 가끔 불성실한 면접원이 있을 수 있고, 그런 경우에는 해고시키는 것도 불가피할 것이다.

연구책임자나 현지 감독 또는 조교가 면접원 조사표를 점검할 때는 그 자리에서 부호화를 하기 좋도록 편집 작업도 하게 하고, 어떤 때는 시간과 비용을 절감하거나 학생들의 훈련 목적에서 부호화까지 현지에서 하게 하는 일도 있다. 이런 때는 철저한 사전 교육과 현장 감독이 필요하다. 종일 면접하고나서 또 그것을 기계적으르 부호화하는 일까지 하자면 오류가 생길 소지가 크기 때문이다.

3) 현지 조사작업의 감독과 조정

효과적으로 현지 조사 작업을 수행하기 위해서는 면접원의 훈련도 중요하지만 그것으로 충분하지는 않다. 현지조사를 성공적으로 이끌기 위해서는 면접원에 대한 감독과 업무의 조정이 필요하다.

조사 작업의 감독을 위해서는 지역별로 5~10명의 면접원당 한 명꼴로 현장 감독자(field supervisor)를 배치해서 업무를 부여하고 감독을 하게 하는 것이 좋다. 그리하여 문제가 생기면 그것을 해결하도록 하는 것이 바람직하다. 감독자는 또한 면접을 배당받은 응답자를 찾아가서 조사를 했는지도 확인해 보아야 한다.

현장 감독자는 아침마다 담당 면접원에게 다시 조사 작업을 배당해 주고 저녁에는 회수된 응답지를 확인해서 제대로 조사가 이루어졌는가를 검토해 보아야 된다.

현지에서의 면접조사 기간은 대체로 4~5일이 좋으며, 마지막 날에는 조사 작업을 전체적으로 평가·검토해서 제대로 되지 않은 것은 보완해 조사하도록 해야 된다. 조사 시간은 대체로 오전 9시에서 오후 9시 사이가 좋다.

현지에 나가서 조사를 실시하면 교통이라든가 숙식 문제 등 여러 가지 문제가 따르게 된다. 이들도 현지 감독자가 적절히 해결해야 되겠으며, 면접원들의 작업이나 업무도 조정해야 된다.

한편 현지조사 감독자는 연구책임자(survey director)와 긴밀한 관계를 유지하면서 감독 업무를 처리해 나가야 한다. 모든 작업에서와 마찬가지로 조사에서도 면접원·현지감독·연구책임자 사이의 분장 업무의 조정과 협동은 연구의 성패를 좌우하게 된다.

3 면접오류

면접에서 발생하는 오류는 면접원으로 인해 생기는 오류와 면접 진행상 생기는 오류로 나눌 수 있다.

1) 면접원으로 인해 발생하는 오류

(1) 면접원의 외모

대체로 같은 응답자라도 여자 면접원과 남자 면접원에 따라 응답에 많은 차이를 가져온다. 또한 면접원의 체격이나 음성, 복장 등에 따라서도 많은 차이를 가져온다. 따라서 조사를 계획하는 사람은 조사 목적이나 내용과 연관시켜 면접원의 선정, 복장 및 훈련에 세심한 주의를 기울여야 할 것이다.

(2) 면접원의 태도

면접원이 어떠한 태도를 가지는가에 따라 응답의 방향이 달리질 수 있다는 것이다. 따라서 면접원은 중립적인 태도를 가지고 엄숙하고 진지하게 면접에 임하도록 해야 한다.

(3) 면접원의 영향

이것은 비표준화 면접에 많은 것으로 생각되는데, 특히 자유응답식의 경우와 표현 능력이 부족한 응답자의 경우 면접원이 응답자의 의견을 속단해 오류가 발생하는 것이다.

2) 면접 진행상의 오류

(1) 질문 어구와 순서

질문 어구나 질문 순서에 따라 응답에 많은 차이가 나타남을 유의해야 한다.

(2) 탐색적 질문

탐색적 질문(probe question)에서는 응답자의 응답을 재확인하는 방향이라든가 방법에 따라 오류가 생길 수 있으므로 그 질문은 중립적이고 비지시적이어야 한다.

(3) 기록상의 문제

면접 기록에서 나타나는 오류는 응답자가 귀찮거나 몰라서 아무렇게나 대답하는 것을 그대로 기록할 때 나타난다. 따라서 면접 기록시 면접 상황을 잘 파악해 기록해야 한다. 또한 응답자가 정확하게 응답했다고 해도, 기억에 의해 기록하거나 면접 현장에서 요약할 경우 편견이 개입될 여지가 많다. 이 경우 녹음기(tape recorder) 등 기계를 사용할 수도 있으나, 비용 등의 이유로 실제 적용하기는 곤란한 점이 많으므로 면접원의 훈련을 통해서 이를 극복해야 한다.

제12장 질 문 지

제 1 절 질문지의 의의와 기능

1 질문지의 의의

연구하고자 하는 질문에 대한 정보를 수집하는 방법으로는 관찰 방법이나 면접 방법 이외에 질문지를 이용한 방법이 있다. 질문지의 이용 방법은 질문지를 작성해 이를 연구 대상자(informants)에게 적용함으로써 자료를 수집하는 방법이다. 질문지(questionnaire)라는 말은 조사표라고도 하지만 면접 때에 보조기구로 사용되는 면접조사계획표(interview schedule)나 통제관찰에서 사용되는 관찰계획표(observation schedule)와도 혼용되고 있다.

이러한 용어의 차이를 살펴보면 질문지는 조사하고자 하는 조사 항목을 질문의 형태로 작성해 응답자가 직접 기입하도록 하는 것이지만 면접조사계획표는 면접원이 피면접원과 면접할 때에 사용하는 조사 항목의 집합이며 면접원이 이를 기입한다. 문제의 어구 표현이나 문항 배열 등이 조금씩 다를 수는 있으나 근본적으로 질문의 내용과 형식에는 별 차이가 없다.

그리고 면접조사계획표와 면접지침(interview guide)을 구별해 보면 면접조사계획표는 그 문항이 표준화되어 있고 형식화되어 있어서 면접원이 인쇄되어 있는 대로 질문하는 것이 원칙이지만 면접지침은 인쇄되어 있는 요점 또는 제목의 범위 내에서 신축성 있는 질문이 가능하다는 차이점이 존재한다.

이 책에서는 질문지라는 용어를 넓은 의미로 사용해 질문지에 의한 자료의 수집 방법이란 필요한 정보를 알아낼 수 있는 어떤 양식을 만들고, 그 양식에 따라 기입시켜 얻은 결과를 자료로 하는 것을 의미한다. 질문지에 의한 자료 수집 방법과 면접에 의한 자료 수집 방법의 특징을 비교하면 다음과 같다.

첫째, 질문지는 면접보다 시간·노력·비용이 적게 든다. 면접과 같이 절차상의 기술이 필요하지도 않으며, 경우에 따라서는 우송조사나 전화조사도 가능하고, 동시에 많은 사람을 집합시켜 놓고 할 수도 있어 큰 표본에도 적용이 비교적 용이하다.

둘째, 질문지는 표준화된 언어 구성 및 질문 순서 등에 의해 개개인의 특성을 나타내지 못하는 비개인적 성격(impersonal nature)을 가지고 있으므로 질문의 균일성(uniformity)을 기할 수 있다. 즉, 면접이나 관찰에서는 면접원나 관찰자의 주관이나 편견이 개입될 여지가 있으나, 질문지의 사용에서는 어느 정도 질문지 자체의 몰주관성에 의해 그것을 막을 수 있고, 질문지에 의해 얻은 자료 자체의 분류 및 정리가 쉽다.

셋째, 질문지는 응답자가 익명으로 응답할 수도 있으므로 비밀이 보장되어 면접에 의해서는 쉽게 얻을 수 없는 자료도 얻을 수 있다.

넷째, 면접에서는 즉시 응답을 해야 하므로 응답자가 압력을 느끼는 데 반해, 질문지는 시간적 여유가 있으므로 비교적 정확한 응답을 얻을 수 있다.

2 질문지의 기능

일반적으로 모든 유형의 질문지는 i) 기술(description)과 ii) 측정(measurement)이라는 두 가지 기능을 수행한다.

1) 기 술

질문지는 성별, 연령, 교육 연한, 직업, 소득, 정치적 제휴(정당 가입), 종교적 선호 및 종교, 시민집단이나 공제회 가입 등과 같은 개인 또는 집단 특성을 기술해 준다.

또한 질문지를 통해 연구 대상을 기술하면 많은 유용한 결과를 가져다 준다. 예들 들면, 공장 근로자집단의 연령 분포에 대한 지식은 직무에 관한 어떤 집단 행태(예를 들면, 파벌 형성, 정치적·사회적 이슈에 대한 자유적·보수적 입장, 근로자들 간의 단결심)에 대한 정교한 설명을 할 수 있게 하며, 사회집단 내의 성별 구성에 대한 지식은 경쟁성, 근로자의 생산성, 관심과 능력과 표현의 차이와 같은 것을 설명하는 데 도움이 된다. 집단의 교육적 특성은 그들에 의해 표방된 특정한 태도를 설명하는 데 도움이 되고, 산업 상황에서 종업원 간의 교육 수준의 차이는 직무 내용과 감독의 차별평가(differential assessments)와 관련된다.

그러므로, 사회 상황에서 연구 대상을 정확하게 기술하면 여러 측면에서 연구자에게 도움이 된다. 이러한 관점에서 통찰력, 설명 및 예측은 질문지가 사회적 의문에 기여할 수 있는 많은 것들 중의 몇 가지 예이다.

2) 측 정

질문지의 다른 한 가지 기능은 개인이나 집단의 변수 특히 태도를 측정하는 것이다. 질문지에는 사회적 거리, 집단응집성의 인지, 인종 편견의 정도, 신앙심, 불안, 및 소외감 등과 같은 여러 태도 현상을 측정하도록 설계된 문항들이 포함되어 있다. 잠재적으로 개발될 수 있는 태도 차원의 목록은 사실상 무한하다고 해도 지나치지 않으며 매년(질문지의 형식으로) 기존 측정 도구가 개선되고 있으며, 또한 기존 측정 도구와 다른 새로운 도구가 개발되고 있다.

제 2 절 질문지의 작성 과정

질문지의 작성은 조사연구에서 가장 핵심적인 부분으로, 질문 내용은 크게 i) 연구 목적에 관련된 정보를 수집하고, ii) 그러한 정보가 최대의 신뢰성과 타당성을 갖도록 하는 데 기본 목적이 있다. 질문지의 작성 과정은 다섯 단계로 구분할 수 있는데, i) 질문지 작성을 위한 준비, ii) 질문(문항)의 작성, iii) 질문지의 설계, iv) 시험조사, v) 인쇄 등이다.

1 질문지 작성을 위한 준비

1) 질문 내용의 결정

질문지의 목적은 연구 목적에 관련된 정보를 얻는 데 있다. 따라서 질문을 작성하기 전에 '무엇을 물을 것인가?' 하는 문제를 결정해야 한다. 이것이 결정되면 그 다음에는 구체적인 질문 문항을 생각해 보아야 한다. 연구문제의 주제에 충분한 사전 지식을 갖고 있으면 질문 내용을 쉽게 결정할 수 있지만, 그렇지 않은 경우에는 다시 문헌조사를 해보는 것이 좋다. 최근에는 각 분야에 대한 표준화된 질문들이 많이 개발되어 있으므로 신뢰성과 타당성이 검토된 질문지를 그대로 사용하거나 약간 변형시켜서 사용하는 것이 바람직하며, 직접 작성해 사용할 경우에는 연구 주제에 관한 충분한 자료를 수집해서 만들되 신뢰성과 타당성을 미리 검토해 보아야 한다.

2) 질문지의 적용 방법 결정

질문지의 작성에 앞서서 결정할 또 하나의 문제는 면접원을 활용해 조사할 것인지 아니면 자기 기입식 조사를 할 것인가를 결정해야 한다. 이에 대한 자세한 설명은 질문지의 적용 방법에서 설명하므로 여기서는 생략한다.

3) 질문지 길이의 결정

질문지의 적용 방법이 결정되면 질문지의 실제 작성에 앞서서 질문지의 길이도 생각해 보아야 한다. 질균지의 길이는 시간으로 나타내는 것이 보통인데, 이러한 질문지의 길이는 연구의 범위, 비용, 면접 상황 등에 의해 결정된다.

질문지를 작성할 때는 미리 조사 범위, 면접조사원의 자질, 조사 비용 등을 고려해 질문지의 전체 길이를 결정해야 한다. 또한 질문지의 작성이 끝나면 어떤 사람에게 응답을 시켜보아서 너무 길다고 생각되면 중요하지 않은 질문은 삭제해야 한다. 질문이 너무 길면 응답자들이 지루하게 느끼게 되어 조사의 신뢰성이 떨어지게 되므로 대체로 30분 정도의 시간 안에 응답할 수 있는 것이 좋다.[1)]

2 질문(문항)의 작성

질문지 작성을 위한 준비가 끝나면 실제로 각 질문 문항을 작성해야 하는데, 질문은 그 적용 방법에 따라 약간의 차이가 있을 수 있다. 그러나 여기에서는 일반적인 질문 문항의 작성 방법을 검토하기로 한다.

1) 질문의 종류

질문은 대체로 몇 가지 기본 형태로 나누어 볼 수 있다. i) 사실에 대한 질문, ii) 의견 및 태도를 묻는 질문, iii) 정보를 얻기 위한 질문, iv) 응답자 자신에 대한 지각에 관한 질문이 그것이다.

---

1) 전문적이고 유능한 면접조사원은 하나의 응답자에게 60분 정도 질문을 유도해 나갈 수 있다고 한다. 질문지는 특정한 길이로 한정되는 것도 아니고 한 가지 구체적인 주제만을 취급하는 것도 아니다. 어떤 사회조사에서는 짧은 질문지일 때 우편엽서 형식으로 적용하는 경우도 있으며, 다른 예에서는 100페이지를 넘는 것도 있다(Bock & Lade, 1963: 299-302; Bratt, 1955: 218-22).

(1) 사실 발견을 위한 질문

사실 발견을 위한 질문(fact questions)은 응답자의 사회적 또는 개인적 속성에 관한 정보를 얻기 위한 인구학적 질문을 말한다. 예컨대 응답자들의 연령·성·수입·학력·결혼 상태·직업·종교·인종(ethnic group)·주택 소유 여부·가족 관계·정당 가입 여부·거주지역 등에 관한 질문이 그것이다.

이러한 응답자의 속성을 알아보는 목적은 표본의 대표성을 모집단의 그것과 비교해서 검토하려는 데 있다. 또한 응답자들의 속성별로 반응을 비교해 보려는 데도 목적이 있다. 예를 들어, 남녀, 또는 젊은 층과 노년층의 반응에 차이가 있는가를 알아보는 것이 그것이다.

(2) 의견 및 태도 측정을 위한 질문

의견 및 태도 측정을 위한 질문(opinion and attitude questions)은 응답자의 의견과 태도를 묻는 질문인데, 이들 질문은 모든 조사연구에서 핵심이 된다. 여기서 의견과 태도는 서로 구별되기 어려운 개념이나 대체로 의견은 어떤 사물이나 인물에 대한 단순한 언어적 평가를 말하는 반면, 태도란 그러한 평가의 강도를 말한다.

응답자의 의견을 묻는 질문은 특정한 주제에 대해 특정한 시기에 응답자들이 어떻게 생각하며 느끼고 있는가를 알아보기 위한 질문들을 말한다. 한편 태도를 측정하기 위한 질문은 응답자들이 오랜 경험과 학습을 통해 형성된 인간의 기본적 성향을 이해하기 위한 질문으로서 의견의 밑바탕이 되기도 한다.

(3) 정보 확인을 위한 질문

정보 확인을 위한 질문(information questions)은 이는 연구하고자 하는 주제나 사건에 대해 응답자들의 지식 수준을 알기 위한 질문으로서 예컨대 어떤 정치적 사건에 대해 응답자들이 얼마나 알고 있으며, 어떠한 경로를 통해 언제 알았는가 등을 묻는 질문이 이에 속한다.

어떤 주제에 대해 응답자들이 얼마만한 지식을 갖고 있느냐는 이들의 태도에 관계가 있다. 따라서 조사연구에서는 응답자들의 지식 또는 정보의 수준을 확인해 보는 것이 필요하다.

(4) 자각에 관한 질문

자각에 관한 질문(self-perception questions)은 응답자의 자각에 관한 질문들인데, 이것은 응답자들로 하여금 자신의 행동에 대해 평가하게 하는 것을 말한다. 예컨대 일주일에 몇 회나 다른 사람을 방문하며, 자신이 여론 지도자로서의 역량은 어느 정도라고 생각하며, 매스미디어는 얼마나 활용하고 있으며, 자신의 정치적 영향력은 어떻다고 생각하고 있느냐 등의 질문이 이에 속한다.

2) 질문 형식의 결정

질문의 내용이 어느 정도 결정되고나면 어떤 질문 형식을 사용할 것이냐를 결정해야 한다.

어떠한 질문 형태를 취하느냐에 따라 응답자들의 대답이 달라질 수 있으므로 질문지의 형태 선정은 매우 중요한 문제라고 할 수 있다. 그러나 질문 형태의 선택에 어떤 일반적인 원칙이 있는 것은 아니며, 연구의 진행 절차, 주제의 성격, 응답자의 교육 수준, 자기가 의도하는 분석과 해석의 종류 등을 고려해서 결정해야 할 것이다. 그리고 경우에 따라서는 여러 가지 형태를 적절히 혼용해도 좋을 것이다. 질문 형식은 크게 직접질문과 간접질문, 그리고 폐쇄형 질문과 개방형 질문으로 구분된다.

(1) 직접질문과 간접질문

① 의의

질문 어구 구성과 질문 형식에 따라 질문은 직접질문과 간접질문으로 나뉜다. 직접질문은 사실에 관한 응답자의 태도나 의견 등을 직접적으로 질문하는 것이고, 간접질문은 그 응답이 응답자의 반감을 일으켜 정확한 응답을 회피할 가능성이 있는 경우 사용되는 것으로 전혀 다르게 질문해서 그 질문에 대한 반응으로 필요한 정보를 얻는 방법이다.

간접질문은 응답자가 여러 가지 이유로 진실한 응답을 회피하거나 거절할 경우 또는 거짓말하게 될 가능성이 있는 경우에 정확한 응답을 얻기 위해서 사용되는 것이다. 이러한 경우에 해당하는 이유를 설명하면 첫째, 사회 규범 때문에 생기는 것으로 예를 들면, 일부다처제를 지지하면서도 일부일처제를 원하는 것같이 대답할 가능성이 있는 경우이다. 둘째, 집단이나 인간 관계로 인한 압력 때문에 생기는 것으로 예를 들면 '현 정권을 지지합니까?'라고 묻는다면 반대하는 입장에 있어도 '지지하지 않는다'고 대답하기는 어려운 것이다. 셋째, 체면 때문에 생기는 것이다.

따라서 간접질문은 문맥상의 질문에 실제 조사자가 파악하려는 내용과 상이해야 하고, 또 응답자가 조사자의 의도를 이해하지 못하는 것을 그 요건으로 한다.

② 유형

간접질문 방법에는 투사법, 오류선택법, 정보검사법, 토의완성법, 단어연상법 등이 있다.

i) 투사법(projective methods): 투사법은 본래 정신분석학 등 심리학 분야에서 발달되어 많이 적용되어 오다가 점차 그 적용이 확대되어 최근에는 일반 사회과학 분야에서도 많이 응용되고 있는 것으로서 정확한 응답에 대한 장애 요인을 피해 응답자에게 자극을 줌으로써 우회적으로 응답을 얻어내는 방법이다. 그러나 이러한 종류의 질문에서 주의해야 할 것은 반드시 그런 것은 아니므로 해석에 조심해야 하며, 신뢰성과 타당성이 문제되므로 적용에 각별한 주의를 요한다.

ii) 오류선택법(error-choice method): 오류선택법이란 어떤 질문에 대한 틀린 답을 여러 개 써놓고 그것을 선택하게 함으로써 응답자의 태도를 보는 것이다.

iii) 정보검사법(information test): 어떤 주제에 대한 개인이 가지고 있는 정보의 양과 종류가 그 개인의 태도를 결정한다고 보고, 그 개인이 가지고 있는 정보의 양과 종류를 파악해 응답자의 태도를 찾아내는 방법이다.

iv) 토의완성법(argument completion): 응답자에게 두 사람의 토의를 적은 카드를 주고 그 토의를 완성하도록 하는 방법이다.

v) 단순연상법(word association): 단순나열법이라고도 하는데, 어떤 문제에 대해 찬성 또는 반대를 표시하는 단어라든가 그림 또는 문장을 다수

수집해 놓고 체크하게 하는 방법이다. 이 때 찬성의 것에는 +1점, 반대의 것에는 -1점을 배당해 응답자가 체크한 항목의 점수인 합을 구해, 그 사람의 찬성에 대한 태도 및 어느 정도 찬성 또는 반대하는지를 알아내는 방법을 특히 '점척도(point scale)'라 한다.

단순연상법에서 주의할 것은 나열된 단어나 그림 또는 문장이 사회 규범상으로 똑같이 용납되는 것이어야 한다는 점이다.

(2) 폐쇄형 질문과 개방형 질문

① 의의

폐쇄형 질문(fixed-closed response question)은 일정한 수의 선택지(질문 또는 진술)로 응답의 내용이 한정되어 있어 응답자가 그 중 하나를 선택하도록 하는 질문지를 말한다. 폐쇄형 질문이 특히 유용하게 사용될 수 있는 경우에는 i) 표적 표본(target sample)이 질문의 주제에 대해 알고 있는 경우, ii) 연구자가 연구 대상이 된 표본집단이 어떤 응답을 할 것인지를 예상할 수 있다고 가정할 수 있는 경우이다. 예를 들면 만일 연구자가 등록된 투표권자들의 무작위 표본에서 정치적 태도에 관한 정보를 얻는 데 관심이 있다면 연구 대상이 된 대부분의 투표권자들은 구체적인 정당 선호를 표명할 것이라고 가정하는 것이 논리적이다. 더욱이 투표권자들은 몇 가지 정치적 이슈에 태도의 강도를 나타낸다고 가정한다.

개방형 질문(open-ended response question)은 응답자들이 질문에 대해 자유롭게 응답하도록 되어 있는 것으로 자유응답 질문이라고도 한다. 예를 들면, '당신이 공무원직을 택한 동기는 무엇입니까?' 또는 '우리나라 청소년들의 문제 중 가장 중요하다고 생각하는 것은 무엇입니까?, 그리고 그 원인은 어디에 있다고 생각하십니까?' 등을 들 수 있다.

이와같이 개방형 질문으로는 응답자의 의견, 태도, 동기 등에 대해서 확실하고 정확한 대답을 끄집어 낼 수 있다. 또 질문 자체에 융통성을 부여할 수 있어 새로운 사실을 발견할 수 있는 가능성이 있다. 따라서 이러한 질문은 예비조사나 탐색적 조사 등 문제의 핵심을 알려고 할 때 흔히 사용되며, 대규모의 조사보다는 규모가 작은, 즉 조사 단위의 수가 적은 조사에 더 적합하다.

② 강점과 약점

폐쇄형 질문의 강점은 다음과 같다.

첫째, 채점과 부호화(coding)가 간편하다.[2] 폐쇄형 질문이 포함되어 있으면 질문지로부터 자료를 입력시킬 수 있다.

둘째, 응답자들이 응답을 길게 쓸 필요가 없다. 응답자들은 그에게 적용되는 응답을 체크만 하면 된다. 특히 응답자가 자신의 생각을 언어적으로 적절하게 표현할 수 없을 경우에는 폐쇄형 질문이 결정적으로 강점이 된다.

셋째, 응답의 처리가 간편하고 신속해 질문지의 완성이 용이하다.

넷째, 질문지가 응답자에게 우송되었을 때 작성할 것이 거의 없는 경우에는 응답자가 질문지를 완성해 반송시켜 줄 가능성이 훨씬 높아진다.

다섯째, 측정에 통일성을 기할 수 있어 신뢰성을 높일 수 있으며 응답의 해석이 쉽다.

한편 폐쇄형 질문의 약점은 다음과 같다.

첫째, 질문지에서 폐쇄형 질문의 주된 약점은 모든 답변 가능한 응답지들을 연구자가 제시하기는 어렵다는 점이다. 폐쇄형 질문은 연구 대상인 모집단과 어느 정도 친근성이 있어야 한다. 만일 응답자가 자기에게 부적합한 응답지를 선택하게 될 경우에는 연구자는 목적하는 정보를 질문지로부터 획득할 수 없게 될 것이다.

둘째, 폐쇄형 질문은 특히 태도 측정에 이용될 때는 응답자들이 무성의한 응답에 빠져들게 할 수도 있다. 그것을 재빨리 극복하기 위해서는 응답자에게 전체 질문지를 훑어본 후 응답이 그에게 사실인지에 관계 없이 그가 생각하는 맨 처음의 응답에 체크하게 하는 것이다. 어떤 측정 도구는 질문지 속에 응답의 일관성을 측정하기 위해 거짓 요인(lie factors)을 내포하고 있다. 질문지의 길이를 통해 응답자로부터 응답투를 이끌어 내기도 한다. 질문지가 길면 길수록 그것을 완성하는 데 참을성이 있어야 한다. 만일

2) 부호화(coding)란 후속 자료분석에서 서로간의 응답을 구별하기 위해 특정한 응답 유형에 숫자를 부여하는 절차이다.

질문지가 응답자에게 너무 길다고 여겨지면 응답투의 가능성은 그만큼 더 커진다.

셋째, 몇 개의 한정된 응답지 가운데 선택하도록 되어 있기 때문에 응답자의 의견을 충분하게 반영시킬 수가 없다.

개방형 질문의 강점은 다음과 같다.

첫째, 개방형 질문은 연구자가 연구되고 있는 표본에 대한 정보를 (거의) 갖고 있지 않을 때 특히 유용하다.

둘째, 응답자가 응답지에 대한 제한을 받지 않고 융통성 있게 대답할 수 있어 연구자는 새로운 사실을 발견할 수 있는 가능성이 크다.

셋째, 어떤 경우에 개방형 질문은 연구되고 있는 특정한 집단의 행태에 대한 통찰력을 얻는 데 도움이 된다. 이것은 제한된 수의 폐쇄형 응답지를 설정하는 데 가능한 응답을 예상할 수 있게 해 준다.

한편 개방형 질문의 약점은 다음과 같다.

첫째, 개방형 질문을 택할 경우에는 응답을 분류하거나 부호화하는 데 어려움이 많다. 응답자가 유사한 응답을 했어도 그 속에 내포하는 의미나 중요성은 서로 다를 수 있다. 또한 응답의 해석에 편견이 개입될 소지가 많고 같은 자료라도 분석자에 따라 다른 결과가 나타날 수 있다.

둘째, 표현 능력이 부족한 사람은 더 유창한 사람에 파묻혀 버린다. 따라서 표현 능력이 부족한 응답자에게 적용하는 데에는 애로점이 있다. 특히 표본을 뽑은 표적 모집단이 이질적이면 교육적 편의(bias)가 생기게 된다. 일반적으로 개방형 질문을 택할 경우엔 응답자의 교육 수준의 차이에 따라 교육적 편의가 나올 수 있다는 점을 고려해야 한다.

셋째, 개방형 질문은 폐쇄형 질문보다 시간이 많이 걸리고 응답에 많은 심적 부담을 주기 때문에 응답률이 낮고 조사자가 결과를 분석해 질문지를 완성시키는 데 많은 시간이 소요된다.

③ 유형

폐쇄형 질문은 다시 다음과 같이 여러 유형으로 나뉜다.

i) 이분선택법(dichotomous choice): 이것은 '그렇다-아니다', '좋다-나쁘다', '옳다-그르다', '맞다-틀리다' 등의 응답을 얻기 위한 질문을 말한다.

ii) 선다형 질문(multiple-choice): 이것은 응답자들로 하여금 대여섯 개의 고정된 응답지 중에서 하나를 강제로 선택하게 하는 것을 말한다. 예컨대 '토지공개념에 관한 입법을 어떻게 생각하느냐?'는 질문에 대해 미리 i) '매우 좋은 계획이다', ii) '대체로 좋은 계획이다', iii) '아주 좋은 계획은 아니다', iv) '좋은 계획이 못 된다'는 식으로 응답지를 제시·선택시켜서 반응을 알아보는 방법이 그것이다.

이러한 선다형 질문의 변형으로는 척도식 반응 질문(scaled-response questions)이 있는데, 이는 반응의 강도를 정확이 측정하기 위해서 각 반응항목에 똑같은 심리적 비중을 주어서 등간 척도화시킨 것을 말한다.

iii) 여러 개의 서술문으로 구성된 태도척도: 이러한 태도척도에서는 각 응답자의 찬성 수에서 반대 수를 빼어 그 차이를 각 응답자의 태도 점수로 부여하게 된다. 예컨대, 이 때 양수(positive scores)의 태도 점수가 음수(negative scores)의 태도 점수보다 높으면 그 응답자는 권위주의적 사람으로, 그 반대이면 자유주의적 사람으로 보게 된다.

iv) 누적척도: 이는 응답자에게 어떤 주제에 관한 가장 호의적인 것으로부터 가장 비호의적인 것의 순으로 심리적 연속선상에 늘어놓을 수 있는 여러 개의 태도 서술문을 주고 이들 각 서술문에 대해 응답자가 찬성하는지 또는 반대하는지를 묻는 형식을 말한다.

v) 순위를 알아볼 때 사용되는 것: 응답자들로 하여금 어떤 인물들에 대해 평가를 하도록 하는 질문 형식을 들 수 있다. 이러한 질문에서는 인물의 제시 순서가 영향을 미칠 수 있으므로 인명의 제시 순서를 달리해서 질문지를 두 개로 만들거나 또는 두 개의 카드에 인쇄해서 각 응답자에게 번갈아 보여 주는 것이 바람직하다.

④ 혼합형

많은 질문지는 개방형 질문과 폐쇄형 질문이 혼합되어 구성되는 것이 보통이다. 연구자는 그의 질문지에 폐쇄형 질문뿐만 아니라 여러 가지 측정도구(고정된 응답을 갖는 진술군)를 포함할 수가 있으며, '다른' 범주도 담을 수가 있다. 캠퍼스 내외에서의 생활 조건에 대한 학생들의 태도 비교라는 미발간 연구에서 챔피언은 어떤 대학 4학년생들의 무작위 표본에 적용한 질문지에서 양 유형의 질문을 포함시켰다(Champion, 1969). 폐쇄형 질문에서는 학생들이 캠퍼스 내·외 생활을 선호하는지 여부를 파악하는 데 가장 결정적인 것으로 간주되는 요인들을 취급했다.

⑤ 개방형 질문과 폐쇄형 질문의 비교

일반적으로 질문지에서 취급되는 주제이나 문항은 폐쇄형 질문으로 쉽고 간단하게 구성되어야 한다. 예컨대 성별, 교육 연한 및 종족 등은 대개 한정된 수의 폐쇄형 질문인 것이 보통이다. 정치적 선호나 종교에 관해서도 모집단에 속한 대부분의 사람들이 한정된 범주로 묶여진다면 폐쇄형 질문이 가능하다. 예를 들면, 정당 범주를 한나라당, 통합신당, 민주당, 민주노동당, 기타로 하면 한국 내에서는 거의 모든 사람들을 커버할 수 있을 것이다. 그리고 종교에서도 유교, 불교, 기독교, 천주교, 종교 없음으로 하면 거의 모든 사람들이 커버되고 '기타' 범주에도 몇 사람이 있을 것이다. 만일 미국인이나 일본인을 조사 대상으로 한다면 그들 모집단에 대해 미리 정당이나 종교에 대한 범주를 작성해야 할 것이다.

(3) 질문 형식의 결정 방법

그렇다면 질문 작성을 할 대 그 형식을 어떻게 할 것인가? 이 문제는 연구의 목적, 응답자의 유형 및 특정한 질문의 목적에 따라 결정해야 된다. 특히 질문 하나하나의 특정한 목적에 따라 그에 적합한 형식을 선택하는 것이 가장 바람직하다.

예를 들면 응답자가 조사 질문에 응답할 만한 지식을 지니고 있는가를 묻는 여과 질문(filter question)과 일반적인 의견을 묻거나 그러한 의견의 이유를 알기 위한 탐사 질문(probe or why question)은 개방형 질문(자유응답식)으로 하는 것이 좋으며, 구체적인 의견을 묻는 질문의 형식으로는 이분형이 바람직하고, 그리고 의견이나 태도의 강도를 묻는 질문에서는 선다형의 폐쇄형 질문 형식이 바람직하다.

이와같이 질문의 목적에 따라서 단계적으로 여러 질문 형식을 사용하는 방식을 음계식 설계(quintamensional design)라고 하는데, 그 예를 들어 보면 아래와 같다.

첫째, 일반적 지식을 알아보기 위한 필터 질문(자유응답식): "시의회의 회칙의 개정안에 대해 알고 있는가?"

둘째, 일반적 의견을 묻는 질문(자유 응답식): "개정안에 대해 알고 있다면 시의회가 개정에 대해 어떻게 해야 된다고 생각하는가?"

셋째, 구체적 의견을 묻는 질문(이분형): "개정안을 보면 시의회의 의장을 시장이 겸임하도록 하고 있는데, 당신은 이것이 좋은 안이라고 생각하느냐, 아니면 좋지 않다고 생각하는가?"

넷째, 이유를 묻는 탐조 질문(자유 응답식): "좋은 안(또는 나쁜 안)이라면 그 이유는?"

다섯째, 의견의 강도를 묻는 질문(선다형): "개정안에 대해 당신은 어느 정도로 찬성(또는 반대)하느냐? '아주 강력히', '강력히', '강력하지 않게', '전혀 강력하지 않게' 중에서 어디에 속하는가?"

3) 질문의 성격

질문지의 설계 단계에서 직접 개개의 질문을 만들기 전에 질문 항목들의 원형을 놓고 그 질문의 성격을 하나씩 점검해 본 다음 합당하다는 판단이 나오면 비로소 구체적인 질문 문항을 구성하는 것이 좋다. 이 단계에서 고려해야 할 조건들을 간추려 보면 다음과 같다.

첫째, 이 질문은 꼭 물어야 하는가? 그 용도는 무엇인가?

둘째, 이 질문이 목표하는 주제를 다루자면 둘 이상의 질문을 요하는가?

셋째, 응답자들은 이 질문에 대답하는 데 필요한 정보를 가지고 있는가?

넷째, 질문을 응답자의 경험과 밀접히 관련 있도록 하기 위해 어느 정도 특정적이고 구체적일 것이 요구되는가?

다섯째, 질문은 충분히 일반적이면서도 쓸데없이 너무 구체적이거나 무의미하게 너무 특정적이지는 않는가?

여섯째, 태도나 의견 조사에서 응답이 일반적인 태도를 나타내면서도 표면상으로는 특정적인 것처럼 보이는 것은 아닌가?

일곱째, 질문 내용이 다른 한쪽으로 기울어지지 않도록 강조점에 균형을 줄 만한 부수 질문도 있는가?

여덟째, 응답자는 우리가 요구하는 대답을 할 것인가?

4) 질문 문항의 언어 구성

질문의 형식이 결정되면 그 다음 실제로 질문 작성을 하게 되는데, 질문 작성에서 유의할 것은 언어의 사용 문제이다. 각 질문에 사용된 언어는 응답자의 반응에 커다란 영향을 미치게 되는데, 우선 질문 작성 때 피해야 될 문제들을 중심으로 질문 작성의 기본 원칙들을 살펴보면 다음과 같다(차배근, 1979: 380-2; 김경동 · 이온죽, 1986: 169-71).

(1) 용이성

용어는 물론 질문 자체의 수준과 관련해서 쉽게 알아들을 수 있는 말을 사용해야 한다. 가장 일반적인 원칙은 응답할 연구 대상자들이 이해할 수 있고 수준에 맞는 용어로 질문을 구성하는 것이다.

(2) 모호성

질문이 모호하면 타당성을 잃게 된다. 질문은 간결하고 직접적이며 명확해야 한다. 따라서 불완전하고 불명확하며 한계가 분명하지 않은 질문은 피해야 한다. 모호성의 원천의 예를 들면 불완전성(incompleteness), 부정확성(impreciseness), 기간의 불명확성(indefinite in time), 불특정적인 비교(indefinite comparisions), 평범하고 단순한 용어, 복잡한 단어, 지나친 일반화 등이 있다.

(3) 오해 가능성

모호성과 함께 응답자에게 그릇된 지각을 불러일으킬 수 있는 단어나 질문의 사용도 피해야 된다. 응답자의 경험 영역을 벗어나는 질문은 응답자에게 의미가 없다. 예를 들면 어려운 학술 용어, 단어의 의미의 차이, 문법상의 오류 등이 있다.

(4) 감정 및 편견성

모든 질문은 중립적인 언어로 표현되어야 한다. 질문이 편견성을 띠게 되면 편견적인 반응을 초래하게 된다. 조사 질문들을 보면 편견적인 반응을 유도하는 것들이 간혹 눈에 띄는데, 이러한 예로는 불공정한 비교 평가 요구, 상대방의 모함, 특정인의 이름 제시, 감정적인 단어의 사용 등이 있다.

(5) **기타 질문 작성 때의 문제점**

이상에서 열거한 문제들 외에도 질문 작성 때 유의할 여러 가지 문제들로는 지나친 지식의 기대, 장황하고 복잡한 질문, 두 개의 다른 응답 요구 등이 예시되고 있다.

(6) **질문 작성 때의 검토 사항**

질문을 작성할 때 범하기 쉬운 오류들을 종합·요약해서 스스로 자문을 통해 검토하고 넘어갈 사항들을 들어보면 아래와 같다.

첫째, 단어들이 간단하고 직접적이며 모든 응답자들에게 친근한가?

둘째, 질문이 명료하고 가능한 한 구체적인가?

셋째, 각 질문이 이중적 응답을 요구하고 있지 않는가?

넷째, 질문들이 편견적이거나 어떤 방향으로 반응을 유도하지는 않는가?

다섯째, 질문이 모든 응답자에게 적용될 수 있는가?

여섯째, 응답이 응답 형태에 의해 영향을 받고 있지는 않는가?

일곱째, 질문이 의미를 상실할 수 있을 정도로 너무 축약되지는 않았는가?

여덟째, 질문이 읽기에 어색하지 않는가?

질문을 작성할 때나 또는 작성한 후에는 반드시 위와 같은 자문들을 통해 컴토해 보고 수정해 나가야 한다.

3 질문지의 설계(질문의 배치)

각각의 질문이 작성되면 그 다음 이들을 배열해서 인쇄를 하게 되는데, 여기서 질문들을 지면에 배열하는 작업을 질문지의 설계 또는 지면 배치라고 한다. 질문지는 면접원뿐만 아니라 자료 처리자에게도 편리하도록 설계되어야 하는데, 그러기 위해서는 질문들이 논리적인 순서로 적당한 공간을 유지하면서 일관성 있게 배열되어야 한다.

1) 질문지 설계상의 유의점

(1) 질문의 배치

질문들은 서로 밀집되어서는 안 된다. 따라서 질문과 질문 사이에는 충분한 여백을 두어야 한다. 또한 질문들의 배열 순서는 논리적이어야 하며 일관성이 있어야 된다. 질문에 일관성이 결여되면 화제가 비논리적으로 전개되므로 분위기를 깨기 쉽다.

(2) 지면의 크기와 용지

질문지의 지면은 다루기 쉬운 크기로 하는 것이 좋다. 너무 크면 다루기 힘들며, 너무 작으면 질문이 다른 면으로 끊겨서 넘어가게 되므로 좋지 않다. 지면의 크기는 타자 용지 정도가 알맞다. 용지는 볼펜으로 쓸 때에 찢어지지 않을 정도로 두꺼운 양질의 종이가 좋다. 질문지가 여러 부분으로 되어 있을 때에는 부분에 따라 서로 다른 색의 종이를 쓰는 것이 구별하기에 편리하다.

(3) 활자의 크기와 자체

면접원이 묻게 되는 질문과 응답자의 응답지를 쉽게 구별하기 위해서는 질문 자체는 고딕체로 인쇄하고 응답지는 보통의 활자로 하는 것이 좋다.

(4) 번호와 부호

모든 질문과 응답지에는 아라비아 숫자로 일련 번호를 붙여야 되는데 이에 대해서는 조금 뒤에 설명하기로 하겠다. 그리고 질문지에서는 여러 가지 부호를 사용하여 면접원에게 지시를 하게 되는데, 몇 가지 중요한 부호를 소개하면 다음과 같다(차배근, 1979: 385-8).

① 두 개의 점(··): 이는 휴지(休止)를 말한다. 즉, 질문을 할 경우 단어와 단어의 사이를 구별하거나 강조를 하기 위해서 약간 쉬었다가 읽으라는 표시이다.

② 별표(☆): 별표가 있는 항목의 응답자에게는 그 아래의 다른 질문을

던지라는 뜻이다.

③ 밑줄(_): 이는 중요한 단어나 구절에 치게 되는데, 이는 약간 강조해서 읽음으로써 응답자의 환기를 불러일으킬 목적으로 사용된다. 그러나 극적으로 감정을 섞어서 읽으면 안 된다.

④ 화살표(→): 이는 교통신호와 같이 그 화살표의 방향으로 가서 해당 질문을 하라는 뜻이다.

⑤ 수직선: 이는 주(主)질문과 부(副)질문을 구별할 때 사용된다.

(5) 면접원에 대한 지시 사항

질문지에서 면접원에게 지시하는 사항들은 눈에 잘 띌 수 있도록 박스(box)나 ( ) 안에 집어넣거나 그 말들을 고딕체로 인쇄하는 것이 좋다.

2) 확인 사항과 그 기재 요령

질문지의 본문 내용(질문)의 설계가 끝나면 질문지의 앞부분에 확인 사항(identification items)들을 적어 넣어야 하는데, 여기서 확인 사항들이란 응답자의 번호·면접 일자 등을 말한다. 이들 확인 사항은 조사가 끝나고 응답지를 확인하거나 또는 자료를 분석할 때 참고 사항으로 필요하다.

질문지에 들어가야 될 확인 사항에는 여러 가지가 있으며, 연구 목적에 따라 다르나 일반적인 확인 사항들과 그 기재 요령을 간단히 들어보면 다음과 같다.

(1) 사례 번호

이는 응답지의 일련 번호를 말하는 것으로서 그 응답자를 확인할 때 필요하다. 사례 번호는 질문지의 맨 첫 장 위에 표시한다.

(2) 군집 번호

그 다음 조사하고자 하는 가구들이 군집을 이루고 있을 때에는 그 번호를 적도록 해야 한다.

(3) 면접 일자

현장에서의 조사 기간이 1주일을 넘을 때에는 면접을 실시한 일자를 적어 넣는 난도 만들어야 되겠다. 왜냐하면 시간에 따라 조사 결과가 다소 달라질 수도 있기 때문이다.

(4) **응답자의 거주 지역**

질문지에 응답자의 거주 지역도 표시하도록 해야 한다. 거주 지역은 대체로 농촌, 농사를 짓지 않는 농촌, 소도시, 대도시 등으로 구분한다.

(5) **면접원의 번호**

면접원에게는 각각 고유의 번호를 주어서 이것을 질문지에 기입하도록 해야 한다.

4 시험조사

1) 의 의

시험조사는 본조사에 들어가기 전에 본조사에서 실시하는 것과 똑같은 절차와 방법으로 질문지가 잘 구성되어 있는지를 시험해 보는 것이다. 따라서 이것은 예비조사(pilot study)와는 다르다. 예비조사는 조사연구에서 주제에 관한 충분한 사전 지식을 얻기 위해 행해지는 비교적 소규모의 그리고 비조직적인 탐색적 조사의 성격을 띤 현지조사인 것이다.

이를 비교·설명하면 예비조사가 질문지 작성의 사전 단계에서 실시되는데 반해 시험조사는 질문 순서가 결정되어 질문지의 초안이 만들어진 후에 질문지를 시험해 봄으로써, 질문의 내용·어구 구성·질문 형태·질문 순서 등에서 여러 가지 오류를 찾아내는 과정인 것이다. 시험조사는 예비조사보다 훨씬 형식이 갖추어진 단계이며, 모든 절차가 본조사 때와 똑같이 진행되어야 한다. 면접시 사용하는 조사표의 내용·형식·어구 구성·질문 순서 등이 본조사 때와 같아야 함은 물론 표본추출도 규모는 작더라도 본조사 때와 동일한 표본설계에 따라 실시하는 것이 필요하며, 시험조사에서 얻은 자료는 한 번 표로 만들어 보는 것이 좋다.

2) 목 적

시험조사는 질문 어구가 잘 되어 있는지를 확인하고 본조사 집행에 필요한 자료 수집을 위해 실시한다.

(1) 질문 어구의 시정

첫째, 응답의 내용이 일관성이 있는가를 검토해 본다. 응답 내용에 앞뒤가 모순되거나 반응이 무질서하면 그 질문은 다시 한 번 검토해 볼 필요가 있다.

둘째, 조건부 대답이 많을 때 그 질문은 적당하다고 할 수 없다.

셋째, 응답이 어느 한쪽으로 치우친 '전유 또는 전무(all or nothing)'가 없는가를 살펴보아야 한다. 예를 들면, '반정부', '친일', '수뢰', '애국', '자주국방' 등에 관한 질문은 모두 '예'라든가 모두 '아니오'라든가 하기 쉽다. 따라서 이러한 질문은 간접 질문으로 하든가 빼든가 해야 한다.

넷째, '모른다'는 응답이 많은 경우 또는 무응답이 많은 경우는 질문에 잘못이 있음을 뜻한다. 이 때 '모른다'는 의미가 i) 질문의 뜻을 모른다는 것인지, ii) 질문의 뜻은 알지만 태도나 의견 형성이 안 되어 있다는 것인지, iii) 조사를 회피하기 위해서 '모른다'고 했는지를 알아내야 한다. i)의 경우 질문 자체가 모호하고, 복잡하기 때문일 가능성이 많으므로 고쳐야 하며, ii) iii)의 경우에는 간접 질문을 하는 것이 좋다.

다섯째, '기타'에 대한 대답이 많을 경우 이 때에도 '모른다'의 대답에서처럼 그 원인을 파악해야 하고, '기타'에 대한 응답이 갖는 의미가 다른 응답지의 예가 마땅치 않다는 것이었다면 응답지를 조정해야 한다.

여섯째, 응답에 대한 거절률이 5% 이상 되는 질문은 적절한 질문이라 보기 힘들다. 설령 거절은 하지 않더라도 익명을 요구하는 사례가 많을 때도 마찬가지이다.

일곱째, 질문의 순서가 바뀌었을 때 응답에 실질적인 변화가 일어나면 그것은 질문의 어구 구성이 잘못되었다고 보아야 하며, 이를 다시 검토해 보아야 한다.

(2) 본조사 집행에 필요한 자료 수집

시험조사에서 얻어내는 자료에는 i) 면접 시간, ii) 질문지 상의 각 질문 항목에 소요되는 단위 시간, iii) 응답자의 이동률(이것은 표본조사의 경우 표본의 크기와도 관련이 됨), iv) 현지 공공기관과의 관계, v) 기타 조사상의 애로점 및 이를 타개하는 방법 등이 있으며, 이것들은 본조사에서 필요한 내용들이다.

5 인 쇄

시험조사가 끝나고 모든 것이 순조롭다고 확인되면 질문지를 인쇄하게 된다. 이 때 인쇄된 질문지가 응답자에게 호감을 주고 중요한 것이라는 인식이 들게끔 표지, 용지, 활자, 크기, 공간 등 여러 면을 고려해야 한다.

질문지를 인쇄할 때 유의 사항으로는 응답자와 조사기관의 익명성 여부에 관한 것이다. 태도조사의 경우 대부분 무기명이 보통이나 반드시 그래야 한다는 것은 아니다. 무기명인 경우에는 조사에 임하는 태도가 덜 진지해지기 때문에 될 수 있으면 기명을 원칙으로 하는 것이 좋다. 또한 응답자에게 부담을 주지 않는 한(예컨대, 세무서나 경찰정보기관이 아니면) 조사기관을 솔직히 밝히는 것이 유리할 때가 많다.

제 3 절 질문지의 적용

1 질문지의 적용 방법

1) 면접조사법

면접조사법이란 조사원이 응답자와 면접을 하고 그 질문지에 따라 질문을 하면서 기입하는 것을 말한다. 면접조사에서는 면접원이 직접 응답자를 만나서 면접을 통해 정보를 수집하는데, 두 가지 방법이 있음은 앞에서 설명한 것과 같다.

(1) 강점

첫째, 본인의 대답을 직접 들을 수 있다. 즉, 과거·현재·미래에 관한 실제적인 정보를 얻을 수 있다.

둘째, 가끔 응답에 대한 허위 여부를 확인할 수 있다.

셋째, 응답자에 따라 설명의 융통성을 부여할 수 있어서 질문을 응답자에게 잘 이해시킬 수가 있으며, 필요에 따라서는 다른 관련 질문에 의해 의문점을 확인해 볼 수도 있다.

넷째, 질문지의 회수율이 높다.

다섯째, 다른 경우보다 질문지가 약간 길어도 좋다.

(2) 약점

첫째, 시간과 비용이 많이 든다. 즉, 면접원이 많이 필요하고 면접에 대한 면접원의 훈련을 요한다.

둘째, 면접원에 따라 오차가 생길 가능성이 있다.

셋째, 면접원의 부정행위가 생길 수 있다. 즉, 면접원이 면접을 하지 않고 혼자 상상해서 질문지에 기입을 한다든가, 면접원이 면접 과정에서 불충실할 경우 문제가 생긴다.

넷째, 무기명인 경우에도 무기명인 것을 납득시키기가 어렵다.

다섯째, 특수층의 사람은 만나기가 어렵고 본인을 만나기 위해서 재방문의 횟수가 많아질 수도 있다.

여섯째, 응답자가 생각할 여유를 주지 않는다.

2) 집합조사법

개인적으로 만날 수 없든가 개인의 주소를 얻어내지 못하는 상황에서 집단적으로 조사를 하게 된다.

집합조사법은 응답자를 한 자리에 모아 놓고 질문지를 일제히 배부하고 응답자 자신에게 직접 기입시켜서 회수하는 방법이다. 이 경우에는 주로 기존의 조직체를 대상으로 하고 그 구성원들로부터 자료를 얻고자 하는 것이므로 그 조직체의 적절한 협력을 구하는 것이 급선무이다. 그리고 공장 같은 곳에서는 근무 시간을 할애하기가 어려우므르 점심 시간이나 휴식 시간 또는 퇴근 후에 조사를 실시해야 하는 한계가 있다.

응답자들이 모이면 먼저 연구의 취지를 설명하고 협조와 양해를 구하고 나서 질문지에 자세한 응답 요령이 있음을 지적하고 각자가 그 지시대로 응답을 기입하도록 당부하는 것이 원칙이다. 그리고 간간이 의문나는 점들에 대해서 조사자에게 질문하드록 한다. 그러나, 실제로 어린 학생들이라든가 학력이 낮은 근로자들 같은 대상의 경우에는 조사자가 질문을 처음부터 하나씩 읽어 주고, 극히 예외의 경우 간단한 해설을 하는 방식으로 일종의 집단 대상 면접과 자기 기입의 조합으로 실시하기도 한다.

(1) 강점

첫째, 비용이 싸고 조사가 간편하다.

둘째, 조사의 설명이나 조건을 똑같이 할 수 있다. 즉, 조사 조건을 표준화할 수 있다.

(2) 약점

첫째, 집합시킨다는 것이 쉽지 않으므로 특수한 조사에만 가능하다.

둘째, 응답자의 개인별 차이를 무시함으로써 조사 자체의 타당성이 낮아지기 쉽다.

셋째, 질문지를 잘못 기입하는 경우 잘못을 시정하기 어렵다.

넷째, 응답자가 옆 사람이나 다른 사람의 영향을 받을 가능성이 있다.

다섯째, 출석자에게 일당이나 교통비를 주어야 할 경우 오히려 비용이 많이 들 때도 있다.

3) 배포조사법

배포조사법은 유치법이라고도 하며, 질문지를 배부해 응답자가 기입하고 나중에 회수하는 것이다. 따라서 응답자가 기입할 때는 조사자가 그곳에 있지 않는 것이 보통이다.

(1) 강점

질문지의 회수율이 높고, 재방문의 횟수가 많으며 비용이 적게 들고 응답자가 생각할 시간적 여유를 준다.

(2) 약점

글자를 아는 사람에게만 적용이 가능하며 질문지가 잘못 기입되어도 시정하기가 어렵고, 응답자 본인의 의견이 기입되었는지 제3자의 영향을 받았는지 알 수 없다.

4) 우편조사법

우편조사법은 우편으로 응답자에게 질문지를 송달해 응답을 기입한 후에 우편으로 회수하는 방법이다.

우편조사법에서는 우선 절차상 질문지 이외에 조사의 목적·중요성·성격·조사 주관자의 성격 같은 것을 해명하고 협조를 당부하는 소개 편지(cover 또는 covering letter)를 동봉해야 하고, 반드시 회신용 봉투와 우표를 함께 보낸다. 물론 이 방법은 주소와 이름을 아는 표본을 대상으로 하므로 이들의 질문지나 회신용 봉투에 비밀 번호를 미리 매겨 두었다가, 회신이 들어오기 시작하면 회송 여부를 점검하는 데 쓰도록 한다.

특히 우편조사법은 회수율 또는 응답률(response rate)이 비교적 낮으므로 응답률을 높이기 위해서 독촉 편지 또는 후속 절차(follow-ups)를 필요로 한다. 비밀 번호로 회신 여부를 점검하는 한편, 적어도 첫 번째 독촉 편지는 왕복 우송 기간에다 3~4일 더한 정도의 시기에 모든 표본에게 우송한다. 이 때는 단순히 편지 한 장 또는 엽서 한 장에다 질문지 수신 여부를 확인하면서 받지 않았거나 분실했으면 연락 즉시 다시 보낸다고 적고, 또 이미 회신을 보낸 뒤라면 이 편지는 묵살하라는 내용을 담으면 충분하다. 두 번째 후속 절차는 응답자 목록에서 미회신 사례에만 취하되, 이번에는 처음 발송 후 2~3주의 기간이 흐른 다음 재독촉 편지를 보낸다. 이 편지에는 협력의 독려와 함께 질문지를 다시 동봉하도록 한다. 두 번째 후속 조치에도 전혀 응답이 없으면 또 다시 독촉하는 것은 무의미하다는 것이 상식이다. 물론 후속 절차는 반드시 독촉 편지에 국한되지 않고 전화를 쓸 수도 있다.

(1) 강점

첫째, 비용을 절약할 수 있다. 일반적으로 직접면접보다 훨씬 경제적이지만, 집단조사를 위해서도 멀리 여행해야 할 때는 우편조사법이 더 경제적이다. 다만 전화 면접이 가능한 경우엔 전화조사법이 오히려 더 경비를 절약할 수 있다.

둘째, 넓은 범위의 지리적인 영역을 종횡으로 다 조사할 수 있다.

셋째, 근무 중 시간 내기가 어려워 찾아가서 면접하기가 힘든 사람들에게도 적용이 가능하다.

넷째, 많은 사람을 표본으로 삼을 수 있기 때문에 대표성과 외적 타당성 면에서 유리하다고 볼 수 있다. 다만 응답률이 낮을 때는 재고해야 한다.

다섯째, 응답자의 입장에서 면접조사나 집단조사에 비해, 자신에게 적당한 시간을 택해 응답할 수 있으므로 질문을 여유 있게 쫓기지 않고 검토해서 대답할 수 있다.

여섯째, 응답자가 응답을 적기 전에 문서를 찾아본다든가 해서 알아보아야 할 사항이 있을 때 유리하다.

일곱째, 집단적으로 여러 사람들과 의논해서 대답해야 할 때에도 유리하다.

여덟째, 응답자가 혼자서 아무 방해도 받지 않고 당혹스런 질문에도 거리낌 없도록 사생활과 익명성을 보장한다.

아홉째, 면접조사와는 달리 질문이 던져지는 형식에 일률성을 기할 수 있다.

열째, 면접원의 개성으로 말미암아 응답에 미칠 수 있는 영향을 없앤다.

열한째, 장기간에 걸쳐 계속 질문하고자 할 때 융통성과 시간 여유가 있다.

(2) 약점

첫째, 대체로 회송(응답)률이 너무 낮은 것이 큰 흠이다. 면접조사에서는 95%까지도 가능하지만, 우편조사법에서는 기껏해야 20~40%, 대개는 10~25%가 고작이다.

둘째, 응답 회신을 하는 이들과 비협조적인 이들은 성격상 차이가 있을 수 있고, 따라서 편의(偏倚, bias)가 발생하게 된다. 수집 자료를 분석할 때 비응답의 효과(non-response effect)를 추정하는 문제가 심각하다.

셋째, 응답자의 응답 능력과 적극성에 따라 자료의 타당성이 좌우된다.

넷째, 응답자가 질문을 잘못 알아들을 수 있고, 회피적인 대답을 할 수 있지만 그것을 캐어물어(probing) 볼 여지가 없다. 응답은 거의 최종적인 것으로 받아들일 도리밖에 없다.

다섯째, 연구자는 표본으로 뽑힌 사람이 정말 응답을 했는가를 확인할 수 없다. 아내·부하·비서·친구·자녀 등 대리 응답자가 상당히 있을 수 있다.

여섯째, 응답자는 응답하기 전에 질문지에 담긴 모든 질문들을 살펴볼 기회가 있으므로, 앞뒤 질문의 독립성을 보장하기 어렵다. 많은 조사에서 쓰는 질문들이 응답의 일관성을 점검하기 위해 포함될 때가 있고, 또 질문 순서가 다 뜻이 있을 터인데, 그 효과를 절감시킨다.

일곱째, 인쇄된 응답 요령과 지시만 보고도 쉽사리 응답할 수 있도록 질문들이 간단하고 직설적이어야 하는데, 사회연구에서는 때로 복잡한 내용과 형식의 질문을 요하는 수가 있다.

여덟째, 언어적인 응답 외에 다른 종류의 정보나 자료를 수집할 길이 없다. 따라서 면접원이나 관찰자가 눈으로 확인할 수 없는 성질의 질문에 대해 사실과 다른 응답을 해도 그만이다.

아홉째, 주위 환경을 통제할 길이 없다. 면접원은 주위에서 응답자의 응답에 영향을 미칠 만한 사람들을 물리칠 수 있지만, 우편조사법에서는 방해받는 것을 통제하지 못한다.

열째, 응답하지 않고 지나가는 질문들을 대답하도록 독려할 수가 없다.

열한째, 질문에 대해 별로 깊이 생각지 않고 자연스럽게 나오는 즉답

(spontaneous answers)을 받아 적을 기회가 없다.

열둘째, 무응답자인지, 주소가 옳지 않은지를 주소 불명 회신이 아닌 다음에는 가려낼 길이 없다.

열셋째, 응답 시기를 통제할 수 없기 때문에 무작정 기다리지도 못하고, 상당 기간 지난 뒤에 회수되는 사례는 처리가 곤란하다.

5) 전화조사법

전화를 이용해 응답자에게 전화를 걸어서 질문을 하고 면접원이 기입하는 방법으로 면접조사의 한 형태이다.

(1) 강점

조사가 간편하며, 비용이 싸고, 전화번호부에 의해 무작위 표본추출을 할 수 있으며, 응답자에게 접근하기가 비교적 쉽다.

(2) 약점

특수한 사람, 즉 전화를 가지고 있는 사람만으로 조사 대상이 한정되어 있고, 조사 시간과 내용이 간단해야 하며, 지방 통화가 불편할 때는 많은 제약을 받으며, 상세한 정보의 획득이 곤란하고 응답자가 응답을 거부하거나 간단한 대답만 하는 경우, 마지못해 하는 경우 조사 결과의 타당성이 문제된다.

조사원은 조사의 목적, 조사의 조건 및 자료의 성질 등을 고려해서 상기 방법 중의 하나를 택하거나 절충하는 방식을 취해야 할 것이며, 이 때에는 특히 단점을 가능한 한 축소하는 방향으로 해야 할 것이다.

그러나 이상에서 열거한 방법 이외에도 여러 가지가 있는데 일기조사 방법(diary method), 패널조사(panel survey) 방법 등이 있다.

2 응답과 무응답

질문지를 이용하는 연구자는 질문지 적용시에 응답자의 수를 극대화시키려 하며, 특히 우편조사의 경우에는 무응답의 양을 고려해야 하고, 무응답이 나타내 주는 효과와 함의를 평가해야 한다.

1) 응답률에 영향을 미치는 요인

일반적으로 질문지의 응답률에 영향을 미치는 중요한 요인들에는 다음과 같은 것들이 있다. 이러한 요인들은 모든 유형의 질문지에 관련되지만 특히 우편조사에서 현저하다.

(1) 질문지의 길이

방법론에 관한 문헌에서는 질문지의 길이가 응답에 미치는 효과에 대해 설명하고 있다(Champion & Sear, 1969: 335-9; Levine & Gerald, 1958: 568-75). 상식적으로는 짧은 질문지가 긴 질문지보다 완성·회수율이 높다. 현재로서는 어느 것이 긴 질문지이고 어느 것이 짧은 질문지인가를 정확하게 결정할 표준은 없다. 앞에서 우편질문지의 응답률에 영향을 주는 것으로 생각된 요인을 챔피언과 시어(Champion & Sear, 1969)의 연구를 토대로 논의했다. 거기에서는 '짧은 질문지의 회수율이 높다'고 나타났지만, 다른 연구 결과는 긴 질문지의 응답률이 더 높은 것으로 나타났다. 그들은 질문지의 길이가 3, 6 및 9페이지가 되어 보이도록 동일한 질문을 다르게 배치하고 질문지의 내용은 통제했다. 이 연구 결과에 대한 한 가지 해석은 질문지의 페이지 수의 차이가 질문지의 길이를 나타내는 것은 아니라는 것이다. 따라서 현재로서는 질문지 길이의 장단을 판단할 기준은 없다. 그렇지만 질문지의 길이가 늘어남에 따라 질문에 대답하는 데 피로를 느낀다고 가정하는 것은 타당성이 있다.

(2) 질문지의 내용

논쟁거리가 되는 내용을 담고 있다든가 사생활의 상세한 부분을 대답하도록 하는 질문지는 연구되는 주제이나 표적 표본에 따라 응답률이 높을 수도 있고 낮을 수도 있다. 사람에 따라서는 질문지의 내용이 범법적이고 비도덕적으로 생각할 수도 있고 아주 흥미있고 자극적일 수도 있기 때문이다. 따라서 이러한 다양한 집단에서는 응답률이 각기 다르게 나타날 것이다.

어떤 사람은 질문지를 사생활의 침해로 생각해 응답을 거절할 것이고, 어떤 사람은 자신의 느낌을 타인에게 표현할 수 있는 기회로 생각해서 자료 수집 도구로서뿐만 아니라 긴장이나 좌절감을 해소하는 수단으로 생각할 수도 있다.

(3) 익명성

사람들이 질문지에 응답할 가능성은 그들의 익명성이 유지되거나 보장되는 정도와 관련이 있다고 한다. 인종이나 종교적 태도 또는 성적 행태와 관련된 민감한 문항은 응답자의 익명성이 유지되면 응답하는 경향이 높다. 한편 어떤 심리적·사회적 요인 때문에 자신들에 관한 일을 타인들에게 노출시키지 않음으로써 만족을 얻을 수도 있다. 응답률에 관한 익명성의 정도를 일관성 있게 설명하는 문헌은 아직 없다(Andreason, 1970: 173-88; Bennett, 1967: 371-4).

(4) 기타 요인들

질문지가 우송되면 사용된 우편의 종류(요금별납, 등기 등), 질문지의 목적이 설명된 인사장, 응답에 대한 보상 및 표적 표본의 사회경제적 지위 등과 같은 요인들은 응답률을 높이는 데 영향을 미친다. 면대면(face to face) 질문지일 경우에는 연구자 및 응답자의 용모, 인종, 종교, 질문지의 해독 가능성, 요구되는 응답 유형 등은 응답률을 결정하는 데 중요한 요인으로 볼 수 있다.

여기서는 간단히 응답률 또는 회수율에 영향을 끼친다고 보이는 요인들에 관한 연구 결과에서 지적한 것들만 소개한다.

첫째, 연구의 주관자, 주관기관이 누구인가에 따라 응답률이 다를 수 있다. 불신의 표적이 되는 단체나 개인에 대해서는 협력을 덜할 것이다.

둘째, 질문지의 모양·짜임새·색깔·종이의 질 같은 외양이 매력이 있고 호기심을 끌 수 있어야 한다.

셋째, 질문지 자체가 짧고 간단할수록 회수율은 높다.

넷째, 안내 편지는 되도록 사무적이고 공식적이기보다는 비공식적이고 개인적이며, 문장이 간결·유연한 것이 좋다는 것이 일반적인 결론이다.

다섯째, 응답 요령이 간단하고 쉬우며, 회송이 간편한 게 도움이 된다.

여섯째, 이타적인 사회에의 공헌·봉사·기여 같은 정신적 호소라든가, 선물이나 그 밖의 물건을 동봉하는 등의 물질적 유인이 유리하게 작용하기도 한다.

일곱째, 어떤 사람들에게 질문지를 우송하는가, 즉 표본의 성격에 따라서 응답률이 다르다. 학력·나이·성별 같은 요인들이 작용할 수 있다.

여덟째, 그 밖에도 우편의 종류, 봉투의 종류, 우송한 시기(월, 주, 요일) 후속 절차의 성격 등도 회수율에 영향을 미친다고 하는 연구 결과들이 있다. 사무용 봉투보다는 일반 봉투가 낫고, 휴일이 끼었을 때보다는 평상시가 유리하다는 등의 내용이다.

질문지 회수율이 50%이면 분석의 목적상 웬만하다고 보아야 할 것이고, 60%면 좋은 편이고, 70%가 넘으면 아주 훌륭하다고 볼 수 있다는 의견도 있다.

2) 무응답

연구자가 처리해야 할 가장 어려운 두 가지 문제는 i) 누가 무응답자인가 하는 것과, ii) 무응답자를 자료분석에 포함시킨다면 결과는 어떻게 될 것인가 하는 것이다. 특히 우편조사에서 무응답자를 확인하는 데는 여러 가지 방법이 있다. 질문지에 응답해 반송해 준 사람들을 체크해 두거나 질문지를 반송하지 않은 사람에게 독촉 편지를 보내어 반송을 일깨워 줄 수도 있다. 이러한 조건 아래서 응답자의 신분을 미리 알거나 질문지에 응답하면, 연구자가 알 수 있는 잠재적인 응답자를 확인해 두는 것은 윤리적이다. 질문지나 동봉된 반송 봉투에 번호를 붙이는 방법도 있다. 그러나 이 경우 응답자의 익명성이 보장되지 않으면 응답률이 떨어진다. 윤리적인 문제가 있으나 보이지 않는 잉크나 다른 인지 매체를 질문지에 표시하는 방법도 검토해 볼 수 있다. 이러한 자료 수집에서 윤리성의 문제는 여러 사회학·심리학적 전문가협회에서 면밀히 검토되고 있다(Conrad, 1967; Colfax, 1970: 73-9).

만일 연구자가 무응답자를 구별해 내지 못하면 무응답자의 사회적·심리적·경제적 특징을 묘사할 수가 없으며, 응답자와 대비시킬 수도 없다. 보통의 경우 우편조사의 응답률은 30~40%이므로 무작위표본 속에서는 충분한 설명을 할 수 없다. 만일 5만 명의 모집단에서 5천 명을 무작위로 뽑고 그 중에 30%인 1,500명의 응답을 얻었다고 하면 최종 표본은 무엇이라 부를 수 있는가? 원래의 무작위표본의 70%가 무응답자였을 경우에는 연구 결과가 사실을 거꾸로 바꾸어 놓을 수도 있을 것이다. 연구자는 무응답이 연구 결과에 미치는 심대한 영향을 고려하여 질문지의 선택과 작성 과정에 세심한 주의를 기울여야 할 것이다.

참고 문헌

■ 국내 문헌

강신택. (1972). "정치학의 이론 근위와 방법론적 개인주의", 행정논총 10(1). 서울: 서울대학교 행정대학원.

———. (1981, 1995). 사회과학 연구의 논리: 정치학 · 행정학을 중심으로. 초판, 개정판. 서울: 박영사.

김경동 · 이온죽. (1986, 2003). 사회조사연구방법: 사회연구의 이론과 기법. 초판, 제3판. 서울: 박영사.

김계수(2006). 성공적인 논문 작성을 위한 Amos/Lisrel 이용 인과분석 연구방법론. 서울: 청람.

김광웅. (1976). 사회과학연구방법론: 조사방법과 계량분석. 서울: 박영사.

———. (1996). 방법론 강의. 서울: 박영사.

김명수. (1987). 공공정책평가론. 서울: 박영사.

김영종. (2002). 사회복지조사방법론. 서울: 학지사.

김해동. (1984). 조사방법론: 이론과 기법. 서울: 법문사.

———. (1993). 조사방법론. 서울: 법문사.

남궁근. (2003). 행정조사방법론. 제3판. 서울: 박영사.

노화준. (2006), 정책평가론. 제4판. 서울: 법문사.

박용치. (1978). "행정학연구에 있어서 상호작용 법칙의 형식과 평가 방법," 한국행정학보 12.

———. (1986). 현대사회과학방법론. 서울: 고려원.

박희서 · 김구. (2006). 사회복지조사방법론. 서울: 비엔엠북스.

성태제 (1995). 타당도와 신뢰도. 서울: 양서원.

소영일. (1994). 연구조사방법론. 서울: 박영사.

이만갑. (1972). 사회조사방법론. 서울: 진명출판사.

이상욱. (2002). "과학연구의 역사성과 합리성: 소칼 논쟁을 중심으로," 과학철학 (5)2.

이준형. (2006). 조사방법론. 서울. 대영문화사.

이해영. (2005). 조사방법의 이해. 서울: 대영문화사.
차배근. (1979). 커뮤니케이션 연구방법, 서울: 세영사.
채서일. (1997). 사회과학조사방법론. 제3판. 서울: 비엔엠북스.

■ 국외 문헌

Ackoff, R. L. (1962). *Scientific Method: Optimizing Applied Research Decision.* New York: John Wiley & Sons, Inc.

Adorno, T. W. (1963). *Eingriffe, neun kritische Modelle.* Frankfrut a. M.

Andreason, Alan R. (1970). "Personalizing Mailed Questionnaire Correspondence," *Public Opinion Quarterly*, 34. pp. 273-288.

Anderson, Barry F.(1966). *The Psychology Experiment: An Introduction of the Scientific Method.* Belmont, Calif. Wadworth Publishing Company.

Asch, S. E. (1958). "Effects of Group Pressure Upon the Modification and Distortion of Judgement," in Maccoby, E. E. Newcomb, T. M. & Hartley, E. L. (eds.). *Readings in Social Psychology.* New York: Holt. pp. 174-183.

Auer, J. J. (1959). *An Introduction to Research in Speech.* New York: Harper & Row.

Ayer, A. J. (1946). *Language, Truth and Logic.* New York: Dover.

———. (1964). *The Foundations of Empirical Knowledge.* London: Mcmillan.

Babbie, E. (1986, 2001), *The Practice of Social Research.* 4th & 9th ed. Belmont, CA: Wadsworth Publishing Company.

Bailey, Kenneth D. (1978), *Methods of Social Research.* New York: Free Press.

Bartlett, M. (1947). "The Use of Transformations," *Biometrics III.* 39-52.

Bennett, Chester. (1967). "What Price Privacy?", *American Psychologist*, 22. pp. 371-374.

Benny, Mark & Hughes, Everett C. (1956), "Of Sociology and the Interview," *American Journal of Sociology* 62. pp. 137-142.

Beveridge, W. I. B. (1950). *The Art of Scientific Investigation.* New York: Vintage Books.

Black, James A. & Champion, Dean J. (1976). *Methods and Issues in Social Research.* New York: Wiley.

Blalock, H. M. Jr. (1969). *Theory Construction.* Engelwood Cliffs, N.J.: Prentice-Hall.

Blanshard, Bran. (1985). "Philosophic Schools and Doctrines: Rationalism," *New Encyclopedia Britainica*, Vol. 25. pp. 649-653.

Bogdan, R. & Taylor, S. (1975). *Introduction to Qualitative Research*. New York: John Wiley.

Bonnie, L. Yegidis & Weinbach, Robert W. (2002). *Research Methods for Social Workers*. 4th ed. Glenview, Illinois.

Borgadus, Emory S. (1928). "A Social Distance Scale," *Sociology and Social Research*, XVII. pp. 265-271.

———. (1936), *Introduction to Social Research*. Los Angeles, Sutton House Ltd.

Braithwaite, R. B. (1953). *Scientific Explanation*. London: Cambridge University Press.

———. (1960). *Scientific Explanation*. London: Cambridge University Press. reprinted in New York: First Harper Torchbook Edition.

Brannigan, A. (1992). "Postmodernism". *Encyclopedia of Sociology*, Vol. 3: 1522-1525. ed. by Borgatta, Edgar F. & Montgomery, Rhonda J. V. New York: Macmillan.

Brodbeck, May. (1968). "Methodological Individualism, Definition and Reduction," in Brodbeck May(ed.), *Readings in the Philosophy of Social Sciences*. New York: Mcmillan.

Bryman, Alan & Cramer, Duncan. (1990). *Quantitative Analysis for Social Scientists*. New York: Routledge.

Callahan, Daniel & Jennings, Bruce. (1983). *Ethics, The Social Sciences, and Policy Analysis*. New York: Plenum Press.

Campbell, Donald T. (1957). "Factors Relavent to the Validity of Experiments in Social Settings," *Psycological Bulletin*, LIV.

Campbell, Donald T. & Fiske, D. (1959). "Convergent Validation by the Multitrait-Multimethod Matrix," *Psychological Bulletin*, 56. pp. 81-105.

Campbell, Donald T. & Stanley, J. C. (1963). *Experimental and Quasi-Experimental Designs for Research*. Skokie, Ill: Rand McNally.

Campbell, N. (1952). *What is Science?*. New York: Dover.

Cartwright, D. (1968). "The Nature of Group Cohesiveness," in Cartwright, D. & Zander, A. (eds.). *Group Dynamics: Research and Theory*, 3rd ed. New York: Harper & Row.

Champion, Dean J. (1969), "A Comparison of On- and Off-Campus Student

Perspectives toward Living Condition," *Unpublished Study.* Knoxville: The University of Tennessee.

Champion, D. J. & Dager, E. Z. (1967). "Some Impacts of Office Automation Upon Status, Role Change, and Depersonalization," *Sociological Quarterly.* 7(3). pp. 71-84.

Cicourel, Aaron V.(1964). *Method and Measurement in Sociology.* New York: Free Press.

Colfax, David M.(1970). "Knowledge for Whom?: Relevanceand Responsibility on Sociological Research," *Sociological Inquiry*, 40. pp. 73-79.

Collingwood, R. G. (1946). *Idea of History*. New York: Oxford University Press.

Comte, August. (1923). *Discours sur l'esprit positif.* Paris.

Conrad, H. S. (1967). "Clearance of Questionnaires with Respect to Invasion of Privacy, Public Sensitiveness, Ethical Standards, etc.," *American Psychologist*, 22. pp. 356-359.

Cook, Thomas D. & Campbell, Donald T. (1979). *Quasi-Experimentation.* Boston: Houghton Mifflin Co.

Cooms, C. (1953). "Theory and Methods of Social Measurement," in Festinger, L. & Katz, D. (eds.). *Research Methods in the Behavioral Sciences.* New York: Holt, Reinhart and Winston.

Copeland, Morris A. (1927). "An Instrinmental View of the Part and Whole Relation," *Journal of Philosophy*, 24, pp.96-104.

Cronbach, L.ee J. (1951). "Coefficient Alpha and the Internal Structure of Tests," *Psychmetrica*, XVI. pp. 297-334.

Cronbach, Lee J. & Meehl, Paul E. (1955). "Construct Validity in Psychological Tests," *Psychological Bulletin*, 52. pp. 281-302.

Dahl, Robert A. (1961). "The Behavioral Approach in Political Science: Epitaph for a Monument to Successful Protest." *American Political Science Review*, LV.

———. (1963). *Modern Political Analysis*. Englewood Cliffs, N.J.: Prentices-Hall.

———. (1970), *The Research Act*. Chicago: Aldine.

———. (1978). *The Research Act*. New York: McGraw-Hill.

Doby, J.T.(1967). "Concepts and Theories," *An Introduction to Social Research.* New York: Appleton-Century-Crofts.

Dubin, Robert. (1966, 1978). *Theory Building: A Practical Guide to the Construction and Testing of Theoritical Models*. New York: Free Press. 1st & 2nd ed. New York: The Free Press.

Easton, David. (1965). *A Framework for Political Analysis*. Englewood Cliffs, N.J.: Prenrice-Hall.

———. (1967). "The Current Meaning of Behavioralism", in Charleworth, James C. (ed.). *Contemporary Political Analysis*. New York: The Free Press.

Ebel, R. (1951). "Estimation of the Reliability of Ratings," *Psychometrica XVI*. pp. 407-424.

Edwards, A.L. (1957). *Techniques of Attitude Scale Construction*. New York: Appleton-Century-Crofts.

Eulau, Heinz. (1963). *The Behavioral Persuasion in Politics*. New York: Random House.

———. (1968). "The Behavioral Movement in Political Science: A Personal Document." *Social Reasearch*. XXX.

———. (1969). *Micro-Macro Political Analysis: Accents of Inquiry*. Chicago: Aldine Publishing Co.

Filstead, W. (1970). *Qualitative Methodology: Firsth and Involvement with the Social World*. Chicago: Markham.

Forcese, Dennis P. & Richer, Stephen (1973). *Social Research Methods*, Englewood, Cliffs, N. J.: Prentice-Hall.

Francis, R. G. (1967). "Scaling Techniques," in Dobby S.T. (ed.), *Introduction to Social Research*. New York: Appleton-Century-Crofts.

Gibbs, Jack. (1972). *Sociological Theory Construction*. Hindale, Ill.: Dryden Press.

Glaser, B. G. & Strauss, A. (1967). *The Discovery of Grounded Theory: Strategies of Qualitative Research*. Chicago: Aldine.

Golembiewski, R. T. et. al. (1969). *A Methodological Primer for Political Scientists*. Chicago: Ranc McNally.

Goode, W. J. & Hatt, P. K. (1952). *Methods in Social Research*. New York: MacGraw-Hill.

Goodman, Nelson. (1955). *Fact, Fiction and Forecast*. Cambridge: Harvard University Press.

Gordon, Raymond L.(1969). *Interviewing: Strategy, Techniques and Tactics*. Homewood III: Dorsey Press.

Gouldner, Alvin W. (1973). *For Sociology: Renewal and Critique in Sociology*

Today. London: Allen Lane.

Guilford, J. (1954). *Psychometric Methods*, 2nd ed. New York: McGraw-Hill.

Haas, M. & Becker, T. L. (1970). "The Behaviroal Revolution and After," in Haas, Michael & Kariel, Henrys. (eds.). *Approaches to the Study of Political Science*. Scranton, Penn.: Chandler.

Habermas, Jürgen. (1972). "Analytische Wissenschafttheorie und Dialektik." *Der Positivismusstreit in der deuschen Soziologie*. Neuwied: Luchterhand.

Hage, Jerald. (1972). *Techniques and Problems of Theory Construction in Sociology*. New York: Wiley-Interscience.

Hempel, Carl G. (1952). "Fundamentals of Concept Formation in Empirical Science." *International Encyclopedia of Unified Science*, Vol. 2, No.7. Chicago: The University of Chicago Press.

———. (1965). *Aspects of Scientific Explanation*. New York: The Free Press.

———. (1966). *Philosophy of Natural Science*. Englewood Cliffs, N.J.: Prentice-Hall, Inc.

Heyns, R. W. & Lippit, R. (1954), "Systematic-Observational Techniques," in Linzey, G. (ed.), *Handbook of Social Psychology*. Cambridge, Mass.: Addition-Wesley.

Higgonnet, M. R. (1980). "Organic Unity and Interpretative Boundaries," *Studies in Romanticism*, 19.

Horkheimer, Max. (1968). *Kritsche Theorie I*. Frankfurt a. M.

———. (1971). "Im Gespräch mit Claus Grossner," in C. Grossner, *Verfall der Philosophie*. Hamburg.

Hoyt, C. (1941). "Test Reliability Obtained by Analysis of Variance," *Psychometrica* VI, pp. 153-160.

Husserl, Edmund. (1950). *Cartesianische Meditationen und Pariser Vortäge*. hrsg. v. S. Stasser.

———. (1969). *The Idea of Phenomenology*. Doris Cairns (trans). Hague: Martinus Nijhoff.

———. (1970). *Logical Investigations*. Findlay, J. N. (trans). New York: The Humanities Press.

Hyman, H. (1955). *Survey Design and Analysis*. Glencoe, Ill.: Free Press.

Kalmijn, M. (1991). "Shifting Boundaries: Trends in Religious and Educational Homogamy." *American Sociological Review*, 56, pp. 786-801.

Kaplan, A. (1964). *The Conduct of Inquiry*. San Francisco, CA: Chandler.

Kemeny, J. (1959). *A Philosopher Looks at Science.* Princeton, N.J.: D. Nostrand Company.

Kerlinger, Fred N. (1966). *Foundations of Behavioral Research.* New York: Holt.

———. (1986). *Foundations of Behavioral Research.* 3rd ed. New York: CBS College Publishing.

Kerlinger, Fred N. & Lee, Howard B. (2000). *Foundations of Behavioral Research.*. Harcourt College Publishers.

Kuhn, Thomas S. (1962). *The Structure of Scientific Revolution.* Chicago: The University of Chicago Press.

Lane, Robert E. (1962). *Political Ideology.* New York: Free Press.

Lazarsfeld, P. F. (1954). "A Conceptual Intoduction to Latent Structure Analysis," Lazarsfeld, P. F. (ed.). *Mathematical Thinking in the Social Science.* New York: Free Press.

———. (1958). "Evidence and Inference in Social Research," *Daedaus*, 87-4.

Lenk, H. (1979). "Zur wissenschaftlichen Situation der deutschen Soziologie," *Deutche Soziologie seit 1945.* Opladen: Westdeutscher Verlag.

Levine, S. & Gerald, G. (1958). "Maximizing Returns on Mail Questionnaire," *Public Opinion Quarterly*, 22. pp. 568-575.

Lin, Nan. (1976), *Foundations of Social Research.* New York: McGraw-Hill.

Malinowski, Bronislaw. (1948). *Magic, Science, and Religion and Other Essays.* Glencoe. Illi.: Free Press.

Mark, R. (1996). *Research Made Simple.* Thousand Oaks, CA: SAGE Publications.

Mayer, Robert R. & Greenwood, Ernest. (1980). *The Design of Social Policy Research.* Englewood Cliffs, NJ: Prentice-Hall, Inc.

McCall, George J., & Simmons, J. L. (1969). *Issues in Participant Observation: A Text and Reader* Reading, Mass: Addison-Wesley.

Meehan, E. J. (1965). *The Theory and Methods of Political Analysis.* Homewood, Illinois: The Dorsey Press.

Merton, Robert K. (1968). *Social Theory and Social Structure.* New York: Free Press.

Merton, R. K., Fiske, M. & Kendall, P. L. (1956). *The Focused Interview.* New York: Free Press.

Mill, John Stuart. (1911). *System of Logic Ratiocinative and Inductive: Being a Connected Veiw of the Principles of Evidence and Methods of Scientific Investigation*, 8th ed. London: Longmans, Green and Co.

Miller, D. C. (1964). *Handbook of Research Design and Social Measurement.* New York: David McKay.

Miller, Eugene F. (1972). "Positivism, Historicism, and Political Inquiry," *American Political Science Review*, LVI-3.

Munn, N. L. (1951). *Psychology: The Fundermentals of Adjustment.* 2nd ed. Boston: Mifflin.

Myrdal, Gunar. (1944). *An American Dilemma.* New York: Harper & Row.

Nachmias, David & Nachmias, Chava. (1981). *Research Methods in the Social Sciences.* 2nd ed. New York: Worth Publishers,

———. (1987). *Research Methods in the Social Sciences.* 3rd ed. New York: St. Martin's Press.

———. (2000). *Research Methods in the Social Sciences.* 6th ed. New York: Worth Publishers.

Nagel, Ernest. (1961). *The Structure of Science: Problems in the Logic of Scientific Explanation.* New York: Harcourt, Brace and World.

———. (1967). "The Nature and Aim of Science," in Morgenbesser, S. (ed.), *Philosophy of Science.* New York: Basic Books.

Neuman, W. L. (1994). *Social Research Methods: Qualitative and Quantitative Approaches.* Needham Heights, Massachusetts: Allyn & Bacon.

———. (2000). *Social Research Methods: Qualitative and Quantitative Approaches.* 4th ed. Boston: Allyn and Bacon.

O'Sullivan, E. & Rassel, G. R. (2002). *Research Methods in the Social Sciences.* 4th ed. Addison-Wesley.

Paris, D. C. & Reynolds, J. F. (1983). *The Logic of Policy Inquiry.* NY: Longman.

Patton, Michael Quinn. (1980). *Qualitatuve Evaluation Methods.* Beverly Hills, CA: SAGE Publications.

Payne, S. L. (1951). *The Art of Asking Questions*, Princeton, New Jersey: Prince University Press.

Peatnam, John G. (1947). *Descriptive and Sampling Statistics.* New York: Harper and Brothers.

Phillips, Bernard S. (1966). *Social Research: Strategy and Tactics.* 2nd ed. New York: Macmilan.

Popper, Karl R. (1961). *The Logic of Scietific Discovery.* New York: Science Editions.

———. (1963). *The Open Society and Its Enemies: The High Tide of Prophecy*

: *Hegel, Marx, and the Aftermath*. The Princeton University Press.

Raiffa, Howard. (1968). *Decision Analysis*. Reading, Mass.: Addison-Wesley.

Ray, William J. (2003). *Methods Toward a Science of Behavior and Experience*. 7th ed. Belmont, CA: Thompson/Wadworth.

Reiss, Jr., Albert J. (1971), *The Police and the Public*. New Heaven, Conn.: Yale University Press.

Riker, William H. (1963). *The Theory of Political Coalitions*. New Haven.

Roche, Maurice. (1973). *Phenomenology, Language and the Social Science*. London: RKP.

Rubin, A. & Babbie, E. (1993). *Research Methods for Social Work*. 2nd ed. Pacific Grove, CA.: Brooks/Cole.

Rudner, Richard S. (1966). *Philosophy of Social Science*. Englewood Cliffs, N.J.: Prentice-Hall.

Rummel, R. J. (1970). *Applied Factor Analysis*. Evanston, Ill.: Northwestern University Press.

Runciman, W. G. (1965). *Social Science of Political Theory*. Cambridge.

Runkel, P. J. & McGrath, J. E. (1972). *Research on Human Behavior*. New York: Holt.

Russell, Bernard H. (1994). *Research Methods in Antropology: Qualitative and Quantitative Approaches*. 2nd ed. London: SAGE Publications.

Sampson, R. J. (1987). "Urban Black Violence: The Effect of Male Joblessness and Family Disruption," *American Journal of Sociology*, 93(September). pp. 348-382.

Scheffler, I. (1957). "Prospects of a Modest Empiricism," *Review of Metaphysics*, Vol. X.

Scheler, Max. (1960). *Die Wissensformen und die Gesellshaft*. Bern.

Schmid, Calvin. (1956). "Scaling Techniques in Sociological Research," in Young, Pauline V. (ed.), *Scientific Social Survey and Research*. Englewood Cliffs, N.J.: Prentice-Hall.

Schuessler, Karl F. (1968). "Prediction," in *The International Encyclopedia of the Social Sciences*, Vol. 12. New York: Macmillan.

Schutz, Alfred. (1973). *Collected Papers*, Vol. I. (*Phänormenologica*). Boston: Luwer Inc.

Sellitz, C., Jahoda, M., Deutsch, M. & Cook, S. W. (1959). *Research Methods in Social Relations*. New York: Holt, Rinehart and Winston.

Selltiz, C., Rrightsman, L. S. & Cook, S. W. (1966-1976). *Research Methods in Social Relations*. 1st & 3rd ed. New York: Holt, Reinhart & Winston.

Shalin, D. (1984). "The Romantic Antecedents of Median Social Psychology," *Symbolic Interaction,* 7(1).

——. (1986). "Romanticism and the Rise of Sociological Hermeneutics," *Social Research,* 53(1).

Sherif, Muzafer (1958). "Group Influences Upon the Formation of Norms and Attitude," in Maccoby, E. E. Newcomb, T.M. & Hartley, E. L.(eds.). *Readings in Social Psychology*. New York: Holt.

Simon, J. L. (1969). *Basic Research Methods in Social Science*. New York: Random House.

Singleton, R. A. Jr., Straits , B. C. & Strait, M. M. (1993). *Approaches to Social Research*. 2nd ed. London: Oxford University Press.

Smith, Mapheus. (1943). "Empirical Scale of Prestige Status of Occupations," *American Sociological Review*, Vol. 8, No. 2. pp. 185-192.

Solomon, R. (1954). "An Extention of Control Group Design," *American Journal of Psycology*, LXVII.

Somit, Albert & Tenenhaus, Joseph. (1967). *The Development of American Political Science*. Boston: Allyn and Bacon.

Stevens, S. (1946). "On the Theory Scales of Measurements," *Science*, 103. pp. 677-680.

——. (1951). "Mathematics, Measurements, and Psychophysics," in Stevens, S. (ed.), *Handbooks of Experimental Psychology*. New York: Wiley.

Stirner, M. (1971). *The Ego and His Own*. New York: Harper and Row.

Sylvan, D. & Glasser, B. (1985). *A Rationalist Methodology for the Social Science*. London: Basil Blackwell.

Thedorson, G. A. & Thedorson, A. G. (1969). *A Modern Dictionary of Sociology*. New York: Barnes & Nobles Books.

Thurstone, L. L. (1927). "The Method of Paried Comparisons for Social Values," *Journal of Abnormal and Social Psychology*, 21. pp. 384-400.

Thurstone, L. L. & Chave, E. J. (1929). *The Measurement of Attitude*. Chicago: University of Chicago Press.

Townsend, J. C. (1953). *Introductiopn to Experimental Method. For Psychology and the Social Sciences*. New York: McGraw-Hill.

Tryon, R. (1957). "Reliability and Behavior Domain Validity: Reformulation and Historical Critique," *Psychological Bulletin*, LIV. pp. 229-249.

Walizer, M. H. & Wiener, P. L. (1978), *Research Methods and Analysis*. New York: Harper & Row.

Wallace, W. L. (1971). *Logic of Science in Sociology*. Chicago: Aldine-Atherton.

———. (1987). *Logic of Science in Sociology*. 3rd ed. New York: St. Martin's Press.

Walsh, W. H. (1951). *An Introduction to the Philosophy of History*. London: Hutchinson.

Warwick, Donald P. & Linger, Charles A. (1975), *The Sample Survey: Theory and Practice*. New York: McGraw-Hill.

Webb, E. et. al. (1966). *Unobtrusive Measures: Nonreactive Research in the Social Sciences*. Chicago: Rand McNally.

Weber, Max. (1949). *The Methodology of the Social Science*. Finch, E. A. (trans.). New York: Free Press of Glencoe.

Wimmer, Roger, D. & Dominick, Joseph R. (1983). *Mass Media Research: An Introduction*. Belmont, California: Wadsworth Publishing Company.

Winer, B. J. (1962). *Statistical Principles in Experimental Design*. 2nd ed. New York: McGraw-Hill.

Wiseman, Jacqueline P. (1970). *Stations of the Lost: The Treatment of Skid Row Alcoholics*. Englewood Cliffs, N. J.: Prentice-Hall.

Yegidis, Bonnie L. & Weinbach, W. (2001). *Research Methods for Social Workers*. Allyn & Bacon.

Young, P. V. (1966). *Scientific Social Survey and Research*. Englewood Cliffs, N.Y.: Prentice-Hall.

Zeldrich Jr., M. (1969), "Some Methodological Problems of Field Studies," in McCall, Gerge J. & Simmons, J. L. (eds.). *Issues in Participant Observation*. Reading Mass.: Addison-Wesley.

Zeldrich Jr., M. Gerge, J. & Hopkins, T. K. (1961), "Laboratory Experiments with Organizations," A. Etizioni(eds.). *Complex Organizations: A Sociological Reader*. New York: Holt.

Zetterberg, Hans L. (1954). *On Theory and Verification in Sociology*. Stockholm: Almqvist & Wiksell.

Zuriff, G. E. (1985). *Behavioralism: A Conceptual Reconstruction*. New York: Columbia University Press.

찾아보기

ㄱ

ㅇ

ㅈ

ㅊ

ㅋ

ㅌ

ㅍ

ㅎ

저자 소개

박용치

서울대학교 공과대학(공학사)
서울대학교 행정대학원(행정학 석사)
서울대학교 대학원(행정학 박사)
한국행정학회 이사 역임
한국정책분석학회 이사 역임
한국정책학회 상임이사, 운영위원 역임
한국조사연구학회 회장 역임
현재 서울시립대학교 법정대학 행정학과 교수

[주요 저서]

≪혁신의 확산 과정≫(고려원, 1983)
≪현대행정학원론≫(고려원, 1985)
≪현대사회과학방법론≫(고려원, 1986)
≪객관식 현대행정학≫(고려원, 1996)
≪주관식 현대행정학≫(고려원, 1996)
≪현대조사방법론≫(경세원, 1997)
≪최신행정학원론≫(공저)(경세원, 2006) 외

송재석

단국대학교 행정학과(행정학사, 경제학사)
미국 University of Delaware, MPA(행정학 석사)
미국 University of Delaware, Ph. D.(공공정책학 박사)
한국해양수산개발원 책임연구원 역임
한국행정학회 이사, 위기관리(이론과 실천)학회 이사
현재 세명대학교 행정학과 교수

[주요 논저]
≪최신 행정학원론≫(공저) (경세원, 2006)
"Freshwater Management in Industrial Urban Area: The Role of Water Conservation"
"Evaluating the Persistence of Residential Water Conservation: A 1992-97 Pannel Study of a Water Utility in Delaware"
"Building the Determinants of Homelessness in Seoul" 외

오승석

제주대학교 행정학과(행정학사)
서울대학교 행정대학원(행정학 석사)
서울대학교 대학원(행정학 박사)
한국행정학회, 서울행정학회, 한국정책분석평가학회, 한국정책개발학회 이사
현재 상지대학교 행정학부 교수

[주요 논저]
≪정책분석론≫(공저)(시대고시, 2005)
≪지방정부와 혁신정책≫(공저)(대영문화사, 2006)
<한국 사회정책 산출의 변화 요인에 관한 연구> 외

조사방법론

펴낸날 / 제1판 제1쇄 2008년 2월 15일
제1판 제3쇄 2018년 8월 20일
지은이 / 박용치 · 송재석 · 오승석
펴낸이 / 임춘환
펴낸곳 / 도서출판 대영문화사
주소 / 서울 용산구 청파동 1가 178-2 ㊐ 140-869
등록 / 1975년 12월 26일 제3-16호
전화 / (02)716-3883, (02)714-3062
팩시밀리 / (02)703-3839
우체국 온라인 / 011353-02-009106

ISBN 978-89-7644-264-2

〔값 24,000원〕